TEACHER'S ANNOTATED EDITION

D'accord! 2

Langue et culture du monde francophone

VISTA
HIGHER LEARNING

Boston, Massachusetts

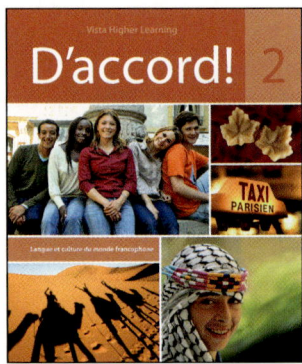 Cover photos, clockwise from top left: characters from the **D'ACCORD! Roman-photo** video program in Aix-en-Provence, France; maple sugar candies; a sign atop a Parisian taxi; a francophone teen; shadows of dromedaries in the Sahara Desert, Morocco.

Publisher: José A. Blanco
Senior Project Manager: Thomas Keon
Managing Editor for Technology: Paola Ríos Schaaf
Editors: Christian Biagetti (Technology), Nicolas Cosseron, Daniel Finkbeiner, Mónica González
Production and Design Director: Marta Kimball
Design Manager: Susan Prentiss
Design and Production Team: Sarah Cole, Jennifer Christopher, Oscar Díez, Natalia González, Mauricio Henao, Nick Ventullo

Copyright © 2011 by Vista Higher Learning

All rights reserved. Printed in the United States of America.

No part of this work may be reproduced or distributed in any form or by any means, electronic or mechanical, including photocopying and recording, or by any information storage or retrieval system without prior written permission from Vista Higher Learning, 31 St. James Avenue, Boston, MA 02116-4104.

Student Text ISBN: 978-1-60576-362-0
Teacher's Annotated Edition ISBN: 978-1-60576-365-1

1 2 3 4 5 6 7 8 9 RJ 14 13 12 11 10 09

Maestro® and Maestro® Language Learning System and design are registered trademarks of Vista Higher Learning, Inc.

TEACHER'S ANNOTATED EDITION

Table of Contents

D'ACCORD! At-A-Glance. TAE-4
D'ACCORD! Program Overview. TAE-18
The Vista Higher Learning Story TAE-19
D'ACCORD! and the *Standards for Foreign Language Learning* TAE-20
Good Teaching Practices TAE-21
Universal Access TAE-22
Classroom Environment TAE-24
The Four Skills TAE-25
Assessment TAE-26
Instructional Design and Pacing Guides TAE-27
Professional Resources. TAE-29
Index of Cultural References TAE-30
Front Matter to the **D'ACCORD!** Student Textbook
    Table of Contents of the Student Edition. iv
    Map of the Francophone World x
    Map of North and South America xii
    Map of France xiii
    Map of Europe xiv
    Map of Africa xv
    Studying French xvi
    Getting Started xxiii
    Thematic Vocabulary Lists. xxvi
    Using **D'ACCORD!** xxviii
    Acknowledgments xxxii
The Student Textbook with marginal annotations 1

D'ACCORD! 2 AT-A-GLANCE

UNIT OPENERS
outline the content and features of each unit.

La nourriture

UNITÉ 1

Leçon 1A
CONTEXTES
pages 54–57
- Food
- **e caduc** and **e muet**

ROMAN-PHOTO
pages 58–59
- **Au supermarché**

CULTURE
pages 60–61
- Shopping in France
- **Flash culture**

STRUCTURES
pages 62–65
- The verb **venir** and the **passé récent**
- **Devoir, vouloir, pouvoir**

SYNTHÈSE
pages 66–67
- Révision
- Le zapping

Leçon 1B
CONTEXTES
pages 68–71
- Dining
- Specialty food shops
- Stress and rhythm

ROMAN-PHOTO
pages 72–73
- Le dîner

CULTURE
pages 74–75
- French meals

STRUCTURES
pages 76–79
- Comparatives and superlatives of adjectives and adverbs
- Double object pronouns

SYNTHÈSE
pages 80–81
- Révision
- À l'écoute

Pour commencer
- Où est Sandrine? Dans un supermarché ou une poissonnerie?
- Quand va-t-elle manger ce qu'elle (*what she*) a dans la main? Le matin ou à midi?
- Comment va-t-elle le servir? Avec un steak, dans une salade ou dans une tarte?
- Est-ce qu'elle a déjà payé ou pas encore (*not yet*)?

Savoir-faire
pages 82–87
Panorama: La Bourgogne and la Franche-Comté
Lecture: Read a restaurant review and a menu.
Écriture: Write a restaurant review.

Pour commencer activities jump-start the units, allowing students to use the French they know to talk about the photos.

Content thumbnails break down each unit into its two lessons and one **Savoir-faire** section, giving students an at-a-glance summary of the vocabulary, grammar, cultural topics, and language skills on which they will focus.

CONTEXTES
presents and practices vocabulary in meaningful contexts.

You will learn how to... highlights the communicative goals and real-life tasks students will be able to carry out in French by the end of each lesson.

Illustrations High-frequency vocabulary is introduced through expansive, full-color illustrations.

Vocabulaire boxes call out other important theme-related vocabulary in easy-to-reference French-English lists.

Ressources boxes let students know exactly what ancillaries they can use to reinforce and expand on every section of every lesson in their textbook.

Mise en pratique activities always practice the new vocabulary in meaningful contexts, and there is always one listening activity among them.

Mouse icons identify activities from the book that are on the Supersite with auto-grading.
Supersite icons show when additional activities or materials are available online.

D'ACCORD! 2 AT-A-GLANCE

CONTEXTES
practices vocabulary in a variety of formats.

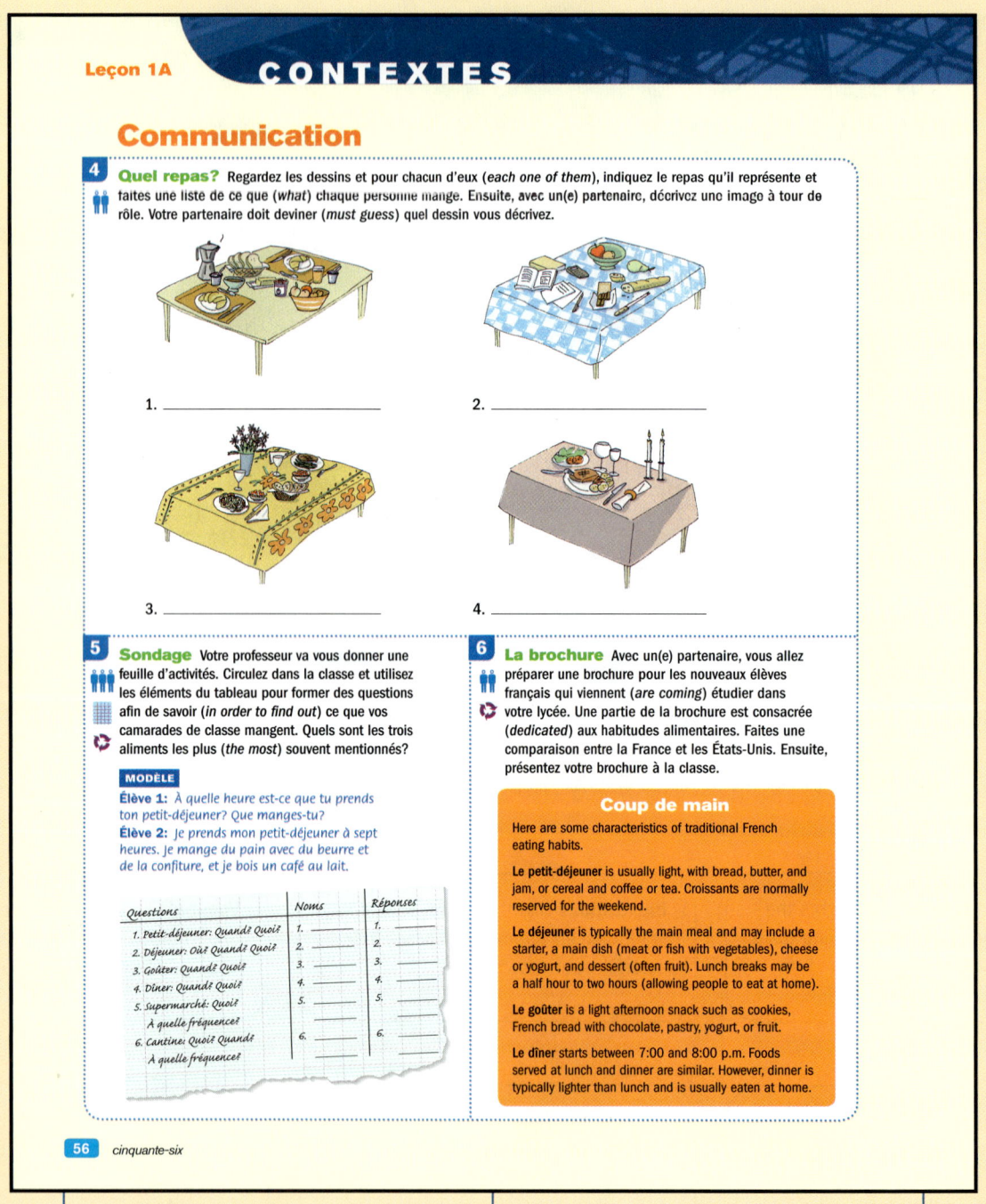

Coup de main boxes provide handy, on-the-spot, language or grammar information that helps students complete the activities.

Communication activities allow students to use the vocabulary creatively in interactions with a partner, a small group, or the entire class.

Icons provide on-the-spot visual cues for various types of activities: pair, small group, recycling, listening-based, video-related, handout-based, and information gap. For a legend explaining all icons used in the student text, see page xxx.

CONTEXTES
Les sons et les lettres presents the rules of French pronunciation and spelling.

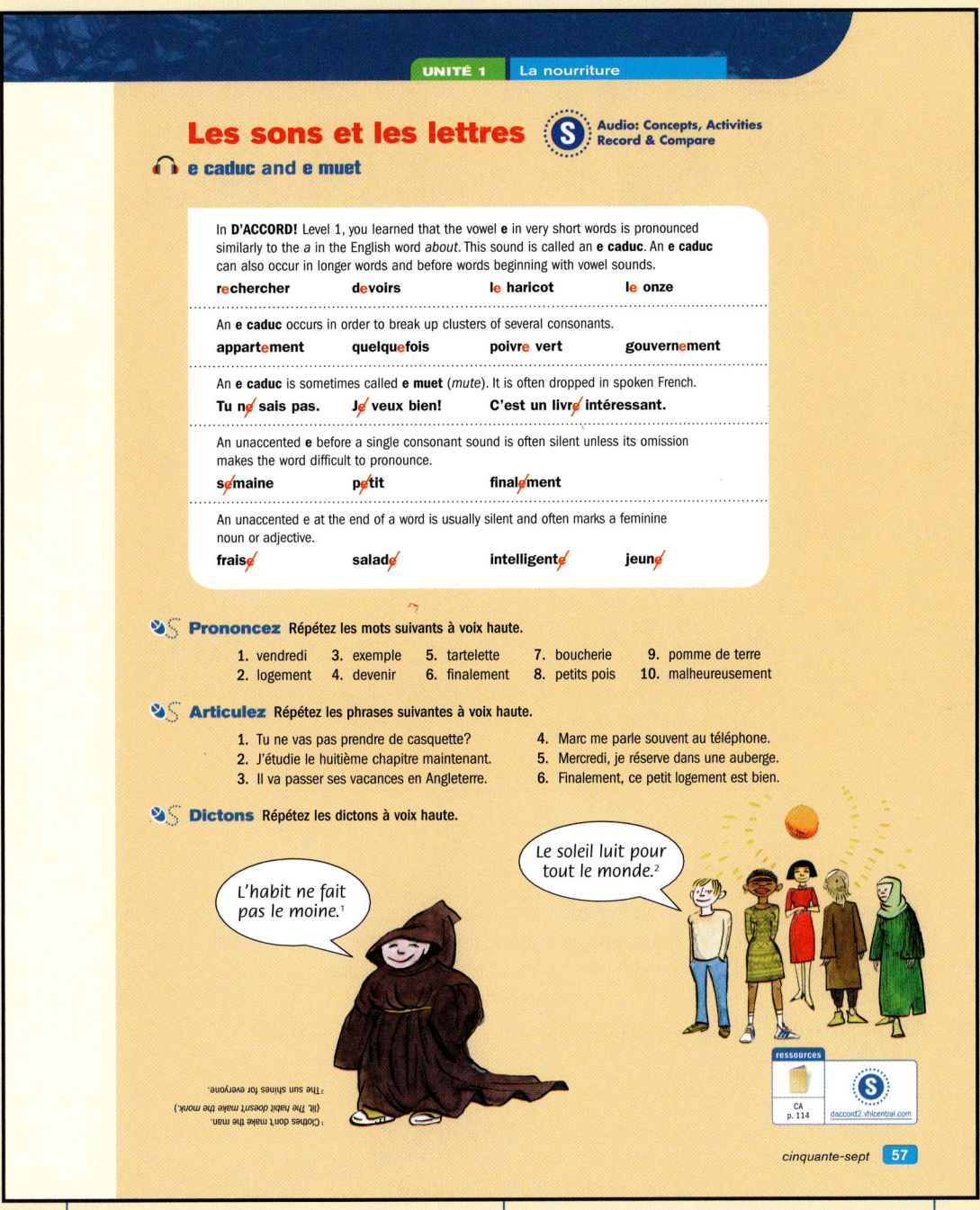

Explanation Rules and tips to help students learn French pronunciation and spelling are presented clearly with abundant model words and phrases.

Practice Pronunciation and spelling practice is provided at the word- and sentence-levels. The final activity features illustrated sayings and proverbs that help practice the pronunciation or spelling point in an entertaining cultural context.

The headset icon at the top of the page indicates when an explanation and activities are recorded for convenient use in or outside of class.

D'ACCORD! 2 AT-A-GLANCE

ROMAN-PHOTO
tells the story of a group of students living in Aix-en-Provence, France.

Personnages The photo-based conversations take place among a cast of recurring characters—four college students, the landlady of two of them (who owns the café downstairs), and her teenage son.

Roman-photo video episodes The **Roman-photo** episode appears in the **Roman-photo** part of the Video Program. To learn more about the video, turn to page **xxviii**.

Expressions utiles organizes new, active words and expressions by language function so students can focus on using them for real-life, practical purposes.

Conversations The conversations reinforce vocabulary from **Contextes**. They also preview grammatical structures from the upcoming **Structures** section in context and in a comprehensible way.

CULTURE
explores cultural themes introduced in **CONTEXTES** and **ROMAN-PHOTO**.

Culture à la loupe presents a main, in-depth reading about the lesson's cultural theme. Full-color photos bring to life important aspects of the topic, while charts with statistics and/or intriguing facts support and extend the information.

Le français quotidien exposes students to current, contemporary language by presenting familiar words and phrases related to the lesson's theme that are used in everyday spoken French.

Portrait profiles people, places, and events throughout the French-speaking world, highlighting their importance, accomplishments, and/or contributions to the cultures of the French-speaking people and the global community.

Supersite video icons in one of the **Culture** sections of each unit mean that an episode of **Flash culture**, a cultural video related to the lesson's theme, is available for viewing. To learn more about the video, see page xxix.

Le monde francophone puts the spotlight on the people, places, and traditions of the countries and areas of the French-speaking world.

Sur Internet boxes, with their provocative questions and photos, direct students to the **D'ACCORD!** Supersite where they can continue to learn more about the topics of **Culture**, **Flash culture**, and the lesson's theme.

TAE-9

D'ACCORD! 2 AT-A-GLANCE

STRUCTURES
uses innovative design to support the learning of French.

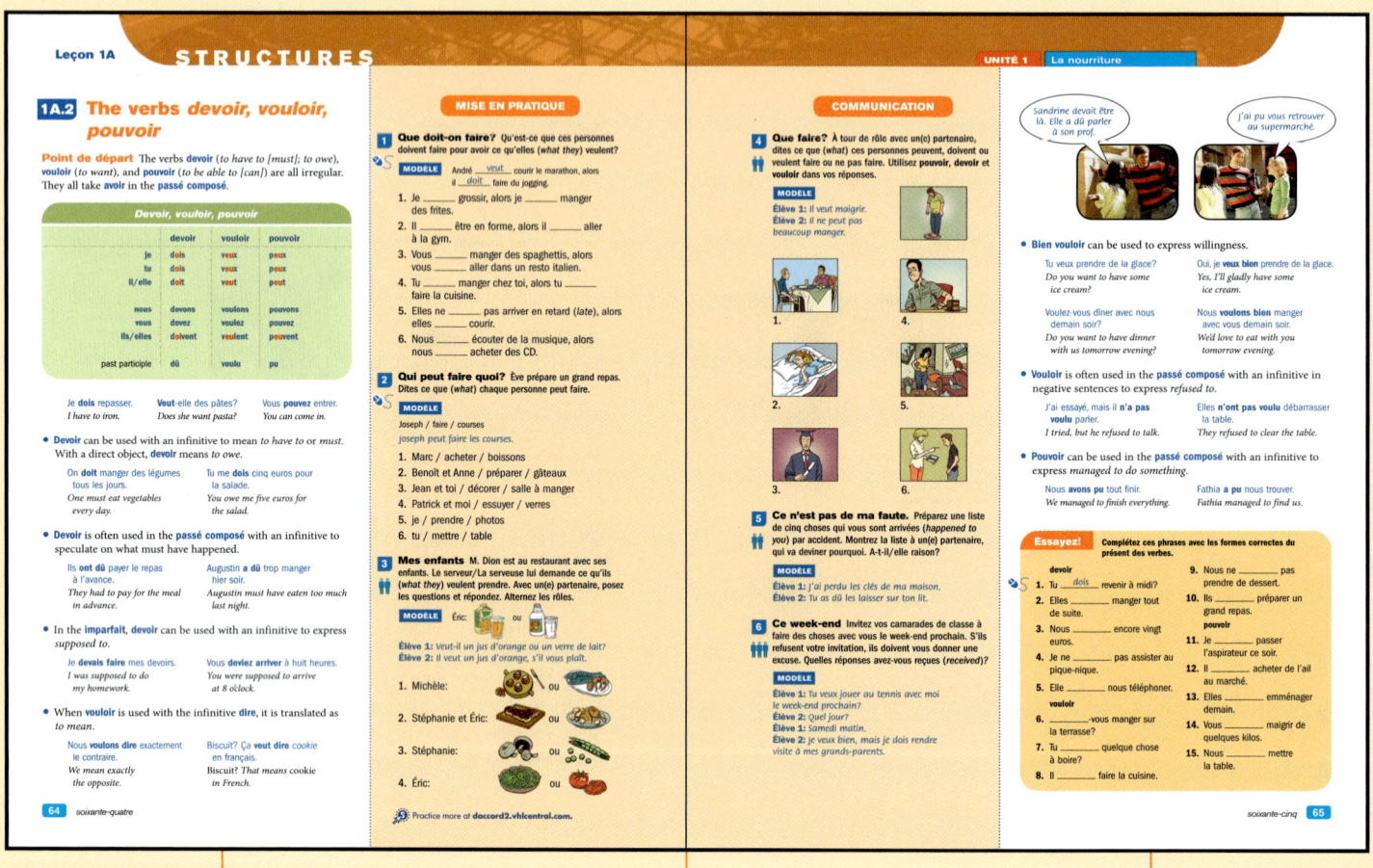

Text format For each grammar point, the explanation and practice activities appear on two facing pages. Grammar explanations in the outside panels offer handy on-page support for the activities in the central panels, providing students with immediate access to information essential to communication.

Charts and diagrams Within the clear, easy-to-grasp grammar explanations, colorful, carefully designed charts and diagrams call out key grammatical structures and forms, as well as important related vocabulary.

Graphics-intensive design Photos from the video program consistently integrate the lesson's video episode and **Roman-photo** section with the grammar explanations. Additional photos, drawings, and graphic devices liven up activities and heighten visual interest.

STRUCTURES

provides varied types of directed and communicative practice.

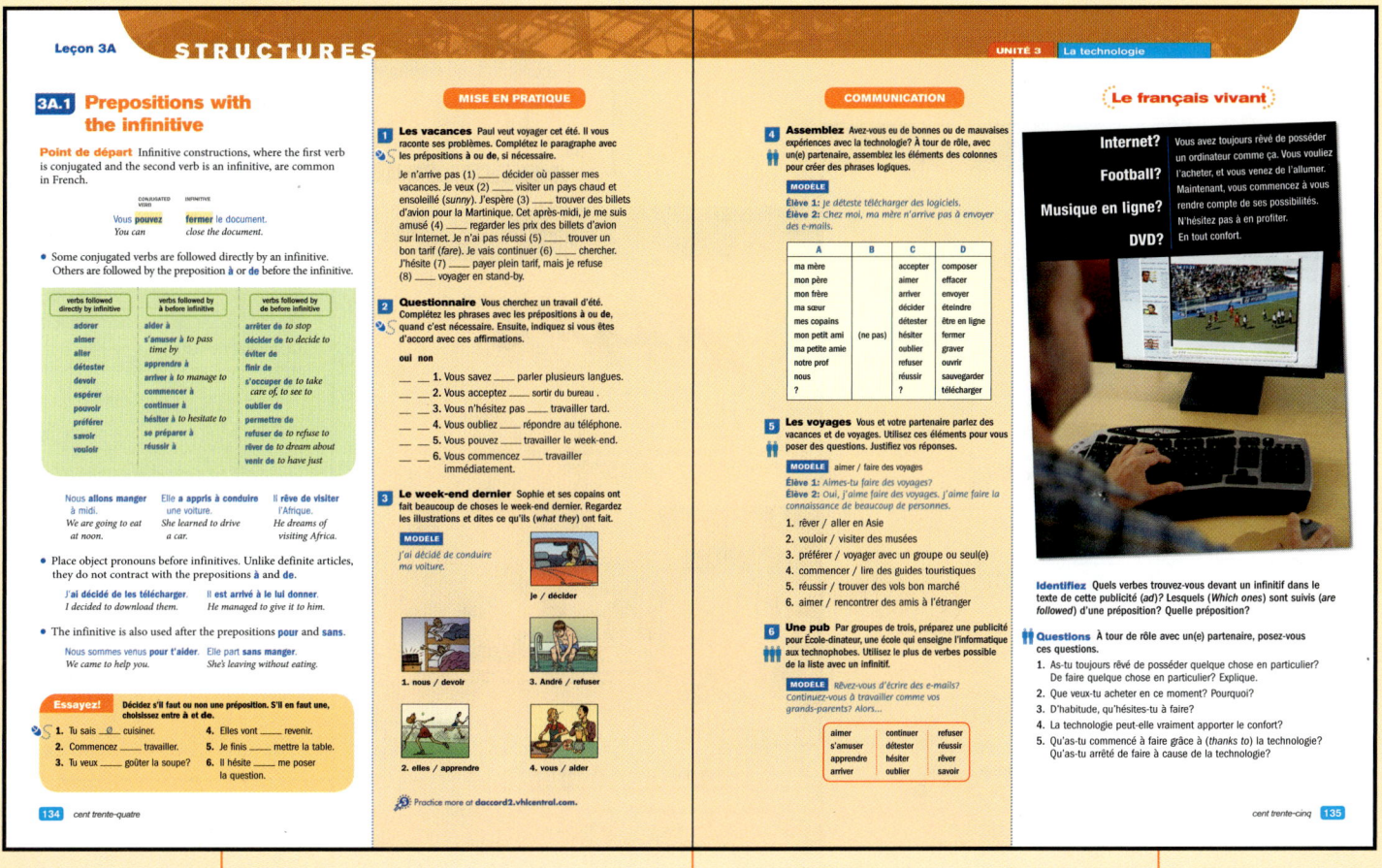

Essayez! offers students their first practice of each new grammar point. They get students working with the grammar point right away in simple, easy-to-understand formats.

Mise en pratique activities provide a wide range of guided exercises in contexts that combine current and previously learned vocabulary with the current grammar point.

Le français vivant activities incorporate documents, like advertisements and posters, into the grammar practice, highlighting the new grammar point in a real-life context.

Communication activities offer opportunities for creative expression using the lesson's grammar and vocabulary. Students should do these activities with a partner, in small groups, or with the whole class.

D'ACCORD! 2 AT-A-GLANCE

SYNTHÈSE

pulls the lesson together with cumulative practice in **Révision**.
The second page of the section alternates between
Le zapping and **À l'écoute**.

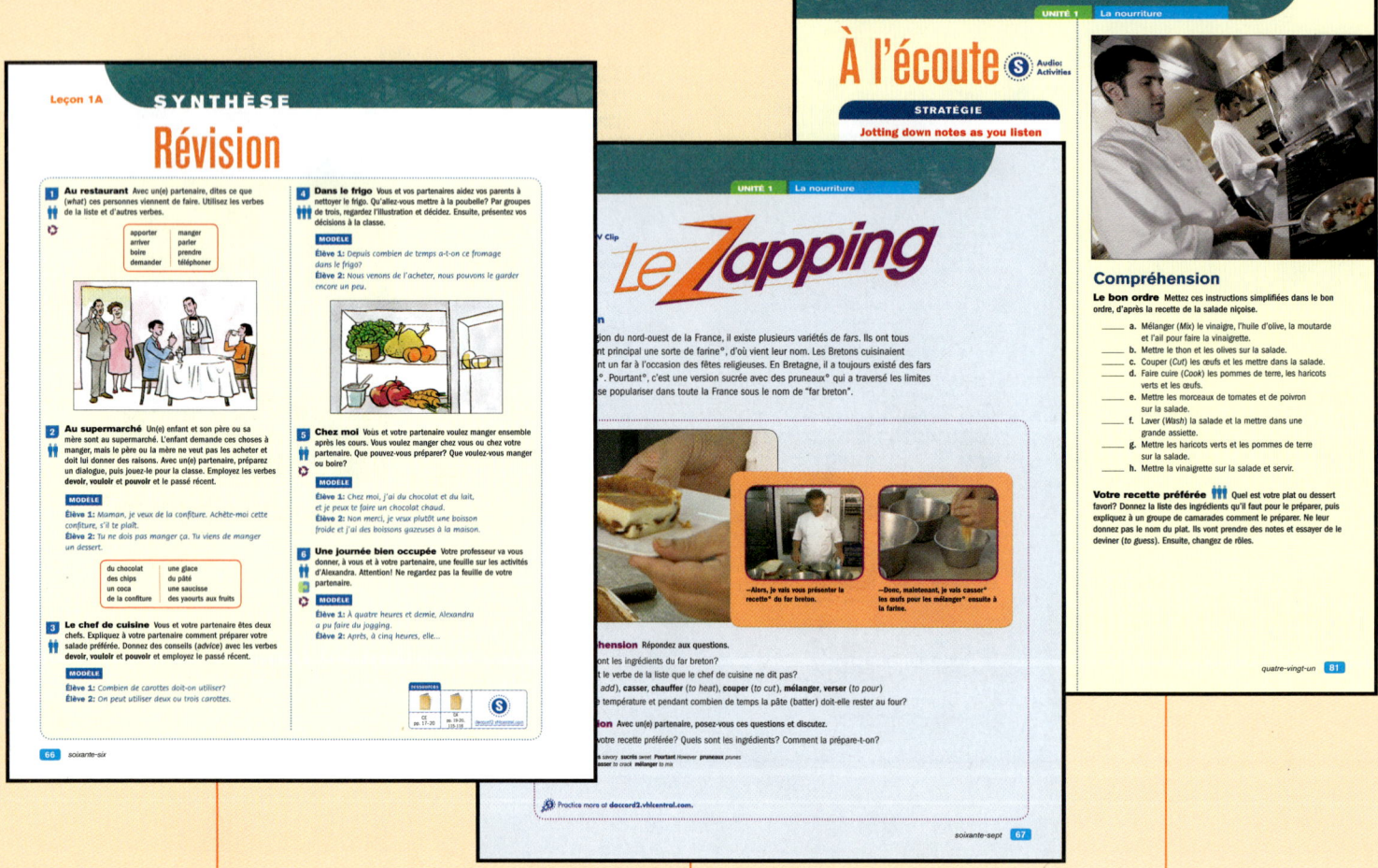

Révision activities integrate the lesson's two grammar points with previously learned vocabulary and structures, providing consistent, built-in review and recycling as students progress through the text.

Pair and group icons call out the communicative nature of the activities. Situations, role-plays, games, personal questions, interviews, and surveys are just some of the types of activities that students will experience.

À l'écoute presents a recorded conversation or narration to develop students' listening skills in French. **Stratégie** and **Préparation** prepare students for listening to the recorded passage.

Information gap activities, identified by the interlocking puzzle pieces, engage students and a partner in problem-solving situations. Each student has only half of the information necessary, so pairs must work together to accomplish the task at hand.

Le zapping features television clips in French—commercials, a recipe, a tourism notice for Rennes, and short films—supported by background information, images from the videos and activities to help students understand and to check their comprehension of what they see.

À vous d'écouter tracks students through the recorded passage, and **Compréhension** checks their understanding of what they heard.

SYNTHÈSE
Le zapping court métrage
Units 5 and 7 feature short-subject dramatic films by contemporary French filmmakers.

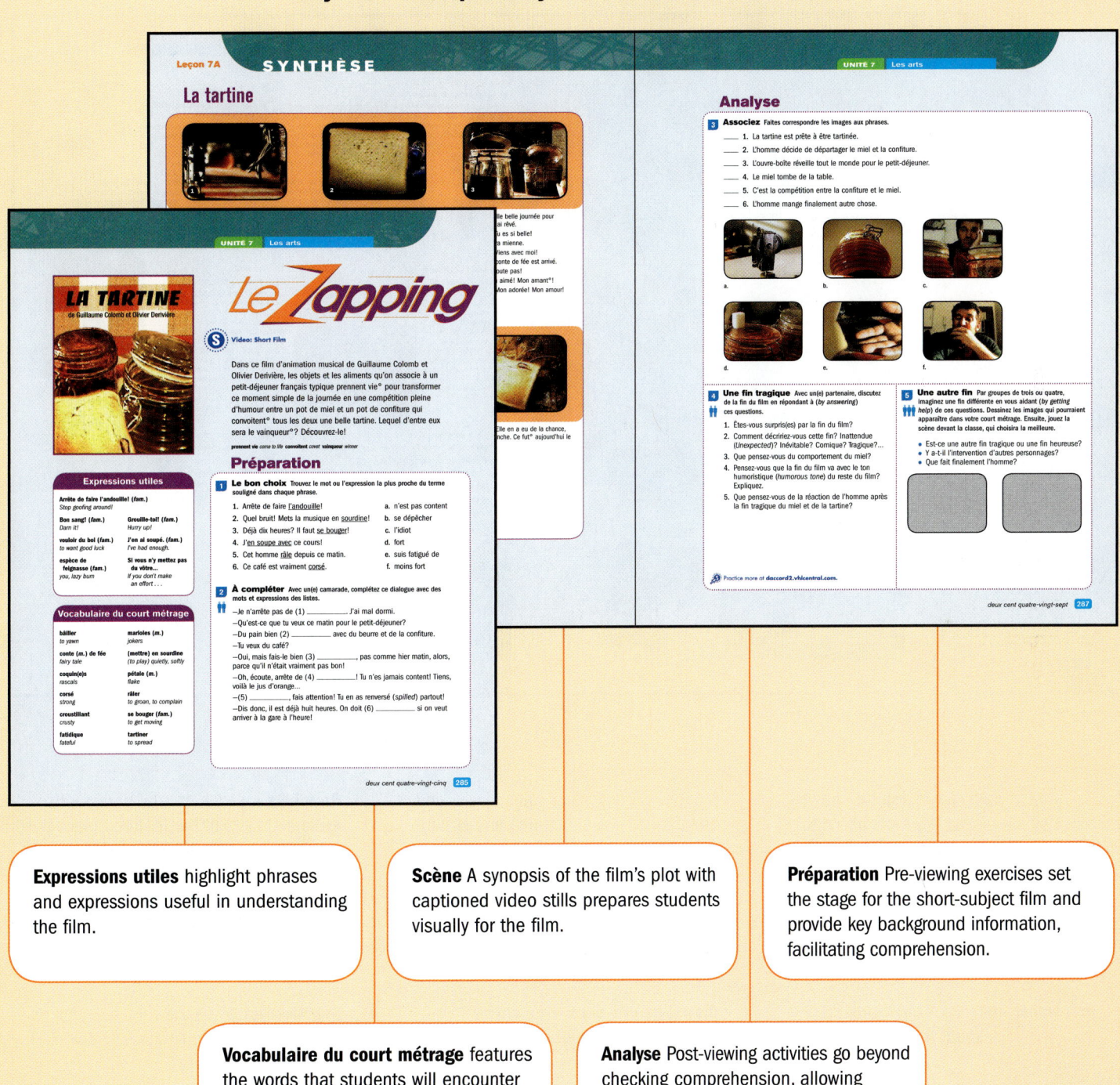

Expressions utiles highlight phrases and expressions useful in understanding the film.

Scène A synopsis of the film's plot with captioned video stills prepares students visually for the film.

Préparation Pre-viewing exercises set the stage for the short-subject film and provide key background information, facilitating comprehension.

Vocabulaire du court métrage features the words that students will encounter and use while doing the activities in the short film section.

Analyse Post-viewing activities go beyond checking comprehension, allowing students to discover broader themes.

D'ACCORD! 2 AT-A-GLANCE

SAVOIR-FAIRE

Panorama presents the French-speaking world.

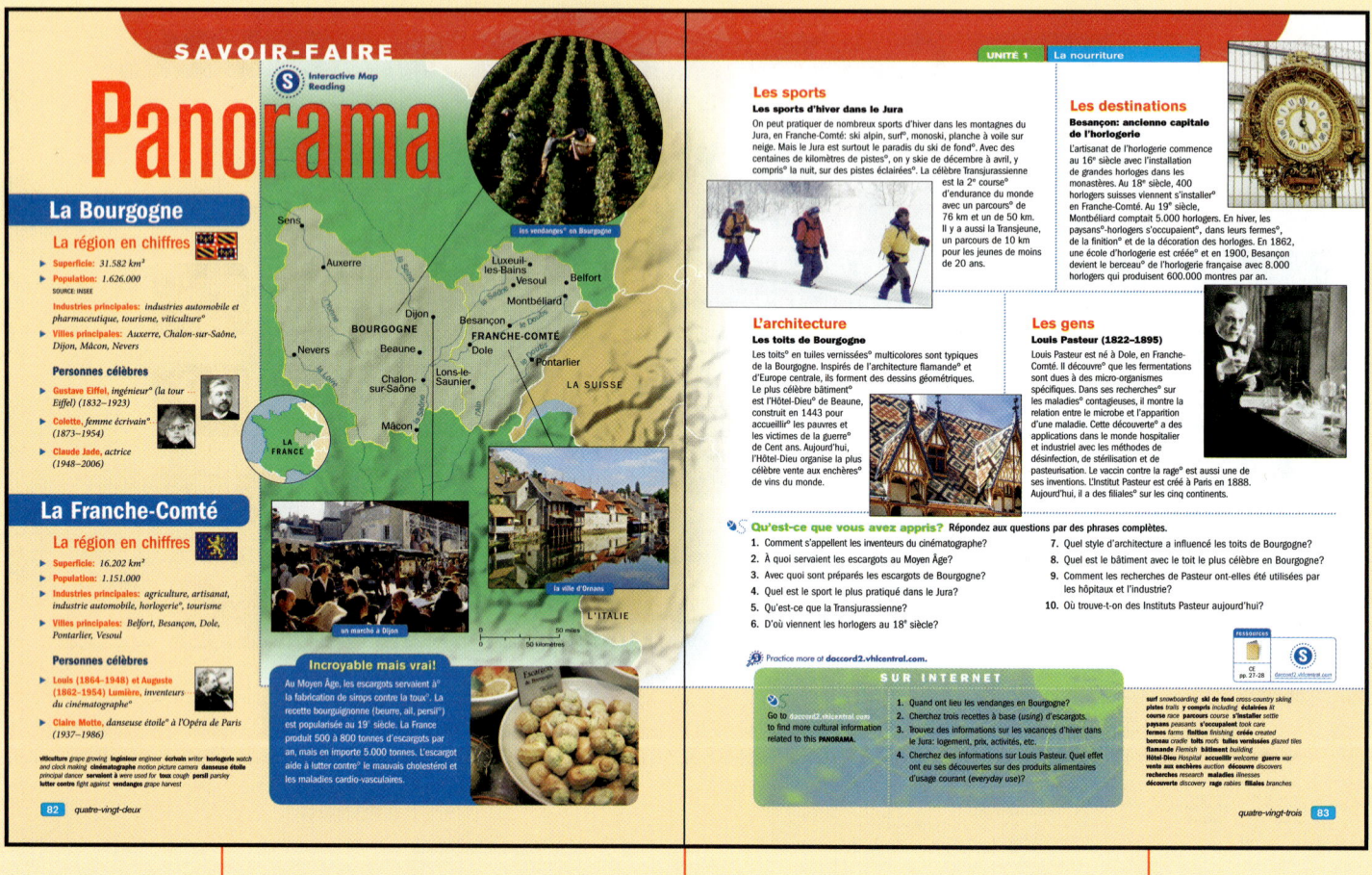

La ville/Le pays/La région en chiffres provides interesting key facts about the featured city, country, or region.

Maps point out major cities, rivers, and other geographical features and situate the featured place in the context of its immediate surroundings and the world.

Readings A series of brief paragraphs explores facets of the featured place's culture such as history, landmarks, fine art, literature, and aspects of everyday life.

Incroyable mais vrai! highlights an intriguing fact about the featured place or its people.

Qu'est-ce que vous avez appris? exercises check students' understanding of key ideas, and **ressources** boxes reference the additional activities in the student ancillaries.

Sur Internet offers Internet activities on the **D'ACCORD!** Supersite for additional avenues of discovery.

SAVOIR-FAIRE

Lecture develops reading skills in the context of the unit's theme.

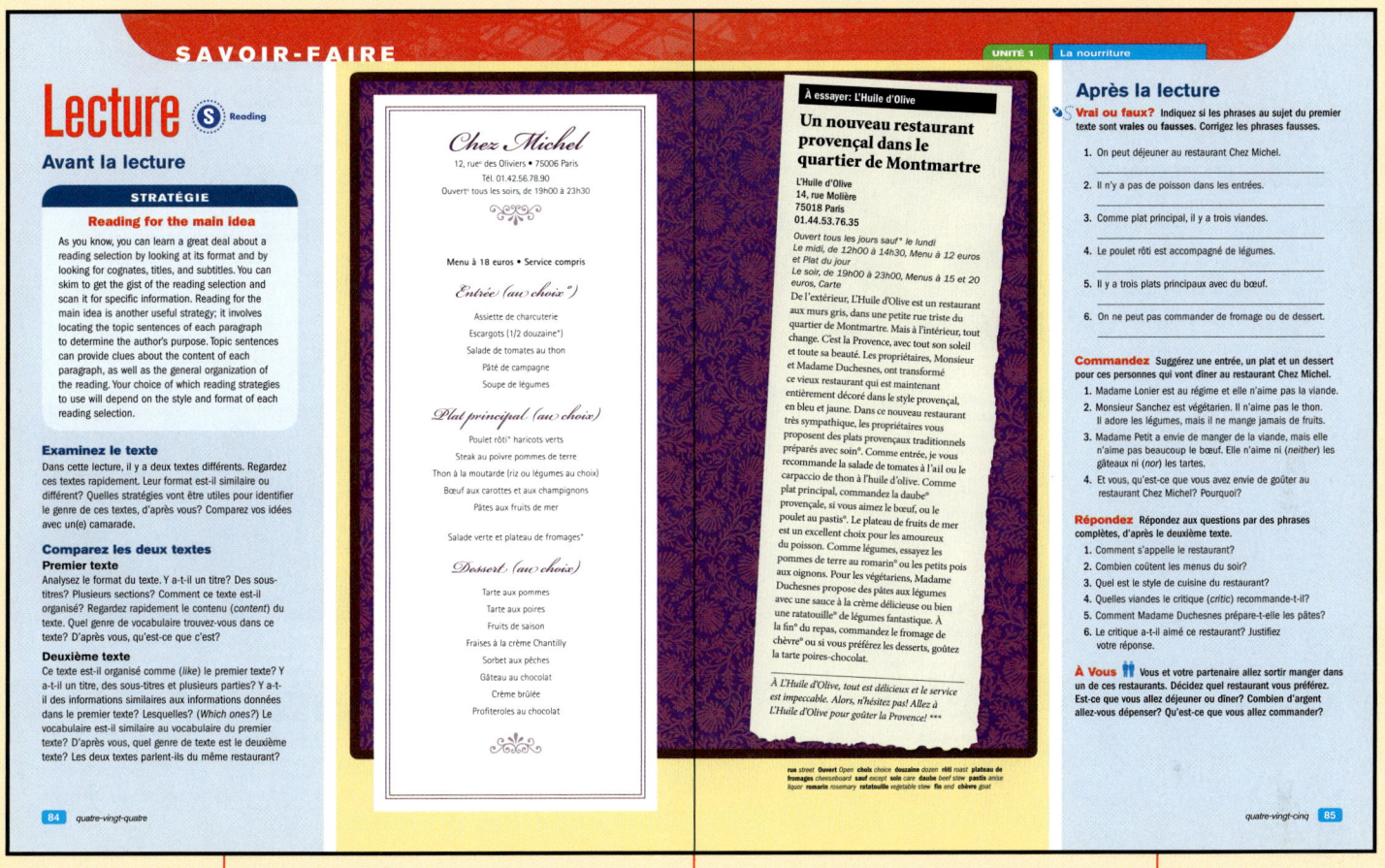

Avant la lecture presents valuable reading strategies and pre-reading activities that strengthen students' reading abilities in French.

Cultural Readings are directly tied to the unit theme and recycle vocabulary and grammar students have learned.

Après la lecture includes post-reading activities that check students' comprehension of the reading.

D'ACCORD! 2 AT-A-GLANCE

SAVOIR-FAIRE

Écriture develops writing skills in the context of the unit's theme.

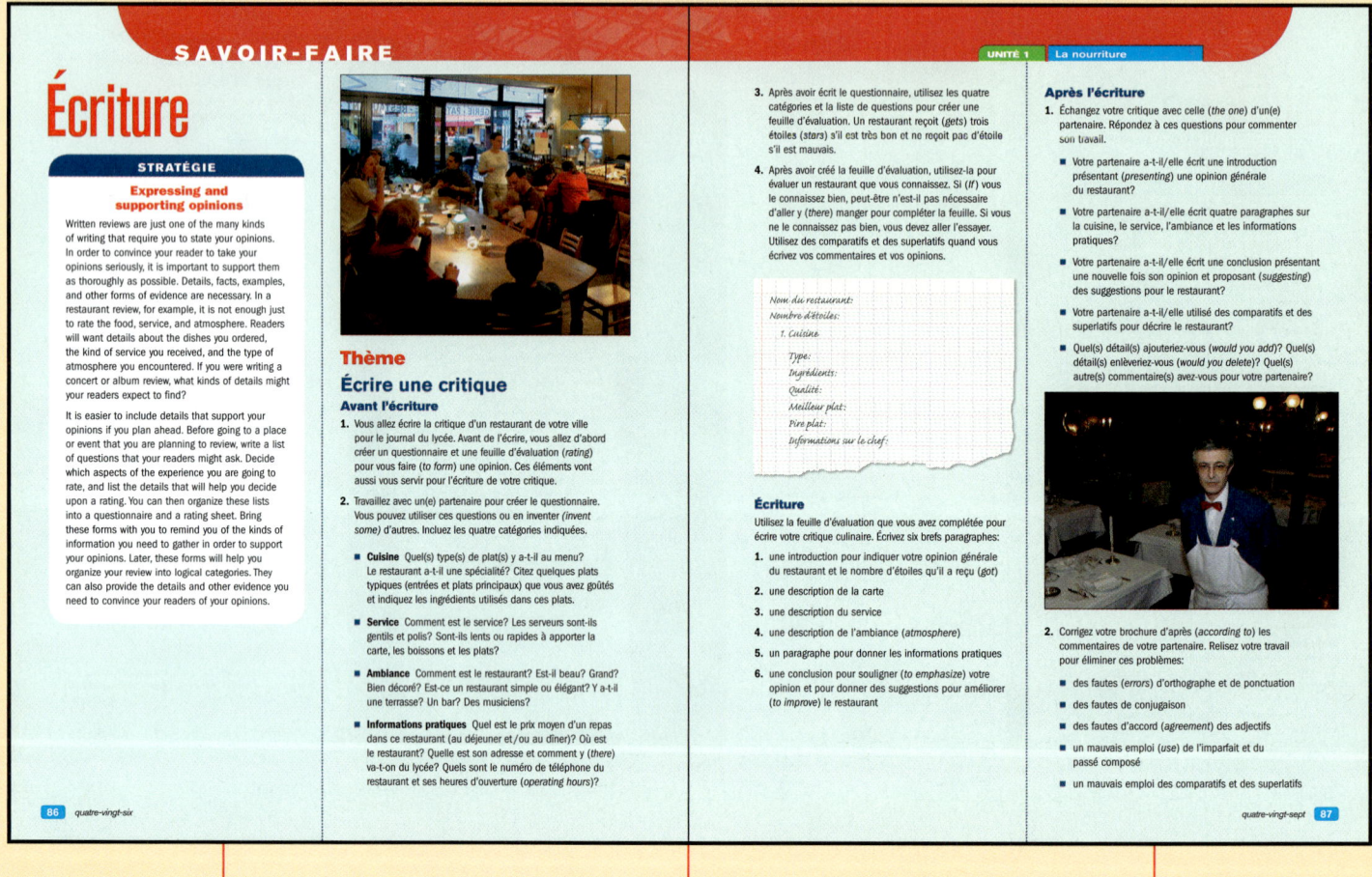

Stratégie provides useful strategies that prepare students for the writing task presented in **Thème**.

Thème describes the writing topic and includes suggestions for approaching it.

Process approach Like **À l'écoute** and **Lecture**, **Écriture** is a skill-building feature. It was developed using a process approach to better guide students' efforts. It has pre-writing tasks (**Avant l'écriture**), a task to use during writing (**Écriture**), and post-writing tasks (**Après l'écriture**).

VOCABULAIRE
summarizes all the active vocabulary of the unit.

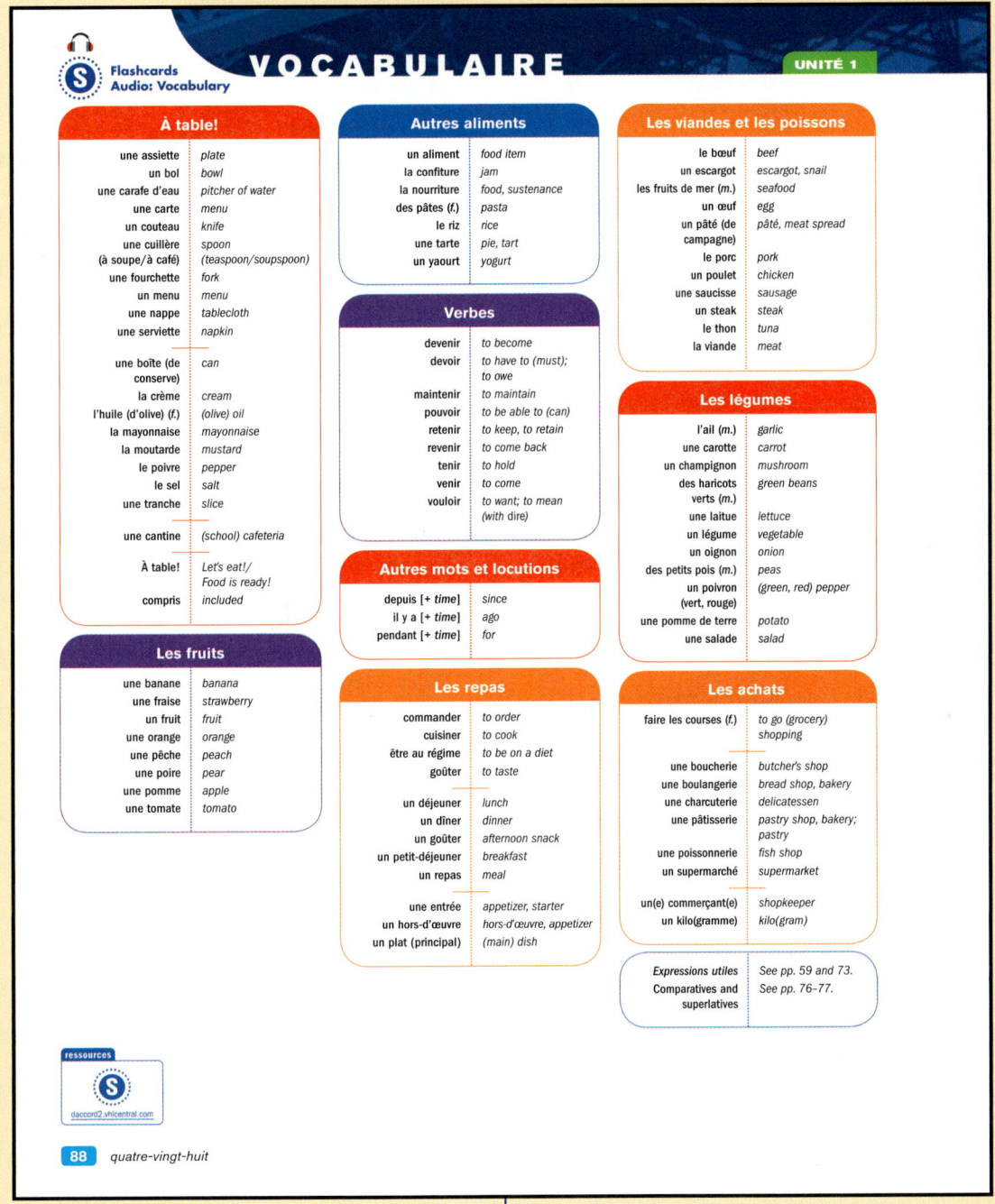

Recorded vocabulary The headset icon at the top of the page and the **ressources** box at the bottom of the page highlight that the active lesson vocabulary is recorded for convenient study and practice on the **D'ACCORD!** Supersite.

D'ACCORD! 2 Program Overview

TEACHER MATERIALS

- **Teacher's Annotated Edition**
  The unique, extended format of the TAE with its slightly reduced student pages surrounded by side and bottom panels provides comprehensive support for classroom teaching: expansion, variations, teaching tips, cultural information, scripts, and a wide array of additional activities.

- **Textbook Audio Program**
  This audio program, recorded by native French speakers, integrates directly with the **Contextes, Vocabulaire,** and **À l'écoute** sections of the textbook. It is available online and on audio CD to suit your classroom needs.

- **Video Program on DVD**
  Two separate video programs provide linguistic and cultural input. The **Roman-photo** program features a storyline closely integrated with the lesson's content. The thematically based **Flash culture** program expands on the content presented in the **Culture** section of the textbook.

- **Audio Program**
  The Audio Program provides the recordings to be used in conjunction with the audio activities in the **Cahier d'activités**. It is available online and on audio CD to suit your classroom needs.

- **Supersite powered by MAESTRO®**
  The **D'ACCORD!** Supersite utilizes the power of **MAESTRO®** to provide tracking, grading, and monitoring of student performance and to facilitate communication with the class. Teachers have access to the student site, as well as to lesson plans and select instructor resources.

- **Audio and Video Scripts**
  The Audio and Video Scripts contain the Textbook Audio Program and the Audio Program scripts; the video scripts; and English translations of the video scripts.

- **Answer Keys**
  This contains answers to activities in the **Cahier d'exercices**, the **Cahier d'activités,** and in the **Contextes** and **Structures** sections of the textbook.

- **Overhead Transparencies**
  The Overhead Transparencies include maps of the francophone world, drawings to reinforce vocabulary presented in the textbook's **Contextes** sections, and other useful illustrations for presenting or practicing concepts such as telling time. They are available online in PDF format.

- **Testing Program**
  The Testing Program consists of vocabulary & grammar quizzes, lesson & unit tests, cumulative, midterm and final exams, listening scripts, and answer keys. It is provided in ready-to-print PDFs, in RTF (word-processing) files, and in a Test Generator. Testing audio files are also available on audio CD and on the Supersite as MP3s.

STUDENT MATERIALS

- **Cahier d'exercices**
  The **Cahier d'exercices** provides additional practice of the vocabulary and grammar in each textbook lesson and the cultural information in each unit's **Panorama** section. The **Cahier d'exercices** is a practical homework option for your students.

- **Cahier d'activités**
  The **Cahier d'activités** offers audio activities that build listening comprehension, speaking, and pronunciation skills, as well as video activities for pre-, while-, and post-viewing of the video programs. It also contains the **Feuilles d'activités** and the Info Gap Activities, worksheets for paired communication activities.

- **Cahier interactif**
  The **Cahier interactif** contains the **Cahier d'exercices** and the audio and video activities from the **Cahier d'activités** in an online environment powered by the **MAESTRO®** engine.

- **Supersite powered by MAESTRO®**
  Among the extensive online resources offered on the **D'ACCORD!** Supersite are a wide variety of interactive activities for each section of every lesson of the student text; auto-scored exercises for extra practice of vocabulary, grammar, video, and cultural content; Internet search activities; Information Gap activity and **Feuilles d'activités** handouts; reference tools; the **Le zapping** video clips; the complete Video Program; the Textbook Audio Program; and the Audio Program.

The Vista Higher Learning Story
Your Specialized Foreign Language Publisher

Independent, specialized, and privately owned, Vista Higher Learning was founded in 2000 with one mission: to raise the teaching and learning of world languages to a higher level. This mission is based on the following beliefs:

- It is essential to prepare students for a world in which learning another language is a necessity, not a luxury.
- Language learning should be fun and rewarding, and all students should have the tools necessary for achieving success.
- Students who experience success learning a language will be more likely to continue their language studies both inside and outside the classroom.

With this in mind, we decided to take a fresh look at all aspects of language instructional materials. Because we are specialized, we dedicate 100 percent of our resources to this goal and base every decision on how well it supports language learning.

That is where you come in. Since our founding in 2000, we have relied on the continuous and invaluable feedback from language instructors and students nationwide. This partnership has proved to be the cornerstone of our success by allowing us to constantly improve our programs to meet your instructional needs.

The result? Programs that make language learning exciting, relevant, and effective through:

- an unprecedented access to resources
- a wide variety of contemporary, authentic materials
- the integration of text, technology, and media, and
- a bold and engaging textbook design

By focusing on our singular passion, we let you focus on yours.

The Vista Higher Learning Team

VISTA
HIGHER LEARNING

31 St. James Avenue Boston, MA 02116-4104 TOLL-FREE: 800-618-7375
TELEPHONE: 617-426-4910 FAX: 617-426-5209 www.vistahigherlearning.com

D'ACCORD! and the *Standards for Foreign Language Learning*

D'ACCORD! promotes and enhances student learning and motivation through its instructional design, based on and informed by the best practices of the *Standards for Foreign Language Learning in the 21st Century* as presented by the American Council on the Teaching of Foreign Languages (ACTFL).

D'ACCORD! blends the underlying principles of the five Cs (Communication, Cultures, Connections, Comparisons, Communities) with features and strategies tailored specifically to build students' speaking, listening, reading, and writing skills. As a result, right from the start students are given the tools to express themselves articulately, interact meaningfully with others, and become highly competent communicators in French.

Key Standards annotations, at the beginning of each section in the TAE, highlight the most important standards met in that section. Below is a complete list of the standards.

The Five Cs of Foreign Language Learning

1. Communication
Students:
1. Engage in conversation, provide and obtain information, express feelings and emotions, and exchange opinions. (Interpersonal mode)
2. Understand and interpret written and spoken language. (Interpretive mode)
3. Present information, concepts, and ideas to an audience of listeners or readers. (Presentational mode)

2. Cultures
Students demonstrate an understanding of the relationship between:
1. The practices and perspectives of the culture studied.
2. The products and perspectives of the culture studied.

3. Connections
Students:
1. Reinforce and further their knowledge of other disciplines through French.
2. Acquire information and recognize distinctive viewpoints only available through French language and cultures.

4. Comparisons
Students demonstrate understanding of:
1. The nature of language through comparisons of the French language and their own.
2. The concept of culture through comparisons of the cultures studied and their own.

5. Communities
Students:
1. Use French both within and beyond the school setting.
2. Show evidence of becoming life-long learners by using French for personal enjoyment and enrichment.

Adapted from ACTFL's *Standards for Foreign Language Learning in the 21st Century*

Good Teaching Practices

The design and format of the presentations and activities in the **D'ACCORD!** program incorporate research-based instructional principles to address your instructional needs and goals.

Contextualized Vocabulary

Vocabulary concepts are explicitly presented, carefully organized, and frequently reviewed—always in context—to reinforce student understanding. Each lesson provides ample opportunities for students to practice and work with all the vocabulary they have learned up to that point. The **Contextes** section presents vocabulary in meaningful contexts and reinforces new words, phrases, and expressions through varied and engaging practice activities.

Ongoing Comprehensible Input

The *Roman-photo* Video Program features conversations that reinforce vocabulary from **Contextes**. The video storyboard—the companion script with accompanying visuals in the textbook—provides students with instructional reinforcement and preparation that ensure successful and confident use of French.

Contextualized Grammar

Grammatical terms are clearly and concisely defined in the **Structures** section. Grammatical structures are carefully called out and modeled with sample context sentences. Students are encouraged to apply their knowledge of English grammar to make comparisons with grammatical concepts in French.

Communication

The language practice activities provided in the **Contextes** and **Structures** sections are carefully designed to progress from directed to open-ended to fully communicative, all within context-based, personalized activities. The varied activity formats include pair and small-group work, class interaction, and task-based, to name a few. The **D'ACCORD!** program offers ample opportunities for all types of learners to demonstrate what they can do with the vocabulary and grammar they have learned.

Cultural Context for Learning

Language learning, like any academic subject, requires a context. Without it, the vocabulary and grammar students learn lack real meaning. Culture is the framework that provides the necessary context to students. It adds depth and color to their linguistic landscape, and over time it becomes a powerful incentive for continued study.

Culture is a prominent feature of the **D'ACCORD!** program. Students are continually prompted to use French in different cultural contexts and to use critical thinking skills to make connections and comparisons. In particular, the **Culture** and **Panorama** textbook sections, with their respective emphases on culture from thematic and geographical perspectives, provide opportunities for teaching French in a cultural context. In addition to the cultural material in the textbook, you can enrich your students' learning experience with the *Flash culture* videos and by bringing to the classroom authentic items from different Francophone cultures, such as restaurant menus, songs, poetry, podcasts, documentaries, or films.

Universal Access

You can build a unique classroom community by engaging all students and encouraging them to participate regularly in class. Knowing how to appeal to learners of different abilities and learning styles will allow you to foster a positive teaching environment and motivate all your students.

Here are some strategies for creating inclusive learning environments for students who are cognitively, emotionally, or physically challenged as well as for heritage language and advanced learners.

Learners with Special Needs

Learners with special needs include students with attention priority disorders, students with learning disabilities, slower-paced learners, at-risk learners, gifted students, and English-language learners. Some inclusion strategies that work well with the special needs of such students are:

Clear Structure By teaching concepts related to language in a predictable or understandable order, you can help students classify language in logical groups. For example, encourage students to keep outlines of materials they read, classify words under categories such as colors, shapes, etc., or follow prewriting steps.

Frequent Review and Repetition Preview material to be taught and review material covered at the end of each lesson. Pair proficient learners with less proficient ones to practice and reinforce concepts. Help students retain concepts through continuous practice and review.

Multi-sensory Input and Output Use visual, auditory, and kinesthetic tasks and activities to add interest and motivation and achieve long-term retention. For example, vary input with the use of audio recordings, video, guided visualization, rhymes, and mnemonics. Or use specially prepared displays for emphasizing key vocabulary and concepts. Encourage students to repeat words or mime responses to questions.

Sentence Completion Provide sentence starters for students who struggle to remember vocabulary or grammar. Emphasize different sentence structures. Write and encourage students to copy cloze sentences before filling in blanks.

Additional Time Consider how physical limitations may affect participation in special projects or daily routines. Allow extra time for completing a task or moving around the classroom. Provide additional time and recommended accommodations for hearing-impaired or visually-impaired students.

Advanced Learners

Advanced learners have the potential to learn language concepts and complete assignments at an accelerated pace. They may be enrolled in school programs such as Advanced Placement or International Baccalaureate that require them to sharpen writing and problem-solving skills, study subjects in greater detail, and develop the study skills needed for tackling rigorous coursework.

As a result, advanced learners may benefit from assignments that are more challenging than the ones given to their peers. Examples include reading a variety of texts and sharing their perspectives with the class, retelling detailed stories, preparing analyses of texts, or adding to discussions. The key to differentiating for advanced learners is adapting or enriching existing activities by adding a degree of challenge to a given task. Here are some strategies for engaging advanced learners:

Timed Answers Have students answer questions within a specified time limit.

Persuading Adapt activities so students have to write or present their points of view in order to persuade an audience. Pair or group advanced learners to form debating teams and have them present their opinions on a lesson topic to the rest of the class.

Circumlocution Prompt students to discover various ways of expressing ideas and of overcoming potential blocks to communication through the use of circumlocution and paraphrasing.

Identifying Cause and Effect After reading passages in the text or other types of writing, prompt students to explain why something happened and what followed as a result. Encourage them to vary vocabulary and use precise words and appropriate conjunctions to indicate sequence and the relation between events.

All Learners

Use Technology to Reach All Learners No matter what their ability level or learning style, students are surrounded by technology. Many are adept at using it to understand their world. They use it enthusiastically, but they need your guidance in how to use it for learning French. You can use technology to customize your students' learning experience by providing materials for visual, auditory, and kinesthetic learners, as well as for learners who need more time to accomplish certain tasks.

The **D'ACCORD!** program provides a wide range of technology that is designed to make sure that all your students, no matter what their home or school environment, have equal access to all instructional materials—and to success.

If your students have no access to computers, you can bring audio and video into your classroom with the Textbook and Audio Program CDs and the Video DVDs. Accompanying activities are found in both the textbook and the **Cahier d'activités**. If you wish, you can use the **Cahier d'exercices** for homework to reinforce concepts learned in class.

If students have access to computers through your classroom or a school language lab, they can complete activities on the **D'ACCORD!** Supersite. Activities are motivating, as well as instructional, and include interactive flashcards, games, short self-quizzes, and more. Selected activities are connected to an online gradebook, so you can monitor student performance.

If all students have access to computers at home as well as at school, consider having them use the **Cahier interactif**, which incorporates the **Cahier d'exercices** with the audio and video activities from the **Cahier d'activités** in an online, auto-graded format, connected to a gradebook.

Classroom Environment

The creators of **D'ACCORD!** understand that there are many different approaches to successful language teaching and that no one method works perfectly for all teachers or all learners. The strategies and tips provided in this Teacher's Annotated Edition take into account the many widely accepted language-teaching methods applied by successful teachers today.

Strategies for Creating a Communicative Learning Community

The aim of communicative learning is to develop oral and listening proficiency, literacy skills, and cultural knowledge in order to have meaningful exchanges with others through conversation, writing, listening, and viewing. Think of communicative interaction as being an instructional method as well as the ultimate reason for learning French.

Apply the following strategies to address challenges commonly faced by French-language learners. Good strategies will help your students gain confidence to communicate clearly, fully, accurately, personally, and confidently. Always focus on ways to engage students and increase meaningful interaction.

Maintain the Target Language

As much as possible, create an immersion environment by using French to *teach* French. Encourage the exclusive use of the target language in your classroom, employing visual aids, circumlocution, or gestures to complement what you say. Encourage students to perceive meaning directly through careful listening and observation, and by using cognates and familiar structures and patterns to deduce meaning. Employ mnemonics, and encourage students to develop strategies to expand and retain their knowledge of French.

Accommodate Different Learning Styles

Visual Learners learn best by seeing, so engage them in activities and projects that are visually creative. Encourage them to write down information and think in pictures as a long-term retention strategy; reinforce their learning through visual displays such as diagrams, videos, and handouts.

Auditory Learners best retain information by listening. Engage them in discussions, debates, and role-playing. Reinforce their learning by playing audio versions of texts or reading aloud passages and stories. Encourage them to pay attention to voice, tone, and pitch to infer meaning.

Kinesthetic Learners learn best through moving, touching, and doing hands-on activities. Involve such students in skits and dramatizations; to infer or convey meaning, have them observe or model gestures such as those used for greeting someone or getting someone's attention.

Cultivate Critical Thinking

Prompt students to reflect, observe, reason, and form judgments in French. Engaging students in activities that require them to compare, contrast, predict, criticize, and estimate will help them to internalize the language structures they have learned.

Encourage Cooperative Learning

There are many reasons for encouraging cooperative learning among your students, particularly in the context of French-language learning. Pair or group students of differing abilities and levels of proficiency to encourage peer coaching, promote student self-confidence, help enhance individual and group social skills and promote positive relations in your classroom.

Pair and group work can promote learning and achievement among students, create positive learning experiences, and improve students' abilities to retain information for longer periods of time.

Monitor group interactions and presentations regularly. Allow for flexible grouping and encourage movement within and among groups, so that group leaders and facilitators as well as group members are constantly changing. If possible, match students with common interests to encourage them to engage in conversation and share knowledge. You may want to allow for equal special needs or heritage learner representation among groups where possible to allow for different perspectives.

The Four Skills

Effective second-language teaching equips students with the ability to recognize, understand, and produce the target language. Think of listening and reading as forms of input, and focus on speaking and writing as student output.

Listening/Speaking Skills

As students begin to study French, it is likely that they will expect to need to recognize every word they hear in order to understand. The audio and video materials in the **D'ACCORD!** program build on what students have already learned but also introduce words, phrases, and structures to which they will be exposed later. It will be important for you to train students to listen for tone, the gist of the message, and cues that will help them situate meaning, such as **hier** or **demain** to distinguish between past and future.

Three Stages of Listening In the first stage, students should read any pre-listening strategies and post-listening activity items before listening to a passage. This will help them anticipate the main ideas as they listen to the passage the first time. Encourage them to listen to it in its entirety while jotting down words and ideas and while keeping in mind what the comprehension items ask. Remind students that they should not expect to understand every word. As students listen to the passage a second time, they should attempt to answer as many of the activity items as they can, leaving the more challenging ones for the final time they listen to the passage. If you choose to do these activities as a class, modeling the various listening stages for students will establish constructive precedents for future listening situations, both in and out of the classroom.

Mastering Speaking Activities **D'ACCORD!** activities progress from guided to open-ended, with speaking opportunities becoming more numerous from one section to the next. Before starting open-ended speaking activities in any section, make sure students have practiced and understood any relevant lexical or grammatical forms by completing guided activities that precede the communicative ones. Practice circumlocution with your students on a regular basis as part of your curriculum so that it is always clear to them that talking their way around an unknown word or expression is a normal communication strategy in French just as in their first language.

Reading/Writing Skills

As students develop reading comprehension skills in French, encourage them to access texts by applying the reading strategies they learn both within and beyond your classroom. Remind them to predict or infer content by observing supporting information such as pictures and captions. Have them focus on text organization (main idea and details, order of events, and so on).

Three Stages of Reading Remind students to look over pre-reading activities or strategies to familiarize themselves with the topic of the reading passage. They should also look at post-reading activities in order to anticipate the reading's theme. They should keep this information in mind as they read the selection through the first time. At this point, their focus should be on understanding the gist of the passage. Remind them that it is fine if they do not understand every word. As students read the passage a second time, they should consult the glosses of unfamiliar words or phrases, and when finished, revisit post-reading activities in order to answer as many items as possible, leaving the more difficult ones for the time being, before beginning a third or subsequent reading of the passage. Most importantly, any reading assignment should be integrated into a broader framework of tasks consisting of all the language skills, giving students the opportunity to speak, listen, and write about the reading selection's topic. To this end, consider using the reading as a springboard for pair or group discussions or a short essay soliciting students' reactions to the reading's theme.

Writing Activities Writing skill development should focus on meaning and comprehensibility. As needed, remind students to take into account spelling, mechanics, and a logical structure to their paragraphs.

D'ACCORD! offers many opportunities for writing practice. Most prominent of course is the **Écriture** section of **Savoir-faire**, however other activities in strands such as **Culture** and **Structures** provide writing practice via shorter tasks.

Assessment

As you use the **D'ACCORD!** program, you can employ a variety of assessments to check for student comprehension and evaluate progress. You can also use assessment as a way to identify student needs and modify your instruction accordingly. The program provides both traditional assessments that are comprehensive in scope and elicit discrete answers, as well less traditional ones that offer a more communicative approach by eliciting open-ended, personalized responses.

The **D'ACCORD!** Testing Program provides a variety of quizzes and tests for each lesson. The testing program includes a quiz (with two versions) for the **Contextes** section and for each grammar point. End of lesson and unit tests allow you to assess students' grasp of entire instructional units. Finally, cumulative midterms and final exams reinforce concepts taught over longer periods of time.

You can use the tests just as they appear in the printed Testing Program. They are also available in the Test Generator and as RTF (word-processing) files in the Resources section of the teacher's Supersite. You can customize the tests as you wish, adding, eliminating, or moving items according to your classroom and student needs.

Portfolio Assessment

Portfolios can provide further valuable evidence of your students' learning. They are useful tools for evaluating students' progress in French and also suggest to students how they are likely to be assessed in the real world. Since portfolio activities often comprise classroom tasks that you would assign as part of a lesson or as homework, you should think of the planning, selecting, recording, and interpreting of information about individual performance as a way of blending assessment with instruction.

You may find it helpful to refer to portfolio contents, such as drafts, essays, and samples of presentations when writing student reports and conveying the status of a student's progress to his or her parents.

At the beginning of the school year, ask students to consider which pieces of their own work they would like to share with family and friends, and help them develop criteria for selecting representative samples of essays, stories, poems, recordings of plays or interviews, mock documentaries, and so on. Prompt students to choose a variety of media in their activities wherever possible to demonstrate development in all four language skills. Encourage them to seek peer and parental input as they generate and refine criteria to help them organize and reflect on their own work.

Strategies for Differentiating Assessment

Here are some strategies for modifying tests and other forms of assessment according to your students' needs and your own purposes for administering the assessment.

Adjust Questions Direct complex or higher-level questions to students who are equipped to answer them adequately and modify questions for students with greater needs. Always ask questions that elicit thinking, but keep in mind the students' proficiency and readiness.

Provide Tiered Assignments Assign tasks of varying complexity depending on individual student needs. Refer to the Universal Access section on page TAE-22 for tips on making activities simpler or more challenging.

Promote Flexible Grouping Encourage movement among groups of students so that all learners are appropriately challenged. Group students according to interest, oral proficiency levels, or learning styles.

Adjust Pacing Pace the sequence and speed of assessments to suit your students' learning needs. Time advanced learners to challenge them and allow slower-paced learners more time to complete tasks or answer questions.

D'ACCORD! 2 Instructional Design and Pacing Guides

As you plan your lessons with **D'ACCORD!**, trust our research-based instructional design to provide you maximum effectiveness and efficiency in teaching.

- Begin each chapter by asking students to provide, *from their own experience*, words, concepts, categories, and opinions on the context of the chapter. As students progress, they will move from doing this in English to using more and more French.

- Only then turn to the *vocabulary*, inviting students to experience it as a new code to express what they already know and experience about the chapter context.

- Once students see that the new code (French) is a tool for expressing their own ideas, bridge their experiences to that of their francophone peers through the *Roman-photo*.

- Next bring students francophone *culture* as seen from the perspective of those living in it. Using their new language tool, they can learn about new cultural experiences as well as effectively share their own.

- Now they can refine and strengthen the accuracy and range of their communication through understanding how to recognize and manipulate language structure, i.e. *grammar* and *syntax*.

85-Minute (Block Schedule) Pacing Guide

Assumptions:

- 90 days, 85 minutes per day; *Minus 4 days* for standardized testing, school events; 86 total working days
- 2 days for review (**Reprise**)
- 8 **Unités** into 84 days = 10 ½ days per **Unité**
- 4 days per **Leçon** (including incremental quizzes) + 2 ½ days for **Savoir-faire** and final unit test = 10 ½ days

Day			
R1	Review section 1	Review section 2	
R2	Review section 3	Review section 4	Culture

Day	Topic (minutes)				
1	Orientation to **Unité**; *Pour commencer* (5)	**Contextes A** orientation, vocabulary presentation (20)	**Contextes A** *Mise en pratique* (20)	**Contextes A** *Communication* (30)	*Les sons et les lettres* (10)
2	**Roman-photo A** overview, presentation (15)	**Roman-photo A** viewing (15)	**Culture A** (20)	**Structure A.1** presentation (20)	**Flash Culture** (15)
3	**Structure A.1** *Mise en pratique* (20)	**Structure A.1** *Communication* (20)	**Structure A.2** presentation (25)	Assessment: **Contextes A** (20)	
4	**Structure A.2** *Mise en pratique* (15)	**Structure A.2** *Communication* (15)	**Synthèse A** *Révision* (15) **Synthèse A** *Le zapping* (10)	Assessment **Structure A.1** (15)	**Contextes B** orientation, vocabulary presentation (15)
5	**Contextes B** *Mise en pratique* (20)	**Contextes B** *Communication* (25)	*Les sons et les lettres* (10)	**Roman-photo B** overview, presentation (15)	Assessment **Structure A.2** (15)
6	**Roman-photo B** viewing (20)	**Culture B** (20)	**Flash Culture** (15)	Test: **Leçon A** (30)	
7	**Structure B.1** presentation (20)	**Structure B.1** *Mise en pratique* (25)	**Structure B.1** *Communication* (25)	Assessment: **Contextes B** (15)	
8	**Structure B.2** presentation (20)	**Structure B.2** *Mise en pratique* (15)	**Structure B.2** *Communication* (15)	**Savoir-faire** Panorama (20)	Assessment **Structure B.1** (15)
9	**Synthèse B** *Révision* (20)	**Synthèse B** *À l'écoute* (20)	**Savoir-faire** *Lecture* (30)	Assessment **Structure B.1** (15)	
10	**Savoir-faire** *Écriture* (60)	Test: **Leçon B** (25)			
11	Test: **Unité** (45)				

45-Minute Pacing Guide

Assumptions:
- 180 days, *45 minutes per day*; *Minus 12 days* for standardized testing, school events; 168 total working days
- 8 days for review (**Reprise**)
- 8 **Unités** into 160 days = 20 days per **Unité**
- 7½ days per **Leçon** (including incremental quizzes) + 4 days for **Savoir-faire** and review + 1 day for final unit test = 20 days

Day		Day	
R1	Review section 1	R5	Review section 3
R2	Review section 1	R6	Review section 3
R3	Review section 2	R7	Review section 4
R4	Culture	R8	Review section 4

Day	Topic (minutes)			
1	Orientation to **Unité**; *Pour commencer* (3)	**Contextes A** orientation, vocabulary presentation (15)	**Contextes A** *Mise en pratique* (12)	**Contextes A** *Communication* (15)
2	*Les sons et les lettres* (10)	**Roman-photo A** Presentation, viewing (20)	Assessment: **Contextes A** (15)	
3	**Culture A** with activities (20)	**Flash Culture** (10)	**Structure A.1** presentation (15)	
4	**Structure A.1** *Mise en pratique* (20)	**Structure A.1** *Communication* (25)		
5	Assessment: **Structure A.1** (15)	**Structure A.2** presentation (15)	**Structure A.2** *Mise en pratique* (15)	
6	**Structure A.2** *Communication* (20)	**Synthèse A:** *Révision* (25)		
7	Assessment: **Structure A.2** (15)	**Synthèse A** *Le zapping* (15)	Review: **Leçon A** (10)	
8	Test: **Leçon A** (25)	**Contextes B** orientation, vocabulary presentation (10)	*Les sons et les lettres* (10)	
9	**Contextes B:** *Mise en pratique* (15)	**Contextes B** *Communication* (15)	**Roman-photo B** overview, presentation (15)	
10	Assessment: **Contextes B** (20)	**Roman-photo B** presentation, viewing, activities (25)		
11	**Structure B.1** presentation (15)	**Structure B.1** *Mise en pratique* (15)	**Structure B.1** *Communication* (15)	
12	**Structure B.2** presentation (15)	**Structure B.2** *Mise en pratique* (15)	**Structure B.2** *Communication* (15)	
13	Assessment: **Structure B.2** (15)	**Culture B** with activities (30)		
14	**Synthèse B** *Révision* (30)	Assessment: **Structure B.2** (15)		
15	**Synthèse B** *À l'écoute* (15)	Test: **Leçon B** (30)		
16	**Savoir-faire** *Panorama* (45)			
17	**Savoir-faire** *Lecture* (45)			
18	**Savoir-faire** *Écriture* (25)	**Leçon A/B** review (20)		
19	**Savoir-faire** *Écriture* (25)	**Leçon A/B** review (20)		
20	Test: **Unité** (40)	Orientation to next **Unité**; *Pour commencer* (5)		

Professional Resources

Printed Resources

- American Council on the Teaching of Foreign Languages (2006). *Standards for Foreign Language Learning in the 21st Century.* Third Edition. Yonkers, NY: ACTFL.

- Brown, H Douglas (2000). *Principles of Language Learning and Teaching.* Fourth Edition. White Plains, NY: Pearson Education.

- Crawford, L. W. (1993). *Language and Literacy Learning in Multicultural Classrooms.* Boston, MA: Allyn & Bacon.

- Hughes, Arthur (2002). *Testing for Language Teachers.* Second Edition. Cambridge, UK: Cambridge University Press.

- Kramasch, Claire (2004). *Context and Culture in Language Teaching.* Oxford, UK: Oxford University Press.

- Krashen, S.D., & Terrell, T.D. (1996). *The Natural Approach: Language Acquisition in the Classroom.* Highgreen, UK: Bloodaxe Books Ltd.

- Larsen-Freeman, D. (2000). *Techniques and Principles in Language Teaching.* Second Edition. Oxford, UK: Oxford University Press.

- Nunan, D. (1999). *Second Language Teaching and Learning.* Boston: Heinle & Heinle.

- O'Malley, J. Michael and Anna Uhl Chamot (1990). *Learning Strategies in Language Acquisition.* Cambridge, UK: Cambridge University Press.

- Ommagio Hadley, Alice (2000). *Teaching Language in Context.* Third Edition. Boston, MA: Heinle & Heinle.

- Richards, Jack C. and Rodgers, Theodore S (2001). *Approaches and Methods in Language Teaching.* Cambridge, UK: Cambridge University Press.

- Shrum, Judith L. and Glisan, Eileen W. (2005). *Teacher's Handbook: Contextualized Language Instruction.* Third Edition. Boston: Heinle & Heinle.

- Tomlinson, C. A. (1999). *The Differentiated Classroom: Responding to the Needs of Learners.* Alexandria, VA: Association for Curriculum and Supervision Development.

- Tomlinson, C.A. (2001). *How to Differentiate Instruction in Mixed-Ability Classrooms.* Alexandria, VA: Association for Curriculum and Supervision Development.

Online resources

American Council on the Teaching of Foreign Languages (ACTFL)
www.actfl.org

American Association of Teachers of French (AATF)
www.frenchteachers.org

Modern Language Association (MLA)
www.mla.org

Center for Applied Linguistics (CAL)
www.cal.org

Computer Assisted Language Instruction Consortium (CALICO)
www.calico.org

The Center for Advanced Research on Language Acquisition (CARLA)
www.carla.acad.umn.edu

The Joint National Committee for Languages and National Council for Languages (JNCL/NCLIS)
www.languagepolicy.org

International Association for Language Learning Technology (IALLT)
http://iallt.org/

Linguistic Society of America (LSA)
www.lsadc.org/

National K-12 Foreign Language Resource Center (NFLRC K-12)
http://nflrc.iastate.edu/homepage.html

National Foreign Language Resource Center (NFLRC)
http://nflrc.hawaii.edu

National Capital Language Resource Center (NCLRC)
http://www.nclrc.org

Center for Advanced Language Proficiency Education and Research (CALPER)
http://calper.la.psu.edu/

Center for Applied Second Language Studies (CASLS)
http://casls.uoregon.edu/

D'ACCORD! 2 Index of Cultural References

Animals
mountain gorillas, (Kahuzi-Biega National Park, Congo), 264

Architecture
Basilique du Sacré-Coeur (Paris, France), 85
Eiffel, Gustave (engineer of the Eiffel Tower, France), 82
hôtel des Invalides (Paris, France), 111
Hôtel-Dieu (France), 83
ice palace, Bonhomme Carnaval (Québec, Canada), 190
Le Corbusier, Charles-Édouard Jeanneret (architect, Switzerland), 118
palais Granvelle, 83

Arts
Cinema
    Beauvais, Garcelle (actress, Haiti), 302
    de France, Cécile (actress, Belgium), 154
    FESPACO (Burkina-Faso), 265
    Godard, Jean-Luc (filmmaker, Switzerland), 118
    Hounsou, Djimon (actor, Benin), 264
    Jade, Claude (actress, France), 82
    Laure, Carole (actress, Canada), 190
    Lumière, Louis and Auguste (inventors of cinematgraphy, France), 82
    La Tartine (short film), 285–286

Music
    Brel, Jacques (singer, Belgium), 154
    Charlebois, Robert (singer, Canada), 190
    de Lisle, Claude Joseph Rouget, writer of *La Marseillaise*, 111
    festival international de jazz de Montréal (Canada), 191
    Jean, Wyclef (rap singer, Haiti), 302
    Kanté, Mory (musician, Guinea and Mali), 264
    Khaled (singer, Algeria), 228
    musicians from around the francophone world, 279
    reggae ivoirien (Ivory Coast), 265

Painting
    Cézanne, Paul (painter, France), 255
    Gauguin, Paul (painter, France, French Polynesia), 303
    Haitian painters, 294
    Magritte, René (painter, Belgium), 155

Sculptors
    Giacometti, Alberto (sculptor, Switzerland), 118

Theater and Dance
    Corneille, Pierre (dramatist, France), 278
    de France, Cécile (actress, Belgium), 154
    history of theater in France, 278
    Laliberté, Guy and Le Cirque du Soleil (Canada), 295
    Molière (comedic actor and playwright, France), 279
    Motte, Claire (dancer, France), 82
    Moulin Rouge (theater, Paris, France), 85
    Racine, Jean (dramatist, France), 278

traditional arts of the francophone world, 295

Business and Industry
Banque Marocaine du Commerce Extérieur (bank, Morocco) 249
civil servants in France, 221
Diadermine (personal care products), 103
French C.V. (curriculum vitæ) vs. American résumé, 63
job interviews in France, 211
labor unions and strikes in France, 220
Longines (watch and clock makers, Switzerland), 119
Nouvelle Radio Jeune (communications, France), 139
Occitane (bath and beauty products, France), 97
pearl farming (French Polynesia), 303
Peugeot-Citroën (auto maker, France), 147
purchasing and paying bills in France, 168
Rolex (watch and clock makers, Switzerland), 119
shopping in the francophone world, 60, 169
small artisan businesses in France, 205
Swatch (watch, clock, and automobile makers, Switzerland), 119, 146
Swiss banks, 119
Swiss watches, 119
vacation time in the francophone world, 221
Victorinox (Swiss Army knife, Switzerland), 119

Celebrations and Festivals
far breton, 67
FESPACO (Burkina-Faso), 265
festival international de jazz de Montréal (Canada), 191
festival du Sahara de Douz (traditional Berber festival), 228
Journée nationale du fromage (France), 61

Countries and Regions
Algeria, 228–229
Antilles, 302–303
Belgium, 154–155
Bourgogne (France), 82–83
Bretagne, France, 67
Burkina-Faso, 265
Cameroon, 265
Central Africa, 264–265
Franche-Comté (France), 82–83
French Polynesia, 302–303
Haiti, 294, 303
Ivory Coast, 265
Madagascar, 257
Maghreb (North Africa), 229
Morocco, 228–229
Québec, Canada, 190–191
Switzerland, 118–119
Tunisia, 228–229
West Africa, 264–265

Education
Tamazight language in Moroccan schools, 249

Food and Drink
baguettes, 285
beignet, 61
consumption trends, 60
couscous, 75
croissants, 285
escargots, 82
far breton, 67
French cheeses, 61
French eating habits, 65
French table settings, 69
grand repas, 65
grocery shopping, 60
gumbo, 61
jambalaya, 65
Lagasse, Emeril (chef, United States), 61
moules frites (Belgium), 155
of New Orleans, 61
pain de mie, 285
pains au chocolat, 285
po-boy, 61
Prudhomme, Paul (chef, United States), 61
table manners in the francophone world, 75
tartine, 285
thé à la menthe, 75
Trappist ale and cheese (Belgium), 154

The French Language
expressions with parts of the body in the francophone world, 97
French sayings, (dictons), 57, 71, 93, 107, 129, 143, 165, 179, 201, 217, 239, 253, 275

Government and International Organizations
Chrétien, Jean (former prime minister of Canada), 190
Croix-Rouge (Red Cross), 119
European Economic Community (CEE), 155
European Union (l'UE), 155
National Agency for Employment (ANPE, France), 211
North Atlantic Treaty Organization (l'OTAN), 118, 155
Organisation des Nations unies (United Nations), 119
Organisation mondiale de la santé, (World Health Organization), 119
Québécois independence movement, 191
Senghor, Léopold Sédar (poet, president of Senegal), 265
Smája-Zerah, Juliette (first female attorney of Tunisia), 228

History
Baron Haussmann, Georges Eugène (Paris city planner), 183
Bonaparte, Napoléon (French general and emperor), 111
Cajuns, 61
Créoles, 61
guerre de Cent ans (Hundred Years War), 83
Swiss neutrality, 228

Literature
Baudelaire, Charles (poet, France and Belgium), 192
Césaire, Aimé (poet, Martinique), 302
Colette (writer, France), 82
Condé, Maryse (writer, Guadeloupe), 303
Confiant, Raphaël (writer, Martinique), 302
de La Fontaine, Jean (writer, poet, France), 230
de Saint-Exupéry, Antoine (writer, France), 266
Djebar, Assia (writer, Algeria) 229
Hergé (cartoonist, creator of Tintin, Belgium), 155
Lévy, Renée (cartoonist, Canada), 156
Maillet, Antonine (writer, Canada), 190
Ndoye, Mariama Mbengue (poet, Senegal), 304–305
Le Petit Prince, 266–267
Peyo (cartoonist, creator of the Smurfs, Belgium), 155
Rousseau, Jean-Jacques (philosopher, writer, Switzerland), 119
Senghor, Léopold Sédar (poet, president of Senegal), 265
Simenon, Georges (writer, Belgium), 154
Spyri, Johanna (writer, Switzerland), 118
Yourcenar, Marguerite (writer, Belgium), 154

Museums
Centre Belge de la Bande Dessinée, 155
musée de l'Armée, 111
musée de l'Ordre de la Libération (France), 111
musée des Plans-Reliefs, 111
musée du Temps, 83

Philosophers
Rousseau, Jean-Jacques (philosopher, writer, Switzerland), 119

Places of Interest
château de Versailles, 48–49
Ecotourism in the francophone world. 243
montagne Sainte-Victoire (France), 255
Mount Pelée (Martinique), 302
national parks (France), 256
natural spaces in the francophone world, 257
quartier de Montmartre (Paris, France), 85
Rotonde (fountain in Paris), 181
Sahara Desert, 228

Cities and Towns
    Baron Haussmann, Georges Eugène (Paris city planner), 183
    Beaune (France), 83
    Besançon (France), 83
    Brussels (Belgium), 155
    city centers in the francophone world, 183
    French village and district centers (grand place), 182
    Geneva (Switzerland), 119
    Marrakech (Morocco), 229
    Montréal (Canada), 191
    Rennes (France), 175
    Vieux Québec (old Québec, Canada), 191

Science and Technology
Besançon (France), 83
Bordet, Jules (doctor, microbiologist, Belgium), 111
Citroën, André (engineer, automaker, France) 147
communication technology in France, 132, 137, 204
Dunant, Henri (founder of the Red Cross, Switzerland), 111
environmentalism in France, 242
Institut Pasteur, 83
Internet, 132
Kouchner, Bernard (doctor, Doctors without Borders, France), 111
Mance, Jeanne (founder of first hospital in North America, Canada) 111
Minitel, 132
nuclear power (Électricité de France) in France, 243
Pasteur, Louis (scientist, France), 83
Payette, Julie (astronaut, Canada), 190

personal technology and electronics in France, 132
projet Ariane (French space program), 133

radio stations in the francophone world, 133
La Smart (automobile co-produced by Swatch and Mercedes-Benz), 146
Sylvain, Yvonne (doctor, Haiti), 111

Social Customs and Daily Life
automobiles and driving in France, 145–146
Couverture Maladie Universelle (universal health coverage), 110
French phone call options, 204
French social security system (la sécu), 110
health habits in France, 96, 110
medical services in France, 96
pharmacies, 96
symbolism of flowers, 73
traffic laws in the francophone world, 383

Turkish baths (les hammams), 229
types of markets in the francophone world, 169
units of measure, 60

Sports
Aouita, Saïd, (long distance runner, Morocco), 228
Chevrolet, Louis (auto engineer, race car driver, Switzerland), 118
Hawaiki Nui Va'a (canoe competition, Tahiti), 303
Henin, Justine (tennis player, Belgium), 154
Hingis, Martina (tennis player, Switzerland), 118
Jura (France), 83
Lemieux, Mario (ice hockey player, Canada), 190
Mbango-Etone, Françoise (Olympic athlete, Cameroon), 264
Merckx, Eddy (cyclist, Belgium), 154
Robert, Alain (urban climber, France), 169
skiing, 83
Transjeune (French skiing competition), 83
Transjurassienne (French skiing competition), 83

D'accord! 2

Langue et culture du monde francophone

VISTA
HIGHER LEARNING

Boston, Massachusetts

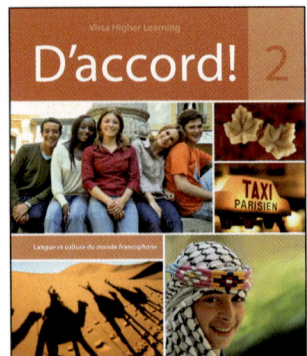

Cover photos, clockwise from top left: characters from the **D'ACCORD! Roman-photo** video program in Aix-en-Provence, France; maple sugar candies; a sign atop a Parisian taxi; a francophone teen; shadows of dromedaries in the Sahara Desert, Morocco.

Publisher: José A. Blanco
Senior Project Manager: Thomas Keon
Managing Editor for Technology: Paola Ríos Schaaf
Editors: Christian Biagetti (Technology), Nicolas Cosseron, Daniel Finkbeiner, Mónica González
Production and Design Director: Marta Kimball
Design Manager: Susan Prentiss
Design and Production Team: Sarah Cole, Jennifer Christopher, Oscar Díez, Natalia González, Mauricio Henao, Nick Ventullo

Copyright © 2011 by Vista Higher Learning

All rights reserved. Printed in the United States of America.

No part of this work may be reproduced or distributed in any form or by any means, electronic or mechanical, including photocopying and recording, or by any information storage or retrieval system without prior written permission from Vista Higher Learning, 31 St. James Avenue, Boston, MA 02116-4104.

Student Text ISBN: 978-1-60576-362-0
Library of Congress Control Number: 2009935443

1 2 3 4 5 6 7 8 9 RJ 14 13 12 11 10 09

Maestro® and Maestro® Language Learning System and design are registered trademarks of Vista Higher Learning, Inc.

D'accord! 2

Langue et culture du monde francophone

TABLE OF CONTENTS

Reprise

R.1
- The verbs **être** and **avoir** 2
- Expressions with **avoir** 2
- Adjective agreement and placement 3
- Possessive and demonstrative adjectives 3

R.2
- The present tense of regular **-er**, **-ir**, **-re** verbs 4
- Irregular present-tense -**er**, -**ir** and -**re** verbs, including **aller**, **prendre**, **boire**, **faire** 4-5
- Spelling-change **-er** verbs 5

culture
- Summer vacation activities 8

Unité préliminaire
(D'accord! 1, Unité 8)
Chez nous

Leçon PA

contextes
- Contextes
  - La maison 18
- Les sons et les lettres
  - s and ss 21

roman-photo
- La visite surprise 22

culture
- Culture à la loupe
  - Le logement en France........24
- Portrait
  - Le château Frontenac 25

Leçon PB

contextes
- Contextes
  - Les tâches ménagères 32
- Les sons et les lettres
  - Semi-vowels 35

roman-photo
- La vie sans Pascal 36

culture
- Culture à la loupe
  - L'intérieur des logements français...........38
- Portrait
  - Le Vieux Carré 39

UNITÉ 1 (9)
La nourriture

Leçon 1A

contextes
- Contextes
  - Quel appétit! 54
- Les sons et les lettres
  - e caduc and e muet 57

roman-photo
- Au supermarché.............58

culture
- Culture à la loupe
  - Faire des courses...........60
- Portrait
  - Les fromages français 61

Leçon 1B

contextes
- Contextes
  - À table! 68
- Les sons et les lettres
  - Stress and rhythm 71

roman-photo
- Le dîner 72

culture
- Culture à la loupe
  - Les repas en France.........74
- Portrait
  - La couscousmania des Français 75

UNITÉ 2
La santé

Leçon 2A

contextes
- Contextes
  - La routine quotidienne.......90
- Les sons et les lettres
  - ch, qu, ph, th, and gn 93

roman-photo
- Drôle de surprise 94

culture
- Culture à la loupe
  - Les Français et la maladie.....96
- Portrait
  - L'Occitane 97

Leçon 2B

contextes
- Contextes
  - J'ai mal! 104
- Les sons et les lettres
  - p, t, and c 107

roman-photo
- L'accident.................108

culture
- Culture à la loupe
  - La Sécurité sociale 110
- Portrait
  - L'hôtel des Invalides........111

R.3

The **passé composé** with **avoir** and **être** 10
The **imparfait** 11

R.4

Direct object pronouns 14
Indirect object pronouns 14
The **impératif** 15

structures | synthèse | savoir-faire

PA.1 The **passé composé** vs. the **imparfait**: Part 1 26
PA.2 The **passé composé** vs. the **imparfait**: Part 2 28

Révision 30
Le zapping: *Century 21 France*. . . . 31

PB.1 The **passé composé** vs. the **imparfait**: Summary 40
PB.2 The verbs **savoir** and **connaître** 42

Révision 44
À l'écoute 45

Panorama: *L'Alsace et la Lorraine* 46
Lecture: *À visiter près de Paris: Le château de Versailles* 48
Écriture 50

1A.1 The verb **venir** and the **passé récent** 62
1A.2 The verbs **devoir**, **vouloir**, and **pouvoir** 64

Révision 66
Le zapping: *Le far breton* 67

1B.1 Comparatives and superlatives of adjectives and adverbs 76
1B.2 Double object pronouns 78

Révision 80
À l'écoute 81

Panorama: *La Bourgogne et la Franche-Comté* 82
Lecture: *Chez Michel* 84
À essayer: L'Huile d'Olive 85
Écriture 86

2A.1 Reflexive verbs 98
2A.2 Reflexives: **Sens idiomatique** 100

Révision 102
Le zapping: *Diadermine* 103

2B.1 The **passé composé** of reflexive verbs 112
2B.2 The pronouns **y** and **en** 114

Révision 116
À l'écoute 117

Panorama: *La Suisse* 118
Lecture: *Non à la fatigue!* 120
Écriture 122

TABLE OF CONTENTS

	contextes	roman-photo	culture
UNITÉ 3 **La technologie** Leçon 3A	**Contextes** Le son et l'image ....126 **Les sons et les lettres** Final consonants 129	C'est qui, Cyberhomme? 130	**Culture à la loupe** La technologie et les Français ....132 **Portrait** La fusée Ariane 133
Leçon 3B	**Contextes** En voiture! ....140 **Les sons et les lettres** The letter **x** 143	La panne 144	**Culture à la loupe** Les voitures en France ....146 **Portrait** Le constructeur automobile Citroën 147
UNITÉ 4 **En ville** Leçon 4A	**Contextes** Les courses ....162 **Les sons et les lettres** The letter **h** 165	On fait des courses 166	**Culture à la loupe** Les moyens de paiement en France ....168 **Portrait** Le «Spiderman» français 169
Leçon 4B	**Contextes** Où se trouve...? ....176 **Les sons et les lettres** Les majuscules et les minuscules 179	Chercher son chemin 180	**Culture à la loupe** Villes et villages français ....182 **Portrait** Le baron Haussmann 183
UNITÉ 5 **L'avenir et les métiers** Leçon 5A	**Contextes** Au bureau ....198 **Les sons et les lettres** La ponctuation française 201	Le bac 202	**Culture à la loupe** Le téléphone en France ....204 **Portrait** Les artisans 205
Leçon 5B	**Contextes** Les professions ....214 **Les sons et les lettres** Les néologismes et le franglais 217	Je démissionne! 218	**Culture à la loupe** Syndicats et grèves en France ....220 **Portrait** Les fonctionnaires 221

structures	synthèse	savoir-faire
3A.1 Prepositions with the infinitive............134 3A.2 Reciprocal reflexives......136	Révision...............138 Le zapping: NRJ KellyMobile....139	
3B.1 The verbs **ouvrir** and **offrir**...148 3B.2 **Le conditionnel**........150	Révision...............152 À l'écoute...............153	**Panorama:** *La Belgique*.......154 **Lecture:** *Les Technoblagues*....156 **Écriture**...............158
4A.1 **Voir, recevoir, apercevoir,** and **croire**......170 4A.2 Negative/Affirmative expressions.............172	Révision...............174 Le zapping: *Rennes, la Bretagne en Capitale*...............175	
4B.1 **Le futur simple**........184 4B.2 Irregular future forms......186	Révision................88 À l'écoute...............189	**Panorama:** *Le Québec*........190 **Lecture:** *Paysage* de Charles Baudelaire.........192 **Écriture**...............194
5A.1 **Le futur simple** with **quand** and **dès que**........206 5A.2 The interrogative pronoun **lequel**...........208	Révision...............210 Le zapping: *Mi-temps*........211	
5B.1 **Si** clauses............222 5B.2 Relative pronouns **qui, que, dont,** and **où**......224	Révision...............226 À l'écoute...............227	**Panorama:** *L'Algérie, le Maroc et la Tunisie*...............228 **Lecture:** *La Cigale et la Fourmi* de Jean de La Fontaine......230 **Écriture**...............232

TABLE OF CONTENTS

	contextes	roman-photo	culture
UNITÉ 6 **L'espace vert** Leçon 6A	**Contextes** Sauvons la planète!........236 **Les sons et les lettres** French and English spelling...239	Une idée de génie..........240	**Culture à la loupe** L'écologie................242 **Portrait** L'énergie nucléaire..........243
Leçon 6B	**Contextes** En pleine nature..........250 **Les sons et les lettres** Homophones.............253	La randonnée.............254	**Culture à la loupe** Les parcs nationaux en France...............256 **Portrait** Madagascar..............257
UNITÉ 7 **Les arts** Leçon 7A	**Contextes** Que le spectacle commence!..............272 **Les sons et les lettres** Les liaisons obligatoires et les liaisons interdites..........275	Après le concert............276	**Culture à la loupe** Le théâtre, un art vivant et populaire..............278 **Portrait** Molière..................279
Leçon 7B	**Contextes** Au festival d'art...........288 **Les sons et les lettres** Les abréviations...........291	Au revoir, David!............292	**Culture à la loupe** La peinture haïtienne........294 **Portrait** Le Cirque du Soleil.........295

Appendices

Appendice A
The *impératif*; Glossary of Grammatical Terms. .310

Appendice B
Verb Conjugation Tables.................314

Vocabulaire
French–English......................326
English–French......................346

structures	synthèse	savoir-faire
6A.1 Demonstrative pronouns ...244 6A.2 The subjunctive: Part 1 246	Révision ....248 Le zapping: *BMCE*...........249	**Panorama:** *L'Afrique de l'Ouest et l'Afrique centrale* ....264 **Lecture:** *Le Petit Prince d'Antoine de Saint-Exupéry* ...266 **Écriture** 268
6B.1 The subjunctive: Part 2 ....258 6B.2 Comparatives and superlatives of nouns........260	Révision ....262 À l'écoute..................263	
7A.1 The subjunctive: Part 3 ....280 7A.2 Possessive pronouns......282	Révision ....284 Le zapping: *La tartine*........285	**Panorama:** *Les Antilles et la Polynésie française* ....302 **Lecture:** *Note à mes lecteurs de Mariama Mbengue Ndoye* ..304 **Écriture** 306
7B.1 The subjunctive: Part 4 ....296 7B.2 Review of the subjunctive ...298	Révision ....300 À l'écoute..................301	

Supplementary Vocabulary..............364
Index...............................367
Credits.............................369

APPENDICE A

Le monde francophone

Maps of the French-speaking World

Maps of the French-speaking World

L'Amérique du Nord et du Sud

Maps of the French-speaking World

La France

L'Afrique

STUDYING FRENCH

The French-speaking World

Do you know someone who speaks French? Chances are you do! French is the third most commonly spoken language in the U.S., after English and Spanish, and is the second most common language in some states. More than 1 million Americans speak French at home. It is the official language of more than twenty-five countries and an official language of the European Union and United Nations. Along with English, French is one of only two languages that is spoken on every continent of the world.

The Growth of French

Have you ever heard someone say that French is a Romance language? This doesn't mean it's romantic—although some say it is the language of love!—but that it is derived from Latin, the language of the Romans. Gaul, a country largely made up of what is now France and Belgium, was absorbed into the Roman Empire after the Romans invaded Gaul in 58 B.C. Most Gauls began speaking Latin. In the third century, Germanic tribes including the Franks invaded the Roman territories of Western Europe. Their language also influenced the Gauls. As the Roman empire collapsed in the fifth century, people in outlying regions and frontiers were cut off from Rome. The Latin spoken by each group was modified more and more over time. Eventually, the language that was spoken in Paris became the standard for modern-day French.

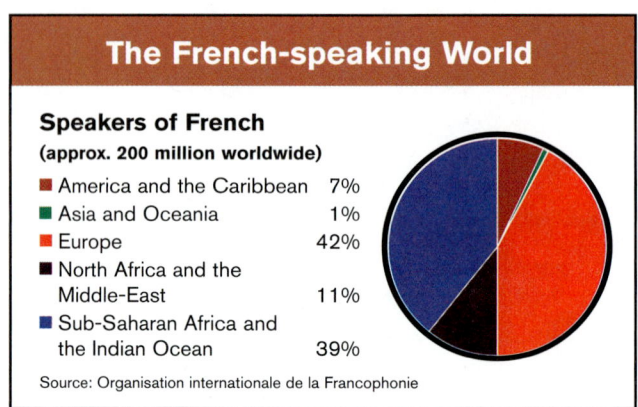

The French-speaking World

Speakers of French
(approx. 200 million worldwide)

- America and the Caribbean 7%
- Asia and Oceania 1%
- Europe 42%
- North Africa and the Middle-East 11%
- Sub-Saharan Africa and the Indian Ocean 39%

Source: Organisation internationale de la Francophonie

French in the United States

1500 — **1600** — **1700**

1534
Jacques Cartier claims territories for France as he explores the St. Lawrence river, and the French establish fur trading posts.

1600s
French exploration continues in the Great Lakes and the Mississippi Valley. La Salle takes the colony of Louisiana for France in 1682.

1685–1755
The Huguenots (French Protestants) form communities in America. French Acadians leave Nova Scotia and settle in northern New England and Louisiana.

French in the United States

French came to North America in the 16th and 17th centuries when French explorers and fur traders traveled through what is now America's heartland. French-speaking communities grew rapidly when the French Acadians were forced out of their Canadian settlement in 1755 and settled in New England and Louisiana. Then, in 1803, France sold the Louisiana territory to the United States for 80 million francs, or about 15 million dollars. Overnight, thousands of French people became citizens of the United States, bringing with them their rich history, language, and traditions.

This heritage, combined with that of the other French populations that have immigrated to the United States over the years, as well as U.S. relations with France in World Wars I and II, has led to the remarkable growth of French around the country. After English and Spanish, it is the third most commonly spoken language in the nation. Louisiana, Maine, New Hampshire, and Vermont claim French as the second most commonly spoken language after English.

You've made a popular choice by choosing to take French in school; it is the second most commonly taught foreign language in classrooms throughout the country! Have you heard people speaking French in your community? Chances are that you've come across an advertisement, menu, or magazine that is in French. If you look around, you'll find that French can be found in some pretty common places. Depending on where you live, you may see French on grocery items such as juice cartons and cereal boxes. In some large cities, you can see French language television broadcasts on stations such as TV5Monde. When you listen to the radio or download music from the Internet, some of the most popular choices are French artists who perform in French. In fact, French music sales to the United States have more than doubled since 2004. French and English are the only two official languages of the Olympic Games. More than 20,000 words in the English language are of French origin. Learning French can create opportunities within your everyday life.

1800 — 1900 — 2000

1803
The United States purchases Louisiana, where Cajun French is widely spoken.

1980s
Nearly all high schools, colleges, and universities in the United States offer courses in French as a foreign language. It is the second most commonly studied language.

2009
French is the third most commonly spoken language in the U.S., with 1.6 million speakers.

STUDYING FRENCH

Why Study French?

Connect with the World

Learning French can change how you view the world. While you learn French, you will also explore and learn about the origins, customs, art, music, and literature of people all around the world. When you travel to a French-speaking country, you'll be able to converse freely with the people you meet. And whether here in the U.S. or abroad, you'll find that speaking to people in their native language is the best way to bridge any culture gap.

Learn an International Language

There are many reasons for learning French, a language that has spread to many parts of the world and has along the way embraced words and sounds of languages as diverse as Latin, Arabic, German, and Celtic. The French language, standardized and preserved by the **Académie française** since 1634, is now among the most commonly spoken languages in the world. It is the second language of choice among people who study languages other than English in North America.

Understand the World Around You

Knowing French can also open doors to communities within the United States, and it can broaden your understanding of the nation's history and geography. The very names Delaware, Oregon, and Vermont are French in origin. Just knowing their meanings can give you some insight into, of all things, the history and landscapes for which the states are known. Oregon is derived from a word that means "hurricane," which tells you about the windiness of the Columbia River; and Vermont

City Name	Meaning in French
Bel Air, California	"good air"
Boise, Idaho	"wooded"
Des Moines, Iowa	"river of the monks"
Montclair, New Jersey	"clear mountain"

comes from a phrase meaning "green mountain," which is why its official nickname is The Green Mountain State. You've already been speaking French whenever you talk about these states!

Explore Your Future

How many of you are already planning your future careers? Employers in today's global economy look for workers who know different languages and understand other cultures. Your knowledge of French will make you a valuable candidate for careers abroad as well as in the United States. Doctors, nurses, social workers, hotel managers, journalists, businesspeople, pilots, flight attendants, and many other kinds of professionals need to know French or another foreign language to do their jobs well.

Expand Your Skills

Studying a foreign language can improve your ability to analyze and interpret information and help you succeed in many other subject areas. When you begin learning French, much of your studies will focus on reading, writing, grammar, listening, and speaking skills. You'll be amazed at how the skills involved with learning how a language works can help you succeed in other areas of study. Many people who study a foreign language claim that they gained a better understanding of English and the structures it uses. French can even help you understand the origins of many English words and expand your own vocabulary in English. Knowing French can also help you pick up other related languages, such as Portuguese, Spanish, and Italian. French can really open doors for learning many other skills in your school career.

STUDYING FRENCH

How to Learn French

Start with the Basics!

As with anything you want to learn, start with the basics and remember that learning takes time!

Vocabulary Every new word you learn in French will expand your vocabulary and ability to communicate. The more words you know, the better you can express yourself. Focus on sounds and think about ways to remember words. Use your knowledge of English and other languages to figure out the meaning of and memorize words like **téléphone**, **l'orchestre**, and **mystérieux**.

Grammar Grammar helps you put your new vocabulary together. By learning the rules of grammar, you can use new words correctly and speak in complete sentences. As you learn verbs and tenses, you will be able to speak about the past, present, or future; express yourself with clarity; and be able to persuade others with your opinions. Pay attention to structures and use your knowledge of English grammar to make connections with French grammar.

Culture Culture provides you with a framework for what you may say or do. As you learn about the culture of French-speaking communities, you'll improve your knowledge of French. Think about a word like **cuisine** and how it relates to a type of food as well as the kitchen itself. Think about and explore customs observed at **le Réveillon de la Saint-Sylvestre** (New Year's Eve) or **le Carnaval** (or Mardi Gras, "fat Tuesday") and how they are similar to celebrations you are familiar with. Observe customs. Watch people greet each other or say good-bye. Listen for sayings that capture the spirit of what you want to communicate!

Listen, Speak, Read, and Write

Listening Listen for sounds and for words you can recognize. Listen for inflections and watch for key words that signal a question such as **comment** (how), **oú** (where), or **qui** (who). Get used to the sound of French. Play French pop songs or watch French movies. Borrow books on CD from your local library, or try to attend a meeting with a French language group in your community. Download a podcast in French or watch a French newscast online. Don't worry if you don't understand every single word. If you focus on key words and phrases, you'll get the main idea. The more you listen, the more you'll understand!

Speaking Practice speaking French as often as you can. As you talk, work on your pronunciation, and read aloud texts so that words and sentences flow more easily. Don't worry if you don't sound like a native speaker, or if you make some mistakes. Time and practice will help you get there. Participate actively in French class. Try to speak French with classmates, especially native speakers (if you know any), as often as you can.

Reading Pick up a French-language newspaper or a magazine on your way to school, read the lyrics of a song as you listen to it, or read books you've already read in English translated into French. Use reading strategies that you know to understand the meaning of a text that looks unfamiliar. Look for cognates, or words that are related in English and French, to guess the meaning of some words. Read as often as you can, and remember to read for fun!

Writing It's easy to write in French if you put your mind to it. Memorize the basic rules of how letters and sounds are related, practice the use of diacritical marks, and soon you can probably become an expert speller in French! Write for fun—make up poems or songs, write e-mails or instant messages to friends, or start a journal or blog in French.

STUDYING FRENCH

Tips for Learning French

- **Listen** to French radio shows, often available online. Write down words you can't recognize or don't know and look up the meaning.

- **Watch** French TV shows or movies. Read subtitles to help you grasp the content.

- **Read** French-language newspapers, magazines, Web sites, or blogs.

- **Listen** to French songs that you like—anything from a best-selling pop song by Superbus to an old French ballad by Edith Piaf. Sing along and concentrate on your pronunciation.

- **Seek** out French speakers. Look for neighborhoods, markets, or cultural centers where French might be spoken in your community. Greet people, ask for directions, or order from a menu at a French restaurant in French.

- **Pursue** language exchange opportunities in your school or community. Try to join language clubs or cultural societies, and explore opportunities for studying abroad or hosting a student from a French-speaking country in your home or school.

Practice, practice, practice!

Seize every opportunity you find to listen, speak, read, or write French. Think of it like a sport or learning a musical instrument—the more you practice, the more you will become comfortable with the language and how it works. You'll marvel at how quickly you can begin speaking French and how the world that it transports you to can change your life forever!

- **Connect** your learning to everyday experiences. Think about naming the ingredients of your favorite dish in French. Think about the origins of French place names in the U.S., like Baton Rouge and Fond du Lac, or of common English words and phrases like *café, en route, fiancé, matinée, papier mâché, petite,* and *souvenir*.

- **Use** mnemonics, or a memorizing device, to help you remember words. Make up a saying in English to remember the order of the days of the week in French (L, M, M, J, V, S, D).

- **Visualize** words. Try to associate words with images to help you remember meanings. For example, think of a **pâté** or **terrine** as you learn the names of different types of meats and vegetables. Imagine a national park and create mental pictures of the landscape as you learn names of animals, plants, and habitats.

- **Enjoy** yourself! Try to have as much fun as you can learning French. Take your knowledge beyond the classroom and find ways to make your learning experience your very own.

GETTING STARTED

Common Names

Get started learning French by using a French name in class. You can choose from the lists on these pages, or you can find one yourself. How about learning the French equivalent of your name? The most popular French female names are Marie, Jeanne, Françoise, Monique, and Catherine. The most popular male names in French are Jean, Pierre, Michel, André, Philippe. Is your name, or that of someone you know, in the French top five?

More Boys Names	More Girls Names
Thomas	Lea
Lucas	Manon
Théo	Chloe
Hugo	Emma
Maxime	Camille
Alexandre	Oceane
Antoine	Marie
Enzo	Sarah
Quentin	Clara
Clement	Ines
Nicolas	Laura
Alexis	Julie
Romain	Mathilde
Louis	Lucie
Valentin	Anaïs
Leo	Pauline
Julien	Marine
Paul	Lisa
Baptiste	Eva
Tom	Justine
Nathan	Maeva
Arthur	Jade
Benjamin	Juliette
Florian	Charlotte
Mathis	Emilie

The top five names for boys:	The top five names for girls:
Jean	Marie
Michel	Jeanne
Pierre	Françoise
André	Monique
Philippe	Catherine

GETTING STARTED

Useful French Expressions

The following expressions will be very useful in getting you started learning French. You can use them in class to check your understanding, and to ask and answer questions about the lessons. Learn these ahead of time to help you understand direction lines in French, as well as your teacher's instructions. Remember to practice your French as often as you can!

Expressions utiles	Useful expressions
Corrigez les phrases fausses	Correct the false statements.
Créez/Formez des phrases…	Create/Form sentences…
D'après vous/Selon vous…	According to you…
Décrivez les images/dessins…	Describe the images/drawings…
Désolé(e), j'ai oublié.	I'm sorry, I forgot.
Déterminez si…	Decide whether…
Dites si vous êtes/Dis si tu es d'accord ou non.	Say if you agree or not.
Écrivez une lettre/une phrase.	Write a letter/a sentence.
Employez les verbes de la liste.	Use the verbs from the list.
En utilisant…	Using…
Est-ce que vous pouvez/tu peux choisir un(e) autre partenaire/quelqu'un d'autre?	Can you please choose another partner/someone else?
Êtes vous prêt(e)?/Es-tu prêt(e)?	Are you ready?
Excusez-moi, je suis en retard.	Excuse me for being late.
Faites correspondre…	Match…
Faites les accords nécessaires.	Make the necessary agreements.

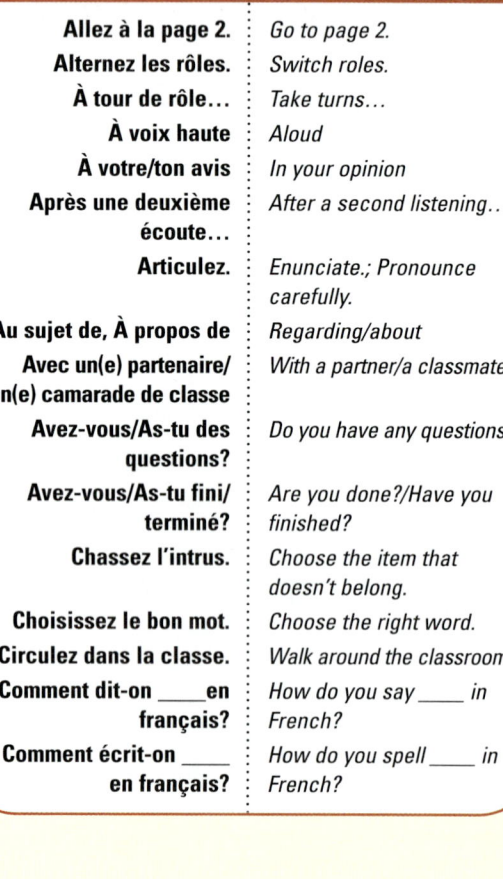

Expressions utiles	Useful expressions
Allez à la page 2.	Go to page 2.
Alternez les rôles.	Switch roles.
À tour de rôle…	Take turns…
À voix haute	Aloud
À votre/ton avis	In your opinion
Après une deuxième écoute…	After a second listening…
Articulez.	Enunciate.; Pronounce carefully.
Au sujet de, À propos de	Regarding/about
Avec un(e) partenaire/un(e) camarade de classe	With a partner/a classmate
Avez-vous/As-tu des questions?	Do you have any questions?
Avez-vous/As-tu fini/terminé?	Are you done?/Have you finished?
Chassez l'intrus.	Choose the item that doesn't belong.
Choisissez le bon mot.	Choose the right word.
Circulez dans la classe.	Walk around the classroom.
Comment dit-on ____ en français?	How do you say ____ in French?
Comment écrit-on ____ en français?	How do you spell ____ in French?

Expressions utiles	Useful expressions
Félicitations!	Congratulations!
Indiquez le mot qui n'appartient pas.	Indicate the word that doesn't belong.
Indiquez qui a dit…	Indicate who said…
J'ai gagné!/Nous avons gagné!	I won!/We won!
Je n'ai pas/Nous n'avons pas encore fini.	I/We have not finished yet.
Je ne comprends pas.	I don't understand.
Je ne sais pas.	I don't know.
Je ne serai pas là demain.	I won't be here tomorrow.
Je peux continuer?	May I continue?
Jouez le rôle de…/ la scène…	Play the role of…/ the scene…
Lentement, s'il vous plaît.	Slowly, please.
Lisez…	Read…
Mettez dans l'ordre…	Put in order…
Ouvrez/Fermez votre livre.	Open/Close your books.
Par groupes de trois/ quatre…	In groups of three/four…
Partagez vos résultats…	Share your results…
Posez-vous les questions suivantes.	Ask each other the following questions.
Pour demain, faites…	For tomorrow, do…

Expressions utiles	Useful expressions
Pour demain, vous allez/ tu vas faire…	For tomorrow you are going to do…
Prononcez.	Pronounce.
Qu'est-ce que ____ veut dire?	What does ____ mean?
Que pensez-vous/ penses-tu de…	What do you think about…
Qui a gagné?	Who won?
…qui convient le mieux.	…that best completes/is the most appropriate.
Rejoignez un autre groupe.	Get together with another group.
Remplissez les espaces.	Fill in the blanks.
Répondez aux questions suivantes.	Answer the following questions.
Soyez prêt(e)s à…	Be ready to…
Venez/Viens au tableau.	Come to the board.
Vous comprenez?/ Tu comprends?	Do you understand?
Vous pouvez expliquer encore une fois, s'il vous plaît?	Could you explain again, please?
Vous pouvez répéter, s'il vous plaît?	Could you repeat that, please?
Vrai ou faux?	True or false?

THEMATIC VOCABULARY

Bonjour et au revoir

Bonjour. *Good morning.; Hello.*
Bonsoir. *Good evening.; Hello.*
Salut! *Hi!; Bye!*

À bientôt. *See you soon.*
À demain. *See you tomorrow.*
À plus tard. *See you later.*
Au revoir. *Good-bye.*
Bonne journée! *Have a good day!*

Ça va? *What's up?; How are things?*
Comment allez-vous? (form.) *How are you?*
Comment vas-tu? (fam.) *How are you?*
Comme ci, comme ça. *So-so.*
Je vais bien/mal. *I am doing well/badly.*

De rien. *You're welcome.*
Excusez-moi. (form.) *Excuse me.*
Excuse-moi. (fam.) *Excuse me.*
Merci beaucoup. *Thank you very much.*

Les présentations

Comment vous appelez-vous? (form.) *What is your name?*
Comment t'appelles-tu? (fam.) *What is your name?*
Je m'appelle… *My name is…*
Je vous/te présente… (form./fam.) *I would like to introduce (name) to you.*

L'école

assister à *to attend*
écouter *to listen (to)*
enseigner *to teach*
étudier *to study*
passer un examen *to take an exam*

l'art (m.) *art*
la biologie *biology*
le droit *law*
la gestion *business administration*
l'histoire (f.) *history*
l'informatique (f.) *computer science*
les langues (étrangères) (f.) *(foreign) languages*
les mathématiques (maths)(f.) *mathematics*

une bourse *scholarship, grant*
un cours *class, course*
un devoir *homework*
l'école (f.) *school*
une note *grade*

un(e) ami(e) *friend*
un(e) camarade de chambre *roommate*
un(e) camarade de classe *classmate*
un(e) étudiant(e) *student*
une fille *girl*
un garçon *boy*
un professeur *teacher, professor*

un bureau *desk; office*
une chaise *chair*
un ordinateur *computer*
une table *table*
un tableau *blackboard; painting*

un cahier *notebook*
une chose *thing*
un crayon *pencil*
une feuille (de papier) *sheet of paper*
un sac à dos *backpack*
un stylo *pen*

La famille

un beau-frère *brother-in-law*
un beau-père *father-in-law; stepfather*
une belle-mère *mother-in-law; stepmother*
une belle-soeur *sister-in-law*
un(e) cousin(e) *cousin*
un demi-frère *half-brother; stepbrother*
une demi-soeur *half-sister; stepsister*
les enfants (m., f.) *children*
un époux/une épouse *spouse*
une femme *wife; woman*
une fille *daughter; girl*
un fils *son*
un frère *brother*
une grand-mère *grandmother*
un grand-père *grandfather*
les grands-parents (m.) *grandparents*
un mari *husband*
une mère *mother*
un neveu *nephew*
une nièce *niece*
un oncle *uncle*
les parents (m.) *parents*
un père *father*
une petite-fille *granddaughter*
un petit-fils *grandson*
les petits-enfants (m.) *grandchildren*
une soeur *sister*
une tante *aunt*

Les personnes

antipathique *unpleasant*
beau/belle *beautiful; handsome*
bon(ne) *kind; good*
blond(e) *blond*
brun(e) *(hair) dark*
châtain *(hair) brown*
drôle *funny*
fort(e) *strong*
gentil(le) *nice*
grand(e) *big; tall*
gros(se) *fat*
jeune *young*
joli(e) *pretty*
laid(e) *ugly*
mauvais(e) *bad*
méchant(e) *mean*
modeste *modest, humble*
petit(e) *small, short (stature)*
roux/rousse *red-haired*
vieux/vieille *old*

Professions et occupations

un(e) architecte *architect*
un(e) artiste *artist*
un(e) athlète *athlete*
un(e) avocat(e) *lawyer*
un coiffeur/une coiffeuse *hairdresser*
un(e) dentiste *dentist*
un homme/une femme d'affaires *businessman/woman*
un ingénieur *engineer*
un(e) journaliste *journalist*
un médecin *doctor*
un(e) musicien(ne) *musician*

Dans la ville

un centre commercial shopping center, mall
un cinéma (ciné) movie theater
une église church
une épicerie grocery store
un grand magasin department store
un magasin store
un marché market
un musée museum
un parc park
une piscine pool
une place square; place
un restaurant restaurant
une banlieue suburbs
un centre-ville city/town center, downtown

À table

avoir faim to be hungry
avoir soif to be thirsty
manger quelque chose to eat something

une baguette baguette (long, thin loaf of bread)
le beurre butter
un croissant croissant (flaky, crescent-shaped roll)
un éclair éclair (pastry filled with cream)
des frites (f.) French fries
un fromage cheese
le jambon ham
un pain (de campagne) (country-style) bread
un sandwich sandwich
une soupe soup
une boisson (gazeuse) (soft) (carbonated) drink/beverage
un café coffee
une eau (minérale) (mineral) water
un jus (d'orange, de pomme, etc.) (orange, apple, etc.) juice
le lait milk
un thé (glacé) (iced) tea

Activités sportives et loisirs

acheter to buy
aller à la pêche to go fishing
chanter to sing
courir to run
danser to dance
dormir to sleep
jouer (à/de) to play
marcher to walk (person); to work (thing)
nager to swim
passer chez quelqu'un to stop by someone's house
patiner to skate
pratiquer to play regularly, to practice
skier to ski

le baseball baseball
le basket(-ball) basketball
les cartes (f.) cards
le cinéma movies
les échecs (m.) chess
le foot(ball) soccer
le football américain football
le golf golf
un jeu game
un joueur/une joueuse player
un match game
un passe-temps pastime, hobby
le sport sport
un stade stadium
le temps libre free time
le tennis tennis
le volley(-ball) volleyball

Les vêtements

aller avec to go with
porter to wear
vendre to sell

un blouson jacket
une ceinture belt
un chapeau hat
une chaussette sock
une chaussure shoe
une chemise (à manches courtes/longues) shirt (short-/long-sleeved)
un chemisier blouse
un costume (man's) suit
une cravate tie
un gant glove
un jean jeans
une jupe skirt
un maillot de bain swimsuit, bathing suit
un manteau coat
un pantalon pants
un pull sweater
une robe dress
un short shorts
un sous-vêtement underwear
un tee-shirt T-shirt

des soldes (m.) sales
un vendeur/une vendeuse salesman/saleswoman

bon marché inexpensive
cher/chère expensive
large loose; big
serré(e) tight

Les fêtes

faire la fête to party
faire une surprise (à quelqu'un) to surprise (someone)
fêter to celebrate
organiser une fête to organize a party

une bière beer
un biscuit cookie
le champagne champagne
un dessert dessert
un gâteau cake
la glace ice cream
le vin wine

un cadeau gift
une fête party; celebration
un hôte/une hôtesse host(ess)
un(e) invité(e) guest
un jour férié holiday

USING D'ACCORD!

ROMAN-PHOTO VIDEO PROGRAM

Fully integrated with your textbook, the **Roman-photo** Video contains thirty dramatic episodes, one for each lesson of the text in Levels 1 & 2. The episodes present the adventures of four college students who are studying in the south of France at the **Université Aix-Marseille**. They live in apartments above and near **Le P'tit Bistrot**, a café owned by Valérie Forestier. The video tells their story and the story of Madame Forestier and her teenage son, Stéphane.

The **Roman-photo** section in each textbook lesson is actually an abbreviated version of the dramatic episode featured in the video. Therefore, each **Roman-photo** section can be done before you see the corresponding video episode, after it, or as a section that stands alone in its own right.

As you watch each video episode, you will first see a live segment in which the characters interact using vocabulary and grammar you are studying. As the video progresses, the live segments carefully combine new vocabulary and grammar with previously taught language. You will then see a **Reprise** segment that summarizes the key language functions and/or grammar points used in the dramatic episode.

THE CAST
Here are the main characters you will meet when you watch **Roman-photo**:

 Of Senegalese heritage
Amina Mbaye

 From Washington, D.C.
David Duchesne

 From Paris
Sandrine Aubry

 From Aix-en-Provence
Valérie Forestier

 Of Algerian heritage
Rachid Kahlid

 And, also from Aix-en-Provence
Stéphane Forestier

FLASH CULTURE VIDEO PROGRAM

For one lesson in each unit, a **Flash culture** segment allows you to experience the sights and sounds of France, the French-speaking world, and the daily life of French speakers. Each segment is from two-to-three minutes long and is correlated to your textbook in one **Culture** section in each unit.

Hosted by narrators Csilla and Benjamin, these segments of specially shot footage transport you to a variety of venues: schools, parks, public squares, cafés, stores, cinemas, outdoor markets, city streets, festivals, and more. They also incorporate mini-interviews with French speakers in various walks of life, for example, family members, friends, students, and people in different professions.

The footage was filmed taking special care to capture rich, vibrant images that will expand your cultural perspectives with information directly related to the content of your textbook. In addition, the narrations were carefully written to reflect the vocabulary and grammar covered in **D'ACCORD!**

USING D'ACCORD!

ICONS AND *RESSOURCES* BOXES

Icons

These icons in **D'ACCORD!** alert you to the type of activity or section involved.

Icons legend			
🎧	Listening activity/section	Ⓢ	Additional content found on the Supersite: audio, video, and presentations
	Activity also on the Supersite		Additional practice on the Supersite
	Pair activity		Information Gap activity
	Group activity		Feuilles d'activités
			Recycling activity

- The Information Gap activities and those involving **Feuilles d'activités** (*activity sheets*) require handouts that your instructor will give you.
- The listening icon appears in **Contextes**, **Les sons et les lettres**, **À l'écoute**, and **Vocabulaire** sections.
- The video icon appears in **Roman-photo**, either one of the **Culture** sections, and **Le zapping**.
- The recycling icon tells you that to finish a specific activity you will need to use vocabulary and/or grammar learned in previous lessons.

Ressources Boxes

Ressources boxes let you know exactly which print and technology ancillaries you can use to reinforce and expand on every section of every lesson in your textbook. They even include page numbers when applicable.

MAESTRO® Supersite

The **D'ACCORD!** Supersite, powered by MAESTRO®, provides a wealth of resources for both students and instructors. Icons indicate exactly which resources are available on the Supersite for each section of every lesson.

Access to the **Supersite** comes free with the purchase of a new student text.

LEARNING TOOLS AVAILABLE TO STUDENTS:

- **Practice**
  - directed practice from the textbook, including audio activities
  - additional practice for every textbook section
  - open-ended activities to explore and search the Internet

  Practice more at **daccord1.vhlcentral.com**.

- **Audio**
  - Record & Compare audio activities
  - All audio material related to the **D'ACCORD!** program (Vocabulary, Activities, Pronunciation Concepts)
  - Native-speaker recordings of the authentic literary readings in the **Lecture** sections of Units 3–7
  - Talking Picture vocabulary activities

- **Streaming Video**
  - **Roman-photo:** These dramatic video episodes follow a group of students living in Aix-en-Provence, France.
  - **Flash culture:** Appearing in one lesson per unit, specially shot footage expands on cultural topics presented in the book.
  - **Le Zapping:** Authentic francophone video clips, offered on the **D'ACCORD!** Supersite, provide you with an authentic window into French-language media.

- MP3 files for the complete **D'ACCORD!** Audio Program
  - textbook audio files
  - audio program files

- and more…
  - Interactive Maps
  - Flashcards with audio
  - integration with the **MAESTRO® Cahier interactif**

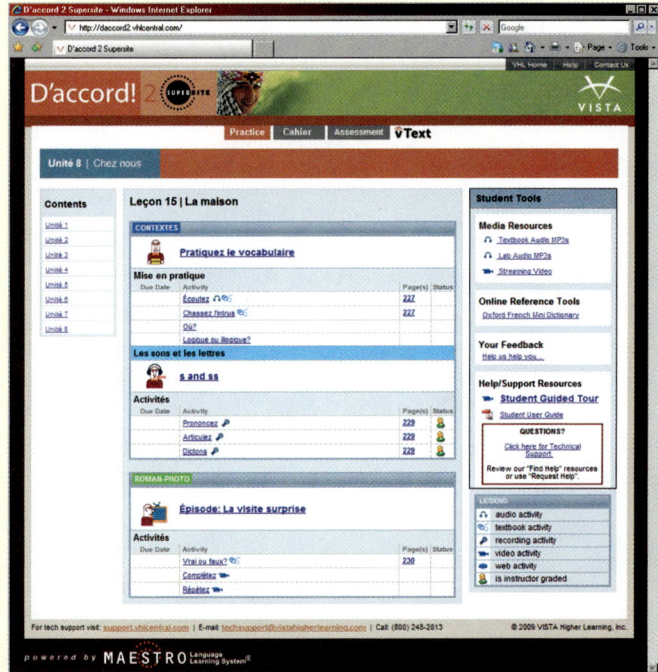

ACKNOWLEDGMENTS

On behalf of its authors and editors, Vista Higher Learning expresses its sincere appreciation to the many college professors nationwide who reviewed materials from **D'ACCORD!**. Their input and suggestions were vitally helpful in forming and shaping the program in its final, published form.

We also extend a special thank you to the contributing writer whose hard work was central to bringing **D'ACCORD!** to fruition: Nora Portillo.

We are especially grateful to our National Language Consultant, Norah Jones, for her continued support and feedback regarding all aspects of the text.

In-depth reviewers

Dorothy E. Diehl
   Saint Mary's University of Minnesota

Lynne Wettig
   Park University, Kansas

Reviewers

Ellen Abrams
   New England Community College, MA

Norma Alvarez
   College of Southern Nevada

Eileen M. Angelini
   Canisius College, NY

Christine Armstrong
   Denison University, OH

Michael Armstrong
   Florida Atlantic University

Kathleen Attwood
   Owens Community College, OH

Marty Bandini
   Southwestern College, CA

Samira Belaoun
   Bunker Hill Community College, MA

Maria Benson
   Virginia Commonwealth University

Juan A. Bernabeu
   Laramie County Community College, WY

Marie Bertola
   West Valley College, CA

Kaye Bletso
   Jefferson Community College, KY

Julia Bordeaux
   Mansfield University, PA

Christine Boudin-Stoa
   Saint Mary's University of Minnesota

Cavella Bullard
   Wake Technical Community College, NC

Thomas Buresi
   Southern Polytechnic State University, GA

Allegra Clement-Bayard
   John Burroughs School, MO

Helene Coignet
   Canisius College, NY

Margaret Colvin
   Otterbein College, OH

Mary Beth Crane
   College of Southern Idaho

LaVerne Dalka
   Hanover College, IN

Nathalie Davaut
   Rowan Cabarrus Community College, NC

David de Posada
   Macon State College, GA

Linda Downing
   Diablo Valley College, CA

Beth Droppleman
   Columbia College, SC

Kamila Dudley
   University of Hawaii

Vicki Earnest
   Calhoun College, AL

Paula Egan-Wright
   Laramie County Community College, WY

Natasha Engering-Ward
   Justin-Siena High School, CA

Lisa C. Franks
   Cabrini College, PA

Kerwin Friebel
   Muskegon Community College, MI

Barbara I. Friedman
   Florida Atlantic University

Trisha Frye
  Salem Academy and College, NC

Maria Gardeta-Healey
  Mesa Community College, AZ

Sophie Gelaw
  University of the Virgin Islands

Virginie Gindoff
  Plymouth State University, NH

Martha Grant
  Falmouth High School, ME

Stella Greenbaum
  The Hun School of Princeton, NJ

Sue Grove
  Riverland Community College, MN

Luc Guglielmi
  Kennesaw State University, GA

Nathan Guss
  Clemson University, SC

Kwaku A. Gyasi
  University of Alabama in Huntsville

B. Sabastian Hobson
  Northern Virginia Community College

Jessica Hoy
  Illinois State University

Rejane Jehanno
  Pacific Union College, CA

Zhen Ji
  Our Lady of the Lake University, TX

E. Joe Johnson
  Clayton State University, GA

Nikki L. Kaltenbach
  Indiana University Northwest

Ann Kirkland
  Hanover College, IN

Ute S. Lahaie
  Gardner-Webb University, NC

Stanley F. Levine
  University of South Carolina Aiken

Leanne Lindelof
  San Jose State University, CA

Oksana Lutsyshyna
  University of South Florida

Olivia Marancy-Ferrer
  North Broward Preparatory School, FL

Jackie Mauldin
  Gainsville State College, GA

Kitzie McKinney
  Bentley College, MA

Mireille McNabb
  West Valley College, CA

Sylvie Merlier-Rowen
  Shoshana S. Cardin School, MD

Cedric Michel
  University of South Florida

Isabelle Miller
  Bellevue Community College, WA

Doug Mrazek
  Clark College, WA

Martine Motard-Noar
  McDaniel College, MD

Shonu Nangia
  Louisiana State University at Alexandria

Justin Niati
  Houghton College, NY

Eva Norling
  Bellevue Community College, WA

Leslie Norman
  Gonzaga University, WA

Marie-Noelle Olivier
  University of Nevada, Las Vegas

Scooter Pegram
  Indiana University Northwest

Christiane E. Reese
  Florida Atlantic University, FL

Anna K. Sandstrom
  University of New Hampshire

Amy Sawyer
  Clemson University, SC

Lisa F. Signori
  Erskine College, SC

Virginia Stamanis
  The Meadows School, NV

Janis Tansey
  Pine Crest School, FL

Maria-Elena Torales
  Imperial Valley College, CA

Michael Vermy
  Fullerton College, CA

Nirva Vernet
  Virginia Commonwealth University

Terri Woellner
  University of Denver, CO

Lisa Yigit
  North Broward Preparatory, FL

Samuel Zadi
  Wheaton College, IL

Elizabeth Zwanziger
  Wartburg College, IA

Reprise

YOU WILL REVIEW HOW TO...
- Describe people and things
- Discuss everyday activities
- Tell what happened in the past
- Use pronouns to avoid repetition
- Give commands or directions

STRUCTURES R.1
pages 2–3
- The verbs **être** and **avoir**
- Expressions with **avoir**
- Adjective agreement and placement
- Possessive and demonstrative adjectives

STRUCTURES R.2
pages 4–7
- The present tense of regular **-er**, **-ir**, **-re** verbs
- Irregular present-tense **-er**, **-ir** and **-re** verbs, including **aller**, **prendre**, **boire**, **faire**
- Spelling-change **-er** verbs

CULTURE
pages 8–9
- Summer vacation activities

STRUCTURES R.3
pages 10–13
- The **passé composé** with **avoir** and **être**
- The **imparfait**

STRUCTURES R.4
pages 14–16
- Direct object pronouns
- Indirect object pronouns
- The **impératif**

Reprise Goals
In **Reprise**, students will review:
- describing people and things
- discussing everyday activities
- talking about the past
- the present tense of **être** and **avoir**; regular **-er**, **-ir**, **-re** verbs; and spelling-change **-er** verbs
- the present tense of irregular verbs, including **aller**, **prendre**, **boire**, and **faire**
- expressions with **avoir**
- the **passé composé** and the **imparfait**
- direct and indirect object pronouns
- the **impératif**

Pour commencer
- Qui est-ce dans la photo? (C'est une fille et un garçon.)
- Quel âge ont-ils, à votre avis? (Ils ont quinze ou seize ans.)
- Qu'est-ce qu'ils portent? (Ils portent des t-shirts.)
- Décrivez la fille. (Elle a les cheveux longs et châtains. Elle a les yeux marron. Elle est jolie. Elle est heureuse.)
- Décrivez le garçon. (Il a les cheveux courts et châtains. Il a les yeux marron. Il est beau. Il est heureux.)

OPTIONS

Descriptions Have students work in pairs. Ask half the pairs to create a description of the girl in the photo and the other half a description of the boy. Students should include a physical description as well as information about family, activities, or school. Encourage students to use their imagination as necessary. Call on volunteer pairs to read their description aloud.

Conversations Have students work in pairs to imagine a conversation between the girl and the boy in the photo. The situation might be, for example, the two students meeting for the first time or the two discussing what they did before the scene in the photo. Have students present their conversations to the class.

STRUCTURES R.1

The verbs *être* and *avoir*

- The verb **être** (to be) is an irregular verb; its conjugation (set of forms for different subjects) does not follow a pattern.

Je suis américain.

Cette année, nous avons le bac.

Present tense of *être*

je suis	I am	nous sommes	we are
tu es	you are	vous êtes	you are
il/elle est	he/she/it is	ils/elles sont	they are

- The verb **avoir** (to have) is also an irregular verb.

Present tense of *avoir*

j'ai	I have	nous avons	we have
tu as	you have	vous avez	you have
il/elle a	he/she/it has	ils/elles ont	they have

- The verb **avoir** is used in certain idiomatic or set expressions where English generally uses *to be* or *to feel*.

Nicolas **a sommeil**.
Nicolas is sleepy.

Vous **avez froid**?
Are you cold?

Il **a envie de** se coucher.
He feels like going to bed.

Avez-vous **envie de** soupe?
Do you want some soup?

Expressions with *avoir*

avoir... ans	to be... years old	avoir froid	to be cold
avoir besoin (de)	to need	avoir honte (de)	to be ashamed (of)
		avoir l'air (de)	to seem/look (like)
avoir de la chance	to be lucky	avoir peur (de)	to be afraid (of)
		avoir raison	to be right
avoir chaud	to be hot	avoir sommeil	to be sleepy
avoir envie (de)	to feel like/to want	avoir tort	to be wrong

2 deux

MISE EN PRATIQUE

1 **Où sommes-nous?** Complete each sentence with the correct form of the verb être.

1. Édouard et Nathalie __sont__ à l'hôtel.
2. Jean-François __est__ à l'école.
3. Ils __sont__ en vacances.
4. Julie et moi, nous __sommes__ au match de foot.
5. Vous __êtes__ en retard.
6. Tu __es__ végétarien?
7. Je __suis__ de Bordeaux.
8. Il __est__ deux heures et demie.
9. Daniel et Thomas __sont__ à l'hôpital.
10. Elle __est__ chez elle.

2 **Correspondance** Sandra, your new French penpal, is presenting her family to you. Complete her e-mail with the correct forms of avoir.

«J'(1) __ai__ une grande famille avec quatre frères et sœurs. Nous (2) __avons__ aussi beaucoup d'oncles et de tantes. Ils sont mariés et (3) __ont__ des enfants. Ce sont tous mes cousins et cousines. Mon grand frère Pierrot (4) __a__ déjà une petite fille, et elle est adorable. Dans les grandes familles, il y (5) __a__ toujours un petit préféré... eh bien, chez nous, c'est elle! Voilà, comme ça, tu (6) __as__ une idée de ma vie ici!»

3 **Expressions** Using the photos, complete each sentence using an expression with avoir.

1. Il __a chaud__   3. Nous __avons froid__

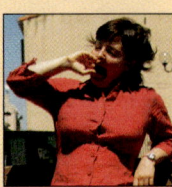 

2. Elle __a sommeil__   4. J' __ai de la chance__

Practice more at daccord2.vhlcentral.com.

Reprise

4 Opinions Victoire has opinions about everything. Complete her statements, following the model.

MODÈLE
restaurant / cher / bon
Le restaurant est cher, mais bon.

1. prof / désorganisé / brillant
   Le prof est désorganisé, mais brillant.
2. voisines / vieux / charmant
   Les voisines sont vieilles, mais charmantes.
3. maison / petit / joli
   La maison est petite, mais jolie.
4. fiancés / inquiet / heureux
   Les fiancés sont inquiets, mais heureux.
5. plage / grand / laid
   La plage est grande, mais laide.
6. matchs / long / génial
   Les matchs sont longs, mais géniaux.

5 C'est à qui? Using possessive adjectives, identify the owner(s) of each object.

MODÈLE
mon copain
Ce sont ses cahiers.

toi et moi
1. C'est notre ordinateur.

Léo et toi
3. Ce sont vos stylos.

les vendeuses
2. C'est leur calculatrice.

Josie
4. Ce sont ses dictionnaires.

6 Comparez With a partner, discuss the differences in each illustration. Use demonstrative adjectives.
Answers will vary.

MODÈLE
Élève 1: Comment sont ces hommes?
Élève 2: Cet homme-ci est petit et cet homme-là est grand.

1. _____   3. _____

2. _____   4. _____

Adjectives

- In French, all nouns have a number (singular or plural) and gender (masculine or feminine). Most adjectives take different forms according to the gender and number of the nouns they precede.

- Most adjectives adopt the feminine form by adding a silent **-e** (no accent) to the end of the masculine form, unless one is already there. Adding a silent **-s** to the end of masculine and feminine forms gives you the plural forms of both.

MASCULINE SINGULAR	FEMININE SINGULAR
Henri est **élégant**.	Patricia est **élégante**.

MASCULINE PLURAL	FEMININE PLURAL
Henri et Jérôme sont **élégants**.	Patricia et Marie sont **élégantes**.

- French adjectives are usually placed after the noun they modify when they don't directly follow a form of **être**.

  Ce sont des étudiantes **brillantes**.
  Bernard est un homme **agréable** et **poli**.

- However, some adjectives, such as possessive and demonstrative adjectives, come before the noun.

C'est ta soeur?
Ce sont tes parents?

Combien coûte cette montre?

Possessive and demonstrative adjectives

masculine singular	feminine singular	plural	
mon	ma	mes	*my*
ton	ta	tes	*your* (fam. and sing.)
son	sa	ses	*his, her, its*
notre	notre	nos	*our*
votre	votre	vos	*your* (form. or pl.)
leur	leur	leurs	*their*
ce	cette	ces	*this, these*
cet (before vowel sound)			*this*

trois **3**

Language Notes
- Review the change in pronunciation for the feminine form of adjectives that end in a consonant in the masculine form. Example: **élégant / élégante**.
- Review some of the spelling changes in the feminine singular forms: -f to -ve (**naïf / naïve**); -x to -se (**heureux / heureuse**); -s to -sse (**gros / grosse**), -en to -enne (**canadien / canadienne**)
- Review the spelling change in the masculine plural form: -al to -aux (**génial / géniaux**).
- Remind students that masculine singular adjectives ending in -x do not add an -s (**sérieux / sérieux**).
- Point out that possessive adjectives agree with the *noun* they are modifying, not the possessor. Example: To Tom—**Où est ta bicyclette?**

1 Suggestion Ask students to write five more sentence completions. Then have them exchange sentences with a partner and complete the sentences.

2 Expansion Have students write a response to Sandra's email. They can write about their own family or an imaginary family.

3 Suggestion Change the subject for each item to another appropriate subject and have students write the new verb form. Example: 1. **Tu as chaud.**

4 Suggestion Have students write their answers, exchange papers with a partner, and correct each other's work.

OPTIONS

Using Visuals Have students find or create pictures of a man and a woman. The people can be two friends, two relatives, two actors, two singers, etc. Instruct students to write descriptions of the two people using demonstrative and descriptive adjectives. Example: **Cet acteur est grand et beau. Cette actrice est petite et élégante.**

C'est à qui? Do a live version of **Activité 5**. Have students put their belongings (books, pencils, notebooks, calculators, etc.) on their desks. Pick up objects one at a time or in combinations and ask students to make statements about the objects with possessive adjectives. Example: You pick up pencils from two students. Students say: **Ce sont leurs crayons.**

STRUCTURES R.2

Section Goals

In this section, students will review:
- the present tense of regular and irregular verbs
- spelling-change **-er** verbs

Language Notes
- Remind students that before verb forms beginning with a vowel sound, **je** becomes **j'** and there is a liaison with the subject pronouns **on, nous, vous, ils,** and **elles**.
- Tell students that the French present tense equals three English present tense forms. Example: **je parle** = *I speak, I am speaking, I do speak.* It can also equal an immediate future action. Example: **J'arrive.** = *I'll be right there.*

Suggestions
- Have three volunteers read aloud the subject pronouns and corresponding verb forms for the three regular verb infinitives (**parler, finir, vendre**). Ask students what they notice about the pronunciation of the forms. (The different forms follow the same pattern.)
- Review the formation of the negative with **ne (n')…pas**.
- Do a rapid drill with the "Common irregular verbs" on this page. First say a sentence using a subject pronoun and one of the verbs. Follow up immediately by saying a different subject pronoun. Example: **Je vais à l'école.; tu.** Then point to a student, who should "repeat" the sentence, but with the new subject pronoun. (**Tu vas à l'école.**) Repeat the sentence with two or three other subject pronouns before moving on to a new sentence.
- Ask students to write the names of a few friends or family members. Then have them write a sentence for each one using the verbs from these pages.

Present tense of regular and irregular verbs; spelling-change -er verbs

Regular verbs

- To create the present-tense forms of regular verbs, drop the infinitive ending (**-er, -ir, -re**) and add the corresponding endings for the different subject pronouns.

Demain, je **finis** mes cours à deux heures et demi.
Tomorrow I finish class at 2:30.

Et quand est-ce que tu **arrives** chez toi?
And when do you get home?

Regular verbs

	parler	finir	vendre
je	parl**e**	fin**is**	vend**s**
tu	parl**es**	fin**is**	vend**s**
il/elle	parl**e**	fin**it**	vend
nous	parl**ons**	fin**issons**	vend**ons**
vous	parl**ez**	fin**issez**	vend**ez**
ils/elles	parl**ent**	fin**issent**	vend**ent**

Irregular verbs

- Like **être** and **avoir**, some other commonly used verbs are irregular.

Je ne comprends pas non plus.

Je ne bois pas de limonade.

Common irregular verbs

	aller	faire	prendre	boire
je	vais	fais	prends	bois
tu	vas	fais	prends	bois
il/elle	va	fait	prend	boit
nous	allons	faisons	prenons	buvons
vous	allez	faites	prenez	buvez
ils/elles	vont	font	prennent	boivent

4 quatre

MISE EN PRATIQUE

1 **Des questions** Your friend Antoine is asking you a lot of questions. Complete each of his questions with the correct form of the verb in parentheses.

1. On ___partage___ (partager) ce sandwich?
2. Tu ___réfléchis___ (réfléchir) à quoi maintenant?
3. Maxime et toi, vous ___finissez___ (finir) votre match de tennis vers quelle heure?
4. Ce soir, nous ___retrouvons___ (retrouver) bien Elsa et Fifi à la bibliothèque, n'est-ce pas?
5. Est-ce que j' ___invite___ (inviter) Édouard aussi?
6. Pourquoi est-ce qu'Elsa ___sourit___ (sourire) quand je la ___regarde___ (regarder)?
7. Les copains ___organisent___ (organiser) aussi une fête ce week-end?

2 **Complétez** Complete each sentence with the correct form of a verb from the list.

| attendre | entendre | répondre |
| descendre | perdre | vendre |

1. Chez moi, après huit heures du soir, nous ne ___répondons___ pas au téléphone.
2. Où sont mes lunettes? Aujourd'hui, je ___perds___ tout!
3. Est-ce qu'ils ___vendent___ des billets de train ici?
4. Papi, tu n' ___entends___ pas très bien quand on parle.
5. Delphine ne ___descend___ jamais en ville sans son sac.
6. Monsieur, vous ___attendez___ le bus 114?

3 **Le bon verbe** Conjugate a verb from the list to complete each sentence.

| aller | boire | faire | prendre |

1. Nous adorons le sport. Nous ___faisons___ du jogging presque tous les matins.
2. Attention! Tu ___bois/vas___ trop vite!
3. Quand vous avez envie de sortir, vous ___allez___ au cinéma?
4. Yvan ___prend___ le train pour rentrer chez lui le soir.
5. Les enfants ___prennent___ des cours de tennis le dimanche.
6. Je ___fais___ mes frites moi-même, à la maison!
7. Est-ce que cette ceinture ___va___ avec mon pantalon?
8. En été, nous ne ___buvons___ jamais assez.

Practice more at daccord2.vhlcentral.com.

Using Games Have students work in groups of three. Distribute cards to each group with a selection of subject pronouns, regular verb stems, and regular verb endings written on them. Group members divide the cards among themselves. You call a verb infinitive and a subject pronoun. Students should hold up the subject pronoun along with the appropriate stem and ending. The first group to hold up the correct answer wins the point.

Storytelling Provide students in small groups with a list of previously-learned **-er, -ir,** and **-re** verbs. Challenge them to use these verbs to write a cartoon strip and then illustrate it with simple drawings or pictures from magazines or the Internet.

Teacher's Annotated Edition • REPRISE

Reprise

4 **Parfait!** Using the illustrations as cues, write the correct form of the irregular -ir verb.

1. Je __dors__ bien!

4. Vous __courez__ super vite!

2. Il __sert__ des sandwichs délicieux!

5. Tu __sors__ enfin de l'hôpital!

3. Nos chocolats chauds __sentent__ bon!

6. Nous __partons__ à l'heure!

5 **Finissez** Complete each sentence, choosing the most logical ending for each. Remember to conjugate each verb.

permettre de rentrer à 11h00.	détruire les forêts.
dire «bonjour» en espagnol?	réduire vos heures de travail.
rire de mes histoires.	ne pas construire d'avions.

1. Ces ingénieurs __ne construisent pas d'avions.__
2. Cette semaine, au bureau, ils __réduisent vos heures de travail.__
3. Le feu (fire) __détruit les forêts.__
4. Reiko est charmante quand elle __rit de mes histoires.__
5. Maman et moi, nous vous __permettons de rentrer à 11h00.__
6. Comment est-ce que vous __dites «bonjour» en espagnol?__

• Here are some irregular -ir verbs.

irregular -ir verbs					
sortir		**dormir**		**courir**	
sors	sortons	dors	dormons	cours	courons
sors	sortez	dors	dormez	cours	courez
sort	sortent	dort	dorment	court	courent

• In the present tense, the verbs **partir**, **sentir**, and **servir** follow the same irregular pattern as **sortir** and **dormir**.

Irregular -re verbs			
	conduire	**mettre**	**dire**
je	conduis	mets	dis
tu	conduis	mets	dis
il/elle	conduit	met	dit
nous	conduisons	mettons	disons
vous	conduisez	mettez	dîtes
ils/elles	conduisent	mettent	disent

• The following verbs are conjugated like **conduire**: **construire**, **détruire**, **produire**, **réduire**, **traduire**.

• The following verbs are conjugated like **mettre**: **permettre**, **promettre**.

Spelling-change -er verbs

• Some **-er** verbs, though regular with respect to their verb endings, have spelling changes that occur in the verb stem (what remains after the **-er** is dropped).

Spelling-change -er verbs			
	acheter	**espérer**	**envoyer**
j'	achète	espère	envoie
tu	achètes	espères	envoies
il/elle	achète	espère	envoie
nous	achetons	espérons	envoyons
vous	achetez	espérez	envoyez
ils/elles	achètent	espèrent	envoient

• The following verbs are conjugated like **acheter**: **amener**, **emmener**.

• The following verbs are conjugated like **espérer**: **célébrer**, **considérer**, **posséder**, **préférer**, **protéger**, **répéter**.

• The following verbs are conjugated like **envoyer**: **employer**, **essayer**, **nettoyer**, **payer**.

cinq **5**

STRUCTURES R.2

6 Suggestion For each item, have a few pairs write their sentences on the board. Have the class check each sentence for logic and correct spelling.

6 Expansion After students give their answer for each item, have them give a full description of the images. For example, they can describe the people and the setting or imagine what the people are saying or thinking.

7 Expansion Ask students to write another sentence about each image using a different verb from **Reprise**.

7 Expansion Have students write a mini-conversation or monologue for each picture.

8 Suggestion Before assigning the activity, go over the meaning of the expressions in the second column. Display sentences that use the words in context. Read the sentences aloud and use gestures and props to clarify meaning.

9 Expansion After students complete the activity, review other information questions: **Où? Pourquoi? Quand? Qui? Avec qui?** Then have pairs go through each activity item again using question words and other verbs from **Reprise** to elicit additional information. Example: **Avec qui est-ce que tu vas à la cantine?**

---

6 Imaginez In pairs, describe what people are doing in each illustration. Use a spelling-change -er verb. Answers will vary.

MODÈLE
Elles essaient de patiner.

1. 2. 3. 4.

7 Que font-ils? Look at each illustration and write two sentences about what the people are doing or thinking. Use two different verbs from the list. Answers will vary.

1. 2. 3. 4.

| attendre | choisir | entendre | oublier |
| passer | regarder | rendre visite | vendre |

8 En général In pairs, take turns describing your habits. Use the word bank for ideas. Answers will vary.

MODÈLE
Élève 1: En général, je ne regarde jamais la télévision le dimanche soir.

(ne pas) courir	jusqu'à midi
(ne pas) dormir	tous les week-ends
(ne pas) finir	le dimanche
(ne pas) obéir	en été
(ne pas) partir	tous les jours
(ne pas) réfléchir	rarement
(ne pas) réussir	jamais
(ne pas) sortir	parfois
	souvent
	une (deux, etc.) fois par jour/ semaine etc.

9 Et toi? In pairs, take turns asking each other what you do or have when you go to these places. Use only the verbs **prendre**, **boire**, or **faire** in your answers. Use your imagination when necessary.

MODÈLE
Élève 1: Qu'est-ce que tu prends quand tu vas au café?
Élève 2: Moi, quand je vais au café, je prends du café au lait. Et toi?
Élève 1: Moi, je ne prends jamais de café. Je prends du thé.

1. à la cantine (cafeteria)
2. chez mon/ma meilleur(e) ami(e)
3. au stade
4. au cinéma
5. à la mer avec ma famille
6. à la bibliothèque
7. en cours
8. au restaurant avec ma famille

 six

OPTIONS

Using Storybooks Have students work in groups of three. Give each group a children's book in French that uses many present-tense verbs. Each group should then make a list of all of the verbs they find. They should write the subject + verb form (as used in the story) as well as the infinitive.

Using Surveys Have students design a survey of 10 questions that include verbs reviewed so far in **Reprise**. Example: **Qui a sommeil maintenant? Qui conduit une voiture?** Students then conduct the survey, compile the results, and present the results to the class.

Reprise

10 Qui fait quoi? In pairs, say what these people are doing. Use only spelling changing –er verbs. Be creative. *Answers will vary.*

MODÈLE
Il achète des croissants pour sa fiancée.

1.
2.
3.
4.

11 Des situations In pairs, take turns asking each other how you generally react when other people do or do not do the following things. *Answers will vary.*

MODÈLE
ne jamais sourire
Élève 1: Comment est-ce que tu réagis quand quelqu'un ne sourit jamais?
Élève 2: Je suis triste.

1. rire très fort
2. conduire vite
3. mettre ses chaussures sur la table
4. ne pas dire «pardon»
5. détruire un livre de la bibliothèque
6. promettre trop de choses

12 Enquête Copy the chart below onto a piece of paper. In groups of three, interview your classmates to see how often, if at all, they do each activity. Then write their names in the appropriate boxes. Be prepared to share the results of your poll with the class. *Answers will vary.*

MODÈLE
Élève 1: Est-ce que tu achètes tes livres sur Internet?
Élève 2 (Félix): Oui, j'achète souvent mes livres sur Internet.

	parfois	souvent	jamais
1. acheter des livres sur Internet		Félix	
2. écrire des e-mails à son/sa grand-père/mère			
3. partir en week-end avec sa famille			
4. faire ses devoirs devant la télé			
5. ne pas répondre aux questions de ses parents			
6. sortir avec des amis l'après-midi			

CULTURE

CULTURE À LA LOUPE

Les vacances scolaires

Que font les jeunes pendant leurs vacances scolaires? Ce matin, Tiffany s'est levée° tôt—le jour du départ est enfin arrivé. Elle vérifie tout avant de partir: son passeport, son billet d'avion, son dictionnaire anglais-français… Elle a bien tout! En effet°, cet été, Tiffany a décidé d'aller apprendre le français au Québec.

Comme Tiffany, beaucoup de jeunes lycéens profitent des vacances d'été pour apprendre quelque chose de nouveau. Certains apprennent un nouveau sport en s'inscrivant à° des stages° de voile° ou de moto°. D'autres préfèrent une activité culturelle ou artistique et vont à des stages de cirque° ou de danse. D'autres enfin vont dans un pays étranger pour suivre° des cours de langue. Les séjours linguistiques ou les programmes d'échanges internationaux ont beaucoup de succès chez° les lycéens. Non seulement les jeunes apprennent une langue mais ils découvrent° aussi la culture du pays et rencontrent d'autres jeunes de tous les coins° du monde.

L'Université Laval à Québec, par exemple, propose un programme idéal pour ceux° qui désirent apprendre le français. Le matin, il y a quatre heures de cours, des exposés° et des projections de films qui racontent° l'histoire de la ville de Québec. L'après-midi, il y a des activités sociales et culturelles. Certains vont faire une promenade dans le Vieux-Québec et vont voir° les fortifications, aller admirer la chute° Montmorency ou visiter des cabanes à sucre où on récolte la sève des érables° comme le faisaient les premiers habitants de la région, les Autochtones°. Les plus aventureux° vont même observer les baleines° du fleuve Saint-Laurent.

Pour les jeunes qui choisissent de participer à ces stages, les vacances ne sont plus une longue période d'inactivité. Elles proposent, au contraire, la possibilité de rencontrer d'autres jeunes et d'apprendre quelque chose de nouveau tout en s'amusant.

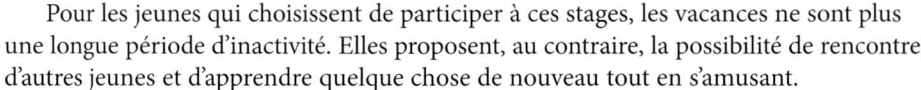

s'est levée got up **En effet** Indeed **s'inscrivant à** signing up for **stages** camps **voile** sailing **moto** motorcycle **cirque** circus **suivre** take **chez** among **découvrent** discover **coins** corners **ceux** those **exposés** presentations **racontent** tell **voir** see **chute** waterfall **récolte** collects **sève des érables** sap from maple trees **Autochtones** Native Americans **aventureux** adventurous **baleines** whales

ACTIVITÉS

1 Vrai ou faux? Indicate whether each statement is **vrai** or **faux**. Correct the false statements. *Some answers will vary slightly.*

1. Si on est sportif, on peut faire un stage de moto ou de voile pendant les vacances. Vrai.
2. Les séjours linguistiques sont d'abord pour les jeunes qui veulent apprendre une langue étrangère. Vrai.
3. Les séjours linguistiques ne proposent que des cours de langue. Faux. Ils proposent aussi des activités culturelles.
4. Les participants aux séjours linguistiques viennent de tous les coins du monde. Vrai.
5. Les participants au programme de l'Université Laval ont six heures de cours de français par jour. Faux. Il y a quatre heures de cours par jour.
6. Québec est une ville fortifiée. Vrai.
7. Dans les cabines téléphoniques, on récolte la sève des érables. Faux. On récolte la sève des érables dans les cabanes à sucre.
8. Les Autochtones étaient les premiers habitants du Québec. Vrai.
9. Les camps de vacances sont idéaux pour les jeunes qui aiment l'inactivité. Faux. Les camps sont pour les jeunes qui aiment l'activité.
10. Parfois, on observe des baleines dans le fleuve Saint-Laurent. Vrai.

8 huit

LE FRANÇAIS QUOTIDIEN

Des sports atypiques

l'alpinisme (*m.*)	mountain climbing
le deltaplane	hang gliding
l'escrime (*f.*)	fencing
le kitesurf	kite surfing
le parachutisme	parachuting
le parkour	free running
la plongée sous-marine	scuba diving
le rugby	rugby
le tir à l'arc	archery

LE MONDE FRANCOPHONE

Des stages pour tous

Voici quelques stages qui proposent des activités originales pour les jeunes les plus aventureux.

En France Stage d'aéronautique où, pendant le vol, le jeune est copilote, navigateur ou radio

En France Stage des sports de l'extrême pour les plus aventureux: spéléologie° dans le Vercors, Parc des volcans en Auvergne, rafting et escalade° en Haute-Savoie, etc.

En Guadeloupe Stage de kitesurf avec des moniteurs° brevetés°

Au Québec Camp de vacances scientifiques avec cours de science qui fait participer les jeunes à des recherches° expérimentales

À Tahiti Stage de surf où les cours sont donnés par des moniteurs qui ont le BEES (Brevet d'État d'Éducateur Sportif)

spéléologie spelunking   **escalade** climbing   **moniteurs** instructors
brevetés licensed   **recherches** research

PORTRAIT

Le lac Saint-Jean

Aussi grand qu°'une mer intérieure, le lac Saint-Jean est un lieu de vacances très apprécié des Québécois et des touristes qui aiment le sport, la nature et la culture. Été comme hiver, il y a beaucoup de choses à faire. En été, les gens se baignent° ou se promènent le long de ses plages. Les sportifs font le tour du lac à vélo, vont à la pêche ou font du kayak; les plus courageux peuvent même faire du rafting à proximité du lac. Ceux qui aiment les animaux observent des loups° et des ours° dans leur habitat naturel. Ceux qui préfèrent l'histoire visitent des villages historiques qui recréent la vie des gens au début du siècle ou vont voir un moulin à eau°, construit en 1889, qui fonctionne toujours! En hiver, d'autres pratiquent la pêche blanche ou pêche sur glace, font des promenades en raquettes° ou des courses de traîneaux à chiens°, et visitent même des villages de glace! Le lac Saint-Jean, source d'amusement pour petits et grands n'importe quand!

Aussi grand que As large as   **se baignent** swim
loups wolves   **ours** bears
moulin à eau watermill
raquettes snowshoes
traîneaux à chiens dog sleds

2 Compréhension Complete each sentence.

1. Il y a des camps de ___vacances___ dans tout le monde francophone.
2. Il faut aller en ___Haute-Savoie___ pour faire un stage de rafting et d'escalade.
3. Pendant les stages ___d'aéronautique___, on apprend à voler.
4. Il y a des ___volcans___ en Auvergne.
5. Le lac Saint-Jean est au ___Canada/Québec___.

3 Les vacances
Do you go to summer camp? Where? What are your favorite activities? Why? If you do not go to camp, how do you pass your time in the summer? Write a paragraph in French.
Answers will vary.

Practice more at daccord2.vhlcentral.com.

STRUCTURES R.3

Section Goals

In **Structures R.3**, students will review:
- the **passé composé** with **avoir** and **être**
- the **imparfait**

Suggestions

- Give a short description of what you did yesterday using regular and irregular verbs conjugated with **avoir** in the **passé composé**. Then display the description for the class. Point out the use of **avoir** and the various past participles.
- Then give a short description of what you did this morning using verbs conjugated with **être** in the **passé composé**. Display the description for the class. Point out the use of **être** and the various past participles. Discuss the difference in formation with the previous description.
- Ask students to say one thing they did last night. For each sentence, ask another student to provide the infinitive of the verb used and another student to say whether the auxiliary verb was **avoir** or **être**.
- Give students a list of sentences containing the **passé composé** with **être**. Ask students to rewrite them, changing masculine subjects to feminine and feminine subjects to masculine.
- Ask students to write three sentences using three different verbs conjugated with être in the **passé composé**. Have them exchange sentences with a partner to check each other's work.
- After completing **Activité 2**, have students change the sentences into questions with inversion.
- Remind students that the **passé composé** is used to describe a past completed action and that the **imparfait** is used to talk about actions that took place repeatedly or habitually during an unspecified period of time. You may want to show this visually with a time line.
- Display a paragraph with verbs in the **passé composé** and the **imparfait**. Have volunteers read each sentence aloud. Then ask students which tense is used and to explain why.

The *passé composé* and the *imparfait*

Passé composé with *avoir*

- For most verbs, the **passé composé** is formed with a present-tense form of **avoir** (the auxiliary verb) followed by the past participle of the verb expressing the action.
- The past participle of a regular verb is formed by replacing the infinitive ending with **é**, **i**, or **u**, depending on the infinitive ending.

infinitive: fêt**er** chois**ir** rend**re**
past participle: fêt**é** chois**i** rend**u**

The *passé composé*

j'ai parlé	I spoke/have spoken	nous avons parlé	we spoke/have spoken
tu as parlé	you spoke/have spoken	vous avez parlé	you spoke/have spoken
il/elle a parlé	he/she/it spoke/has spoken	ils/elles ont parlé	they spoke/have spoken

Some irregular past participles

apprendre	appris	être	été
avoir	eu	faire	fait
boire	bu	pleuvoir	plu
comprendre	compris	prendre	pris
courir	couru	surprendre	surpris
falloir	fallu		

Passé composé with *être*

- Some verbs, however, use **être** in the **passé composé**. To form the **passé composé** of these verbs, use a present-tense form of **être** and the past participle of the verb that expresses the action.

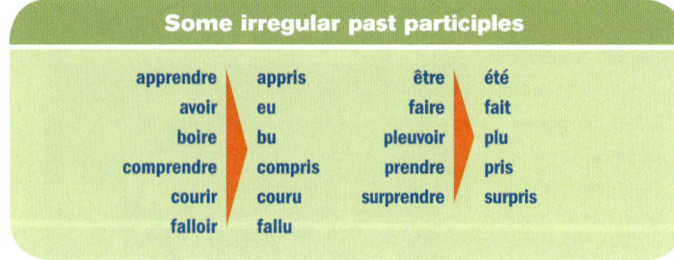

Tu es parti pour Paris?

Mes parents sont arrivés des États-Unis.

10   dix

MISE EN PRATIQUE

1 **Au passé** Complete each sentence by writing the correct forms of the appropriate verb in parentheses. Use the **passé composé**.

1. Hier soir, tu ___as appelé___ ton ami et vous ___avez bavardé___ pendant des heures. (bavarder / appeler)
2. Lundi dernier, Monsieur et Madame Guillon ___ont oublié___ une écharpe à l'hôtel et la réception ___a téléphoné___ chez eux. (oublier / téléphoner)
3. Aujourd'hui, j' ___ai invité___ mes amis et nous ___avons déjeuné___ au café d'à côté. (déjeuner / inviter)
4. Mathis ___n'a jamais rencontré___ Sabine, mais il ___a travaillé___ avec sa cousine Lætitia pendant deux ans. (ne jamais rencontrer / travailler)

2 **Un vrai désastre!** Léna had a very bad evening yesterday. Complete her description with the verbs in parentheses and the **passé composé**.

1. Il ___a fallu___ (falloir) attendre pour avoir une table.
2. Nous ___avons bu___ (boire) du très mauvais café.
3. Je ___n'ai pas compris___ (ne pas comprendre) la conversation.
4. Régis ___a été___ (être) désagréable avec le serveur.
5. Ensuite, on ___a pris___ (prendre) le mauvais train pour rentrer.

3 **Fait accompli** Say what these people did. Use the verbs from the list and the **passé composé**.

Suggested answers.

MODÈLE

tu
Tu es allée à la piscine.

aller	descendre
arriver	sortir
rentrer	

1. je
Je suis rentré tard du travail.

3. vous
Vous êtes arrivés à l'église.

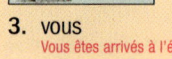

2. Sophie
Sophie est descendue à cet hôtel.

4. Margaud et moi
Nous sommes sorties ensemble.

Using Visuals Have students find a picture of people doing things (from magazines or the Internet). Students should write a minimum of five sentences to describe what the people did before the moment of the photograph, using verbs conjugated with both **avoir** and **être** in the **passé composé**. Then have students exchange papers with a partner to peer edit each other's work.

Storytelling Tell students to write a story about a bad day they had, similar to **Activité 2**. Students should also illustrate the story and then present it to the class using gestures and intonation. Have the class vote on who had the worst day.

10   Teacher's Annotated Edition • REPRISE

Reprise

4 **Quand j'étais petit** Complete José's story with the *imparfait* of the logical verb.

«Il (1) ___faisait___ (faire / pleuvoir) très chaud. Il (2) ___fallait___ (falloir / ne pas avoir) boire beaucoup d'eau. La journée, je (3) ___sortais___ (sortir / divorcer) peu. Les gens (4) ___essayaient___ (descendre / essayer) de faire du sport le matin très tôt. En général, maman et toi, vous (5) ___ne dormiez pas___ (ne pas dormir / rire) bien. Heureusement le week-end, nous (6) ___allions___ (choisir / aller) à la plage dans la voiture de papa. Toi et moi, nous (7) ___restions___ (rester / détruire) dans l'eau fraîche pendant des heures et c' (8) ___était___ (être / sentir) fantastique!»

5 **Avant...** Things have changed a lot between now and back then. Express this by finishing each sentence with a verb in the *imparfait*. Answers will vary.

MODÈLE
Maintenant, j'ai un vélo. Avant, *je marchais.*

1. Monsieur Roques mange très peu. Avant, ___il mangeait beaucoup___.
2. Clément est bon aux échecs. Avant, ___il était mauvais___.
3. Ces jours-ci, tu maigris lentement. Avant, ___tu maigrissais vite___.
4. Auban et moi, nous promettons de rentrer tôt. Avant, ___nous rentrions tard___.
5. Ils achètent parfois un livre. Avant, ___ils achetaient beaucoup de livres___.
6. Aujourd'hui, vous partez avec vos enfants. Avant, ___vous partiez tout seul___.

6 **Quand...** In pairs, describe what these people used to do and under what circumstances. Answers will vary.

MODÈLE
Quand il était plus jeune, Rafik dormait dans un lit confortable.

Rafik

 1. je
 3. vous
 2. ils
 4. tu

Practice more at daccord2.vhlcentral.com.

- The past participles of verbs conjugated with **être** agree with their subjects in number and gender.

Charles, tu **es allé** à Montréal?
Charles, did you go to Montreal?

Florence **est partie** en vacances.
Florence left on vacation.

Mes frères **sont rentrés**.
My brothers came home.

Elles **sont arrivées** hier soir.
They arrived last night.

Some verbs used with *être*

aller	entrer	naître	rentrer	sortir
arriver	monter	partir	rester	tomber
descendre	mourir	passer	retourner	

- To ask questions using inversion in the **passé composé**, invert the subject pronoun and the conjugated form of **avoir/être**.

Avez-vous fêté votre anniversaire?   Est-elle restée chez elle?

- Place the adverbs **déjà**, **encore**, **bien**, **mal**, and **beaucoup** directly before the past participle.

Tu as **déjà** mangé?
Did you already eat?

Je ne suis pas **encore** allé.
I haven't gone yet.

L'imparfait

- The **imparfait** does not require an auxiliary verb. To form the **imparfait**, drop the **-ons** ending from the **nous** form of the present tense and replace it with these endings.

The *imparfait*

	parler (parl**ons**)	finir (finiss**ons**)	vendre (vend**ons**)	boire (buv**ons**)
je	parl**ais**	finiss**ais**	vend**ais**	buv**ais**
tu	parl**ais**	finiss**ais**	vend**ais**	buv**ais**
il/elle	parl**ait**	finiss**ait**	vend**ait**	buv**ait**
nous	parl**ions**	finiss**ions**	vend**ions**	buv**ions**
vous	parl**iez**	finiss**iez**	vend**iez**	buv**iez**
ils/elles	parl**aient**	finiss**aient**	vend**aient**	buv**aient**

- The **imparfait** is used to express habitual or repetitive actions in the past. With the verb **être**, it is often used for description. In this tense, **être** is irregular.

The *imparfait* of *être*

j'étais	nous étions
tu étais	vous étiez
il/elle était	ils/elles étaient

onze **11**

Language Notes

- Point out the optional liaison between the forms of **avoir** and **être** and past participles beginning with a vowel sound. Examples: **nous avons entendu**; **je suis allé**.
- Remind students that infinitives that end in **-ger** add an **e** before all endings of the **imparfait** except for the **nous** and **vous** forms. This **e** preserves the soft **g** sound.
- Additionally, infinitives that end in **-cer** change the **c** to **ç** before all endings of the **imparfait** except for the **nous** and **vous** forms. This **ç** preserves the soft **c** sound.

1 Suggestion Review formation of the negative before completing the activity.

2 Suggestion Before beginning the activity, have students identify the past participles of the verbs.

2 Expansion Change the subjects in items 2-5 and have students do the activity again.

3 Expansion Ask students to provide one or two more sentences for each picture using verbs not in the list. Example: **J'ai nagé. Je suis parti(e) à sept heures.**

4 Suggestion Have students complete the activity in pairs.

5 Expansion Ask students to write three similar sentences with information about themselves.

6 Suggestion Before completing the activity, you may want to have students suggest a few phrases with infinitives for each picture.

OPTIONS

Question Drill Do a chain drill. The first student in each row turns around and asks the next student a question using inversion in the **passé composé**. That student answers the question, then turns and asks the next student a question, and so on. You may want to think of some suggestions as a group before beginning.

Using Visuals Ask students to bring in pictures of themselves at a party, on vacation, etc. Students should describe their pictures to the class using the **passé composé** and the **imparfait**. They should say where they were, how old they were, what they were doing, etc. After each description, the class asks additional questions. Remind students to use the **passé composé** for events and the **imparfait** for descriptions.

11

STRUCTURES R.3

7 Suggestion Tell students to take turns asking and answering the questions.

7 Expansion
- Ask each student to prepare two additional items to ask his or her partner.
- After answering yes/no to each question, have the student expand on the answer. Example: **Pour le dessert, j'ai fait une tarte aux pommes.**

8 Suggestions
- Tell students to copy the list of verbs on paper so that they can refer to the list after closing their books.
- Have students write out their sentences. Check for correct use of the **passé composé**.

9 Suggestion Students may want to brainstorm a list of questions before getting together with their partners.

10 Suggestion Make one student responsible for providing sentences using the **passé composé** with **avoir**, one for providing sentences using the **passé composé** with **être**, and one for providing sentences using the **imparfait**.

---

7 Déjà fait Interview a partner, asking whether he/she has ever done the following things. Your partner should respond with additional information, as in the model. *Answers will vary.*

MODÈLE
Élève 1: *Tu as déjà fait une surprise à tes parents?*
Élève 2: *Oui, j'ai préparé un dîner romantique.*

1. faire une surprise à ses parents
2. rencontrer une actrice ou un sportif célèbre
3. passer une nuit entière sans dormir
4. acheter un costume ou un tailleur
5. écouter un discours politique en entier
6. inviter un(e) ami(e) à manger avec sa famille

8 Mes voisins In pairs, take a minute to study the illustration. Then close your books and ask your partner questions about what these people did at the party. Use the **passé composé** and the verbs provided below. *Answers will vary.*

| accepter | bavarder | boire | chanter | danser | écouter | rencontrer |

9 La semaine dernière In pairs, take turns guessing what your partner did last week. Use only verbs that take **être** in the **passé composé**. Be prepared to share with the rest of the class what your partner did. *Answers will vary.*

MODÈLE
Élève 1: *Tu es allé(e) à la piscine?*
Élève 2: *Non, je suis allé(e) courir.*

| aller | partir | rentrer | retourner |
| arriver | passer | rester | sortir |

10 À la plage In groups of three, describe what these people did this weekend. Then, compare your description to that of another group. *Answers will vary.*

12 *douze*

Drawing from Oral Descriptions Using **Activité 8** as a model, ask each student to make a simple sketch of people doing six activities. The scene and activities should be different from those in **Activité 8**. Students should label the people. Then, working in pairs, each student orally describes what the people did in their scene. The other student draws the scene. Pairs then compare their drawings.

Writing Descriptions Have pairs of students think of five famous works such as books, fairy tales, or movies. They should use the **passé composé** to write two or three sentences describing the events of each work. Tell them to avoid names of people or other obvious giveaways. Students then exchange sentences with another pair and try to identify their classmates' works.

Reprise

11 La ville In pairs, take a few seconds to look at this illustration. Then, close your books and describe what you saw, using the **imparfait**. Work together to write down as many details as you can remember. *Answers will vary.*

- le café
- la banque
- le cinéma
- le restaurant
- l'hôtel
- la librairie
- le lycée
- l'hôpital

12 Vos vacances In groups of three, interview your classmates to find out where and/or how they used to spend their vacation when they were younger. Then, share your results with the class. *Answers will vary.*

13 Pourquoi? In pairs, say what these people did yesterday and why. Use the **passé composé** for the action and the **imparfait** for the explanation. *Answers will vary.*

MODÈLE

Jeanne
Jeanne est allée chez le coiffeur parce qu'elle avait les cheveux trop longs.

Jeanne

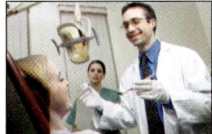
1. Brigitte

3. M. Duprès

2. Hélène

4. Arnaud et Dominique

14 Problèmes In pairs, take turns saying that you used to have these problems in the past and what solution you found to them. *Answers will vary.*

MODÈLE

Élève 1: Avant, je grossissais en hiver.
Élève 2: Ah bon? Et qu'est-ce que tu as fait pour changer ça?
Élève 1: J'ai commencé à faire du sport.

1. finir ses devoirs très tard le soir
2. ne pas avoir assez d'argent pour sortir
3. détester sa chambre
4. être désagréable le matin
5. ne pas lire assez
6. faire une dépression en hiver

treize 13

STRUCTURES R.4

Section Goals

In **Structures R.4**, students will review:
- direct and indirect object pronouns
- the *impératif*

Suggestions
- Write the first sample sentence showing a direct object noun sentence **Tu fais les valises?** on the board. Underline **les valises** and ask students what part of speech it is. Then write **Tu les fais?** and underline **les**. Draw an arrow from **les valises** to **les**. Ask students to explain what **les** is and its position. Do the same for the second set of sample sentences. Have students explain why **le** is used.
- Follow the same procedure for the indirect object sentences.
- Have students note which direct and indirect object pronouns are the same.
- Call on students to provide sentences for each of the "Verbs that take indirect object pronouns." First, one student gives a sentence with an indirect object noun. Then another repeats the sentence with an indirect object pronoun.

Language Notes
- Review placement of object pronouns in a negative sentence. Object pronouns go between **ne/n'** and the conjugated verb. Examples: **Je ne le veux pas. Je ne leur téléphone jamais.**
- Review placement of object pronouns in a sentence with an infinitive following the conjugated verb. Object pronouns go before the infinitive. Examples: **Je ne vais pas l'acheter. Je ne vais pas lui parler.**

Suggestion
Model the use of **vous** commands with the help of a student. Examples: **Fermez la porte. Donnez-moi votre papier.** Then have volunteers model the use of **tu** commands by giving an order to a classmate. Examples: **Prête-moi un stylo. Mets ton sac à dos sur la table.**

Language Note
Note to students that in negative commands, object pronouns are placed between **ne** and the verb. Examples: **Ne lui montre pas tes réponses. Ne le touche pas.**

Direct & indirect object pronouns; the *impératif*

Direct and indirect object pronouns

- Direct objects receive the action of a verb directly. Indirect objects express to whom or for whom an action is done. Indirect objects are frequently preceded by the preposition **à**.

  DIRECT
  J'amène **mes parents**.
  I'm bringing my parents.

  but

  INDIRECT
  Je parle **à mes parents**.
  I'm speaking to my parents.

- You can use a direct object pronoun in the place of a direct object noun. The D.O.P directly precedes the verb that it is associated with.

  Tu fais **les valises**?
  Are you packing the suitcases?
  ▶ Tu **les** fais?
  Are you packing them?

  Ils retrouvent **Luc** à la gare.
  They're meeting Luc at the station.
  ▶ Ils **le** retrouvent à la gare.
  They're meeting him at the station.

  Direct object pronouns

singular			plural		
me/m'	te/t'	le/la/l'	nous	vous	les

- When a direct object pronoun is used with the **passé composé**, the past participle must agree with it in both gender and number.

  J'ai mis **la valise** dans la voiture ce matin.
  I put the suitcase in the car this morning.
  ▶ Je **l'ai mise** dans la voiture ce matin.
  I put it in the car this morning.

  J'ai attendu **les filles** à la gare.
  I waited for the girls at the station.
  ▶ Je **les ai attendues** à la gare.
  I waited for them at the station.

- Indirect object pronouns replace indirect object nouns.

  Claire parle à **sa mère**.
  Claire speaks to her mother.
  ▶ Claire **lui** parle.
  Claire speaks to her.

  J'envoie des cadeaux à **mes nièces**.
  I send gifts to my nieces.
  ▶ Je **leur** envoie des cadeaux.
  I send them gifts.

  Indirect object pronouns

singular			plural		
me/m'	te/t'	lui	nous	vous	leur

14 quatorze

MISE EN PRATIQUE

1 **Choisissez** Choose the most logical direct object pronoun to complete the sentences.

1. Ces chaussures sont laides et peu pratiques. Je ___les___ déteste! (les/me)
2. Nous allons chez Alex ce soir. Il ___nous___ a invités à dîner. (la/nous)
3. Toi, Léon, tu n'achètes jamais le journal. Tu ___le___ lis au café. (vous/le)
4. Vous laissez un gros pourboire? Je ___vous___ trouve bien généreux aujourd'hui! (vous/la)
5. Mon oncle est follement amoureux de Jeanne. Il va ___l'___ épouser en juin. (l'/vous)
6. Vous avez écouté mon histoire? Vous ___m'___ avez bien compris? (m'/vous)

2 **Les bons pronoms** Rephrase each sentence, using a direct object pronoun. Follow the model. Answers will vary.

MODÈLE
Dominique écoute ce CD.
Il l'écoute.

1. Benoît regarde ses DVD. Il les regarde.
2. Ma mère admire cette robe. Elle l'admire.
3. Il mange son gâteau. Il le mange.
4. Ils achètent ces lunettes. Ils les achètent.

3 **Déjà fait** You are so hard-working that you have already done everything that your parents ask. Express this by using the cues, the **passé composé**, and a direct object pronoun. Pay attention to participle agreement.

MODÈLE
Tu vas lire ce livre? (la semaine dernière)
Je l'ai déjà lu la semaine dernière.

1. Tu vas emmener ta sœur à la piscine un de ces jours? (avant-hier) Je l'ai déjà emmenée à la piscine avant-hier.
2. Tu vas acheter les billets pour aller chez tes grands-parents? (ce matin) Je les ai déjà achetés ce matin.
3. Lolo et toi, vous allez prendre votre goûter maintenant? (à 4h00) Nous l'avons déjà pris à 4h00.
4. Tu vas apporter les glaces bientôt? Je les ai déjà apportées.
5. Tes copains et toi, vous allez faire les soldes pour trouver des shorts? (samedi) Nous les avons déjà faits samedi.
6. Tu vas nous attendre un peu? (toute la matinée!) Je vous ai déjà attendu(e)s toute la matinée!

 Practice more at **daccord2.vhlcentral.com**.

Object Pronoun Practice Create a handout of sentences using direct and indirect object nouns (or write the sentences on the board). First have students identify the object nouns and say if they are direct or indirect. Then have them practice restating the sentences using object pronouns.

Using Visuals Ask pairs of students to choose a sentence from **Activité 1** to illustrate in comic strip-style with captions that use both direct and indirect object pronouns. For example, item 1 could show a frustrated store clerk helping a young customer try on several pairs of shoes.

Teacher's Annotated Edition • REPRISE

Reprise

4 Du shopping Corinne and Célia are shopping. Complete each sentence with the correct indirect object pronoun.

1. Je __leur__ achète des baskets. (à mes cousins)
2. Je __te__ prends une ceinture. (à toi, Célia)
3. Nous __lui__ achetons une jupe. (à Zoë)
4. Célia __nous__ prend des lunettes de soleil. (à ma mère et à moi)
5. Je __vous__ achète des gants. (à toi et Lucas)
6. Célia __m'__ achète un pantalon. (à moi)

5 Beaucoup de questions Your friend Nathan is asking you a lot of questions. Answer using an indirect object pronoun.

MODÈLE
Tu as déjà téléphoné à Delphine?
Non, *je ne lui ai pas encore téléphoné*.

1. Tu me donnes ton nouveau numéro de téléphone? Oui, *je te donne mon numéro.*
2. On va prêter nos B.D. à Tao et à Franck? Oui, *on va leur prêter nos B.D.*
3. Céline te sourit souvent? Oui, *elle me sourit tout le temps.*
4. Tu as déjà parlé à sa copine? Non, *je ne lui ai jamais parlé.*
5. Tu as demandé aux copains de venir au match? Oui, *je leur ai demandé de venir.*
6. Est-ce que le prof va envoyer un e-mail avec tous les devoirs à Paul et moi? Oui, *il va nous envoyer un e-mail.*

6 Assemblez With a partner, combine elements from the three columns to compare your family and friends.

MODÈLE
Élève 1: Mon père me prête souvent sa voiture.
Élève 2: Mon père, lui, nous prête de l'argent.

A	B	C
je	acheter	argent
tu	apporter	biscuits
mon père	envoyer	cadeaux
ma mère	expliquer	devoirs
mon frère	faire	e-mails
ma sœur	montrer	problèmes
mon/ma	parler	vêtements
petit(e) ami(e)	payer	voiture
mes copains	prêter	

Vous m'avez apporté des cadeaux!

Je te prête ma jupe. D'accord?

- Here are some verbs that take indirect object pronouns.

Verbs used with indirect object pronouns

demander à	to ask, to request	parler à	to speak to
donner à	to give to	poser une question à	to pose/ ask a question (to)
envoyer à	to send to	prêter à	to lend to
montrer à	to show to	téléphoner à	to phone, to call

The *impératif*

Ferme la porte! (tu)
Close the door!

Appelez votre mère. (vous)
Call your mother.

- The **impératif** is the form of a verb that is used to give commands or to offer directions, hints, and suggestions.
- Form the **tu** command of **-er** verbs by dropping the **-s** from the present tense form. Note that **aller** also follows this pattern.
- The **nous** and **vous** command forms of **-er** verbs are the same as the present tense forms. For **-ir** verbs, **-re** verbs, and most irregular verbs, all the command forms are identical to the present tense forms, without the subject pronoun.
- The **impératif** forms of **avoir** and **être** are irregular.

The *impératif* of *avoir* and *être*

	avoir	être
(tu)	aie	sois
(nous)	ayons	soyons
(vous)	ayez	soyez

- An object pronoun can be added to the end of an affirmative command. Use a hyphen to separate them. Use **moi** and **toi** for the first- and second-person object pronouns.

Permettez-moi de vous aider.
Allow me to help you.

Achète le dictionnaire et **utilise-le**.
Buy the dictionary and use it.

quinze **15**

---

1 Suggestion Have students write out each sentence, highlighting the direct object noun that the pronoun replaces.

2 Suggestion Ask students to make a simple drawing to illustrate each sentence. Have them write the cues and answers under each drawing.

2 Expansion Have students rewrite their answers in the negative with **ne...pas**.

3 Suggestion Ask volunteers to write the questions and answers on the board. Have them draw an arrow from the direct object noun to the pronoun. Then have them underline and explain any agreement in the past participle.

4 Expansion Have pairs of students use the answers to create a conversation between Corinne and Célia.

5 Suggestion Ask a pair of students to read the **modèle** aloud, using appropriate intonation and gestures.

5 Expansion Have students write three similar questions that they would like to ask a partner. Then have pairs of students ask each other their questions.

6 Suggestion Remind students that **acheter, envoyer,** and **payer** are spelling-change verbs.

OPTIONS

Mini-skit Have students work in pairs. One will play the role of a famous celebrity (actor, singer, sports figure, etc.). The other will be an interviewer. First, students write at least six interview questions: half must prompt a direct object pronoun in the answer and half must prompt an indirect object pronoun. Students should practice their skit and then present it to the class, using props and appropriate gestures.

Dictée Use the following sentences for a dictation. Read each sentence three times; once for students to listen only; once with pauses for writing; once slowly to allow for checking. **1. Mon père l'achète tous les matins. 2. Tes parents vont m'écouter. 3. Je ne la prends pas. 4. Sa sœur lui téléphone souvent. 5. Les filles? Je les ai attendues au café. 6. Je vais vous envoyer un cadeau.**

STRUCTURES R.4

7 Complétez Copy the chart onto a separate piece of paper, and then write in the appropriate forms of the **impératif**.

	tu	nous	vous
finir	finis	finissons	1. finissez
danser	2. danse	dansons	dansez
répondre	réponds	3. répondons	répondez
faire	fais	faisons	4. faites
être	sois	5. soyons	soyez
avoir	6. aie	ayons	ayez

8 C'est un ordre! Tonight, you're babysitting your two younger brothers Paul and Raoul. Tell them what to do by using the **impératif**.

MODÈLE
ranger sa chambre (Paul)
Range ta chambre.

1. commencer ses devoirs (Paul et Raoul) *Commencez vos devoirs.*
2. faire son lit (Raoul) *Fais ton lit.*
3. ne pas envoyer trop d'e-mails (Paul) *N'envoie pas trop d'emails.*
4. être sympa (nous) *Soyons sympas.*
5. boire son verre de lait (Paul) *Bois ton verre de lait.*
6. lire une histoire ensemble (toi et moi) *Lisons une histoire ensemble.*
7. essayer de dormir (Paul et Raoul) *Essayez de dormir.*
8. ne pas faire trop de bruit (Paul et Raoul) *Ne faites pas trop de bruit.*

9 S'il te plaît Take charge! Using the drawings as cues, write a sentence with a verb in the **impératif** and an indirect object pronoun.

MODÈLE
montrer / à ton cousin / tes magasins préférés
Montre-lui tes magasins préférés.

1. expliquer / à moi et à la classe / ce problème de maths
Expliquez-nous ce problème de maths.

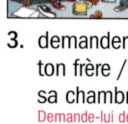

2. donner / à ta mère / ton examen
Donne-lui ton examen.

3. demander / à ton frère / ranger sa chambre
Demande-lui de ranger sa chambre.

4. apporter / aux clients / trois cafés et un chocolat
Apportez-leur trois cafés et un chocolat.

10 Visitez-les! In groups of three, write a small text of at least six sentences to go with this ad to attract tourists to these islands. Use verbs in the **impératif**. Then, share your ad with the class. *Answers will vary.*

Teacher's notes:

7 Suggestion Ask students to write full commands using the verbs in the chart. Examples: **Finis tes devoirs. Répondez à la question.**

8 Expansion Have students work in groups of three to act out the situations leading up to and through the command given in each item. Two students play Paul and Raoul and the third plays the role of the older sibling.

9 Expansion Give students five minutes to write two more commands for each picture.

10 Suggestion Before completing the activity, have students research information about Guadeloupe that would attract tourists.

10 Suggestion Ask groups to read their sentences aloud. Then have the class vote on whether they were convinced to visit the island. Call on volunteers from the class to say why they voted as they did.

OPTIONS

Using Visuals Have students work in pairs to locate eight to ten pictures of people (from magazines or the Internet). Based on the situations in the pictures, students should write captions giving advice to the people.

Mini-skit Have students work in pairs. Student A is a bossy person. Student B is the person being bossed around. Students should create and then perform a skit of Student A giving orders throughout the day to Student B, who acts them out.

Advice Scenarios Give a list of scenarios for students to give advice about: **Comment... rester en forme, recevoir de bonnes notes, éviter le dentiste, bien dormir, être bon en sport**, etc. Students take turns asking for and giving the advice.

Chez nous

UNITÉ PRÉLIMINAIRE

The **Unité préliminaire** is a repetition of **D'ACCORD! 1**, Unit 8. It is provided to faciliate the transition between levels 1 and 2, in case not all classes get through the full amount of material in Level 1.

Pour commencer
- Où sont David et Rachid?
  a. dans le salon b. dans la cuisine c. dans la chambre
- Qu'est-ce qu'il n'y a pas sur la photo?
  a. un canapé b. une table c. une télévision
- Que font David et Rachid?
  a. Ils étudient. b. Ils passent un bon moment. c. Ils regardent la télé.

Leçon PA
CONTEXTES
pages 18–21
- Parts of the house
- Furniture
- **s** and **ss**

ROMAN-PHOTO
pages 22–23
- La visite surprise

CULTURE
pages 24–25
- Housing in the francophone world
- Flash culture

STRUCTURES
pages 26–29
- The **passé composé** vs. the **imparfait** (Part 1)
- The **passé composé** vs. the **imparfait** (Part 2)

SYNTHÈSE
pages 30–31
- Révision
- Le zapping

Leçon PB
CONTEXTES
pages 32–35
- Household chores
- Semi-vowels

ROMAN-PHOTO
pages 36–37
- La vie sans Pascal

CULTURE
pages 38–39
- Household interiors

STRUCTURES
pages 40–43
- The **passé composé** vs. the **imparfait**: Summary
- The verbs **savoir** and **connaître**

SYNTHÈSE
pages 44–45
- Révision
- À l'écoute

Savoir-faire
pages 46–51

Panorama: L'Alsace and la Lorraine
Lecture: Read an article about Versailles.
Écriture: Write a story about your dream house.

Unit Goals
Leçon PA
In this lesson, students will learn:
- terms for parts of the house
- terms for furniture
- the pronunciation of **s** and **ss**
- about housing in France and **le château Frontenac**
- more about housing in France through specially shot video footage
- the uses of the **passé composé** and the **imparfait**
- about Century 21 in France

Leçon PB
In this lesson, students will learn:
- terms for household chores
- terms for appliances
- the pronunciation of semi-vowels
- about the interiors of French homes and the French Quarter in New Orleans
- more about the uses of the **passé composé** and the **imparfait**
- the uses of **savoir** and **connaître**
- to use visual cues to understand spoken French

Savoir-faire
In this section, students will learn:
- cultural and historical information about **Alsace** and **Lorraine**
- to guess the meaning of unknown words from context
- to write a narrative using the **passé composé** and the **imparfait**

Pour commencer
- a. dans le salon
- c. une télévision
- b. Ils passent un bon moment.

RESOURCES

Student Materials
Print: Student Book, Workbooks (*Cahier d'exercices, Cahier d'activités*)
Technology: MAESTRO® *Cahier interactif* and Supersite (Audio, Video, Practice)

Teacher Materials
DVDs (*Roman-photo, Flash culture*)
Teacher's Resources (Scripts, Answer Keys, Testing Program)
Audio CDs (Testing Program, Textbook, Audio Program)

MAESTRO® Supersite: Student Supersite Content; Planning and Teaching Resources (Overheads, PowerPoints, Lesson Plans, Information Gaps and *Feuilles d'activités*); Learning Management System (Gradebook, Assignments); Audio MP3s and Streaming Video
D'ACCORD! 2 Supersite: daccord2.vhlcentral.com

Section Goals

In this section, students will learn and practice vocabulary related to:
- housing
- rooms and home furnishings

Key Standards
1.1, 1.2, 4.1

Student Resources
Cahier d'exercices, pp. 1–2; *Cahier d'activités*, pp. 15–16, 105; Supersite: Activities, *Cahier interactif*

Teacher Resources
Answer Keys; Overhead #13; Audio Script; Textbook & Audio Activity MP3s/CD; Info Gap Activities; Testing program: Vocabulary Quiz

Suggestions
- Use **Overhead #13**. Point out rooms and furnishings in the illustration. Examples: **Ça, c'est la salle de bains. Voici un canapé.**
- Ask students questions about their homes using the new vocabulary. Examples: **Habitez-vous dans une maison ou dans un appartement? Avez-vous un balcon? Un garage? Combien de salles de bains avez-vous?**
- Point out the difference between **le loyer** (*the rent*) and **louer** (*to rent*).
- Explain that **une chambre** is *a bedroom*, but **une pièce** is the generic term for *a room*.
- Explain that **un salon** is a more formal room used primarily for entertaining guests. Generally, it is not used for watching television or other leisure activities. **Une salle de séjour** is a more functional room, similar to an American family room or den.
- Point out that **un studio** is *a studio apartment*, usually equipped with a couch that converts into a bed and a kitchenette.

Leçon PA

CONTEXTES

Talking Picture Audio: Activity

You will learn how to...
- describe your home
- talk about habitual past actions

La maison

Vocabulaire

déménager	to move out
emménager	to move in
louer	to rent
un appartement	apartment
une cave	cellar; basement
un couloir	hallway
une cuisine	kitchen
un escalier	staircase
un immeuble	building
un jardin	garden; yard
un logement	housing
un loyer	rent
une pièce	room
un quartier	area, neighborhood
une résidence universitaire	dorm
une salle à manger	dining room
un salon	formal living/sitting room
un studio	studio (apartment)
une armoire	armoire, wardrobe
une douche	shower
un lavabo	bathroom sink
un meuble	piece of furniture
un placard	closet, cupboard
un tiroir	drawer
un(e) propriétaire	owner

ressources
CE pp. 1–2
CA pp. 15–16, 105
daccord2.vhlcentral.com

18 dix-huit

Asking Questions Ask students what activities they do in various rooms. Examples: **Dans quelle pièce... mangez-vous? étudiez-vous? dormez-vous? faites-vous la cuisine? travaillez-vous sur l'ordinateur? parlez-vous au téléphone?**

Using Movement Make signs for various rooms in a house and for other parts of a home, such as **le garage** or **le balcon**. Also make several signs for bedrooms and bathrooms. Distribute the signs to students. As other students describe their homes (one floor at a time), those holding signs arrange themselves according to the descriptions. Tell students to use prepositions of location in their descriptions.

18 Teacher's Annotated Edition • Preliminary Unit • Lesson PA

UNITÉ PRÉLIMINAIRE — Chez nous

Labels on illustration: les rideaux (m.), le mur, les affiches (f.), les étagères (f.), la commode, la chambre, le garage

Mise en pratique

1 Chassez l'intrus Indiquez le mot ou l'expression qui ne va pas avec les autres (*that doesn't belong*).

1. un appartement, **un quartier**, un logement, un studio
2. une baignoire, une douche, **un sous-sol**, un lavabo
3. un salon, une salle à manger, une salle de séjour, **un jardin**
4. un meuble, un canapé, une armoire, **une affiche**
5. **un placard**, un balcon, un jardin, un garage
6. une chambre, une cuisine, **un rideau**, une pièce
7. un meuble, une commode, **un couloir**, un lit
8. un miroir, **un tapis**, une fenêtre, une affiche

2 Écoutez Patrice cherche un appartement. Écoutez sa conversation téléphonique et dites si les affirmations sont **vraies** ou **fausses**.

	Vrai	Faux
1. Madame Dautry est la propriétaire de l'appartement.	✓	
2. L'appartement est au 24, rue Pasteur.	✓	
3. L'appartement est au cinquième étage.		✓
4. L'appartement est dans un vieil immeuble.		✓
5. L'appartement n'a pas de balcon, mais il a un garage.		✓
6. Il y a une baignoire dans la salle de bains.		✓
7. Les toilettes ne sont pas dans la salle de bains.	✓	
8. L'appartement est un studio.		✓
9. Le loyer est de 490€.	✓	
10. Patrice va tout de suite emménager.		✓

3 Définitions Lisez les définitions et trouvez les mots ou expressions de **CONTEXTES** qui correspondent. Ensuite, avec un(e) partenaire, donnez votre propre définition de cinq mots ou expressions. Rejoignez un autre groupe et lisez vos définitions. L'autre groupe doit deviner (*must guess*) de quoi vous parlez.

1. C'est ce que (*what*) vous payez chaque mois quand vous n'êtes pas propriétaire de votre appartement. __un loyer__
2. Vous passez par ici pour aller d'une pièce à une autre. __un couloir__
3. C'est le fait de (*act of*) partir de votre appartement. __déménager__
4. C'est là que vous mettez vos livres. __une étagère__
5. En général, il y en a quatre dans une pièce et ils séparent les pièces de votre appartement. __les murs__
6. C'est ce que vous utilisez pour lire le soir. __une lampe__
7. C'est là que vous mettez votre voiture. __un garage__
8. C'est ce que vous utilisez pour aller du premier au deuxième étage d'un immeuble. __un escalier/un ascenseur__
9. Quand vous avez des invités, c'est la pièce dans laquelle (*in which*) vous dînez. __la salle à manger__
10. En général, il est sur le sol (*floor*) d'une pièce. __un tapis__

Practice more at daccord2.vhlcentral.com.

dix-neuf **19**

---

1 Expansion Have students create one or two additional sets using at least three of the new vocabulary words in each one. Collect their papers and write some of the items on the board.

2 Script PATRICE: Allô, Madame Dautry, s'il vous plaît.
MADAME: Oui, c'est moi. J'écoute.
P: Mon nom est Patrice Leconte. Je vous appelle au sujet de votre appartement du 24, rue Pasteur. Est-ce qu'il est toujours libre?
M: Oui, jeune homme. Il est toujours libre.
P: Parfait. Comment est-il?
M: Il est au quatrième étage d'un immeuble moderne. Il y a un balcon, mais pas de garage. La chambre est plutôt petite, mais il y a beaucoup de placards.
P: Et la salle de bains?
M: Elle est petite aussi, avec une douche, un lavabo et un grand miroir. Les toilettes sont séparées.
P: Et le salon?
M: C'est la pièce principale. Elle est plutôt grande. La cuisine est juste à côté.
P: C'est combien, le loyer?
M: Le loyer est de 490€.
P: Oh, c'est cher!
M: Mais vous êtes à côté de l'université et l'appartement est libre le premier septembre.
P: Bon, je vais y penser. Merci beaucoup. Au revoir, Madame.
M: Au revoir, Monsieur.
(On Textbook Audio)

2 Expansion Play the recording again, stopping at the end of each sentence that contains an answer. Have students verify true statements and correct the false ones.

3 Suggestion Before beginning this activity, you might want to teach your students expressions for circumlocution. Examples: **C'est un objet qu'on utilise pour… C'est une pièce où…**

OPTIONS

Using Games Write vocabulary words related to home furnishings on index cards. On another set of cards, draw or paste pictures to match each term. Tape them face down on the board in random order. Divide the class into two teams. Play a game of Concentration in which students match words with pictures. When a player has a match, his or her team collects those cards. When all cards are matched, the team with the most cards wins.

Classifying Words Write **Logements** and **Meubles** at the top of two columns on the board or on a transparency. Say vocabulary words and have students classify them in the correct category. Examples: **un appartement (logement), une résidence (logement), un studio (logement), un canapé (meuble), un lit (meuble)**, and **une armoire (meuble)**.

CONTEXTES **19**

Leçon PA

CONTEXTES

Communication

4 Répondez À tour de rôle avec un(e) partenaire, posez-vous ces questions et répondez-y (*them*). Answers will vary.

1. Où est-ce que tu habites?
2. Quelle est la taille de ton appartement ou de ta maison? Combien de pièces y a-t-il?
3. Quand as-tu emménagé?
4. Est-ce que tu as un jardin? Un garage?
5. Combien de placards as-tu? Où sont-ils?
6. Quels meubles as-tu? Comment sont-ils?
7. Quels meubles est-ce que tu voudrais (*would like*) avoir dans ta chambre? (Répondez: **Je voudrais...**)
8. Qu'est-ce que tu n'aimes pas au sujet de ta chambre?

5 Votre chambre Écrivez une description de votre chambre. À tour de rôle, lisez votre description à votre partenaire. Il/Elle va vous demander d'autres détails et dessiner un plan. Ensuite, regardez le dessin (*drawing*) de votre partenaire et dites s'il correspond à votre chambre ou non. N'oubliez pas d'inclure (*include*) des prépositions pour indiquer où sont certains meubles et objets. Answers will vary.

6 Sept différences Votre professeur va vous donner, à vous et à votre partenaire, deux feuilles d'activités différentes. Il y a sept différences entre les deux images. Comparez vos dessins et faites une liste de ces différences. Quel est le groupe le plus rapide (*the quickest*) de la classe? Attention! Ne regardez pas la feuille de votre partenaire. Answers will vary.

MODÈLE

Élève 1: *Dans mon appartement, il y a un lit. Il y a une lampe à côté du lit.*
Élève 2: *Dans mon appartement aussi, il y a un lit, mais il n'y a pas de lampe.*

7 La décoration Formez un groupe de trois. L'un de vous est un décorateur d'intérieur qui a rendez-vous avec deux clients qui veulent (*want*) redécorer leur maison. Les clients sont très difficiles. Imaginez votre conversation et jouez la scène devant la classe. Utilisez les mots de la liste. Answers will vary.

un canapé	un fauteuil
une chambre	un meuble
une cuisine	un mur
un escalier	un placard
une étagère	un tapis

Finding the Correct Room Call out words for furnishings and other objects, and have students write or say the room(s) where they might be found. Examples: **la télévision (la salle de séjour), le lit (la chambre),** and **la table (la salle à manger).**

Skits Have the class label various parts of the classroom with the names of rooms one would typically find in a house. Then have groups of three perform a skit in which the owner is showing the house to two exchange students who are going to spend the semester there.

UNITÉ PRÉLIMINAIRE | **Chez nous**

Les sons et les lettres

Audio: Concepts, Activities
Record & Compare

🎧 **s and ss**

You've already learned that an **s** at the end of a word is usually silent.

| lavabo**s** | copain**s** | va**s** | placard**s** |

An **s** at the beginning of a word, before a consonant, or after a pronounced consonant is pronounced like the *s* in the English word *set*.

| **s**oir | **s**alon | **s**tudio | ab**s**olument |

A double **s** is pronounced like the *ss* in the English word *kiss*.

| gro**ss**e | a**ss**ez | intére**ss**ant | rou**ss**e |

An **s** at the end of a word is often pronounced when the following word begins with a vowel sound. An **s** in a liaison sounds like a *z*, like the *s* in the English word *rose*.

| trè**s** élégant | troi**s** hommes |

The other instance where the French **s** has a *z* sound is when there is a single **s** between two vowels within the same word. The **s** is pronounced like the *s* in the English word *music*.

| mu**s**ée | amu**s**ant | oi**s**eau | be**s**oin |

These words look alike, but have different meanings. Compare the pronunciations of each word pair.

| poi**s**on | poi**ss**on | dé**s**ert | de**ss**ert |

Prononcez Répétez les mots suivants à voix haute.

1. sac
2. triste
3. suisse
4. chose
5. bourse
6. passer
7. surprise
8. assister
9. magasin
10. expressions
11. sénégalaise
12. sérieusement

Articulez Répétez les phrases suivantes à voix haute.

1. Le spectacle est très amusant et la chanteuse est superbe.
2. Est-ce que vous habitez dans une résidence universitaire?
3. De temps en temps, Suzanne assiste à l'inauguration d'expositions au musée.
4. Heureusement, mes professeurs sont sympathiques, sociables et très sincères.

Dictons Répétez les dictons à voix haute.

Si jeunesse savait, si vieillesse pouvait. [1]

Les oiseaux de même plumage s'assemblent sur le même rivage. [2]

[1] Youth is wasted on the young. (lit. If youth but knew, if old age but could.)
[2] Birds of a feather flock together.

vingt et un **21**

Section Goals

In this section, students will learn functional phrases for talking about their home.

Key Standards

1.2, 2.1, 2.2, 4.1, 4.2

Student Resources
Cahier d'activités, pp. 57-58; Supersite: Activities, *Cahier interactif*

Teacher Resources
Answer Keys; Video Script & Translation; *Roman-photo* video

Video Recap: D'accord! Level 1, Unité 7, Leçon 7B
Before doing this **Roman-photo**, review the previous one with this activity.

1. Pourquoi Sandrine est-elle allée à l'agence de voyages? (pour faire une réservation d'hôtel à Albertville)
2. Pourquoi n'a-t-elle pas fait la réservation? (Les hôtels moins chers sont complets.)
3. Comment Amina a-t-elle réussi à trouver un hôtel? (Elle a cherché sur Internet.)
4. Pourquoi Sandrine n'est-elle pas contente? (parce que Pascal ne va pas aller à Albertville)

Video Synopsis Pascal arrives in Aix-en-Provence. He runs into Rachid, who helps him pick up his flowers. He has never met Rachid before. Rachid and David then take a tour of Sandrine's apartment, which is very nice and big. Pascal shows up unexpectedly. Sandrine is not pleased by his surprise visit and breaks up with him.

Suggestions
- Have students scan the **Roman-photo** and find words related to the home.
- Have students read the **Roman-photo** conversation in groups of four.
- Review students' predictions and ask them which ones were correct.

Leçon PA

ROMAN-PHOTO

La visite surprise

Video: *Roman-photo* Record & Compare

PERSONNAGES

David

Pascal

Rachid

Sandrine

En ville, Pascal fait tomber (drops) ses fleurs.
PASCAL Aïe!
RACHID Tenez. (*Il aide Pascal.*)
PASCAL Oh, merci.
RACHID Aïe!
PASCAL Oh pardon, je suis vraiment désolé!
RACHID Ce n'est rien.
PASCAL Bonne journée!

Chez Sandrine...
RACHID Eh, salut, David! Dis donc, ce n'est pas un logement d'étudiants ici! C'est grand chez toi! Tu ne déménages pas, finalement?
DAVID Heureusement, Sandrine a décidé de rester.
SANDRINE Oui, je suis bien dans cet appartement. Seulement, les loyers sont très chers au centre-ville.

RACHID Oui, malheureusement! Tu as combien de pièces?
SANDRINE Il y a trois pièces: le salon, la salle à manger, ma chambre. Bien sûr, il y a une cuisine et j'ai aussi une grande salle de bains. Je te fais visiter?

SANDRINE Et voici ma chambre.
RACHID Elle est belle!
SANDRINE Oui... j'aime le vert.

RACHID Dis, c'est vrai, Sandrine, ta salle de bains est vraiment grande.
DAVID Oui! Et elle a un beau miroir au-dessus du lavabo et une baignoire!
RACHID Chez nous, on a seulement une douche.
SANDRINE Moi, je préfère les douches, en fait.

Le téléphone sonne (rings).
RACHID Comparé à cet appartement, le nôtre, c'est une cave! Pas de décorations, juste des affiches, un canapé, des étagères et mon bureau.
DAVID C'est vrai. On n'a même pas de rideaux.

A C T I V I T É S

1 **Vrai ou faux?** Indiquez si ces affirmations sont **vraies** ou **fausses**. Corrigez les phrases fausses. Answers may vary.

1. C'est la première fois que Rachid visite l'appartement. Vrai.
2. Sandrine ne déménage pas. Vrai.
3. Les loyers au centre-ville ne sont pas chers. Faux. Les loyers au centre-ville sont très chers.
4. Sandrine invite ses amis chez elle. Vrai.
5. Rachid préfère son appartement à l'appartement de Sandrine. Faux. Rachid préfère l'appartement de Sandrine.
6. Chez les garçons, il y a une baignoire et des rideaux. Faux. Les garçons ont une douche et n'ont pas de rideaux.
7. Quand Pascal arrive, Sandrine est contente (*pleased*). Faux. Sandrine n'est pas contente.
8. Pascal doit (*must*) travailler ce week-end. Faux. Pascal ne travaille pas ce week-end.

 Practice more at **daccord2.vhlcentral.com**.

vingt-deux

O P T I O N S

Avant de regarder la vidéo Before viewing the video, have students read the title and predict what might happen in this episode. Write their predictions on the board.

Regarder la vidéo Show the video episode without sound and have the class create a plot summary based on the visual cues. Then show the video again with sound and have the class correct any mistakes and fill in any gaps in the plot summary they created.

UNITÉ PRÉLIMINAIRE | Chez nous

Pascal arrive à Aix-en-Provence.

SANDRINE Voici la salle à manger.
RACHID Ça, c'est une pièce très importante pour nous, les invités.

SANDRINE Et puis, la cuisine.
RACHID Une pièce très importante pour Sandrine...
DAVID Évidemment!

SANDRINE Mais Pascal... je pensais que tu avais du travail... Quoi? Tu es ici, maintenant? C'est une blague!
PASCAL Mais ma chérie, j'ai pris le train pour te faire une surprise...

SANDRINE Une surprise! Nous deux, c'est fini! D'abord, tu me dis que les vacances avec moi, c'est impossible et ensuite tu arrives à Aix sans me téléphoner!
PASCAL Bon, si c'est comme ça, reste où tu es. Ne descends pas. Moi, je m'en vais. Voilà tes fleurs. Tu parles d'une surprise!

Expressions utiles

Talking about your home
- **Tu ne déménages pas, finalement?**
  You are not moving, after all?
- **Heureusement, Sandrine a décidé de rester.**
  Thankfully/Happily, Sandrine has decided to stay.
- **Seulement, les loyers sont très chers au centre-ville.**
  However, rents are very expensive downtown.
- **Je te fais visiter?**
  Shall I give you a tour?
- **Ta salle de bains est vraiment grande.**
  Your bathroom is really big.
- **Elle a un beau miroir au-dessus du lavabo.**
  It has a nice mirror above the sink.
- **Chez nous, on a seulement une douche.**
  At our place, we only have a shower.

Additional vocabulary
- **Aïe!**
  Ouch!
- **Tenez.**
  Here.
- **Je pensais que tu avais du travail.**
  I thought you had work to do.
- **Mais ma chérie, j'ai pris le train pour te faire une surprise.**
  But sweetie, I took the train to surprise you.
- **sans**
  without
- **Moi, je m'en vais.**
  I am leaving/getting out of here.

---

2 Quel appartement? Indiquez si ces objets sont dans l'appartement de Sandrine (S) ou dans l'appartement de David et Rachid (D & R).

1. baignoire S
2. douche D & R
3. rideaux S
4. canapé D & R, S
5. trois pièces S
6. étagères D & R
7. miroir S
8. affiches D & R

3 Conversez Sandrine décide que son loyer est vraiment trop cher. Elle cherche un appartement à partager avec Amina. Avec deux partenaires, écrivez leur conversation avec un agent immobilier (*real estate agent*). Elles décrivent l'endroit idéal, le prix et les meubles qu'elles préfèrent. L'agent décrit plusieurs possibilités.

ressources

CA pp. 57–58

daccord2.vhlcentral.com

Section Goals

In this section, students will:
- learn about different types of housing in France
- learn terms related to renting an apartment
- read about traditional houses in various francophone regions
- read about **le château Frontenac**
- view authentic video footage

Key Standards
2.1, 2.2, 3.1, 3.2, 4.2

Student Resources
Cahier d'activités, pp. 89–90; Supersite: Activities, *Cahier interactif*

Teacher Resources
Answer Keys; Video Script & Translation; *Flash culture* video

Culture à la loupe
Avant la lecture Have students look at the photos and describe what they see.

Lecture
- Point out the **Coup de main**.
- Point out the statistics chart. Ask students what information the chart shows (the change in percentage between 1962 and 1999 of the size of houses as measured by number of rooms). Explain that the kitchen and bathrooms are not included when counting rooms in a French residence.

Après la lecture Ask students: Dans quel type de logement français désirez-vous habiter? Pourquoi?

1 Expansion For additional practice, give students these items. 11. Trois quarts des Français habitent un appartement. (Faux.) 12. Cinquante pour cent des Français sont propriétaires. (Vrai.)

Leçon PA

CULTURE

 Video: *Flash culture*

CULTURE À LA LOUPE

Le logement en France

Les trois quarts des gens habitent en ville et un Français sur cinq habite la région parisienne. Quinze pour cent de la population habitent en banlieue dans des HLM (habitations à loyer modéré°), des appartements réservés aux familles qui n'ont pas beaucoup d'argent. Plus de la moitié des Français habitent une maison individuelle et l'autre partie habite un appartement. Cinquante pour cent des Français sont propriétaires, dont° dix pour cent ont une résidence secondaire.

Le type et la taille° des logements varient. Dans les grandes villes, beaucoup d'anciens hôtels particuliers° ont été transformés en appartements. En banlieue, on trouve de grands ensembles°, des groupes d'immeubles assez° modernes qui bénéficient de certains équipements collectifs°. En général, dans les petites villes et les villages, les gens habitent de petites maisons qui sont souvent assez anciennes.

Le style et l'architecture varient d'une région à l'autre. La région parisienne a de nombreux pavillons (maisons avec de petits jardins). Dans le nord°, on habite souvent des maisons en briques° avec des toits en ardoise°. En Alsace-Lorraine, il y a de vieilles maisons à colombages° avec des parties de mur en bois°. Les maisons traditionnelles de l'ouest° ont des toits de chaume°. Dans le sud°, il y a des villas de style méditerranéen avec des toits en tuiles° rouges et des mas° provençaux (vieilles maisons en pierres°).

Évolution de la taille des logements en France

TAILLE	1999	2005
1 pièce	6,5%	6,0%
2 pièces	12,0%	11,5%
3 pièces	22,0%	20,5%
4 pièces et plus	58,5%	61,0%

SOURCE: INSEE

Coup de main
Here are some terms commonly used in statistics.

un quart = *one quarter*
un tiers = *one third*
la moitié = *half*
la plupart de = *most of*
un sur cinq = *one in five*

habitations à loyer modéré *low-cost government housing* **dont** *of which* **taille** *size* **anciens hôtels particuliers** *former private mansions* **grands ensembles** *high-rise buildings* **assez** *rather* **bénéficient de certains équipements collectifs** *benefit from certain shared facilities* **nord** *north* **briques** *bricks* **toits en ardoise** *slate roofs* **maisons à colombages** *half-timbered houses* **bois** *wood* **ouest** *west* **chaume** *thatch* **sud** *south* **tuiles** *tiles* **mas** *farmhouses* **pierres** *stones*

A C T I V I T É S

1 Vrai ou faux? Indiquez si les phrases sont **vraies** ou **fausses**. Corrigez les phrases fausses. *Answers may vary slightly.*

1. Il n'y a pas beaucoup de Français qui habitent la région parisienne. Faux. Un Français sur cinq habite la région parisienne.
2. Les familles sans beaucoup d'argent habitent souvent dans des HLM. Vrai.
3. La moitié des Français ont une résidence secondaire. Faux. Peu de Français qui sont propriétaires ont une résidence secondaire.
4. On a transformé beaucoup d'anciens hôtels particuliers en appartements. Vrai.
5. Les grands ensembles sont des maisons en pierres. Faux. Les grands ensembles sont des groupes d'immeubles assez modernes.
6. Les maisons françaises ont des styles d'architecture différents d'une région à l'autre. Vrai.
7. En général, les maisons dans les villages sont assez vieilles. Vrai.
8. Dans le sud de la France, il y a beaucoup de pavillons. Faux. Dans le sud de la France, il y a des villas de style méditerranéen et des mas provençaux.
9. Dans le nord de la France, il y a beaucoup de vieilles maisons à colombages. Faux. Dans le nord de la France, il y a des maisons en briques.
10. En France, en 1999, presque (*almost*) un quart des maisons et des appartements avaient (*had*) seulement trois pièces. Vrai.

Practice more at **daccord2.vhlcentral.com**.

24 vingt-quatre

OPTIONS

Identifying Write the following headings on the board and have students identify the different types of housing in each area: **Les grandes villes, La banlieue, Le Nord, L'Alsace-Lorraine, L'Ouest,** and **Le Sud**.

Cultural Comparison Have students work in groups of three to compare the types of housing in France and the United States. Tell them to list the similarities and differences in a two-column chart under the headings **Similitudes** and **Différences**. After completing their charts, have two groups get together and compare their lists.

UNITÉ PRÉLIMINAIRE | Chez nous

LE FRANÇAIS QUOTIDIEN

Location d'un logement

agence (f.) de location	rental agency
bail (m.)	lease
caution (f.)	security deposit
charges (f.)	basic utilities
chauffage (m.)	heating
électricité (f.)	electricity
locataire (m./f.)	tenant
petites annonces (f.)	(rental) ads

LE MONDE FRANCOPHONE

L'architecture

Voici quelques exemples d'habitations traditionnelles.

En Afrique centrale et de l'Ouest des maisons construites sur pilotis°, avec un grenier à riz°

En Afrique du Nord des maisons en pisé (de la terre° rouge mélangée° à de la paille°) construites autour d'un patio central et avec, souvent, une terrasse sur le toit°

Aux Antilles des maisons en bois de toutes les couleurs avec des toits en métal

En Polynésie française des bungalows, construits sur pilotis ou sur le sol, souvent en bambou avec des toits en paille ou en feuilles de cocotier°

Au Viêt-nam des maisons sur pilotis construites sur des lacs, des rivières ou simplement au-dessus du sol°

pilotis *stilts* **grenier à riz** *rice loft* **terre** *clay* **mélangée** *mixed* **paille** *straw* **toit** *roof* **feuilles de cocotier** *coconut palm leaves* **au-dessus du sol** *off the ground*

PORTRAIT

Le château Frontenac

Le château Frontenac est un hôtel de luxe et un des plus beaux° sites touristiques de la ville de Québec. Construit entre la fin° du XIXᵉ siècle et le début° du XXᵉ siècle sur le Cap Diamant, dans le quartier du Vieux-Québec, le château offre une vue° spectaculaire sur la ville. Aujourd'hui, avec ses 618 chambres sur 18 étages, ses restaurants gastronomiques, sa piscine et son centre sportif, le château Frontenac est classé parmi° les 500 meilleurs° hôtels du monde.

un des plus beaux *one of the most beautiful* **fin** *end* **début** *beginning* **vue** *view* **classé parmi** *ranked among* **meilleurs** *best*

SUR INTERNET

Qu'est-ce qu'une pendaison de crémaillère? D'où vient cette expression?

Go to daccord2.vhlcentral.com to find more information related to this **CULTURE** section. Then watch the corresponding **Flash culture**.

---

2 Répondez Répondez aux questions, d'après les informations données dans les textes.

1. Qu'est-ce que le château Frontenac?
   C'est un hôtel de luxe.
2. De quel siècle date le château Frontenac?
   Le château Frontenac date du XIXᵉ siècle.
3. Dans quel quartier de la ville de Québec le trouve-t-on?
   On le trouve dans le quartier du Vieux-Québec.
4. Où trouve-t-on les maisons sur pilotis?
   On les trouve en Afrique centrale et de l'Ouest, au Viêt-nam et en Polynésie française.
5. Quelles sont les caractéristiques des maisons d'Afrique du Nord?
   Le patio central et la terrasse sur le toit sont des caractéristiques des maisons d'Afrique du Nord.

3 Une année en France Vous allez habiter en France. Téléphonez à un agent immobilier (*real estate*) (votre partenaire) et expliquez-lui le type de logement que vous recherchez. Il/Elle va vous donner des renseignements sur les logements disponibles (*available*). Posez des questions pour avoir plus de détails.

ressources

CA pp. 89–90

daccord2.vhlcentral.com

vingt-cinq **25**

Leçon PA — STRUCTURES

Section Goals
In this section, students will learn to compare and contrast some of the basic uses and meanings of the **passé composé** and the **imparfait**:

Key Standards
4.1, 5.1

Student Resources
Cahier d'exercices, pp. 3–4; *Cahier d'activités*, p. 107; Supersite: Activities, *Cahier interactif*

Teacher Resources
Answer Keys; Audio Script; Audio Activity MP3s/CD; Testing program: Grammar Quiz

Suggestions
- Draw a timeline on the board and mark events on it and label as follows: **J'ai pris mon petit-déjeuner à 7h30. J'ai quitté la maison à 8h00. Je suis allé(e) au cours de biologie à 10h15. J'ai déjeuné à midi. Je suis rentré(e) à cinq heures du soir**. Then, write the following sentences randomly around the timeline: **Il faisait un temps épouvantable. Le cours de biologie était intéressant**. Explain to students that these sentences cannot be placed at any specific point since they express feelings, background circumstances, or events that occur over an unspecified period of time.
- Have students make two flashcards. On one they write **passé composé** and on the other they write **imparfait**. Read a short text in which both verb tenses are used. As you read each verb, students show the appropriate card. Then call on a volunteer to write the conjugated verb form on the board.
- Contrast the uses of the **passé composé** and **imparfait** by giving examples of things you and your family did yesterday versus things you used to do when you were young. Examples: **Hier soir, je suis allée au centre commercial. Quand j'étais petite, je jouais au foot**. Then make two columns on the board, one labeled **Hier, je/j'...** and the other labeled **Quand j'étais petit(e)...** Have volunteers write complete sentences about themselves in each column.

PA.1 The *passé composé* vs. the *imparfait* (Part 1)

Point de départ Although the **passé composé** and the **imparfait** are both past tenses, they have very distinct uses and are not interchangeable. The choice between these two tenses depends on the context and on the point of view of the speaker.

The *passé composé*

Uses of the *passé composé*	
To express specific actions that started and ended in the past and are viewed by the speaker as completed	J'**ai nettoyé** la salle de bains deux fois. *I cleaned the bathroom twice.* Nous **avons acheté** un tapis. *We bought a rug.* L'enfant **est né** à la maison. *The child was born at home.* Il **a plu** hier. *It rained yesterday.*
To tell about events that happened at a specific point in time or within a specific length of time in the past	Je **suis allé** à la pêche avec papa il y a deux ans. *I went fishing with dad two years ago.* Elle **a étudié** à Paris pendant six mois. *She studied in Paris for six months.*
To express the beginning or end of a past action	Le film **a commencé** à huit heures. *The movie began at 8 o'clock.* Ils **ont fini** les devoirs samedi matin. *They finished the homework Saturday morning.*
To narrate a series of past actions or events	Ce matin, j'**ai fait** du jogging, j'**ai nettoyé** la chambre et j'**ai rangé** la cuisine. *This morning, I jogged, I cleaned my bedroom, and I tidied up the kitchen.* Pour la fête d'anniversaire de papa, maman **a envoyé** les invitations, elle **a acheté** un cadeau et elle **a fait** les décorations. *For dad's birthday party, mom sent out the invitations, bought a gift, and did the decorations.*
To signal a change in physical or mental state	Il est mort dans un accident. *He died in an accident.* Tout à coup, elle **a eu** peur. *All of a sudden, she got frightened.*

26 vingt-six

MISE EN PRATIQUE

1 Une surprise désagréable Récemment, Benoît a fait un séjour à Strasbourg avec un collègue. Complétez son récit (*narration*) avec l'imparfait ou le passé composé.

Ce matin, il (1) _faisait_ (faire) chaud. J' (2) _étais_ (être) content de partir pour Strasbourg. Je (3) _suis parti_ (partir) pour la gare, où j' (4) _ai retrouvé_ (retrouver) Franck. Le train (5) _est arrivé_ (arriver) à Strasbourg à midi. Nous (6) _avons commencé_ (commencer) notre promenade en ville. Nous (7) _avions_ (avoir) besoin d'un plan. J' (8) _ai cherché_ (chercher) mon portefeuille (*wallet*), mais il (9) _était_ (être) toujours dans le train! Franck et moi, nous (10) _avons couru_ (courir) à la gare!

2 Le week-end dernier Qu'est-ce que Lucie a fait samedi dernier? Créez des phrases complètes au passé composé ou à l'imparfait pour décrire sa soirée.

MODÈLE finir / je / mes tâches ménagères / tôt
J'ai fini mes tâches ménagères tôt.

1. froid / faire / et / neiger
   Il faisait froid et il neigeait.
2. cinéma / mes amis / aller / je / avec / alors
   Alors, je suis allée au cinéma avec mes amis.
3. film / sept heures / commencer
   Le film a commencé à sept heures.
4. Audrey Tautou / film / dans / être
   Audrey Tautou était dans le film.
5. après / film / aller / café / mes amis et moi
   Après le film, mes amis moi sommes allés au café.
6. nous / prendre / éclairs / limonades / et
   Nous avons pris des éclairs et des limonades.
7. rentrer / je / chez / minuit / moi
   Je suis rentrée chez moi à minuit.
8. fatigué / avoir / sommeil / je / être
   J'étais fatiguée et j'avais sommeil.

3 Vacances à la montagne Hugo raconte ses vacances. Complétez ses phrases avec un des verbes de la liste au passé composé ou à l'imparfait.

aller	neiger	retourner
avoir	passer	skier
faire	rester	venir

1. L'hiver dernier, nous _avons passé_ les vacances à la montagne.
2. Quand nous sommes arrivés sur les pistes de ski, il _neigeait_ beaucoup et il _faisait_ un temps épouvantable.
3. Ce jour-là, nous _sommes restés_ à l'hôtel tout l'après-midi.
4. Le jour suivant, nous _sommes retournés_ sur les pistes.
5. Nous _avons skié_ et papa _est allé_ faire une randonnée.
6. Quand ils _avaient_ mon âge, papa et oncle Hervé _venaient_ tous les hivers à la montagne.

Practice more at daccord2.vhlcentral.com.

OPTIONS

Fashion Show Ask pairs to write a critical review about a fashion show they attended last week. Give details about what the models were wearing and how they looked. Students might also want to include comparisons between clothing styles they saw last week and how they were different from those of fifty years ago.

Writing Practice Have students work in groups of four to write a brief account of a surprise party they organized last weekend. Have them tell how they prepared for the party, which rooms they decorated, what the weather was like, and how everyone felt after the party. Then, have them share their summary with the class.

UNITÉ PRÉLIMINAIRE — **Chez nous**

COMMUNICATION

4 **Situations** Avec un(e) partenaire, parlez de ces situations en utilisant (*by using*) le passé composé ou l'imparfait. Comparez vos réponses, puis présentez-les à la classe. *Answers will vary.*

MODÈLE

Le premier jour de cours…
Élève 1: Le premier jour de cours, j'étais tellement nerveux que j'ai oublié mes livres.
Élève 2: Moi, j'étais nerveux aussi, alors j'ai quitté la maison très tôt.

1. Quand j'étais petit(e), …
2. L'été dernier, …
3. Hier soir, mon père/ma mère…
4. Hier, le professeur…
5. La semaine dernière, mon/ma copain/copine…
6. Ce matin, au lycée, …
7. Quand j'étais au collège, …
8. La dernière fois que j'étais en vacances, …

5 **Votre premier/première ami(e)** Posez ces questions à un(e) partenaire. Ajoutez (*Add*) d'autres questions si vous le voulez (*want*). *Answers will vary.*

1. Qui a été ton/ta premier/première ami(e)?
2. Quel âge avais-tu quand tu as fait sa connaissance?
3. Comment était-il/elle?
4. Est-ce que tu as fait la connaissance de sa famille?
5. Combien de temps êtes-vous resté(e)s ami(e)s?
6. À quoi jouiez-vous ensemble?
7. Aviez-vous les mêmes (*same*) centres d'intérêt?
8. Avez-vous perdu contact?

6 **Dialogue** Sébastien, qui a seize ans, est sorti avec des amis hier soir. Quand il est rentré à trois heures du matin, sa mère était furieuse parce que ce n'était pas la première fois qu'il rentrait tard. Avec un(e) partenaire, préparez le dialogue entre Sébastien et sa mère. *Answers will vary.*

MODÈLE

Élève 1: Que faisais-tu à minuit?
Élève 2: Mes copains et moi, nous sommes allés manger une pizza…

The *imparfait*

Uses of the *imparfait*

To describe an ongoing past action with no reference to its beginning or end	Vous **dormiez** sur le canapé. *You were sleeping on the couch.* Tu **attendais** dans le café? *You were waiting in the café?* Nous **regardions** la télé chez Fanny. *We were watching TV at Fanny's house.* Les enfants **lisaient** tranquillement. *The children were reading peacefully.*
To express habitual or repeated past actions and events	Nous **faisions** un tour en voiture le dimanche matin. *We used to go for a drive on Sunday mornings.* Elle **mettait** toujours la voiture dans le garage. *She always put the car in the garage.* Maman **travaillait** souvent dans le jardin. *Mom would often work in the garden.* Quand j'**étais** jeune, j'**aimais** faire du camping. *When I was young, I used to like to go camping.*
To describe mental, physical, and emotional states or conditions	Karine **était** très inquiète. *Karine was very worried.* Simon et Marion **étaient** fatigués et ils **avaient** sommeil. *Simon and Marion were tired and sleepy.* Mon ami **avait** faim et il **avait** envie de manger quelque chose. *My friend was hungry and felt like eating something.*

Essayez! Donnez les formes correctes des verbes.

passé composé
1. commencer (il) _il a commencé_
2. acheter (tu) _tu as acheté_
3. boire (nous) _nous avons bu_
4. apprendre (ils) _ils ont appris_
5. répondre (je) _j'ai répondu_

imparfait
1. jouer (nous) _nous jouions_
2. être (tu) _tu étais_
3. prendre (elles) _elles prenaient_
4. avoir (vous) _vous aviez_
5. conduire (il) _il conduisait_

vingt-sept **27**

Section Goals

In this section, students will learn:
- the use of the **passé composé** vs. the **imparfait** in a narration, interrupted actions, and cause and effect
- common expressions indicating the past tense
- the verb **vivre**

Key Standards
4.1, 5.1

Student Resources
Cahier d'exercices, pp. 5-6;
Cahier d'activités, p. 108;
Supersite: Activities,
Cahier interactif
Teacher Resources
Answer Keys; Audio Script;
Audio Activity MP3s/CD;
Testing program: Grammar Quiz

Suggestions
- Tell students that the choice of the **passé composé** vs. the **imparfait** is very important since the meaning conveyed can be different based on which tense you use. Example: **J'ai téléphoné quand ma mère est arrivée. Je téléphonais quand ma mère est arrivée.** In the first case, I called after my mother arrived. In the second case, I was in the process of calling when my mother arrived. Have students come up with other similar examples.
- Point out that if both actions in a sentence are ongoing or completed simultaneously, then both verbs can be either in the **passé composé** or the **imparfait**. Example: **Je suis sorti quand tu es entré. Je sortais quand tu entrais.** They will need to pay close attention to the meaning they want to convey.
- Give personalized examples as you contrast the **passé composé** and the **imparfait**. Examples: **La semaine dernière quand je répétais dans le salon, quelqu'un m'a téléphoné. Je n'ai pas entendu le téléphone parce que je jouais du piano.**
- Give students these other expressions that signal the **imparfait**: **de temps en temps** (*from time to time*), **en général** (*in general, usually*), **quelquefois** (*sometimes*), **autrefois** (*in the past*).

Leçon PA

STRUCTURES

PA.2 The *passé composé* vs. the *imparfait* (Part 2)

Point de départ You have already seen some uses of the **passé composé** versus the **imparfait** while talking about things and events in the past. Here are some other contexts in which the choice of the tense you use is important.

- The **passé composé** and the **imparfait** are often used together to narrate a story or an incident. In such cases, the imparfait is usually used to set the scene or the background while the **passé composé** moves the story along.

Uses of the *passé composé* and the *imparfait*

passé composé	**imparfait**
It is used to talk about:	*It is used to describe:*
• main facts	• the framework of the story: *weather, date, time, background scenery*
• specific, completed events	• descriptions of people: *age, physical and personality traits, clothing, feelings, state of mind*
• actions that advance the plot	• background setting: *what was going on, what others were doing*

Il **était** minuit et le temps **était** orageux. J'**avais** peur parce que j'**étais** seule dans la maison. Soudain, quelqu'un **a frappé** à la porte. J'**ai regardé** par la fenêtre et j'**ai vu** un vieil homme habillé en noir...
It was midnight and it was stormy. I was afraid because I was alone at home. Suddenly, someone knocked on the door. I looked through the window and I saw an old man dressed in black…

Il **était** deux heures de l'après-midi et il **faisait** beau dehors. Les élèves **attendaient** impatiemment la sortie. C'**était** le dernier jour d'école! Finalement, le prof **est entré** dans la salle pour nous donner les résultats...
It was 2 o'clock and it was nice outside. The students were waiting impatiently for dismissal. It was the last day of school! Finally, the teacher came into the classroom to give us our results…

- When the **passé composé** and the **imparfait** occur in the same sentence, the action in the **passé composé** often interrupts the ongoing action in the **imparfait**.

ACTION IN PROGRESS	INTERRUPTING ACTION
Je **chantais**	quand mon ami **est arrivé**.
I was singing	*when my friend arrived.*
Céline et Maxime **dormaient**	quand le téléphone **a sonné**.
Céline and Maxime were sleeping	*when the phone rang.*

28 vingt-huit

MISE EN PRATIQUE

1 **Pourquoi?** Expliquez pourquoi Sabine a fait ou n'a pas fait ces choses.

> **MODÈLE** ne pas faire de tennis / être fatigué
> *Sabine n'a pas fait de tennis parce qu'elle était fatiguée.*

1. aller au centre commercial / avoir des soldes
   Sabine est allée au centre commercial parce qu'il y avait des soldes.
2. ne pas travailler / avoir sommeil
   Sabine n'a pas travaillé parce qu'elle avait sommeil.
3. ne pas sortir / pleuvoir
   Sabine n'est pas sortie parce qu'il pleuvait.
4. mettre un pull / faire froid
   Sabine a mis un pull parce qu'il faisait froid.
5. manger une pizza / avoir faim
   Sabine a mangé une pizza parce qu'elle avait faim.
6. acheter une nouvelle robe / sortir avec des amis
   Sabine a acheté une nouvelle robe parce qu'elle sortait avec des amis.
7. vendre son fauteuil / déménager
   Sabine a vendu son fauteuil parce qu'elle déménageait.
8. ne pas bien dormir / être inquiet
   Sabine n'a pas bien dormi parce qu'elle était inquiète.

2 **Qu'est-il arrivé quand…?** Dites ce qui (*what*) est arrivé quand ces personnes faisaient ces activités. Utilisez les mots donnés et d'autres mots. Suggested answers

> **MODÈLE**
> Tu nageais quand ton oncle est arrivé.

tu / oncle / arriver

1. Tristan / entendre / chien
Tristan nettoyait sa chambre quand il a entendu le chien.

3. vous / perdre / billet
Vous partiez pour la France quand vous avez perdu votre billet.

2. nous / petite fille / tomber
Nous patinions quand la petite fille est tombée.

4. Paul et Éric / téléphone / sonner
Paul et Éric déjeunaient dans la salle à manger quand le téléphone a sonné.

3 **Rien d'extraordinaire** Matthieu a passé une journée assez banale. Réécrivez ce paragraphe au passé.

Il est 6h30. Il pleut. Je prends mon petit-déjeuner, je mets mon imperméable et je quitte la maison. J'attends une demi-heure à l'arrêt de bus et finalement, je cours au restaurant où je travaille. J'arrive en retard. Le patron (*boss*) n'est pas content. Le soir, après mon travail, je rentre à la maison et je vais directement au lit.
Il était 6h30. Il pleuvait. J'ai pris mon petit-déjeuner, j'ai mis mon imperméable et j'ai quitté la maison. J'ai attendu une demi-heure à l'arrêt de bus et finalement, j'ai couru au restaurant où je travaillais. Je suis arrivé en retard. Le patron n'était pas content. Le soir, après mon travail, je suis rentré à la maison et je suis directement allé au lit.

 Practice more at **daccord2.vhlcentral.com**.

Oral Practice Ask students to narrate an embarrassing moment. Tell them to describe what happened and how they felt, using the **passé composé** and **imparfait**. Then have volunteers retell their partner's embarrassing moment using the third person. You may want to let students make up a fake embarrassing moment.

Writing Practice Have students work in groups of four to write a short article about an imaginary road trip they took last summer. Students should use the **imparfait** to set the scene and the **passé composé** to narrate events. Each student should contribute three sentences to the article. When finished, have students read their article to the class.

UNITÉ PRÉLIMINAIRE — Chez nous

COMMUNICATION

4 La curiosité Votre tante Louise veut tout savoir. Elle vous pose beaucoup de questions. Avec un(e) partenaire, répondez aux questions d'une manière logique et échangez les rôles. *Answers will vary.*

MODÈLE retourner au bureau
Élève 1: Pourquoi est-ce que tu es retourné(e) au bureau?
Élève 2: Je suis retourné(e) au bureau parce que j'avais beaucoup de travail.

1. aller à la bibliothèque
2. aller au magasin
3. sortir avec des amis
4. téléphoner à ton cousin
5. rentrer tard
6. aller au parc
7. inviter des gens
8. être triste

5 Une entrevue Avec un(e) partenaire, posez-vous ces questions à tour de rôle. *Answers will vary.*

1. Où allais-tu souvent quand tu étais petit(e)?
2. Qu'est-ce que tu aimais lire?
3. Est-ce que tu as vécu dans un autre pays?
4. Comment étais-tu quand tu avais dix ans?
5. Qu'est-ce que ta sœur/ton frère faisait quand tu es rentré(e) hier?
6. Qu'est-ce que tu as fait hier soir?
7. Qu'est-ce que tu as pris au petit-déjeuner ce matin?
8. Qu'est-ce que tu as porté aujourd'hui?

6 Scénario Par groupes de trois, créez une histoire au passé. La première personne commence par une phrase. La deuxième personne doit (*must*) continuer l'histoire. La troisième personne reprend la suite d'une manière logique. Continuez l'histoire une personne à la fois jusqu'à ce que vous ayez (*until you have*) un petit scénario. Soyez créatif! Ensuite, présentez votre scénario à la classe. *Answers will vary.*

- Depending on how you want to express the actions, either the **passé composé** or the **imparfait** can follow **quand**.

  Mes parents **sont arrivés** quand nous **répétions** dans le sous-sol.
  My parents arrived when we were rehearsing in the basement.

- Sometimes the use of the **passé composé** and the **imparfait** in the same sentence expresses a cause and effect.

  J'**avais** faim, alors j'**ai mangé** un sandwich.
  I was hungry so I ate a sandwich.

- Certain adverbs often indicate a particular past tense.

Expressions that signal a past tense

passé composé		imparfait	
soudain	suddenly	d'habitude	usually
tout d'un coup/ tout à coup	all of a sudden	parfois	sometimes
		souvent	often
une (deux, etc.) fois	once (twice, etc.)	toujours	always
un jour	one day	tous les jours	every day

- While talking about the past or narrating a tale, you might use the verb **vivre** (*to live*) which is irregular.

Present tense of *vivre*

je vis	nous vivons
tu vis	vous vivez
il/elle vit	ils/elles vivent

Les enfants **vivent** avec leurs grands-parents.
The children live with their grandparents.

- The past participle of **vivre** is **vécu**. The **imparfait** is formed like regular **–re** verbs by taking the **nous** form, dropping the **–ons**, and adding the endings.

  Rémi **a** toujours **vécu** à Nice.   Nous **vivions** avec mon oncle.
  Rémi always lived in Nice.   *We used to live with my uncle.*

Essayez! Choisissez la forme correcte du verbe au passé.

1. Lise (a étudié / **étudiait**) toujours avec ses amis.
2. Maman (**a fait** / faisait) du yoga hier.
3. Ma grand-mère (**passait** / a passé) par là tous les jours.
4. D'habitude, ils (**arrivaient** / sont arrivés) toujours en retard.
5. Tout à coup, le professeur (entrait / **est entré**) dans la classe.
6. Ce matin, Camille (**a lavé** / lavait) le chien.

vingt-neuf **29**

Leçon PA

SYNTHÈSE
Révision

1 Mes affaires
Vous cherchez vos affaires (*belongings*). À tour de rôle, demandez de l'aide à votre partenaire. Où étaient-elles pour la dernière fois? Utilisez l'illustration pour les trouver. *Answers will vary.*

MODÈLE

Élève 1: *Je cherche mes baskets. Où sont-elles?*
Élève 2: *Tu n'as pas cherché sur l'étagère? Elles étaient sur l'étagère.*

baskets	ordinateur
casquette	parapluie
journal	pull
livre	sac à dos

2 Un bon témoin
Il y a eu un cambriolage (*burglary*) chez votre voisin M. Cachetout. Le détective vous interroge parce que vous avez vu deux personnes suspectes sortir de la maison du voisin. Avec un(e) partenaire, créez ce dialogue et jouez cette scène devant la classe. Utilisez ces éléments dans votre scène. *Answers will vary.*

- une description physique des suspects
- leurs attitudes
- leurs vêtements
- ce que (*what*) vous faisiez quand vous avez vu les suspects

MODÈLE

Élève 1: *À quelle heure est-ce que vous avez vu les deux personnes sortir?*
Élève 2: *À dix heures. Elles sont sorties du garage.*

3 Quel séjour!
Le magazine *Campagne décoration* a eu un concours et vous avez gagné le prix, une semaine de vacances dans une maison à la campagne. Vous venez de revenir de (*just came back from*) vos vacances et vous donnez une interview à propos de (*about*) votre séjour. Avec un(e) partenaire, posez-vous des questions sur la maison, le temps, les activités dans la région et votre opinion en général. Utilisez l'imparfait et le passé composé. *Answers will vary.*

MODÈLE

Élève 1: *Combien de pièces y avait-il dans cette maison?*
Élève 2: *Il y avait six pièces dans la maison.*

4 Avant et après
Voici la chambre d'Annette avant et après une visite de sa mère. Comment était sa chambre à l'origine? Avec un(e) partenaire, décrivez la pièce et cherchez les différences entre les deux illustrations. *Answers will vary.*

MODÈLE

Avant, la lampe était à côté de l'ordinateur. Maintenant, elle est à côté du canapé.

5 La maison de mon enfance
Décrivez l'appartement ou la maison de votre enfance à un(e) partenaire. Où se trouvait-il/elle? Comment les pièces étaient-elles orientées? Y avait-il une piscine, un sous-sol? Qui vivait avec vous dans cet appartement ou cette maison? Racontez (*Tell*) des anecdotes. *Answers will vary.*

MODÈLE

Ma maison se trouvait au bord de la mer. C'était une maison à deux étages (floors). Au rez-de-chaussée, il y avait...

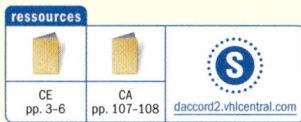

Floor Plan Have students work in pairs to draw the floor plan of their dream home on a sheet of paper or cardboard. Have them cut out the floor plan into pieces by individual rooms. Then have them give these pieces to their partner who will reassemble the floor plan based on their description of the house.

Skits Have small groups organize a skit about a birthday or other party that took place recently. Guide them to first make general comments about the party, such as **C'était vraiment amusant!** Then describe a few specific things that were going on, what people were talking about, what they were wearing, and what happened. After the skits are performed, have students vote on their favorite one.

UNITÉ PRÉLIMINAIRE | Chez nous

Video: TV Clip

Century 21 France

La société immobilière° Century 21 France commence ses opérations en 1987. Ses agences franchisées ont bientôt un grand succès, et Century 21 devient° une des principales sociétés immobilières de France. Cette société est connue° pour son marketing innovateur, qui diffuse à la télévision et sur Internet des publicités° d'un humour contemporain et parfois hors norme°. Century 21 France crée, par exemple, une campagne publicitaire pour montrer les risques de ne pas utiliser un agent immobilier quand on vend ou quand on achète une maison.

L'IMMOBILIER, C'EST PLUS SIMPLE AVEC UN AGENT IMMOBILIER

www.century21france.fr

—Alors, d'abord le salon...

—Des pièces, des pièces, des pièces...

Compréhension Répondez aux questions. *Some answers will vary.*

1. Quelles pièces le propriétaire de l'appartement montre-t-il au couple? *Il leur montre le salon, la chambre et les toilettes.*
2. Comment est sa description de l'appartement? *Elle est trop courte et superficielle.*
3. Que ne mentionne-t-il pas du tout? *Sample answer: Il ne parle pas du tout de la cuisine.*

Discussion Par groupes de trois, répondez aux questions et discutez. *Answers will vary.*

1. Un agent immobilier est-il vraiment nécessaire pour vendre ou acheter une maison? Pourquoi?
2. Jouez les rôles d'un agent immobilier très compétent qui montre une maison à deux clients. Quelles pièces montrez-vous? Quels détails donnez-vous? Jouez la scène devant la classe.

société immobilière *real estate company* **devient** *becomes* **connue** *known* **publicités** *ads* **hors norme** *unconventional*

Practice more at daccord2.vhlcentral.com.

trente et un **31**

Pierre Palmade French actor and comedian Pierre Palmade plays the owner of the apartment in this Century 21 France commercial. Born in Bordeaux in 1968, Palmade moved to Paris at 19 to launch his career as a stand-up comic. Soon he was appearing on television with other well-known comics, among them the now popular Michèle Laroque. However, it was his first co-writing experience with comic Muriel Robin that not only forged a strong professional and personal friendship between them, but also led to their collaboration on multiple other projects and helped secure his celebrity status. Although Palmade has starred in a few films, most of his creative output has involved writing material for other actors. Today he is an enormously popular comedian known for playing unpleasant characters.

Section Goals

In this section, students will learn and practice vocabulary related to:
- household chores
- home appliances

Key Standards
1.1, 1.2, 4.1

Student Resources
Cahier d'exercices, pp. 7-8; *Cahier d'activités*, pp. 1, 109; Supersite: Activities, *Cahier interactif*

Teacher Resources
Answer Keys; Overhead #14; Audio Script; Textbook & Audio Activity MP3s/CD; *Feuilles d'activités*; Testing program: Vocabulary Quiz

Suggestions
- Use **Overhead #14**. Point out appliances and talk about what people in the illustration are doing. Examples: **Ça, c'est un four à micro-ondes. Cette fille balaie.**
- Ask students questions about chores using the new vocabulary. Examples: **Préférez-vous balayer ou passer l'aspirateur? Faire la cuisine ou faire la lessive? Mettre la table ou sortir la poubelle?**
- Say vocabulary words and tell students to write or say the opposite terms. Examples: **sale** (**propre**), **débarrasser la table** (**mettre la table**), and **salir les vêtements** (**faire la lessive**).
- Point out the difference between **un évier** (*kitchen sink*) and **un lavabo** (*bathroom sink*).
- Point out the expressions that use **faire**: **faire la lessive, faire la poussière, faire le ménage, faire le lit,** and **faire la vaisselle**.
- Tell students that the names of several appliances are compounds of verbs and nouns. Examples: **grille-pain, lave-vaisselle,** and **sèche-linge**. Other appliances use the preposition **à**: **un fer à repasser, un four à micro-ondes.**

CONTEXTES

Leçon PB

S Talking Picture Audio: Activity

You will learn how to...
- talk about chores
- talk about appliances

Les tâches ménagères

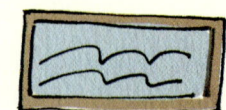

Vocabulaire

débarrasser la table	to clear the table
enlever/faire la poussière	to dust
essuyer la vaisselle/ la table	to dry the dishes/ to wipe the table
faire la lessive	to do the laundry
faire le ménage	to do the housework
laver	to wash
mettre la table	to set the table
passer l'aspirateur	to vacuum
ranger	to tidy up; to put away
salir	to soil, to make dirty
propre	clean
sale	dirty
un appareil électrique/ ménager	electrical/household appliance
une cafetière	coffeemaker
une cuisinière	stove
un grille-pain	toaster
un lave-linge	washing machine
un lave-vaisselle	dishwasher
un sèche-linge	clothes dryer
une tâche ménagère	household chore

Labels in illustration: un évier, un (four à) micro-ondes, Elle fait le lit., un oreiller, Il fait la vaisselle., les draps (m.), un congélateur, un four, une couverture, Elle balaie. (balayer), un frigo, un balai, le linge

ressources: CE pp. 7–8 | CA pp. 1, 109 | daccord2.vhlcentral.com

32 trente-deux

OPTIONS

Using Games Write vocabulary words for appliances on index cards. On another set of cards, draw or paste pictures to match each term. Tape them face down on the board in random order. Divide the class into two teams. Then play a game of Concentration in which students match words with pictures. When a player has a match, that player's team collects those cards. When all the cards have been matched, the team with the most cards wins.

Oral Practice Ask students what chores they do in various rooms. Examples: **Dans quelle pièce… faites-vous la vaisselle? faites-vous le lit? mettez-vous la table? passez-vous l'aspirateur? repassez-vous? balayez-vous?**

UNITÉ PRÉLIMINAIRE — Chez nous

Mise en pratique

Il sort la poubelle. (sortir)

un fer à repasser

Il repasse. (repasser)

1 On fait le ménage Complétez les phrases avec le bon mot.

1. On balaie avec __un balai__.
2. On repasse le linge avec __un fer à repasser__.
3. On fait la lessive avec __un lave-linge__.
4. On lave la vaisselle avec __un lave-vaisselle__.
5. On prépare le café avec __une cafetière__.
6. On sèche les vêtements avec __un sèche-linge__.
7. On met la glace dans __un congélateur__.
8. Pour faire le lit, on doit arranger __les draps__, __la couverture__ et __l'oreiller/les oreillers__.

2 Écoutez 🎧 Écoutez la conversation téléphonique (*phone call*) entre Édouard, un étudiant, et un conseiller à la radio (*radio psychologist*). Ensuite, indiquez les tâches ménagères que faisaient Édouard et Paul au début du semestre.

	Édouard	Paul
1. Il faisait la cuisine.	✓	☐
2. Il faisait les lits.	☐	✓
3. Il passait l'aspirateur.	✓	☐
4. Il sortait la poubelle.	☐	✓
5. Il balayait.	☐	✓
6. Il faisait la lessive.	✓	☐
7. Il faisait la vaisselle.	☐	✓
8. Il nettoyait le frigo.	✓	☐

3 Les tâches ménagères Avec un(e) partenaire, indiquez quelles tâches ménagères vous faites dans chaque pièce ou partie de votre logement. Il y a plus d'une réponse possible. *Answers will vary.*

1. La chambre: _____
2. La cuisine: _____
3. La salle de bains: _____
4. La salle à manger: _____
5. La salle de séjour: _____
6. Le garage: _____

Practice more at **daccord2.vhlcentral.com**.

trente-trois 33

---

1 Expansion Reverse this activity and ask students what each appliance is used for. Example: **Que fait-on avec une cuisinière?** (**On fait la cuisine.**)

2 Script J'ai un problème avec Paul, mon colocataire, parce qu'il ne m'aide pas à faire le ménage. Quand le semestre a commencé, il faisait la vaisselle, il sortait la poubelle et il balayait. Parfois, il faisait même mon lit. Paul ne faisait jamais la cuisine parce qu'il détestait ça, c'est moi qui la faisais. Je faisais aussi la lessive, je passais l'aspirateur et je nettoyais le frigo. Maintenant, Paul ne fait jamais son lit et il ne m'aide pas. C'est moi qui fais tout. Qu'est-ce que vous me suggérez de faire?
(On Textbook Audio)

2 Suggestion After listening to the recording, have students identify Paul and Édouard in the photo and describe what they are doing.

2 Expansion Have students describe how they share household chores with their siblings or others at home.

3 Suggestion Have students get together with another pair and compare their answers.

OPTIONS

Analogies Have students complete these analogies.
1. passer l'aspirateur : tapis / lave-vaisselle : ____ (verre/tasse)
2. chaud : froid / cuisinière : ____ (frigo/congélateur)
3. ordinateur : bureau / armoire : ____ (chambre)
4. tasse : cuisine / voiture : ____ (garage)
5. café : cafetière / pain : ____ (grille-pain)
6. mauvais : bon / sale : ____ (propre)
7. chaud : four à micro-ondes / froid : ____ (frigo/congélateur)
8. arriver : partir / nettoyer : ____ (salir)
9. table : verre / lit : ____ (draps/couverture/oreiller(s))

CONTEXTES 33

Leçon PB

CONTEXTES

Communication

4 Qui fait quoi? Votre professeur va vous donner une feuille d'activités. Dites si vous faites les tâches indiquées en écrivant (*by writing*) **Oui** ou **Non** dans la première colonne. Ensuite, posez des questions à vos camarades de classe; écrivez leur nom dans la deuxième colonne quand ils répondent **Oui**. Présentez vos réponses à la classe. *Answers will vary.*

MODÈLE

mettre la table pour prendre le petit-déjeuner
Élève 1: *Est-ce que tu mets la table pour prendre le petit-déjeuner?*
Élève 2: *Oui, je mets la table chaque matin./ Non, je ne prends pas de petit-déjeuner, donc je ne mets pas la table.*

Activités	Moi	Mes camarades de classe
1. mettre la table pour prendre le petit-déjeuner		
2. passer l'aspirateur tous les jours		
3. salir ses vêtements quand on mange		
4. nettoyer les toilettes		
5. balayer la cuisine		
6. débarrasser la table après le dîner		
7. souvent enlever la poussière sur son ordinateur		
8. laver les vitres (*windows*)		

5 Conversez Interviewez un(e) camarade de classe. *Answers will vary.*

1. Qui fait la vaisselle chez toi?
2. Qui fait la lessive chez toi?
3. Fais-tu ton lit tous les jours?
4. Quelles tâches ménagères as-tu faites le week-end dernier?
5. Repasses-tu tous tes vêtements?
6. Quelles tâches ménagères détestes-tu faire?
7. Quels appareils électriques as-tu chez toi?
8. Ranges-tu souvent ta chambre?

6 Au pair Vous partez dans un pays francophone pour vivre dans une famille pendant un an. Travaillez avec deux camarades de classe et préparez un dialogue dans lequel (*in which*) vous: *Answers will vary.*

- parlez des tâches ménagères que vous détestez/aimez faire.
- posez des questions sur vos nouvelles responsabilités.
- parlez de vos passions et de vos habitudes.
- décidez si cette famille vous convient.

7 Écrivez L'appartement de Martine est un désastre: la cuisine est sale et le reste de l'appartement est encore pire (*worse*). Préparez un paragraphe où vous décrivez les problèmes que vous voyez (*see*) et que vous imaginez. Ensuite, écrivez la liste des tâches que Martine va faire pour tout nettoyer. *Answers will vary.*

trente-quatre

Suggestions (margin notes):

4 Suggestion Distribute the **Feuilles d'activités** found on the Supersite. Have two volunteers read the **modèle**.

5 Suggestion Have students jot down notes during their interviews. Then ask them to report what they learned about their partner.

5 Expansion Take a quick survey about household chores using items 4 and 6. Tally the results on the board.

6 Suggestion Before beginning this activity, have students brainstorm desirable and undesirable qualities or habits of roommates. Write a list on the board.

7 Suggestion Have students exchange paragraphs for peer editing. Tell them to underline, rather than correct, grammar and spelling errors.

OPTIONS

Riddles Have groups of three write riddles about furnishings or appliances. For each riddle, the group comes up with at least three hints. Example: **Je suis très doux. On me met sur le lit. Je vous aide à bien dormir. (Je suis un oreiller.)** Ask them to read their riddles to the class, who will guess the answer.

Completion Have students complete this paragraph. **L'appartement de Roger est un désastre. Il a rarement le temps de faire le _____ (ménage). Il _____ (passe) l'aspirateur une fois par semestre et il ne/n'_____ (fait/enlève) pas la poussière. Il y a des tasses et des verres dans l'_____ (évier) parce qu'il oublie de les mettre dans le _____ (lave-vaisselle). L'appartement sent mauvais parce qu'il ne sort pas la _____ (poubelle).**

Les sons et les lettres

Semi-vowels

French has three semi-vowels. Semi-vowels are sounds that are produced in much the same way as vowels, but also have many properties in common with consonants. Semi-vowels are also sometimes referred to as *glides* because they glide from or into the vowel they accompany.

| Luc**ien** | ch**ien** | s**oi**f | n**ui**t |

The semi-vowel that occurs in the word **bien** is very much like the *y* in the English word *yes*. It is usually spelled with an **i** or a **y** (pronounced *ee*), then glides into the following sound. This semi-vowel sound is also produced when **ll** follows an **i**.

| nat**ion** | bala**y**er | b**ien** | bri**ll**ant |

The semi-vowel that occurs in the word **soif** is like the *w* in the English words *was* and *we*. It usually begins with **o** or **ou**, then glides into the following vowel.

| tr**oi**s | fr**oi**d | **oui** | **oui**stiti |

The third semi-vowel sound occurs in the word **nuit**. It is spelled with the vowel **u**, as in the French word **tu**, then glides into the following sound.

| l**ui** | s**ui**s | cr**ue**l | intellect**ue**l |

Prononcez Répétez les mots suivants à voix haute.

1. oui
2. taille
3. suisse
4. fille
5. mois
6. cruel
7. minuit
8. jouer
9. cuisine
10. juillet
11. échouer
12. croissant

Articulez Répétez les phrases suivantes à voix haute.

1. Voici trois poissons noirs.
2. Louis et sa famille sont suisses.
3. Parfois, Grégoire fait de la cuisine chinoise.
4. Aujourd'hui, Matthieu et Damien vont travailler.
5. Françoise a besoin de faire ses devoirs d'histoire.
6. La fille de Monsieur Poirot va conduire pour la première fois.

Dictons Répétez les dictons à voix haute.

La nuit, tous les chats sont gris.[1]

Vouloir, c'est pouvoir.[2]

[1] All cats are gray in the dark.
[2] Where there's a will, there's a way.

Section Goals
In this section, students will learn functional phrases for talking about who and what they know.

Key Standards
1.2, 2.1, 2.2, 4.1, 4.2

Student Resources
Cahier d'activités, pp. 59-60; Supersite: Activities, *Cahier interactif*

Teacher Resources
Answer Keys; Video Script & Translation; *Roman-photo* video

Video Recap: Leçon PA
Before doing this **Roman-photo**, review the previous one with this activity.
1. Qui a fait une visite surprise à Aix-en-Provence? (Pascal)
2. Combien de pièces y a-t-il chez Sandrine? (trois)
3. Comment est l'appartement de Sandrine? (grand et beau)
4. Comment est l'appartement de Rachid et David? (petit, pas de décorations et pas beaucoup de meubles)
5. Que pense Sandrine de la visite surprise de Pascal? (Elle n'est pas contente.)

Video Synopsis
At the café, Amina talks to Sandrine on the phone. Valérie questions Stéphane about his chores and reminds him to do the dishes before he leaves. Amina arrives at Sandrine's. As Sandrine is baking cookies, she breaks a plate. The two girls talk about how annoying Pascal is. Sandrine asks if Amina plans to meet Cyberhomme in person. Amina is not sure that's a good idea.

Suggestions
- Have students predict what the episode will be about based on the title and video stills.
- Have students scan the **Roman-photo** and find sentences related to chores.
- After reading the captions, review students' predictions.

Leçon PB

ROMAN-PHOTO

La vie sans Pascal

 Video: *Roman-photo* Record & Compare

PERSONNAGES

Amina

Michèle

Sandrine

Stéphane

Valérie

Au P'tit Bistrot...
MICHÈLE Tout va bien, Amina?
AMINA Oui, ça va, merci. *(Au téléphone)* Allô?... Qu'est-ce qu'il y a, Sandrine?... Non, je ne le savais pas, mais franchement, ça ne me surprend pas... Écoute, j'arrive chez toi dans quinze minutes, d'accord?... À tout à l'heure!

MICHÈLE Je débarrasse la table?
AMINA Oui, merci, et apporte-moi l'addition, s'il te plaît.
MICHÈLE Tout de suite.

VALÉRIE Tu as fait ton lit, ce matin?
STÉPHANE Oui, maman.
VALÉRIE Est-ce que tu as rangé ta chambre?
STÉPHANE Euh... oui, ce matin, pendant que tu faisais la lessive.

Chez Sandrine...
SANDRINE Salut, Amina! Merci d'être venue.
AMINA Mmmm. Qu'est-ce qui sent si bon?
SANDRINE Il y a des biscuits au chocolat dans le four.
AMINA Oh, est-ce que tu les préparais quand tu m'as téléphoné?

SANDRINE Tu as soif?
AMINA Un peu, oui.
SANDRINE Sers-toi, j'ai des jus de fruits au frigo.

Sandrine casse (breaks) une assiette.
SANDRINE Et zut!
AMINA Ça va, Sandrine?
SANDRINE Oui, oui... passe-moi le balai, s'il te plaît.
AMINA N'oublie pas de balayer sous la cuisinière.
SANDRINE Je sais! Excuse-moi, Amina. Comme je t'ai dit au téléphone, Pascal et moi, c'est fini.

ACTIVITÉS

1 **Questions** Répondez aux questions par des phrases complètes. *Answers may vary slightly.*

1. Avec qui Amina parle-t-elle au téléphone?
   Elle parle avec Sandrine.
2. Comment va Sandrine aujourd'hui? Pourquoi?
   Elle est de mauvaise humeur parce que c'est fini avec Pascal.
3. Est-ce que Stéphane a fait toutes ses tâches ménagères? *Non, il n'a pas fait toutes ses tâches ménagères.*
4. Qu'est-ce que Sandrine préparait quand elle a téléphoné à Amina? *Elle préparait des biscuits au chocolat.*
5. Amina a faim et a soif. À votre avis (*opinion*), que va-t-elle prendre? *Elle va prendre un jus de fruits et elle va manger des biscuits.*
6. Pourquoi Amina n'est-elle pas fâchée (*angry*) contre Sandrine? *Elle comprend pourquoi Sandrine est un peu triste/de mauvaise humeur.*
7. Pourquoi Amina pense-t-elle que Sandrine aimerait (*would like*) un cyberhomme américain? *Amina pense que Sandrine aime David.*
8. Sandrine pense qu'Amina devrait (*should*) rencontrer Cyberhomme, mais Amina pense que ce n'est pas une bonne idée. À votre avis, qui a raison? *Answers will vary.*

36 trente-six

OPTIONS

Avant de regarder la vidéo Before playing the video, show students individual photos from the **Roman-photo**, #5 or #8 for example, and have them write their own captions. Ask volunteers to write their captions on the board.

Regarder la vidéo Download and print the videoscript found on the Supersite, then white out words related to household chores and other key vocabulary in order to create a master for a cloze activity. Distribute photocopies and tell students to fill in the missing information as they watch the video episode.

UNITÉ PRÉLIMINAIRE | Chez nous

Amina console Sandrine.

VALÉRIE Hmm... et la vaisselle? Tu as fait la vaisselle?
STÉPHANE Non, pas encore, mais...
MICHÈLE Il me faut l'addition pour Amina.
VALÉRIE Stéphane, tu dois faire la vaisselle avant de sortir.
STÉPHANE Bon, ça va, j'y vais!

VALÉRIE Ah, Michèle, il faut sortir les poubelles pour ce soir!
MICHÈLE Oui, comptez sur moi, Madame Forestier.
VALÉRIE Très bien! Moi, je rentre, il est l'heure de préparer le dîner.

SANDRINE Il était tellement pénible. Bref, je suis de mauvaise humeur aujourd'hui.
AMINA Ne t'en fais pas, je comprends.
SANDRINE Toi, tu as de la chance.
AMINA Pourquoi tu dis ça?
SANDRINE Tu as ton Cyberhomme. Tu vas le rencontrer un de ces jours?
AMINA Oh... Je ne sais pas si c'est une bonne idée.

SANDRINE Pourquoi pas?
AMINA Sandrine, il faut être prudent dans la vie, je ne le connais pas vraiment, tu sais.
SANDRINE Comme d'habitude, tu as raison. Mais finalement, un cyberhomme, c'est peut-être mieux qu'un petit ami. Ou alors, un petit ami artistique, charmant et beau garçon.
AMINA Et américain?

Expressions utiles

Talking about what you know
- Je ne le savais pas, mais franchement, ça ne me surprend pas.
  I didn't know that, but frankly, I'm not surprised.
- Je sais!
  I know!
- Je ne sais pas si c'est une bonne idée.
  I don't know if that's a good idea.
- Je ne le connais pas vraiment, tu sais.
  I don't really know him, you know.

Additional vocabulary
- Comptez sur moi.
  Count on me.
- Ne t'en fais pas.
  Don't worry about it.
- J'y vais!
  I'm going there!/I'm on my way!
- pas encore
  not yet
- tu dois
  you must
- être de bonne/mauvaise humeur
  to be in a good/bad mood

2 Le ménage Indiquez qui a fait ou va faire ces tâches ménagères: Amina (A), Michèle (M), Sandrine (S), Stéphane (St), Valérie (V) ou personne (no one) (P).

1. sortir la poubelle M
2. balayer S & A
3. passer l'aspirateur P
4. faire la vaisselle St
5. faire le lit St
6. débarrasser la table M
7. faire la lessive V
8. ranger sa chambre St

Practice more at daccord2.vhlcentral.com.

3 Écrivez Vous avez gagné un pari (*bet*) avec votre grande sœur et elle doit faire (*must do*) en conséquence toutes les tâches ménagères que vous lui indiquez pendant un mois. Écrivez une liste de dix tâches minimum. Pour chaque tâche, précisez la pièce du logement et combien de fois par semaine elle doit l'exécuter.

ressources
CA pp. 59–60
daccord2.vhlcentral.com

Debate Divide the class into two groups based on their answers to question 8 on page 36 (whether or not Amina should meet Cyberhomme) and have a debate about who is right. Tell groups to brainstorm a list of arguments to support their point of view and anticipate rebuttals for what the other team might say.

Predicting Future Episodes Have students work in pairs. Tell them to reread the last lines of the **Roman-photo** and write a short paragraph predicting what will happen in future episodes. Do they think Amina will meet Cyberhomme in person? What do they think will happen in Sandrine's love life? Have volunteers read their paragraphs aloud to the class.

Leçon PB

CULTURE

CULTURE À LA LOUPE

L'intérieur des logements français

L'intérieur des maisons et des appartements français est assez° différent de celui des Américains. Quand on entre dans un immeuble ancien en France, on est dans un hall° où il y a des boîtes aux lettres°. Ensuite, il y a souvent une deuxième porte. Celle-ci conduit à° l'escalier. Il n'y a pas souvent d'ascenseur, mais s'il y en a un°, en général, il est très petit et il est au milieu de° l'escalier. Le hall de l'immeuble peut aussi avoir une porte qui donne sur une cour° ou un jardin, souvent derrière le bâtiment°.

À l'intérieur des logements, les pièces sont en général plus petites que° les pièces américaines, surtout les cuisines et les salles de bains. Dans la cuisine, on trouve tous les appareils ménagers nécessaires (cuisinière, four, four à micro-ondes, frigo), mais ils sont plus petits qu'aux États-Unis. Les lave-vaisselle sont assez rares dans les appartements et plus communs dans les maisons. On a souvent une seule° salle de bains et les toilettes sont en général dans une autre petite pièce séparée°. Les lave-linge sont aussi assez petits et on les trouve, en général, dans la cuisine ou dans la salle de bains. Dans les chambres, en France, il n'y a pas de grands placards et les vêtements sont rangés la plupart° du temps dans une armoire ou une commode. Les fenêtres s'ouvrent° sur l'intérieur, un peu comme des portes, et il est très rare d'avoir des moustiquaires°. Par contre°, il y a toujours des volets°.

Combien de logements ont ces appareils ménagers?

Réfrigérateur	96%
Lave-linge	95%
Cuisinière/Four	94%
Four à micro-ondes	72%
Congélateur	55%
Lave-vaisselle	45%
Sèche-linge	27%

SOURCE: GIFAM/Francoscopie

assez *rather* **hall** *entryway* **boîtes aux lettres** *mailboxes* **conduit à** *leads to* **s'il y en a un** *if there is one* **au milieu de** *in the middle of* **cour** *courtyard* **bâtiment** *building* **plus petites que** *smaller than* **une seule** *only one* **séparée** *separate* **la plupart** *most* **s'ouvrent** *open* **moustiquaires** *screens* **Par contre** *On the other hand* **volets** *shutters*

Coup de main

Demonstrative pronouns help to avoid repetition.

	S.	P.
M.	celui	ceux
F.	celle	celles

Ce lit est grand, mais le lit de Monique est petit.

Ce lit est grand, mais **celui** de Monique est petit.

---

1 **Complétez** Complétez chaque phrase logiquement.
Answers will vary. Possible answers provided.

1. Dans le hall d'un immeuble français, on trouve… *des boîtes aux lettres et des portes.*
2. Au milieu de l'escalier, dans les vieux immeubles français, … *il y a parfois un ascenseur.*
3. Derrière les vieux immeubles, on trouve souvent… *une cour ou un jardin.*
4. Les cuisines et les salles de bains françaises sont… *assez petites.*
5. Dans les appartements français, il est assez rare d'avoir… *un lave-vaisselle.*
6. Les logements français ont souvent une seule… *salle de bains.*
7. En France, les toilettes sont souvent… *dans une pièce séparée.*
8. Les Français rangent souvent leurs vêtements dans une armoire parce qu'ils… *n'ont pas souvent de placards.*
9. On trouve souvent le lave-linge… *dans la cuisine ou dans la salle de bains.*
10. En général, les fenêtres dans les logements français… *ont des volets.*

38 *trente-huit*

UNITÉ PRÉLIMINAIRE — Chez nous

LE FRANÇAIS QUOTIDIEN

Quelles conditions!

boxon (*m.*)	shambles
gourbis (*m.*)	pigsty
piaule (*f.*)	pad, room
souk (*m.*)	mess
impeccable	spic-and-span
ringard	cheesy, old-fashioned
crécher	to live
semer la pagaille	to make a mess

LE MONDE FRANCOPHONE

Résidences célèbres

Voici quelques résidences célèbres.

En France
l'hôtel Matignon la résidence du Premier ministre°

Au Maroc
le Palais royal de Rabat la résidence du roi° et de sa famille

À la Martinique
la Pagerie la maison natale° de Joséphine de Beauharnais (femme de Napoléon Bonaparte)

À Monaco
le Palais du Prince la résidence de la famille princière° de Monaco (la famille Grimaldi)

Au Sénégal
le Palais présidentiel de Dakar la résidence du président du Sénégal, dans un jardin tropical

Premier ministre *Prime Minister* **roi** *king* **la maison natale** *birthplace*
la famille princière *the prince and his family*

PORTRAIT

Le Vieux Carré

Le Quartier Français, ou Vieux Carré, est le centre historique de la Nouvelle-Orléans. Il est connu pour sa culture créole, sa vie nocturne°, sa musique et sa fameuse «joie de vivre». Beaucoup de visiteurs viennent° participer à ses fêtes, comme le carnaval de Mardi Gras ou le festival de jazz, en avril. Ils aiment aussi admirer ses nombreux bâtiments° classés monuments historiques, comme le Cabildo ou la cathédrale Saint-Louis, la plus vieille° cathédrale des États-Unis. On ne doit pas quitter le Vieux Carré sans avoir exploré les jardins et les patios cachés° de ses vieilles maisons de planteurs.

vie nocturne *night life* **viennent** *come* **bâtiments** *buildings*
la plus vieille *the oldest* **cachés** *hidden*

SUR INTERNET

Qu'est-ce qu'on peut voir (see) au musée des Arts décoratifs de Paris?

Go to daccord2.vhlcentral.com to find more information related to this **CULTURE** section.

ACTIVITÉS

2 Complétez Complétez les phrases.
1. Le Vieux Carré est _le centre historique de la Nouvelle-Orléans_.
2. Il est connu pour _sa culture créole, sa vie nocturne, sa musique et sa «joie de vivre»_.
3. Dans le Vieux Carré, il faut explorer _les jardins et les patios cachés des vieilles maisons de planteurs_.
4. Les Grimaldi habitent _dans le Palais du Prince à Monaco_.
5. L'hôtel Matignon est _la résidence du Premier ministre français_.
6. L'impératrice Joséphine est née _à la Pagerie, à la Martinique_.

Practice more at daccord2.vhlcentral.com.

3 C'est le souk! Votre oncle favori vient vous rendre visite et votre petit frère a semé la pagaille dans votre chambre. C'est le souk! Avec un(e) partenaire, inventez une conversation où vous lui donnez des ordres pour nettoyer avant l'arrivée de votre oncle. Jouez la scène devant la classe.

ressources

daccord2.vhlcentral.com

trente-neuf 39

STRUCTURES

Leçon PB

Section Goals

In this section, students will learn:
- to compare and contrast the uses and meanings of the **passé composé** and the **imparfait**
- common expressions indicating past tenses

Key Standards
4.1, 5.1

Student Resources
Cahier d'exercices, pp. 9-10; *Cahier d'activités*, p. 111; Supersite: Activities, *Cahier interactif*

Teacher Resources
Answer Keys; Audio Script; Audio Activity MP3s/CD; Testing program: Grammar Quiz

Suggestions
- To practice contrasting the **passé composé** vs. the **imparfait**, first do a quick review of each tense and its uses. Then write the following sentences on the board: **1. Je vais au cinéma avec un ami. 2. Nous prenons le bus. 3. Après le film, nous mangeons au restaurant. 4. Ensuite, nous faisons une promenade. 5. Nous rentrons tard à la maison.** Have students change the sentences above first to the **passé composé** and then to the **imparfait**. Have them add adverbs or expressions they've learned that signal a past tense.
- As you review the **passé composé** vs. the **imparfait**, have students focus on the pronunciation of these tenses since it is important to distinguish between the respective sounds. You might have them practice the following sentences: **J'ai travaillé. / Je travaillais. Il parlait. / Il a parlé. Tu allais. / Tu es allé(e). Elle chantait. / Elle a chanté.** You could also add the present tense of these sentences and have them practice pronouncing all three tenses.
- Have students interview each other about their childhood activities using the following question: **Quand tu étais petit(e), qu'est-ce que tu faisais… a) après l'école? b) le week-end? c) pendant les grandes vacances** (*summer vacation*)?

PB.1 The *passé composé* vs. the *imparfait* (Summary)

Point de départ You have learned the uses of the **passé composé** versus the **imparfait** to talk about things and events in the past. These tenses are distinct and are not used in the same way. Remember always to keep the context and the message you wish to convey in mind while deciding which tense to use.

Uses of the *passé composé*

To talk about events that happened at a specific moment or that took place for a precise duration in the past	Je **suis allé** au concert vendredi. *I went to the concert on Friday.*
To relate a sequence of events or tell about isolated actions that started and ended in the past and are completed from the speaker's viewpoint	Tu **as fait** le lit, tu **as sorti** la poubelle et tu **as mis** la table. *You made the bed, took out the trash, and set the table.*
To indicate a change in the mental, emotional or physical state of a person	Tout à coup, elle **a eu** soif. *Suddenly, she got thirsty.*
To narrate the facts in a story	Nous **avons passé** une journée fantastique à la plage. *We spent a fantastic day at the beach.*
To describe actions that move the plot forward in a narration	Soudain, Thomas **a trouvé** la réponse à leur question. *Suddenly, Thomas found the answer to their question.*

Uses of the *imparfait*

To talk about actions that lasted for an unspecified duration of time	Elle **dormait** tranquillement. *She was sleeping peacefully.*
To relate events that occurred habitually or repeatedly in the past or tell how things used to be	Nous **faisions** une promenade au parc tous les dimanches matins. *We used to walk in the park every Sunday morning.*
To describe an ongoing mental, emotional or physical state of a person	Elle **avait** toujours soif. *She was always thirsty.*
To describe the background scene and setting of a story	Il **faisait** beau et le ciel **était** bleu. *The weather was nice and the sky was blue.*
To describe people and things	C'**était** une photo d'une jolie fille. *It was a photograph of a pretty girl.*

MISE EN PRATIQUE

1 **À l'étranger!** Racontez (*Tell*) cette histoire au passé en choisissant (*by choosing*) l'imparfait ou le passé composé.

Lise (1) _avait_ (avoir) vraiment envie de travailler en France après l'université. Alors, un jour, elle (2) _a quitté_ (quitter) son petit village près de Bruxelles et elle (3) _a pris_ (prendre) le train pour Paris. Elle (4) _est arrivée_ (arriver) à Paris. Elle (5) _a trouvé_ (trouver) une chambre dans un petit hôtel. Pendant six mois, elle (6) _a balayé_ (balayer) le couloir et (7) _a nettoyé_ (nettoyer) les chambres. Au bout de (*After*) six mois, elle (8) _a pris_ (prendre) des cours au Cordon Bleu et maintenant, elle est chef dans un petit restaurant!

2 **Explique-moi!** Dites pourquoi vous et vos amis n'avez pas fait les choses que vous deviez faire. Faites des phrases complètes en disant ce que (*by saying what*) vous n'avez pas fait au passé composé et en donnant (*by giving*) la raison à l'imparfait.

MODÈLE Élise / étudier / avoir sommeil
Élise n'a pas étudié parce qu'elle avait sommeil.

1. Carla / faire une promenade / pleuvoir
   Carla n'a pas fait de promenade parce qu'il pleuvait.
2. Alexandre et Mia / ranger la chambre / regarder la télé
   Alexandre et Mia n'ont pas rangé la chambre parce qu'ils regardaient la télé.
3. nous / répondre au prof / ne pas faire attention
   Nous n'avons pas répondu au prof parce que nous ne faisions pas attention.
4. Jade et Noémie / venir au café / nettoyer la maison
   Jade et Noémie ne sont pas venues au café parce qu'elles nettoyaient la maison.
5. Léo / mettre un short / aller à un entretien (*interview*)
   Léo n'a pas mis son short parce qu'il allait à un entretien.

3 **Qu'est-ce qu'ils faisaient quand…?** Que faisaient ces personnes au moment de l'interruption?
Suggested answers

MODÈLE
Papa débarrassait la table quand mon frère est arrivé.

débarrasser / arriver

1. sortir / dire
Ils sortaient la poubelle quand le voisin a dit bonjour.

3. faire / partir
Sa mère faisait la lessive quand Anne est partie.

2. passer / tomber
Michel passait l'aspirateur quand l'enfant est tombé.

4. laver / commencer
Ils lavaient la voiture quand il a commencé à pleuvoir.

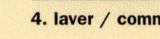
Practice more at daccord2.vhlcentral.com.

quarante

Oral Practice Have students recall a memorable day from their childhood. Ask them to narrate this day, giving as many details as possible: the weather, who was there, what happened, how they felt etc. Alternatively, you could do this as a written activity and have students create a journal entry about their memorable day.

Using Visuals Distribute illustrations or photos from magazines of everyday activities and vacation activities. Have students arrange the pictures in pairs and create sentences to say that one activity was going on when the other one interrupted it. You might call on pairs to hold up their pictures and present their sentences to the class.

UNITÉ PRÉLIMINAIRE — Chez nous

COMMUNICATION

4 Situations Avec un(e) partenaire, complétez ces phrases avec le passé composé ou l'imparfait. Comparez vos réponses, puis présentez-les à la classe. *Answers will vary.*

1. Autrefois, ma famille...
2. Je faisais une promenade quand...
3. Mon/Ma meilleur(e) ami(e)... tous les jours.
4. D'habitude, au petit-déjeuner, je...
5. Une fois, mon copain et moi...
6. Hier, je rentrais du lycée quand...
7. Parfois, ma mère...
8. Hier, il faisait mauvais. Soudain, ...

5 À votre tour Demandez à un(e) partenaire de compléter ces phrases avec le passé composé ou l'imparfait. Ensuite, présentez ses phrases à la classe. *Answers will vary.*

1. Mes profs au collège...
2. Quand je suis rentré(e) chez moi hier, ...
3. Le week-end dernier, ...
4. Quand j'ai fait la connaissance de mon/ma meilleur(e) ami(e), ...
5. La première fois que mon/ma meilleur(e) ami(e) et moi sommes sortis, ...
6. Quand j'avais dix ans, ...
7. Le jour où la tragédie du 11 septembre est arrivée, ...
8. Pendant les vacances d'été, ...
9. Quand M. Barack Obama est devenu président des États-Unis, ...
10. Hier soir, je regardais la télé quand...

6 Je me souviens! Racontez à votre partenaire un événement spécial de votre vie qui s'est déjà passé. Votre partenaire vous pose des questions pour avoir plus de détails sur cet événement. Vous pouvez (*can*) parler d'un anniversaire, d'une fête familiale, d'un mariage ou d'un concert. *Answers will vary.*

MODÈLE

Élève 1: *Nous avons fait une grande fête d'anniversaire pour ma grand-mère l'année dernière.*
Élève 2: *Quel âge a-t-elle eu?*

- The **imparfait** and the **passé composé** are sometimes used in the same sentence where the former is used to say what was going on when something else happened. To say what happened that interrupted the ongoing activity, use the **passé composé**.

  Je **travaillais** dans le jardin quand mon amie **a téléphoné**.
  I was working in the garden when my friend called.

  Ils **faisaient** de la planche à voile quand j'**ai pris** cette photo.
  They were wind-surfing when I took this photo.

- A cause and effect relationship is sometimes expressed by using the **passé composé** and the **imparfait** in the same sentence.

  Marie **avait** envie de faire du shopping, alors elle **est allée** au centre commercial.
  Marie felt like shopping so she went to the mall.

  Mon ami **a balayé** la maison parce qu'elle **était** sale.
  My friend swept the house because it was dirty.

- The verb **avoir** has a different meaning when used in the **imparfait** versus the **passé composé**.

  J'**avais** sommeil.
  I was sleepy.

  J'**ai eu** sommeil.
  I got sleepy.

- Certain expressions like **soudain**, **tout à coup**, **autrefois**, **une fois**, **d'habitude**, **souvent**, **toujours**, etc. serve as clues to signal a particular past tense.

  Autrefois, mes parents et moi **vivions** en Belgique.
  In the past, my parents and I used to live in Belgium.

  Un jour, j'**ai rencontré** Nathalie au cinéma.
  One day, I met Nathalie at the movies.

  D'habitude, j'**allais** au centre-ville avec mes amis.
  Usually, I went downtown with my friends.

  J'**ai fait** du cheval deux fois dans ma vie.
  I have gone horseback riding two times in my life.

Essayez! Écrivez la forme correcte du verbe au passé.

1. D'habitude, vous _mangiez_ (manger) dans la salle à manger.
2. Quand mes copines étaient petites, elles _jouaient_ (jouer) de la guitare.
3. Tout à coup, ma sœur _est arrivée_ (arriver) à l'école.
4. Ce matin, Matthieu _a repassé_ (repasser) le linge.
5. Ils _ont vécu_ (vivre) en France pendant un mois.
6. Les chats _dormaient_ (dormir) toujours sur le tapis.
7. Je/J' _ai loué_ (louer) un studio en ville pendant trois semaines.
8. Vous _laviez_ (laver) toujours les rideaux?

quarante et un **41**

Essayez! Give the following items as additional practice.
1. La semaine dernière, mon ami et moi ____ (faire) de la planche à voile. (avons fait)
2. Avant, ils ____ (répondre) toujours aux questions du prof. (répondaient)
3. Papa ____ (acheter) un nouveau frigo hier. (a acheté)
4. D'habitude, nous ____ (mettre) nos vêtements dans le placard. (mettions)

1 & 2 Expansions Have volunteers explain why they chose the **passé composé** or **imparfait** in each case. Ask them to point out any words or expressions that triggered one tense or the other.

3 Expansion Have students come up with a short story for each illustration.

4 Expansion Have students choose one of these sentences to begin telling a short story in the past. Encourage students to use both the **passé composé** and the **imparfait**.

5 Expansion You could also have students do this activity as a survey by turning the phrases into questions and adding additional questions in the past. Examples: **Comment étaient tes profs au collège? Que faisait ta mère quand tu es rentré(e) chez toi hier? Qu'est-ce que tu as fait le week-end dernier?**

6 Suggestions
- Act out the **modèle** with a volunteer before assigning this activity to pairs.
- Encourage students to use key adverbs to indicate the appropriate verb tenses in the dialogue. Examples: **soudain**, **tout à coup**, **autrefois**, etc.

OPTIONS

Commercial Divide the class into groups of five. Have each group imagine that they own a household cleaning service and create a radio or TV commercial for it. Have students create a logo (if it is a TV commercial) and a slogan for their business and maybe a jingle to go with their commercial. As a part of their commercial, they should use testimonials from customers who used their service. The customers should talk in detail about everything the cleaning service did and their opinion of their work.

Writing Practice Have students work with a partner to write an e-mail to a friend telling about the horrible weekend they had because they had to do a lot of chores and complaining about their siblings who did not do their share of the work.

STRUCTURES **41**

Leçon PB — STRUCTURES

PB.2 The verbs *savoir* and *connaître*

Point de départ The verbs **savoir** and **connaître** both mean *to know*. The verb you use will depend on the context.

Savoir

Savoir	
je	sais
tu	sais
il/elle	sait
nous	savons
vous	savez
ils/elles	savent

- Use the verb **savoir** to say you know factual information.

  Je **sais** tout sur lui.
  I know everything about him.

  Vous **savez** qui est venu hier?
  Do you know who came yesterday?

- While talking about facts, the verb **savoir** may often be followed by **que**, **qui**, **où**, **quand**, **comment**, or **pourquoi**.

  Nous **savons que** tu arrives mardi.
  We know that you are arriving on Tuesday.

  Ils **savent comment** aller à la gare.
  They know how to get to the train station.

  Je **sais où** je vais.
  I know where I am going.

  Tu **sais qui** a fait la lessive?
  Do you know who did the laundry?

- Use the verb **savoir** to say how to do something.

  Il **sait** jouer du piano.
  He knows how to play the piano.

  Savez-vous faire la cuisine?
  Do you know how to cook?

  Je **sais** jouer au tennis.
  I know how to play tennis.

  Ils **savent** parler espagnol.
  They know how to speak Spanish.

- The forms of **savoir** are regular in the **imparfait**. The past participle of **savoir** is **su**. When used in the **passé composé**, **savoir** implies *to find out* or *to discover*.

  Je **savais** qu'il allait venir.
  I knew he was coming.

  J'**ai su** qu'il allait venir.
  I found out (discovered) he was coming.

  Nous **savions** qu'il y avait une fête.
  We knew that there was a party.

  Nous **avons su** qu'il y avait une fête.
  We found out that there was a party.

42   *quarante-deux*

MISE EN PRATIQUE

1 Les passe-temps Qu'est-ce que ces personnes savent faire?

MODÈLE
Patrick sait skier.

Patrick

1. Halima
Halima sait faire du roller.

3. tu
Tu sais jouer au tennis.

2. vous
Vous savez nager.

4. nous
Nous savons jouer au foot.

2 Dialogues Complétez les conversations avec le présent du verbe *savoir* ou *connaître*.

1. Marie ___sait___ faire la cuisine?
   Oui, mais elle ne ___connaît___ pas beaucoup de recettes *(recipes)*.
2. Vous ___connaissez___ les parents de François?
   Non, je ___connais___ seulement sa cousine.
3. Tes enfants ___savent___ nager dans la mer.
   Et mon fils aîné ___connaît___ toutes les espèces de poissons.
4. Je ___sais___ que le train arrive à trois heures.
   Est-ce que tu ___sais___ à quelle heure il part?

3 Assemblez Assemblez les éléments des colonnes pour construire des phrases. *Answers will vary.*

MODÈLE *Je sais parler une langue étrangère.*

A	B	C
Gérard Depardieu	(ne pas) connaître	des célébrités
Oprah	(ne pas) savoir	faire la cuisine
je		jouer au basket
ton/ta camarade de classe		Julia Roberts
		parler une langue étrangère

Practice more at daccord2.vhlcentral.com.

Section Goals
In this section, students will learn the uses of **savoir** and **connaître**.

Key Standards
4.1, 5.1

Student Resources
Cahier d'exercices, pp. 11–12;
Cahier d'activités, pp. 2, 112;
Supersite: Activities, *Cahier interactif*

Teacher Resources
Answer Keys; Audio Script; Audio Activity MP3s/CD; *Feuilles d'activités*; Testing program: Grammar Quiz

Suggestions
- Model **savoir** by asking several questions with it. Examples: ____, savez-vous faire du ski? Et vous, ____, savez-vous où est la bibliothèque? Next, write **connaître** on the board and ask questions, such as: ____, connaissez-vous mon frère? Connaissez-vous la Nouvelle-Orléans? Ask students further questions using both verbs to help them infer the difference in use between the two.
- Point out that the context of the phrase will indicate which verb to use. Using examples in English, have students say which verb would be used for the French translation. Examples: I know how to swim. (**savoir**) He doesn't know the president. (**connaître**)
- Review the changes in meaning when **savoir** and **connaître** are used in the **imparfait** and **passé composé**.
- Prepare dehydrated sentences such as these: tu / savoir / que tu / ne pas connaître / mon frère; nous / connaître / les nouveaux élèves. Write them on the board one at a time and have students complete them.

Video Replay the video episode, having students focus on forms of **savoir** and **connaître**, as well as the use of the **imparfait** and the **passé composé**. Tell them to note when each one is used. Afterward, ask the class to describe the conversations that took place and what tenses were used. Have them identify the reason for each verb choice (a series of past actions, ongoing actions in the past, etc.).

Questions Ask individual students questions using **savoir** and **connaître** that are most likely not true for them. When students give a negative answer, they should indicate someone else who would answer in the affirmative. Example: ____, connaissez-vous le président des États-Unis? (Non, je ne le connais pas, mais le premier ministre du Canada le connaît.)

42   Teacher's Annotated Edition • Preliminary Unit • Lesson PB

UNITÉ PRÉLIMINAIRE — Chez nous

COMMUNICATION

4 Enquête Votre professeur va vous donner une feuille d'activités. Circulez dans la classe pour trouver au moins une personne différente qui répond oui à chaque question. *Answers will vary.*

Sujets	Noms
1. Sais-tu faire une mousse au chocolat?	Jacqueline
2. Connais-tu New York?	
3. Connais-tu le nom des sénateurs de cet état (state)?	
4. Connais-tu quelqu'un qui habite en Californie?	

5 Questions À tour de rôle, posez ces questions à un(e) partenaire. Ensuite, présentez vos réponses à la classe. *Answers will vary.*

1. Quel bon restaurant connais-tu près d'ici? Est-ce que tu y (there) manges souvent?
2. Dans ta famille, qui sait chanter le mieux (best)?
3. Connais-tu l'Europe? Quelles villes connais-tu?
4. Reconnais-tu toutes les chansons (songs) que tu entends à la radio?
5. Tes parents savent-ils utiliser Internet? Le font-ils bien?
6. Connais-tu un(e) acteur/actrice célèbre? Une autre personne célèbre?
7. Ton/Ta meilleur(e) (best) ami(e) sait-il/elle écouter quand tu lui racontes (tell) tes problèmes?
8. Connais-tu la date d'anniversaire de tous les membres de ta famille et de tous tes amis? Donne des exemples.

6 Je sais le faire Michelle et Maryse étudient avec un(e) nouvel/nouvelle ami(e). Par groupes de trois, jouez les rôles. Chacun(e) (Each one) essaie de montrer toutes les choses qu'il/elle sait faire. *Answers will vary.*

MODÈLE
Élève 1: Alors, tu sais faire la vaisselle?
Élève 2: Je sais faire la vaisselle, et je sais faire la cuisine aussi.
Élève 3: Moi, je sais faire la cuisine, mais il/elle ne sait pas passer l'aspirateur.

Connaître

Connaître	
je	connais
tu	connais
il/elle	connaît
nous	connaissons
vous	connaissez
ils/elles	connaissent

- Use the verb **connaître** to say that you *know*, *have a knowledge of*, or *are familiar with* people.

  Mes parents ne **connaissent** pas mon prof de maths.
  My parents don't know my math teacher.

  Tu **connais** la fille qui vend l'appartement?
  Do you know the girl who is selling the apartment?

- Use the verb **connaître** to say that you *know*, *have a knowledge of*, or *are familiar with* places or things.

  Sébastien **connaît** ce quartier de Rome.
  Sébastien knows (is familiar with) this neighborhood of Rome.

  Je ne **connais** pas bien la cuisine marocaine.
  I am not familiar with Moroccan cuisine.

- The forms of **connaître** are regular in the **imparfait**. The past participle of **connaître** is **connu**. When used in the **passé composé**, **connaître** implies *met (for the first time)*.

  Luca **a connu** Élodie au lycée.
  Luca met Élodie in high school.

  Luca **connaissait** Élodie au lycée.
  Luca knew Élodie in high school.

- **Reconnaître** means *to recognize*. It follows the same conjugation pattern as **connaître**.

  Mes profs de collège me **reconnaissent** encore.
  My middle school teachers still recognize me.

  Nous avons **reconnu** vos enfants à la soirée.
  We recognized your children at the party.

Essayez! Complétez les phrases avec les formes correctes des verbes **savoir** et **connaître**.

1. Je __connais__ de bons restaurants.
2. Ils ne __savent__ pas parler allemand.
3. Vous __savez__ faire du cheval?
4. Tu __connais__ une bonne coiffeuse?
5. Nous ne __connaissons__ pas Jacques.
6. Caroline __sait__ jouer aux échecs.
7. Vous ne __connaissez__ pas cet artiste?
8. Nous __savons__ faire le ménage.

quarante-trois **43**

Essayez! Have students change the sentences to the past tense. Examples: 1. Je connaissais de bons restaurants. 2. Ils ne savaient pas parler allemand.

1 Expansion Ask individual students questions about what they know how to do. Example: **Savez-vous parler espagnol?** (Non, je ne sais pas parler espagnol.)

2 Expansion Have students work in pairs to write three more sentences similar to those in the activity. Call on volunteers to present their sentences to the class.

3 Expansion Ask students questions about what certain celebrities know how to do or whom they know. Examples: **Est-ce que Brad Pitt connaît Jennifer Aniston?** (Oui, il la connaît.) **Est-ce que Jennifer Lopez sait parler espagnol?** (Oui, elle sait le parler.)

4 Suggestions
- Distribute the **Feuilles d'activités** found on the Supersite.
- Have students read through the list of questions using **savoir** and **connaître** for comprehension before completing the activity.

5 Expansion Ask these questions of the whole class. Ask students who answer in the affirmative for additional information. Examples: **Qui sait chanter? Chantez-vous bien? Chantiez-vous souvent quand vous étiez plus jeune?**

6 Suggestion Ask for three volunteers to act out the **modèle** for the class.

OPTIONS

Savoir bien Have students write down three things they know how to do well (using **savoir bien** + [infinitive]). Collect the papers, and then read the sentences. Tell students that they must not identify themselves when they hear their sentence. The rest of the class takes turns trying to guess who wrote each sentence. Repeat this activity with **connaître**.

Writing Practice Ask students to write brief, but creative, paragraphs in which they use **savoir** and **connaître**. Then have them exchange their papers with a partner. Tell students to help each other, through peer editing, to make the paragraphs as error-free as possible. Collect the papers for grading.

STRUCTURES **43**

Leçon PB SYNTHÈSE
Révision

1 Un grand dîner Émilie et son mari Vincent ont invité des amis à dîner ce soir. Qu'ont-ils fait cet après-midi pour préparer la soirée? Que vont-ils faire ce soir après le départ des invités? Conversez avec un(e) partenaire. *Answers will vary.*

MODÈLE

Élève 1: Cet après-midi, Émilie et Vincent ont mis la table.
Élève 2: Ce soir, ils vont faire la vaisselle.

2 Mes connaissances Votre professeur va vous donner une feuille d'activités. Interviewez vos camarades. Pour chaque activité, trouvez un(e) camarade différent(e) qui réponde affirmativement. *Answers will vary.*

Élève 1: Connais-tu une personne qui aime faire le ménage?
Élève 2: Oui, autrefois, mon père aimait bien faire le ménage.

Activités	Noms
1. ne pas souvent faire la vaisselle	
2. aimer faire le ménage	Farid
3. dormir avec une couverture en été	
4. faire son lit tous les jours	
5. rarement repasser ses vêtements	

3 Qui faisait le ménage? Par groupes de trois, interviewez vos camarades. Qui faisait le ménage à la maison quand ils étaient plus petits? Préparez des questions avec ces expressions et comparez vos réponses. *Answers will vary.*

balayer	mettre et débarrasser la table
faire la lessive	passer l'aspirateur
faire le lit	ranger
faire la vaisselle	repasser le linge

4 Soudain! Tout était calme quand soudain... Avec un(e) partenaire, choisissez l'une des deux photos et écrivez un texte de dix phrases. Faites cinq phrases pour décrire la photo, et cinq autres pour raconter (*to tell*) un événement qui s'est passé soudainement (*that suddenly happened*). Employez des adverbes et soyez imaginatifs. *Answers will vary.*

5 J'ai appris... Qu'avez-vous appris ou qui connaissez-vous depuis que (*since*) vous êtes au lycée? Avec un(e) partenaire, faites une liste de cinq choses et de cinq personnes. À chaque fois, utilisez un imparfait et un passé composé dans vos explications. *Answers will vary.*

MODÈLE

Élève 1: Avant, je ne savais pas comment dire bonjour en français, et puis j'ai commencé ce cours, et maintenant, je sais le dire.
Élève 2: Avant, je ne connaissais pas tous les pays francophones, et maintenant, je les connais.

6 Élise fait sa lessive Votre professeur va vous donner, à vous et à votre partenaire, une feuille avec des dessins représentant (*representing*) Élise et sa journée d'hier. Attention! Ne regardez pas la feuille de votre partenaire. *Answers will vary.*

MODÈLE

Élève 1: Hier matin, Élise avait besoin de faire sa lessive.
Élève 2: Mais, elle...

ressources

CE pp. 9–12 | CA pp. 2–3, 17–18, 111–112 | daccord2.vhlcentral.com

UNITÉ PRÉLIMINAIRE — Chez nous

À l'écoute

Audio: Activities

STRATÉGIE

Using visual cues

Visual cues like illustrations and headings provide useful clues about what you will hear.

 To practice this strategy, you will listen to a passage related to the image. Jot down the clues the image gives you as you listen. *Answers will vary.*

Préparation

Qu'est-ce qu'il y a sur les trois photos à droite? À votre avis, quel va être le sujet de la conversation entre M. Duchemin et Mme Lopez?

À vous d'écouter 🎧

Écoutez la conversation. M. Duchemin va proposer trois logements à Mme Lopez. Regardez les annonces et écrivez le numéro de référence de chaque possibilité qu'il propose.

1. Possibilité 1: **Réf. 521**
2. Possibilité 2: **Réf. 522**
3. Possibilité 3: **Réf. 520**

À LOUER

Appartement en ville, moderne, avec balcon
1.200 €
(Réf. 520)

5 pièces, jardin, proche parc Victor Hugo
950 €
(Réf. 521)

Maison meublée en banlieue, grande, tt confort, cuisine équipée
1.200 €
(Réf. 522)

Compréhension

Les détails Après une deuxième écoute, complétez le tableau (*chart*) avec les informations données dans la conversation.

	Où?	Maison ou appartement?	Meublé ou non?	Nombre de chambres?	Garage?	Jardin?
Logement 1	ville	maison	non	trois	non	oui
Logement 2	banlieue	maison	oui	quatre	oui	oui
Logement 3	centre-ville	appartement	non	deux	oui	non

Quel logement pour les Lopez? Lisez cette description de la famille Lopez. Décidez quel logement cette famille va probablement choisir et expliquez votre réponse.

M. Lopez travaille au centre-ville. Le soir, il rentre tard à la maison et il est souvent fatigué parce qu'il travaille beaucoup. Il n'a pas envie de passer son temps à travailler dans le jardin. Mme Lopez adore le cinéma et le théâtre. Elle n'aime pas beaucoup faire le ménage. Les Lopez ont une fille qui a seize ans. Elle adore retrouver ses copines pour faire du shopping en ville. Les Lopez ont beaucoup de beaux meubles modernes. Ils ont aussi une nouvelle voiture: une grosse BMW qui a coûté très cher!

quarante-cinq **45**

C: Et qu'est-ce qu'il y a comme meubles?
A: Un canapé, des fauteuils et des étagères dans le salon, un grand lit et une commode dans la grande chambre… et voyons, quoi d'autre? Ah, oui! La cuisine est équipée avec tout le nécessaire: frigo, congélateur, cuisinière, four à micro-ondes, lave-linge et sèche-linge.
C: Très bien. Et la troisième possibilité?
A: C'est un grand appartement dans le centre-ville, sur la place des Halles. Il n'y a pas de jardin.
C: Et combien de chambres y a-t-il?
A: Deux chambres avec des balcons. Si vous aimez le moderne, cet appartement est parfait pour vous. Et il a un garage.
C: Bon, je vais en parler avec mon mari.
A: Très bien, Madame. Au revoir.
C: Au revoir, Monsieur Duchemin.

SAVOIR-FAIRE

Interactive Map Reading

Panorama

le quartier de la Petite France à Strasbourg

L'Alsace

La région en chiffres

▸ **Superficie:** 8.280 km²
▸ **Population:** 1.829.000
   SOURCE: INSEE
▸ **Industries principales:** viticulture, culture du houblon° et brassage° de la bière, exploitation forestière°, industrie automobile, tourisme
▸ **Villes principales:** Colmar, Mulhouse, Strasbourg

Personnes célèbres

▸ **Gustave Doré,** dessinateur° et peintre° (1832–1883)
▸ **Auguste Bartholdi,** sculpteur, statue de la Liberté à New York, (1834–1904)
▸  **Albert Schweitzer,** médecin, prix Nobel de la paix en 1952 (1875–1965)

La Lorraine

La région en chiffres

▸ **Superficie:** 23.547 km²
▸ **Population:** 2.343.000
▸ **Industries principales:** industrie automobile, agroalimentaire°, bois° pour le papier, chimie et pétrochimie, métallurgie, verre et cristal
▸ **Villes principales:** Épinal, Forbach, Metz, Nancy

Personnes célèbres

▸ **Georges de La Tour,** peintre (1593–1652)
▸ **Bernard-Marie Koltès,** dramaturge° (1948–1989)
▸  **Patricia Kaas,** chanteuse (1966–)

houblon hops **brassage** brewing **exploitation forestière** forestry **dessinateur** illustrator **peintre** painter **agroalimentaire** food processing **bois** wood **dramaturge** playwright **traité** treaty **envahit** invades **à nouveau** once again

46 quarante-six

LA BELGIQUE
LE LUXEMBOURG
Thionville
Verdun
Metz
Forbach
Sarreguemines
L'ALLEMAGNE
LORRAINE
Bar-le-Duc
Nancy
Strasbourg
LA FRANCE
ALSACE
LES VOSGES
la Moselle
Épinal
le Rhin
Colmar
Mulhouse
LA SUISSE

la place Stanislas à Nancy

0   50 miles
0   50 kilomètres

dans les Vosges

Incroyable mais vrai!

Français depuis 1648, l'Alsace et le département de la Moselle en Lorraine deviennent allemands en 1871. Puis en 1919, le traité° de Versailles les rend à la France. Ensuite, en 1939, l'Allemagne envahit° la région qui redevient allemande entre 1940 et 1944. Depuis, l'Alsace et la Lorraine sont à nouveau° françaises.

PATISSERIE
CAKES
TEE-KAFFEE
CHOCOLAT

Personnes célèbres **Gustave Doré** was known for his highly imaginative books of illustrations with images from myths and legends. **Auguste Bartholdi** also sculpted **le Lion de Belfort**. The Statue of Liberty was presented to the United States as a gift from the French people in 1886. **Albert Schweitzer** was awarded the Nobel Prize for his medical missionary work in Africa. He was also a philosopher, musician, and theologian. **Georges de La Tour**'s paintings are mostly of human subjects portrayed in a realistic manner in torch or candlelit scenes. **Bernard-Marie Koltès**'s plays have been translated into over 30 languages. **Patricia Kaas** sings in the style of French **chanson**, mixing traditional elements with pop, jazz, and blues.

UNITÉ PRÉLIMINAIRE | **Chez nous**

La gastronomie
La choucroute

La choucroute est typiquement alsacienne et son nom vient de l'allemand «sauerkraut». Du chou râpé° fermente dans un baril° avec du gros sel° et des baies de genièvre°. Puis, le chou est cuit° dans du vin blanc ou de la bière et mangé avec de la charcuterie° alsacienne et des pommes de terre°. La choucroute, qui se conserve longtemps° grâce à° la fermentation, est une nourriture appréciée° des marins° pendant leurs longs voyages.

L'histoire
Jeanne d'Arc

Jeanne d'Arc est née en 1412, en Lorraine, dans une famille de paysans°. En 1429, quand la France est en guerre avec l'Angleterre, Jeanne d'Arc décide de partir au combat pour libérer son pays. Elle prend la tête° d'une armée et libère la ville d'Orléans des Anglais. Cette victoire permet de sacrer° Charles VII roi de France. Plus tard, Jeanne d'Arc perd ses alliés° pour des raisons politiques. Vendue aux Anglais, elle est condamnée pour hérésie. Elle est exécutée à Rouen, en 1431. En 1920, l'Église catholique la canonise.

Les destinations
Strasbourg

Strasbourg, capitale de l'Alsace, est le siège° du Conseil de l'Europe depuis 1949 et du Parlement européen depuis 1979. Le Conseil de l'Europe est responsable de la promotion des valeurs démocratiques et des droits de l'homme°, de l'identité culturelle européenne et de la recherche de solutions° aux problèmes de société. Les membres du Parlement sont élus° dans chaque pays de l'Union européenne. Le Parlement contribue à l'élaboration de la législation européenne et à la gestion de l'Europe.

La société
Un mélange de cultures

L'Alsace a été enrichie° par de multiples courants° historiques et culturels grâce à sa position entre la France et l'Allemagne. La langue alsacienne vient d'un dialecte germanique et l'allemand est maintenant enseigné dans les écoles primaires. Quand la région est rendue à la France en 1919, les Alsaciens continuent de bénéficier des lois° sociales allemandes. Le mélange° des cultures est visible à Noël avec des traditions allemandes et françaises (le sapin de Noël, Saint Nicolas, les marchés).

Qu'est-ce que vous avez appris? Répondez aux questions par des phrases complètes.

1. En 1919, quel document rend l'Alsace et la Moselle à la France?
   Le traité de Versailles les rend à la France.
2. Combien de fois l'Alsace et la Moselle ont-elles changé de nationalité depuis 1871?
   Elles ont changé quatre fois de nationalité depuis 1871.
3. Quel est l'ingrédient principal de la choucroute?
   L'ingrédient principal de la choucroute est le chou.
4. De qui la choucroute est-elle particulièrement appréciée?
   Elle est appréciée des marins.
5. Pourquoi Strasbourg est-elle importante?
   C'est le siège du Conseil de l'Europe et du Parlement européen.
6. Quel est un des rôles du Conseil de l'Europe? *Answers will vary. Suggested answer: Il est responsable de la promotion des valeurs démocratiques.*
7. Contre qui Jeanne d'Arc a-t-elle défendu la France?
   Elle a défendu la France contre les Anglais.
8. Comment est-elle morte?
   Elle a été exécutée.
9. Quelle langue étrangère enseigne-t-on aux petits Alsaciens?
   On leur enseigne l'allemand.
10. À quel moment de l'année le mélange des cultures est-il particulièrement visible en Alsace?
    Il est particulièrement visible à Noël.

Practice more at **daccord2.vhlcentral.com**.

ressources
CE pp. 13-14
daccord2.vhlcentral.com

SUR INTERNET

Go to **daccord2.vhlcentral.com** to find more cultural information related to this **PANORAMA**.

1. Quelle est la différence entre le Conseil européen et le Conseil de l'Europe?
2. Trouvez d'autres informations sur Jeanne d'Arc. Quel est son surnom?
3. Pourquoi l'Alsace et le département de la Moselle sont-ils devenus allemands en 1871?

chou râpé grated cabbage **baril** cask **gros sel** coarse sea salt **baies de genièvre** juniper berries **cuit** cooked **charcuterie** cooked pork meats **pommes de terre** potatoes **qui se conserve longtemps** which keeps for a long time **grâce à** thanks to **appréciée** valued **marins** sailors **paysans** peasants **prend la tête** takes the lead **sacrer** crown **alliés** allies **siège** headquarters **droits de l'homme** human rights **recherche de solutions** finding solutions **élus** elected **enrichie** enriched **courants** trends, movements **lois** laws **mélange** mix

quarante-sept **47**

Section Goals

In this section, students will:
- learn to guess meaning from context
- read an article about **le château de Versailles**

Key Standards

1.2, 2.1, 3.2, 5.2

Stratégie Tell students that they can often infer the meaning of an unfamiliar word by looking at the word's context and by using their common sense. Five types of context clues are:
- synonyms
- antonyms
- clarifications
- definitions
- additional details

Have students read this sentence from the letter: **Je cherchais un studio, mais j'ai trouvé un appartement plus grand: un deux-pièces près de mon travail!** Point out that the meaning of **un deux-pièces** can be inferred since they already know the words **deux** and **une pièce**. The explanation that follows in the note also helps to clarify the meaning.

Examinez le texte
- Write this sentence on the board: **La pièce la plus célèbre du château de Versailles est la galerie des Glaces**. Point out the phrase **la plus célèbre** and ask a volunteer to explain how the context might give clues to its meaning.
- Go over the answers to the activity with the class.

Expérience personnelle
Before beginning the activity, have students brainstorm the names of famous or historic homes they can talk about.

SAVOIR-FAIRE

Lecture  Reading

Avant la lecture

STRATÉGIE

Guessing meaning from context

As you read in French, you will often see words you have not learned. You can guess what they mean by looking at surrounding words. Read this note and guess what **un deux-pièces** means.

> Johanne,
> Je cherchais un studio, mais j'ai trouvé un appartement plus grand: un deux-pièces près de mon travail! Le salon est grand et la chambre a deux placards. La cuisine a un frigo et une cuisinière, et la salle de bains a une baignoire. Et le loyer? Seulement 450 euros par mois!

If you guessed *a two-room apartment*, you are correct. You can conclude that someone is describing an apartment he or she will rent.

Examinez le texte

Regardez le texte et décrivez les photos. Quel va être le sujet de la lecture? Puis, trouvez ces mots et expressions dans le texte. Essayez de deviner leur sens (*to guess their meaning*).

| ont été rajoutées
were added | autour du
around | de haut
in height |
| de nombreux bassins
numerous pools/fountains | légumes
vegetables | roi
King |

Expérience personnelle

Avez-vous visité une résidence célèbre ou historique? Où? Quand? Comment était-ce? Un personnage historique a-t-il habité là? Qui? Parlez de cette visite à un(e) camarade.

48   quarante-huit

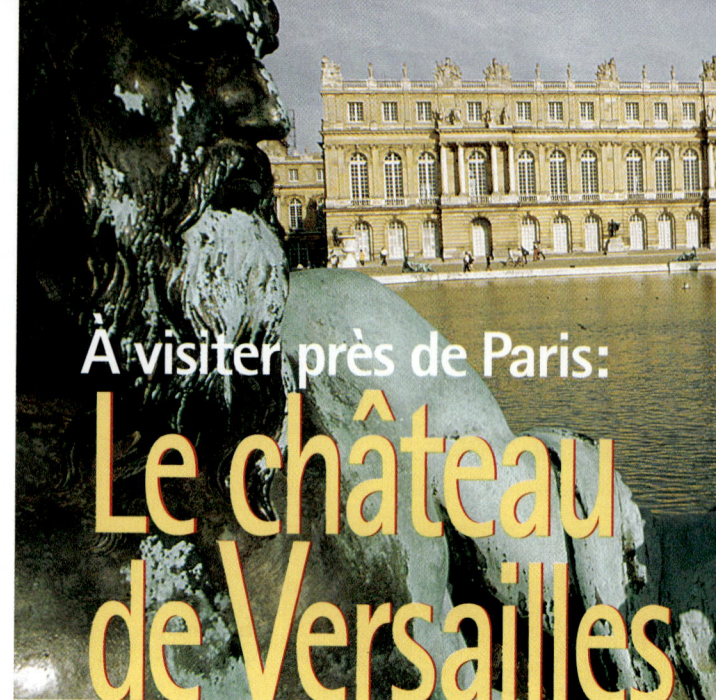

À visiter près de Paris: Le château de Versailles

La construction du célèbre° château de Versailles a commencé en 1623 sous le roi Louis XIII. Au départ, c'était un petit château où le roi logeait° quand il allait à la chasse°. Plus tard, en 1678, Louis XIV, aussi appelé le Roi-Soleil, a décidé de faire de Versailles sa résidence principale. Il a demandé à son architecte, Louis Le Vau, d'agrandir° le château, et à son premier peintre°, Charles Le Brun, de le décorer. Le Vau a fait construire, entre autres°, le Grand Appartement du Roi. La décoration de cet appartement de sept pièces était à la gloire du Roi-Soleil. La pièce la plus célèbre du château de Versailles est la galerie des Glaces°. C'est une immense pièce de 73 mètres de long, 10,50 mètres de large et 12,30 mètres de haut°. D'un côté, 17 fenêtres donnent° sur les jardins, et

À l'intérieur du palais

de l'autre côté, il y a 17 arcades embellies de miroirs immenses. Au nord° de la galerie des Glaces, on trouve le salon de la Guerre°, et, au sud°, le salon de la Paix°. Quand on visite le château de Versailles, on peut également° voir de nombreuses autres pièces, ajoutées à différentes périodes, comme la chambre de la Reine°,

---

Le château de Versailles Located in the **Île-de-France** region, **le château de Versailles** is about twelve miles from Paris. **Le château et les jardins de Versailles** are classified as a UNESCO World Heritage Site. Hundreds of masterpieces of seventeenth-century French sculpture can be viewed in the gardens, and it is estimated that seven million people visit the gardens each year.

Using Lists Ask students to make a list of words from the text whose meanings they guessed. Then have them work with partners and compare their lists. Students should explain to each other what clues they used in the text to help them guess the meanings. Help the class confirm the predictions, or have students confirm the meanings in a dictionary.

UNITÉ PRÉLIMINAIRE | Chez nous

Le château de Versailles et une fontaine

plusieurs cuisines et salles à manger d'hiver et d'été, des bibliothèques, divers salons et cabinets, et plus de 18.000 m²° de galeries qui racontent° l'histoire de France en images. L'opéra, une grande salle où plus de° 700 personnes assistaient souvent à divers spectacles et bals, a aussi été ajouté plus tard. C'est dans cette salle que le futur roi Louis XVI et Marie-Antoinette ont été mariés. Partout° dans le château, on peut admirer une collection unique de meubles (lits, tables, fauteuils et chaises, bureaux, etc.) et de magnifiques tissus° (tapis, rideaux et tapisseries°). Le château de Versailles a aussi une chapelle et d'autres bâtiments, comme le Grand et le Petit Trianon. Autour du château, il y a des serres° et de magnifiques jardins avec de nombreux bassins°, fontaines et statues. Dans l'Orangerie, on trouve plus de 1.000 arbres°, et de nombreux fruits et légumes sont toujours cultivés dans le Potager° du Roi. L'Arboretum de Chèvreloup était le terrain de chasse des rois et on y° trouve aujourd'hui des arbres du monde entier°.

célèbre *famous* logeait *stayed* chasse *hunting* agrandir *enlarge* peintre *painter* entre autres *among other things* Glaces *Mirrors* haut *high* donnent *open* nord *north* Guerre *War* sud *south* Paix *Peace* également *also* Reine *Queen* m² (mètres carrés) *square meters* racontent *tell* plus de *more than* Partout *Everywhere* tissus *fabrics* tapisseries *tapestries* serres *greenhouses* bassins *ponds* arbres *trees* Potager *vegetable garden* y *there* entier *entire*

Après la lecture

Vrai ou faux? Indiquez si les phrases sont **vraies** ou **fausses**. Corrigez les phrases fausses.

1. Louis XIII habitait à Versailles toute l'année.
   Faux. Louis XIII logeait à Versailles quand il allait à la chasse.

2. Louis Le Vau est appelé le Roi-Soleil.
   Faux. Louis XIV est appelé le Roi-Soleil.

3. La galerie des Glaces est une grande pièce avec beaucoup de miroirs et de fenêtres.
   Vrai.

4. Il y a deux salons près de la galerie des Glaces.
   Vrai.

5. Aujourd'hui, au château de Versailles, il n'y a pas de meubles.
   Faux. Il y a une collection unique de meubles (lits, tables, fauteuils et chaises, bureaux, etc.).

6. Le château de Versailles n'a pas de jardins parce qu'il a été construit en ville.
   Faux. Il a des jardins: l'Orangerie, le Potager et l'Arboretum de Chèvreloup.

Répondez Répondez aux questions par des phrases complètes.

1. Comment était Versailles sous Louis XIII? Quand logeait-il là?
   C'était un petit château où le roi logeait quand il allait à la chasse.

2. Qu'est-ce que Louis XIV a fait du château?
   Il a fait de Versailles sa résidence principale. Il l'a agrandi et l'a décoré.

3. Qu'est-ce que Louis Le Vau a fait à Versailles?
   Il a construit, entre autres, le Grand Appartement du Roi.

4. Dans quelle salle Louis XVI et Marie-Antoinette ont-ils été mariés? Comment est cette salle?
   Ils ont été mariés dans l'Opéra. C'est une grande salle où plus de 700 personnes assistaient souvent à divers spectacles et bals.

5. Louis XVI est-il devenu roi avant ou après son mariage?
   Il est devenu roi après son mariage.

6. Le château de Versailles est-il composé d'un seul bâtiment? Expliquez.
   Non, le château a aussi une chapelle et d'autres bâtiments comme le Grand et le Petit Trianon.

Les personnages célèbres de Versailles
Par groupes de trois ou quatre, choisissez une des personnes mentionnées dans la lecture et faites des recherches (*research*) à son sujet. Préparez un rapport écrit (*written report*) à présenter à la classe. Vous pouvez (*may*) utiliser les ressources de votre bibliothèque ou Internet.

quarante-neuf 49

Vrai ou faux? Go over the answers with the class. For false items, have students point out where they found the correct information in the text.

Répondez Have students work with a partner and compare their answers. If they don't agree, tell them to locate the answer in the text.

Les personnages célèbres de Versailles Before assigning this activity, have students identify the people mentioned in the article and write their names on the board. To avoid duplication of efforts, you may want to assign each group a specific person. Encourage students to provide visuals with their presentations.

OPTIONS

Discussion Working in groups of three or four, have students discuss the features that they find most interesting or appealing about le château de Versailles and make a list of them.

Skimming Tell students to skim the text and underline all of the verbs in the **passé composé** and **imparfait**. Then go through the text and ask volunteers to explain why each verb is in the **passé composé** or the **imparfait**.

SAVOIR-FAIRE

Écriture

STRATÉGIE

Mastering the past tenses

In French, when you write about events that occurred in the past, you need to know when to use the **passé composé** and when to use the **imparfait**. A good understanding of the uses of each tense will make it much easier to determine which one to use as you write.

Look at the following summary of the uses of the **passé composé** and the **imparfait**. Write your own example sentence for each of the rules described.

Passé composé vs. imparfait

Passé composé

1. Actions viewed as completed
   _____

2. Beginning or end of past actions
   _____

3. Series of past actions
   _____

Imparfait

1. Ongoing past actions
   _____

2. Habitual past actions
   _____

3. Mental, physical, and emotional states and characteristics of the past
   _____

With a partner, compare your example sentences. Use the sentences as a guide to help you decide which tense to use as you are writing a story about something that happened in the past.

50   *cinquante*

Thème

Écrire une histoire

Avant l'écriture

1. Quand vous étiez petit(e), vous habitiez dans la maison ou l'appartement de vos rêves (*of your dreams*).

   ■ Vous allez décrire cette maison ou cet appartement.

   ■ Vous allez écrire sur la ville où vous habitiez et sur votre quartier.

   ■ Vous allez décrire les différentes pièces, les meubles et les objets décoratifs.

   ■ Vous allez parler de votre pièce préférée et de ce que (*what*) vous aimiez faire dans cette pièce.

Ensuite, imaginez qu'il y ait eu (*was*) un cambriolage (*burglary*) dans cette maison ou dans cet appartement. Vous allez alors décrire ce qui est arrivé (*what happened*).

Coup de main

Here are some terms that you may find useful in your narration.

le voleur	thief
cassé(e)	broken
j'ai vu	I saw
manquer	to be missing

UNITÉ PRÉLIMINAIRE — Chez nous

2. Utilisez le diagramme pour vous aider à analyser les éléments de votre histoire. Écrivez les éléments qui se rapportent à (*that are related to*) l'imparfait dans la partie IMPARFAIT et ceux (*the ones*) qui se rapportent au passé composé dans les parties PASSÉ COMPOSÉ.

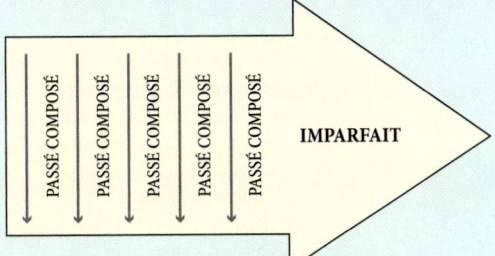

3. Après avoir complété le diagramme, échangez-le avec celui d'un(e) partenaire. Votre partenaire doit-il (*does he/she have to*) changer quelque chose? Expliquez pourquoi.

Écriture

Utilisez le diagramme pour écrire votre histoire. Écrivez trois paragraphes:

- le premier sur la présentation générale de la maison ou de l'appartement et de la ville où vous habitiez,
- le deuxième sur votre pièce préférée et la raison pour laquelle (*the reason why*) vous l'avez choisie,
- le troisième sur le cambriolage, sur ce qui s'est passé (*what happened*) et sur ce que vous avez fait (*what you did*).

> *Quand j'étais petit(e), j'habitais dans un château, en France. Le château était dans une petite ville près de Paris. Il y avait un grand jardin, avec beaucoup d'animaux. Il y avait douze pièces...*
>
> *Ma pièce préférée était la cuisine parce que j'aimais faire la cuisine et que j'aidais souvent ma mère...*
>
> *Un jour, mes parents et moi sommes rentrés de vacances...*

Après l'écriture

1. Échangez votre histoire avec celle (*the one*) d'un(e) partenaire. Répondez à ces questions pour commenter son travail.

- Votre partenaire a-t-il/elle correctement utilisé l'imparfait et le passé composé?
- A-t-il/elle écrit trois paragraphes qui correspondent aux descriptions de sa maison ou de son appartement et de la ville, de sa pièce préférée et du cambriolage?
- Quel(s) détail(s) ajouteriez-vous (*would you add*)? Lequel/Lesquels enlèveriez-vous (*Which one(s) would you delete*)? Quel(s) autre(s) commentaire(s) avez-vous pour votre partenaire?

2. Corrigez votre histoire d'après (*according to*) les commentaires de votre partenaire. Relisez votre travail pour éliminer ces problèmes:

- des fautes (*errors*) d'orthographe
- des fautes de ponctuation
- des fautes de conjugaison
- des fautes d'accord (*agreement*) des adjectifs
- un mauvais emploi (*use*) de la grammaire

EVALUATION

Criteria

Content Contains a complete description of a house or apartment, its furnishings, and the place where it was located, followed by a complete past-tense narration about a robbery that took place there.
Scale: 1 2 3 4 5

Organization Contains two parts: a complete past-tense description of a place that uses **imparfait** forms followed by a past-tense narration using the **passé composé**.
Scale: 1 2 3 4 5

Accuracy Uses **passé composé** and **imparfait** forms correctly and in the correct context. Spells words, conjugates verbs, and modifies adjectives correctly throughout.
Scale: 1 2 3 4 5

Creativity Includes additional information that is not included in the task and/or uses adjectives and descriptive verbs to make the scene more vivid.
Scale: 1 2 3 4 5

Scoring

Excellent	18–20 points
Good	14–17 points
Satisfactory	10–13 points
Unsatisfactory	< 10 points

OPTIONS

Écriture Supply students with some useful expressions to use for their compositions. 1. Ongoing past-tense description: **toujours, tous les jours, d'habitude, normalement, en général/ généralement, chaque fois, de temps en temps** 2. Completed past actions: **tout à coup, tous ensemble, dans un moment, à ce moment-là, puis, ensuite, après, plus tard, enfin, finalement**

Après l'écriture When students have completed their stories, have them work in pairs or small groups to create a dramatic reenactment of the story. They can use voiceover narration for the descriptive part, then act out the completed actions that are part of the robbery and its aftermath. Encourage students to be creative and to use props and posters to set the stage and tell the story.

VOCABULAIRE

UNITÉ PRÉLIMINAIRE

Flashcards
Audio: Vocabulary

Les parties d'une maison

un balcon	balcony
une cave	cellar; basement
une chambre	bedroom
un couloir	hallway
une cuisine	kitchen
un escalier	staircase
un garage	garage
un jardin	garden; yard
un mur	wall
une pièce	room
une salle à manger	dining room
une salle de bains	bathroom
une salle de séjour	living/family room
un salon	formal living/ sitting room
un sous-sol	basement
un studio	studio (apartment)
les toilettes (f.)/ les W.-C. (m.)	restrooms/toilet

Les appareils ménagers

un appareil électrique/ménager	electrical/household appliance
une cafetière	coffeemaker
un congélateur	freezer
une cuisinière	stove
un fer à repasser	iron
un four	oven
un (four à) micro-ondes	microwave oven
un frigo	refrigerator
un grille-pain	toaster
un lave-linge	washing machine
un lave-vaisselle	dishwasher
un sèche-linge	clothes dryer

Chez soi

un(e) propriétaire	owner
un appartement	apartment
un immeuble	building
un logement	housing
un loyer	rent
un quartier	area, neighborhood
une résidence universitaire	dorm
une affiche	poster
une armoire	armoire, wardrobe
une baignoire	bathtub
un balai	broom
un canapé	couch
une commode	dresser, chest of drawers
une couverture	blanket
une douche	shower
les draps (m.)	sheets
une étagère	shelf
un évier	kitchen sink
un fauteuil	armchair
une fleur	flower
une lampe	lamp
un lavabo	bathroom sink
un meuble	piece of furniture
un miroir	mirror
un oreiller	pillow
un placard	closet, cupboard
un rideau	drape, curtain
un tapis	rug
un tiroir	drawer
déménager	to move out
emménager	to move in
louer	to rent

Les tâches ménagères

une tâche ménagère	household chore
balayer	to sweep
débarrasser la table	to clear the table
enlever/faire la poussière	to dust
essuyer la vaisselle/ la table	to dry the dishes/ to wipe the table
faire la lessive	to do the laundry
faire le lit	to make the bed
faire le ménage	to do the housework
faire la vaisselle	to do the dishes
laver	to wash
mettre la table	to set the table
passer l'aspirateur	to vacuum
ranger	to tidy up; to put away
repasser (le linge)	to iron (the laundry)
salir	to soil, to make dirty
sortir la/les poubelle(s)	to take out the trash
propre	clean
sale	dirty

Verbes

connaître	to know, to be familiar with
reconnaître	to recognize
savoir	to know (facts), to know how to do something
vivre	to live

Expressions utiles	See pp. 23 and 37.
Expressions that signal a past tense	See p. 29.

52 cinquante-deux

La nourriture

UNITÉ 1

Leçon 1A
CONTEXTES
pages 54–57
- Food
- e caduc and e muet

ROMAN-PHOTO
pages 58–59
- Au supermarché

CULTURE
pages 60–61
- Shopping in France
- Flash culture

STRUCTURES
pages 62–65
- The verb **venir** and the **passé récent**
- Devoir, vouloir, pouvoir

SYNTHÈSE
pages 66–67
- Révision
- Le zapping

Leçon 1B
CONTEXTES
pages 68–71
- Dining
- Specialty food shops
- Stress and rhythm

ROMAN-PHOTO
pages 72–73
- Le dîner

CULTURE
pages 74–75
- French meals

STRUCTURES
pages 76–79
- Comparatives and superlatives of adjectives and adverbs
- Double object pronouns

SYNTHÈSE
pages 80–81
- Révision
- À l'écoute

Pour commencer
- Où est Sandrine? Dans un supermarché ou une poissonnerie?
- Quand va-t-elle manger ce qu'elle (*what she*) a dans la main? Le matin ou à midi?
- Comment va-t-elle le servir? Avec un steak, dans une salade ou dans une tarte?
- Est-ce qu'elle a déjà payé ou pas encore (*not yet*)?

Savoir-faire
pages 82–87

Panorama: La Bourgogne and la Franche-Comté
Lecture: Read a restaurant review and a menu.
Écriture: Write a restaurant review.

Unit Goals

Leçon 1A
In this lesson, students will learn:
- terms for food and meals
- about the **e caduc** and the **e muet**
- about food shopping in France
- more about open-air markets through specially shot video footage
- the verb **venir** and similar verbs
- the **passé récent**
- to use time expressions with **depuis**, **pendant**, and **il y a**
- the verbs **devoir**, **vouloir**, and **pouvoir**
- how to prepare a **far breton**

Leçon 1B
In this lesson, students will learn:
- terms for eating in a restaurant
- terms for specialty food shops
- about stress and rhythm in spoken French
- about French meals and eating habits
- comparatives and superlatives of adjectives and adverbs
- irregular comparative and superlative forms
- double object pronouns
- to take notes as they listen

Savoir-faire
In this section, students will learn:
- cultural and historical information about **Bourgogne** and **Franche-Comté**
- to read for the main idea
- to express and support opinions
- to write a restaurant review

Pour commencer
- Elle est dans un supermarché.
- Elle va le manger à midi.
- Elle va le servir dans une salade.
- Non, elle n'a pas encore payé.

RESOURCES

Student Materials
Print: Student Book, Workbooks (*Cahier d'exercices, Cahier d'activités*)
Technology: MAESTRO® *Cahier interactif* and Supersite (Audio, Video, Practice)

Teacher Materials
DVDs (*Roman-photo, Flash culture*)
Teacher's Resources (Scripts, Answer Keys, Testing Program)
Audio CDs (Testing Program, Textbook, Audio Program)

MAESTRO® Supersite: Student Supersite Content; Planning and Teaching Resources (Overheads, PowerPoints, Lesson Plans, Information Gaps and *Feuilles d'activités*); Learning Management System (Gradebook, Assignments); Audio MP3s and Streaming Video
D'ACCORD! 2 Supersite: daccord2.vhlcentral.com

Section Goals

In this section, students will learn and practice vocabulary related to:
- foods
- meals

Key Standards
1.1, 1.2, 4.1

Student Resources
Cahier d'exercices, pp. 15-16; *Cahier d'activités*, p. 4, 113; Supersite: Activities, *Cahier interactif*

Teacher Resources
Answer Keys; Overhead #16; Audio Script; Textbook & Audio Activity MP3s/CD; *Feuilles d'activités*; Testing program: Vocabulary Quiz

Suggestions
- Use **Overhead #16**. Point out foods as you describe the illustration. Examples: **Voici des fraises. Elle achète une pêche. Le garçon a acheté des œufs, un poivron vert et une laitue.**
- Ask students questions about their food preferences using the new vocabulary. **Préférez-vous les poires ou les fraises? Les oranges ou les bananes? Les tomates ou les champignons? Les escargots ou le thon? Le porc ou le poulet? La viande ou les fruits de mer?**
- Point out that **une cantine** is a cafeteria in French, while **une cafétéria** is a self-service restaurant.
- Name some dishes and have students explain what ingredients are used to make them. Examples: **une salade de fruits, une salade mixte,** and **un sandwich**.
- Say food items and have students classify them in categories under the headings: **les fruits, les légumes, la viande,** and **le poisson.**

CONTEXTES

Leçon 1A

Talking Picture Audio: Activity

You will learn how to...
- talk about food
- express needs, desires, and abilities

Quel appétit!

Vocabulaire

cuisiner	to cook
faire les courses (f.)	to go (grocery) shopping
une cantine	(school) cafeteria
un supermarché	supermarket
un aliment	food item
un déjeuner	lunch
un dîner	dinner
un goûter	afternoon snack
la nourriture	food, sustenance
un petit-déjeuner	breakfast
un repas	meal
des petits pois (m.)	peas
une salade	salad
le bœuf	beef
un escargot	escargot, snail
les fruits de mer (m.)	seafood
un pâté (de campagne)	pâté
le porc	pork
un poulet	chicken
une saucisse	sausage
un steak	steak
le thon	tuna
la viande	meat
le riz	rice
des pâtes (f.)	pasta
un yaourt	yogurt

ressources: CE pp. 15–16; CA pp. 4, 113; daccord2.vhlcentral.com

54 cinquante-quatre

OPTIONS

Color Association To review colors and practice new vocabulary, ask students to name foods that are different colors. Examples: **jaune** (les bananes), **rouge** (les pommes, les tomates, les fraises), **vert** (les haricots verts et les petits pois), **orange** (les oranges et les carottes), **blanc** (les oignons et le riz).

Using Games Divide the class into two teams. Give one player a card with the name of a food item. That player is allowed 30 seconds to draw the item for another player on his or her team to guess. Award a point for a correct answer. If a player doesn't guess the correct answer, the next player on the opposing team may "steal" the point.

54 Teacher's Annotated Edition • Unit 1 • Lesson 1A

UNITÉ 1 La nourriture

Mise en pratique

1 Les invités Richard a invité quelques amis pour le week-end. Il se prépare à les accueillir (*welcome*). Complétez les phrases suivantes avec les mots ou les expressions qui conviennent le mieux (*fit the best*).

1. Au petit-déjeuner, Sébastien aime bien prendre un café et manger des croissants et ___un yaourt___. (une salade, des fruits de mer, un yaourt)
2. Pour un petit-déjeuner français, il faut aussi de ___la confiture___. (la confiture, l'ail, l'oignon)
3. J'adore les fruits, alors je vais acheter ___des pêches___. (des petits pois, un repas, des pêches)
4. Mélanie n'aime pas trop la viande, elle va préférer manger ___des fruits de mer___. (des fruits de mer, du pâté de campagne, des saucisses)
5. Je vais aussi préparer une salade pour Mélanie avec ___des tomates___. (de la confiture, des tomates, du bœuf)
6. Jean-François est allergique au lait. Je ne vais donc pas lui servir de ___yaourt___. (carottes, pommes de terre, yaourt)
7. Pour le dessert, je vais préparer une tarte aux fruits avec des ___fraises___. (poivrons, fraises, petits pois)
8. Il faut aller au supermarché pour acheter des ___oranges___ pour faire du jus pour le petit-déjeuner. (yaourts, pâtes, oranges)

2 Écoutez 🎧 Fatima et René se préparent à aller faire des courses. Ils décident de ce qu'ils vont acheter. Écoutez leur conversation. Ensuite, complétez les phrases.

Dans le frigo, il reste six (1) ___carottes___, quelques (2) ___champignons___, une petite (3) ___laitue___ et trois (4) ___tomates___. René va utiliser ce qu'il reste dans le frigo pour préparer (5) ___le déjeuner/ une salade___. Fatima va acheter des (6) ___pommes de terre___ et des (7) ___oignons___. René va acheter des (8) ___fruits___: des (9) ___fraises___, des (10) ___pêches___ et quelques (11) ___poires___. René va faire un bon petit repas avec des (12) ___fruits de mer___.

3 Vos habitudes alimentaires Utilisez un élément de chaque colonne pour former des phrases au sujet de vos habitudes alimentaires. N'oubliez pas de faire les accords nécessaires. *Answers will vary.*

A	B	C
au petit-déjeuner	acheter	des bananes
au déjeuner	adorer	des carottes
au goûter	aimer (bien)	des fruits
au dîner	ne pas tellement	des haricots verts
à la cantine	aimer	des légumes
à la maison	détester	des œufs
au restaurant	manger	du riz
au supermarché	prendre	de la viande

Practice more at **daccord2.vhlcentral.com**.

cinquante-cinq **55**

Leçon 1A

CONTEXTES

Communication

4 **Quel repas?** Regardez les dessins et pour chacun d'eux (*each one of them*), indiquez le repas qu'il représente et faites une liste de ce que (*what*) chaque personne mange. Ensuite, avec un(e) partenaire, décrivez une image à tour de rôle. Votre partenaire doit deviner (*must guess*) quel dessin vous décrivez. *Answers will vary.*

1. _____

2. _____

3. _____

4. _____

5 **Sondage** Votre professeur va vous donner une feuille d'activités. Circulez dans la classe et utilisez les éléments du tableau pour former des questions afin de savoir (*in order to find out*) ce que vos camarades de classe mangent. Quels sont les trois aliments les plus (*the most*) souvent mentionnés? *Answers will vary.*

MODÈLE

Élève 1: À quelle heure est-ce que tu prends ton petit-déjeuner? Que manges-tu?
Élève 2: Je prends mon petit-déjeuner à sept heures. Je mange du pain avec du beurre et de la confiture, et je bois un café au lait.

Questions	Noms	Réponses
1. Petit-déjeuner: Quand? Quoi?	1. ___	1. ___
2. Déjeuner: Où? Quand? Quoi?	2. ___	2. ___
3. Goûter: Quand? Quoi?	3. ___	3. ___
4. Dîner: Quand? Quoi?	4. ___	4. ___
5. Supermarché: Quoi? À quelle fréquence?	5. ___	5. ___
6. Cantine: Quoi? Quand? À quelle fréquence?	6. ___	6. ___

6 **La brochure** Avec un(e) partenaire, vous allez préparer une brochure pour les nouveaux élèves français qui viennent (*are coming*) étudier dans votre lycée. Une partie de la brochure est consacrée (*dedicated*) aux habitudes alimentaires. Faites une comparaison entre la France et les États-Unis. Ensuite, présentez votre brochure à la classe. *Answers will vary.*

Coup de main

Here are some characteristics of traditional French eating habits.

Le petit-déjeuner is usually light, with bread, butter, and jam, or cereal and coffee or tea. Croissants are normally reserved for the weekend.

Le déjeuner is typically the main meal and may include a starter, a main dish (meat or fish with vegetables), cheese or yogurt, and dessert (often fruit). Lunch breaks may be a half hour to two hours (allowing people to eat at home).

Le goûter is a light afternoon snack such as cookies, French bread with chocolate, pastry, yogurt, or fruit.

Le dîner starts between 7:00 and 8:00 p.m. Foods served at lunch and dinner are similar. However, dinner is typically lighter than lunch and is usually eaten at home.

Teacher's notes (margin):

4 Expansion Have students describe what they typically eat at each meal and for snacks.

5 Suggestion Distribute the **Feuilles d'activités** found on the Supersite. Have two volunteers read the **modèle** aloud.

6 Suggestions
- Point out the **Coup de main**.
- Encourage students to include photos or drawings to illustrate their brochures. Have students vote on the best brochure in various categories.

OPTIONS

Using Games Play a game of **Dix questions**. Ask a volunteer to think of a food from the new vocabulary. Other students get to ask one yes/no question, and then they can guess what the word is. Limit attempts to ten questions per word. You may want to provide students with some sample questions. Examples: **C'est un fruit? Est-ce qu'il est vert?**

Mini-dictée Prepare descriptions of various meals, which include breakfasts, lunches, snacks, and dinners. Have students write down what you say as a dictation. Then have them guess which meal each description represents.

UNITÉ 1 | La nourriture

Les sons et les lettres

Audio: Concepts, Activities Record & Compare

e caduc and e muet

In **D'ACCORD!** Level 1, you learned that the vowel **e** in very short words is pronounced similarly to the *a* in the English word *about*. This sound is called an **e caduc**. An **e caduc** can also occur in longer words and before words beginning with vowel sounds.

r**e**chercher   d**e**voirs   l**e** haricot   l**e** onze

An **e caduc** occurs in order to break up clusters of several consonants.

appart**e**ment   quelqu**e**fois   poivr**e** vert   gouvern**e**ment

An **e caduc** is sometimes called **e muet** (*mute*). It is often dropped in spoken French.

Tu n**e̸** sais pas.   J**e̸** veux bien!   C'est un livr**e̸** intéressant.

An unaccented **e** before a single consonant sound is often silent unless its omission makes the word difficult to pronounce.

s**e̸**maine   p**e̸**tit   final**e̸**ment

An unaccented e at the end of a word is usually silent and often marks a feminine noun or adjective.

frais**e̸**   salad**e̸**   intelligent**e̸**   jeun**e̸**

Prononcez Répétez les mots suivants à voix haute.

1. vendredi   3. exemple   5. tartelette   7. boucherie   9. pomme de terre
2. logement   4. devenir   6. finalement   8. petits pois   10. malheureusement

Articulez Répétez les phrases suivantes à voix haute.

1. Tu ne vas pas prendre de casquette?
2. J'étudie le huitième chapitre maintenant.
3. Il va passer ses vacances en Angleterre.
4. Marc me parle souvent au téléphone.
5. Mercredi, je réserve dans une auberge.
6. Finalement, ce petit logement est bien.

Dictons Répétez les dictons à voix haute.

L'habit ne fait pas le moine.[1]

Le soleil luit pour tout le monde.[2]

[1] Clothes don't make the man. (lit. The habit doesn't make the monk.)
[2] The sun shines for everyone.

cinquante-sept 57

Section Goals

In this section, students will learn functional phrases for discussing meetings, time, and grocery shopping.

Key Standards
1.2, 2.1, 2.2, 4.1, 4.2

Student Resources
Cahier d'activités, pp. 61-62; Supersite: Activities, *Cahier interactif*

Teacher Resources
Answer Keys; Video Script & Translation; *Roman-photo* video

Video Synopsis
Amina and David are at the supermarket. Sandrine finally arrives, explaining that her French teacher kept her 20 minutes late, plus she ran into Stéphane who wanted to discuss tonight's dinner. The three friends then discuss what is going to be prepared, and Sandrine picks out the ingredients she needs. At the check-out counter, Amina and David insist on buying the groceries.

Suggestions
- Have students predict what the episode will be about based on the title and video stills.
- Have students scan the captions and find sentences describing foods.
- Review predictions and have students summarize the episode.

Leçon 1A

ROMAN-PHOTO

Au supermarché

Video: *Roman-photo*
Record & Compare

PERSONNAGES

Amina

Caissière

David

Sandrine

Stéphane

Au supermarché...
AMINA Mais quelle heure est-il? Sandrine devait être là à deux heures et quart. On l'attend depuis quinze minutes!
DAVID Elle va arriver!
AMINA Mais pourquoi est-elle en retard?
DAVID Elle vient peut-être juste de sortir de la fac.

En ville...
STÉPHANE Eh! Sandrine!
SANDRINE Salut, Stéphane, je suis très pressée! David et Amina m'attendent au supermarché depuis vingt minutes.
STÉPHANE À quelle heure est-ce qu'on doit venir ce soir, ma mère et moi?
SANDRINE À sept heures et demie.

STÉPHANE D'accord. Qu'est-ce qu'on peut apporter?
SANDRINE Oh, rien, rien.
STÉPHANE Mais maman insiste.
SANDRINE Bon, une salade, si tu veux.

AMINA Alors, Sandrine. Qu'est-ce que tu vas nous préparer?
SANDRINE Un repas très français. Je pensais à des crêpes.
DAVID Génial, j'adore les crêpes!
SANDRINE Il nous faut des champignons, du jambon et du fromage. Et, bien sûr, des œufs, du lait et du beurre.

SANDRINE Et puis non! Finalement, je vous prépare un bœuf bourguignon.
AMINA Qu'est-ce qu'il nous faut alors?
SANDRINE Du bœuf, des carottes, des oignons...
DAVID Mmm... Ça va être bon!

AMINA Mais le bœuf bourguignon, c'est long à préparer, non?
SANDRINE Tu as raison. Vous ne voulez pas plutôt un poulet à la crème et aux champignons, accompagné d'un gratin de pommes de terre?
AMINA ET DAVID Mmmm!
SANDRINE Alors, c'est décidé.

A C T I V I T É S

1 **Les ingrédients** Répondez aux questions par des phrases complètes.

1. Quels ingrédients faut-il pour préparer les crêpes de Sandrine? *Pour préparer ses crêpes, il faut des champignons, du jambon, du fromage, des œufs, du lait et du beurre.*
2. Quels ingrédients faut-il pour préparer le bœuf bourguignon? *Pour préparer le bœuf bourguignon, il faut du bœuf, des carottes et des oignons.*
3. Quels ingrédients faut-il à Sandrine pour préparer le poulet et le gratin? *Pour préparer le poulet et le gratin, il faut du poulet, de la crème, des champignons et des pommes de terre.*
4. Quelle va être la salade de Valérie, à votre avis? Quels ingrédients va-t-elle mettre? *Answers will vary. Possible answer: Ça va être une salade au thon avec des tomates.*
5. À votre avis, quel(s) dessert(s) Sandrine va-t-elle préparer? *Answers will vary. Possible answer: Sandrine va préparer une tarte aux fraises.*
6. Après avoir lu/regardé le **ROMAN-PHOTO**, quel plat préférez-vous? Pourquoi? *Answers will vary.*

58 *cinquante-huit*

OPTIONS

Avant de regarder la vidéo Before viewing the video, have students work in pairs and write a list of words and expressions that they might hear in a video episode entitled **Au supermarché**.

Regarder la vidéo Show the video episode and tell students to check off the words and expressions they hear on their lists. Then show the episode again and have students give you a play-by-play description of the action. Write their descriptions on the board.

UNITÉ 1 La nourriture

Amina, Sandrine et David font les courses.

STÉPHANE Mais quoi, comme salade?
SANDRINE Euh, une salade de tomates ou... peut-être une salade verte... Désolée, Stéphane, je suis vraiment pressée!
STÉPHANE Une salade avec du thon, peut-être? Maman fait une salade au thon délicieuse!
SANDRINE Comme tu veux, Stéphane!

SANDRINE Je suis en retard. Je suis vraiment désolée. Je ne voulais pas vous faire attendre, mais je viens de rencontrer Stéphane et avant ça, mon prof de français m'a retenue pendant vingt minutes!
DAVID Oh, ce n'est pas grave!
AMINA Bon, on fait les courses?

SANDRINE Voilà exactement ce qu'il me faut pour commencer! Deux beaux poulets!
AMINA Tu sais, Sandrine, le chant, c'est bien, mais tu peux devenir chef de cuisine si tu veux!

CAISSIÈRE Ça vous fait 51 euros et 25 centimes, s'il vous plaît.
AMINA C'est cher!
DAVID Ah non, Sandrine, tu ne paies rien du tout. C'est pour nous!
SANDRINE Mais, c'est mon dîner et vous êtes mes invités.
AMINA Pas question, Sandrine. C'est nous qui payons!

Expressions utiles

Meeting friends
- **Sandrine devait être là à deux heures et quart.**
  Sandrine should have been here at 2:15.
- **On l'attend depuis quinze minutes!**
  We've been waiting for her for fifteen minutes!
- **Elle vient peut-être juste de sortir de la fac.**
  Maybe she just left school.
- **Je suis très pressé(e)!**
  I'm in a big hurry!
- **À quelle heure est-ce qu'on doit venir ce soir?**
  At what time should we come tonight?
- **Je ne voulais pas vous faire attendre, mais je viens de rencontrer Stéphane.**
  I didn't want to make you wait, but I just ran into Stéphane.
- **Mon prof m'a retenu(e) pendant vingt minutes!**
  My professor kept me for twenty minutes!

Additional vocabulary
- **une caissière**
  cashier
- **Vous ne voulez pas plutôt un poulet à la crème accompagné d'un gratin de pommes de terre?**
  Wouldn't you prefer chicken with cream sauce accompanied by potatoes au gratin?
- **Voilà exactement ce qu'il me faut.**
  Here's exactly what I need.
- **Tu peux devenir chef de cuisine si tu veux!**
  You could become a chef if you want!
- **Comme tu veux.**
  As you like./It's up to you./Whatever you want.
- **C'est pour nous.**
  It's on us.

2 Les événements Mettez les événements dans l'ordre chronologique.

- 3 a. Sandrine décide de ne pas préparer de bœuf bourguignon.
- 1 b. Le prof de Sandrine parle avec elle après la classe.
- 4 c. Amina dit que Sandrine peut devenir chef de cuisine.
- 6 d. David et Amina paient.
- 2 e. Stéphane demande à quelle heure il doit arriver.
- 5 f. Sandrine essaie de payer.

3 À vous! Stéphane arrive chez lui et dit à sa mère qu'il faut préparer une salade pour le dîner de Sandrine. Avec un(e) partenaire, préparez une conversation entre Stéphane et sa mère. Parlez du dîner et décidez des ingrédients pour la salade. Présentez votre conversation à la classe.

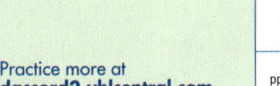 

cinquante-neuf **59**

Expressions utiles
- Model the pronunciation of the **Expressions utiles**.
- As you work through the list, point out forms of **devoir, pouvoir, vouloir, venir**, and the **passé recent**. Explain that **venir de** can be used to say what just happened or what someone just did. Then tell students that these verbs and structures will be formally presented in **Structures**.
- Point out that, although **là** means *there*, in some cases it can be interpreted as *here*. Example: **Sandrine devait être là à deux heures et quart**.
- Explain the difference between **il faut** + *infinitive* (*need to or must do something*) and **il nous faut** (*we need something*).

1 Suggestion Have volunteers write their answers on the board. Then go over them as a class.

2 Suggestion Have students form groups of six. Make a set of individual sentences on strips of paper for each group and distribute them. Tell students to arrange the sentences in the proper order and then read them aloud.

2 Expansion Have students create sentences to fill in parts of the story not mentioned in this activity.

3 Suggestion Tell students to refer to the **Expressions utiles** as they prepare their role-plays.

Project Have students work in groups of three or four. Tell them to create a menu for a classic French meal, then make a shopping list for the ingredients they need. You might want to suggest some classic dishes, such as **une tarte aux pommes, une soupe à l'oignon**, and **un pot-au-feu** (*beef and vegetable stew*). You can also bring in French cookbooks or simple recipes from magazines or the Internet, for students to use as reference.

Mini-performance Ask volunteers to ad-lib the scenes in video stills 5–10 for the class. Tell them it is not necessary to memorize the episode or to stick strictly to its content. They should try to get the general meaning across with the vocabulary they know, and they should also feel free to be creative. Give them time to prepare.

Section Goals

In this section, students will:
- learn about grocery shopping in France
- learn some colloquial expressions related to foods and meals
- learn about some traditional foods of New Orleans
- read about French cheeses
- view authentic video footage

Key Standards
2.1, 2.2, 3.1, 3.2, 4.2

Student Resources
Cahier d'activités, pp. 91–92; Supersite: Activities, *Cahier interactif*

Teacher Resources
Answer Keys; Video Script & Translation; *Flash culture* video

Culture à la loupe

Avant la lecture Have students look at the photos and describe what they see.

Lecture
- Point out the **Coup de main**.
- Point out the statistics chart. Ask students what information the chart shows. (the amount of each food consumed by a French person in 1970, 1990, and 2006) Then ask how much of each item was consumed. Example: **Combien de kilos de fromage ont consommé les Français en 1970? (14 kg par personne)**

Après la lecture Ask students: **Où les Français font-ils leurs courses?** (dans les hypermarchés, les supermarchés, les supérettes, les magasins discount, les petits commerces de quartier, les épiceries de quartier, les épiceries fines, les marchés en plein air ou aux halles) **Et les Américains, où font-ils leurs courses?**

1 Expansion Have students create three more fill-in-the-blank sentences. Then tell them to exchange papers with a classmate and complete the activity.

Leçon 1A

CULTURE

Video: *Flash culture*

CULTURE À LA LOUPE

Faire des courses

Les Français ont plusieurs possibilités pour faire leurs courses. On peut tout acheter dans les grandes surfaces: les hypermarchés et les supermarchés situés dans les banlieues et à l'extérieur des villes. En plus de l'alimentation, les hypermarchés vendent aussi des vêtements, des chaussures, du matériel audio et vidéo, etc. À l'entrée des hypermarchés, on trouve souvent un ou deux restaurants et quelques magasins. Dans les grandes villes, il y a aussi des supermarchés et des supérettes. Les supérettes sont des petits supermarchés. On trouve aussi des magasins discount qui offrent des produits° moins chers.

Bien souvent, aussi, les habitants d'une ville qui ne peuvent pas° facilement se déplacer° aiment faire leurs courses dans les petits commerces de quartier°. Par exemple, pour le fromage, on va à la crémerie° ou à la fromagerie; pour la viande, on va à la boucherie° ou à la charcuterie; pour le poisson, à la poissonnerie. Dans les épiceries de quartier, on trouve aussi toutes sortes de produits, par exemple des fruits et des légumes, des produits frais°, des boîtes de conserve°, des produits surgelés°, etc. Les épiceries fines se spécialisent dans les produits de luxe et parfois, dans les plats préparés. La majorité des villes et des villages français ont aussi un marché en plein air° une ou deux fois par semaine. Dans certaines villes, on peut faire ses courses aux halles. Les halles sont comme un marché, mais elles sont dans un bâtiment et, en général, ouvertes tous les jours.

Les Français et l'alimentation
(Consommation par personne par an)

	1970	1990	2006
Bœuf (kg)	16	18	14
Fromage (kg)	14	17	19
Légumes (kg)	71	86	88
Œufs (kg)	12	14	14
Pain (kg)	81	62	54
Poissons, crustacés° (kg)	10	15	12
Volailles° (kg)	15	22	20
Yaourt (kg)	9	16	22

SOURCE: INSEE

produits products **ne peuvent pas** can't **se déplacer** move **commerces de quartier** neighborhood stores **crémerie** cheese shop **boucherie** butcher shop **frais** fresh **boîtes de conserve** canned goods **surgelés** frozen **en plein air** outdoors **crustacés** shellfish **Volailles** Poultry

Coup de main

Weights and measures
un kilogramme
2.2 pounds
une livre (½ kilogramme)
1.1 pound (17.6 ounces)
un litre
1.06 quarts (¼ gallon)

---

1 Complétez Complétez les phrases.

1. Dans les hypermarchés, on peut acheter _de l'alimentation, des vêtements, des chaussures, du matériel audio et vidéo, etc_
2. En France, les supermarchés sont souvent dans _les banlieues_.
3. _Une supérette_ est un petit supermarché.
4. Les personnes qui ne peuvent pas se déplacer font leurs courses _dans les petits commerces_ de quartier.
5. Pour acheter du fromage, on peut aller _à la crémerie/à la fromagerie_.
6. Dans les épiceries de quartier, on peut acheter _Answers will vary._ Possible answer: des produits frais et des boîtes de conserve

7. On peut acheter des plats préparés et des produits de luxe dans certaines _épiceries fines_.
8. Si on aime se promener en plein air, on peut aller faire ses courses _au marché_.
9. _Les halles_ sont comme un marché, mais en intérieur.
10. La consommation de _yaourt_ a plus que doublé entre 1970 et 2006.

 Practice more at daccord2.vhlcentral.com.

60 soixante

Les Français et l'alimentation Have students work in pairs. Using the information in the chart, tell them to list the foods with an increase in consumption under the heading **Augmentation de la consommation** and the foods with a decrease in consumption under the heading **Baisse de la consommation**. Then ask: **Qu'apprenez-vous de ces informations?**

Faire des courses Grocery shopping in France is somewhat different from shopping in the United States. Grocery carts are usually locked together in a central place, most often in the parking lot. In order to use a cart, shoppers must insert a token. They get their money back when they return the cart. Also, customers are expected to bag their own groceries.

UNITÉ 1 | La nourriture

LE FRANÇAIS QUOTIDIEN

La nourriture

bidoche (*f.*)	meat
casse-croûte (*m.*)	snack
frometon (*m.*)	cheese
poiscaille (*f.*)	fish
faire un gueuleton	to have a large meal
faire ripaille	to feast
se faire une bouffe	to have a dinner party with friends

LE MONDE FRANCOPHONE

La cuisine de la Nouvelle-Orléans

À la Nouvelle-Orléans, la cuisine combine les influences créoles des colons° français et les influences cajuns des immigrés acadiens du Canada. Voici quelques spécialités.

le beignet un morceau de pâte frit° et recouvert de sucre, servi à toute heure du jour et de la nuit avec un café à la chicorée° et au lait

le gumbo une soupe à l'okra et aux fruits de mer, souvent accompagnée de riz

le jambalaya un riz très pimenté° préparé avec du jambon, du poulet, des tomates et parfois des saucisses et des fruits de mer

le po-boy de *poor boy* (garçon pauvre), un sandwich au poisson, aux écrevisses°, aux huîtres° ou à la viande dans un morceau de baguette

colons colonists **morceau de pâte frit** fried piece of dough **chicorée** chicory **pimenté** spicy **écrevisses** crawfish **huîtres** oysters

PORTRAIT

Les fromages français

Les Français sont très fiers de leurs fromages, et beaucoup de ces fromages sont connus dans le monde entier. La France produit près de 500 fromages dont° le type varie dans chaque région. Ils sont au lait de vache°, comme le Brie et le Camembert, au lait de chèvre°, comme le crottin de Chavignol, au lait de brebis°, comme le Roquefort, ou faits d'un mélange° de plusieurs laits. Ils sont aussi classés selon° leur fabrication: les fromages à pâte molle°, à pâte cuite° ou non cuite, à pâte persillée° et les fromages frais°. Plus de 95% des Français mangent du fromage et ils dépensent sept milliards° d'euros par an pour le fromage. On célèbre aussi la Journée nationale du fromage avec des débats, des conférences, des démonstrations de recettes° et des dégustations°.

dont of which **vache** cow **chèvre** goat **brebis** ewe **mélange** mix **selon** according to **pâte molle** soft **cuite** cooked **persillée** blue cheese **frais** fresh **milliards** billions **recettes** recipes **dégustations** tastings

SUR INTERNET

Peut-on acheter des appareils ménagers dans un hypermarché?

Go to daccord2.vhlcentral.com to find more information related to this **CULTURE** section. Then watch the corresponding **Flash culture**.

---

2 À table! D'après les textes, répondez aux questions par des phrases complètes.

1. Combien de types de fromage sont produits en France?
   Près de 500 fromages différents sont produits en France.
2. Quels laits sont utilisés pour faire le fromage en France?
   Le lait de vache, le lait de chèvre et le lait de brebis sont utilisés pour faire le fromage.
3. Quelles sont trois des catégories de fromages?
   Answers will vary. Possible answer: Il y a des fromages à pâte cuite, non cuite et persillée.
4. Comment célèbre-t-on la Journée nationale du fromage? On la célèbre avec des débats, des conférences, des démonstrations de recettes et des dégustations.
5. Que met-on dans le jambalaya? On met du riz, du piment, du jambon, du poulet, des tomates et parfois des saucisses et des fruits de mer.
6. Quand peut-on manger des beignets à la Nouvelle-Orléans?
   On peut manger des beignets à toute heure du jour et de la nuit à la Nouvelle-Orléans.

3 Le pique-nique Vous et un(e) partenaire avez décidé de faire un pique-nique en plein air. Qu'allez-vous manger? Boire? Allez-vous apporter d'autres choses, comme des chaises ou une couverture? Parlez avec un autre groupe et échangez vos idées.

ressources

CA
pp. 91–92

daccord2.vhlcentral.com

A C T I V I T É S

soixante et un **61**

Leçon 1A — STRUCTURES

Section Goals
In this section, students will learn:
- the verb **venir** and similar verbs
- the **passé récent**
- time expressions with **depuis**, **pendant**, and **il y a**

Key Standards
4.1, 5.1

Student Resources
Cahier d'exercices, pp. 17–18;
Cahier d'activités, p. 115;
Supersite: Activities,
Cahier interactif

Teacher Resources
Answer Keys; Audio Script;
Audio Activity MP3s/CD;
Testing program: Grammar Quiz

Suggestions
- Model **venir** with the whole class by asking volunteers questions such as: **Venez-vous souvent en classe? Venez-vous de déjeuner? Venez-vous d'apprendre un nouveau verbe? Venez-vous me parler?** Point out that this verb has different meanings. Explain that when a form of **venir** is followed by **de** + *infinitive*, it means the action has just happened.
- Point out that **venir, devenir,** and **revenir** always take **être** in the **passé composé**.
- Write the conjugation of **venir** in a paradigm. Point out that the **e** changes to **ie** except in the **nous** and **vous** forms.
- Explain that, while other verbs like **tenir, maintenir,** etc. are conjugated like **venir**, they are not verbs of motion and take **avoir** in the **passé composé**.
- Explain that, when used as an interjection, **tiens/tenez** can mean either *here, here you,* or *hey,* depending on the context.
- Tell students that **retenir** means *to remember a piece of information*. Other uses of the verb *to remember* are expressed in French by **se rappeler** or **se souvenir**.
- Ask students questions like these to practice talking about time in the past: **Que faisiez-vous il y a trois ans?** (J'étudiais au collège il y a trois ans.) **Depuis quand allez-vous au lycée?** (Je vais au lycée depuis l'année dernière.)

1A.1 The verb *venir* and the *passé récent*

Point de départ In Level 1, you learned the verb **aller** and the **futur proche**. Now you will learn how to conjugate and use the irregular verb **venir** (*to come*) and the **passé récent**.

Venir

je viens	nous venons
tu viens	vous venez
il/elle vient	ils/elles viennent

Vous **venez** souvent ici?
Do you come here often?

Viens vers huit heures.
Come around 8 o'clock.

- **Venir** takes the auxiliary **être** in the **passé composé**. Its past participle is **venu**.

  Ils **sont venus** vendredi dernier.
  They came last Friday.

  Nadine **est venue** déjeuner.
  Nadine came to eat lunch.

  Nous **sommes venues** au lycée.
  We came to the high school.

  Es-tu **venu** trop tard?
  Did you come too late?

- **Venir** can also be used with **de** and an infinitive to say that something has just happened. This is called the **passé récent**.

  Je **viens de prendre** mon goûter dans ma chambre.
  I just had a snack in my room.

  Nous **venons de regarder** cette émission.
  We just watched that show.

- **Venir** can be used with an infinitive to say that someone has come to do something.

  Papa **est venu** me chercher.
  Dad came to pick me up.

  Elle **venait** nous rendre visite.
  She used to come visit us.

- The verbs **devenir** (*to become*) and **revenir** (*to come back*) are conjugated like **venir**. They, too, take **être** in the **passé composé**.

  Estelle et sa copine **sont devenues** médecins.
  Estelle and her friend became doctors.

  Il **est revenu** avec une tarte aux fraises.
  He came back with a strawberry tart.

- The verbs **tenir** (*to hold*), **maintenir** (*to maintain*), and **retenir** (*to keep, to retain, to remember*) are also conjugated like **venir**. However, they take **avoir** in the **passé composé**.

  Corinne **tient** le livre de cuisine.
  Corinne is holding the cookbook.

  On **a retenu** mon passeport à la douane.
  They kept my passport at customs.

62 *soixante-deux*

MISE EN PRATIQUE

1 **Mes tantes** Tante Olga téléphone à tante Simone pour lui donner des nouvelles (*news*) de la famille. Complétez ses phrases au passé composé.

1. La semaine dernière, Georges __est revenu__ (revenir) de vacances.
2. Marc a déménagé, mais je __n'ai pas retenu__ (ne pas retenir) sa nouvelle adresse.
3. J'ai rencontré Martine ce matin; elle __est devenue__ (devenir) très jolie.
4. Alfred va avoir 100 ans; c'est parce qu'il __a maintenu__ (maintenir) une bonne hygiène de vie.
5. Hier midi, Charles et Antoinette __sont venus__ (venir) déjeuner à la maison.

2 **Qu'est-ce qu'ils viennent de faire?** Regardez les images et dites ce qu'ils (*what they*) viennent de faire. Answers will vary.

MODÈLE

Julien vient de faire un tour à cheval.

Julien

1. M. et Mme Martin
M. et Mme Martin viennent d'assister au concert.

3. nous
Nous venons de jouer au tennis.

2. vous Vous venez de dîner.

4. je Je viens de faire des courses.

3 **Nos activités** Avec un(e) partenaire, dites ce que (*what*) chaque personne vient de faire et ce qu'elle va faire maintenant. Answers will vary.

MODÈLE
Je viens de manger. Maintenant, je vais faire la vaisselle.

A	B	C
je	manger	emménager
tu	faire la lessive	répondre
elle	recevoir une lettre	faire un séjour
nous	acheter une maison	faire la vaisselle
vous	partir en vacances	prendre le train
ils	faire ses valises	repasser le linge

Practice more at daccord2.vhlcentral.com.

OPTIONS

Rapid Drill Do a pattern practice drill. Give an infinitive of a verb like **venir** and ask individual students to provide conjugations for the different subject pronouns and/or names you suggest. Reverse the activity by saying a conjugated form and asking students to give the appropriate subject pronoun. Try this activity with the **passé composé** as well.

Using Games Divide the class into two teams. Indicate one team member at a time, alternating between teams. Give a verb in its infinitive form and a subject pronoun. The team member goes to the board to write and say the correct **passé récent** form. Give one point per correct answer. Deduct a point for each wrong answer. The team with the most points at the end of play wins.

UNITÉ 1 — La nourriture

COMMUNICATION

4 Préparation de la fête Marine a invité ses amis ce soir. Elle a demandé à un(e) ami(e) de l'aider. Ils sont tous/toutes les deux impatient(e)s et ont besoin de savoir si tout est prêt. Avec un(e) partenaire, jouez les rôles de Marine et de son ami(e). Alternez les rôles et utilisez **venir de, il y a, depuis** et **pendant**. *Answers will vary.*

MODÈLE

Élève 1: *Étienne a téléphoné?*
Élève 2: *Oui, il a téléphoné il y a une heure.*

1. Ta mère a apporté les gâteaux?
2. Tu as mis les fleurs dans le vase?
3. Pierre et Stéphanie ont fini de faire les courses?
4. Tu as sorti les boissons depuis quand?
5. Il faut mettre les escargots au four pendant longtemps?
6. Les salades de fruits sont dans le frigo?
7. Tu as préparé les tartes aux poires?
8. Ton petit ami est déjà arrivé?

5 Qui vient? Marc a aussi invité quelques amis ce week-end. Sa mère lui demande qui vient. Avec un(e) partenaire, jouez les rôles de Marc et de sa mère et alternez-les. Utilisez le vocabulaire de la liste. *Answers will vary.*

MODÈLE

Élève 1: *Est-ce que Patricia vient?*
Élève 2: *Non, elle ne vient pas.*
Élève 1: *Pourquoi?*

absolument	désolé(e)	nous
avec plaisir	impossible	Patricia
bien sûr	je regrette	Paul et Sophie
chez nos grands-parents	mariage de sa sœur	tu

6 Un(e) Américain(e) à Paris Vous êtes à Paris et vous venez de rencontrer un(e) Américain(e) de San Francisco (votre partenaire). Vous lui demandez de vous décrire sa vie à Paris, ses voyages, ce qui (*what*) l'intéresse, etc. Utilisez **depuis, il y a** et **pendant**. Ensuite, jouez la scène pour la classe. *Answers will vary.*

MODÈLE

Élève 1: *Tu habites en France depuis longtemps?*
Élève 2: *Oui, j'habite à Paris depuis 2004.*

- A command form of **tenir** is often used when handing something to someone.

  Tiens, une belle orange pour toi.
  Here's a nice orange for you.

  Votre sac est tombé! **Tenez,** Madame.
  Your bag fell! Here, ma'am.

Depuis, pendant, il y a + [time]

- To say that something happened at a certain time *ago* in the past, use **il y a** + [*time ago*].

  Il y a une heure, on était à la cantine.
  An hour ago, we were at the cafeteria.

  Il a visité Ouagadougou **il y a deux ans.**
  He visited Ouagadougou two years ago.

- To say that something happened *for* a particular period of time that has ended, use **pendant** + [*time period*]. Often the verb will be in the **passé composé**.

  Salim a fait la vaisselle **pendant deux heures.**
  Salim washed dishes for two hours.

  Les équipes ont joué au foot **pendant un mois.**
  The teams played soccer for one month.

- To say that something has been going on *since* a particular time and continues into the present, use **depuis** + [*time period, date, or starting point*]. Unlike its English equivalent, the verb in the French construction is usually in the present tense.

  Elle **danse depuis son arrivée** à la fête.
  She has been dancing since she arrived at the party.

  Depuis quand passez-vous l'été au Québec?
  Since when have you been spending summers in Quebec?

Essayez! Choisissez l'option correcte pour compléter chaque phrase.

1. Chloé, tu __c__ avec nous à la cantine?
2. Vous __h__ d'où, Monsieur?
3. Les Aubailly __a__ de dîner au café.
4. Julia Child est __g__ célèbre en 1961.
5. Qu'est-ce qu'ils __e__ dans la main?
6. Ils sont __b__ du supermarché à midi.
7. On parlait facilement __d__ dix ans.
8. On mange bien __f__ l'arrivée de maman.

a. viennent
b. revenus
c. viens
d. il y a
e. tiennent
f. depuis
g. devenue
h. venez

soixante-trois **63**

Essayez! After completing the activity, have students invent answers to items 1, 2, and 5. Then have them write questions that elicit the responses in items 3, 4, 6, 7, and 8.

1 Expansion Have students work in pairs and create questions that correspond to the sentences in the activity. Example:
1. Depuis quand Georges est-il revenu de vacances?

2 Expansion Using magazine pictures, show images similar to those in the activity. Students should create sentences using **venir de.** Have volunteers show their pictures to the class and write their sentences on the board.

3 Suggestion Before beginning the activity, review the **futur proche** form **aller** + *infinitive* taught in Level 1.

4 Suggestions
- Ask two students to act out the **modèle**.
- Tell pairs to feel free to create additional questions that fit in the conversation.
- Have volunteers rehearse the conversation, then present it to the class.

5 Expansion After pairs finish the conversation, do this activity with the whole class, alternating who plays the roles of Marc and his mother until all of the vocabulary is used. Encourage the use of additional, creative vocabulary.

6 Suggestion Before beginning the activity, remind students that each expression of time takes a different verb tense when referencing the past. A sentence with **pendant** usually uses the **passé composé** while **depuis** usually uses the **présent.**

OPTIONS

Interview Pass out a copy of a sample French C.V. Explain that the French use this abbreviation for the Latin term *curriculum vitæ* instead of *résumé*. Remind them that **un résumé** is a false cognate meaning *a summary*. Point out differences from an American C.V., such as the incorporation of age and other personal information. Have students invent a job and work in pairs to imagine that they must interview a candidate. They should create a list of questions about the candidate's experience and leisure activities using expressions of time. Example: **Pendant combien de temps avez-vous travaillé à Paris?** Once students have created five questions, have them switch with other pairs and come up with answers. Example: **J'ai travaillé à Paris pendant trois ans.** Finally, have students role-play their interviews in front of the class.

STRUCTURES **63**

Leçon 1A

STRUCTURES

1A.2 The verbs devoir, vouloir, pouvoir

Point de départ The verbs **devoir** (*to have to [must]; to owe*), **vouloir** (*to want*), and **pouvoir** (*to be able to [can]*) are all irregular. They all take **avoir** in the **passé composé**.

Devoir, vouloir, pouvoir

	devoir	vouloir	pouvoir
je	dois	veux	peux
tu	dois	veux	peux
il/elle	doit	veut	peut
nous	devons	voulons	pouvons
vous	devez	voulez	pouvez
ils/elles	doivent	veulent	peuvent
past participle	dû	voulu	pu

Je **dois** repasser.
I have to iron.

Veut-elle des pâtes?
Does she want pasta?

Vous **pouvez** entrer.
You can come in.

- **Devoir** can be used with an infinitive to mean *to have to* or *must*. With a direct object, **devoir** means *to owe*.

On **doit** manger des légumes tous les jours.
One must eat vegetables every day.

Tu me **dois** cinq euros pour la salade.
You owe me five euros for the salad.

- **Devoir** is often used in the **passé composé** with an infinitive to speculate on what must have happened.

Ils **ont dû** payer le repas à l'avance.
They had to pay for the meal in advance.

Augustin **a dû** trop manger hier soir.
Augustin must have eaten too much last night.

- In the **imparfait**, **devoir** can be used with an infinitive to express *supposed to*.

Je **devais faire** mes devoirs.
I was supposed to do my homework.

Vous **deviez arriver** à huit heures.
You were supposed to arrive at 8 o'clock.

- When **vouloir** is used with the infinitive **dire**, it is translated as *to mean*.

Nous **voulons dire** exactement le contraire.
We mean exactly the opposite.

Biscuit? Ça **veut dire** *cookie* en français.
Biscuit? That means cookie *in French.*

64 soixante-quatre

MISE EN PRATIQUE

1 **Que doit-on faire?** Qu'est-ce que ces personnes doivent faire pour avoir ce qu'elles (*what they*) veulent?

MODÈLE André ___veut___ courir le marathon, alors il ___doit___ faire du jogging.

1. Je ___veux___ grossir, alors je ___dois___ manger des frites.
2. Il ___veut___ être en forme, alors il ___doit___ aller à la gym.
3. Vous ___voulez___ manger des spaghettis, alors vous ___devez___ aller dans un resto italien.
4. Tu ___veux___ manger chez toi, alors tu ___dois___ faire la cuisine.
5. Elles ne ___veulent___ pas arriver en retard (*late*), alors elles ___doivent___ courir.
6. Nous ___voulons___ écouter de la musique, alors nous ___devons___ acheter des CD.

2 **Qui peut faire quoi?** Ève prépare un grand repas. Dites ce que (*what*) chaque personne peut faire.

MODÈLE
Joseph / faire / courses
Joseph peut faire les courses.

1. Marc / acheter / boissons
   Marc peut acheter les/des boissons.
2. Benoît et Anne / préparer / gâteaux
   Benoît et Anne peuvent préparer les/des gâteaux.
3. Jean et toi / décorer / salle à manger
   Jean et toi pouvez décorer la salle à manger.
4. Patrick et moi / essuyer / verres
   Patrick et moi pouvons essuyer les verres.
5. je / prendre / photos
   Je peux prendre les/des photos.
6. tu / mettre / table
   Tu peux mettre la table.

3 **Mes enfants** M. Dion est au restaurant avec ses enfants. Le serveur/La serveuse lui demande ce qu'ils (*what they*) veulent prendre. Avec un(e) partenaire, posez les questions et répondez. Alternez les rôles. Answers will vary.

MODÈLE Éric: ou

Élève 1: Veut-il un jus d'orange ou un verre de lait?
Élève 2: Il veut un jus d'orange, s'il vous plaît.

1. Michèle:  ou
2. Stéphanie et Éric:  ou
3. Stéphanie:  ou
4. Éric: ou

Practice more at daccord2.vhlcentral.com.

UNITÉ 1 | La nourriture

COMMUNICATION

4 Que faire? À tour de rôle avec un(e) partenaire, dites ce que (*what*) ces personnes peuvent, doivent ou veulent faire ou ne pas faire. Utilisez **pouvoir**, **devoir** et **vouloir** dans vos réponses. *Answers will vary.*

MODÈLE
Élève 1: Il veut maigrir.
Élève 2: Il ne peut pas beaucoup manger.

1.

4.

2.

5.

3.
6.

5 Ce n'est pas de ma faute. Préparez une liste de cinq choses qui vous sont arrivées (*happened to you*) par accident. Montrez la liste à un(e) partenaire, qui va deviner pourquoi. A-t-il/elle raison? *Answers will vary.*

MODÈLE
Élève 1: J'ai perdu les clés de ma maison.
Élève 2: Tu as dû les laisser sur ton lit.

6 Ce week-end Invitez vos camarades de classe à faire des choses avec vous le week-end prochain. S'ils refusent votre invitation, ils doivent vous donner une excuse. Quelles réponses avez-vous reçues (*received*)? *Answers will vary.*

MODÈLE
Élève 1: Tu veux jouer au tennis avec moi le week-end prochain?
Élève 2: Quel jour?
Élève 1: Samedi matin.
Élève 2: Je veux bien, mais je dois rendre visite à mes grands-parents.

Sandrine devait être là. Elle a dû parler à son prof.

J'ai pu vous retrouver au supermarché.

• **Bien vouloir** can be used to express willingness.

Tu veux prendre de la glace?
Do you want to have some ice cream?

Oui, je **veux bien** prendre de la glace.
Yes, I'll gladly have some ice cream.

Voulez-vous dîner avec nous demain soir?
Do you want to have dinner with us tomorrow evening?

Nous **voulons bien** manger avec vous demain soir.
We'd love to eat with you tomorrow evening.

• **Vouloir** is often used in the **passé composé** with an infinitive in negative sentences to express *refused to*.

J'ai essayé, mais il **n'a pas voulu** parler.
I tried, but he refused to talk.

Elles **n'ont pas voulu** débarrasser la table.
They refused to clear the table.

• **Pouvoir** can be used in the **passé composé** with an infinitive to express *managed to do something*.

Nous **avons pu** tout finir.
We managed to finish everything.

Fathia **a pu** nous trouver.
Fathia managed to find us.

Essayez! Complétez ces phrases avec les formes correctes du présent des verbes.

devoir
1. Tu __dois__ revenir à midi?
2. Elles __doivent__ manger tout de suite.
3. Nous __devons__ encore vingt euros.
4. Je ne __dois__ pas assister au pique-nique.
5. Elle __doit__ nous téléphoner.

vouloir
6. __Voulez__-vous manger sur la terrasse?
7. Tu __veux__ quelque chose à boire?
8. Il __veut__ faire la cuisine.

9. Nous ne __voulons__ pas prendre de dessert.
10. Ils __veulent__ préparer un grand repas.

pouvoir
11. Je __peux__ passer l'aspirateur ce soir.
12. Il __peut__ acheter de l'ail au marché.
13. Elles __peuvent__ emménager demain.
14. Vous __pouvez__ maigrir de quelques kilos.
15. Nous __pouvons__ mettre la table.

soixante-cinq 65

Leçon 1A

SYNTHÈSE
Révision

Key Standards
1.1

Student Resources
Cahier d'activités, pp. 19-20;
Supersite: Activities,
Cahier interactif

Teacher Resources
Answer Keys; Info Gap
Activities; Testing Program:
Lesson Test (Testing Program
Audio MP3s/CD)

1 Suggestion Before assigning this activity, briefly review the **passé récent** with **venir de** + *infinitive*. Remind students that this tense conveys a different meaning than the **passé composé**.

2 Expansion Have the students state that the mother or father refused to purchase the item for the child using **vouloir** in the **passé composé**. Example: **La mère n'a pas voulu acheter de confiture.**

3 Expansion Have volunteers make comments to the chefs or ask them questions about their recipe. Example: **Je n'aime pas les carottes. Est-ce qu'on peut utiliser des tomates?**

4 Suggestion Before assigning the activity, ask the students questions using the construction **Depuis combien de temps…?** Review the different ways to answer (**il y a** + *time period* and **depuis** + *time period*).

5 Suggestion Have two students act out the **modèle** before assigning this activity.

5 Expansion Have pairs write down their conversation. Call on pairs to perform it for the class.

6 Suggestions
- Act out the **modèle** with a volunteer.
- Divide the class into pairs and distribute the Info Gap Handouts found on the Supersite for this activity. Give students ten minutes to complete the activity.

---

1 Au restaurant Avec un(e) partenaire, dites ce que (*what*) ces personnes viennent de faire. Utilisez les verbes de la liste et d'autres verbes. *Answers will vary.*

apporter	manger
arriver	parler
boire	prendre
demander	téléphoner

2 Au supermarché Un(e) enfant et son père ou sa mère sont au supermarché. L'enfant demande ces choses à manger, mais le père ou la mère ne veut pas les acheter et doit lui donner des raisons. Avec un(e) partenaire, préparez un dialogue, puis jouez-le pour la classe. Employez les verbes **devoir**, **vouloir** et **pouvoir** et le passé récent. *Answers will vary.*

MODÈLE
Élève 1: *Maman, je veux de la confiture. Achète-moi cette confiture, s'il te plaît.*
Élève 2: *Tu ne dois pas manger ça. Tu viens de manger un dessert.*

du chocolat	une glace
des chips	du pâté
un coca	une saucisse
de la confiture	des yaourts aux fruits

3 Le chef de cuisine Vous et votre partenaire êtes deux chefs. Expliquez à votre partenaire comment préparer votre salade préférée. Donnez des conseils (*advice*) avec les verbes **devoir**, **vouloir** et **pouvoir** et employez le passé récent. *Answers will vary.*

MODÈLE
Élève 1: *Combien de carottes doit-on utiliser?*
Élève 2: *On peut utiliser deux ou trois carottes.*

4 Dans le frigo Vous et vos partenaires aidez vos parents à nettoyer le frigo. Qu'allez-vous mettre à la poubelle? Par groupes de trois, regardez l'illustration et décidez. Ensuite, présentez vos décisions à la classe. *Answers will vary.*

MODÈLE
Élève 1: *Depuis combien de temps a-t-on ce fromage dans le frigo?*
Élève 2: *Nous venons de l'acheter, nous pouvons le garder encore un peu.*

5 Chez moi Vous et votre partenaire voulez manger ensemble après les cours. Vous voulez manger chez vous ou chez votre partenaire. Que pouvez-vous préparer? Que voulez-vous manger ou boire? *Answers will vary.*

MODÈLE
Élève 1: *Chez moi, j'ai du chocolat et du lait, et je peux te faire un chocolat chaud.*
Élève 2: *Non merci, je veux plutôt une boisson froide et j'ai des boissons gazeuses à la maison.*

6 Une journée bien occupée Votre professeur va vous donner, à vous et à votre partenaire, une feuille sur les activités d'Alexandra. Attention! Ne regardez pas la feuille de votre partenaire. *Answers will vary.*

MODÈLE
Élève 1: *À quatre heures et demie, Alexandra a pu faire du jogging.*
Élève 2: *Après, à cinq heures, elle…*

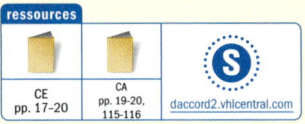

ressources
CE pp. 17–20
CA pp. 19–20, 115–116
daccord2.vhlcentral.com

66 soixante-six

OPTIONS

Step-by-step Instructions Have students write a "how to" paragraph describing a simple task without using commands, but rather the **vous** forms of **devoir, vouloir,** and **pouvoir**. Example: **faire un sandwich—D'abord, vous devez prendre du pain. Vous pouvez mettre du fromage si vous voulez. Ensuite,** … The paragraph should include five or six basic directions and use vocabulary from this lesson and previous lessons. Then have students exchange their papers with classmates who will ask questions for clarification and provide suggestions for peer editing. Call on volunteers to share their paragraphs with the class. Have one volunteer read an instructional paragraph while another student follows the instructions in front of the class. Encourage the use of props. Have students explain any mistakes they notice.

UNITÉ 1 | La nourriture

 Video: TV Clip

Le Zapping

Le far breton

En Bretagne, région du nord-ouest de la France, il existe plusieurs variétés de *fars*. Ils ont tous comme ingrédient principal une sorte de farine°, d'où vient leur nom. Les Bretons cuisinaient traditionnellement un far à l'occasion des fêtes religieuses. En Bretagne, il a toujours existé des fars salés° et sucrés°. Pourtant°, c'est une version sucrée avec des pruneaux° qui a traversé les limites régionales pour se populariser dans toute la France sous le nom de "far breton".

—Alors, je vais vous présenter la recette° du far breton.

—Donc, maintenant, je vais casser° les œufs pour les mélanger° ensuite à la farine.

Compréhension Répondez aux questions. *Some answers will vary.*

1. Quels sont les ingrédients du far breton? *Il y a du lait, de la farine, du beurre, des œufs, du sucre et des pruneaux.*
2. Quel est le verbe de la liste que le chef de cuisine ne dit pas?
   ajouter (*to add*), **casser**, **chauffer** (*to heat*), (**couper**) (*to cut*), **mélanger**, **verser** (*to pour*)
3. À quelle température et pendant combien de temps la pâte (*batter*) doit-elle rester au four? *Elle doit rester au four à 180 degrés pendant une heure.*

 Discussion Avec un(e) partenaire, posez-vous ces questions et discutez. *Answers will vary.*

Quelle est votre recette préférée? Quels sont les ingrédients? Comment la prépare-t-on?

farine *flour* **salés** *savory* **sucrés** *sweet* **Pourtant** *However* **pruneaux** *prunes*
recette *recipe* **casser** *to crack* **mélanger** *to mix*

 Practice more at **daccord2.vhlcentral.com**.

soixante-sept **67**

O P T I O N S

Une recette française Explain to students that following a French recipe might present a few surprises. When the pastry chef says to put the **far breton** mixture in a 180-degree oven, for instance, he means 180 degrees Celsius, or about 350 degrees Fahrenheit. Here are a few terms specific to cooking that students hear in this lesson's **Le zapping** video and might find unfamiliar:

un appareil *mixture*
une cuisson *cooking, baking (time, process)*
démouler *to turn out of the pan*
dénoyauter *to pit*
une pointe *touch, hint*

Section Goals
In this section, students will:
- read about the history of the **far breton**
- watch a professional chef prepare a **far breton**
- answer questions about the recipe and its preparation

Key Standards
1.2, 2.2, 4.2, 5.2

Student Resources
Supersite: Video, Activities
Teacher Resources
Video Script & Translation;
Supersite: Video

Introduction
To check comprehension, ask these questions: **1. De quelle région de France le far vient-il?** (Il vient de Bretagne.) **2. À quelle occasion les Bretons cuisinaient-ils traditionnellement un far?** (Ils cuisinaient un far à l'occasion des fêtes religieuses.) **3. Quelle version du far est devenue populaire dans le reste de la France?** (Une version sucrée avec des pruneaux est devenue populaire.)

Avant de regarder la vidéo
- Write the word **pâtissier** on the board and explain what it means. Then have students look at the video stills, read the captions, and predict what is happening in the show for each visual. (**1. Le pâtissier est dans une cuisine. Il va préparer un far breton. 2. Il va casser les oeufs pour les mélanger à la farine.**)
- Explain to students that they do not need to understand every word they hear. Tell them to listen for cognates and the text in the captions. They should also listen for food and cooking vocabulary and watch carefully the actions that accompany the pastry chef's description.

Compréhension Have students work in pairs or groups for this activity. Tell them to write their answers. Then show the video again so that they can check their answers and add any missing information.

Discussion Ask students if they know the origin of their favorite recipe. Ask them to bring in photos of the dish or, if possible, a sample to share with the class.

SYNTHÈSE **67**

Section Goals

In this section, students will learn and practice vocabulary related to:
- setting the table
- eating in a restaurant
- shopping for food

Key Standards

1.1, 1.2, 4.1

Student Resources
Cahier d'exercices, pp. 21–22; *Cahier d'activités*, pp. 21–22, 117; Supersite: Activities, *Cahier interactif*

Teacher Resources
Answer Keys; Overhead #17; Audio Script; Textbook & Audio Activity MP3s/CD; Info Gap Activities; Testing program: Vocabulary Quiz

Suggestions

- Use **Overhead #17**. Describe what people are doing, then point out eating utensils and other items on the tables. Examples: **Le serveur apporte la carte. La femme commande. C'est une fourchette à côté de la serviette.**
- Ask students simple questions based on your narrative. Example: **Que fait le chef?**
- Bring in items for setting the table. Hold up each one and ask: **Qu'est-ce que c'est?**
- Explain that **le menu (fixe)** is a meal with limited choices from the main menu (**la carte**) for a set price, usually **une entrée**, **un plat**, and **un dessert**. Point out the French expression used in English **à la carte**.
- Point out that **une entrée** is *an appetizer*, not *a main course* as in English.
- Point out that **une assiette** is *a plate*, and **un plat** is *a serving dish* or the *food on the serving dish*.
- Explain the **faux ami**: **commander** means *to order*, not *to command*.
- Bring in photos from magazines or the Internet to introduce the names of the shops listed. Say: **C'est une boulangerie. On vend du pain à la boulangerie.**

CONTEXTES

Leçon 1B

Talking Picture Audio: Activity

You will learn how to...
- describe and discuss food
- shop for food

À table!

Vocabulaire

être au régime	to be on a diet
une boîte (de conserve)	can
la crème	cream
la mayonnaise	mayonnaise
la moutarde	mustard
une tranche	slice
une entrée	appetizer, starter
un hors-d'œuvre	hors-d'oeuvre, appetizer
un plat (principal)	(main) dish
À table!	Let's eat!/Food is ready!
compris	included
une boucherie	butcher's shop
une boulangerie	bread shop, bakery
une charcuterie	delicatessen
un(e) commerçant(e)	shopkeeper
un kilo(gramme)	kilo(gram)
une pâtisserie	pastry shop, bakery; pastry
une poissonnerie	fish shop

Il goûte la soupe. (goûter)

l'assiette (f.)
la carte
la serviette
la fourchette
le couteau
la nappe

ressources
CE pp. 21–22
CA pp. 21–22, 117
daccord2.vhlcentral.com

68 soixante-huit

Using Games On index cards, write vocabulary words related to setting the table. On another set of cards, draw or paste pictures for each term. Tape them face down on the board. Divide the class into two teams. Then play a game of concentration in which students match words with pictures. When a player makes a match, that player's team collects those cards. The team with the most cards at the end of the game wins.

Making Associations Say the names of foods and have students respond with the type of store that sells each item. Examples: **un steak** (une boucherie), **des fruits de mer** (une poissonnerie), **des saucisses** (une charcuterie/une boucherie), **du pain** (une boulangerie), **de la moutarde** (une épicerie), **un gâteau** (une pâtisserie), **du pâté** (une charcuterie), and **du thon** (une poissonnerie).

UNITÉ 1 | La nourriture

Mise en pratique

1 Complétez Complétez ces phrases avec le bon mot.

1. Pour manger de la soupe, on utilise...
   a. un couteau.
   b. une cuillère. ✓
   c. une fourchette.
2. On sert la soupe dans...
   a. une assiette.
   b. une carafe.
   c. un bol. ✓
3. Au restaurant, le serveur/la serveuse doit... la nourriture.
   a. commander
   b. apporter ✓
   c. goûter
4. On vend des baguettes à...
   a. la boulangerie. ✓
   b. la charcuterie.
   c. la boucherie.
5. On met... dans le café.
   a. du beurre
   b. du poivre
   c. de la crème ✓
6. On vend des gâteaux à...
   a. la boucherie.
   b. la pâtisserie. ✓
   c. la poissonnerie.
7. Au restaurant, on commande d'abord...
   a. une entrée. ✓
   b. un plat principal.
   c. une serviette.
8. On vend du jambon à...
   a. la charcuterie. ✓
   b. la boucherie.
   c. la pâtisserie.

2 Le repas Mettez ces différentes étapes dans l'ordre chronologique.

a. _5_ dire «À table!»
b. _7_ servir le plat principal
c. _4_ mettre les assiettes, les fourchettes, les cuillères et les couteaux sur la table
d. _6_ servir l'entrée
e. _2_ faire les courses
f. _1_ organiser un menu
g. _8_ goûter le dessert avec les invités
h. _3_ faire la cuisine

3 Écoutez Catherine est au régime. Elle parle de ses habitudes alimentaires. Écoutez et indiquez si les affirmations suivantes sont **vraies** ou **fausses**.

	Vrai	Faux
1. Catherine mange beaucoup de desserts.		✓
2. Catherine fait les courses au supermarché.		✓
3. Elle adore la viande.		✓
4. Elle est au régime.	✓	
5. Catherine achète des fruits et des légumes au marché.	✓	
6. Selon (*According to*) Catherine, le service chez les commerçants est désagréable.		✓
7. Elle va souvent à la boucherie et à la poissonnerie.		✓
8. Elle vient de devenir végétarienne.	✓	

Practice more at daccord2.vhlcentral.com.

soixante-neuf 69

1 Expansion For additional practice, give students these items. **9. Pour manger du bœuf, on utilise ____. (une fourchette et un couteau) 10. On sert de la salade dans ____. (un bol/une assiette) 11. Au restaurant, après l'entrée, on mange ____. (le plat principal) 12. On vend du pâté dans les ____. (charcuteries)**

2 Suggestion Have students form groups of eight. Make a set of individual phrases on strips of paper for each group and distribute them. Tell students to arrange the phrases in the proper order and then read them aloud.

3 Script Je suis au régime, alors je ne peux pas manger beaucoup de desserts, ou bien, de pain en général. Parfois, je vais à la boulangerie et j'achète des croissants pour le petit-déjeuner, mais je les prends sans confiture. Quand je mange une salade, je n'utilise jamais d'huile d'olive. Je fais très attention à ce que je mange et je ne mets pas trop de sel dans mes plats. J'utilise très peu de poivre parce que je n'aime pas beaucoup ça. Chaque semaine, quand je fais les courses, je vais à la boulangerie pour acheter du pain. Pour les fruits et les légumes, je vais au marché. Je vais rarement au supermarché; je préfère aller chez les commerçants parce que le service est très agréable. Je ne vais jamais ni à la boucherie ni à la poissonnerie parce que je viens de devenir végétarienne. *(On Textbook Audio)*

3 Suggestion Have students read the true/false sentences before they listen to the recording.

OPTIONS

Mettre la table A typical French table setting in a restaurant has at least two stemmed glasses per person. If they are not the same size, the larger goblet is for water and the smaller one is for wine. In more formal table settings, there may be several glasses for different types of wine. Champagne is served in tall glasses called **flûtes** or in large shallow glasses called **coupes**; white wine may be served in smaller glasses than red wine. When placing cutlery, knives go on the right with the blade turned toward the plate, and forks go on the left, tines down. Soup spoons are placed next to the forks, on the outside. Teaspoons or dessert forks belong above the plate. A formal French place setting may also include **un porte-couteau**, which serves to protect the tablecloth.

CONTEXTES 69

Leçon 1B

CONTEXTES

Communication

4 **Conversez** Interviewez un(e) camarade de classe. Answers will vary.

1. En général, qu'est-ce que tu commandes au restaurant comme entrée? Comme plat principal?
2. Qui fait les courses chez toi? Où? Quand?
3. Est-ce que tes parents préfèrent faire les courses au supermarché ou chez les commerçants? Pourquoi?
4. Es-tu au régime? Qu'est-ce que tu manges?
5. Quel est ton plat principal préféré?
6. Aimes-tu la moutarde? Avec quel(s) plat(s) l'utilises-tu?
7. Aimes-tu la mayonnaise? Avec quel(s) plat(s) l'utilises-tu?
8. Dans quel(s) plat(s) mets-tu de l'huile d'olive?

5 **Sept différences** Votre professeur va vous donner, à vous et à votre partenaire, deux feuilles d'activités différentes avec le dessin (*drawing*) d'un restaurant. Il y a sept différences entre les deux images. Sans regarder l'image de votre partenaire, comparez vos dessins et faites une liste de ces différences. Quel est le groupe le plus rapide de la classe?

MODÈLE
Élève 1: *Dans mon restaurant, le serveur apporte du beurre à la table.*
Élève 2: *Dans mon restaurant aussi, on apporte du beurre à la table, mais c'est une serveuse, pas un serveur.*

6 **Au restaurant** Travaillez avec deux camarades de classe pour présenter ce dialogue. Answers will vary.

- Une personne invite un(e) ami(e) à dîner au restaurant.
- Une personne est le serveur/la serveuse et décrit le menu.
- Vous parlez du menu et de vos préférences.
- Une personne est au régime et ne peut pas manger certains ingrédients.
- Vous commandez les plats.
- Vous parlez des plats que vous mangez.

7 **Écriture** Écrivez un paragraphe dans lequel vous: Answers will vary.

- parlez de la dernière fois que vous avez aidé à préparer un dîner, un déjeuner ou un petit-déjeuner pour quelqu'un.
- décrivez les ingrédients que vous avez utilisés pour préparer le(s) plat(s).
- mentionnez les endroits où vous avez acheté les ingrédients et leurs quantités.
- décrivez comment vous avez mis la table.

70 *soixante-dix*

UNITÉ 1 | La nourriture

Les sons et les lettres

Audio: Concepts, Activities Record & Compare

Stress and rhythm

In French, all syllables are pronounced with more or less equal stress, but the final syllable in a phrase is elongated slightly.

Je fais souvent du sport, mais aujourd'hui, j'ai envie de rester à la maison.

French sentences are divided into three basic kinds of rhythmic groups.

Noun phrase	Verb phrase	Prepositional phrase
Caroline et Dominique	**sont venues**	**chez moi.**

The final syllable of a rhythmic group may be slightly accentuated either by rising intonation (pitch) or elongation.

Caroline et Dominique sont venues chez moi.
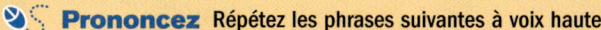

In English, you can add emphasis by placing more stress on certain words. In French, you can emphasize the word by adding the corresponding pronoun or you can elongate the first consonant sound.

Je ne sais pas, moi.   **Quel idiot!**   **C'est fantastique!**

Prononcez Répétez les phrases suivantes à voix haute.

1. Ce n'est pas vrai, ça.
2. Bonjour, Mademoiselle.
3. Moi, je m'appelle Florence.
4. La clé de ma chambre, je l'ai perdue.
5. Je voudrais un grand café noir et un croissant, s'il vous plaît.
6. Nous allons tous au marché, mais Marie, elle va au centre commercial.

Articulez Répétez les phrases en mettant l'emphase (*by emphasizing*) sur les mots indiqués.

1. C'est *impossible*!
2. Le film était *super*!
3. Cette tarte est *délicieuse*!
4. Quelle idée *extraordinaire*!
5. Ma sœur parle *constamment*.

Dictons Répétez les dictons à voix haute.

Les chemins les plus courts ne sont pas toujours les meilleurs.¹

Le chat parti, les souris dansent.²

¹ The shortest paths aren't always the best.
² When the cat is away, the mice will play.

soixante et onze **71**

Section Goals
In this section, students will learn functional phrases for making comparisons and discussing a meal.

Key Standards
1.2, 2.1, 2.2, 4.1, 4.2

Student Resources
Cahier d'activités, pp. 63-64; Supersite: Activities, *Cahier interactif*

Teacher Resources
Answer Keys; Video Script & Translation; *Roman-photo* video

Video Recap: Leçon 1A
Before doing this **Roman-photo**, review the previous one with this activity.
1. Pourquoi Sandrine a-t-elle retrouvé Amina et David au supermarché? (pour faire les courses pour son dîner)
2. Pourquoi Stéphane a-t-il voulu parler à Sandrine? (Il a voulu savoir à quelle heure il doit arriver chez elle et s'il doit apporter quelque chose.)
3. Qu'est-ce que Sandrine a décidé de préparer? (un poulet à la crème aux champignons avec un gratin de pommes de terre)
4. Qui a payé les courses au supermarché? (Amina et David)

Video Synopsis
David runs into Rachid in town. Rachid has bought a box of chocolates for Sandrine. David decides to buy her a bouquet of flowers. That evening, the guests arrive at Sandrine's. Sandrine is pleased with her gifts. Amina and Stéphane finish setting the table, and they all sit down to eat. The meal is a great success, and everyone compliments Sandrine on her cooking.

Suggestions
- Have students predict what the episode will be about based on the title and video stills.
- Point out that, in **que j'aie jamais reçues,** the subjunctive is used with the superlative.
- After reading the **Roman-photo**, review students' predictions and have them summarize the episode.

Leçon 1B

ROMAN-PHOTO

Le dîner  Video: *Roman-photo* Record & Compare

PERSONNAGES

 Amina

 David

 Rachid

 Sandrine

 Stéphane

 Valérie

Au centre-ville...
DAVID Qu'est-ce que tu as fait en ville?
RACHID Des courses à la boulangerie et chez le chocolatier.
DAVID Tu as acheté ces chocolats pour Sandrine?
RACHID Pourquoi? Tu es jaloux? Ne t'en fais pas! Elle nous a invités. Il est normal d'apporter quelque chose.

DAVID Je n'ai pas de cadeau pour elle. Qu'est-ce que je peux lui acheter? Je peux lui apporter des fleurs!
Chez le fleuriste...
DAVID Ces roses sont très jolies, non?
RACHID Tu es tombé amoureux?
DAVID Mais non! Pourquoi tu dis ça?
RACHID Des roses, c'est romantique.
DAVID Ah... Ces fleurs-ci sont jolies. C'est mieux?

RACHID Non, c'est pire! Les chrysanthèmes sont réservés aux funérailles.
DAVID Hmmm. Je ne savais pas que c'était aussi difficile de choisir un bouquet de fleurs!
RACHID Regarde! Celles-là sont parfaites!
DAVID Tu es sûr?
RACHID Sûr et certain, achète-les!

AMINA Sandrine, est-ce qu'on peut faire quelque chose pour t'aider?
SANDRINE Oui, euh, vous pouvez finir de mettre la table, si vous voulez.
VALÉRIE Je vais t'aider dans la cuisine.
AMINA Tiens, Stéphane. Voilà le sel et le poivre. Tu peux les mettre sur la table, s'il te plaît?
SANDRINE À table!

SANDRINE Je vous sers autre chose? Une deuxième tranche de tarte aux pommes peut-être?
VALÉRIE Merci.
AMINA Merci. Je suis au régime.
SANDRINE Et toi, David?
DAVID Oh! J'ai trop mangé. Je n'en peux plus!
STÉPHANE Moi, je veux bien...
SANDRINE Donne-moi ton assiette.

STÉPHANE Tiens, tu peux la lui passer, s'il te plaît?
VALÉRIE Quel repas fantastique, Sandrine. Tu as beaucoup de talent, tu sais.
RACHID Vous avez raison, Madame Forestier. Ton poulet aux champignons était superbe!

 **1** **Vrai ou faux?** Indiquez si ces affirmations sont **vraies** ou **fausses**. Corrigez les phrases fausses. *Answers may vary.*

1. Rachid est allé chez le chocolatier. *Vrai.*
2. Rachid et David sont arrivés en avance. *Faux. Rachid et David sont arrivés en retard.*
3. David n'a pas apporté de cadeau. *Faux. David a apporté des fleurs.*
4. Sandrine aime les fleurs de David. *Vrai.*
5. Personne (*Nobody*) n'aide Sandrine. *Faux. Valérie, Amina et Stéphane aident Sandrine.*

6. David n'a pas beaucoup mangé. *Faux. David a trop mangé.*
7. Stéphane n'est pas au régime. *Vrai.*
8. Sandrine a fait une tarte aux pêches pour le dîner. *Faux. Sandrine a fait une tarte aux pommes.*
9. Les plats de Sandrine ne sont pas très bons. *Faux. Les plats de Sandrine sont bons.*
10. Les invités ont passé une soirée très agréable. *Vrai.*

 Practice more at **daccord2.vhlcentral.com**.

72 *soixante-douze*

 Avant de regarder la vidéo Before viewing the video, have students brainstorm a list of things people might say at a dinner party. What expressions might they use before, during, and after a meal? Write the list on the board.

Regarder la vidéo Download and print the videoscript found on the Supersite. Then white out words related to meals, eating, and other key vocabulary in order to create a master for a cloze activity. Distribute the photocopies and tell students to fill in the missing information as they watch the video episode.

UNITÉ 1 La nourriture

Sandrine a préparé un repas fantastique pour ses amis.

Chez Sandrine...
SANDRINE Bonsoir... Entrez! Oh!
DAVID Tiens. C'est pour toi.
SANDRINE Oh, David! Il ne fallait pas, c'est très gentil!
DAVID Je voulais t'apporter quelque chose.
SANDRINE Ce sont les plus belles fleurs que j'aie jamais reçues! Merci!

RACHID Bonsoir, Sandrine.
SANDRINE Oh, du chocolat! Merci beaucoup.
RACHID J'espère qu'on n'est pas trop en retard.
SANDRINE Pas du tout! Venez! On est dans la salle à manger.

STÉPHANE Oui, et tes desserts sont les meilleurs! C'est la tarte la plus délicieuse du monde!
SANDRINE Vous êtes adorables, merci. Moi, je trouve que cette tarte aux pommes est meilleure que la tarte aux pêches que j'ai faite il y a quelques semaines.

AMINA Tout ce que tu prépares est bon, Sandrine.
DAVID À Sandrine, le chef de cuisine le plus génial!
TOUS À Sandrine!

Expressions utiles

Making comparisons and judgments
- **Ces fleurs-ci sont jolies. C'est mieux?**
  These flowers are pretty. Is that better?
- **C'est pire! Les chrysanthèmes sont réservés aux funérailles.**
  It's worse! Chrysanthemums are reserved for funerals.
- **Je ne savais pas que c'était aussi difficile de choisir un bouquet de fleurs!**
  I didn't know it was so hard to choose a bouquet of flowers!
- **Ce sont les plus belles fleurs que j'aie jamais reçues!**
  These are the most beautiful flowers I have ever received!
- **C'est la tarte la plus délicieuse du monde!**
  This is the most delicious tart in the world!
- **Cette tarte aux pommes est meilleure que la tarte aux pêches.**
  This apple tart is better than the peach tart.

Additional vocabulary
- **Ah, tu es jaloux? Ne t'en fais pas!**
  Are you jealous? Don't be!/Don't make anything of it!
- **sûr(e) et certain(e)**
  totally sure/completely certain
- **Il ne fallait pas.**
  You shouldn't have./It wasn't necessary.
- **J'ai trop mangé. Je n'en peux plus!**
  I ate too much. I can't fit anymore!
- **Tu peux la lui passer?**
  Can you pass it to her?

2 Questions
Répondez aux questions par des phrases complètes.
Answers may vary slightly.
1. Qu'est-ce que Rachid a apporté à Sandrine?
   Il lui a apporté des chocolats.
2. Qu'a fait Amina pour aider?
   Elle a fini de mettre la table.
3. Qui mange une deuxième tranche de tarte aux pommes?
   Stéphane la mange.
4. Quel type de tarte Sandrine a-t-elle préparé il y a quelques semaines?
   Elle a préparé une tarte aux pêches.
5. Pourquoi David n'a-t-il pas acheté les roses?
   Il ne les a pas achetées parce que (Rachid lui a dit que) les roses sont romantiques.

3 Écrivez
David veut raconter le dîner de Sandrine à sa famille. Composez un e-mail. Quels ont été les préparatifs (*preparations*)? Qui a apporté quoi? Qui est venu? Qu'est-ce qu'on a mangé? Relisez le ROMAN-PHOTO de la Leçon 1A si nécessaire.

ressources
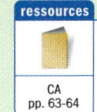
CA pp. 63-64

daccord2.vhlcentral.com

soixante-treize **73**

Leçon 1B

CULTURE

CULTURE À LA LOUPE

Les repas en France

En France, un grand repas traditionnel est composé de beaucoup de plats différents et il peut durer° plusieurs heures. Avant de passer à table, on sert des amuse-gueules° comme des biscuits salés°, des olives ou des cacahuètes°. Ensuite, on commence le repas par un hors-d'œuvre ou directement par une ou deux entrées chaudes ou froides, comme une soupe, de la charcuterie, etc. Puis, on passe au plat principal, qui est en général une viande ou un poisson servi avec des légumes. Après, on apporte la salade (qui peut aussi être servie en entrée), puis le fromage et enfin, on sert le dessert et le café. Le grand repas traditionnel est accompagné de vin, et dans les grandes occasions, de champagne pour le dessert. Bien sûr, les Français ne font pas ce genre de grand repas tous les jours. En général, on mange beaucoup plus simplement.

Au petit-déjeuner, on boit du café au lait, du thé ou du chocolat chaud. On mange des tartines° ou du pain grillé° avec du beurre et de la confiture, et des croissants le week-end.

Le déjeuner est traditionnellement le repas principal, mais aujourd'hui, les Français n'ont pas souvent le temps de rentrer à la maison. Pour cette raison, on mange de plus en plus° au travail ou au café. Après l'école, les enfants prennent parfois un goûter, par exemple du pain avec du chocolat. Et le soir, on dîne à la maison, en famille.

Les Français et les repas

- 10% des Français ne prennent pas de petit-déjeuner.
- 60% boivent du café le matin, 20% du thé, 15% du chocolat.
- 99% dînent chez eux en semaine.
- 35% dînent en famille, 30% en couple.
- 75% des dîners consistent en moins de° trois plats successifs.
- Le pain est présent dans plus de 60% des déjeuners et des dîners.

SOURCE: Domoscope Unilever, Francoscopie

durer° *last* amuse-gueules *small appetizers* salés *salty* cacahuètes *peanuts* tartines *slices of bread* pain grillé *toast* de plus en plus *more and more* moins de° *less than*

Coup de main

You can use these terms to specify how you would like your meat to be cooked.

bleu(e)	very rare
saignant(e)	medium rare
à point	medium
bien cuit(e)	well-done

ACTIVITÉS

1 **Vrai ou faux?** Indiquez si ces phrases sont **vraies** ou **fausses**. Corrigez les phrases fausses.

1. On mange les hors-d'œuvre avant les amuse-gueules.
   Faux. On mange les amuse-gueules avant les hors-d'œuvre.
2. Le poisson est un plat principal.
   Vrai.
3. En France, on ne mange jamais la salade en entrée.
   Faux. On mange la salade en entrée ou après le plat principal.
4. En général, on ne boit pas de vin pendant le repas.
   Faux. En général, on boit du vin pendant le repas.
5. On sert le fromage entre la salade et le dessert.
   Vrai.
6. Les Français mangent souvent des œufs au petit-déjeuner. Faux. Ils mangent des tartines ou du pain grillé avec du beurre et de la confiture, ou des croissants le week-end.
7. Tous les Français mangent un grand repas traditionnel chaque soir.
   Faux. En général, on mange plus simplement.
8. Le déjeuner est traditionnellement le repas principal de la journée en France.
   Vrai.
9. À midi, les Français mangent toujours à la maison.
   Faux. Ils mangent de plus en plus souvent au travail ou au café.
10. Les enfants prennent parfois un goûter après l'école.
    Vrai.

 Practice more at **daccord2.vhlcentral.com**.

74 *soixante-quatorze*

UNITÉ 1 | La nourriture

LE FRANÇAIS QUOTIDIEN
Au menu

côtelette (f.)	chop
escalope (f.)	thin slice of meat or fish
faux-filet (m.)	sirloin steak
à la vapeur	steamed
farci(e)	stuffed
frit(e)	fried
garni(e)	garnished
rôti(e)	roasted

LE MONDE FRANCOPHONE
Si on est invité...

Voici quelques bonnes manières à observer quand on dîne chez des amis.

En Afrique du Nord
- Si quelqu'un vous invite à boire un thé à la menthe, ce n'est pas poli de refuser.
- En général, on enlève ses chaussures avant d'entrer dans une maison.
- On mange souvent avec les doigts°.

En France
- Il est poli d'apporter un petit cadeau pour les hôtes, par exemple des bonbons ou des fleurs.
- On dit parfois «Santé!°» ou «À votre santé°!» avant de boire et «Bon appétit!» avant de manger.
- On mange avec la fourchette dans la main gauche et le couteau dans la main droite et on garde toujours les deux mains sur la table.

doigts fingers **Santé!** Cheers! **santé** health

PORTRAIT
La couscousmania des Français

La cuisine du Maghreb est très populaire en France. Les restaurants orientaux sont nombreux et appréciés pour la qualité de leur nourriture et leur ambiance. Les merguez, des petites saucisses rouges pimentées°, sont vendues dans toutes les boucheries. Dans les grandes villes, des pâtisseries au miel° sont dégustées° au goûter. Le plat le plus célèbre reste le couscous, le quatrième plat préféré des Français, devant le steak frites! Aujourd'hui, des restaurants trois étoiles° le proposent en plat du jour et on le sert dans les cantines. Les Français consomment 75.000 tonnes de couscous par an, une vraie couscousmania!

pimentées spicy **miel** honey **dégustées** savored **étoiles** stars

SUR INTERNET

Les Français mangent-ils beaucoup de glace?

Go to daccord2.vhlcentral.com to find more information related to this **CULTURE** section.

ACTIVITÉS

2 **Répondez** Répondez aux questions d'après les textes.
1. Pourquoi les Français apprécient-ils les restaurants orientaux?
   Ils les apprécient pour leur ambiance et la qualité de leur nourriture.
2. Où sert-on le couscous aujourd'hui?
   On le sert dans les restaurants trois étoiles et les cantines.
3. Qu'est-ce qu'il est impoli de refuser en Afrique du Nord?
   Il est impoli de refuser un thé à la menthe.
4. Quel cadeau peut-on apporter quand on dîne chez des Français?
   On peut apporter des bonbons ou des fleurs.
5. Une fourchette et un couteau sont-ils nécessaires en Afrique du Nord?
   Non, on mange souvent avec les doigts.

3 **Que choisir?** Avez-vous déjà mangé dans un restaurant nord-africain? Quand? Où? Qu'avez-vous mangé? Du couscous? Si vous n'êtes jamais allé(e) dans un restaurant nord-africain, imaginez que des amis vous invitent à en essayer un. Qu'avez-vous envie de goûter? Pourquoi?

ressources

daccord2.vhlcentral.com

Leçon 1B — STRUCTURES

Section Goals

In this section, students will learn:
- comparatives and superlatives of adjectives and adverbs
- irregular comparative and superlative forms

Key Standards

4.1, 5.1

Student Resources
Cahier d'exercices, pp. 23-24;
Cahier d'activités, pp. 5, 119;
Supersite: Activities,
Cahier interactif

Teacher Resources
Answer Keys; Audio Script;
Audio Activity MP3s/CD;
Feuilles d'activités; Testing program: Grammar Quiz

Suggestions

- Write **plus** + *adjective* + **que** and **moins** + *adjective* + **que** on the board, explaining their meaning. Illustrate with examples like this: **Cette classe est plus grande que la classe de l'année dernière.**
- Practice by asking the class questions whose responses require comparisons. Examples: **Qui est aussi jolie que Gwyneth Paltrow? Qui est aussi riche qu'Oprah Winfrey?**
- Practice superlative questions by asking students their opinions. Example: **Quel cours est le plus difficile? Le plus facile?**
- Use magazine pictures to practice the different irregular comparative and superlative forms, for example: uses of **meilleur(e)** (*adjective*) and **mieux** (*adverb*), **pire / plus mauvais(e)** (*adjective*) and **plus mal** (*adverb*).
- Point out that **que** and what follows it are optional if the items being compared are evident. Example: **Le steak est plus cher (que le poulet).**

1B.1 Comparatives and superlatives of adjectives and adverbs

• Comparisons in French are formed by placing the words **plus** (*more*), **moins** (*less*), or **aussi** (*as*) before adjectives and adverbs, and the word **que** (*than, as*) after them.

ADJECTIVE
Simone est **plus âgée que** son mari.
Simone is older than her husband.

ADVERB
Elle parle **plus vite que** son mari.
She speaks more quickly than her husband.

ADJECTIVE
Guillaume est **moins sportif que** son père.
Guillaume is less athletic than his father.

ADVERB
Il m'écrit **moins souvent que** son père.
He writes me less often than his father.

ADJECTIVE
Nina est **aussi indépendante qu'**Anne.
Nina is as independent as Anne.

ADVERB
Elle joue au golf **aussi bien qu'**Anne.
She plays golf as well as Anne.

• Superlatives are formed by placing the appropriate definite article after the noun, when it is expressed, and before the comparative form. The preposition **de** often follows the superlative to express *in* or *of*.

NOUN   DEFINITE ARTICLE   COMPARATIVE
Les trains? Le TGV est **(le train) le plus rapide du** monde.
Trains? The TGV is the fastest (train) in the world.

• Some adjectives, like **beau**, **bon**, **grand**, and **nouveau**, precede the nouns they modify. Their superlative forms can also precede the nouns they modify, or they can follow them.

SUPERLATIVE   NOUN
C'est **la plus grande ville.**
It's the largest city.

NOUN   SUPERLATIVE
C'est **la ville la plus grande.**
It's the largest city.

BOÎTE À OUTILS
You learned many of the adjectives that precede the nouns they modify in Level 1, Leçon 3A.

76 *soixante-seize*

MISE EN PRATIQUE

1 Oui, mais... Deux amis comparent deux restaurants. Complétez les phrases avec **bon, bien, meilleur** ou **mieux**.

1. J'ai bien mangé au Café du marché hier.
   Oui, mais nous avons _mieux_ mangé Chez Charles.
2. Les sandwichs au Café du marché sont _bons_.
   Oui, mais les sandwichs de Chez Charles sont meilleurs.
3. Mes amis ont bien aimé le Café du marché.
   Oui, mais mes amis ont _mieux_ mangé Chez Charles.
4. Au Café du marché, le chef prépare _bien_ le poulet.
   Oui, mais le chef de Chez Charles le prépare mieux.
5. Les salades au Café du marché sont bonnes.
   Oui, mais elles sont _meilleures_ Chez Charles.
6. Tout est bon au Café du marché!
   Tout est _meilleur_ Chez Charles!

2 Un nouveau quartier Vous venez d'emménager. Assemblez les éléments des trois colonnes pour poser des questions sur le quartier à un(e) voisin(e). *Answers will vary.*

MODÈLE
Le jambon est-il moins cher au supermarché ou à la charcuterie?

A	B	C
acheter	aussi	boucherie
aller	meilleur(e)	boulangerie
desserts	mieux	pâtisserie
dîner	moins	quartier
faire les courses	pire	supermarché
pain	plus	voisins

3 Aujourd'hui et autrefois Avec un(e) partenaire, comparez la vie domestique d'aujourd'hui et d'autrefois. Utilisez les adjectifs de la liste à tour de rôle. Ensuite, présentez vos opinions à la classe. *Answers will vary.*

MODÈLE
Aujourd'hui, les tâches ménagères sont moins difficiles.

compliqué	grand	naturel	rapide
curieux	indépendant	occupé	sophistiqué

1. les congélateurs
2. la nourriture
3. les femmes
4. les voyages
5. les voitures
6. les enfants

 Practice more at **daccord2.vhlcentral.com**.

Comparisons Have students write three original comparative or superlative sentences that describe themselves or compare themselves with a friend, family member, or famous person. Examples: **Je suis la personne la plus intelligente du lycée. Je suis moins égoïste que mon frère.** Then collect the papers and read the sentences aloud. See if the rest of the class can guess who wrote each description.

Using Games Divide the class into two teams, A and B. Place the names of 20 famous people into a hat. Select a member from each group to draw a name. The student from team A then has ten seconds to compare those two famous people in a complete sentence. If the student has made a logical comparison, team A gets a point. Then it's team B's turn to make a different comparison. The team with the most points at the end wins.

UNITÉ 1 — La nourriture

COMMUNICATION

4 Trouvez quelqu'un Votre professeur va vous donner une feuille d'activités. Circulez dans la classe pour trouver des camarades différents qui correspondent aux phrases. *Answers will vary.*

MODÈLE
Élève 1: Quel âge as-tu?
Élève 2: J'ai seize ans.
Élève 1: Alors, tu es plus jeune que moi.

Trouvez dans la classe quelqu'un qui...	Noms
1. ... est plus jeune que vous.	Myriam
2. ... habite plus loin du lycée que vous.	
3. ... prend l'avion aussi souvent que vous.	
4. ... fait moins de gym que vous.	

5 Comparaisons Avec un(e) partenaire, choisissez deux questions et comparez vos réponses. Utilisez des comparatifs et des superlatifs. *Answers will vary.*

1. Quels jobs d'été as-tu eus?
2. Où as-tu habité?
3. Où es-tu allé(e) en vacances?
4. Qu'as-tu fait le week-end dernier?
5. Quels films as-tu vus (*seen*) récemment?

6 Comparaisons Par groupes de trois, comparez les sujets présentés. Utilisez des comparatifs et des superlatifs. *Answers will vary.*

MODÈLE
Élève 1: Les vacances à la mer sont plus amusantes que les vacances à la montagne.
Élève 2: Moi, je pense que les vacances à la montagne sont plus intéressantes.
Élève 3: D'accord, mais les vacances à l'étranger sont les plus amusantes.

 1.

 3.

 2.

 4.

- Since adverbs are invariable, you always use **le** to form the superlative.

  M. Duval est le prof qui parle **le plus vite**.
  Mr. Duval is the teacher who speaks the fastest.

  C'est Amandine qui écoute **le moins patiemment**.
  Amandine listens the least patiently.

- Some adjectives and adverbs have irregular comparative and superlative forms.

Irregular comparatives and superlatives

Adjective	Comparative	Superlative
bon(ne)(s)	meilleur(e)(s)	le/la/les meilleur(e)(s)
mauvais(e)(s)	pire(s) *or* plus mauvais(e)(s)	le/la/les pire(s) *or* le/la/les plus mauvais(e)(s)

Adverb	Comparative	Superlative
bien	mieux	le mieux
mal	plus mal	le plus mal

En été, les pêches sont **meilleures** que les pommes.
In summer, the peaches are better than the apples.

Quand on est au régime, les frites sont **pires** que les pâtes.
When you're dieting, fries are worse than pasta.

Johnny Hallyday chante bien, mais Jacques Brel chante **mieux**.
Johnny Hallyday sings well, but Jacques Brel sings better.

Je ne fais pas bien le ménage, mais tu le fais **plus mal** que moi.
I don't do the housework well, but you do it worse than I.

Voilà **la meilleure** boulangerie de la ville.
There's the best bakery in town.

Dans la classe, c'est Clémentine qui écrit **le mieux**.
In the class, Clémentine is the one who writes the best.

Essayez! Complétez les phrases avec le comparatif ou le superlatif.

Comparatifs
1. Les élèves sont _moins âgés que_ (- âgés [*old*]) le professeur.
2. Les plages de la Martinique sont-elles _mieux que_ (+ bien) les plages de la Guadeloupe?
3. Évelyne parle _aussi poliment que_ (= poliment) Luc.
4. Les chaussettes sont _moins chères que_ (- chères) les baskets.

Superlatifs
5. Quelle librairie vend les livres _les plus intéressants_ (+ intéressants)?
6. Le jean est _le moins élégant_ (- élégant) de tous mes pantalons.
7. Je joue aux cartes avec ma mère. C'est elle qui joue _le mieux_ (+ bien).
8. Les fraises de son jardin sont _les moins bonnes_ (- bonnes).

soixante-dix-sept **77**

Leçon 1B

STRUCTURES

1B.2 Double object pronouns

Point de départ In Level 1, you learned to use indirect and direct object pronouns. Now you will learn to use these pronouns together.

DIRECT OBJECT	INDIRECT OBJECT		DIRECT OBJECT PRONOUN	INDIRECT OBJECT PRONOUN

J'ai rendu **le menu** à **la serveuse**.
I returned the menu to the waitress.

▶ Je **le** **lui** ai rendu.
I returned it to her.

Tu peux la lui passer, s'il te plaît?

Une deuxième tranche? Je te la sers.

- Use this sequence when a sentence contains both a direct and an indirect object pronoun.

me te nous vous	before	le la l' les	before	lui leur	+	[verb]

Gérard m'envoie les messages de Christiane.
Il **me les** envoie tous les jours.
Gérard sends me Christiane's messages.
He sends them to me every day.

Je lui envoie aussi les messages de Laurent. Je **les lui** envoie tous les week-ends.
I send him Laurent's messages, too.
I send them to him every weekend.

Le chef nous prépare son meilleur plat.
Les serveurs **nous l'**apportent.
The chef prepares his best dish for us.
The waiters bring it to us.

Nous avons laissé le pourboire des serveurs sur la table. Nous **le leur** avons laissé quand nous sommes partis.
We left a tip for the waiters on the table.
We left it for them when we left.

78 soixante-dix-huit

MISE EN PRATIQUE

1 Les livres Le père de Bertrand lui a acheté des livres. Refaites l'histoire avec deux pronoms pour chaque phrase.

1. Papa a acheté *ces livres à Bertrand*.
   Papa les lui a achetés.
2. Il a lu *les livres à ses petits frères*.
   Il les leur a lus.
3. Maintenant, ses frères veulent lire *les livres à leur père*.
   Maintenant, ses frères veulent les lui lire.
4. Bertrand donne *les livres à ses petits frères*.
   Bertrand les leur donne.
5. Les garçons montrent *les livres à leur père*.
   Les garçons les lui montrent.
6. Leur père préfère donner *sa place à leur mère*.
   Leur père préfère la lui donner.
7. Les enfants lisent *les livres à leur mère*.
   Les enfants les lui lisent.
8. «Maintenant, lisez *les livres à votre père*», dit-elle.
   «Maintenant, lisez-les-lui», dit-elle.

2 Comment? Un groupe d'amis parle de l'anniversaire de Christelle. Antoine n'entend pas très bien. Il répète tout ce que les gens disent. Utilisez des pronoms pour écrire ses questions.

MODÈLE
Je vais prêter mon pull noir à Christelle.
Tu veux le lui prêter?

1. Son père a acheté la petite voiture bleue à Christelle.
   Son père la lui a achetée?
2. Nous envoyons les invitations aux amis.
   Vous les leur envoyez?
3. Le prof a donné la meilleure note à Christelle le jour de son anniversaire.
   Le prof la lui a donnée?
4. Je vais prêter mon tailleur à Christelle vendredi soir.
   Tu vas le lui prêter vendredi soir?
5. Est-ce que vous voulez me lire l'invitation?
   Est-ce que je veux / nous voulons vous la lire?
6. Nous n'avons pas envoyé l'invitation au professeur.
   Vous ne la lui avez pas envoyée?
7. Gilbert et Arthur vont nous apporter le gâteau.
   Gilbert et Arthur vont vous l'apporter?
8. Sa mère va payer le repas à sa fille.
   Sa mère va le lui payer?

3 De quoi parle-t-on? Avec un(e) partenaire, imaginez les questions qui ont donné ces réponses. Ensuite, présentez vos questions à la classe. Answers will vary.

MODÈLE
Il veut le lui vendre.
Il veut vendre son vélo à son camarade?

1. Marc va la lui donner.
2. Nous te l'avons envoyée hier.
3. Elle te les a achetés la semaine dernière.
4. Tu me les prêtes souvent.
5. Micheline ne va pas vous les prendre.
6. Tu ne nous les as pas prises.
7. Rendez-les-moi!
8. Ne le lui disons pas!

Practice more at daccord2.vhlcentral.com.

UNITÉ 1 **La nourriture**

COMMUNICATION

4 Une entrevue Avec un(e) partenaire, répondez aux questions sur votre enfance. Utilisez deux pronoms dans vos réponses. *Answers will vary.*

1. Est-ce que tes parents te montraient les films de Disney quand tu étais petit(e)?
2. Est-ce que tu vas montrer les films de Disney à tes enfants un jour?
3. Est-ce que quelqu'un te parlait français quand tu étais petit(e)?
4. Qui t'a acheté ton premier vélo?
5. Qui te faisait à dîner quand tu étais petit(e)?
6. Qui te préparait le petit-déjeuner le matin?

5 Qui vous aide? Avec un(e) partenaire, posez des questions avec les pronoms interrogatifs qui et quand. Vous pouvez choisir le présent, le passé composé ou l'imparfait. Répondez aux questions avec deux pronoms. *Answers will vary.*

MODÈLE prêter sa voiture

Élève 1: Qui te prête sa voiture?
Élève 2: Ma mère me la prête.
Élève 1: Quand est-ce qu'elle te la prête?
Élève 2: Elle me la prête le vendredi.

faire la cuisine	nettoyer la chambre
faire le lit	acheter un cadeau
laver les vêtements	prêter ses livres

6 Les courses Avec un(e) partenaire, préparez deux dialogues basés sur deux des photos. À tour de rôle, jouez le/la client(e) et le/la marchand(e). Utilisez le vocabulaire et deux pronoms, si possible, dans les dialogues. *Answers will vary.*

commander	être au régime	du poulet
des croissants	les fruits de mer	une saucisse
cuisiner	un plat	un steak
une entrée	du porc	une tarte

• In an infinitive construction, the double object pronouns come after the conjugated verb and precede the infinitive, just like single object pronouns.

Mes notes de français? Je vais **vous les** prêter.
My French notes? I'm going to lend them to you.

Carole veut lire mon poème? Je vais **le lui** montrer.
Carole wants to read my poem? I'm going to show it to her.

• In the **passé composé** the double object pronouns precede the auxiliary verb, just like single object pronouns. The past participle agrees with the preceding direct object.

Rémi a-t-il acheté ces fleurs pour sa mère?
Did Rémi buy those flowers for his mother?

Oui, il **les lui** a **achetées**.
Yes, he bought them for her.

Vous m'avez donné la plus grande chambre?
Did you give me the biggest room?

Non, nous ne **vous l'**avons pas **donnée**.
No, we didn't give it to you.

• In affirmative commands, the verb is followed by the direct object pronoun and then the indirect object pronoun, with hyphens in between. Remember to use **moi** and **toi** instead of **me** and **te**.

Vous avez trois voitures? Montrez-**les-moi**.
You have three cars? Show them to me.

Tu connais la réponse à la question du prof? Dis-**la-nous**.
You know the answer to the teacher's question? Tell it to us.

Voici le livre. Donne-**le-leur**.
Here's the book. Give it to them.

Ce poème? Traduisons-**le-lui**.
This poem? Let's translate it for her.

Essayez! Utilisez deux pronoms pour refaire ces phrases.

1. Le prof vous donne les résultats des examens. _Le prof vous les donne._
2. Tes parents t'achètent le billet. _Tes parents te l'achètent._
3. Qui t'a donné cette belle lampe bleue? _Qui te l'a donnée?_
4. Il nous a réservé les chambres. _Il nous les a réservées._
5. Pose-moi tes questions. _Pose-les-moi._
6. Explique-leur le problème de maths. _Explique-le-leur._
7. Peux-tu me montrer les photos? _Peux-tu me les montrer?_
8. Tu préfères lui prêter ton dictionnaire? _Tu préfères le lui prêter?_

soixante-dix-neuf **79**

Leçon 1B

SYNTHÈSE
Révision

1 Fais les courses pour moi Vous n'avez pas le temps d'aller dans tous ces magasins. Choisissez un magasin. Puis, par groupes de quatre, trouvez des camarades qui vont dans d'autres magasins. À tour de rôle, demandez-leur de faire des courses pour vous. Utilisez des pronoms doubles dans vos réponses. *Answers will vary.*

MODÈLE

Élève 1: J'ai besoin de deux filets de poissons. Tu peux me les prendre à la poissonnerie?
Élève 2: Pas de problème. Et moi, j'ai besoin de…

un camembert	six croissants
deux bouteilles de lait	une tarte aux pêches
deux filets de poissons	des tomates
douze œufs	une tranche de jambon
quatre côtes (*chops*) de porc	trois baguettes

2 Je les leur commande Vous êtes au restaurant. Avec un(e) partenaire, choisissez le meilleur plat pour chaque membre de votre famille. Employez des comparatifs, des superlatifs et des pronoms doubles dans vos réponses. *Answers will vary.*

MODÈLE

Élève 1: Et le poulet?
Élève 2: Mon père mange du poulet plus souvent que ma mère. Je vais le lui commander.

Assiette de fruits de mer	Petits pois et carottes
Bœuf avec une sauce tomate	Pizza aux quatre fromages
Hamburger et frites	Sandwich au thon
Pêches à la crème	Tarte aux pommes

3 Mes plats préférés Par groupes de trois, interviewez vos camarades. Quels sont les plats qu'ils aiment le mieux? Quand les ont-ils mangés la dernière fois? Choisissez vos trois plats préférés, puis comparez-les avec les plats de vos camarades. Employez des comparatifs, des superlatifs et le passé récent. *Answers will vary.*

4 Le week-end dernier Préparez deux listes par écrit, une pour les choses que vous avez pu faire le week-end dernier et une pour les choses que vous n'avez pas pu faire. Ensuite, avec un(e) partenaire, comparez vos listes et expliquez vos réponses. Employez les verbes **devoir**, **vouloir** et **pouvoir** au passé composé et, si possible, les pronoms doubles. *Answers will vary.*

MODÈLE

Élève 1: J'ai voulu envoyer un e-mail à ma cousine.
Élève 2: Est-ce que tu as pu le lui envoyer?

Choses que j'ai pu faire

Choses que je n'ai pas pu faire

5 C'est mieux Par groupes de trois, donnez votre opinion sur ces sujets. Pour chaque sujet, comparez les deux options. Soyez prêts à présenter les résultats de vos discussions à la classe. *Answers will vary.*

MODÈLE apporter des fleurs ou des chocolats à un dîner

Élève 1: C'est plus sympa d'apporter des fleurs à un dîner.
Élève 2: Oui, on peut les mettre sur la table. Elles sont plus jolies que des chocolats.
Élève 3: Peut-être, mais les chocolats, c'est un cadeau plus généreux.

- commencer ou finir un régime
- faire les courses ou faire la cuisine
- manger ou faire la cuisine

6 Six différences Votre professeur va vous donner, à vous et à votre partenaire, deux feuilles d'activités différentes. Comparez les deux familles pour trouver les six différences. Attention! Ne regardez pas la feuille de votre partenaire. *Answers will vary.*

MODÈLE

Élève 1: Fatiha est aussi grande que Samira.
Élève 2: Non, Fatiha est moins grande que Samira.

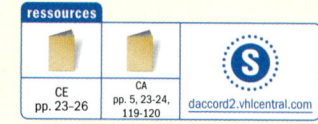

ressources
CE pp. 23–26
CA pp. 5, 23–24, 119–120
daccord2.vhlcentral.com

80 quatre-vingts

UNITÉ 1 | La nourriture

À l'écoute

Audio: Activities

STRATÉGIE

Jotting down notes as you listen

Jotting down notes while you listen to a conversation in French can help you keep track of the important points or details. It will help you to focus actively on comprehension rather than on remembering what you have heard.

🎧 To practice this strategy, you will listen to a paragraph. Jot down the main points you hear.

Préparation

Regardez la photo et décrivez la scène. Où sont ces hommes? Que font-ils? Qui sont-ils, à votre avis? Qu'y a-t-il dans la poêle (*frying pan*)? À votre avis, que préparent-ils?

À vous d'écouter

Écoutez les instructions pour préparer une salade niçoise et notez les ingrédients nécessaires.

Pour la salade

des haricots verts	des tomates
des pommes de terre	un poivron
des œufs	du thon
de la salade	des olives noires

Pour la vinaigrette (*dressing*)

de l'huile d'olive	du sel
de la moutarde	du poivre
de l'ail	du vinaigre

Practice more at daccord2.vhlcentral.com.

Compréhension

Le bon ordre Mettez ces instructions simplifiées dans le bon ordre, d'après la recette de la salade niçoise.

- 7 a. Mélanger (*Mix*) le vinaigre, l'huile d'olive, la moutarde et l'ail pour faire la vinaigrette.
- 6 b. Mettre le thon et les olives sur la salade.
- 4 c. Couper (*Cut*) les œufs et les mettre dans la salade.
- 1 d. Faire cuire (*Cook*) les pommes de terre, les haricots verts et les œufs.
- 5 e. Mettre les morceaux de tomates et de poivron sur la salade.
- 2 f. Laver (*Wash*) la salade et la mettre dans une grande assiette.
- 3 g. Mettre les haricots verts et les pommes de terre sur la salade.
- 8 h. Mettre la vinaigrette sur la salade et servir.

Votre recette préférée Quel est votre plat ou dessert favori? Donnez la liste des ingrédients qu'il faut pour le préparer, puis expliquez à un groupe de camarades comment le préparer. Ne leur donnez pas le nom du plat. Ils vont prendre des notes et essayer de le deviner (*to guess*). Ensuite, changez de rôles.

quatre-vingt-un 81

SAVOIR-FAIRE

Panorama

Interactive Map Reading

les vendanges° en Bourgogne

La Bourgogne

La région en chiffres

▶ **Superficie:** 31.582 km²
▶ **Population:** 1.626.000
  SOURCE: INSEE
▶ **Industries principales:** industries automobile et pharmaceutique, tourisme, viticulture°
▶ **Villes principales:** Auxerre, Chalon-sur-Saône, Dijon, Mâcon, Nevers

Personnes célèbres

▶ **Gustave Eiffel,** ingénieur° (la tour Eiffel) (1832–1923)
▶ **Colette,** femme écrivain° (1873–1954)
▶ **Claude Jade,** actrice (1948–2006)

La Franche-Comté

La région en chiffres

▶ **Superficie:** 16.202 km²
▶ **Population:** 1.151.000
▶ **Industries principales:** agriculture, artisanat, industrie automobile, horlogerie°, tourisme
▶ **Villes principales:** Belfort, Besançon, Dole, Pontarlier, Vesoul

Personnes célèbres

▶ **Louis (1864–1948) et Auguste (1862–1954) Lumière,** inventeurs du cinématographe°
▶ **Claire Motte,** danseuse étoile° à l'Opéra de Paris (1937–1986)

viticulture grape growing **ingénieur** engineer **écrivain** writer **horlogerie** watch and clock making **cinématographe** motion picture camera **danseuse étoile** principal dancer **servaient à** were used for **toux** cough **persil** parsley **lutter contre** fight against **vendanges** grape harvest

82 quatre-vingt-deux

Map: Sens, Auxerre, Dijon, Nevers, Beaune, Chalon-sur-Saône, Mâcon, Luxeuil-les-Bains, Vesoul, Belfort, Montbéliard, Besançon, Dole, Lons-le-Saunier, Pontarlier — BOURGOGNE, FRANCHE-COMTÉ, LA SUISSE, L'ITALIE, LA FRANCE — la Seine, l'Yonne, la Saône, la Loire, le Doubs, l'Ain

un marché à Dijon

la ville d'Ornans

Incroyable mais vrai!

Au Moyen Âge, les escargots servaient à° la fabrication de sirops contre la toux°. La recette bourguignonne (beurre, ail, persil°) est popularisée au 19e siècle. La France produit 500 à 800 tonnes d'escargots par an, mais en importe 5.000 tonnes. L'escargot aide à lutter contre° le mauvais cholestérol et les maladies cardio-vasculaires.

UNITÉ 1 | La nourriture

Les sports

Les sports d'hiver dans le Jura

On peut pratiquer de nombreux sports d'hiver dans les montagnes du Jura, en Franche-Comté: ski alpin, surf°, monoski, planche à voile sur neige. Mais le Jura est surtout le paradis du ski de fond°. Avec des centaines de kilomètres de pistes°, on y skie de décembre à avril, y compris° la nuit, sur des pistes éclairées°. La célèbre Transjurassienne est la 2ᵉ course° d'endurance du monde avec un parcours° de 76 km et un de 50 km. Il y a aussi la Transjeune, un parcours de 10 km pour les jeunes de moins de 20 ans.

Les destinations

Besançon: ancienne capitale de l'horlogerie

L'artisanat de l'horlogerie commence au 16ᵉ siècle avec l'installation de grandes horloges dans les monastères. Au 18ᵉ siècle, 400 horlogers suisses viennent s'installer° en Franche-Comté. Au 19ᵉ siècle, Montbéliard comptait 5.000 horlogers. En hiver, les paysans°-horlogers s'occupaient°, dans leurs fermes°, de la finition° et de la décoration des horloges. En 1862, une école d'horlogerie est créée° et en 1900, Besançon devient le berceau° de l'horlogerie française avec 8.000 horlogers qui produisent 600.000 montres par an.

L'architecture

Les toits de Bourgogne

Les toits° en tuiles vernissées° multicolores sont typiques de la Bourgogne. Inspirés de l'architecture flamande° et d'Europe centrale, ils forment des dessins géométriques. Le plus célèbre bâtiment° est l'Hôtel-Dieu° de Beaune, construit en 1443 pour accueillir° les pauvres et les victimes de la guerre° de Cent ans. Aujourd'hui, l'Hôtel-Dieu organise la plus célèbre vente aux enchères° de vins du monde.

Les gens

Louis Pasteur (1822–1895)

Louis Pasteur est né à Dole, en Franche-Comté. Il découvre° que les fermentations sont dues à des micro-organismes spécifiques. Dans ses recherches° sur les maladies° contagieuses, il montre la relation entre le microbe et l'apparition d'une maladie. Cette découverte° a des applications dans le monde hospitalier et industriel avec les méthodes de désinfection, de stérilisation et de pasteurisation. Le vaccin contre la rage° est aussi une de ses inventions. L'Institut Pasteur est créé à Paris en 1888. Aujourd'hui, il a des filiales° sur les cinq continents.

Qu'est-ce que vous avez appris? Répondez aux questions par des phrases complètes.

1. Comment s'appellent les inventeurs du cinématographe?
   Ils s'appellent Louis et Auguste Lumière.
2. À quoi servaient les escargots au Moyen Âge?
   Ils servaient à fabriquer des sirops contre la toux.
3. Avec quoi sont préparés les escargots de Bourgogne?
   Ils sont préparés avec du beurre, de l'ail et du persil.
4. Quel est le sport le plus pratiqué dans le Jura?
   C'est le ski de fond.
5. Qu'est-ce que la Transjurassienne?
   C'est une course d'endurance.
6. D'où viennent les horlogers au 18ᵉ siècle?
   Ils viennent de Suisse.
7. Quel style d'architecture a influencé les toits de Bourgogne?
   L'architecture flamande et d'Europe centrale les a influencés.
8. Quel est le bâtiment avec le toit le plus célèbre en Bourgogne?
   C'est l'Hôtel-Dieu de Beaune, un ancien hôpital.
9. Comment les recherches de Pasteur ont-elles été utilisées par les hôpitaux et l'industrie?
   Elles ont été utilisées dans les méthodes de désinfection, de stérilisation et de pasteurisation.
10. Où trouve-t-on des Instituts Pasteur aujourd'hui?
    On trouve des Instituts Pasteur à Paris et sur les cinq continents.

Practice more at **daccord2.vhlcentral.com**.

ressources
 CE pp. 27-28
 daccord2.vhlcentral.com

SUR INTERNET

Go to **daccord2.vhlcentral.com** to find more cultural information related to this **PANORAMA**.

1. Quand ont lieu les vendanges en Bourgogne?
2. Cherchez trois recettes à base (using) d'escargots.
3. Trouvez des informations sur les vacances d'hiver dans le Jura: logement, prix, activités, etc.
4. Cherchez des informations sur Louis Pasteur. Quel effet ont eu ses découvertes sur des produits alimentaires d'usage courant (everyday use)?

surf snowboarding **ski de fond** cross-country skiing **pistes** trails **y compris** including **éclairées** lit **course** race **parcours** course **s'installer** settle **paysans** peasants **s'occupaient** took care **fermes** farms **finition** finishing **créée** created **berceau** cradle **toits** roofs **tuiles vernissées** glazed tiles **flamande** Flemish **bâtiment** building **Hôtel-Dieu** Hospital **accueillir** welcome **guerre** war **vente aux enchères** auction **découvre** discovers **recherches** research **maladies** illnesses **découverte** discovery **rage** rabies **filiales** branches

quatre-vingt-trois 83

Section Goals

In this section, students will:
- learn to identify the main idea in a text
- read a menu and restaurant review

Key Standards
1.2, 2.1, 3.2, 5.2

Stratégie Tell students that recognizing the main idea of a text will help them infer the meanings of unfamiliar words they encounter while reading. Tell them to check the title first because the main idea is often expressed there. Also tell them to read the topic sentence of each paragraph before they read the full text so they will get a sense of the main idea.

Examinez le texte First, have students look at the format of the two texts and ask them if the formats are similar or different. Then, tell them to get together with a partner and discuss the reading strategies they can use to identify the texts' genre.

Comparez les deux textes
- Have students look at the first text (the menu) and ask them if it has a title. Then have them identify the subtitles or subheadings and the type of vocabulary used. Finally, ask them to identify the text's genre.
- Have students look at the second text (the review) and identify the different parts of the reading. Then ask them to compare the formats and vocabulary of the two texts. Write a list of the similarities and differences on the board. Finally, have them identify the genre of the second text.

SAVOIR-FAIRE

Lecture  Reading

Avant la lecture

STRATÉGIE

Reading for the main idea

As you know, you can learn a great deal about a reading selection by looking at its format and by looking for cognates, titles, and subtitles. You can skim to get the gist of the reading selection and scan it for specific information. Reading for the main idea is another useful strategy; it involves locating the topic sentences of each paragraph to determine the author's purpose. Topic sentences can provide clues about the content of each paragraph, as well as the general organization of the reading. Your choice of which reading strategies to use will depend on the style and format of each reading selection.

Examinez le texte
Dans cette lecture, il y a deux textes différents. Regardez ces textes rapidement. Leur format est-il similaire ou différent? Quelles stratégies vont être utiles pour identifier le genre de ces textes, d'après vous? Comparez vos idées avec un(e) camarade.

Comparez les deux textes
Premier texte
Analysez le format du texte. Y a-t-il un titre? Des sous-titres? Plusieurs sections? Comment ce texte est-il organisé? Regardez rapidement le contenu (*content*) du texte. Quel genre de vocabulaire trouvez-vous dans ce texte? D'après vous, qu'est-ce que c'est?

Deuxième texte
Ce texte est-il organisé comme (*like*) le premier texte? Y a-t-il un titre, des sous-titres et plusieurs parties? Y a-t-il des informations similaires aux informations données dans le premier texte? Lesquelles? (*Which ones?*) Le vocabulaire est-il similaire au vocabulaire du premier texte? D'après vous, quel genre de texte est le deuxième texte? Les deux textes parlent-ils du même restaurant?

Chez Michel
12, rue° des Oliviers • 75006 Paris
Tél. 01.42.56.78.90
Ouvert° tous les soirs, de 19h00 à 23h30

Menu à 18 euros • Service compris

Entrée (au choix°)
Assiette de charcuterie
Escargots (1/2 douzaine°)
Salade de tomates au thon
Pâté de campagne
Soupe de légumes

Plat principal (au choix)
Poulet rôti° haricots verts
Steak au poivre pommes de terre
Thon à la moutarde (riz ou légumes au choix)
Bœuf aux carottes et aux champignons
Pâtes aux fruits de mer

Salade verte et plateau de fromages°

Dessert (au choix)
Tarte aux pommes
Tarte aux poires
Fruits de saison
Fraises à la crème Chantilly
Sorbet aux pêches
Gâteau au chocolat
Crème brûlée
Profiteroles au chocolat

OPTIONS

Skit Have students work in groups of three. Tell them to create a skit about a waiter or waitress and two customers at **Chez Michel**. The customers should enter the restaurant, ask for a table, order from the menu, and then ask for the check at the end of the meal. The waiter or waitress should respond appropriately and write down the customers' orders on a piece of paper.

Cultural Comparison Have students work in pairs. Tell them to compare the menu from **Chez Michel** with the menu of a restaurant that they know. Are they similar or different? Have them consider the format of the menu, the number of dishes and types of food served, and the prices.

UNITÉ 1 — La nourriture

À essayer: L'Huile d'Olive

Un nouveau restaurant provençal dans le quartier de Montmartre

L'Huile d'Olive
14, rue Molière
75018 Paris
01.44.53.76.35

Ouvert tous les jours sauf° le lundi
Le midi, de 12h00 à 14h30, Menu à 12 euros et Plat du jour
Le soir, de 19h00 à 23h00, Menus à 15 et 20 euros, Carte

De l'extérieur, L'Huile d'Olive est un restaurant aux murs gris, dans une petite rue triste du quartier de Montmartre. Mais à l'intérieur, tout change. C'est la Provence, avec tout son soleil et toute sa beauté. Les propriétaires, Monsieur et Madame Duchesnes, ont transformé ce vieux restaurant qui est maintenant entièrement décoré dans le style provençal, en bleu et jaune. Dans ce nouveau restaurant très sympathique, les propriétaires vous proposent des plats provençaux traditionnels préparés avec soin°. Comme entrée, je vous recommande la salade de tomates à l'ail ou le carpaccio de thon à l'huile d'olive. Comme plat principal, commandez la daube° provençale, si vous aimez le bœuf, ou le poulet au pastis°. Le plateau de fruits de mer est un excellent choix pour les amoureux du poisson. Comme légumes, essayez les pommes de terre au romarin° ou les petits pois aux oignons. Pour les végétariens, Madame Duchesnes propose des pâtes aux légumes avec une sauce à la crème délicieuse ou bien une ratatouille° de légumes fantastique. À la fin° du repas, commandez le fromage de chèvre° ou si vous préférez les desserts, goûtez la tarte poires-chocolat.

À L'Huile d'Olive, tout est délicieux et le service est impeccable. Alors, n'hésitez pas! Allez à L'Huile d'Olive pour goûter la Provence! ***

rue *street* Ouvert *Open* choix *choice* douzaine *dozen* rôti *roast* plateau de fromages *cheeseboard* sauf *except* soin *care* daube *beef stew* pastis *anise liquor* romarin *rosemary* ratatouille *vegetable stew* fin *end* chèvre *goat*

Après la lecture

Vrai ou faux? Indiquez si les phrases au sujet du premier texte sont **vraies** ou **fausses**. Corrigez les phrases fausses.

1. On peut déjeuner au restaurant Chez Michel.
   Faux. On peut seulement dîner au restaurant Chez Michel.
2. Il n'y a pas de poisson dans les entrées.
   Faux. Il y a du poisson dans la salade de tomates au thon.
3. Comme plat principal, il y a trois viandes.
   Vrai.
4. Le poulet rôti est accompagné de légumes.
   Vrai.
5. Il y a trois plats principaux avec du bœuf.
   Faux. Il y a deux plats principaux avec du bœuf: le steak au poivre pommes de terre et le bœuf aux carottes et aux champignons.
6. On ne peut pas commander de fromage ou de dessert.
   Faux. On peut commander du fromage et des desserts.

Commandez Suggérez une entrée, un plat et un dessert pour ces personnes qui vont dîner au restaurant Chez Michel.
Answers will vary. Possible answers provided.

1. Madame Lonier est au régime et elle n'aime pas la viande.
   Elle peut prendre les escargots, le thon et les fruits de saison.
2. Monsieur Sanchez est végétarien. Il n'aime pas le thon. Il adore les légumes, mais il ne mange jamais de fruits.
   Il peut prendre la soupe de légumes, les pâtes aux fruits de mer et le gâteau au chocolat.
3. Madame Petit a envie de manger de la viande, mais elle n'aime pas beaucoup le bœuf. Elle n'aime ni (*neither*) les gâteaux ni (*nor*) les tartes. Elle peut prendre le pâté de campagne, le poulet rôti haricots verts et les fraises à la crème Chantilly.
4. Et vous, qu'est-ce que vous avez envie de goûter au restaurant Chez Michel? Pourquoi?

Répondez Répondez aux questions par des phrases complètes, d'après le deuxième texte.

1. Comment s'appelle le restaurant?
   Il s'appelle L'Huile d'Olive.
2. Combien coûtent les menus du soir?
   Ils coûtent 15 et 20 euros.
3. Quel est le style de cuisine du restaurant?
   Le style de cuisine est provençal.
4. Quelles viandes le critique (*critic*) recommande-t-il?
   Il recommande la daube provençale et le poulet au pastis.
5. Comment Madame Duchesnes prépare-t-elle les pâtes?
   Elle les prépare avec des légumes et une sauce à la crème délicieuse.
6. Le critique a-t-il aimé ce restaurant? Justifiez votre réponse. Answers may vary. Sample answer: Oui. Le restaurant est très sympathique. Les plats sont préparés avec soin. Tout est délicieux et le service est impeccable.

À Vous Vous et votre partenaire allez sortir manger dans un de ces restaurants. Décidez quel restaurant vous préférez. Est-ce que vous allez déjeuner ou dîner? Combien d'argent allez-vous dépenser? Qu'est-ce que vous allez commander?

Vrai ou faux? Go over the answers with the class.

Commandez
- This activity can be done in pairs.
- For additional practice, give students these situations.
  5. David n'aime ni la soupe ni le poisson. Il aime les fruits.
  6. Isabelle adore la viande, mais elle n'aime pas les légumes. Elle adore les fruits, surtout les pommes.
  7. Claudine adore le thon et les tomates. Elle aime aussi le chocolat.

Répondez Have students write three more questions about the reading. Then tell them to exchange papers with a partner and answer the questions.

À Vous After completing the activity, take a quick class survey to find out which restaurant was more popular among students. Ask: **Combien de personnes choisissent Chez Michel? Et L'Huile d'Olive?** Tally the results on the board. Then ask pairs to explain why they chose that particular restaurant.

OPTIONS

Montmartre Le quartier de Montmartre, located on a hill in Paris (**la butte Montmartre**), is the highest natural point in the city and a popular tourist site. **La Basilique du Sacré-Cœur**, with its large white dome, sits on the top of the hill. Montmartre is famous for its history of bohemian artists and its nightlife, with the **Moulin Rouge** giving it worldwide acclaim.

Oral Practice For additional practice with the restaurant review, give students these true/false items. 1. Le restaurant se trouve en Provence. (Faux.) 2. Le restaurant est fermé le samedi. (Faux.) 3. L'extérieur du restaurant n'est pas très beau. (Vrai.) 4. Il y a des choix de plats si on est végétarien. (Vrai.)

SAVOIR-FAIRE

Écriture

STRATÉGIE

Expressing and supporting opinions

Written reviews are just one of the many kinds of writing that require you to state your opinions. In order to convince your reader to take your opinions seriously, it is important to support them as thoroughly as possible. Details, facts, examples, and other forms of evidence are necessary. In a restaurant review, for example, it is not enough just to rate the food, service, and atmosphere. Readers will want details about the dishes you ordered, the kind of service you received, and the type of atmosphere you encountered. If you were writing a concert or album review, what kinds of details might your readers expect to find?

It is easier to include details that support your opinions if you plan ahead. Before going to a place or event that you are planning to review, write a list of questions that your readers might ask. Decide which aspects of the experience you are going to rate, and list the details that will help you decide upon a rating. You can then organize these lists into a questionnaire and a rating sheet. Bring these forms with you to remind you of the kinds of information you need to gather in order to support your opinions. Later, these forms will help you organize your review into logical categories. They can also provide the details and other evidence you need to convince your readers of your opinions.

Thème

Écrire une critique

Avant l'écriture

1. Vous allez écrire la critique d'un restaurant de votre ville pour le journal du lycée. Avant de l'écrire, vous allez d'abord créer un questionnaire et une feuille d'évaluation (*rating*) pour vous faire (*to form*) une opinion. Ces éléments vont aussi vous servir pour l'écriture de votre critique.

2. Travaillez avec un(e) partenaire pour créer le questionnaire. Vous pouvez utiliser ces questions ou en inventer (*invent some*) d'autres. Incluez les quatre catégories indiquées.

   - **Cuisine** Quel(s) type(s) de plat(s) y a-t-il au menu? Le restaurant a-t-il une spécialité? Citez quelques plats typiques (entrées et plats principaux) que vous avez goûtés et indiquez les ingrédients utilisés dans ces plats.

   - **Service** Comment est le service? Les serveurs sont-ils gentils et polis? Sont-ils lents ou rapides à apporter la carte, les boissons et les plats?

   - **Ambiance** Comment est le restaurant? Est-il beau? Grand? Bien décoré? Est-ce un restaurant simple ou élégant? Y a-t-il une terrasse? Un bar? Des musiciens?

   - **Informations pratiques** Quel est le prix moyen d'un repas dans ce restaurant (au déjeuner et/ou au dîner)? Où est le restaurant? Quelle est son adresse et comment y (*there*) va-t-on du lycée? Quels sont le numéro de téléphone du restaurant et ses heures d'ouverture (*operating hours*)?

UNITÉ 1 La nourriture

3. Après avoir écrit le questionnaire, utilisez les quatre catégories et la liste de questions pour créer une feuille d'évaluation. Un restaurant reçoit (*gets*) trois étoiles (*stars*) s'il est très bon et ne reçoit pas d'étoile s'il est mauvais.

4. Après avoir créé la feuille d'évaluation, utilisez-la pour évaluer un restaurant que vous connaissez. Si (*If*) vous le connaissez bien, peut-être n'est-il pas nécessaire d'aller y (*there*) manger pour compléter la feuille. Si vous ne le connaissez pas bien, vous devez aller l'essayer. Utilisez des comparatifs et des superlatifs quand vous écrivez vos commentaires et vos opinions.

Nom du restaurant:
Nombre d'étoiles:
1. Cuisine
  Type:
  Ingrédients:
  Qualité:
  Meilleur plat:
  Pire plat:
  Informations sur le chef:

Écriture

Utilisez la feuille d'évaluation que vous avez complétée pour écrire votre critique culinaire. Écrivez six brefs paragraphes:

1. une introduction pour indiquer votre opinion générale du restaurant et le nombre d'étoiles qu'il a reçu (*got*)
2. une description de la carte
3. une description du service
4. une description de l'ambiance (*atmosphere*)
5. un paragraphe pour donner les informations pratiques
6. une conclusion pour souligner (*to emphasize*) votre opinion et pour donner des suggestions pour améliorer (*to improve*) le restaurant

Après l'écriture

1. Échangez votre critique avec celle (*the one*) d'un(e) partenaire. Répondez à ces questions pour commenter son travail.

   - Votre partenaire a-t-il/elle écrit une introduction présentant (*presenting*) une opinion générale du restaurant?
   - Votre partenaire a-t-il/elle écrit quatre paragraphes sur la cuisine, le service, l'ambiance et les informations pratiques?
   - Votre partenaire a-t-il/elle écrit une conclusion présentant une nouvelle fois son opinion et proposant (*suggesting*) des suggestions pour le restaurant?
   - Votre partenaire a-t-il/elle utilisé des comparatifs et des superlatifs pour décrire le restaurant?
   - Quel(s) détail(s) ajouteriez-vous (*would you add*)? Quel(s) détail(s) enlèveriez-vous (*would you delete*)? Quel(s) autre(s) commentaire(s) avez-vous pour votre partenaire?

2. Corrigez votre brochure d'après (*according to*) les commentaires de votre partenaire. Relisez votre travail pour éliminer ces problèmes:

   - des fautes (*errors*) d'orthographe et de ponctuation
   - des fautes de conjugaison
   - des fautes d'accord (*agreement*) des adjectifs
   - un mauvais emploi (*use*) de l'imparfait et du passé composé
   - un mauvais emploi des comparatifs et des superlatifs

EVALUATION

Criteria

Content Contains a complete description of a dining experience that includes information about the food, the service, the atmosphere, and factual details about the restaurant.
Scale: 1 2 3 4 5

Organization Organized into six paragraphs: an introduction, four paragraphs corresponding to the four sections of the task, and a conclusion.
Scale: 1 2 3 4 5

Accuracy Uses forms of **devoir**, **vouloir**, and **pouvoir** correctly. Uses verb tenses correctly and in the correct context. Spells words, conjugates verbs, and modifies adjectives correctly throughout.
Scale: 1 2 3 4 5

Creativity Includes additional information that is not included in the task and/or uses adjectives and descriptive verbs to make the review more interesting and informative.
Scale: 1 2 3 4 5

Scoring
Excellent	18–20 points
Good	14–17 points
Satisfactory	10–13 points
Unsatisfactory	< 10 points

OPTIONS

Écriture Encourage students to use forms of **devoir** in their reviews to make recommendations for improvement. Point out that reviewers frequently express their preferences and opinions in a review while offering advice based on those opinions. They should use **vouloir** to express things they want to see done, **devoir** to say what should be done, and **pouvoir** to say what the restaurant can and can't do well.

Give students some helpful expressions to get them started as they begin each paragraph. Paragraph 1: **J'ai récemment dîné à…**, **La semaine dernière, j'ai eu l'occasion d'aller à…**, **Un nouveau restaurant s'est ouvert** (*opened*)… Paragraphs 2-5: **Concernant** (*Regarding*)…, **Pour ce qui est de** (*When it comes to*)…, **À noter** (*Note*) **aussi que…** Paragraph 6: **En conclusion…**, **En résumé…/ Pour résumer…**, **Je veux finir en disant** (*by saying*) **que…**

VOCABULAIRE

UNITÉ 1

Key Standards
4.1

Teacher Resources
Vocabulary MP3s/CD

Suggestion Tell students that an easy way to study from **Vocabulaire** is to cover up the French half of each section, leaving only the English equivalents exposed. They can then quiz themselves on the French items. To focus on the English equivalents of the French entries, they simply reverse this process.

À table!

une assiette	plate
un bol	bowl
une carafe d'eau	pitcher of water
une carte	menu
un couteau	knife
une cuillère (à soupe/à café)	spoon (teaspoon/soupspoon)
une fourchette	fork
un menu	menu
une nappe	tablecloth
une serviette	napkin
une boîte (de conserve)	can
la crème	cream
l'huile (d'olive) (f.)	(olive) oil
la mayonnaise	mayonnaise
la moutarde	mustard
le poivre	pepper
le sel	salt
une tranche	slice
une cantine	(school) cafeteria
À table!	Let's eat!/ Food is ready!
compris	included

Les fruits

une banane	banana
une fraise	strawberry
un fruit	fruit
une orange	orange
une pêche	peach
une poire	pear
une pomme	apple
une tomate	tomato

Autres aliments

un aliment	food item
la confiture	jam
la nourriture	food, sustenance
des pâtes (f.)	pasta
le riz	rice
une tarte	pie, tart
un yaourt	yogurt

Verbes

devenir	to become
devoir	to have to (must); to owe
maintenir	to maintain
pouvoir	to be able to (can)
retenir	to keep, to retain
revenir	to come back
tenir	to hold
venir	to come
vouloir	to want; to mean (with dire)

Autres mots et locutions

depuis [+ time]	since
il y a [+ time]	ago
pendant [+ time]	for

Les repas

commander	to order
cuisiner	to cook
être au régime	to be on a diet
goûter	to taste
un déjeuner	lunch
un dîner	dinner
un goûter	afternoon snack
un petit-déjeuner	breakfast
un repas	meal
une entrée	appetizer, starter
un hors-d'œuvre	hors-d'œuvre, appetizer
un plat (principal)	(main) dish

Les viandes et les poissons

le bœuf	beef
un escargot	escargot, snail
les fruits de mer (m.)	seafood
un œuf	egg
un pâté (de campagne)	pâté, meat spread
le porc	pork
un poulet	chicken
une saucisse	sausage
un steak	steak
le thon	tuna
la viande	meat

Les légumes

l'ail (m.)	garlic
une carotte	carrot
un champignon	mushroom
des haricots verts (m.)	green beans
une laitue	lettuce
un légume	vegetable
un oignon	onion
des petits pois (m.)	peas
un poivron (vert, rouge)	(green, red) pepper
une pomme de terre	potato
une salade	salad

Les achats

faire les courses (f.)	to go (grocery) shopping
une boucherie	butcher's shop
une boulangerie	bread shop, bakery
une charcuterie	delicatessen
une pâtisserie	pastry shop, bakery; pastry
une poissonnerie	fish shop
un supermarché	supermarket
un(e) commerçant(e)	shopkeeper
un kilo(gramme)	kilo(gram)

Expressions utiles	See pp. 59 and 73.
Comparatives and superlatives	See pp. 76–77.

88 quatre-vingt-huit

La santé

UNITÉ 2

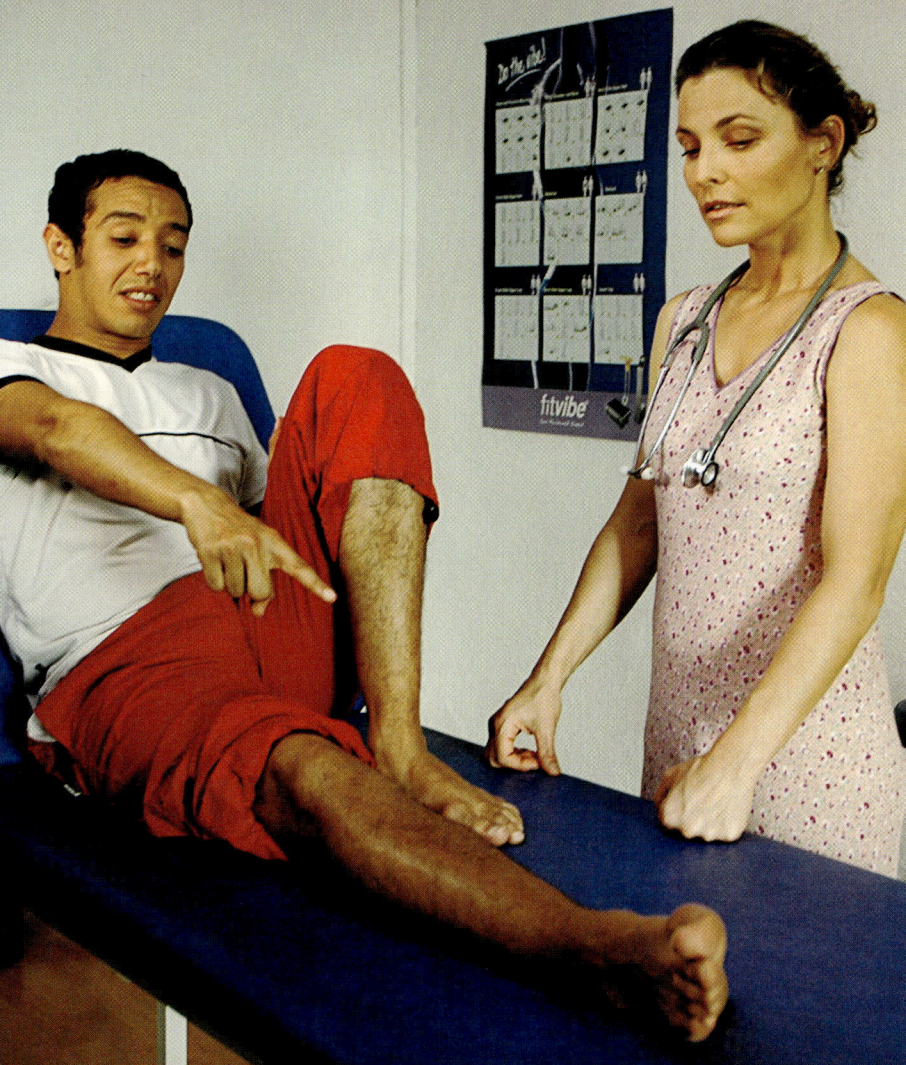

Pour commencer
- Quelle est la profession de la dame? Coiffeuse ou médecin?
- Où sont Rachid et cette dame? À l'hôpital ou à l'épicerie?
- Qu'est-ce qu'il faisait avant de venir? il jouait au foot ou il faisait les courses?

Leçon 2A
CONTEXTES
pages 90–93
- Parts of the body
- Daily routine
- **Ch, qu, ph, th,** and **gn**

ROMAN-PHOTO
pages 94–95
- Drôle de surprise

CULTURE
pages 96–97
- Healthcare in France

STRUCTURES
pages 98–101
- Reflexive verbs
- Reflexives: *Sens idiomatique*

SYNTHÈSE
pages 102–103
- Révision
- Le zapping

Leçon 2B
CONTEXTES
pages 104–107
- Maladies and remedies
- **p**, **t**, and **c**

ROMAN-PHOTO
pages 108–109
- L'accident

CULTURE
pages 110–111
- La sécurité sociale
- Flash culture

STRUCTURES
pages 112–115
- The passé composé of reflexive verbs
- The pronouns **y** and **en**

SYNTHÈSE
pages 116–117
- Révision
- À l'écoute

Savoir-faire
pages 118–123
Panorama: La Suisse
Lecture: Read an article on healthy living.
Écriture: Write a letter of excuse.

Unit Goals

Leçon 2A
In this lesson, students will learn:
- terms for parts of the body
- terms to discuss one's daily routine
- the pronunciation of **ch, qu, ph, th,** and **gn**
- about healthcare in France
- reflexive verbs
- some common idiomatic reflexive verbs
- about the company Diadermine

Leçon 2B
In this lesson, students will learn:
- terms to describe one's health
- terms for illnesses and remedies
- terms related to medical visits and treatments
- the pronunciation of **p, t,** and **c**
- about the national healthcare system in France
- more information on pharmacies and health-related businesses through specially shot video footage
- the **passé composé** of reflexive verbs
- the pronouns **y** and **en**
- to listen for specific information

Savoir-faire
In this section, students will learn:
- cultural and historical information about Switzerland
- to use background knowledge to increase reading comprehension
- to sequence events in a narration

Pour commencer
- Elle est médecin.
- Ils sont à l'hôpital.
- Il jouait au foot.

RESOURCES

Student Materials
Print: Student Book, Workbooks (*Cahier d'exercices, Cahier d'activités*)
Technology: MAESTRO® *Cahier interactif* and Supersite (Audio, Video, Practice)

Teacher Materials
DVDs (*Roman-photo, Flash culture*)
Teacher's Resources (Scripts, Answer Keys, Testing Program)
Audio CDs (Testing Program, Textbook, Audio Program)

MAESTRO® Supersite: Student Supersite Content; Planning and Teaching Resources (Overheads, PowerPoints, Lesson Plans, Information Gaps and *Feuilles d'activités*); Learning Management System (Gradebook, Assignments); Audio MP3s and Streaming Video
D'ACCORD! 2 Supersite: daccord2.vhlcentral.com

Section Goals
In this section, students will learn and practice vocabulary related to:
- daily routines
- personal hygiene
- some parts of the body

Key Standards
1.1, 1.2, 4.1

Student Resources
Cahier d'exercices, pp. 29-30; *Cahier d'activités*, pp. 25-26, 121; Supersite: Activities, *Cahier interactif*

Teacher Resources
Answer Keys; Overheads #19, 20; Audio Script; Textbook & Audio Activity MP3s/CD; Info Gap Activities; Testing program: Vocabulary Quiz

Suggestions
- Using **Overhead #19**, describe what the people in the illustration are doing. Then point out objects and parts of the body. Examples: **Il se rase. Elle se maquille. C'est une serviette de bain.**
- Ask students yes/no questions based on the illustration. Examples: **La fille se lève-t-elle? La femme se regarde-t-elle? Est-ce le bras? Est-ce un peigne?**
- Model the pronunciation of **shampooing**. Mention that they may see the alternate spelling **shampoing**.
- Explain the relationships between these terms: **se raser, un rasoir, une crème à raser; se réveiller, un réveil; se coiffer, un coiffeur, une coiffeuse;** and **se brosser les dents, le dentifrice**.
- Remind students that the plural of **l'œil** is **les yeux**.
- Review the use of partitives with non-count nouns using words from **Contextes**. Examples: **du dentifrice** and **du shampooing**.
- Keep in mind that reflexives will only be used in the infinitive and third person singular in the activities until **Structures 2A.1**

CONTEXTES

Leçon 2A

You will learn how to...
- describe your daily routine
- discuss personal hygiene

S Talking Picture Audio: Activity

La routine quotidienne

Vocabulaire

faire sa toilette	to wash up
se brosser les cheveux	to brush one's hair
se brosser les dents	to brush one's teeth
se coiffer	to do one's hair
se coucher	to go to bed
se déshabiller	to undress oneself
s'endormir	to go to sleep, to fall asleep
s'habiller	to get dressed
se laver (les mains)	to wash oneself (one's hands)
prendre une douche	to take a shower
se regarder	to look at oneself
se réveiller	to wake up
se sécher	to dry oneself
le shampooing	shampoo
le cœur	heart
le corps	body
le dos	back
la gorge	throat
une joue	cheek
un orteil	toe
la peau	skin
la poitrine	chest
la taille	waist
le visage	face

une serviette de bain
une brosse à dents
une brosse à cheveux
le maquillage
un rasoir
un peigne
Elle se maquille. (se maquiller)
le savon
le dentifrice
la crème à raser
Il se rase. (se raser)
une pantoufle

ressources
CE pp. 29-30
CA pp. 25-26, 121
S daccord2.vhlcentral.com

90 quatre-vingt-dix

O P T I O N S

Using Games Write vocabulary words for parts of the body on index cards. On another set of cards, draw or paste pictures to match each term. Tape them face down on the board in random order. Divide the class into two teams. Play a game of Concentration in which students match words with pictures. When a player makes a match, that player's team collects those cards. The team with the most cards at the end of the game wins.

Matin ou soir? Write two columns on the board: **la routine du matin** and **la routine du soir**. Have students classify the verbs in **Contextes** according to whether people do the actions when they wake up in the morning or in the evening before they go to bed. Then have students order the actions logically. This activity can also be done in pairs.

UNITÉ 2 La santé

Attention!

The verbs following the pronoun **se** are called reflexive verbs. You will learn more about them in **STRUCTURES**. For now, when talking about another person, place the pronoun **se** between the subject and the verb.
Il se regarde. *He looks at himself.*
Elle se réveille. *She wakes up.*

Mise en pratique

1 Associations Associez les activités de la colonne de gauche aux parties du corps correspondantes des colonnes de droite. Notez que certains éléments ne sont pas utilisés et que d'autres sont utilisés plus d'une fois.

_e_ 1. écouter   a. la bouche   f. le pied
_a/b_ 2. manger   b. la gorge   g. la taille
_f_ 3. marcher   c. l'orteil   h. la tête
_i_ 4. montrer   d. l'œil   i. le doigt
_a/b_ 5. parler   e. l'oreille   j. le nez
_h_ 6. penser
_j_ 7. sentir
_d_ 8. regarder

2 Ça commence mal! Complétez les phrases par le mot ou l'expression de la liste qui convient pour trouver ce qui est arrivé à Alexandre aujourd'hui. Notez que tous les mots et expressions ne sont pas utilisés.

le bras	se coucher	se laver	le réveil
se brosser les dents	la gorge	le peigne	le ventre
le cœur	s'habiller	le pied	les yeux

Ce matin, Alexandre n'entend pas son (1) _réveil_. Quand il se lève, il met d'abord le (2) _pied_ gauche par terre. Il entre dans la salle de bains. Là, il ne trouve pas le (3) _peigne_ pour se coiffer ni (*nor*) le dentifrice pour (4) _se brosser les dents_. Il se regarde dans le miroir. Ses (5) _yeux_ sont tout rouges. Comme il a très faim, son (6) _ventre_ commence à faire du bruit (*noise*). Il retourne ensuite dans sa chambre pour (7) _s'habiller_. Il met un pantalon noir et une chemise bleue. Puis, il descend les escaliers et tombe. Après un moment, il retourne dans sa chambre. Après un tel début (*such a beginning*) de journée, Alexandre va (8) _se coucher_.

3 Écoutez 🎧 Sarah, son grand frère Guillaume et leur père parlent de qui va utiliser la salle de bains en premier ce matin. Écoutez la conversation et indiquez si les affirmations suivantes sont **vraies** ou **fausses**.

	Vrai	Faux
1. Guillaume ne va pas se raser.	☐	☑
2. Guillaume doit encore prendre une douche et se brosser les dents.	☑	☐
3. Sarah n'a pas entendu son réveil.	☑	☐
4. Guillaume demande à Sarah de lui apporter de la crème à raser.	☐	☑
5. Guillaume demande un savon à Sarah.	☐	☑
6. Guillaume demande une grande serviette de bain à Sarah.	☑	☐
7. Sarah doit prendre une douche et s'habiller en moins de vingt minutes.	☑	☐
8. Sarah décide de ne pas se maquiller et de ne pas se sécher les cheveux aujourd'hui.	☑	☐

Practice more at daccord2.vhlcentral.com.

quatre-vingt-onze **91**

Image labels: la tête, un œil (yeux *pl.*), une oreille, un bras, un doigt, le ventre, un genou (genoux *pl.*), Elle se lève. (se lever), le nez, la bouche, le cou, le réveil, une jambe, un pied, un doigt de pied

Morning Routines Have students write down three daily routine activities. Each partner should ask questions using words that indicate time like **pendant**, **avant**, and **après** in order to guess the activities on their partner's list. Example: **Élève 1: C'est avant ou après le petit-déjeuner? Élève 2: C'est après le petit-déjeuner. Élève 1: C'est se brosser les dents? Élève 2: Oui, c'est ça.**

Create an alien Have students work in groups of three. Tell them to draw a picture and write a description of a fantastical alien or monster. Example: **C'est un extraterrestre/un monstre. Il a trois nez, quatre yeux et huit bras.** Then have each group read their description while the class draws a picture of the alien or monster. Have students compare their drawings with the group's picture.

1 Expansion
- Have students think of other verbs to add to the list and let the class guess the body part(s) associated with them.
- Do this activity in reverse. Name various parts of the body and have students suggest verbs associated with them.

2 Expansion Ask students comprehension questions based on the paragraph. Examples: **1. Pourquoi Alexandre se lève-t-il tard?** (Il n'entend pas son réveil.) **2. Que fait-il d'abord?** (Il met le pied par terre.) **3. Où va-t-il?** (Il va à la salle de bains.) **4. Ça ne va pas bien. Pourquoi?** (Il ne peut pas se coiffer./Il ne trouve pas le dentifrice./Ses yeux sont rouges.) **5. Que met-il quand il s'habille?** (Il met un pantalon noir et une chemise bleue.) **6. Pourquoi Alexandre veut-il se coucher?** (Il veut se coucher parce qu'il est tombé dans les escaliers./La journée commence mal.)

3 Script SARAH: Allez, Guillaume. J'ai besoin d'utiliser la salle de bains.
GUILLAUME: Une minute! Je viens juste d'y entrer.
S: Mais, je suis en retard pour mes cours. Je n'ai pas entendu mon réveil.
PÈRE: Sarah, laisse ton frère se raser, prendre une douche et se brosser les dents. Il est arrivé le premier.
G: Je fais vite. Tiens! Il n'y a plus de shampooing. Est-ce que tu peux m'apporter une nouvelle bouteille et une grande serviette de bain, s'il te plaît?
S: Et tes pantoufles aussi?
Un peu plus tard…
P: Où est ta sœur?
G: Sarah va prendre sa douche. Elle doit se brosser les dents, s'habiller et se coiffer en moins de vingt minutes. Elle a décidé de ne pas se maquiller et de ne pas se sécher les cheveux pour gagner du temps.
P: Bon, on va te préparer quelque chose à manger dans le bus.
(On Textbook Audio)

3 Suggestion Have students correct the false statements. If necessary, play the recording again.

CONTEXTES **91**

Leçon 2A

CONTEXTES

Communication

4 **Que font-ils?** Écrivez ce que (*what*) font ces personnes et ce qu'elles utilisent pour le faire. Donnez autant de (*as many*) détails que possible. Ensuite, à tour de rôle avec un(e) partenaire, lisez vos descriptions. Votre partenaire doit deviner quelle image vous décrivez. *Answers will vary.*

 1.  2.  3.  4.

 5.  6.  7. 8.

5 **Définitions** Créez votre propre définition des mots de la liste. Ensuite, à tour de rôle, lisez vos définitions à votre partenaire. Il/Elle doit deviner le mot correspondant. *Answers will vary.*

MODÈLE

cheveux
Élève 1: On utilise une brosse ou un peigne pour les coiffer. Qu'est-ce que c'est?
Élève 2: Ce sont les cheveux.

1. le cœur
2. le corps
3. le cou
4. les dents
5. le dos
6. le genou
7. la joue
8. le nez
9. l'œil
10. l'orteil
11. la poitrine
12. le visage

6 **Décrivez** Avec un(e) partenaire, pensez à votre acteur/actrice préféré(e). Quelle est sa routine du matin? Décrivez-la et utilisez les adjectifs de la liste et les mots et expressions de **CONTEXTES**. *Answers will vary.*

beau	gros	petit
court	heureux	sincère
égoïste	jeune	de taille moyenne
grand	long	vieux

7 **Que fait-elle?** Votre professeur va vous donner, à vous et à votre partenaire, deux feuilles d'activités différentes. À tour de rôle, posez-vous des questions pour savoir ce que fait Nadia chaque soir et chaque matin. Attention! Ne regardez pas la feuille de votre partenaire. *Answers will vary.*

MODÈLE

Élève 1: À vingt-trois heures, Nadia se déshabille et met son pyjama. Que fait-elle ensuite?
Élève 2: Après, elle…

92 *quatre-vingt-douze*

UNITÉ 2 | La santé

Les sons et les lettres

Audio: Concepts, Activities Record & Compare

ch, qu, ph, th, and gn

The letter combination **ch** is usually pronounced like the English *sh*, as in the word *shoe*.

chat   **ch**ien   **ch**ose   en**ch**anté

In words borrowed from other languages, the pronunciation of **ch** may be irregular. For example, in words of Greek origin, **ch** is pronounced **k**.

psy**ch**ologie   te**ch**nologie   ar**ch**aïque   ar**ch**éologie

The letter combination **qu** is almost always pronounced like the letter **k**.

quand   prati**qu**er   kios**qu**e   **qu**elle

The letter combination **ph** is pronounced like an **f**.

télé**ph**one   **ph**oto   pro**ph**ète   géogra**ph**ie

The letter combination **th** is pronounced like the letter **t**. English *th* sounds, as in the words *this* and *with*, never occur in French.

thé   a**th**lète   biblio**th**èque   sympa**th**ique

The letter combination **gn** is pronounced like the sound in the middle of the English word *onion*.

monta**gn**e   espa**gn**ol   ga**gn**er   Allema**gn**e

Prononcez Répétez les mots suivants à voix haute.

1. thé   4. question   7. champagne   10. fréquenter
2. quart   5. cheveux   8. casquette   11. photographie
3. chose   6. parce que   9. philosophie 12. sympathique

Articulez Répétez les phrases suivantes à voix haute.

1. Quentin est martiniquais ou québécois?
2. Quelqu'un explique la question à Joseph.
3. Pourquoi est-ce que Philippe est inquiet?
4. Ignace prend une photo de la montagne.
5. Monique fréquente un café en Belgique.
6. Théo étudie la physique.

Dictons Répétez les dictons à voix haute.

La vache la première au pré lèche la rosée.[1]

N'éveillez pas le chat qui dort.[2]

[1] The early bird gets the worm. (lit. The cow that arrives at the pasture first licks the dew.)
[2] Let sleeping dogs lie. (lit. Don't wake a sleeping cat.)

quatre-vingt-treize **93**

Section Goals

In this section, students will learn functional phrases for talking about daily routines and emotional states.

Key Standards

1.2, 2.1, 2.2, 4.1, 4.2

Student Resources
Cahier d'activités, pp. 65-66;
Supersite: Activities,
Cahier interactif
Teacher Resources
Answer Keys; Video Script & Translation; *Roman-photo* video

Video Recap: Leçon 1B

Before doing this **Roman-photo**, review the previous one with this activity.
1. Quel cadeau Rachid a-t-il apporté à Sandrine? (des chocolats)
2. Et David, qu'a-t-il apporté à Sandrine? (des fleurs)
3. Qui aide à mettre la table? (Amina et Stéphane)
4. Qui est au régime? (Amina)
5. Qu'est-ce que Sandrine a préparé comme dessert? (une tarte aux pommes)

Video Synopsis

In the bathroom, David notices a rash on his face. Rachid needs to use the bathroom, because he woke up late and doesn't want to be late for class. David is taking a long time to get ready. When David finally opens the door, Rachid tricks him into closing his eyes so that he can slip into the bathroom and lock the door. Rachid also advises David to call a doctor about his rash.

Suggestions

- Have students predict what the episode will be about based on the video stills.
- Tell students to scan the **Roman-photo** and find sentences related to daily routines.
- After reading the **Roman-photo** in pairs, have students summarize the episode.

Leçon 2A

ROMAN-PHOTO

Drôle de surprise

Video: *Roman-photo*
Record & Compare

PERSONNAGES

David

Rachid

Chez David et Rachid...
DAVID Oh là là, ça ne va pas du tout, toi!
RACHID David, tu te dépêches? Il est sept heures et quart. Je dois me préparer, moi aussi!

DAVID Ne t'inquiète pas. Je finis de me brosser les dents!
RACHID On doit partir dans moins de vingt minutes. Tu ne te rends pas compte!
DAVID Excuse-moi, mais on s'est couché tard hier soir.
RACHID Oui et on ne s'est pas réveillé à l'heure, mais mon prof de sciences po, ça ne l'intéresse pas tout ça.

DAVID Attends, je ne trouve pas le peigne... Ah, le voilà. Je me coiffe... Deux secondes!
RACHID C'était vraiment sympa hier soir... On s'entend tous super bien et on ne s'ennuie jamais ensemble... Mais enfin, qu'est-ce que tu fais? Je dois me raser, prendre une douche et m'habiller, en exactement dix-sept minutes!

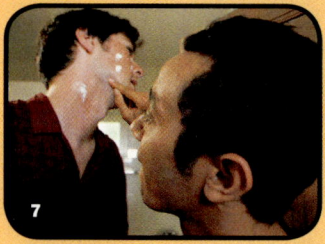

RACHID Bon, tu veux bien me passer ma brosse à dents, le dentifrice et un rasoir, s'il te plaît?
DAVID Attends une minute. Je me dépêche.
RACHID Comment est-ce qu'un mec peut prendre aussi longtemps dans la salle de bains?

DAVID Euh, j'ai un petit problème...
RACHID Qu'est-ce que tu as sur le visage?
DAVID Aucune idée.
RACHID Est-ce que tu as mal à la gorge? Fais: Ah!
RACHID Et le ventre, ça va?
DAVID Oui, oui, ça va...

RACHID Attends, je vais examiner tes yeux... regarde à droite, à gauche... maintenant ferme-les. Bien. Tourne-toi...
DAVID Hé!

A C T I V I T É S

1 **Vrai ou faux?** Indiquez si ces affirmations sont **vraies** ou **fausses**. Corrigez les phrases fausses.
Some answers may vary slightly.

1. David va bien ce matin. Faux. David ne va pas bien ce matin.
2. Rachid est pressé ce matin. Vrai.
3. David se rase. Faux. David se brosse les dents.
4. David se maquille. Faux. David se coiffe.
5. Rachid doit prendre une douche. Vrai.
6. David ne s'est pas réveillé à l'heure. Vrai.
7. David s'est couché tôt hier soir. Faux. David s'est couché tard hier soir.
8. Tout le monde s'est bien amusé (*had a good time*) hier soir. Vrai.
9. Les amis se disputent ce matin. Vrai.
10. Rachid est très inquiet pour David. Faux. Rachid n'est pas inquiet.

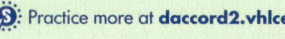 Practice more at **daccord2.vhlcentral.com**.

94 quatre-vingt-quatorze

OPTIONS

Avant de regarder la vidéo Tell students to read the title and scene setter. Then have them brainstorm what two roommates might say as they are trying to get ready for class at the same time. Write their ideas on the board.

Regarder la vidéo Show the video episode once without sound and have the class create a plot summary based on the visual cues. Then show the episode with sound and have the class make corrections and fill in any gaps in the plot summary.

UNITÉ 2 La santé

David et Rachid se préparent le matin.

DAVID Patience, cher ami!
RACHID Tu n'as pas encore pris ta douche?!
DAVID Ne te mets pas en colère. J'arrive, j'arrive! Voilà... un peu de crème sur le visage, sur le cou...
RACHID Tu te maquilles maintenant?

DAVID Ce n'est pas facile d'être beau, ça prend du temps, tu sais. Écoute, ça ne sert à rien de se disputer. Lis le journal si tu t'ennuies, j'ai bientôt fini.

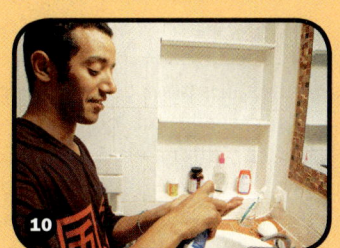

RACHID Ne t'inquiète pas, c'est probablement une réaction allergique. Téléphone au médecin pour prendre un rendez-vous. Qu'est-ce que tu as mangé hier?
DAVID Eh ben... J'ai mangé un peu de tout! Hé! Je n'ai pas encore fini ma toilette!

RACHID Patience, cher ami!

Expressions utiles

Talking about your routine
- **Je dois me préparer.**
  I have to get (myself) ready.
- **Je finis de me brosser les dents!**
  I'm almost done brushing my teeth!
- **On s'est couché tard hier soir.**
  We went to bed late last night.
- **On ne s'est pas réveillé à l'heure.**
  We didn't wake up on time.
- **Je me coiffe.**
  I'm doing my hair.
- **Je dois me raser et m'habiller.**
  I have to shave (myself) and get dressed.
- **Tu te maquilles maintenant?**
  Are you putting makeup on now?

Talking about states of being
- **Ça ne sert à rien de se disputer.**
  It doesn't help to argue.
- **Tu te dépêches?**
  Are you hurrying?/Will you hurry?
- **Ne t'inquiète pas.**
  Don't worry.
- **Tu ne te rends pas compte!**
  You don't realize!
- **On s'entend tous super bien et on ne s'ennuie jamais ensemble.**
  We all get along really well and we never get bored with one another.
- **Ne te mets pas en colère.**
  Don't get angry.
- **Lis le journal si tu t'ennuies.**
  Read the paper if you're bored.

Additional vocabulary
- **Je me dépêche.** I'm hurrying.
- **un mec** a guy
- **Tourne-toi.** Turn around.
- **aucune idée** no idea

---

2 Les opposés Trouvez pour chaque verbe de la colonne de gauche son opposé dans les colonnes de droite. Utilisez un dictionnaire. Attention! Tous les mots ne sont pas utilisés.

  e 1. bien s'entendre   a. s'amuser   d. s'appeler
 a/b 2. s'ennuyer   b. s'occuper   e. se disputer
  c 3. se dépêcher   c. se détendre   f. se coucher
  f 4. se lever
  b 5. se reposer

3 Écrivez Écrivez un paragraphe dans lequel (in which) vous décrivez la routine du matin et du soir de David ou de Rachid. Utilisez votre imagination et ce que vous savez de ROMAN-PHOTO.

ressources
CA pp. 65-66

daccord2.vhlcentral.com

quatre-vingt-quinze **95**

Describing a person Have students write at least five sentences telling about their best friend's actions using the verbs in **Activité 2**. Then tell them to get together with a classmate and take turns reading their descriptions. After students read their descriptions, have them ask their partner to state two facts from the description that has just been read to them.

Role Play Ask volunteers to act out the scenes in video stills 6–10 for the class. Tell them it is not necessary to memorize the episode. They should just try to get the general meaning across with the vocabulary they know. Give them time to prepare or have them do their skit as a review activity during the next class period.

Expressions utiles
- Model the pronunciation of the **Expressions utiles** and have students repeat them after you.
- As you work through the list, point out reflexive verbs and other expressions used to talk about daily routines. Explain that reflexive pronouns always correspond to their subject pronouns. Examples: **je me, tu te**, and **on se**. Point out that the phrases **On s'est couché** and **On ne s'est pas réveillé** are in the past tense. Tell students that reflexives will be formally presented in **Structures**.
- Respond briefly to questions about reflexive verbs. Reinforce correct forms, but do not expect students to produce them consistently at this time.
- Have students combine sentences in **Expressions utiles** with known vocabulary to create mini-conversations.
- If students ask, explain that **j'ai bientôt fini** in video still #5 is an example of a particular use of the **passé composé** to express a future action. Although it is often used with the verb **finir**, they should use the **futur proche** to express an action that occurs in the near future.

1 Suggestion Have students correct the false statements.

1 Expansion For additional practice, give students these items. **11. Rachid est en retard pour son cours de maths. (Faux.) 12. Rachid ne va pas se raser. (Faux.) 13. David dit à Rachid de lire le journal. (Vrai.) 14. Rachid va téléphoner au médecin. (Faux.)**

2 Expansion For additional practice with reflexive verbs, give students these items.
**6. s'endormir (se réveiller)
7. s'habiller (se déshabiller)
8. se maquiller (se démaquiller)**

3 Suggestion Before beginning this activity, have students brainstorm vocabulary and expressions for describing daily routines and write their suggestions on the board.

Leçon 2A

CULTURE

CULTURE À LA LOUPE

Les Français et la santé

Que fait-on en France quand on ne se sent pas bien? On peut, bien sûr, contacter son médecin. Généralement, il vous reçoit° dans son cabinet° pour une consultation et vous donne une ordonnance. Il faut ensuite se rendre à° la pharmacie et présenter son ordonnance pour acheter ses médicaments. Beaucoup de médicaments ne sont pas en vente libre°, donc consulter un médecin est important et nécessaire.

Cependant°, pour leurs petits problèmes de santé, les Français aiment demander conseil° à leur pharmacien. Les pharmaciens en France ont un diplôme spécialisé et font six années d'études supérieures. Ils sont donc très compétents pour donner des conseils de qualité. Les pharmacies sont faciles à trouver: elles ont toutes une grande croix° verte lumineuse° suspendue° à l'extérieur. Elles sont en général ouvertes du lundi au samedi, entre 9h00 et 20h00. Pour les jours fériés et la nuit, il existe des pharmacies de garde°, dont° la liste est affichée sur la porte de chaque pharmacie.

Quand on est très malade, le médecin donne une consultation à domicile°, ce qui° est très pratique pour les enfants et les personnes âgées°! En cas d'urgence, on peut appeler deux autres numéros. SOS Médecin existe dans toutes les grandes villes. Ses médecins répondent aux appels 24 heures sur 24 et font des visites à domicile. Pour les accidents et les gros problèmes, on peut contacter le Samu. C'est un service qui emmène les malades et les blessés° à l'hôpital si nécessaire.

Coup de main

In France, body temperature is measured in Celsius.

37°C is the normal body temperature.

Between **37°** and **38°C** is a slight fever.

For a fever above **38.5°C**, medication should be taken.

Between **39°** and **40°C** is a high fever.

Les habitudes (*habits*) des Français et la santé

- 89% des Français voient° un médecin généraliste dans l'année.
- 54% vont chez le dentiste dans l'année.
- Les médecins donnent une ordonnance dans 80% des consultations.
- 57% des Français utilisent les médecines alternatives.
- 39% utilisent l'homéopathie° au moins une fois dans l'année.

SOURCES: INSEE, CNP/CNAM

reçoit *sees* cabinet *office* se rendre à *to go to* en vente libre *available over the counter* Cependant *However* conseil *advice* croix *cross* lumineuse *illuminated* suspendue *hung* de garde *emergency* dont *of which* à domicile *at home* ce qui *which* personnes âgées *the elderly* blessés *injured* voient *see* homéopathie *homeopathy*

ACTIVITÉS

1 Complétez Complétez les phrases, d'après le texte et le tableau.

1. À la fin d'une consultation, le médecin vous donne parfois ___une ordonnance___.
2. ___Beaucoup de médicaments___ en France ne sont pas en vente libre.
3. Les pharmaciens en France font six années ___d'études supérieures___.
4. Les pharmacies sont faciles à trouver grâce à ___la grande croix verte lumineuse suspendue à l'extérieur___.
5. Parfois, le médecin vient à domicile pour donner ___une consultation___.
6. Quand on est très malade, on peut appeler ___SOS Médecin, le Samu___ (Answers will vary. Possible answers: SOS Médecin, le Samu)
7. ___89% des Français___ voient un médecin généraliste dans l'année.
8. 39% des Français utilisent ___l'homéopathie___ au moins une fois dans l'année.
9. La température normale du corps est de ___37°C___.
10. On a une forte fièvre quand on a ___39°C___.

Practice more at **daccord2.vhlcentral.com**.

96 quatre-vingt-seize

UNITÉ 2 La santé

LE FRANÇAIS QUOTIDIEN

Les parties du corps

bec (*m.*)	mouth
caboche (*f.*)	head
carreaux (*m.*)	eyes
esgourdes (*f.*)	ears
gosier (*m.*)	throat
paluche (*f.*)	hand
panard (*m.*)	foot
pif (*m.*)	nose
tifs (*m.*)	hair

LE MONDE FRANCOPHONE

Des expressions idiomatiques

Voici quelques expressions autour° du corps.

En France

avoir le bras long être une personne importante qui peut influencer quelqu'un

avoir un chat dans la gorge avoir du mal à parler

casser les pieds à quelqu'un ennuyer une personne

coûter les yeux de la tête coûter très cher

se mettre le doigt dans l'œil se tromper°

Au Québec

avoir quelqu'un dans le dos détester quelqu'un

coûter un bras coûter très cher

un froid à couper un cheveu un très grand froid

sur le bras gratuit, qu'on n'a pas besoin de payer

En Suisse

avoir des tournements de tête avoir des vertiges°

donner une bonne-main donner un pourboire

autour *related to* se tromper *to be mistaken* vertiges *dizziness, vertigo*

PORTRAIT

L'Occitane

En 1976, un jeune étudiant en littérature de 23 ans, Olivier Baussan, a commencé à fabriquer chez lui de l'huile de romarin° et l'a vendue sur les marchés de Provence. Son huile a été très appréciée par le public et Baussan a fondé° L'Occitane, marque° de produits de beauté. La première boutique a ouvert ses portes dans le sud de la France en 1980 et aujourd'hui, la compagnie a plus de 500 boutiques dans 60 pays, y compris aux États-Unis et au Canada. Les produits de L'Occitane, tous faits à base d'ingrédients naturels comme la lavande° ou l'olive, s'inspirent de la Provence et sont fabriqués avec des méthodes traditionnelles. L'Occitane propose° des produits de beauté, des parfums, du maquillage et des produits pour le bain, pour la douche et pour la maison.

huile de romarin *rosemary oil* fondé *founded* marque *brand* lavande *lavender* propose *offers*

SUR INTERNET

Les hommes en France dépensent-ils beaucoup d'argent pour les produits de beauté ou de soin?

Go to daccord2.vhlcentral.com to find more information related to this **CULTURE** section.

2 Vrai ou faux? Indiquez si ces phrases sont vraies ou fausses. Corrigez les phrases fausses.

1. La compagnie L'Occitane a été fondée en Provence. Vrai.
2. Le premier magasin L'Occitane a ouvert ses portes en 1976. Faux. La compagnie a été fondée en 1976, mais le premier magasin a ouvert ses portes en 1980.
3. On trouve l'olive dans certains produits de L'Occitane. Vrai.
4. L'Occitane se spécialise dans les produits pour le corps. Faux. L'Occitane propose aussi des produits pour la maison.
5. Les produits de L'Occitane utilisent des ingrédients naturels et sont fabriqués avec des méthodes traditionnelles. Vrai.

3 Les expressions idiomatiques Regardez bien la liste des expressions dans **Le monde francophone**. En petits groupes, discutez de ces expressions. Lesquelles (*Which*) aimez-vous? Pourquoi? Essayez de deviner l'équivalent de ces expressions en anglais.

ressources
daccord2.vhlcentral.com

ACTIVITÉS

quatre-vingt-dix-sept 97

Section Goals

In this section, students will learn:
- present-tense reflexive verbs
- the imperative with reflexive verbs

Key Standards
4.1, 5.1

Student Resources
Cahier d'exercices, pp. 31–32;
Cahier d'activités, pp. 6, 123;
Supersite: Activities,
Cahier interactif

Teacher Resources
Answer Keys; Audio Script;
Audio Activity MP3s/CD;
Feuilles d'activités; Testing program: Grammar Quiz

Suggestions

- Model the first person reflexive by talking about yourself. Examples: **Je me réveille très tôt. En général, je me lève à six heures du matin.**
- Model the second person by asking questions using verbs you mentioned in the first person. Examples: **À quelle heure vous réveillez-vous pendant la semaine? Vous levez-vous tôt ou tard en général?** Encourage student responses.
- Introduce the third person by making statements and asking questions about what a student has told you. Examples: **____ se lève très tard le samedi, n'est-ce pas? (Oui, il/elle se lève entre onze heures et midi.)**
- Write the paradigm of **se laver** on the board and model its pronunciation.
- Use magazine pictures to clarify meanings between third person singular and third person plural forms. Examples: **La femme sur cette photo-ci se maquille. Sur cette photo-là, les enfants se couchent.**
- Compare and contrast reflexive and non-reflexive verbs using examples like these: **Il se réveille à six heures et demie. Il réveille les enfants à sept heures.**
- Point out that to make a question using inversion with a reflexive verb, you simply follow the rule: invert the placement of the subject pronoun with the reflexive verb.

Leçon 2A

STRUCTURES

2A.1 Reflexive verbs

Point de départ A reflexive verb usually describes what a person does to or for himself or herself. In other words, it "reflects" the action of the verb back to the subject. Reflexive verbs always use reflexive pronouns.

SUBJECT   REFLEXIVE VERB
André   se rase à huit heures.

Se laver (to wash oneself)

je	me lave	I wash (myself)
tu	te laves	you wash (yourself)
il/elle	se lave	he/she/it washes (himself/herself/itself)
nous	nous lavons	we wash (ourselves)
vous	vous lavez	you wash (yourself/yourselves)
ils/elles	se lavent	they wash (themselves)

- The pronoun **se** before an infinitive identifies the verb as reflexive: **se laver**.

Je me coiffe. *Tu te maquilles, maintenant?*

- When a reflexive verb is conjugated, the reflexive pronoun agrees with the subject. Except for **se**, reflexive pronouns have the same forms as direct and indirect object pronouns; **se** is used for both singular and plural 3rd person subjects.

Tu **te couches**.   Les enfants **se réveillent**.
You're going to bed.   The children wake up.

Je **me maquille** aussi.   Nous **nous levons** très tôt.
I put on makeup too.   We get up very early.

- Note that the reflexive pronouns **nous** and **vous** are identical to the corresponding subject pronouns.

Nous **nous regardons** dans le miroir.   Vous **habillez**-vous déjà?
We look at ourselves in the mirror.   Are you getting dressed already?

98 quatre-vingt-dix-huit

MISE EN PRATIQUE

1 Les habitudes Vous allez chez vos amis Frédéric et Pauline. Tout le monde a ses habitudes. Que fait-on tous les jours?

MODÈLE Frédéric / se raser
Frédéric se rase.

1. vous / se réveiller / à six heures
   Vous vous réveillez à six heures.
2. Frédéric et Pauline / se brosser / dents
   Frédéric et Pauline se brossent les dents.
3. tu / se lever / puis / prendre / douche
   Tu te lèves, puis tu prends une douche.
4. nous / sécher / cheveux
   Nous nous séchons les cheveux.
5. on / s'habiller / avant / petit-déjeuner
   On s'habille avant le petit-déjeuner.
6. Frédéric et Pauline / se coiffer / avant / sortir
   Frédéric et Pauline se coiffent avant de sortir.
7. je / se déshabiller / et après / se coucher
   Je me déshabille et après, je me couche.
8. tout le monde / s'endormir / tout de suite
   Tout le monde s'endort tout de suite.

2 La routine Tous les matins, Juliette suit (*follows*) la même routine. Regardez les illustrations et dites ce que (*what*) fait Juliette.

1. Juliette se réveille.   3. Juliette se brosse les dents.

2. Juliette se lève.   4. Juliette se maquille.

3 L'ordre logique À tour de rôle avec un(e) partenaire, indiquez dans quel ordre vous (ou quelqu'un que vous connaissez) faites ces choses. Suggested answers

MODÈLE se lever / se réveiller
D'abord, je me réveille. Ensuite, je me lève.

1. se laver / se sécher
   D'abord, je me lave. Ensuite, je me sèche.
2. se maquiller / prendre une douche
   D'abord, ma sœur prend une douche. Ensuite, elle se maquille.
3. se lever / s'habiller
   D'abord, mon camarade de chambre se lève. Ensuite, il s'habille.
4. se raser / se réveiller
   D'abord, je me réveille. Ensuite, je me rase.
5. se coucher / se brosser les cheveux
   D'abord, nous nous brossons les cheveux. Ensuite, nous nous couchons.
6. s'endormir / se coucher
   D'abord, tu te couches. Ensuite, tu t'endors.
7. se coucher / se déshabiller
   D'abord, je me déshabille. Ensuite, je me couche.
8. se lever / se réveiller
   D'abord, le prof se réveille. Ensuite, il se lève.

Practice more at daccord2.vhlcentral.com.

OPTIONS

Reflexive Verbs To provide oral practice with reflexive verbs, create sentences that follow the pattern of the sentences in the examples. Say each sentence, have students repeat it, and then say a different subject. Have students then say the new sentence with the new subject, changing pronouns and verb forms as necessary. Example: **Je me brosse les dents deux fois par jour: on (On se brosse les dents deux fois par jour.)**

Using Movement Model gestures for a few of the reflexive verbs. Examples: **se coucher** (*lay head on folded hands*), **se coiffer** (*pretend to fix hair*). Have students stand. Begin by practicing as a class using only the **nous** form, saying an expression at random. Example: **Nous nous lavons les mains.** Then vary the verb forms and point to individuals or groups of students who should perform the appropriate gesture. Keep the pace rapid.

UNITÉ 2 | La santé

COMMUNICATION

4 Tous les jours Que fait votre partenaire tous les jours? Posez-lui les questions et il/elle vous répond. Some answers will vary.

MODÈLE se lever tôt le matin
Élève 1: Te lèves-tu tôt le matin?
Élève 2: Non, je ne me lève pas tôt le matin.

1. se réveiller tôt ou tard le week-end
   Te réveilles-tu tôt ou tard le week-end?
2. se lever tout de suite
   Te lèves-tu tout de suite?
3. se maquiller tous les matins
   Te maquilles-tu tous les matins?
4. se laver les cheveux tous les jours
   Te laves-tu les cheveux tous les jours?
5. se raser le soir ou le matin
   Te rases-tu le soir ou le matin?
6. se coucher avant ou après minuit
   Te couches-tu avant ou après minuit?

5 Enquête Votre professeur va vous donner une feuille d'activités. Circulez dans la classe et trouvez un(e) camarade différent(e) pour chaque action. Présentez les réponses à la classe. Answers will vary.

MODÈLE
Élève 1: Est-ce que tu te lèves avant six heures du matin?
Élève 2: Oui, je me lève parfois à cinq heures!

Activités	Noms
1. se lever avant six heures du matin	Carole
2. se maquiller pour venir en cours	
3. se brosser les dents trois fois par jour	
4. se laver les cheveux le soir	
5. se coiffer à la dernière mode (fashion)	
6. se reposer le vendredi soir	

6 Jacques a dit Par groupes de quatre, un(e) élève donne des ordres au groupe. Attention! Vous devez obéir seulement si l'ordre est précédé de **Jacques a dit...** (*Simon says...*) La personne qui se trompe devient le meneur de jeu (*leader*). Le gagnant (*winner*) est l'élève qui n'a pas été le meneur de jeu. Utilisez les expressions de la liste, puis trouvez vos propres expressions. Answers will vary.

se brosser les dents	se laver les mains
se coiffer	se lever
s'endormir	se maquiller
s'habiller	se sécher les cheveux

Common reflexive verbs

se brosser les cheveux	to brush one's hair	se laver (les mains)	to wash oneself (one's hands)
se brosser les dents	to brush one's teeth	se lever	to get up, to get out of bed
se coiffer	to do one's hair	se maquiller	to put on makeup
se coucher	to go to bed	se raser	to shave oneself
se déshabiller	to undress	se regarder	to look at oneself
s'endormir	to fall asleep	se réveiller	to wake up
s'habiller	to get dressed	se sécher	to dry oneself

• **S'endormir** is conjugated like **dormir**. **Se lever** and **se sécher** follow the same spelling-change patterns as **acheter** and **espérer**, respectively.

Il **s'endort** tôt.
He falls asleep early.

Tu **te lèves** à quelle heure?
What time do you get up?

Elles **se sèchent**.
They dry off.

• Some verbs can be used both reflexively and non-reflexively. If the verb acts upon something other than the subject, the non-reflexive form is used.

La mère **se réveille** à sept heures.
The mother wakes up at 7 o'clock.

Ensuite, elle **réveille** son fils.
Then, she wakes her son up.

• When a body part is the direct object of a reflexive verb, it is usually preceded by a definite article.

Vous **vous lavez les** mains.
You wash your hands.

Je ne **me brosse** pas **les** dents.
I'm not brushing my teeth.

• You form the imperative of a reflexive verb as you would a non-reflexive verb. Add the reflexive pronoun to the end of an affirmative command. In negative commands, place the reflexive pronoun between **ne** and the verb. (Remember to change **me/te** to **moi/toi** in affirmative commands.)

Réveille-toi, Bruno!
Wake up, Bruno!

but

Ne te réveille pas!
Don't wake up!

Essayez! Complétez les phrases avec les formes correctes des verbes.

1. Ils ___se brossent___ (se brosser) les dents.
2. À quelle heure est-ce que vous ___vous couchez___ (se coucher)?
3. Tu ___t'endors___ (s'endormir) en cours.
4. Nous ___nous séchons___ (se sécher) les cheveux.
5. On ___s'habille___ (s'habiller) vite! Il faut partir.
6. Les femmes ___se maquillent___ (se maquiller) souvent.
7. Tu ne ___te déshabilles___ (se déshabiller) pas encore.
8. Je ___me lève___ (se lever) vers onze heures.

quatre-vingt-dix-neuf **99**

Essayez! Have students say logical commands for items 2, 3, 4, and 7. (**2. Couchez-vous [de bonne heure]. 3. Ne t'endors pas en cours. 4. Séchons-nous les cheveux. 7. Ne te déshabille pas.**)

1 Suggestion Before assigning this activity, review reflexive verbs by comparing and contrasting weekday versus weekend routines. Example: **Vous couchez-vous plus tôt pendant la semaine?**

2 Expansion Repeat the activity as a pattern drill, supplying different subjects for each drawing. Example: **1. je (Je me réveille.) 2. ils (Ils se lèvent.)**

3 Suggestion Tell students that they may vary the sequencing expressions used, such as **puis** instead of **ensuite**.

3 Expansion Have students say two sentences in which they combine more than two activities. Example: **se lever / se laver / se maquiller (D'abord ma mère se lève, ensuite elle se lave et finalement elle se maquille.)**

4 Expansion Have students come up with four additional items. Pairs then switch papers and form questions.

5 Suggestion Have two students demonstrate the **modèle**. Then distribute the **Feuilles d'activités** found on the Supersite.

6 Suggestion To give winners a chance to lead the game, have **le/la gagnant(e)** from each group come to the front of the room to take turns saying **Jacques a dit...**

OPTIONS

Making Comparisons Have students compare their own routines with Juliette's in **Activité 2** on page 98. Have them express each part of the morning routine that they have in common. Example: **Moi aussi, je me réveille, puis je me lève.** Then have them express any differences. Examples: **Je ne me maquille pas (tous les matins). Juliette ne se lave pas le visage. Moi, si, je me lave le visage.**

Role Play Have groups of three pretend that they share an apartment with only one bathroom. Tell them to have a conversation in which they discuss their morning schedule problems. Example: **Élève 1: J'ai cours à huit heures. Je me lève à sept heures et je me lave tout de suite. Élève 2: Moi aussi, je dois me laver à sept heures. Élève 3: Alors, ____, réveille-toi à sept heures moins le quart.**

STRUCTURES **99**

Section Goals
In this section, students will learn idiomatic reflexive expressions.

Key Standards
4.1, 5.1

Student Resources
Cahier d'exercices, pp. 33–34;
Cahier d'activités, p. 124;
Supersite: Activities,
Cahier interactif

Teacher Resources
Answer Keys; Audio Script; Audio Activity MP3s/CD; Testing program: Grammar Quiz

Suggestions
- Remind students what idiomatic expressions are. Ask which types of these expressions students already know. (idiomatic expressions with **avoir** and **faire**)
- Go through the list of common idiomatic reflexives with the class, pronouncing them and having students repeat. Have them point out which verb(s) they have seen before, such as **s'appeler**.
- Ask students to study the list and note related English words. Examples: **s'amuser** *amuse*, **s'occuper** *occupy*.
- Call attention to the spelling change verbs and the irregular **s'asseoir**.
- To show how **s'asseoir** can be polite or abrupt in its imperative form, tell students that **Assieds-toi/Asseyez-vous** can mean *Be seated.*, *Have a seat.*, or *Sit down!*
- Point out that when **que** follows a verb, it means *that*, as in the example: **Je me souviens que tu m'as téléphoné.** = *I remember (that) you phoned me.* Although the word *that* is optional in English, stress that **que** is required in French.

Leçon 2A — STRUCTURES

2A.2 Reflexives: *Sens idiomatique*

Point de départ You've learned that reflexive verbs "reflect" the action back to the subject. Some reflexive verbs, however, do not literally express a reflexive meaning.

Common idiomatic reflexives

s'amuser	to play; to have fun	s'intéresser (à)	to be interested (in)
s'appeler	to be called	se mettre à	to begin to
s'arrêter	to stop	se mettre en colère	to become angry
s'asseoir	to sit down	s'occuper (de)	to take care of, to keep oneself busy
se dépêcher	to hurry	se préparer	to get ready
se détendre	to relax	se promener	to take a walk
se disputer (avec)	to argue (with)	se rendre compte (de/que)	to realize
s'énerver	to get worked up, to become upset	se reposer	to rest
s'ennuyer	to get bored	se souvenir (de)	to remember
bien s'entendre (avec)	to get along well (with)	se tromper	to be mistaken
s'inquiéter	to worry	se trouver	to be located

Lis le journal, si tu t'ennuies.

Ne t'inquiète pas.

- **Se souvenir** is conjugated like **venir**.

  Souviens-toi de son anniversaire.
  Remember her birthday.

  Nous nous souvenons de cette date.
  We remember that date.

- **S'ennuyer** has the same spelling changes as **envoyer**. **Se promener** and **s'inquiéter** have the same spelling changes as **acheter** and **espérer**, respectively.

  Je **m'ennuie** à mourir aujourd'hui.
  I'm bored to death today.

  On **se promène** dans le parc.
  We take a walk in the park.

  Ils **s'inquiètent** pour leur fille.
  They worry about their daughter.

100 cent

MISE EN PRATIQUE

1 Ma sœur et moi Complétez ce texte avec les formes correctes des verbes.

Je (1) _m'appelle_ (s'appeler) Anne, et j'ai une sœur, Stéphanie. Nous (2) _nous habillons_ (s'habiller) souvent de la même manière, mais nous sommes très différentes. Stéphanie (3) _s'intéresse_ (s'intéresser) à la politique et elle étudie le droit, et moi, je (4) _m'intéresse_ (s'intéresser) à l'art et je fais de la peinture (*paint*). Nous habitons ensemble, et nous (5) _nous entendons bien_ (s'entendre bien). On (6) _s'arrête_ (s'arrêter) souvent au parc et on (7) _s'assied_ (s'asseoir) sur un banc (*bench*) pour bavarder. Quelquefois, on (8) _se met en colère_ (se mettre en colère). Heureusement, on (9) _se rend compte_ (se rendre compte) que c'est inutile. En fait, Stéphanie et moi, nous (10) _ne nous ennuyons pas_ (ne pas s'ennuyer) ensemble.

2 Que faire? Que font Diane et ses copains? Utilisez les verbes de la liste pour compléter les phrases. *Suggested answers*

s'amuser	se disputer	s'occuper
s'appeler	s'énerver	se préparer
s'asseoir	s'ennuyer	se promener
se dépêcher	s'entendre	se reposer
se détendre	s'inquiéter	se tromper

1. Si je suis en retard pour mon cours, je _me dépêche_.
2. Parfois, Toufik _se trompe_ et ne donne pas la bonne réponse.
3. Quand un cours n'est pas intéressant, nous _nous ennuyons_.
4. Le week-end, Hubert et Édith sont fatigués, alors ils _se reposent_.
5. Quand je ne comprends pas mon prof, je _m'inquiète_.
6. Quand il fait beau, vous allez dans le parc et vous _vous promenez_.

3 La fête Marc a invité ses amis pour célébrer la fin (*end*) de l'année. Avec un(e) partenaire, décrivez la scène à tour de rôle. Utilisez tous les verbes possibles de la liste de l'Activité 2. *Answers will vary.*

Marc, Yasmina, Virginie, Christine et Mohammed, Rachel et Victor, Tran et Yves, Christelle et Thomas

Practice more at daccord2.vhlcentral.com.

Venn Diagram Have students write a short account of their own daily routine using both types of reflexives. Pairs then compare and contrast their routines using a Venn Diagram. Have the pair write one of their names in the left circle, the other in the right circle, and **les deux** where the circles overlap. They list their activities in the appropriate locations. Remind them to change the subject pronoun to **nous** in the overlapping section.

Using Games Have two teams write descriptions of five famous people or places, real or fictional, using idiomatic reflexives. Use **se trouver**. Team members take turns reading their descriptions while the opposing team gets three chances to guess who or what is being described. Each correct guess wins a point, while a team that fools its opponents gets two points. For a tiebreaker, you give clues to both teams. The first to guess correctly wins.

UNITÉ 2 La santé

COMMUNICATION

4 Se connaître Vous voulez mieux connaître vos camarades. Par groupes de quatre, posez-vous des questions, puis présentez les réponses à la classe. *Answers will vary.*

MODÈLE s'intéresser à la politique

Élève 1: Je ne m'intéresse pas à la politique. Et toi, t'intéresses-tu à la politique?
Élève 2: Je m'intéresse beaucoup à la politique et je lis le journal tous les jours.

1. s'amuser en cours de français
2. s'inquiéter pour les examens
3. s'asseoir au premier rang (*row*) dans la classe
4. s'énerver facilement
5. se mettre souvent en colère
6. se reposer le week-end

5 Curieux Utilisez ces verbes et expressions pour interviewer un(e) partenaire. *Answers will vary.*

MODÈLE s'amuser / avec qui

Élève 1: Avec qui est-ce que tu t'amuses?
Élève 2: Je m'amuse avec mes amis.

1. s'entendre bien / avec qui
2. s'intéresser / à quoi
3. s'ennuyer / quand, pourquoi
4. se mettre en colère / pourquoi
5. se détendre / quand, comment
6. se promener / avec qui, où, quand
7. se disputer / avec qui, pourquoi
8. se dépêcher / quand, pourquoi

6 Une mère inquiète La mère de Philippe lui a écrit cet e-mail. Avec un(e) partenaire, préparez par écrit la réponse de Philippe. Employez des verbes réfléchis à sens idiomatique. *Answers will vary.*

> Mon chéri,
> Je m'inquiète beaucoup pour toi. Je me rends compte que tu as changé. Tu ne t'amuses pas avec tes amis et tu te mets constamment en colère. Maintenant, tu restes tout le temps dans ta chambre et tu t'intéresses seulement à la télé. Est-ce que tu t'ennuies à l'école? Te souviens-tu que tu as des amis? J'espère que je me trompe.

• Note the spelling changes of **s'appeler** in the present tense.

S'appeler (*to be named, to call oneself*)

je m'appelle	nous nous appelons
tu t'appelles	vous vous appelez
il/elle s'appelle	ils/elles s'appellent

Tu **t'appelles** comment?
What is your name?

Vous **vous appelez** Laure?
Is your name Laure?

• Note the irregular conjugation of the verb **s'asseoir**.

S'asseoir (*to be seated, to sit down*)

je m'assieds	nous nous asseyons
tu t'assieds	vous vous asseyez
il/elle s'assied	ils/elles s'asseyent

Asseyez-vous, Monsieur.
Have a seat, sir.

Assieds-toi ici sur le canapé.
Sit here on the sofa.

• Many idiomatical reflexive expressions can be used alone, with a preposition, or with the conjunction **que**.

Tu **te trompes**.
You're wrong.

Il **se trompe** toujours **de** date.
He's always mixing up the date.

Marlène **s'énerve** facilement.
Marlène gets mad easily.

Marlène **s'énerve contre** Thierry.
Marlène gets mad at Thierry.

Ils **se souviennent de** ton anniversaire.
They remember your birthday.

Je **me souviens que** tu m'as téléphoné.
I remember you phoned me.

Essayez! Choisissez les formes correctes des verbes.

1. Mes parents ___s'inquiètent___ (s'inquiéter) beaucoup.
2. Nous ___nous entendons___ (s'entendre) bien, ma sœur et moi.
3. Alexis ne ___se rend___ (se rendre) pas compte que sa petite amie ne l'aime pas.
4. On doit ___se dépêcher___ (se dépêcher) pour arriver au lycée.
5. Papa ___s'occupe___ (s'occuper) toujours de la cuisine.
6. Tu ___t'amuses___ (s'amuser) quand tu vas au cinéma?
7. Vous ___vous intéressez___ (s'intéresser) au cours d'histoire?
8. Je ne ___me dispute___ (se disputer) pas souvent avec les profs.
9. Tu ___te reposes___ (se reposer) un peu sur le lit.
10. Angélique ___s'assied___ (s'asseoir) toujours près de la porte.
11. Je ___m'appelle___ (s'appeler) Suzanne.
12. Elles ___s'ennuient___ (s'ennuyer) chez leurs cousins.

cent un **101**

Essayez! Give these sentences for additional practice. Tell students to choose a reflexive verb from the list. **13. La boulangerie ____ à côté de l'épicerie. (se trouve) 14. Cette fête est nulle. On ____. (s'ennuie) 15. Mes copains disent que ce cours est facile, mais je ne suis pas d'accord. Je pense qu'ils ____ (se trompent).**

1 Expansion Give students related sentences like the following. **1. Stéphanie et Anne ____ (se promener) parfois le week-end. (se promènent) 2. Le soir, elles ____ (ne pas s'endormir) tout de suite parce qu'elles parlent beaucoup. (ne s'endorment pas)**

2 Expansion Give additional statements modeled on those in the activity. Examples: **7. Cette élève n'est pas très patiente et elle ____ facilement. (s'énerve) 8. Tu t'entends assez bien avec mon frère, mais quelquefois vous ____. (vous disputez)**

3 Suggestion Help pairs get started by asking a question or two to the whole class. Example: **Que fait Fatima? (Elle s'ennuie./Elle ne parle pas.)**

4 Suggestions
• Have two volunteers act out the **modèle**.
• Give more topics to discuss. Examples: **s'appeler comme son père/sa mère** and **bien s'entendre avec tout le monde**.

5 Expansion Have two pairs form a group of four. Students take turns asking questions in the second person plural. Example: **Vous vous amusez bien avec vos amis? (Oui, nous nous amusons bien avec eux.)** Then have students report back to the class in the third person singular and plural. Examples: ____ **s'entend bien avec sa tante.** ____ **et** ____ **s'intéressent à la médecine.**

6 Suggestion Read the e-mail aloud and ask if students have any questions before assigning this activity.

OPTIONS

Describing a Relationship Have students think of a friend or family member to whom they are particularly close. Assign a short writing task in which students describe their relationship with this person using at least five different common idiomatic reflexives. Tell them to be creative. They may also refer to **Activité 1** on page 100 for sample sentences.

Using Video Replay the video episode, having students focus on reflexive verbs. Stop the video strategically to discuss how reflexives are used in various structures. Examples: **Je dois me préparer, moi aussi!** (infinitive) **Ne t'inquiète pas.** (command) **Tu ne te rends pas compte!** (present tense) Have students identify the **passé composé** of reflexive verbs, but tell them it will be formally introduced in **Structures 2B.1**.

STRUCTURES **101**

Leçon 2A

SYNTHÈSE
Révision

1 Les colocataires Avec un(e) partenaire, décrivez cette maison de colocataires. Que font-ils à sept heures du matin? Answers will vary.

1.

2.

3.

2 Le camping Vous et votre partenaire faites du camping dans un endroit isolé. Malheureusement, vous avez tout oublié. À tour de rôle, parlez de ces problèmes à votre partenaire. Il/Elle va essayer de vous aider. Answers will vary.

MODÈLE

Élève 1: *Je veux me laver les cheveux, mais je n'ai pas pris mon shampooing.*
Élève 2: *Moi, j'ai apporté mon shampooing. Je te le prête.*

se brosser les cheveux	se laver le visage
se brosser les dents	prendre une douche
se coiffer	se raser
se laver les mains	se sécher les cheveux

3 Débat Par groupes de quatre, débattez cette question: Qui prend plus de temps pour se préparer avant de sortir, les hommes ou les femmes? Préparez une liste de raisons pour défendre votre point de vue. Présentez vos arguments à la classe. Answers will vary.

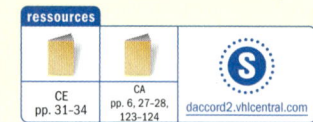

4 Dépêchez-vous! Avec un(e) partenaire, vous êtes les parents de trois enfants. Ils doivent partir pour l'école dans dix minutes, mais ils viennent juste de se réveiller! Que leur dites-vous? Utilisez des verbes réfléchis. Answers will vary.

MODÈLE

Élève 1: *Dépêchez-vous!*
Élève 2: *Lève-toi!*

5 Départ en vacances Avec un(e) partenaire, observez les images et décrivez-les. Utilisez tous les verbes de la liste. Ensuite, racontez à la classe l'histoire du départ en vacances de la famille Glassié. Answers will vary.

s'amuser	s'énerver
se dépêcher	se mettre en colère
se détendre	se préparer
se disputer (avec)	se rendre compte

1.

3.

2.   4.

6 La personnalité de Martin Votre professeur va vous donner, à vous et à votre partenaire, une feuille d'information sur Martin. Attention! Ne regardez pas la feuille de votre partenaire. Answers will vary.

MODÈLE

Élève 1: *Martin s'habille élégamment.*
Élève 2: *Mais il s'ennuie le soir.*

102 cent deux

UNITÉ 2   La santé

Video: TV Clip — Le Zapping

1 femme sur 2 ne se démaquille pas…

En 1904, les laboratoires Bonetti, une entreprise (*firm*) française, créent° la crème médicale Diadermine. Cette crème connaît vite un grand succès et est utilisée par toute la famille. Son succès permet à la marque° de lancer° d'autres produits. Le groupe Henkel rachète° les laboratoires Bonetti en 1980. Et en 1998, Diadermine invente les lingettes démaquillantes° qui représentent aujourd'hui presque un quart du marché des démaquillants.

—Trop long, trop compliqué.

—Une seule lingette pour démaquiller et nettoyer le visage et les yeux.

Compréhension Répondez aux questions. *Answers will vary.*
1. Pourquoi ces lingettes sont-elles une innovation?
2. Quelles femmes vont utiliser ces lingettes?

Discussion Par groupes de quatre, répondez aux questions et discutez. *Answers will vary.*
1. Que pensez-vous du maquillage?
2. Passez-vous du temps à vous préparer le matin? Expliquez votre réponse.

créent *create*   **marque** *brand*   **lancer** *launch*   **rachète** *buys out*
lingettes démaquillantes *make-up removal tissues*

 Practice more at **daccord2.vhlcentral.com**.

cent trois **103**

OPTIONS

Diadermine Here is a list of successful Diadermine products.
1930s: Diadermine talc
1949: sunscreen for outdoor activities
1950: anti-wrinkle cream, which is still one of Diadermine's best sellers
1978: first anti-wrinkle cream with collagen
1994: first complete skincare product with fruit acids called Fruitosome
1995: Réactivance products, for mature skin
1998: makeup removing towelettes
1999: smoothing and anti-wrinkle patches

Section Goals
In this section, students will:
• read about the cosmetic company Diadermine
• watch a commercial for make-up removing towelettes
• answer questions about the commercial and Diadermine

Key Standards
1.2, 2.2, 4.2, 5.2

Student Resources
Supersite: Video, Activities
Teacher Resources
Video Script & Translation; Supersite: Video

Introduction
To check comprehension, ask these questions.
1. Que créent les laboratoires Bonetti en 1904? (Ils créent la crème médicale Diadermine.)
2. Qu'invente Diadermine en 1998? (Elle invente les lingettes démaquillantes.)
3. Ces lingettes ont-elles du succès? (Oui, elles représentent presque un quart du marché des démaquillants.)

Avant de regarder la vidéo
• Have students look at the video stills, read the captions, and predict what is happening in the commercial for each visual. (**1. La femme n'aime pas enlever son maquillage. Ça prend trop de temps et d'énergie. 2. On présente une solution au problème: les lingettes démaquillantes Diadermine.**)
• Before showing the video, explain to students that they do not need to understand every word they hear. Tell them to listen for cognates, the product name, and its qualities.

Compréhension Have students work in pairs or groups for this activity. Tell them to write their answers. Then show the video again so that they can check their answers and add any missing information.

Discussion Take a quick class survey to find out if makeup is popular among the students.

STRUCTURES **103**

Section Goals

In this section, students will learn and practice vocabulary related to:
- illnesses and medical conditions
- accidents
- medical visits and treatments

Key Standards
1.1, 1.2, 4.1

Student Resources
Cahier d'exercices, pp. 35-36;
Cahier d'activités, p. 125;
Supersite: Activities,
Cahier interactif

Teacher Resources
Answer Keys; Overheads #21, #22;
Audio Script; Textbook &
Audio Activity MP3s/CD; Testing
program: Vocabulary Quiz

Suggestions

- Use **Overhead #21**. Describe the scene at this emergency room. Point out various medical conditions and treatments. Examples: **Ces personnes sont chez le médecin. Elle est enceinte. Il a une blessure. Elle fait une piqûre.**
- Ask questions based on your narrative. Examples: **Est-il en bonne santé? A-t-il un rhume? A-t-il/elle mal?**
- Point out expressions with **avoir** (avoir mal au dos, avoir mal au cœur); **faire** (faire mal, faire une piqûre, faire de l'exercice); and **être** (être en bonne/mauvaise santé, être malade, être en pleine forme).
- Then point out reflexive verbs (**se fouler, se casser, se sentir**). Tell students to use **se sentir bien** to say they *feel good (feel well)* and **se sentir mal** to say they *feel bad*. **Sentir bon/mauvais** means *to smell good/bad*. Remind them to use the definite article, not a possessive adjective, when describing injuries to body parts. Example: **Il se casse le bras** (not **son bras**).
- Point out the different spelling of the French word **exercice** and the English *exercise*.

CONTEXTES

Leçon 2B

Talking Picture Audio: Activity

You will learn how to...
- describe your health
- talk about remedies and well-being

J'ai mal!

Vocabulaire

aller aux urgences/ à la pharmacie	to go to the emergency room/ to the pharmacy
avoir mal	to have an ache
avoir mal au cœur	to feel nauseous
enfler	to swell
être en bonne santé	to be in good health
être en mauvaise santé	to be in bad health
être en pleine forme	to be in good shape
éviter de	to avoid
faire mal	to hurt
garder la ligne	to stay slim
guérir	to get better
se blesser	to hurt oneself
se casser (la jambe/ le bras)	to break one's (leg/ arm)
se fouler la cheville	to twist/sprain one's ankle
se porter mal/mieux	to be ill/better
se sentir	to feel
tomber/être malade	to get/to be sick
un(e) dentiste	dentist
un(e) pharmacien(ne)	pharmacist
une allergie	allergy
une douleur	pain
la grippe	flu
un symptôme	symptom
une aspirine	aspirin
un médicament (contre/pour)	medication (to prevent/for)
une ordonnance	prescription
les urgences	emergency room
déprimé(e)	depressed
grave	serious
sain(e)	healthy

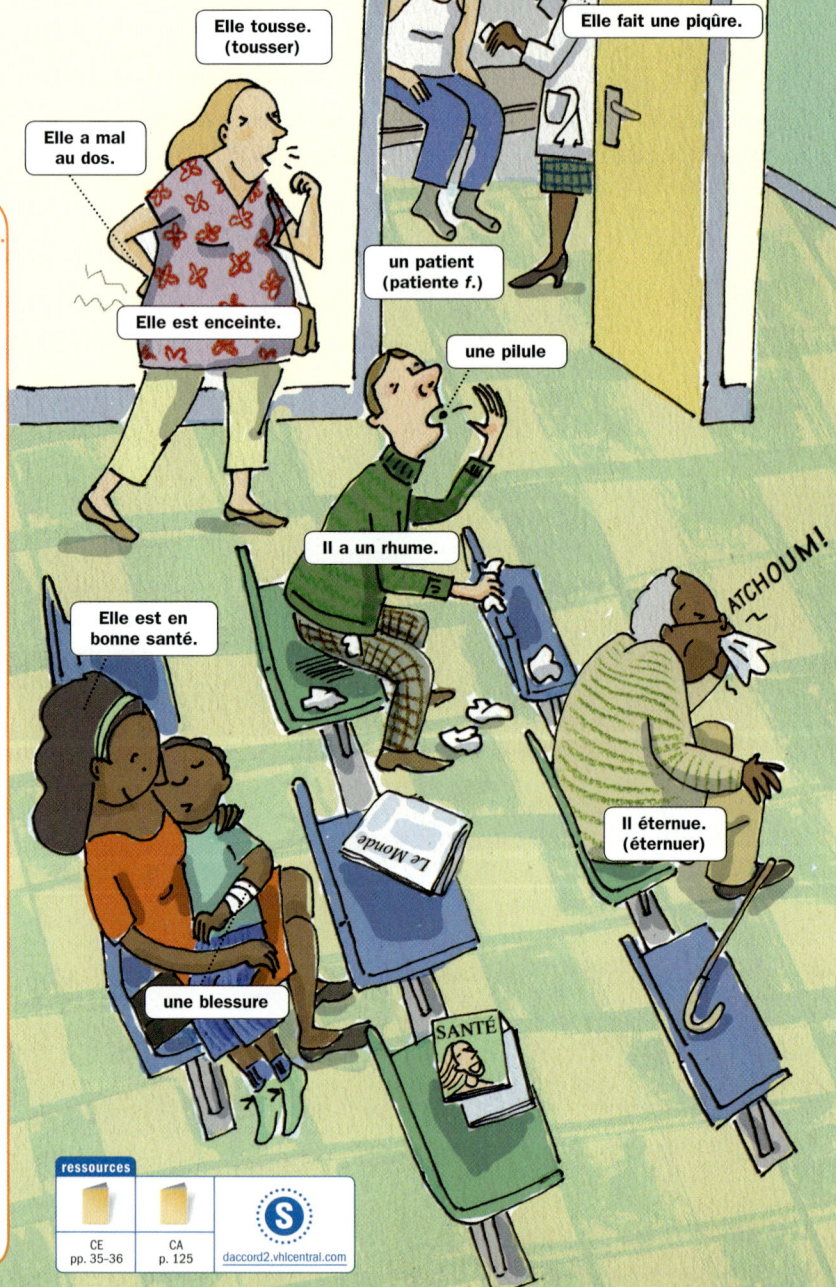

104 cent quatre

Categories Write the following headings at the top of three columns on the board: **Les maladies, Les remèdes,** and **Les professions médicales.** Say words and expressions from the **Contextes** and have students classify them. Ask volunteers to write them in the appropriate column.

Suggesting Remedies Have students stand. Toss a beanbag to a student and say the name of an illness or injury. The person has five seconds to suggest a remedy or treatment. Tell students they should be creative (**prendre un thé/de la soupe, se reposer, ne pas marcher...**). That person then tosses the beanbag to another student and says an illness or injury. Students who cannot think of a remedy or treatment are eliminated. The last person standing wins.

104 Teacher's Annotated Edition • Unit 2 • Lesson 2B

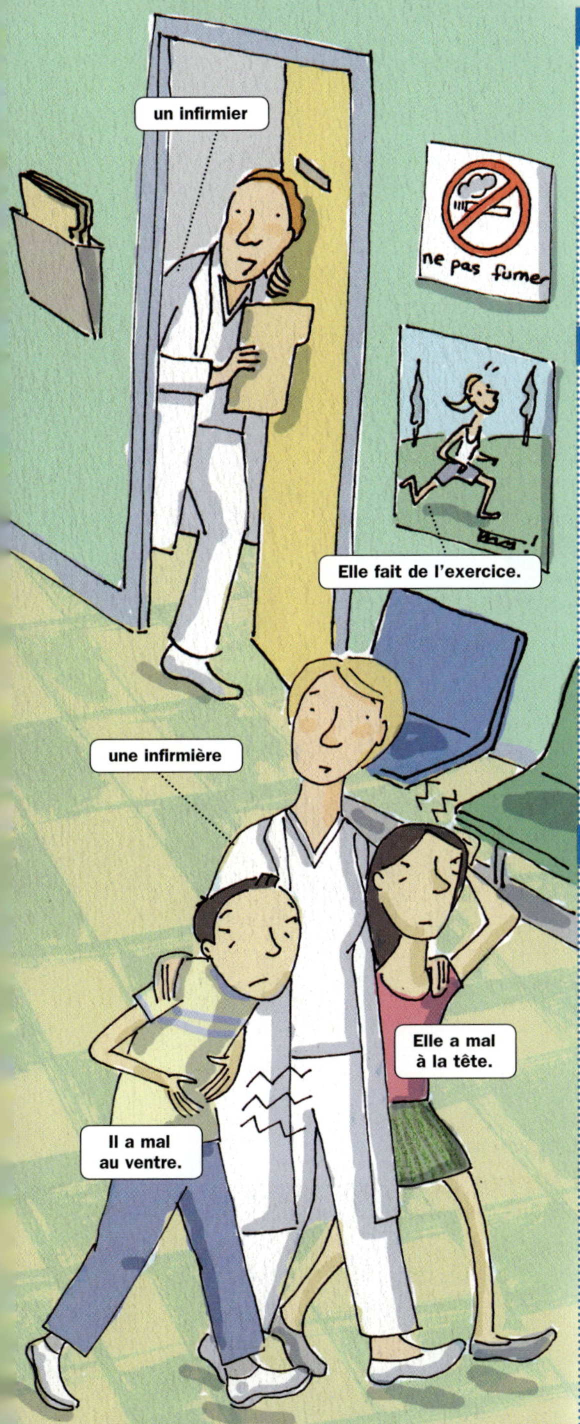

Mise en pratique

1 Chassez l'intrus

Indiquez le mot qui ne va pas avec les autres.

1. un médicament, une pilule, **une ordonnance**, une aspirine
2. un médecin, un dentiste, **un patient**, une pharmacienne
3. un rhume, **une aspirine**, la grippe, une allergie
4. **tomber malade**, guérir, être en bonne santé, se porter mieux
5. éternuer, tousser, **fumer**, avoir mal à la gorge
6. être en pleine forme, **être malade**, être en bonne santé, garder la ligne
7. se sentir bien, se porter mieux, **être en mauvaise santé**, ne pas fumer
8. une blessure, **une pharmacie**, un symptôme, une douleur

2 Complétez

Complétez ces phrases avec le bon mot choisi dans CONTEXTES pour faire des phrases logiques. Some answers may vary.

1. Vous allez chez le médecin quand vous tombez ___malade___.
2. Vous allez chez ___le/la dentiste___ quand vous avez mal aux dents.
3. ___L'infirmier/ière___ aide les médecins.
4. Une femme qui va avoir un bébé est ___enceinte___.
5. Une personne qui a eu un grave accident est emmenée (*taken*) aux ___urgences___.
6. On prend une ___aspirine___ quand on a mal à la tête.
7. Pour être en forme et garder la ligne, il faut ___faire de l'exercice___.
8. Si on n'est pas malade, on est ___sain(e)/en bonne santé___.
9. Le médecin peut vous faire ___une piqûre___.
10. ___Une ordonnance___ est une liste de médicaments à prendre.
11. Être ___déprimé___, c'est être tout le temps malheureux.
12. Si les fleurs vous font ___éternuer___, vous avez une allergie.

3 Écoutez

Monsieur Sebbar est tombé malade. Vous allez écouter une conversation entre lui et son médecin. Choisissez les éléments de chaque catégorie qui sont vrais.

Symptômes

1. J'ai mal à la tête. ☑
2. J'ai mal au ventre. ☐
3. J'ai mal aux yeux. ☑
4. J'ai mal à la gorge. ☐
5. J'ai mal au cœur. ☐
6. J'ai mal à la cheville. ☑
7. J'ai de la fièvre. ☑

Diagnostic

1. la grippe ☑
2. un rhume ☐
3. la cheville cassée ☐

Traitement

1. faire de l'exercice ☐
2. faire une piqûre ☑
3. prendre des médicaments ☑

Practice more at **daccord2.vhlcentral.com.**

cent cinq 105

1 Suggestion Go over the answers with the class. Have volunteers explain why each word doesn't belong.

2 Suggestion Ask volunteers to read the completed sentences aloud.

3 Script MÉDECIN: Monsieur Sebbar, qu'est-ce qui ne va pas? MONSIEUR SEBBAR: Docteur, j'ai mal partout. J'ai mal aux yeux et j'ai mal à la tête.
M: Laissez-moi voir... je vais prendre votre température. Vous avez de la fièvre, aussi.
S: Ce n'est pas tout! Ce matin, quand je me suis levé pour aller aux toilettes, je suis tombé. J'ai peur de m'être cassé la cheville parce qu'elle me fait très mal.
M: Monsieur Sebbar, ne vous inquiétez pas. Heureusement, vous vous êtes seulement foulé la cheville. Je vais vous donner quelques médicaments contre la douleur. Quant à vos autres symptômes, vous avez la grippe. Restez au lit pendant une semaine. Buvez beaucoup d'eau. L'infirmière va vous faire une piqûre. Comme ça, vous allez guérir plus vite.
(On Textbook Audio)

3 Suggestion Play the conversation again, stopping at the end of each sentence that contains an answer so students can check their work.

OPTIONS

Questions Have students work in pairs and take turns asking each other questions based on the illustration on pages 104–105. Tell them to point to the people as they ask their questions. Examples: **1. Qui travaille chez le médecin? 2. Que fait le médecin? 3. Qui prend une pilule? 4. Qu'est-ce que ce patient fait? 5. Qui se sent mal?**

Using Visuals Bring in drawings or magazine photos related to illness, medicine, and medical appointments. Have the class describe what is going on in the images or create stories about the people.

Leçon 2B

CONTEXTES

Communication

4 Conversez Interviewez un(e) camarade de classe. Answers will vary.

1. Quand t'a-t-on fait une piqûre pour la dernière fois? Pourquoi? Et une ordonnance?
2. Est-ce que tu as souvent un rhume? Que fais-tu pour te soigner (*to treat yourself*)?
3. Quel médicament prends-tu quand tu as de la fièvre? Et quand tu as mal à la tête?
4. Es-tu allé(e) chez le médecin cette année? À l'hôpital? Pourquoi?
5. Es-tu déjà allé(e) aux urgences? Pourquoi?
6. Un membre de ta famille ou un(e) de tes ami(e)s est-il/elle à l'hôpital en ce moment? Comment se sent cette personne?
7. Comment te sens-tu aujourd'hui? Et comment te sentais-tu hier?

5 Qu'est-ce qui ne va pas? Travaillez avec un(e) camarade de classe et à tour de rôle, indiquez ce qui ne va pas chez chaque personne. Proposez un traitement (*treatment*).
Answers will vary.

1.   2.

3.

4.

5.

6.

7.

8.

6 Écriture Suivez les instructions et composez un paragraphe. Ensuite, comparez votre paragraphe avec celui d'un(e) camarade de classe. Answers will vary.

- Décrivez la dernière fois que vous étiez malade ou la dernière fois que vous avez eu un accident.
- Dites quels étaient vos symptômes.
- Dites si vous êtes allé(e) chez le médecin ou aux urgences.
- Mentionnez si vous avez eu une ordonnance et quels médicaments vous avez pris.

7 Chez le médecin Travaillez avec un(e) camarade de classe pour présenter un dialogue dans lequel vous: Answers will vary.

- jouez le rôle d'un médecin et d'un(e) patient(e).
- parlez des symptômes du/de la patient(e).
- présentez le diagnostic (*diagnosis*) du médecin.
- proposez une ordonnance au/à la patient(e).

cent six

UNITÉ 2 | La santé

Les sons et les lettres

p, t, and c

Audio: Concepts, Activities
Record & Compare

Read the following English words aloud while holding your hand an inch or two in front of your mouth. You should feel a small burst of air when you pronounce each of the consonants.

pan   **t**op   **c**ope   **p**at

In French, the letters **p**, **t**, and **c** are not accompanied by a short burst of air. This time, try to minimize the amount of air you exhale as you pronounce these consonants. You should feel only a very small burst of air or none at all.

panne   **t**aupe   **c**apital   **c**œur

To minimize a t sound, touch your tongue to your teeth and gums, rather than just your gums.

taille   **t**ête   **t**omber   **t**ousser

Similarly, you can minimize the force of a **p** by smiling slightly as you pronounce it.

pied   **p**oitrine   **p**ilule   **p**iqûre

When you pronounce a hard c sound, you can minimize the force by releasing it very quickly.

corps   **c**ou   **c**asser   **c**omme

Prononcez Répétez les mots suivants à voix haute.

1. plat
2. cave
3. tort
4. timide
5. commencer
6. travailler
7. pardon
8. carotte
9. partager
10. problème
11. rencontrer
12. confiture
13. petits pois
14. colocataire
15. canadien

Articulez Répétez les phrases suivantes à voix haute.

1. Paul préfère le tennis ou les cartes?
2. Claude déteste le poisson et le café.
3. Claire et Thomas ont-ils la grippe?
4. Tu préfères les biscuits ou les gâteaux?

Dictons Répétez les dictons à voix haute.

Les absents ont toujours tort.[1]

Il n'y a que le premier pas qui coûte.[2]

[1] Those who are absent are the ones to blame. [2] The first step is always the hardest.

cent sept **107**

Section Goals

In this section, students will learn functional phrases for giving instructions or suggestions and for describing ailments or injuries.

Key Standards

1.2, 2.1, 2.2, 4.1, 4.2

Student Resources
Cahier d'activités, pp. 67–68; Supersite: Activities, *Cahier interactif*

Teacher Resources
Answer Keys; Video Script & Translation; *Roman-photo* video

Video Recap: Leçon 2A

Before doing this **Roman-photo**, review the previous one with this activity.
1. Qui ne se sent pas bien? (David)
2. Où est David? (dans la salle de bains)
3. Qui est en retard pour son cours de sciences po? (Rachid)
4. Comment est-ce que Rachid entre enfin dans la salle de bains? (Il dit à David de fermer les yeux.)
5. À qui est-ce que David va téléphoner? (au médecin)

Video Synopsis

Rachid and Stéphane are playing soccer at the park. Rachid hurts his ankle so Amina and Stéphane take him to the doctor's. Dr. Beaumarchais says it is only sprained. Then she tells him how to treat his ankle and writes a prescription. At the apartment, David is surprised when Rachid arrives on crutches. Stéphane wants to know what happened to David. He explains that the cream is for his rash, which is an allergic reaction. They also gave him a shot and some medication.

Suggestions

- Have students predict what the episode will be about based on the video stills.
- Have students scan the captions for sentences related to injuries or illnesses.
- After reading the **Roman-photo**, have students summarize the episode.

Leçon 2B

ROMAN-PHOTO

L'accident

 Video: *Roman-photo* Record & Compare

PERSONNAGES

Amina

David

Dr Beaumarchais

Rachid

Stéphane

Au parc...
RACHID Comment s'appelle le parti politique qui gagne les élections en 1936?
STÉPHANE Le Front Populaire.
RACHID Exact. Qui en était le chef?
STÉPHANE Je ne m'en souviens pas.
RACHID Réfléchis. Qui est devenu président...?

AMINA Salut, vous deux!
RACHID Bonjour, Amina! *(Il tombe.)* Aïe!
STÉPHANE Tiens, donne-moi la main. Essaie de te relever.
RACHID Attends... non, je ne peux pas.
AMINA On va t'emmener chez le médecin tout de suite. Stéphane, mets-toi là, de l'autre côté. Hop là! On y va? Allons-y.

Chez le médecin...
DOCTEUR Alors, expliquez-moi ce qui s'est passé.
RACHID Eh bien, je jouais au foot quand tout à coup, je suis tombé.
DOCTEUR Et où est-ce que vous avez mal? Au genou? À la jambe? Ça ne vous fait pas mal ici?
RACHID Non, pas vraiment.

  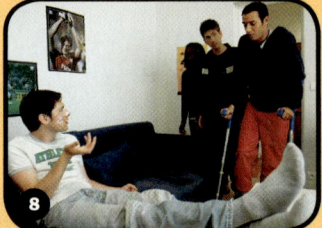

AMINA Ah, te voilà, Rachid!
STÉPHANE Alors, tu t'es cassé la jambe? Euh... tu peux toujours jouer au foot?
AMINA Stéphane!
RACHID Pas pour le moment, non; mais ne t'inquiète pas. Après quelques semaines de repos, je vais guérir rapidement et retrouver la forme.

AMINA Qu'est-ce que t'a dit le docteur?
RACHID Oh, ce n'est pas grave. Je me suis foulé la cheville. C'est tout.
AMINA Ah, c'est une bonne nouvelle. Bon, on rentre?
RACHID Oui, volontiers. Dis, est-ce qu'on peut passer par la pharmacie?
AMINA Bien sûr!

Chez David et Rachid...
DAVID Rachid! Qu'est-ce qui t'est arrivé?
RACHID On jouait au foot et je suis tombé. Je me suis foulé la cheville.
DAVID Oh! C'est idiot!
AMINA Bon, on va mettre de la glace sur ta cheville. Il y en a au congélateur?
DAVID Oui, il y en a.

A C T I V I T É S

1 Les événements Mettez ces événements dans l'ordre chronologique.

_7_ a. Rachid, Stéphane et Amina vont à la pharmacie.
_3_ b. Rachid tombe.
_9_ c. David explique qu'il a eu une réaction allergique.
_1_ d. Rachid et Stéphane jouent au foot.
_5_ e. Le docteur Beaumarchais explique que Rachid n'a pas la cheville cassée.
_2_ f. Stéphane ne se souvient pas de la réponse.
_4_ g. Amina et Stéphane aident Rachid.
_8_ h. Amina et Stéphane sont surpris de voir *(see)* comment est le visage de David.
_10_ i. David dit qu'il est allé aux urgences.
_6_ j. Le docteur Beaumarchais prépare une ordonnance.

 Practice more at daccord2.vhlcentral.com.

 cent huit

Avant de regarder la vidéo Before viewing the video, have students work in pairs and brainstorm a list of things people might say to a doctor when they get hurt. Also have them write a list of things a doctor might ask a patient who is hurt.

Regarder la vidéo Download and print the videoscript found on the Supersite. Then white out words related to injuries, illnesses, and other key vocabulary in order to create a master for a cloze activity. Distribute the photocopies and tell students to fill in the missing information as they watch the video episode.

UNITÉ 2 La santé

Rachid se foule la cheville.

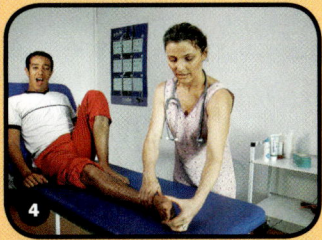

DOCTEUR Et là, à la cheville?
RACHID Aïe! Oui, c'est ça!
DOCTEUR Vous pouvez tourner le pied à droite... Et à gauche? Doucement. La bonne nouvelle, c'est que ce n'est pas cassé.
RACHID Ouf, j'ai eu peur.

DOCTEUR Vous vous êtes simplement foulé la cheville. Alors, voilà ce que vous allez faire: mettre de la glace, vous reposer. Ça veut dire: pas de foot pendant une semaine au moins et prendre des médicaments contre la douleur. Je vous prépare une ordonnance tout de suite.
RACHID Merci, Docteur Beaumarchais.

STÉPHANE Et toi, David, qu'est-ce qui t'est arrivé? Tu fais le clown ou quoi?
DAVID Ah! Ah!... Très drôle, Stéphane.
AMINA Ça te fait mal?
DAVID Non. C'est juste une allergie. Ça commence à aller mieux. Je suis allé aux urgences. On m'a fait une piqûre et on m'a donné des médicaments. Ça va passer. En attendant, je dois éviter le soleil.

STÉPHANE Vous faites vraiment la paire, tous les deux!
AMINA Allez, Stéphane. Laissons-les tranquilles. Au revoir, vous deux. Reposez-vous bien!
RACHID Merci! Au revoir!
DAVID Au revoir!
DAVID Eh! Rends-moi la télécommande! Je regardais ce film...

Expressions utiles

Giving instructions and suggestions
- **Essaie de te relever.**
  Try to get up.
- **On y va? Allons-y.**
  Ready? Let's go (there).
- **Qu'est-ce qui t'est arrivé?**
  What happened to you?
- **Laissons-les tranquilles.**
  Let's leave them alone.
- **Rends-moi la télécommande.**
  Give me back the remote.

Referring to ideas, quantities, and places
- **Qui en était le chef?**
  Who was the leader of it?
- **Je ne m'en souviens pas.**
  I don't remember it.
- **De la glace. Il y en a au congélateur?**
  Ice. Is there any in the freezer?
- **Oui, il y en a.**
  Yes, there is some (there).

Additional vocabulary
- **la bonne nouvelle**
  the good news
- **ça veut dire**
  that is to say/that means
- **volontiers**
  gladly/I'd love to!
- **en attendant**
  in the meantime

2 À vous! Sandrine ne sait pas encore ce qui (*what*) est arrivé à David et à Rachid. Avec deux camarades de classe, préparez une conversation dans laquelle Sandrine découvre ce qui s'est passé. Ensuite, jouez les rôles de Sandrine, David et Rachid devant la classe.
- Imaginez le contexte de la conversation: le lieu, qui fait/a fait quoi.
- Décidez si Sandrine rencontre les garçons ensemble ou séparément.
- Décrivez la surprise initiale de Sandrine. Détaillez ses questions et ses réactions.

3 Écrivez Rachid et David ont deux problèmes de santé très différents. Qu'est-ce que vous préférez, une cheville foulée pendant une semaine ou une réaction allergique au visage? Écrivez un paragraphe dans lequel vous comparez les deux situations. Quelle situation est la pire? Pourquoi?

ressources

CA pp. 67–68

daccord2.vhlcentral.com

cent neuf **109**

Leçon 2B

CULTURE

Video: *Flash culture*

CULTURE À LA LOUPE

La Sécurité sociale

En France, presque tous les habitants sont couverts par le système national de la Sécurité sociale. La Sécurité sociale, ou «la sécu», est un organisme d'État, financé principalement par les cotisations° sociales des travailleurs, qui donne une aide financière à ses bénéficiaires dans différents domaines. La branche «famille», par exemple, s'occupe des allocations° pour la maternité et les enfants. La branche «vieillesse» paie les retraites des personnes âgées°. La branche «maladie» aide les gens en cas de maladies et d'accidents du travail. Chaque personne qui bénéficie des prestations° de la Sécurité sociale a une carte Vitale qui ressemble à une carte de crédit et qui contient° toutes ses informations personnelles.

La Sécurité sociale rembourse° en moyenne 75% des frais° médicaux. Les visites chez le médecin sont remboursées à 70%. Le taux° de remboursement varie entre 80 et 100% pour les séjours en clinique ou à l'hôpital et entre 70 et 100% pour les soins dentaires°. Pour les médicaments sur ordonnance, le taux de remboursement varie beaucoup: de 35 à 100% selon° les médicaments achetés. Beaucoup de gens ont aussi une mutuelle, une assurance santé supplémentaire qui rembourse ce que la Sécurité sociale ne rembourse pas. Ceux° qui ne peuvent pas avoir de mutuelle et ceux qui n'ont pas droit à° la Sécurité sociale traditionnelle bénéficient parfois de la Couverture Maladie Universelle (CMU). La CMU garantit le remboursement à 100% des frais médicaux aux gens qui n'ont pas assez de ressources.

Les visites médicales

- En moyenne°, les Français consultent un médecin sept fois par an, dont° quatre fois un généraliste et trois fois un spécialiste.
- 70% des visites médicales ont lieu° chez le médecin.
- 20% ont lieu à la maison.
- 10% ont lieu à l'hôpital.

SOURCE: Francoscopie

cotisations contributions **allocations** allowances **personnes âgées** the elderly **prestations** benefits **contient** holds **rembourse** reimburses **frais** expenses **taux** rate **soins dentaires** dental care **selon** depending on **Ceux** Those **n'ont pas droit à** don't qualify for **En moyenne** On average **dont** of which **ont lieu** take place

ACTIVITÉS

1 **Vrai ou faux?** Indiquez si les phrases sont **vraies** ou **fausses**. Corrigez les phrases fausses.

1. Les cotisations des travailleurs financent la Sécurité sociale. Vrai.
2. La Sécurité sociale a plusieurs branches. Vrai.
3. La branche «vieillesse» s'occupe des accidents du travail. Faux. Elle s'occupe des retraites.
4. La carte Vitale est une assurance supplémentaire. Faux. C'est une carte qui contient toutes les informations personnelles d'une personne.
5. La Sécurité sociale rembourse en moyenne 100% des frais médicaux. Faux. Elle rembourse en moyenne 75% des frais médicaux.
6. Entre 70 et 100% des soins dentaires sont remboursés par la sécu. Vrai.
7. La Sécurité sociale ne rembourse pas les médicaments. Faux. Elle rembourse entre 35 et 100% du prix des médicaments sur ordonnance.
8. En plus de la Sécurité sociale, certaines personnes ont des assurances santé supplémentaires. Vrai.
9. Si on n'a pas beaucoup d'argent, on peut bénéficier de la CMU. Vrai.
10. 20% des consultations médicales ont lieu à l'hôpital. Faux. 10% ont lieu à l'hôpital. 20% ont lieu à la maison.

Practice more at **daccord2.vhlcentral.com**.

110 cent dix

UNITÉ 2 La santé

LE FRANÇAIS QUOTIDIEN

Des problèmes de santé

angine (f.)	strep throat
bronchite (f.)	bronchitis
carie (f.)	cavity
frissons (m.)	chills
migraine (f.)	migraine
nez bouché	stuffy nose
nez qui coule	runny nose
sinusite (f.)	sinus infection
toux (f.)	cough

LE MONDE FRANCOPHONE

Des pionniers de la médecine

Voici quelques pionniers francophones de la médecine.

En Belgique
Jules Bordet (1870–1961) médecin et microbiologiste qui a découvert° le microbe de la coqueluche°

En France
Bernard Kouchner (1939–) médecin, cofondateur° de Médecins sans frontières° et de Médecins du monde

En Haïti
Yvonne Sylvain (1907–1989) première femme médecin et gynécologue obstétricienne d'Haïti

Au Québec
Jeanne Mance (1606–1673) fondatrice du premier hôpital d'Amérique du Nord

En Suisse
Henri Dunant (1828–1910) fondateur de la Croix-Rouge°

a découvert *discovered* coqueluche *whooping cough* cofondateur *cofounder* frontières *Borders* Croix-Rouge *Red Cross*

PORTRAIT

L'hôtel des Invalides

L'hôtel des Invalides est un monument parisien dont le dôme doré° est un chef-d'œuvre° de l'architecture du XVIIe siècle. Le roi° Louis XIV l'a fait construire entre 1670 et 1680 pour accueillir° les vieux soldats° et les soldats invalides°. Pendant la Seconde Guerre mondiale°, le monument a servi de cachette° à des membres de la Résistance. Plusieurs grands hommes de guerre reposent° aux Invalides, notamment Napoléon Bonaparte et Claude Joseph Rouget de Lisle, l'auteur de *La Marseillaise*, l'hymne national français. Aujourd'hui, l'hôtel des Invalides accueille toujours d'anciens° soldats de l'armée française, mais c'est aussi un site culturel qui a quatre musées.

doré *gold* chef-d'œuvre *masterpiece* roi *King* accueillir *welcome, take in* soldats *soldiers* invalides *disabled* Guerre mondiale *World War* cachette *hiding place* reposent *are buried* anciens *former*

SUR INTERNET

Qui a découvert le vaccin contre la tuberculose?

Go to daccord2.vhlcentral.com to find more information related to this CULTURE section. Then watch the corresponding Flash culture.

2 Répondez Répondez aux questions par des phrases complètes.

1. Pour qui Louis XIV a-t-il fait construire l'hôtel des Invalides?
   Il l'a fait construire pour les vieux soldats et les soldats invalides.
2. Quand l'hôtel des Invalides a-t-il été construit?
   L'hôtel a été construit entre 1670 et 1680.
3. Qui a utilisé l'hôtel des Invalides pendant la Seconde Guerre mondiale? *Des membres de la Résistance l'ont utilisé pendant la Seconde Guerre mondiale.*
4. Que peut-on faire aujourd'hui à l'hôtel des Invalides?
   On peut visiter quatre musées.
5. Qui a été la première femme médecin d'Haïti?
   Yvonne Sylvain a été la première femme médecin d'Haïti.

3 Problèmes de santé
Avec un(e) camarade, écrivez cinq phrases dans lesquelles (*in which*) vous utilisez le vocabulaire du Français quotidien. Soyez prêts à les présenter devant la classe.

ressources

CA pp. 93–94
daccord2.vhlcentral.com

cent onze 111

Leçon 2B — STRUCTURES

2B.1 The *passé composé* of reflexive verbs

Point de départ In **Leçon 2A**, you learned to form the present tense and command forms of reflexive verbs. You will now learn how to form the **passé composé** of reflexive verbs.

Vous vous êtes foulé la cheville.

Tu t'es cassé la jambe?

- Use the auxiliary verb **être** with all reflexive verbs in the **passé composé**, and place the reflexive pronoun before it.

   Nous **nous sommes fait** mal hier, pendant la randonnée.
   We hurt ourselves during the hike yesterday.

   Il **s'est lavé** les mains avant de prendre le médicament.
   He washed his hands before taking the medicine.

- If the verb is not followed by a direct object, the past participle should agree with the subject in gender and number.

   SUBJECT — PAST PARTICIPLE
   L'infirmier et le médecin **se sont disputés**.
   The nurse and the doctor argued.

   SUBJECT — PAST PARTICIPLE
   Elle **s'est assise** dans le fauteuil du dentiste.
   She sat in the dentist's chair.

- If the verb is followed by a direct object, the past participle should not agree with the subject. Use the masculine singular form.

   PAST PARTICIPLE — DIRECT OBJECT
   Régine **s'est foulé** les deux chevilles.
   Régine twisted both ankles.

   PAST PARTICIPLE — DIRECT OBJECT
   Ils **se sont cassé** les bras.
   They broke their arms.

- To make a reflexive verb negative in the **passé composé**, place **ne** before the reflexive pronoun and **pas** after the auxiliary verb.

   Elles **ne se sont pas mises** en colère.
   They didn't get angry.

   Nous **ne nous sommes pas sentis** mieux.
   We didn't feel better.

   Je **ne me suis pas** rasé ce matin.
   I didn't shave this morning.

   Tu **ne t'es pas** coiffée.
   You didn't do your hair.

112 cent douze

MISE EN PRATIQUE

1 Une lettre Complétez la lettre que Christine a écrite sur sa journée. Mettez les verbes au passé composé.

Hier soir, je (1) _me suis couchée_ (se coucher) trop tard, et quand je (2) _me suis réveillée_ (se réveiller), j'étais fatiguée. Mais je voulais jouer au basket, alors je (3) _me suis levée_ (se lever) et je (4) _me suis brossé_ (se brosser) les dents. Mon amie est venue me chercher et je (5) _me suis endormie_ (s'endormir) dans la voiture! Je pense que mon amie (6) _s'est énervée_ (s'énerver) un peu contre moi. Nous (7) _nous sommes préparées_ (se préparer) pour le match et nous (8) _nous sommes mises_ (se mettre) à jouer.

2 Descriptions Utilisez des verbes réfléchis pour décrire ce que (*what*) les personnages des illustrations ont fait ou n'ont pas fait hier. Mettez les verbes au passé composé. *Suggested answers*

MODÈLE

Thomas ne s'est pas lavé.

Thomas

1. mes amis
Mes amis se sont disputés.

3. je
Je me suis ennuyée.

2. tu
Tu t'es rasé.

4. vous
Vous vous êtes mise en colère.

3 Une mauvaise journée Hier, Djamila a eu toutes sortes de difficultés. Utilisez le vocabulaire de la liste pour raconter sa mauvaise journée. *Answers will vary.*

MODÈLE

Djamila s'est trompée. Elle s'est brossé les dents avec du savon!

le bras	s'habiller	un rhume
se brosser	la jambe	du savon
se casser	se laver	se sentir
les chaussures	se lever	du shampooing
du dentifrice	le pied	se tromper

Practice more at daccord2.vhlcentral.com.

UNITÉ 2 La santé

COMMUNICATION

4 Et toi? Avec un(e) partenaire, posez-vous ces questions. Ensuite, présentez vos réponses à la classe.
Answers will vary.
1. À quelle heure t'es-tu réveillé(e) ce matin?
2. Avec quel dentifrice t'es-tu brossé les dents?
3. Avec quel shampooing t'es-tu lavé les cheveux aujourd'hui?
4. T'es-tu énervé(e) cette semaine? Pourquoi?
5. T'es-tu disputé(e) avec quelqu'un cette semaine? Avec qui?
6. T'es-tu endormi(e) facilement hier soir? Pourquoi?
7. T'es-tu promené(e) récemment? Où?
8. Comment t'es-tu détendu(e) le week-end dernier?
9. Comment t'es-tu amusé(e) le week-end dernier?
10. T'es-tu bien entendu(e) avec tes camarades de classe l'année dernière?

5 Enquête criminelle Il y a eu un crime dans votre quartier et un agent de police vous pose des questions pour son enquête (*investigation*). Avec un(e) partenaire, utilisez le vocabulaire de la liste pour créer le dialogue.
Answers will vary.

appartement	se coucher
blessure	se disputer
corps	s'énerver
déprimé(e)	se lever
grave	se mettre en colère
quartier	se réveiller
revenir	se souvenir
soudain	se trouver

6 Charades Par groupes de quatre, pensez à une phrase au passé composé avec un verbe réfléchi et jouez-la. La première personne qui devine joue la prochaine phrase. *Answers will vary.*

- Ask a question using inversion with a reflexive verb in the **passé composé** as you would with non-reflexive verbs. Place the subject pronoun after the auxiliary verb and keep the reflexive pronoun before the auxiliary.

  Irène **s'est-elle** blessée au genou?
  Did Irène hurt her knee?

  Ne **vous êtes-vous** pas rendu compte de ça?
  Didn't you realize that?

- Place a direct object pronoun between the reflexive pronoun and the auxiliary verb. Make the past participle agree with the direct object pronoun that precedes it.

  Il a la cheville un peu enflée. Il **se l'est cassée** il y a une semaine.
  His ankle is a bit swollen. He broke it a week ago.

  Mes mains? Mais je **me les** suis déjà **lavées**.
  My hands? But I already washed them.

- The irregular past participle of the verb **s'asseoir** is **assis(e)**.

Elle **s'est assise** près de la fenêtre.
She sat near the window.

Les invités **se sont assis** dans le salon.
The guests sat in the living room.

- Form the **imparfait** of reflexive verbs just as you would non-reflexive verbs. Just add the corresponding reflexive pronoun.

  Je **me brossais** les dents trois fois par jour.
  I used to brush my teeth three times a day.

  Nous **nous promenions** souvent au parc.
  We used to take walks often in the park.

Essayez! Complétez ces phrases.

1. Natalia s'est (**foulé**/foulée) le bras.
2. Sa jambe? Comment Robert se l'est-il (cassé/**cassée**)?
3. Les deux joueurs de basket se sont (blessé/**blessés**) au genou.
4. L'infirmière s'est (**lavé**/lavées) les mains.
5. M. Pinchon s'est (**fait**/faite) mal à la jambe.
6. S'est-elle (**rasé**/rasées) les jambes?
7. Elles se sont (**maquillé**/maquillés) les yeux?
8. Nous nous sommes (**cassé**/cassées) la jambe.

cent treize 113

Section Goals
In this section, students will learn the pronouns **y** and **en**.

Key Standards
4.1, 5.1

Student Resources
Cahier d'exercices, pp. 39–40; Cahier d'activités, pp. 7, 128; Supersite: Activities, Cahier interactif

Teacher Resources
Answer Keys; Audio Script; Audio Activity MP3s/CD; Feuilles d'activités; Testing program: Grammar Quiz

Suggestions
- Ask students to recall expressions containing pronouns **y** and **en** that they have already learned. Examples: **il y a, ne t'en fais pas,** and **je vous en prie**. Make sure they understand when **en** is a preposition instead of a pronoun.
- Have students ask you questions about various locations, first in the present tense and then in the **passé composé**. Examples: **Dînez-vous au restaurant? (Oui, j'y dîne./Non, je n'y dîne pas.) Êtes-vous allé(e) à l'hôtel des Invalides? (Oui, j'y suis allé(e)./Non, je n'y suis pas allé(e).)** Have them make up other questions to ask you that elicit **en** as a pronoun. Then turn the questions back to the students, encouraging their responses with **y** or **en**.
- Clarify that **y** and **en** are not used to refer to people. Examples:
Je parle des cours. → J'en parle.
Je parle de mon père. → Je parle de lui.
Je pense à mes cours. → J'y pense.
Je pense à ma mère. → Je pense à elle.

Leçon 2B

STRUCTURES

2B.2 The pronouns *y* and *en*

Point de départ The pronoun **y** replaces a previously mentioned phrase that begins with the prepositions **à, chez, dans, en,** or **sur**. The pronoun **en** replaces a previously mentioned phrase that begins with a partitive or indefinite article, or with the preposition **de**.

PREPOSITIONAL PHRASE: Nous allons **chez le médecin**. → PRONOUN: Nous **y** allons.

PREPOSITIONAL PHRASE: Il était le chef **du Front Populaire**. → PRONOUN: Il **en** était le chef.

Allons-y!

Le Front Populaire. Qui en était le chef?

- The pronouns **y** and **en** precede the conjugated verb.

Es-tu allée **à la plage**?
Did you go to the beach?
Oui, j'**y** suis allée.
Yes, I went there.

Achètent-elles **de la moutarde**?
Are they buying mustard?
Oui, elles **en** achètent.
Yes, they're buying some.

- Never omit **y** or **en** even when the English equivalents can be omitted.

Ah, vous allez **à la boulangerie**.
Oh, you're going to the bakery.
Tu **y** vas aussi?
Are you going (there), too?

Est-ce qu'elle prend **du sucre**?
Does she take sugar?
Non, elle n'**en** prend pas.
No, she doesn't (take any).

- Always use **en** with a number or expression of quantity when the noun is omitted.

Combien **de frères** a-t-elle?
How many brothers does she have?
Elle **en** a un (deux, trois).
She has one (two, three).

Avez-vous acheté **beaucoup de pain**?
Did you buy a lot of bread?
Oui, j'**en** ai acheté **beaucoup**.
Yes, I bought a lot.

- Use **en** to replace a prepositional phrase that begins with **de**.

Vous revenez **de vacances**?
Are you coming back from vacation?
Oui, nous **en** revenons.
Yes, we're coming back (from vacation).

114 cent quatorze

MISE EN PRATIQUE

1 Sondage M. Renaud répond aux questions d'un journaliste qui fait un sondage (*poll*) pour un magazine français. Utilisez **y** ou **en** pour compléter les notes du journaliste. *Answers may vary slightly.*

Nombre/Fréquence		Notes
1. Enfant	3	M. Renaud en a trois.
2. Chien	0	M. Renaud n'en a pas.
3. Voiture	2	M. Renaud en a deux.
4. Cinéma	rarement	M. Renaud y va rarement.
5. Argent	peu	M. Renaud en a peu.
6. Thé/café	parfois	M. Renaud en boit parfois.
7. New York	en 2005	M. Renaud y est allé en 2005.
8. Chez le médecin	une fois par an	M. Renaud y va une fois par an.

2 Histoire médicale Avec un(e) partenaire, jouez le rôle de quelqu'un qui va à l'hôpital où on lui pose ces questions. Justifiez toutes vos réponses. Utilisez les pronoms **y** et **en**. *Some answers will vary.*

1. Avez-vous des allergies?
   Oui, j'en ai. / Non, je n'en ai pas.
2. Êtes-vous allé(e) aux urgences cette année?
   Oui, j'y suis allé(e). / Non, je n'y suis pas allé(e).
3. Allez-vous chez le médecin régulièrement?
   Oui, j'y vais régulièrement. / Non, je n'y vais pas régulièrement.
4. Combien d'aspirines prenez-vous par jour?
   J'en prends... / Je n'en prends pas.
5. Faites-vous du sport tous les jours?
   Oui, j'en fais. / Non, je n'en fais pas.
6. Avez-vous des douleurs?
   Oui, j'en ai. / Non, je n'en ai pas.
7. Avez-vous de la fièvre?
   Oui, j'en ai. / Non, je n'en ai pas.
8. Vous êtes-vous blessé(e) au travail?
   Oui, je m'y suis blessé(e). / Non, je ne m'y suis pas blessé(e).

3 Chez le dentiste Mme Hanh emmène ses fils chez un nouveau dentiste. Complétez le dialogue entre le dentiste et les deux garçons. Utilisez les pronoms **y** et **en**. *Suggested answers*

LE DENTISTE C'est la première fois que vous allez chez le dentiste?

FRÉDÉRIC Oui, (1) _c'est la première fois que nous y allons._

LE DENTISTE N'ayez pas peur. Alors, mangez-vous beaucoup de sucre?

HENRI (2) _Non, nous n'en mangeons pas beaucoup._

LE DENTISTE Et toi, Frédéric, utilises-tu du dentifrice?

FRÉDÉRIC (3) _Oui, j'en utilise._

HENRI Est-ce que vous allez nous faire une piqûre?

LE DENTISTE (4) _Oui, je vais vous en faire une._

HENRI Moi, je n'ai pas peur des piqûres... mais j'espère que vous n'allez pas trouver de caries (*cavities*).

LE DENTISTE (5) _Je vais peut-être en trouver une ou deux._

Practice more at daccord2.vhlcentral.com.

OPTIONS

Have you been there? Show pictures of easily identifiable places around town and/or around the world. Ask students if they go, have been, if they want to go, if they used to go, etc., to the various places. Examples: **Y allez-vous souvent? Y alliez-vous quand vous étiez petit(e)s? Voulez-vous y aller?** You could also do a similar activity without pictures. Ask questions with specific places, requiring students to use **y** in their replies.

Y ou En? Divide the class into two teams. Choose one student at a time, alternating between teams. Call out a prepositional phrase that could be replaced with **en** or **y**. The student has three seconds to choose. Examples: **chez moi (y); dans la salle de bains (y); des États-Unis (en); en France (y); du pain (en)**. Teams earn a point per correct answer. The team with the most points at the end of the game wins.

UNITÉ 2 La santé

COMMUNICATION

4 **Trouvez quelqu'un qui...** Votre professeur va vous donner une feuille d'activités. Circulez dans la classe pour trouver un(e) camarade différent(e) qui donne une réponse affirmative à chaque question. Employez les pronoms **y** et **en**. Answers will vary.

MODÈLE
Élève 1: Je suis né(e) à Los Angeles. Y es-tu né(e) aussi?
Élève 2: Oui, j'y suis né(e) aussi!

Qui...	Noms
1. est né(e) dans la même (same) ville que vous?	Mélanie
2. a pris une aspirine aujourd'hui? Pourquoi?	
3. est allé(e) en Suisse? Quand?	
4. a mangé à la cantine cette semaine? Combien de fois?	
5. est déjà allé(e) aux urgences? Pourquoi?	
6. est allé(e) chez le dentiste ce mois-ci? Quand?	

5 **Interview** Posez ces questions à un(e) partenaire. Employez y ou en dans vos réponses, puis présentez-les à la classe. Answers will vary.

Demandez à un(e) partenaire...

1. s'il/elle va à la bibliothèque (au restaurant, à la plage, chez le dentiste) aujourd'hui. Pourquoi?
2. s'il/elle a besoin d'argent (d'un vélo, de courage, de temps libre). Pourquoi?
3. s'il/elle s'intéresse aux sports (à la littérature, au jazz, à la politique). Que préfère-t-il/elle?
4. combien de personnes il y a dans sa famille (dans la classe de français, dans son immeuble ou dans sa rue).
5. s'il/elle a un chien (beaucoup de cousins, un grand-père, un vélo, un ordinateur). Où sont-ils?
6. s'il/elle a des allergies (une blessure, un rhume). Que fait-il/elle contre les symptômes?

6 **Chez le docteur** Vous avez ces problèmes et vous allez chez le docteur. Votre partenaire va jouer le rôle du docteur. Parlez de vos symptômes. Que faut-il faire? Utilisez les pronoms **y** et **en**. Answers will vary.

- des allergies
- une cheville foulée
- la grippe
- mal à la gorge

• Like other pronouns in an infinitive construction, **y** and **en** precede the infinitive.

Quand préfères-tu manger **chez Fatima**?
When do you prefer to eat at Fatima's?

Je **préfère y manger** demain soir.
I prefer to eat there tomorrow night.

Vas-tu prendre **du thé**?
Are you going to have tea?

Non, je ne **vais** pas **en prendre**.
No, I'm not going to have any.

• In the **passé composé**, the past participle never agrees with **y** or **en**.

Avez-vous trouvé **des fraises**?
Did you find some strawberries?

Oui, nous **en** avons trouvé.
Yes, we found some.

• In an affirmative **tu** command, add an **-s** to any **-er** verb followed by **y** or **en**. Note that **aller** also follows this pattern.

Tu vas chez le médecin? Va**s-y**!
You're going to the doctor's? Go!

but Va chez le médecin!
Go to the doctor's!

Il y a des pommes. Mange**s-en**!
There are some apples. Eat a few!

but Mange des pommes!
Eat apples!

• When using two pronouns in the same sentence, **y** and **en** always come in second position.

Vous parlez **à Hélène de sa toux**?
Are you talking to Hélène about her cough?

Oui, nous **lui en** parlons.
Yes, we're talking to her about it.

• With imperatives, **moi** followed by **y** and **en** becomes **m'y** and **m'en**. **Toi** followed by **y** and **en** becomes **t'y** and **t'en**.

Vous avez **des pêches** aujourd'hui?
Do you have peaches today?

Donnez-**m'en** dix.
Give me ten.

• When used together in the same sentence, **y** is placed before **en**.

Il y a **de bons médecins à l'hôpital**?
Are there good doctors at the hospital?

Oui, il **y en** a.
Yes, there are.

Essayez! Complétez les phrases avec le pronom correct.

1. Faites-vous du sport? Oui, nous __en__ faisons.
2. Papa est au garage? Oui, il __y__ est.
3. Nous voulons des fraises. Donnez-nous-__en__ un kilo.
4. Mettez-vous du sucre dans votre café? Oui, nous __en__ mettons.
5. Est-ce que tu t'intéresses à la médecine? Oui, je m'__y__ intéresse.
6. Il est allé au cinéma? Oui, il __y__ est allé.
7. Combien de pièces y avait-il? Il y __en__ avait quatre.
8. Avez-vous des lampes? Non, nous n'__en__ avons pas.
9. Elles sont chez leur copine. Elles __y__ sont depuis samedi.
10. Êtes-vous allés en France? Oui, nous __y__ sommes allés.

cent quinze 115

Essayez! Supplement this activity with items like these: **11.** Avez-vous besoin d'une aspirine? (Non, nous n'en avons pas besoin.) **12.** Qui joue au foot? (J'y joue. / ____ y joue.) **13.** Combien de pièces y avait-il dans la maison? (Il y en avait quatre).

1 Expansion After completing the activity, have students form the questions that would elicit the responses. Then have them take turns asking each other the questions and answering them. Example: **Combien d'enfants a-t-il?** (Il en a trois.)

2 Suggestion Have students take turns playing the roles of the nurse and the celebrity.

3 Suggestion You may want to assign this activity to groups of three. If so, call on a volunteer group to act out the completed conversation for the class.

4 Suggestions
- Have two volunteers act out the **modèle**.
- Distribute the **Feuilles d'activités** found on the Supersite.

5 Suggestions
- Encourage students to think of a few additional questions modeled on those in the activity.
- Have students report what they learned about their partner in small groups.

6 Suggestions
- Make sure each student plays both the doctor and patient roles.
- Tell students to feel free to talk about other symptoms learned in this lesson.

Using Video Replay the video episode, having students focus on the **passé composé** of reflexive verbs and the pronouns **y** and **en**. Pause the video where appropriate to discuss how they were used and to ask comprehension questions. Examples: **Stéphane s'est-il souvenu du nom du chef du Front Populaire?** (Non, il ne s'en est pas souvenu.) **Qui s'est blessé?** (Rachid s'est blessé.) **Va-t-il chez le médecin?** (Oui, il y va.)

Questions and Answers Have pairs ask each other if they play sports, musical instruments, or do certain activities. Students respond yes or no in a complete sentence using **y** or **en**. If the answer is no, encourage them to say whether they used to, are going to, want to, if someone else plays, etc. Examples: **Fais-tu de l'exercice?** (Oui, j'en fais cinq fois par semaine.) **Fais-tu du golf?** (Non, je n'en fais pas, mais ma mère en fait.)

STRUCTURES 115

Leçon 2B

SYNTHÈSE

Révision

1 **La salle d'attente** Observez cette salle d'attente (*waiting room*) et, avec un(e) partenaire, décrivez la situation ou la maladie de chaque personne. À tour de rôle, essayez de prescrire un remède. Utilisez les pronoms **y** ou **en** dans vos dialogues. Answers will vary.

MODÈLE

Élève 1: Ce garçon s'est foulé la cheville. Il doit aller aux urgences.
Élève 2: Oui, et cette fille...

2 **Êtes-vous souvent malade?** Avec un(e) partenaire, préparez huit questions pour savoir si vos camarades de classe sont en bonne ou en mauvaise santé. Ensuite, par groupes de quatre, posez les questions à vos camarades et écrivez leurs réponses. Employez des pronoms. Answers will vary.

3 **Oh! Ça va?!** Vous êtes un(e) piéton(ne) (*pedestrian*) et tout à coup, vous voyez (*see*) un(e) cycliste tomber de son vélo. Avec un(e) partenaire, suivez (*follow*) ces instructions et préparez la scène. Utilisez les pronoms **y** et **en**. Answers will vary.

Piéton(ne)	Cycliste
Demandez s'il/elle s'est fait mal.	Dites quel est le problème.
Posez des questions sur les symptômes.	Décrivez les symptômes.
Proposez de l'emmener aux urgences.	Acceptez ou refusez la proposition.

4 **Pour partir loin** Vous et un(e) partenaire allez vivre (*to live*) un mois dans une région totalement isolée. Regardez l'illustration: vous pouvez mettre seulement cinq choses dans votre sac de voyage. Choisissez-les avec votre partenaire. Answers will vary.

MODÈLE

Élève 1: On prend de l'aspirine pour la migraine?
Élève 2: Non, la bouteille est trop grande!

5 **Le malade imaginaire** Vous êtes hypocondriaque et vous pensez être très malade. À tour de rôle, parlez de vos peurs à votre partenaire, qui va essayer de vous rassurer. Utilisez les pronoms **y** et **en** dans votre dialogue. Answers will vary.

MODÈLE

Élève 1: J'ai de la fièvre, n'est-ce pas?
Élève 2: Mais non, tu n'en as pas!
Élève 1: J'ai besoin d'un médicament!
Élève 2: Mais non, tu n'en as pas besoin!

6 **La famille Valmont** Votre professeur va vous donner, à vous et à votre partenaire, une feuille d'informations sur la famille Valmont. Attention! Ne regardez pas la feuille de votre partenaire. Answers will vary.

MODÈLE

Élève 1: David jouait au baseball.
Élève 2: Voilà comment il s'est cassé le bras!

116 *cent seize*

UNITÉ 2 | La santé

À l'écoute
Audio: Activities

STRATÉGIE

Listening for specific information

You can listen for specific information effectively once you identify the subject of a conversation. You can also use your background knowledge to predict what kinds of information you might hear.

 To practice this strategy, you will listen to a commercial for a flu relief medication. Before you listen, use what you already know about the flu and commercials for medications to predict the content of the commercial. Then, listen and jot down specific information the commercial provides. Compare these details to the predictions you first made.

Préparation

Regardez la photo et décrivez les deux personnes. Comment est l'homme? Est-il sportif, d'après vous? A-t-il l'air en forme? Pensez-vous qu'il a des problèmes de santé? Quels problèmes? Et la femme, comment est-elle? A-t-elle l'air en forme? De quoi parlent-ils?

À vous d'écouter

Écoutez la conversation et indiquez chaque problème que Dimitri mentionne.

1. Il est déprimé.   x
2. Il fume trop.   ___
3. Il ne fait pas assez d'exercice.   x
4. Il a des douleurs à la gorge.   ___
5. Il a beaucoup d'allergies.   ___
6. Il a mal au dos.   x
7. Il ne mange pas sainement.   x
8. Il a de la fièvre.   ___

Practice more at daccord2.vhlcentral.com.

Compréhension

Les conseils de Nadine Écoutez la conversation une deuxième fois. Pour chaque catégorie, donnez un des conseils (pieces of advice) de Nadine. *Answers will vary. Possible answers provided.*

1. Nutrition
   manger plus sainement; manger des fruits, des légumes et du poisson; éviter les régimes

2. Exercice
   faire du sport (de l'exercice); faire de la natation

3. Mode de vie (*Lifestyle*)
   prendre le temps de se reposer; s'amuser un peu tous les jours

Avez-vous deviné? Relisez vos notes de la **Préparation**. Avez-vous deviné le sujet de la conversation entre Dimitri et Nadine? Comparez avec un(e) camarade.

Un questionnaire Jean-Marc travaille au centre médical de son université. Il va y avoir beaucoup d'étudiants francophones ce semestre et ils doivent tous passer une visite médicale. Le directeur du centre lui a demandé de créer un questionnaire en français sur la santé et le mode de vie. Par groupes de trois ou quatre, préparez ce questionnaire (10 questions minimum) et soyez prêts à le présenter à la classe. Voici quelques thèmes à considérer:

- les maladies
- les problèmes de santé récents
- la nutrition
- l'exercice
- les régimes
- le stress et les problèmes personnels
- le repos

D: Oui, je sais... Je pense commencer un régime.
N: Ah non! Ce n'est pas une bonne idée. Les régimes sont mauvais pour la santé. Manger sainement, c'est simplement manger plus de fruits, de légumes et de poisson. Tu vas voir, si tu manges sainement, tu vas retrouver la ligne sans problème. Et tu ne fais pas de sport?
D: Non, j'ai souvent des douleurs dans le dos, alors le sport...
N: Fais de la natation! C'est excellent pour le dos.
D: Oui, bonne idée... Mais toi, tu as l'air d'être en forme, dis donc!
N: Oui, j'ai une forme super en ce moment. J'ai arrêté de fumer, je mange bien et je fais de l'exercice trois fois par semaine. Je me sens vraiment très bien!
D: Eh bien, bravo!

SAVOIR-FAIRE

Interactive Map Reading

Panorama

La Suisse

Le pays en chiffres

▶ **Superficie:** 41.285 km²
▶ **Population:** 7.594.000
SOURCE: Population Division, UN Secretariat
▶ **Industries principales:** activités financières° (banques, assurances), agroalimentaire°, élevage bovin°, horlogerie°, métallurgie, tourisme
▶ **Villes principales:** Bâle, Berne, Genève, Lausanne, Zurich
▶ **Langues:** allemand, français, italien, romanche
L'allemand, le français et l'italien sont les langues officielles, parlées dans les différentes régions du pays. Le romanche, langue d'origine latine, est parlée dans l'est° du pays. Langue nationale depuis 1938, elle n'est pas utilisée au niveau° fédéral. Aujourd'hui en Suisse, l'italien et le romanche sont moins parlés que d'autres langues étrangères.
▶ **Monnaie:** le franc suisse

Suisses célèbres

▶ **Johanna Spyri,** auteur de «Heidi» (1827–1901)
▶ **Louis Chevrolet,** coureur automobile°, fondateur de la société Chevrolet (1878–1941)
▶ **Alberto Giacometti,** sculpteur (1901–1966)
▶ **Charles-Édouard Jeanneret Le Corbusier,** architecte (1887–1965)
▶ **Jean-Luc Godard,** cinéaste (1930–)
▶ **Martina Hingis,** joueuse de tennis (1980–)

financières financial **agroalimentaire** food processing **élevage bovin** livestock farming **horlogerie** watch and clock making **est** east **niveau** level **coureur automobile** racecar driver **barques** small boats **guerres** wars **Battue** Defeated **paix** peace treaty **statut** status **ne... ni** neither... nor **OTAN** NATO

118 cent dix-huit

le château de Chillon sur le lac Léman

des barques° sur le lac de Saint-Moritz

■ Région francophone
0   50 miles
0   50 kilomètres

Incroyable mais vrai!

La Suisse n'a pas connu de guerres° depuis le 16ᵉ siècle! Battue° par la France en 1515, elle signe une paix° perpétuelle avec ce pays et inaugure donc sa période de neutralité. Ce statut° est reconnu par les autres pays européens en 1815 et, depuis, la Suisse ne peut participer à aucune guerre ni° être membre d'alliances militaires comme l'OTAN°.

Suisses célèbres Johanna Spyri began her writing career in order to help refugees of the Franco-Prussian War. **Louis Chevrolet** designed the first Chevrolet automobile sold in 1911. General Motors bought the Chevrolet Motor Company in 1918. **Alberto Giacometti,** a painter as well as a sculptor, was best known for his very thin, metal sculptures. Internationally renowned, **Le Corbusier**'s works and ideas had a profound influence on the development of modern architecture and the field of city planning. **Martina Hingis** won five Grand Slam single titles. At age 16, she became the youngest winner of a Grand Slam tournament in the 20th century. **Jean-Luc Godard** was born in Paris, but grew up on the Swiss side of Lake Geneva. He is known for his independent vision and his unconventional, often controversial, films.

L'économie

Des montres et des banques

L'économie suisse se caractérise par la présence de grandes entreprises° multinationales et par son secteur financier. Les multinationales sont particulièrement actives dans le domaine des banques, des assurances, de l'agroalimentaire (Nestlé), de l'industrie pharmaceutique et de l'horlogerie (Longines, Rolex, Swatch). 50% de la production mondiale° d'articles° d'horlogerie viennent de Suisse. Le franc suisse est une des monnaies les plus stables du monde et les banques suisses ont la réputation de bien gérer° les fortunes de leurs clients.

Les gens

Jean-Jacques Rousseau (1712–1778)

Né à Genève, Jean-Jacques Rousseau a passé sa vie entre la France et la Suisse. Vagabond et autodidacte°, Rousseau est devenu écrivain, philosophe, théoricien politique et musicien. Il a comme principe° que l'homme naît bon et que c'est la société qui le corrompt°. Défenseur de la tolérance religieuse et de la liberté de pensée, les principes de Rousseau, exprimés° principalement dans son œuvre° *Du contrat social*, se retrouvent° dans la Révolution française. À la fin de sa vie, il écrit *Les Confessions*, son autobiographie, un genre nouveau pour l'époque°.

Les traditions

Le couteau suisse

En 1884, Carl Elsener, coutelier° suisse, se rend compte que les soldats° suisses portent des couteaux allemands. Il décide donc de fonder sa propre compagnie en Suisse et invente le «couteau du soldat» à quatre outils°. Depuis 1891, chaque soldat de l'armée suisse en a un. En 1897, Elsener développe le «couteau d'officier°» pour l'armée et aujourd'hui, il est vendu au grand public. Le célèbre couteau, orné de la croix° suisse sur fond° rouge, offre un choix de 90 accessoires.

Les destinations

Genève

La ville de Genève, à la frontière° franco-suisse, est une ville internationale et francophone. C'est une belle ville verte, avec sa rade° sur le lac Léman et son célèbre jet d'eau°. Son horloge fleurie°, ses promenades, ses magasins divers et ses nombreux chocolatiers font de Genève une ville très appréciée des touristes. C'est ici qu'on trouve aussi de nombreuses grandes entreprises internationales et organisations internationales et non gouvernementales, l'ONU°, la Croix-Rouge° et l'OMS°. Pour cette raison, 45% de la population de Genève est d'origine étrangère.

Qu'est-ce que vous avez appris? Répondez aux questions par des phrases complètes.

1. Quelles sont les langues officielles de la Suisse?
   L'allemand, le français et l'italien sont les langues officielles de la Suisse.
2. Quand la Suisse a-t-elle commencé sa période de neutralité?
   La Suisse a commencé sa période de neutralité en 1515.
3. Que signifie la neutralité pour la Suisse?
   Elle ne participe pas aux guerres et elle ne peut pas être membre d'alliances militaires.
4. Quels sont deux secteurs importants de l'économie suisse?
   Answers will vary.
5. Quel est le principe fondamental de Rousseau?
   L'homme naît bon, mais c'est la société qui le corrompt.
6. Quel événement les idées de Rousseau ont-elles influencé?
   La Révolution française a été influencée par les idées de Rousseau.
7. À quoi servait le couteau suisse à l'origine?
   C'était un couteau porté par les soldats de l'armée suisse.
8. Pourquoi Carl Elsener a-t-il inventé le couteau suisse?
   Il a inventé le couteau suisse parce que les soldats suisses portaient des couteaux allemands.
9. Où se trouve la ville de Genève en Suisse?
   Genève se trouve à la frontière franco-suisse.
10. Quel pourcentage de la population de Genève est d'origine étrangère?
    45% de sa population est d'origine étrangère.

Practice more at daccord2.vhlcentral.com.

SUR INTERNET

Go to **daccord2.vhlcentral.com** to find more cultural information related to this **PANORAMA**.

1. Cherchez plus d'informations sur Ella Maillart. Qu'a-t-elle fait de remarquable?
2. Cherchez plus d'informations sur les œuvres de Rousseau. Quelles autres œuvres a-t-il écrites?
3. La Suisse est membre des Nations Unies. Depuis quand en est-elle membre? Quel est son statut (*status*) dans l'Union européenne?

ressources
 CE pp. 41–42
 daccord2.vhlcentral.com

entreprises companies **mondiale** worldwide **articles** products **gérer** manage **autodidacte** self-taught **comme principe** as a principle **corrompt** corrupts **exprimés** expressed **œuvre** work **se retrouvent** are found **époque** time **coutelier** knife maker **soldats** soldiers **outils** tools **officier** officer **orné de la croix** adorned with the cross **fond** background **frontière** border **rade** harbor **jet d'eau** fountain **horloge fleurie** flower clock **ONU** (Organisation des Nations unies) U.N. **Croix-Rouge** Red Cross **OMS** (Organisation mondiale de la santé) W.H.O. (World Health Organization)

Des montres et des banques

- Located in Zurich, Crédit Suisse and UBS AG are Switzerland's largest international banks. Swiss banks are known for their discretion, confidentiality, and secrecy. Clients are protected through the use of numbered accounts, and only a few top managers actually know who owns a particular account.
- Have students look at the photo and describe what they see. Then ask: **Combien d'élèves portent une Swatch? Pourquoi ces montres sont-elles populaires? Connaissez-vous quelqu'un qui a une Rolex?**
- Ask students to name some Nestlé products. **Citez quelques produits Nestlé (le chocolat, la nourriture pour bébés, etc.)**

Jean-Jacques Rousseau

People's views of society, family values, and political and ethical thinking were directly affected by Rousseau's writings. Through his involvement with the **Philosophes** and Diderot's *Encyclopédie*, Rousseau influenced society's taste in music, arguing for freedom of expression rather than strict adherence to rules and traditions.

Le couteau suisse

- Victorinox makes 100 models of Swiss Army knives and sells approximately 7 million of them each year. More than 90% of the knives are exported.
- Have students look at the photo and identify the implements on the Swiss Army knife. Then ask: **Avez-vous un couteau suisse?**

Genève

Known as the "City of Peace", Geneva is considered an ideal neutral site for major diplomatic negotiations. Approximately 190 international organizations are located in Geneva.

Categories Create categories for the information on Switzerland. Examples: **Géographie, Suisses célèbres, Langues,** and **Industries/Produits**. For each category, make cards with a question on one side. Tape the cards to the board under the proper category with the question face down. Divide the class into two teams, and have them take turns picking a card and answering the question. Teams win a point per correct reply.

Les montres suisses Watches, clocks, and alarm clocks manufactured in Switzerland must carry the designation "Swiss made" or "Swiss." A lot of technical expertise goes into fitting very complex mechanisms into small casings. A typical luxury watch usually has over 300 parts. The most complex, luxury watch in the world is probably Calibre 89 by Patek Philippe, which contains 1728 parts.

SAVOIR-FAIRE

Lecture Reading

Avant la lecture

STRATÉGIE

Activating background knowledge

Using what you already know about a particular subject will often help you better understand a reading selection. For example, if you read an article about a recent medical discovery, you might think about what you already know about health in order to understand unfamiliar words or concepts.

Examinez le texte

Regardez le document. Analysez le titre de la lecture. Quel est le mot-clé de ce titre? Quel est le sens (*meaning*) du titre? Quel va être le sujet du texte? Faites une liste de vos idées et comparez-les avec les idées d'un(e) camarade. Puis, avec votre partenaire, faites aussi une liste de ce que vous savez déjà sur ce sujet. Essayez de répondre aux questions.

- Quel type de texte est-ce?
- Où pensez-vous que ce texte a été publié?
- Qui a écrit ce texte?
- Quelle est la profession de l'auteur?

Questions personnelles

Répondez aux questions par des phrases complètes.

1. Vous sentez-vous parfois fatigué(e) pendant la journée? Quand? Pourquoi?
2. Êtes-vous souvent fatigué(e) quand vous avez beaucoup de devoirs? Et quand vous faites beaucoup de sport?
3. Dormez-vous bien, en général? Vous couchez-vous tôt ou tard? Et le matin, à quelle heure vous levez-vous, en général?
4. Prenez-vous le temps de vous détendre dans la journée? Que faites-vous pour vous détendre?
5. Mangez-vous sainement? Qu'aimez-vous manger?
6. Faites-vous du sport ou d'autres activités physiques? Lesquel(le)s (*Which ones*)?

Non à la fatigue!

Par le docteur Émilie Parmentier

Selon un sondage° récent, plus de 50% des Français se sentent souvent fatigués. Que faire pour être moins fatigué? Voici les dix conseils° du docteur Émilie Parmentier.

1 Mangez sainement et évitez les régimes

Vous pouvez garder la ligne et la forme si vous évitez les régimes et choisissez les fruits, les légumes et le poisson au lieu de° la viande et des féculents°. Le matin, prenez le temps de vous préparer un bon petit-déjeuner, mais le soir, mangez léger°.

2 Dormez bien

Chaque personne est différente. Certaines ont besoin de 6 heures de sommeil° par nuit, d'autres de 10 heures. Respectez vos besoins et essayez de dormir assez, mais pas trop.

3 Essayez de respecter des horaires réguliers

Avoir des horaires réguliers°, c'est bon pour la forme. Levez-vous à la même heure chaque jour, si possible, puis le soir, essayez aussi de vous coucher toujours à la même heure.

4 Prenez le temps de vous détendre avant de vous coucher

Le soir avant de vous coucher, prenez quelques minutes pour vous détendre et oublier vos préoccupations et vos problèmes. Essayez la méditation ou le yoga.

5 Ne vous dépêchez pas tout le temps

Il est très important d'avoir des moments de calme tous les jours et de ne pas toujours se dépêcher. Promenez-vous dans un parc, asseyez-vous et reposez-vous quelques minutes.

cent vingt

UNITÉ 2 La santé

6 Amusez-vous et détendez-vous avec les personnes que vous aimez
Passez des moments en famille ou avec des amis et des personnes avec qui vous vous entendez bien. Parlez de sujets agréables, riez et amusez-vous!

7 Faites du sport ou d'autres activités physiques
Si on fait trop de sport, on peut être fatigué, mais quand on ne pratique pas assez d'activités physiques, on se sent fatigué aussi. Donc, pour bien vous porter, pratiquez des activités physiques plusieurs fois par semaine. Mais attention! Les activités sportives sont à éviter tard le soir parce qu'elles peuvent causer des troubles du sommeil.

8 Évitez les discussions importantes le soir
Il n'est pas bon de s'énerver, de se mettre en colère ou de s'inquiéter avant de se coucher parce que cela rend le sommeil difficile. Le soir, évitez donc les grandes discussions (entre époux, entre colocataires, entre petits amis, sur vos problèmes dans les études).

9 Attention au tabac°, au café et à l'alcool
Limitez votre consommation° de café et d'alcool. Et si vous fumez, essayez d'arrêter. Demandez à votre médecin de vous donner une ordonnance pour des médicaments qui peuvent vous aider à arrêter.

10 Faites des petites siestes
Parfois, quand vous êtes fatigué, même° une sieste° de vingt minutes peut vous aider à continuer la journée. Alors, quand vous avez juste° quelques minutes de libres, pensez à faire une petite sieste.

Enfin, si vous vous sentez très faible, voire° mal pendant une période de plus de deux semaines, allez voir le médecin. Consultez un médecin si vous tombez malade très souvent ou si vous vous sentez déprimé.

Selon un sondage *According to a survey* **conseils** *pieces of advice* **au lieu de** *instead of* **féculents** *starches* **léger** *light* **sommeil** *sleep* **horaires réguliers** *set schedules* **tabac** *tobacco* **consommation** *consumption* **même** *even* **sieste** *nap* **juste** *just* **voire** *or even*

Après la lecture

Complétez Complétez les phrases.

1. Pour être en bonne santé, il est nécessaire de manger ___sainement___.
2. ___L'alcool___ et ___le tabac___ ne sont pas bons pour la santé. On ne doit donc pas beaucoup boire et on doit arrêter de fumer.
3. Il est bon de faire du yoga ou de la méditation pour ___se détendre___.
4. Il est préférable d'éviter les discussions importantes ou graves ___le soir___.
5. On doit prendre le temps de ___s'amuser et de se détendre___ avec ses amis.
6. Si on se sent vraiment très fatigué ou si on est déprimé, c'est toujours une bonne idée d' ___aller consulter un médecin___.
7. Il est bon de toujours ___se lever___ et ___se coucher___ à la même heure.
8. Pour être en forme, pratiquez ___des activités physiques___ plusieurs fois par semaine.

Vrai ou faux? Indiquez si les phrases sont **vraies** ou **fausses**. Corrigez les phrases fausses.

1. C'est une infirmière qui donne ces conseils.
   Faux. Émilie Parmentier est médecin.
2. Les Français ne sont pas souvent fatigués.
   Faux. Plus de 50% des Français sont souvent fatigués.
3. D'après le docteur Parmentier, il est important de faire un régime pour garder la ligne.
   Faux. Il est important d'éviter les régimes et de manger des fruits, des légumes et du poisson.
4. C'est le soir qu'on doit manger le plus.
   Faux. Le soir, on doit manger léger.
5. Quand on dort trop, on peut se sentir fatigué.
   Vrai.
6. Il est bon de se lever et de se coucher à la même heure tous les jours.
   Vrai.
7. On doit se reposer au calme tous les jours.
   Vrai.
8. Il est recommandé de faire du sport le soir avant de se coucher. Faux. Il est recommandé d'éviter les activités sportives tard le soir parce qu'elles peuvent causer des troubles du sommeil.

Votre opinion compte Que pensez-vous des conseils du docteur Parmentier? A-t-elle raison ou tort, d'après vous? Avec un(e) camarade, choisissez deux de ses conseils et donnez votre opinion sur chacun (*each one*). Quels conseils allez-vous donner à votre camarade?

cent vingt et un 121

SAVOIR-FAIRE

Écriture

STRATÉGIE

Sequencing events

Paying attention to sequencing in a narrative will ensure that your writing flows logically from one part to the next. Of course, every composition should have an introduction, a body, and a conclusion.

The introduction presents the subject, the setting, the situation, and the people involved. The main part, or the body, describes the events and people's reactions to these events. The conclusion brings the narrative to a close.

Adverbs and adverbial phrases are often used as transitions between the introduction, the body, and the conclusion. Here is a list of commonly used adverbs in French.

Adverbes	
(tout) d'abord	first
premièrement / en premier	first
avant (de)	before
après	after
alors	then, at that time
(et) puis	(and) then
ensuite	then
plus tard	later
bientôt	soon
enfin	finally; at last
finalement	finally

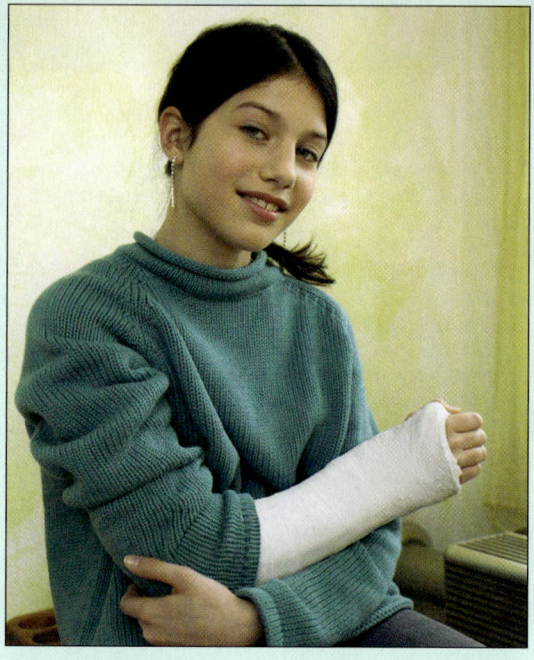

Thème

Écrire une lettre
Avant l'écriture

1. Vous avez eu un problème de santé le jour du dernier examen de français et vous n'avez pas pu passer l'examen. Vous allez préparer une lettre destinée à votre professeur de français pour lui expliquer ce qui s'est passé. Pour vous y aider, répondez d'abord aux questions:

- Que s'est-il passé? (maladie, accident, autre problème de santé, etc.)

- Quels étaient les symptômes ou quelle blessure avez-vous eue? (avoir mal au ventre, avoir de la fièvre, avoir une jambe cassée, etc.)

- Qu'est-ce qui a peut-être causé ce problème? (accident, pas assez d'exercice physique, ne pas manger sainement, etc.)

- Qu'avez-vous fait? (prendre des médicaments, aller chez le docteur ou le dentiste, aller aux urgences, etc.)

- Qu'est-ce qu'on vous a fait là-bas? (une piqûre, une radio [X-ray], une ordonnance, etc.)

- Comment vous sentez-vous maintenant et qu'allez-vous faire pour rester en forme? (dormir plus, faire plus attention, faire de l'exercice, etc.)

cent vingt-deux

UNITÉ 2   La santé

2. Maintenant, vous allez compléter ce schéma d'idées avec vos réponses. Il va vous servir à placer les informations dans l'ordre. Chaque cadre (*box*) représente une information. Ajoutez-y (*Add*) une introduction et une conclusion. Utilisez des verbes réfléchis.

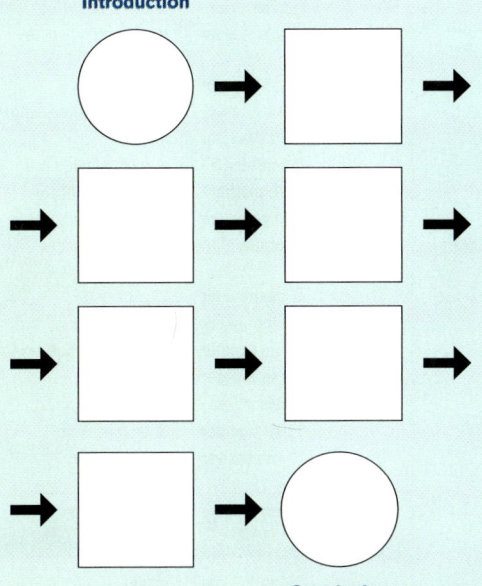

3. Regardez à nouveau (*again*) le schéma d'idées. Quels adverbes pouvez-vous y ajouter pour lier (*link*) les informations? Écrivez-les au-dessus de (*above*) chaque cadre.

Écriture

Utilisez le schéma d'idées pour écrire votre lettre au passé (passé composé et imparfait). Elle doit inclure (*include*) une introduction, une partie centrale (le corps), une conclusion et les adverbes que vous avez écrits au-dessus des cadres. À la fin (*end*) de la lettre, excusez-vous et demandez à votre professeur si (*if*) vous pouvez passer l'examen la semaine prochaine. (Attention! Cette partie de la lettre doit être au présent.)

Après l'écriture

1. Échangez votre lettre avec celle (*the one*) d'un(e) partenaire. Répondez à ces questions pour commenter son travail.

   - Votre partenaire a-t-il/elle écrit une introduction et une conclusion?
   - Votre partenaire a-t-il/elle écrit une partie centrale présentant (*presenting*) les raisons de son absence?
   - Votre partenaire a-t-il/elle inclu les adverbes?
   - Votre partenaire s'est-il/elle excusé(e) et a-t-il/elle demandé de repasser (*retake*) l'examen?
   - Votre partenaire a-t-il/elle correctement utilisé les verbes réfléchis?
   - Quel(s) détail(s) ajouteriez-vous (*would you add*)? Quel(s) détail(s) enlèveriez-vous (*would you delete*)? Quel(s) autre(s) commentaire(s) avez-vous pour votre partenaire?

2. Corrigez votre lettre d'après (*according to*) les commentaires de votre partenaire. Relisez votre travail pour éliminer ces problèmes:

   - des fautes (*errors*) d'orthographe
   - des fautes de ponctuation
   - des fautes de conjugaison
   - un mauvais emploi (*use*) du passé
   - un mauvais emploi de la grammaire de l'unité
   - des fautes d'accord (*agreement*) des adjectifs

cent vingt-trois **123**

EVALUATION

Criteria

Content Contains descriptions of each of the bulleted points of the task, as well as an appropriate introduction and conclusion.
Scale: 1 2 3 4 5

Organization Organized into an eight-paragraph letter with a salutation, an introduction, six descriptive paragraphs, a conclusion, a closing, and a signature.
Scale: 1 2 3 4 5

Accuracy Uses forms of **passé composé**, **imparfait**, and reflexive verbs correctly. Spells words, conjugates verbs, and modifies adjectives correctly throughout.
Scale: 1 2 3 4 5

Creativity Includes additional information that is not included in the task and/or uses adjectives, descriptive verbs, and additional details to make the letter more interesting and persuasive.
Scale: 1 2 3 4 5

Scoring
Excellent	18–20 points
Good	14–17 points
Satisfactory	10–13 points
Unsatisfactory	< 10 points

OPTIONS

Avant l'écriture Before students begin writing, have them jot down a word that relates to each bulleted item in the task inside the sequence diagram. (For example: **problème**, **symptômes**, **raison**, etc.) Then, next to each key word, have students indicate the tenses they are likely to use when describing it. (For example: **problème** – **passé composé** for accidents, **imparfait** for illnesses, and so on.)

Écriture Give students some formal salutations, introductions, and closings they can use in the letter to their teacher.
Salutations: **Monsieur/Madame/Mademoiselle…**
Introductions: **Je vous prie de bien vouloir me faire savoir…, Je vous saurais gré de bien vouloir…**
Closings: **Je vous adresse mes sincères salutations…, Recevez mes cordiales salutations…**

SAVOIR-FAIRE **123**

VOCABULAIRE

UNITÉ 2

Flashcards
Audio: Vocabulary

La routine

faire sa toilette	to wash up
se brosser les cheveux	to brush one's hair
se brosser les dents	to brush one's teeth
se coiffer	to do one's hair
se coucher	to go to bed
se déshabiller	to undress
s'endormir	to go to sleep, to fall asleep
s'habiller	to get dressed
se laver (les mains)	to wash oneself (one's hands)
se lever	to get up, to get out of bed
se maquiller	to put on makeup
prendre une douche	to take a shower
se raser	to shave oneself
se regarder	to look at oneself
se réveiller	to wake up
se sécher	to dry oneself

Dans la salle de bains

un réveil	alarm clock
une brosse (à cheveux, à dents)	brush (hairbrush, toothbrush)
la crème à raser	shaving cream
le dentifrice	toothpaste
le maquillage	makeup
une pantoufle	slipper
un peigne	comb
un rasoir	razor
le savon	soap
une serviette (de bain)	(bath) towel
le shampooing	shampoo

La forme

être en pleine forme	to be in good shape
faire de l'exercice	to exercise
garder la ligne	to stay slim

Expressions utiles	See pp. 95 and 109.
y and *en*	See pp. 114–115.

ressources

daccord2.vhlcentral.com

124 cent vingt-quatre

La santé

aller aux urgences/ à la pharmacie	to go to the emergency room/ to the pharmacy
avoir mal	to have an ache
avoir mal au cœur	to feel nauseous
enfler	to swell
éternuer	to sneeze
être en bonne santé	to be in good health
être en mauvaise santé	to be in bad health
éviter de	to avoid
faire mal	to hurt
faire une piqûre	to give a shot
fumer	to smoke
guérir	to get better
se blesser	to hurt oneself
se casser (la jambe/ le bras)	to break one's (leg/ arm)
se faire mal (à la jambe, au bras...)	to hurt one's (leg, arm...)
se fouler la cheville	to twist/sprain one's ankle
se porter mal/mieux	to be ill/better
se sentir	to feel
tomber/être malade	to get/to be sick
tousser	to cough

une allergie	allergy
une blessure	injury, wound
une douleur	pain
une fièvre (avoir de la fièvre)	(to have) a fever
la grippe	flu
un rhume	cold
un symptôme	symptom

une aspirine	aspirin
un médicament (contre/pour)	medication (to prevent/for)
une ordonnance	prescription
une pilule	pill
les urgences	emergency room

déprimé(e)	depressed
enceinte	pregnant
grave	serious
sain(e)	healthy

un(e) dentiste	dentist
un infirmier/ une infirmière	nurse
un(e) patient(e)	patient
un(e) pharmacien(ne)	pharmacist

Verbes pronominaux

s'amuser	to play, to have fun
s'appeler	to be called
s'arrêter	to stop
s'asseoir	to sit down
se dépêcher	to hurry
se détendre	to relax
se disputer (avec)	to argue (with)
s'énerver	to get worked up, to become upset
s'ennuyer	to get bored
s'entendre bien (avec)	to get along well (with)
s'inquiéter	to worry
s'intéresser (à)	to be interested (in)
se mettre à	to begin to
se mettre en colère	to become angry
s'occuper (de)	to take care of, to keep oneself busy
se préparer	to get ready
se promener	to take a walk
se rendre compte	to realize
se reposer	to rest
se souvenir (de)	to remember
se tromper	to be mistaken
se trouver	to be located

Le corps

la bouche	mouth
un bras	arm
le cœur	heart
le corps	body
le cou	neck
un doigt	finger
un doigt de pied	toe
le dos	back
un genou (genoux *pl.*)	knee (knees)
la gorge	throat
une jambe	leg
une joue	cheek
le nez	nose
un œil (yeux *pl.*)	eye (eyes)
une oreille	ear
un orteil	toe
la peau	skin
un pied	foot
la poitrine	chest
la taille	waist
la tête	head
le ventre	stomach
le visage	face

La technologie

UNITÉ 3

Unit Goals

Leçon 3A
In this lesson, students will learn:
- terms for electronics products
- Internet terms
- the pronunciation of final consonants
- about technology in France and the Ariane rocket
- the use of prepositions with infinitives
- reciprocal reflexives
- about **NRJ Mobile**

Leçon 3B
In this lesson, students will learn:
- terms for cars and driving
- terms for car maintenance and repair
- the pronunciation of the letter **x**
- about cars and driving in France and the car manufacturer Citroën
- more about city streets and driving in France through specially shot video footage
- the verbs **ouvrir** and **offrir**
- the conditional
- to guess the meaning of words from context in spoken French

Savoir-faire
In this section, students will learn:
- cultural and historical information about Belgium
- to recognize the purpose of a text
- to make a list of key words

Leçon 3A
CONTEXTES
pages 126–129
- Computers and electronics
- Final consonants

ROMAN-PHOTO
pages 130–131
- C'est qui, Cyberhomme?

CULTURE
pages 132–133
- Technology

STRUCTURES
pages 134–137
- Prepositions with the infinitive
- Reciprocal reflexives

SYNTHÈSE
pages 138–139
- Révision
- Le zapping

Leçon 3B
CONTEXTES
pages 140–143
- Cars and driving
- The letter **x**

ROMAN-PHOTO
pages 144–145
- La panne

CULTURE
pages 146–147
- Cars
- Flash culture

STRUCTURES
pages 148–151
- The verbs **ouvrir** and **offrir**
- The **conditionnel**

SYNTHÈSE
pages 152–153
- Révision
- À l'écoute

Savoir-faire
pages 154–159

Panorama: La Belgique
Lecture: Read cartoons and jokes about technology.
Écriture: Write an essay about communication habits.

Pour commencer
- David et Amina...
  a. font les courses. b. font la cuisine.
  c. utilisent un ordinateur.
- Quel est l'objet présent sur la photo?
  a. un savon b. une télévision c. un ordinateur
- Que font-ils?
  a. Ils surfent sur Internet.
  b. Ils font du sport. c. Ils font la fête.

RESOURCES

Student Materials
Print: Student Book, Workbooks (*Cahier d'exercices, Cahier d'activités*)
Technology: MAESTRO® *Cahier interactif* and Supersite (Audio, Video, Practice)

Teacher Materials
DVDs (*Roman-photo, Flash culture*)
Teacher's Resources (Scripts, Answer Keys, Testing Program)
Audio CDs (Testing Program, Textbook, Audio Program)

MAESTRO® Supersite: Student Supersite Content; Planning and Teaching Resources (Overheads, PowerPoints, Lesson Plans, Information Gaps and *Feuilles d'activités*); Learning Management System (Gradebook, Assignments); Audio MP3s and Streaming Video
D'ACCORD! 2 Supersite: daccord2.vhlcentral.com

Section Goals

In this section, students will learn and practice vocabulary related to:
- electronics products
- the Internet

Key Standards
1.1, 1.2, 4.1

Student Resources
Cahier d'exercices, pp. 43-44;
Cahier d'activités, pp. 31-32, 129;
Supersite: Activities,
Cahier interactif

Teacher Resources
Answer Keys; Overhead #24;
Audio Script; Textbook & Audio
Activity MP3s/CD; Info Gap
Activities; Testing program:
Vocabulary Quiz

Suggestions
- Have students look over the vocabulary. Point out that many words related to electronics and the Internet are cognates. You might also introduce **MP3, iPod,** and **blog**.
- Use **Overhead #24**. Point out objects and describe what the people are doing. Examples: **C'est une imprimante. Il a un portable.**
- Ask students questions about electronics and the Internet using the new vocabulary. Examples: **Jouez-vous à des jeux vidéo? Avez-vous un baladeur CD? Un téléphone portable? Un ordinateur? Un appareil photo numérique? Aimez-vous surfer sur Internet? Quel est votre site web préféré?**
- Tell students that the official French term for *e-mail* is **la messagerie électronique,** but most people say **l'e-mail. Le courriel** is used in Canada.
- Explain that **CD** and **compact-disc** are borrowed from English, so neither changes in the plural (**un CD, des CD**). Since **cédérom** is French, the plural is marked (**des cédéroms**). The British trademark **compact-disc** is often used instead of **disque compact**.
- Point out that **marcher** is used more than **fonctionner** in everyday language.

Leçon 3A

CONTEXTES

Talking Picture
Audio: Activity

You will learn how to...
- talk about communication
- talk about electronics

Le son et l'image

Vocabulaire

allumer	to turn on
composer (un numéro)	to dial (a number)
démarrer	to start up
effacer	to erase
enregistrer	to record
éteindre	to turn off; to shut off
être connecté(e) (avec)	to be online (with)
être en ligne (avec)	to be online/on the phone (with)
fermer	to close; to shut off
fonctionner/marcher	to function, to work
graver	to record, to burn (a CD)
imprimer	to print
sauvegarder	to save
surfer sur Internet	to surf the Internet
télécharger	to download
un CD-ROM/un cédérom (CD-ROM/cédéroms *pl.*)	CD-ROM(s)
un e-mail	e-mail
un fichier	file
un jeu vidéo (jeux vidéo *pl.*)	video game(s)
un logiciel	software, program
un mot de passe	password
une page d'accueil	homepage
un site Internet/web	website
un appareil photo (numérique)	(digital) camera
une caméra vidéo/un caméscope	camcorder
une chaîne (de télévision)	(television) channel
une chaîne stéréo	stereo system
un disque dur	hard drive
un lecteur (de) DVD	DVD player
un magnétophone	tape recorder

ressources
CE pp. 43-44
CA pp. 31-32, 129
daccord2.vhlcentral.com

126 cent vingt-six

Using Lists Have students make a list of six electronic devices they have or use frequently. Then tell them to circulate around the room asking others if they have or use the same items. If someone answers affirmatively, the student should ask the person to sign his or her name next to the item. Students should try to get a different signature for each item.

Using Games Write vocabulary words for electronic equipment on index cards. On another set of cards, draw or paste pictures to match each term. Tape them face down on the board in random order. Divide the class into two teams. Play a game of Concentration in which students match words with pictures. When a player makes a match, that player's team collects those cards. The team with the most cards at the end of the game wins.

UNITÉ 3 | La technologie

Attention!

- The prefix **re-** in French is used much as it is in English. It expresses the idea of doing an action again.

to dial	composer
to redial	recomposer
to start	démarrer
to restart	redémarrer

- The conjugation of **éteindre** is irregular:

j'éteins	nous éteignons
tu éteins	vous éteignez
il/elle éteint	ils/elles éteignent

Le téléphone sonne. (sonner)
un répondeur téléphonique
une télécommande
un poste de télévision
une cassette vidéo
un magnétoscope
des CD/compact disc/disques compacts (m.)

Mise en pratique

1 Chassez l'intrus Choisissez le mot ou l'expression qui ne va pas avec les autres.

1. une arobase, une page d'accueil, un site web, (un fax)
2. sonner, (démarrer), un portable, un répondeur
3. une souris, un clavier, un moniteur, (une chaîne stéréo)
4. un baladeur, (un jeu vidéo), une chaîne stéréo, un CD
5. un fichier, sauvegarder, (une télécommande), effacer
6. un site web, être en ligne, télécharger, (composer)

2 Association Faites correspondre les activités de la colonne de gauche aux objets correspondants de la colonne de droite.

1. enregistrer une émission — e
2. faire un film — c
3. parler avec un ami à tout moment — f
4. laisser un message téléphonique — d
5. écrire un e-mail — h
6. écouter des CD — g
7. changer de chaîne — a
8. prendre des photos — b

a. une télécommande
b. un appareil photo
c. une caméra vidéo
d. un répondeur
e. un magnétoscope
f. un portable
g. un baladeur
h. un clavier

3 Écoutez 🎧 Écoutez la conversation entre Jérôme et l'employée d'un cybercafé. Ensuite, complétez les phrases suivantes.

1. Jérôme a pris des photos avec...
   a. une cassette vidéo.
   b. un répondeur téléphonique.
   (c.) un appareil photo.

2. Jérôme voudrait (would like)...
   (a.) imprimer et envoyer ses photos.
   b. sauvegarder ses photos sur son disque dur.
   c. effacer ses photos.

3. Jérôme n'a pas... pour regarder ses photos.
   a. de télécommande adaptée.
   (b.) de logiciel adapté.
   c. de mot de passe adapté.

4. Jérôme peut sélectionner les photos...
   (a.) par un clic de la souris.
   b. avec une arobase.
   c. avec le clavier.

5. L'employée propose à Jérôme...
   a. de faire fonctionner le logiciel.
   (b.) de graver un CD.
   c. d'utiliser une imprimante noir et blanc.

6. Pour envoyer les photos, Jérôme doit...
   a. utiliser un fax.
   b. utiliser un écran.
   (c.) les attacher à un e-mail.

Coup de main

Here are some useful terms to help you read e-mail addresses in French.

at sign (@)	arobase (f.)
dash	tiret (m.)
dot	point (m.)
underscore	tiret bas (m.)

Practice more at daccord2.vhlcentral.com.

cent vingt-sept **127**

Leçon 3A

CONTEXTES

Communication

4 **Qui fait quoi?** Avec un(e) partenaire, formez des questions à partir de ces listes d'expressions. Ensuite, à tour de rôle, posez vos questions à votre partenaire afin d'en (*in order to*) savoir plus sur ses habitudes par rapport à la technologie. *Answers will vary.*

MODÈLE

Élève 1: À qui envoies-tu des e-mails?
Élève 2: J'envoie des e-mails à mes professeurs pour les devoirs et à mes amis.

A	B	C
à qui	être en ligne	toi
combien de	télécharger	tes parents
comment	un e-mail	tes grands-parents
où	un disque compact	ton professeur de français
pour qui	un site web	ta sœur
pourquoi	graver	tes amis
quand	un appareil photo numérique	les autres élèves
quel(le)(s)	un jeu vidéo	les enfants

5 **Mots croisés** Votre professeur va vous donner, à vous et à votre partenaire, deux grilles de mots croisés (*crossword puzzle*) incomplètes. Votre partenaire a les mots qui vous manquent, et vice versa. Donnez-lui une définition et des exemples pour compléter la grille. Attention! N'utilisez pas le mot recherché.

MODÈLE

Élève 1: Horizontalement (Across), le numéro 1, c'est ce que (*what*) tu fais pour mettre ton fichier Internet sur ton disque dur.
Élève 2: Télécharger!

6 **Le cybercafé** Le patron d'un cybercafé souhaite (*wishes*) avoir plus de clients et vous demande de créer une brochure. Avec un(e) partenaire, présentez les différents services offerts et tous les avantages de ce cybercafé. Utilisez les mots et expressions de **CONTEXTES**. Incluez ces informations: *Answers will vary.*

- nom, adresse et horaires du cybercafé
- nombre et type d'appareils (*devices*) électroniques
- description des services
- liste des prix par type de service

7 **La technologie d'hier et d'aujourd'hui** Avec un(e) partenaire, imaginez une conversation avec une personne célèbre du passé. Vous parlez de l'évolution de la technologie et, bien sûr, cette personne est choquée de voir (*see*) les appareils électroniques du 21ᵉ siècle (*century*). Utilisez les mots et expressions de **CONTEXTES**. *Answers will vary.*

- Choisissez trois ou quatre appareils différents.
- Demandez/Donnez une définition pour chaque objet.
- Demandez/Expliquez comment utiliser chaque appareil.
- Demandez quels sont les points positifs et négatifs de chaque appareil, et expliquez-les.

128   *cent vingt-huit*

Role-play Have students work in pairs. Tell them to role-play a situation between a person who is computer savvy and someone who wants to learn how to use a computer and surf the Internet. If possible, have students use their laptops during the role-play to demonstrate how a computer works.

Debate Stage a debate about the role of technology in today's world. Propose this question: **La technologie est-elle bonne ou mauvaise pour la société?** Divide the class into two groups, assigning each side a position. Allow groups time to plan their arguments before staging the debate. You may also divide the class into four groups and have two debates going on at the same time.

UNITÉ 3   La technologie

Les sons et les lettres

 Audio: Concepts, Activities Record & Compare

Final consonants

You already learned that final consonants are usually silent, except for the letters **c**, **r**, **f**, and **l**.

| ave**c** | hive**r** | che**f** | hôte**l** |

You've probably noticed other exceptions to this rule. Often, such exceptions are words borrowed from other languages. These final consonants are pronounced.

| *Latin* | *English* | *Inuit* | *Latin* |
| foru**m** | sno**b** | anora**k** | ga**z** |

Numbers, geographical directions, and proper names are common exceptions.

| cin**q** | su**d** | Agnè**s** | Maghre**b** |

Some words with identical spellings are pronounced differently to distinguish between meanings or parts of speech.

fil**s** = *son*   fil~~s~~ = *threads*
tou**s** (pronoun) = *everyone*   tou~~s~~ (adjective) = *all*

The word plus can have three different pronunciations.

plu~~s~~ de (silent s)   plu**s** que (s sound)   plu**s** ou moins (z sound in liaison)

Prononcez Répétez les mots suivants à voix haute.

1. cap
2. six
3. truc
4. club
5. slip
6. actif
7. strict
8. avril
9. index
10. Alfred
11. bifteck
12. bus

Articulez Répétez les phrases suivantes à voix haute.

1. Leur fils est gentil, mais il est très snob.
2. Au restaurant, nous avons tous pris du bifteck.
3. Le sept août, David assiste au forum sur le Maghreb.
4. Alex et Ludovic jouent au tennis dans un club de sport.
5. Prosper prend le bus pour aller à l'est de la ville.

Dictons Répétez les dictons à voix haute.

Plus on boit, plus on a soif.[1]

Un pour tous, tous pour un![2]

[1] The more you drink, the thirstier you are.
[2] All for one and one for all!

cent vingt-neuf **129**

Leçon 3A

ROMAN-PHOTO

C'est qui, Cyberhomme?

Video: *Roman-photo*
Record & Compare

PERSONNAGES

Amina

David

Rachid

Sandrine

Valérie

Chez David et Rachid...
RACHID Dis donc, David! Un peu de silence. Je n'arrive pas à travailler!
DAVID Qu'est-ce que tu dis?
RACHID Je dis que je ne peux pas me concentrer! La télé est allumée, tu ne la regardes même pas. Et en même temps, la chaîne stéréo fonctionne et tu ne l'écoutes pas!

DAVID Oh, désolé, Rachid.
RACHID Ah, on arrive enfin à s'entendre parler et à s'entendre réfléchir! À quoi est-ce que tu joues?
DAVID Un jeu vidéo génial!
RACHID Tu n'étudies pas? Tu n'avais pas une dissertation à faire? Lundi, c'est dans deux jours!
DAVID Okay. Je la commence.

Au café...
SANDRINE Tu as un autre e-mail de Cyberhomme? Qu'est-ce qu'il dit?
AMINA Oh, il est super gentil, écoute: «Chère Technofemme, je ne sais pas comment te dire combien j'adore lire tes messages. On s'entend si bien et on a beaucoup de choses en commun. J'ai l'impression que toi et moi, on peut tout se dire.»

Chez David et Rachid...
DAVID Et voilà! J'ai fini ma dissert, Rachid.
RACHID Bravo!
DAVID Maintenant, je l'imprime.
RACHID N'oublie pas de la sauvegarder.
DAVID Oh, non!
RACHID Tu n'as pas sauvegardé?

DAVID Si, mais... Attends... le logiciel redémarre. Ce n'est pas vrai! Il a effacé les quatre derniers paragraphes! Oh non!
RACHID Téléphone à Amina. C'est une pro de l'informatique. Peut-être qu'elle peut retrouver la dernière version de ton fichier.
DAVID Au secours, Amina! J'ai besoin de tes talents.

Un peu plus tard...
AMINA Ça y est, David. Voilà ta dissertation.
DAVID Tu me sauves la vie!
AMINA Ce n'était pas grand-chose, mais tu sais, David, il faut sauvegarder au moins toutes les cinq minutes pour ne pas avoir de problème.
DAVID Oui. C'est idiot de ma part.

A C T I V I T É S

1 **Vrai ou faux?** Indiquez si ces affirmations sont **vraies** ou **fausses**. Corrigez les phrases fausses. Answers may vary.

1. Rachid est en train d'écrire (*in the process of writing*) une dissertation pour son cours de sciences po.
   Faux. Rachid est en train d'écrire à Technofemme.
2. David ne fait pas ses devoirs immédiatement; il a tendance à remettre les choses à plus tard. Vrai.
3. David aime les jeux vidéo. Vrai.
4. David regarde la télévision avec beaucoup d'attention.
   Faux. David ne regarde pas la télévision.
5. Rachid n'aime pas les distractions. Vrai.
6. Valérie s'inquiète de la sécurité d'Amina. Vrai.
7. David sauvegarde ses documents toutes les cinq minutes.
   Faux. David ne sauvegarde pas toujours ses documents.
8. David pense qu'il a perdu la totalité de son document.
   Faux. David pense qu'il a perdu les quatre derniers paragraphes.
9. Amina sait beaucoup de choses sur la technologie. Vrai.
10. Amina et Cyberhomme décident de se rencontrer.
    Faux. Amina ne veut pas rencontrer Cyberhomme.

 Practice more at daccord2.vhlcentral.com.

130   cent trente

Section Goals
In this section, students will learn functional phrases for talking about communication and technology.

Key Standards
1.2, 2.1, 2.2, 4.1, 4.2

Student Resources
Cahier d'activités, pp. 69-70; Supersite: Activities, *Cahier interactif*

Teacher Resources
Answer Keys; Video Script & Translation; *Roman-photo* video

Video Recap: Leçon 2B
Before doing this **Roman-photo**, review the previous one with this activity.
1. Que faisait Rachid quand il s'est blessé? (Il jouait au foot.)
2. Qu'est-ce qui est arrivé? (Il est tombé et il s'est foulé la cheville.)
3. Que lui a dit le médecin? (Elle lui a dit de mettre de la glace, de se reposer, de prendre des médicaments contre la douleur et de ne pas jouer au football pendant une semaine).
4. Pourquoi David avait-il de la crème sur le visage? (Il a eu une réaction allergique.)

Video Synopsis
Rachid is annoyed because David is playing several electronic devices. Rachid reminds him of a paper that is due in two days. Just as David finishes his paper, he has a computer problem and loses part of his work. He calls Amina for help, and she manages to retrieve his document. When Amina sees Rachid's computer screen, she realizes that he is Cyberhomme.

Suggestions
- Tell students to scan the captions for vocabulary related to electronics and technology.
- After reading the **Roman-photo**, have students summarize the episode.

OPTIONS

Avant de regarder la vidéo Tell students to read the title and scene setter. Then have them guess who Cyberhomme is. They should support their ideas with details from previous episodes. Write their guesses on the board.

Regarder la vidéo Show the video episode once without sound and have the class create a plot summary based on the visual cues. Then show the episode with sound and have the class make corrections and fill in any gaps in the plot summary.

UNITÉ 3 — La technologie

Amina découvre l'identité de son ami virtuel.

SANDRINE Il est adorable, ton Cyberhomme! Continue! Est-ce qu'il veut te rencontrer en personne?
VALÉRIE Qui vas-tu rencontrer, Amina? Qui est ce Cyberhomme?
SANDRINE Amina l'a connu sur Internet. Ils s'écrivent depuis longtemps, n'est-ce pas, Amina?

AMINA Oui, mais comme je te l'ai déjà dit, je ne sais pas si c'est une bonne idée de se rencontrer en personne. S'écrire des e-mails, c'est une chose; se donner rendez-vous, ça peut être dangereux.
VALÉRIE Amina a raison, Sandrine. On ne sait jamais.
SANDRINE Mais il est si charmant et tellement romantique...

RACHID Merci, Amina. Tu me sauves la vie aussi. Peut-être que maintenant, je vais pouvoir me concentrer.
AMINA Ah? Et tu travailles sur quoi? Ce n'est pas possible!... C'est toi, Cyberhomme?!

RACHID Et toi, tu es Technofemme?!
DAVID Évidemment, tu me l'as dit toi-même: Amina est une pro de l'informatique.

Expressions utiles

Expressing how you communicate with others
- **On arrive enfin à s'entendre parler!**
  Finally we can hear each other speak!
- **On s'entend si bien.**
  We get along so well.
- **On peut tout se dire.**
  We can tell each other anything.
- **Ils s'écrivent depuis longtemps.**
  They've been writing to each other for quite a while.
- **S'écrire des e-mails, c'est une chose; se donner rendez-vous, ça peut être dangereux.**
  Writing e-mails to each other, it's one thing; arranging to meet could be dangerous.

Additional vocabulary
- **se rencontrer** *to meet each other*
- **On ne sait jamais.** *You/One never know(s).*
- **Au secours!** *Help!*
- **C'est idiot de ma part.** *It's stupid of me.*
- **une dissertation** *paper*
- **pas grand-chose** *not much*

Activités

2 Questions Répondez aux questions par des phrases complètes.
1. Pourquoi Rachid se met-il en colère?
   Il se met en colère parce qu'il ne peut pas se concentrer.
2. Pourquoi y a-t-il beaucoup de bruit (*noise*) chez Rachid et David?
   Il y a beaucoup de bruit parce que la chaîne stéréo et la télévision sont allumées.
3. Est-ce qu'Amina s'entend bien avec Cyberhomme?
   Oui, elle s'entend bien avec Cyberhomme.
4. Que pense Valérie de la possibilité d'un rendez-vous avec Cyberhomme?
   Elle pense que ça peut être dangereux.
5. Qu'est-ce que Rachid fait pendant que David joue au jeu vidéo et écrit sa dissertation?
   Il écrit des e-mails à Amina/Technofemme.

3 À vous Pour ce qui est des (*With respect to*) études, David et Rachid sont très différents. David aime les distractions et Rachid a besoin de silence pour travailler. Avec un(e) camarade de classe, décrivez vos habitudes en ce qui concerne (*concerning*) les études. Avez-vous les mêmes? Présentez vos conclusions à la classe.

ressources
CA pp. 69–70
daccord2.vhlcentral.com

cent trente et un **131**

Leçon 3A

CULTURE

CULTURE À LA LOUPE

La technologie et les Français

le Minitel

Depuis les années 1980, la technologie connaît une grande évolution. En France, cette révolution technologique a commencé par l'invention du Minitel au début des années 1980. Cette invention a été développée par France Télécom, la compagnie nationale française de téléphone, au début des années 1980. Le Minitel peut être considéré comme le prédécesseur d'Internet. C'est un petit terminal qu'on branche° sur sa ligne téléphonique et qui permet d'accéder à toutes sortes d'informations et de jeux, de faire des réservations de train ou d'hôtel, de commander des articles en ligne ou d'acheter des billets de concert, par exemple.

Aujourd'hui, Internet remplace le Minitel et de plus en plus de Français sont équipés chez eux d'un ordinateur et d'une connexion Internet. Les Français ont le choix entre la connexion par câble et la connexion ADSL°. Enfin, pour ceux° qui n'ont pas d'autre moyen° de se connecter à Internet, il existe en France, beaucoup plus qu'aux États-Unis, de nombreux cybercafés.

En ce qui concerne les autres appareils électroniques à la mode, on note une augmentation des achats° de consoles de jeux vidéo, de lecteurs de CD/DVD, de caméras vidéo, de téléphones multifonctions, d'appareils photos numériques ou de produits périphériques° pour les ordinateurs, comme les imprimantes, les scanners ou les graveurs. Mais l'appareil qui a connu le plus grand succès en France, c'est sans doute le téléphone portable. En 1996, moins de 2,5 millions de Français avaient un téléphone portable. Aujourd'hui, plus de 86% des Français en possèdent un.

L'équipement technologique des Français (% de ménages)

Téléphone	88%
Téléphone portable	86%
Ordinateur	56%
Répondeur	43%
Connexion Internet	42%
Minitel	10%
Téléphone multifonctions	6%

SOURCES: Ministère de l'Économie, INSEE

branche *connects* Environ *About* bas débit *low-speed* haut débit *high-speed* ADSL *DSL*
ceux *those* moyen *mean* achats *purchases* périphériques *peripheral*

Coup de main

When saying an e-mail address aloud, follow this example.

claude-monet@yahoo.fr

claude tiret monet
arobase yahoo point F R

ACTIVITÉS

1 **Répondez** Répondez aux questions par des phrases complètes.

1. Quelle invention française est le prédécesseur d'Internet?
   C'est le Minitel.
2. Qu'est-ce que le Minitel? C'est un petit terminal qu'on branche sur sa ligne téléphonique et qui permet d'accéder à toutes sortes d'informations.
3. Quel est le nom de la compagnie nationale française de téléphone? C'est France Télécom.
4. Quels sont les deux choix de connexion Internet en France?
   Ce sont les connexions par câble et par ADSL.
5. Où peut-on aller si on n'a pas accès à Internet à la maison?
   On peut aller dans un cybercafé.
6. Quels sont deux des appareils électroniques qu'on achète souvent en France en ce moment? Answers will vary. Possible answer: Ce sont les lecteurs de CD/DVD et les consoles de jeux vidéo.
7. Quel appareil électronique a eu le plus de succès depuis 1996?
   C'est le téléphone portable.
8. Quel est le pourcentage de Français qui possèdent un ordinateur?
   56% des Français possèdent un ordinateur.
9. Est-il courant (*common*) d'avoir Internet en France?
   Oui, 42% des Français ont Internet chez eux.
10. La majorité des Français ont-ils encore un Minitel?
    Non. Seulement 10% des Français ont encore un Minitel.

132 cent trente-deux

UNITÉ 3 | La technologie

LE FRANÇAIS QUOTIDIEN

Cyberespace

blog (*m.*)	blog
grimace (*f.*)	frown
message (*m.*) instantané	instant message
moteur (*m.*) de recherche	search engine
pseudo(nyme) (*m.*)	screen name
smiley (*m.*)	smiley (face)
chatter	to chat

LE MONDE FRANCOPHONE

Quelques stations de radio francophones

Voici quelques radios francophones en ligne.

En Afrique
Africa 1 radio africaine qui propose des actualités et beaucoup de musique africaine (www.africa1.com)

En Belgique
Classic 21 radio pour les jeunes qui passe° de la musique rock et propose des emplois° pour les étudiants (www.classic21.be)

En France
NRJ radio privée nationale pour les jeunes qui passe tous les grands tubes° (www.nrj.fr)

En Suisse
Fréquence Banane radio universitaire de Lausanne (www.frequencebanane.ch)

passe plays **emplois** jobs **tubes** hits

PORTRAIT

La fusée Ariane

Après la Seconde Guerre mondiale°, la conquête de l'espace° s'est amplifiée. En Europe, le premier programme spatial, le programme Europa, n'a pas eu beaucoup de succès et a été abandonné. En 1970, la France a proposé un nouveau programme spatial, le projet Ariane, qui a eu un succès considérable. La fusée° Ariane est un lanceur° civil de satellites européen. Elle est basée à Kourou, en Guyane française, département et région français d'outre-mer°, en Amérique du Sud. Elle transporte des satellites commerciaux vers° l'espace. La première fusée Ariane a été lancée en 1979 et il y a eu plusieurs générations de fusées Ariane depuis. Aujourd'hui, Ariane V (cinq), un lanceur beaucoup plus puissant° que ses prédécesseurs, est utilisée.

Guerre mondiale World War **espace** space **fusée** rocket **lanceur** launcher **outre-mer** overseas **vers** towards **puissant** powerful

SUR INTERNET

Qui est Jean-Loup Chrétien?

Go to daccord2.vhlcentral.com to find more information related to this **CULTURE** section.

ACTIVITÉS

2 Complétez Complétez les phrases d'après les textes.
1. Quand on parle en ligne sur Internet, on _chatte_.
2. Pour faire une recherche sur Internet, on utilise _un moteur de recherche_.
3. En Suisse, beaucoup d'étudiants écoutent la radio _Fréquence Banane_.
4. Le premier programme spatial européen s'appelait _Europa_.
5. La fusée Ariane est le _lanceur civil de satellites_ européen.

 Practice more at daccord2.vhlcentral.com.

3 À vous... Avec un(e) partenaire, écrivez six phrases où vous utilisez le vocabulaire du Français quotidien. Soyez prêts à les présenter devant la classe.

ressources
daccord2.vhlcentral.com

cent trente-trois 133

Section Goals

In this section, students will learn verbs that require a preposition before the infinitive.

Key Standards
4.1, 5.1

Student Resources
Cahier d'exercices, pp. 45-46;
Cahier d'activités, p. 131;
Supersite: Activities,
Cahier interactif

Teacher Resources
Answer Keys; Audio Script;
Audio Activity MP3s/CD;
Testing program: Grammar Quiz

Suggestions

- Point out that students already know how to use verbs with infinitives by asking questions with **aller, pouvoir, savoir**, etc. Examples: **Allez-vous faire une promenade après la classe? Pouvons-nous refaire la leçon? Savez-vous danser?**
- Introduce prepositions with the infinitive by using both constructions (*verb + infinitive, verb + preposition + infinitive*) in the same sentence. Ask students what differences they hear. Example: **D'habitude, mon oncle déteste voyager à l'étranger, mais il a décidé d'aller à Paris cet été.**
- After presenting the use of **à** and **de** with the infinitive, write an infinitive on the board and ask volunteers to use it in a sentence with the appropriate preposition. Examples: **hésiter (J'hésite à inviter ton frère à la fête.) rêver (Il rêve d'acheter une nouvelle voiture.)**
- To contrast the use of **à** and **de** with pronouns, review the contractions these prepositions form with definite articles: **au, aux, des.** Point out that prepositions with infinitives and pronouns do not take this form. Example: **Ce film... j'hésite à le voir.**
- Point out that the preposition **pour** + [*infinitive*] can mean *in order to*. Example: **Ils sont allés à la bibliothèque pour étudier.** (*They went to the library [in order] to study.*)

Leçon 3A

STRUCTURES

3A.1 Prepositions with the infinitive

Point de départ Infinitive constructions, where the first verb is conjugated and the second verb is an infinitive, are common in French.

CONJUGATED VERB	INFINITIVE
Vous **pouvez**	**fermer** le document.
You can	*close the document.*

- Some conjugated verbs are followed directly by an infinitive. Others are followed by the preposition **à** or **de** before the infinitive.

verbs followed directly by infinitive	verbs followed by à before infinitive	verbs followed by de before infinitive
adorer	aider à	arrêter de *to stop*
aimer	s'amuser à *to pass time by*	décider de *to decide to*
aller		éviter de
détester	apprendre à	finir de
devoir	arriver à *to manage to*	s'occuper de *to take care of, to see to*
espérer	commencer à	
pouvoir	continuer à	oublier de
préférer	hésiter à *to hesitate to*	permettre de
savoir	se préparer à	refuser de *to refuse to*
vouloir	réussir à	rêver de *to dream about*
		venir de *to have just*

Nous **allons manger** à midi.
We are going to eat at noon.

Elle **a appris à conduire** une voiture.
She learned to drive a car.

Il **rêve de visiter** l'Afrique.
He dreams of visiting Africa.

- Place object pronouns before infinitives. Unlike definite articles, they do not contract with the prepositions **à** and **de**.

J'ai décidé **de les télécharger**.
I decided to download them.

Il est arrivé **à le lui donner**.
He managed to give it to him.

- The infinitive is also used after the prepositions **pour** and **sans**.

Nous sommes venus **pour t'aider**.
We came to help you.

Elle part **sans manger**.
She's leaving without eating.

Essayez! Décidez s'il faut ou non une préposition. S'il en faut une, choisissez entre à et de.

1. Tu sais ___Ø___ cuisiner.
2. Commencez ___à___ travailler.
3. Tu veux ___Ø___ goûter la soupe?
4. Elles vont ___Ø___ revenir.
5. Je finis ___de___ mettre la table.
6. Il hésite ___à___ me poser la question.

134 cent trente-quatre

MISE EN PRATIQUE

1 Les vacances Paul veut voyager cet été. Il vous raconte ses problèmes. Complétez le paragraphe avec les prépositions **à** ou **de**, si nécessaire.

Je n'arrive pas (1) __à__ décider où passer mes vacances. Je veux (2) __Ø__ visiter un pays chaud et ensoleillé (*sunny*). J'espère (3) __Ø__ trouver des billets d'avion pour la Martinique. Cet après-midi, je me suis amusé (4) __à__ regarder les prix des billets d'avion sur Internet. Je n'ai pas réussi (5) __à__ trouver un bon tarif (*fare*). Je vais continuer (6) __à__ chercher. J'hésite (7) __à__ payer plein tarif, mais je refuse (8) __de__ voyager en stand-by.

2 Questionnaire Vous cherchez un travail d'été. Complétez les phrases avec les prépositions **à** ou **de**, quand c'est nécessaire. Ensuite, indiquez si vous êtes d'accord avec ces affirmations.

oui non
___ ___ 1. Vous savez __Ø__ parler plusieurs langues.
___ ___ 2. Vous acceptez __de__ sortir du bureau.
___ ___ 3. Vous n'hésitez pas __à__ travailler tard.
___ ___ 4. Vous oubliez __de__ répondre au téléphone.
___ ___ 5. Vous pouvez __Ø__ travailler le week-end.
___ ___ 6. Vous commencez __à__ travailler immédiatement.

3 Le week-end dernier Sophie et ses copains ont fait beaucoup de choses le week-end dernier. Regardez les illustrations et dites ce qu'ils (*what they*) ont fait.

Suggested answers

MODÈLE
J'ai décidé de conduire ma voiture.

je / décider

1. nous / devoir
Nous avons dû nous réveiller tôt.

3. André / refuser
André a refusé de nager.

2. elles / apprendre
Elles ont appris à jouer au tennis.

4. vous / aider
Vous avez aidé à faire la cuisine.

 Practice more at **daccord2.vhlcentral.com**.

OPTIONS

Writing Practice Have students write five original sentences using verbs with prepositions and infinitives. Students should use as much active lesson vocabulary as possible. Then have students read their sentences aloud.

Using Games Divide the class into teams. Call out a verb from the list above. The first member of each team runs to the board and writes a sample sentence, using the verb, its corresponding preposition (if applicable), and an infinitive. If the sentence of the team finishing first is correct, the team gets a point. If not, check the next team, and so on. Practice all verbs from the chart, making sure each team member has had at least two turns. Then tally the points to see which team wins.

134 Teacher's Annotated Edition • Unit 3 • Lesson 3A

UNITÉ 3 | La technologie

COMMUNICATION

4 Assemblez Avez-vous eu de bonnes ou de mauvaises expériences avec la technologie? À tour de rôle, avec un(e) partenaire, assemblez les éléments des colonnes pour créer des phrases logiques. *Answers will vary.*

MODÈLE
Élève 1: *Je déteste télécharger des logiciels.*
Élève 2: *Chez moi, ma mère n'arrive pas à envoyer des e-mails.*

A	B	C	D
ma mère		accepter	composer
mon père		aimer	effacer
mon frère		arriver	envoyer
ma sœur		décider	éteindre
mes copains		détester	être en ligne
mon petit ami	(ne pas)	hésiter	fermer
ma petite amie		oublier	graver
notre prof		refuser	ouvrir
nous		réussir	sauvegarder
?		?	télécharger

5 Les voyages Vous et votre partenaire parlez des vacances et de voyages. Utilisez ces éléments pour vous poser des questions. Justifiez vos réponses. *Answers will vary.*

MODÈLE aimer / faire des voyages
Élève 1: *Aimes-tu faire des voyages?*
Élève 2: *Oui, j'aime faire des voyages. J'aime faire la connaissance de beaucoup de personnes.*

1. rêver / aller en Asie
2. vouloir / visiter des musées
3. préférer / voyager avec un groupe ou seul(e)
4. commencer / lire des guides touristiques
5. réussir / trouver des vols bon marché
6. aimer / rencontrer des amis à l'étranger

6 Une pub Par groupes de trois, préparez une publicité pour École-dinateur, une école qui enseigne l'informatique aux technophobes. Utilisez le plus de verbes possible de la liste avec un infinitif. *Answers will vary.*

MODÈLE *Rêvez-vous d'écrire des e-mails? Continuez-vous à travailler comme vos grands-parents? Alors...*

aimer	continuer	refuser
s'amuser	détester	réussir
apprendre	hésiter	rêver
arriver	oublier	savoir

Le français vivant

Internet?
Football?
Musique en ligne?
DVD?

Vous avez toujours rêvé de posséder un ordinateur comme ça. Vous vouliez l'acheter, et vous venez de l'allumer. Maintenant, vous commencez à vous rendre compte de ses possibilités. N'hésitez pas à en profiter. En tout confort.

Identifiez Quels verbes trouvez-vous devant un infinitif dans le texte de cette publicité (*ad*)? Lesquels (*Which ones*) sont suivis (*are followed*) d'une préposition? Quelle préposition?

rêver de, vouloir, venir de, commencer à, hésiter à

Questions À tour de rôle avec un(e) partenaire, posez-vous ces questions. *Answers will vary.*

1. As-tu toujours rêvé de posséder quelque chose en particulier? De faire quelque chose en particulier? Explique.
2. Que veux-tu acheter en ce moment? Pourquoi?
3. D'habitude, qu'hésites-tu à faire?
4. La technologie peut-elle vraiment apporter le confort?
5. Qu'as-tu commencé à faire grâce à (*thanks to*) la technologie? Qu'as-tu arrêté de faire à cause de la technologie?

cent trente-cinq **135**

Leçon 3A — STRUCTURES

3A.2 Reciprocal reflexives

Point de départ In **Leçon 2A**, you learned that reflexive verbs indicate that the subject of a sentence does the action to itself. Reciprocal reflexives, on the other hand, express a shared or reciprocal action between two or more people or things. In this context, the pronoun means *(to) each other* or *(to) one another*.

Il **se regarde** dans le miroir.	but	Alain et Diane **se regardent**.
He looks at himself in the mirror.		*Alain and Diane look at each other.*

Common reciprocal verbs

s'adorer	to adore one another	s'entendre bien (avec)	to get along well (with one another)
s'aider	to help one another	se parler	to speak to one another
s'aimer (bien)	to love (to like) one another	se quitter	to leave one another
se connaître	to know one another	se regarder	to look at one another
se dire	to tell one another	se rencontrer	to meet one another (make an acquaintance)
se donner	to give one another	se retrouver	to meet one another (planned)
s'écrire	to write one another	se téléphoner	to phone one another
s'embrasser	to kiss one another		

Annick et Joël **s'écrivent** tous les jours.
Annick and Joël write one another every day.

Vous **vous donnez** souvent rendez-vous le lundi?
Do you arrange to meet often on Mondays?

- The past participle of a reciprocal verb does not agree with the subject when the subject is also the indirect object of the verb.

Marie a aidé son frère.
Marie helped her brother.

Lise a parlé à sa sœur.
Lise spoke to her sister.

Ils se sont **aidés**.
They helped each other.

but

Elles se sont **parlé**.
They spoke to each other.

Essayez! Donnez les formes correctes des verbes.

1. (s'embrasser) nous _nous embrassons_
2. (se quitter) vous _vous quittez_
3. (se rencontrer) ils _se rencontrent_
4. (se dire) nous _nous disons_
5. (se parler) elles _se parlent_
6. (se retrouver) ils _se retrouvent_

MISE EN PRATIQUE

1 L'amour réciproque Employez des verbes réciproques pour raconter l'histoire d'amour entre Laure et Habib.

MODÈLE Laure retrouve Habib tous les jours. Habib retrouve Laure tous les jours.
Laure et Habib se retrouvent tous les jours.

1. Laure connaît bien Habib. Habib connaît bien Laure.
   Laure et Habib se connaissent bien.
2. Elle le regarde amoureusement. Il la regarde amoureusement.
   Ils se regardent amoureusement.
3. Laure écrit des e-mails à Habib. Habib écrit des e-mails à Laure.
   Laure et Habib s'écrivent des e-mails.
4. Elle lui téléphone tous les soirs. Il lui téléphone tous les soirs.
   Ils se téléphonent tous les soirs.
5. Elle lui dit tous ses secrets. Il lui dit tous ses secrets.
   Ils se disent tous leurs secrets.

2 Souvenirs Les élèves de votre classe se retrouvent dix ans après la fin des études. Employez l'imparfait pour parler de vos souvenirs.

MODÈLE Marie et moi / s'aider souvent
Marie et moi, nous nous aidions souvent.

1. Marc et toi / se regarder en cours
   Marc et toi, vous vous regardiez en cours.
2. Anne et Mouna / se téléphoner
   Anne et Mouna se téléphonaient.
3. François et moi / s'écrire deux fois par semaine
   François et moi, nous nous écrivions deux fois par semaine.
4. Paul et toi / s'entendre bien
   Paul et toi, vous vous entendiez bien.
5. Luc et Sylvie / s'adorer
   Luc et Sylvie s'adoraient.
6. Patrick et moi / se retrouver après les cours
   Patrick et moi, nous nous retrouvions après les cours.

3 Une rencontre Regardez les illustrations. Qu'est-ce que ces personnages ont fait? *Suggested answers*

MODÈLE
Ils se sont rencontrés.

ils

1. Arnaud et moi
Arnaud et moi, nous nous sommes embrassés.

3. elles
Elles se sont téléphoné.

2. vous
Vous vous êtes quittés.

4. nous
Nous nous sommes écrit.

Practice more at **daccord2.vhlcentral.com**.

UNITÉ 3   La technologie

COMMUNICATION

4 Curieux Pensez à deux amis qui sont amoureux. Votre partenaire va vous poser beaucoup de questions pour tout savoir sur leur relation. Répondez-lui. *Answers will vary.*

MODÈLE

Élève 1: Est-ce qu'ils se regardent tout le temps?
Élève 2: Non, ils ne se regardent pas tout le temps, mais ils n'arrêtent pas de se téléphoner!

s'adorer	se retrouver	régulièrement
s'aimer	se téléphoner	souvent
s'écrire	bien	tout le temps
s'embrasser	mal	tous les jours
s'entendre	quelquefois	?

5 Un rendez-vous Avec un(e) partenaire, posez-vous des questions sur la dernière fois que vous êtes sorti(e) avec quelqu'un. *Answers will vary.*

MODÈLE

à quelle heure / se donner rendez-vous
Élève 1: À quelle heure vous êtes-vous donné rendez-vous?
Élève 2: Nous nous sommes donné rendez-vous à sept heures.

1. où / se retrouver
2. se parler / longtemps
3. s'entendre / bien
4. à quelle heure / se quitter
5. se téléphoner / plus tard

6 On se quitte Julie a reçu (*received*) cette lettre de son petit ami Sébastien. Elle ne comprend pas du tout, mais elle doit lui répondre. Avec un(e) partenaire, employez des verbes réciproques pour écrire la réponse. *Answers will vary.*

Chère Julie,
Nous devons nous quitter. Pourquoi sommes-nous encore ensemble? Nous ne nous sommes pas aimés. Nous nous disputons tout le temps et nous ne nous parlons pas souvent. Soyons réalistes. Je te quitte et j'espère que tu comprends.
Sébastien

Le français vivant

BlackBerry Pearl™ 8100

SOYEZ TOUJOURS EFFICACE

« Je réponds à mes e-mails où que je sois. »
« Je mets à jour mon agenda. »
« Je ne suis jamais loin de mon bureau. »

Avec le téléphone multifonctions, je cherche l'heure de mes cours.
Nous nous retrouvons entre amis.
Nous nous écrivons.
Nous nous entendons mieux.
Avec ce téléphone, c'est facile de se parler.

Identifiez Quels verbes réciproques avez-vous trouvés dans la publicité (*ad*)? *se retrouver, s'écrire, s'entendre mieux, se parler*

Questions À tour de rôle avec un(e) partenaire, posez-vous ces questions. *Answers will vary.*

1. Tes amis et toi, vous envoyez-vous des messages avec un téléphone?
2. Penses-tu que les gens s'entendent mieux grâce à (*thanks to*) la technologie? Pourquoi?
3. Quels gadgets technologiques utilises-tu pour communiquer avec tes amis? Pourquoi les utilises-tu?
4. Quels gadgets technologiques utilisaient tes grands-parents pour communiquer avec leurs amis? Pourquoi les utilisaient-ils?

cent trente-sept **137**

---

1 Suggestion Do this as a whole-class activity, giving different students the opportunity to form sentences.

2 Expansion Have students imagine that someone from the class contradicts what is said at the reunion. Ask volunteers to change the sentences in the activity to their negative form.

3 Suggestion Remind students to pay attention to the agreement of the past participle.

3 Expansion After assigning this activity, have pairs find magazine pictures and create three more sentences using reciprocal reflexives and the **passé composé**.

4 Expansion Have pairs use the reciprocal reflexives from the activity to create a short story about two friends falling in love. Encourage them to use the **passé composé**, the **imparfait**, and the present tense.

5 Expansion After completing the activity, have the students imagine they overheard the conversation about the date. Have pairs retell the facts of the conversation using the **passé composé** and the third person.

6 Suggestion Before assigning the activity, have volunteers identify the infinitive forms of each verb.

Le français vivant
- Have students describe what the man in the photos is doing.
- Call on a volunteer to read the ad aloud.
- Ask: **Possédez-vous un téléphone multifonctions?** If any students in the class do own a smartphone, have them note which feature(s) in the ad they use or like most or least. Examples: **Je fais tout avec mon téléphone, mais je l'utilise surtout pour répondre à mes e-mails. / Moi, je ne me sers pas de l'agenda.**

OPTIONS

Skits Have students write and perform a conversation in which one friend discusses a misunderstanding he or she just had with his or her significant other. One student must explain the misunderstanding while the other must ask questions and offer advice. Encourage students to incorporate verbs with infinitives (and prepositions, where needed) and reciprocal reflexive verbs.

Using Movement Write reciprocal reflexive verbs on index cards and mix them up in a hat. Have volunteers pick a card at random and act out the reciprocal action. The class will guess the action, using the verb in a sentence.

STRUCTURES **137**

Leçon 3A

SYNTHÈSE

Révision

1 **À deux** Que peuvent faire deux personnes avec chacun (*each one*) de ces objets? Avec un(e) partenaire, répondez à tour de rôle et employez des verbes réciproques. Answers will vary.

MODÈLE un appareil photo numérique

Avec un appareil photo numérique, deux personnes peuvent s'envoyer des photos tout de suite.

- un portable
- une caméra vidéo
- du papier et un stylo
- un fax
- un ordinateur
- un magnétophone

2 **La communication** Votre professeur va vous donner une feuille d'activités. Circulez dans la classe pour interviewer vos camarades. Comment communiquent-ils avec leurs familles et leurs amis? Pour chaque question, parlez avec des camarades différents qui doivent justifier leurs réponses. Answers will vary.

MODÈLE

Élève 1: Tes amis et toi, vous écrivez-vous plus de cinq e-mails par jour?
Élève 2: Oui, parfois nous nous écrivons dix e-mails.
Élève 1: Pourquoi vous écrivez-vous tellement souvent?

3 **Dimanche au parc** Ces personnes sont allées au parc dimanche dernier. Avec un(e) partenaire, décrivez à tour de rôle leurs activités. Employez des verbes réciproques. Answers will vary.

4 **Leur rencontre** Comment ces couples se sont-ils rencontrés? Par groupes de trois, inventez une histoire courte pour chaque couple. Utilisez les verbes donnés (*given*) et des verbes réciproques. Answers will vary.

1. venir de

3. continuer à

2. commencer à

4. rêver de

5 **Les bonnes relations** Parlez avec deux camarades. Que faut-il faire pour maintenir de bonnes relations avec ses amis ou sa famille? À tour de rôle, utilisez les verbes de la liste pour donner des conseils (*advice*). Answers will vary.

MODÈLE

Élève 1: Dans une bonne relation, deux personnes peuvent tout se dire.
Élève 2: Oui, et elles apprennent à se connaître.

s'adorer	se connaître	hésiter à
s'aider	se dire	oublier de
apprendre à	s'embrasser	pouvoir
arrêter de	espérer	refuser de
commencer à	éviter de	savoir

6 **Rencontre sur Internet** Votre professeur va vous donner, à vous et à votre partenaire, une feuille d'illustrations sur la rencontre sur Internet d'Amandine et de Christophe. Attention! Ne regardez pas la feuille de votre partenaire. Answers will vary.

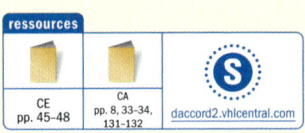

138 cent trente-huit

UNITÉ 3   La technologie

Video: TV Clip

Le Zapping

NRJ Mobile

En 1981 est née, à Paris, la Nouvelle Radio Jeune, ou NRJ. La prononciation des trois lettres de son sigle° évoque un ingrédient du caractère de son public: l'énergie. La radio a toujours visé° les jeunes par la programmation de musique contemporaine et internationale. NRJ connaît un énorme succès et on peut aujourd'hui l'écouter partout° en France et dans d'autres pays européens. Débuté en 2005, NRJ Mobile vise aussi les jeunes et leur permet d'entièrement personnaliser leurs portables, y compris° les sonneries°.

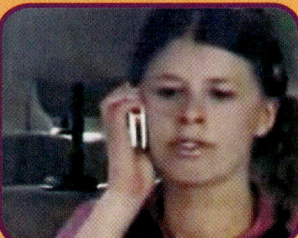
—Alors j'ai créé KellyMobile, le premier opérateur qui comprend ce que° c'est d'être un fan.

—L'opérateur avec des sonneries ultra puissantes°, comme nous!

Compréhension Répondez aux questions. *Some answers will vary.*

1. Pourquoi les filles dans la publicité (*commercial*) sont-elles heureuses? Elles sont heureuses parce qu'elles peuvent personnaliser leurs portables.
2. Quelle réaction ont les personnes qui entendent leurs cris (*screams*)? Elles sont surprises et elles s'énervent.

Discussion Par groupes de trois, répondez aux questions et discutez. *Answers will vary.*

1. KellyMobile est-il le vrai nom du service mobile? Pourquoi s'appelle-t-il ainsi (*this way*)?
2. Pourquoi la pub montre-t-elle deux filles qui crient? Cette manière de s'exprimer (*expressing oneself*) est-elle normale? Pourquoi?
3. Comment personnalisez-vous votre portable? Pourquoi cette possibilité est-elle importante?

sigle *acronym* **visé** *aimed at* **partout** *everywhere* **y compris** *including*
sonneries *ring tones* **ce que** *what* **puissantes** *powerful*

 Practice more at daccord2.vhlcentral.com.

cent trente-neuf **139**

NRJ Mobile To show just how customizable their cell phones are, **NRJ Mobile** launched television commercials, such as the one featured in this lesson's **Le zapping**, advertising wireless telephone services named after the ad's fictional main character. In this case, the name is KellyMobile. Although the wireless provider names are not real, the url **toimobile.fr** is and redirects to **nrjmobile.fr**. As with the original **NRJ** radio, **NRJ Mobile** marketing targets 12- to 25-year-olds, establishing a connection between its wireless packages and promotions and the worlds of entertainment, sports, and video games. There is also an **NRJ** television channel with programming that targets the same segment of the market.

Section Goals

In this section, students will learn and practice vocabulary related to:
- cars and driving
- car maintenance and repair

Key Standards
1.1, 1.2, 4.1

Student Resources
Cahier d'exercices, pp. 49-50; *Cahier d'activités*, pp. 35-36, 133; Supersite: Activities, *Cahier interactif*

Teacher Resources
Answer Keys; Overhead #25; Audio Script; Textbook & Audio Activity MP3s/CD; Info Gap Activities; Testing program: Vocabulary Quiz

Suggestions

- Use **Overhead #25.** Point out objects and describe what the people are doing. Examples: **Ces personnes sont dans une station-service. C'est une voiture. Elle a un pneu crevé. Il fait le plein d'essence.**
- Follow up with simple questions based on your narrative. Examples: **C'est un volant? Qu'est-ce que c'est? Le mécanicien vérifie la pression des pneus?**
- Ask students questions about cars and driving using the new vocabulary. Examples: **Attachez-vous votre ceinture de sécurité quand vous êtes en voiture? Quand vous allez à la station-service, qui fait le plein? Combien coûte un gallon d'essence?**
- Explain that **dépasser** has two meanings: **dépasser la limitation de vitesse** means *to go over the speed limit* and **dépasser une voiture/un camion** means *to pass a car/truck*.

Leçon 3B

CONTEXTES

You will learn how to...
- talk about cars
- talk about traffic
- say what you would do

En voiture!

Vocabulaire

arrêter (de faire quelque chose)	to stop (doing something)
attacher	to buckle, to fasten
avoir un accident	to have/to be in an accident
dépasser	to go over; to pass
freiner	to brake
se garer	to park
rentrer dans	to hit
réparer	to repair
tomber en panne	to break down
vérifier (l'huile/ la pression des pneus)	to check (the oil/ the air pressure)
l'embrayage (m.)	clutch
l'essence (f.)	gas
les freins (m., pl.)	brakes
l'huile (f.)	oil
un pare-chocs (pare-chocs pl.)	bumper
un réservoir d'essence	gas tank
un rétroviseur	rearview mirror
une roue	wheel
une roue de secours	spare tire
un voyant (d'essence/ d'huile)	(gas/oil) warning light
une amende	fine
une autoroute	highway
un parking	parking lot
un permis de conduire	driver's license
une rue	street

ressources
CE pp. 49-50
CA pp. 35-36,133
daccord2.vhlcentral.com

140 cent quarante

OPTIONS

Using Games Play a game of **Dix questions**. Ask a volunteer to think of a car part from the new vocabulary. Other students get to ask one yes/no question, then they can guess what the word is. Limit attempts to ten questions per word. You might want to tell students that they can narrow down the options by asking questions about where the part is on the car and what it does.

Labeling Distribute pictures of cars to groups of three students. Detailed photos of car interiors and exteriors are available online or from car dealerships. List parts of the car on the board, such as **volant, pneu, coffre,** and **rétroviseur.** Tell students to label the parts on the pictures. Alternatively, ask a student who can draw to sketch a car (inside and out) on the board and have students label its parts.

UNITÉ 3 La technologie

Mise en pratique

1 Les correspondances Reliez (*Link*) les éléments des deux colonnes.

b 1. dépasser   a. les freins
d 2. tomber en panne   b. la limitation de vitesse
a 3. freiner   c. la ceinture de sécurité
e 4. faire le plein   d. une voiture
g 5. réparer une voiture e. l'essence
f 6. se garer   f. un parking
c 7. attacher   g. un mécanicien
h 8. vérifier la pression h. les pneus

2 Complétez Complétez les phrases avec le bon mot de vocabulaire.

1. La personne qui répare une voiture est un ___mécanicien___.
2. Il faut ouvrir le ___capot___ de la voiture pour vérifier l'huile.
3. On met de l'essence dans le ___réservoir d'essence___.
4. Le ___permis de conduire___ est un document officiel qui vous autorise à conduire.
5. On utilise les ___phares___ pour voir (*see*) quand on conduit la nuit.
6. On utilise les ___essuie-glaces___ pour voir à travers (*through*) le pare-brise quand il pleut.
7. Le ___volant___ sert à diriger (*steer*) la voiture.
8. Vous utilisez le ___rétroviseur___ pour voir la circulation derrière vous.
9. La personne qui peut donner une amende est un ___policier/agent de police___.
10. On peut ranger ses valises dans le ___coffre___ de la voiture.
11. On utilise les ___freins___ quand on veut s'arrêter.
12. Quand il y a beaucoup de voitures sur la route, il y a de la ___circulation___.

3 Écoutez 🎧 Madeleine a eu une mauvaise journée. Écoutez son histoire. Ensuite, indiquez si les phrases suivantes sont **vraies** ou **fausses**.

	Vrai	Faux
Madeleine...		
1. a oublié son permis de conduire.		✓
2. a dépassé la limitation de vitesse.	✓	
3. a fait le plein avant d'aller à la fac.		✓
4. a attaché sa ceinture de sécurité.	✓	
5. s'est garée à l'université.	✓	
6. conduisait quand un policier l'a arrêtée.	✓	
Sa voiture...		
7. a redémarré.		✓
8. avait un pneu crevé.		✓
9. n'avait pas d'essence.	✓	
10. était en panne.	✓	

Practice more at daccord2.vhlcentral.com.

Image labels: la limitation de vitesse; la circulation; un agent de police/un policier (policière *f.*); les essuie-glaces (*m.*); un pare-brise (pare-bise *pl.*); les phares (*m.*)

---

1 Expansion For additional practice, ask students what parts of a car are associated with these activities. 1. nettoyer le pare-brise (les essuie-glaces) 2. conduire (le volant) 3. arrêter (les freins) 4. changer de vitesse (l'embrayage) 5. regarder ce qui est derrière la voiture (le rétroviseur)

2 Suggestion Have students work in pairs on this activity. Then go over the answers with the class.

3 Script Hier, j'ai eu une journée terrible! J'avais un examen de maths à 8h00 du matin et je me suis levée en retard. J'étais très pressée, donc je conduisais très vite, quand tout à coup j'ai entendu une sirène. Quand j'ai regardé dans le rétroviseur, c'était un policier. Heureusement, j'avais mon permis de conduire avec moi et j'avais ma ceinture de sécurité attachée, mais comme je roulais plus vite que la vitesse autorisée, j'ai dû payer une amende. Finalement, je suis arrivée à l'université et j'ai trouvé une place pour me garer sans problème. J'ai passé mon examen de maths et je suis partie. Quand je suis retournée à ma voiture pour partir, elle n'a pas démarré. Un mécanicien est venu, il a vérifié la voiture et il m'a dit qu'elle ne démarrait pas parce qu'elle n'avait pas d'essence. *(On Textbook Audio)*

3 Suggestion Play the recording again, stopping at the end of each sentence that contains an answer so students can check their work.

OPTIONS

Les appellations des routes en France The letter preceding the highway number indicates what type of road it is. For example, the **A-8** is **une autoroute** (*freeway*). **Une autoroute à péage** is a *toll road*. The **N-7** is **une route nationale**, a smaller highway. The **D-15** is **une route départementale**, an even smaller road. **Les autoroutes** are much faster than **les routes nationales** or **départementales**, but they are not free and usually less scenic.

Questions and Answers Propose various driving situations to your students and then ask: **De quoi avez-vous besoin?** Examples: 1. Vous allez en ville en voiture pour faire vos courses. (un parking) 2. Vous êtes sur l'autoroute et vous avez un pneu crevé. (une roue de secours) 3. Vous avez 18 ans et vous voulez conduire. (un permis de conduire) 4. Vous conduisez et il commence à pleuvoir. (les essuie-glaces)

Leçon 3B

CONTEXTES

Communication

4 Conversez Interviewez un(e) camarade de classe. Answers will vary.

1. De quelle sorte est la voiture de tes parents?
2. À quel âge ta mère a-t-elle obtenu (*obtained*) son permis de conduire? Et ton père?
3. Sais-tu comment changer un pneu crevé? En as-tu déjà changé un?
4. La voiture est-elle tombée en panne récemment? Qui l'a réparée?
5. Tes parents respectent-ils la limitation de vitesse sur l'autoroute? Et d'autres membres de la famille?
6. Tes parents ont-ils déjà été arrêtés par un policier? Pour quelle(s) raison(s)?
7. Combien de fois par mois font-ils le plein (d'essence)? Combien paient-ils à chaque fois?
8. Quelle(s) route(s) utilises-tu pour aller au lycée?
9. Tes parents savent-ils conduire une voiture à boîte de vitesses manuelle (*manual*)? Et d'autres membres de la famille?
10. La voiture a-t-elle eu des problèmes de pare-chocs récemment? Et des problèmes d'essuie-glaces?

5 Sept différences Votre professeur va vous donner, à vous et à votre partenaire, deux feuilles d'activités différentes. À tour de rôle, posez-vous des questions pour trouver les sept différences entre vos dessins. Attention! Ne regardez pas la feuille de votre partenaire.

MODÈLE

Élève 1: *Ma voiture est blanche. De quelle couleur est ta voiture?*
Élève 2: *Oh! Ma voiture est noire.*

6 Chez le mécanicien Travaillez avec un(e) camarade de classe pour présenter un dialogue dans lequel (*in which*) vous jouez les rôles d'un(e) client(e) et d'un(e) mécanicien(ne). Answers will vary.

Le/La client(e)…
- expliquez le problème qu'il/elle a.
- donnez quelques détails sur les problèmes qu'il/elle a eus dans le passé.
- négociez le prix et la date à laquelle (*when*) il/elle peut venir chercher la voiture.

Le/La mécanicien(ne)…
- demandez quand le problème a commencé et s'il y en a d'autres.
- expliquez le problème et donnez le prix des réparations.
- acceptez les conditions du/de la clien(e).

7 Écriture Écrivez un paragraphe à propos d'un (*about an*) accident de la circulation. Suivez les instructions. Answers will vary.

- Parlez d'un accident (voiture, moto [*f*.], vélo) que vous avez eu récemment. Si vous n'avez jamais eu d'accident, inventez-en un.
- Décrivez ce qui (*what*) s'est passé avant, pendant et après.
- Donnez des détails.
- Comparez votre paragraphe à celui (*that*) d'un(e) camarade de classe.

142 *cent quarante-deux*

UNITÉ 3 | La technologie

Les sons et les lettres

Audio: Concepts, Activities Record & Compare

The letter x

The letter **x** in french is sometimes pronounced -ks, like the x in the English word *axe*.

| ta**x**i | e**x**pliquer | me**x**icain | te**x**te |

Unlike English, some French words begin with a *gz-* sound.

| **x**ylophone | **x**énon | **x**énophile | **X**avière |

The letters **ex-** followed by a vowel are often pronounced like the English word *eggs*.

| e**x**emple | e**x**amen | e**x**il | e**x**act |

Sometimes an x is pronounced s, as in the following numbers.

| soi**x**ante | si**x** | di**x** |

An **x** is pronounced z in a liaison. Otherwise, an **x** at the end of a word is usually silent.

| deu**x** enfants | si**x** éléphants | mieu~~x~~ | curieu~~x~~ |

Prononcez Répétez les mots suivants à voix haute.

1. fax
2. eux
3. dix
4. prix
5. jeux
6. index
7. excuser
8. exercice
9. orageux
10. expression
11. contexte
12. sérieux

Articulez Répétez les phrases suivantes à voix haute.

1. Les amoureux sont devenus époux.
2. Soixante-dix euros! La note (*bill*) du taxi est exorbitante!
3. Alexandre est nerveux parce qu'il a deux examens.
4. Xavier explore le vieux quartier d'Aix-en-Provence.
5. Le professeur explique l'exercice aux étudiants exceptionnels.

Dictons Répétez les dictons à voix haute.

Les belles plumes font les beaux oiseaux.[2]

Les beaux esprits se rencontrent.[1]

[1] Great minds think alike. [2] Beautiful feathers make beautiful birds.

ressources

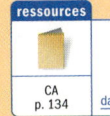 CA p. 134

 daccord2.vhlcentral.com

cent quarante-trois 143

Flash Cards For additional practice with the letter **x**, have students write sentences on individual index cards using the words below. Then collect the cards and distribute some of them (at least one for each word) for students to read aloud.
1. excuser 2. deux 3. époux 4. cheveux 5. malheureux 6. roux 7. vieux 8. ennuyeux 9. explorer 10. généreux

Tongue Twisters Teach students these French tongue twisters that contain the letter **x**. 1. Le fisc fixe exprès chaque taxe fixe excessive exclusivement au luxe et à l'acquis. 2. Un taxi attaque six taxis. 3. Je veux et j'exige d'exquises excuses.

Section Goals

In this section, students will learn functional phrases for talking about dating and cars.

Key Standards
1.2, 2.1, 2.2, 4.1, 4.2

Student Resources
Cahier d'activités, pp. 71–72; Supersite: Activities, *Cahier interactif*

Teacher Resources
Answer Keys; Video Script & Translation; *Roman-photo* video

Video Recap: Leçon 3A
Before doing this **Roman-photo**, review the previous one with this true/false activity.
1. Rachid n'arrive pas à travailler à cause de David. (Vrai.) 2. David ne finit pas sa dissertation. (Faux.) 3. Amina n'a pas l'intention de rencontrer Cyberhomme. (Vrai.) 4. Amina retrouve la dissertation de David. (Vrai.) 5. David est Cyberhomme. (Faux.)

Video Synopsis
Rachid goes to the service station to get some gas. Amina is waiting at **Le P'tit Bistrot** for him to pick her up for a date. Rachid brings her flowers and is very attentive. In the car, Rachid notices that an indicator light is on, so he returns to the service station. The car just needs some oil. After fixing the problem, they take off again, but they don't get very far because they have a flat tire.

Suggestions
- Have students predict what the episode will be about based on the video stills.
- Tell students to scan the captions and find vocabulary related to cars and driving.
- After reading the **Roman-photo**, review students' predictions and have them summarize the episode.

Leçon 3B

ROMAN-PHOTO

La panne
Video: *Roman-photo*
Record & Compare

PERSONNAGES

Amina

Mécanicien

Rachid

Sandrine

Valérie

À la station-service...
MÉCANICIEN Elle est belle, votre voiture! Elle est de quelle année?
RACHID Elle est de 2005.
MÉCANICIEN Je vérifie l'huile ou la pression des pneus?
RACHID Non, merci, ça va. Je suis un peu pressé, en fait. Au revoir.

Au P'tit Bistrot...
SANDRINE Ton Cyberhomme, c'est Rachid! Quelle coïncidence!
AMINA C'est incroyable, non? Je savais qu'il habitait à Aix, mais...
VALÉRIE Une vraie petite histoire d'amour, comme dans les films!
SANDRINE C'est exactement ce que je me disais!

AMINA Rachid arrive dans quelques minutes. Est-ce que cette couleur va avec ma jupe?
SANDRINE Vous l'avez entendue? Ne serait-elle pas amoureuse?
AMINA Arrête de dire des bêtises.

RACHID Oh, non!!
AMINA Qu'est-ce qu'il y a? Un problème?
RACHID Je ne sais pas. J'ai un voyant qui s'est allumé.
AMINA Allons à une station-service.
RACHID Oui... c'est une bonne idée.

De retour à la station-service...
MÉCANICIEN Ah! Vous êtes de retour. Mais que se passe-t-il? Je peux vous aider?
RACHID J'espère. Il y a quelque chose qui ne va pas, peut-être avec le moteur. Regardez, ce voyant est allumé.
MÉCANICIEN Ah, ça? C'est l'huile. Je m'en occupe tout de suite.

MÉCANICIEN Vous pouvez redémarrer? Et voilà.
RACHID Parfait. Au revoir. Bonne journée.
MÉCANICIEN Bonne route!

---

1 **Vrai ou faux?** Indiquez si ces affirmations sont **vraies** ou **fausses**. Corrigez les phrases fausses. *Answers may vary.*

1. La voiture de Rachid est neuve (*new*). Faux. Elle est de 2005.
2. Quand Rachid va à la station-service la première fois, il a beaucoup de temps. Faux. Il est un peu pressé.
3. Amina savait que Cyberhomme habitait à Aix. Vrai.
4. Sandrine trouve l'histoire de Rachid et Amina très romantique. Vrai.
5. Amina ouvre la portière de la voiture. Faux. Rachid ouvre la portière.
6. Rachid est galant (*a gentleman*). Vrai.
7. Le premier problème que Rachid rencontre est une panne d'essence. Faux. Un voyant s'est allumé.
8. Le mécanicien répare la voiture. Vrai.
9. La voiture a un pneu crevé. Vrai.
10. Rachid n'est pas très content. Vrai.

Practice more at **daccord2.vhlcentral.com**.

144 *cent quarante-quatre*

Avant de regarder la vidéo Tell students to read the title and scene setter. Then have them predict what might happen in this episode. Write their predictions on the board. After viewing the episode, have them confirm or correct their predictions.

Regarder la vidéo Print out the videoscript found on the Supersite. Then white out words related to cars and other key vocabulary in order to create a master for a cloze activity. Distribute photocopies and tell students to fill in the missing information as they watch the video episode.

UNITÉ 3 — La technologie

Amina sort avec Rachid pour la première fois.

SANDRINE Oh, regarde, il lui offre des fleurs.
RACHID Bonjour, Amina. Tiens, c'est pour toi.
AMINA Bonjour, Rachid. Oh, merci, c'est très gentil.
RACHID Tu es très belle, aujourd'hui.
AMINA Merci.

RACHID Attends, laisse-moi t'ouvrir la portière.
AMINA Merci.
RACHID N'oublie pas d'attacher ta ceinture.
AMINA Oui, bien sûr.

Expressions utiles

Talking about dating
- **Il lui offre des fleurs.**
  He's offering/giving her flowers.
- **Attends, laisse-moi t'ouvrir la portière.**
  Wait, let me open the (car) door for you.

Talking about cars
- **N'oublie pas d'attacher ta ceinture.**
  Don't forget to fasten your seatbelt.
- **J'ai un voyant qui s'est allumé.**
  One of the dashboard lights came on.
- **Il y a quelque chose qui ne va pas.**
  There's something wrong.

Additional vocabulary
- **incroyable**
  incredible

AMINA Heureusement, ce n'était pas bien grave. À quelle heure est notre réservation?
RACHID Oh! C'est pas vrai!

AMINA Qu'est-ce que c'était?
RACHID On a un pneu crevé.
AMINA Oh, non!!

2 Qui?
Indiquez qui dirait (*would say*) ces affirmations: Amina (A), le mécanicien (M), Rachid (R), Sandrine (S) ou Valérie (V).

1. La prochaine fois, je vais suivre les conseils du mécanicien. R
2. Je suis un peu anxieuse. A
3. C'est comme dans un conte de fées (*fairy tale*)! S/V
4. Taisez-vous (*Be quiet*), s'il vous plaît! A
5. Il aurait dû (*should have*) m'écouter. M

3 Écrivez
Que se passe-t-il pour Amina et Rachid après le deuxième incident? Utilisez votre imagination et écrivez un paragraphe qui raconte ce qu'ils ont fait. Est-ce que quelqu'un d'autre les aide? Amina est-elle fâchée? Y aura-t-il (*Will there be*) un deuxième rendez-vous pour Cyberhomme et Technofemme?

ressources
CA pp. 71–72

daccord2.vhlcentral.com

Leçon 3B

CULTURE

Video: *Flash culture*

CULTURE À LA LOUPE

Les voitures en France

la Smart

Dans l'ensemble°, les Français utilisent moins leur voiture que les Américains. Il n'est pas rare qu'un couple ou une famille possède une seule voiture. Dans les grandes villes, beaucoup de gens se déplacent° à pied ou utilisent les transports en commun°. Dans les villages ou à la campagne, les gens utilisent un peu plus fréquemment leurs voitures. Pour les grandes distances pourtant°, ils ont tendance, plus que les Américains, à laisser leurs voitures chez eux et à prendre le train ou l'avion. En général, les voitures en France sont beaucoup plus petites que les voitures qu'on trouve aux États-Unis, mais on y trouve des quatre-quatre° (4x4), même dans les grandes villes. La Smart, une voiture minuscule produite par les compagnies Swatch et Mercedes-Benz, a aussi beaucoup de succès en France et en Europe.

Il y a plusieurs raisons qui expliquent ces différences. D'abord, les rues des villes françaises sont beaucoup moins larges. En centre-ville, beaucoup de rues sont piétonnes° et d'autres sont si petites qu'il est parfois difficile de passer, même avec une petite voiture. Il y a aussi de gros problèmes de parking dans la majorité des villes françaises. Il y a peu de places de parking et elles sont en général assez petites. Il est donc nécessaire de faire un créneau° pour se garer et plus la voiture est petite, plus° on a de chance de le réussir. En plus, en France, l'essence est plus chère qu'aux États-Unis. Il vaut donc mieux avoir une petite voiture économique qui ne consomme pas beaucoup d'essence, ou prendre les transports en commun quand c'est possible.

Pourcentage de Français qui possèdent une voiture	
Dans les villages et à la campagne	92%
Dans les villes de moins de 20.000 habitants	86%
Dans les villes de 20.000 à 100.000 habitants	84%
Dans les villes de plus de 100.000 habitants	78%
En région parisienne	60%
À Paris	46%

SOURCE: Francoscopie

Dans l'ensemble By and large **se déplacent** get around **transports en commun** public transportation **pourtant** however **quatre-quatre** sport utility vehicles **piétonnes** reserved for pedestrians **faire un créneau** parallel park **plus..., plus...** the more..., the more...

ACTIVITÉS

1 **Complétez** Donnez un début ou une suite logique à chaque phrase, d'après le texte. *Answers may vary. Possible answers provided.*

1. ... possèdent parfois une seule voiture. *Les familles françaises*
2. Les Français qui habitent en ville se déplacent souvent... *à pied ou utilisent les transports en commun.*
3. Beaucoup de Français prennent le train ou l'avion... *pour faire de longs voyages.*
4. ... sont en général plus petites qu'aux États-Unis. *Les voitures en France*
5. Comme aux États-Unis, même dans les grandes villes en France, on trouve... *des quatre-quatre.*
6. ..., on peut facilement faire un créneau pour se garer. *Avec la Smart*
7. Il n'est pas toujours facile de se garer dans les villes françaises... *parce qu'il y a peu de places de parking et parce qu'elles sont en général assez petites.*
8. ... parce que l'essence coûte cher en France. *Il vaut mieux avoir une petite voiture économique*
9. ..., la grande majorité des Français ont une voiture. *Dans les villages et à la campagne*
10. Le nombre de Français qui ont une voiture est plus important dans les villages et à la campagne qu'... *à Paris.*

Practice more at **daccord2.vhlcentral.com**.

146 cent quarante-six

UNITÉ 3   La technologie

LE FRANÇAIS QUOTIDIEN

Pour parler des voitures

bagnole (f.)	car
berline (f.)	sedan
break (m.)	station wagon
caisse (f.)	car
char (m.) (Québec)	car
coupé (m.)	coupe
décapotable (f.)	convertible
monospace (m.)	minivan
pick-up (m.)	pickup

PORTRAIT

Le constructeur automobile Citroën

La marque° Citroën est une marque de voitures française créée° en 1919 par André Citroën, ingénieur et industriel français. La marque est réputée pour son utilisation de technologies d'avant-garde et pour ses innovations dans le domaine de l'automobile. Le premier véhicule construit par Citroën, la voiture type A, a été la première voiture européenne construite en série°. En 1924, Citroën a utilisé la première carrosserie° entièrement faite en acier° d'Europe. Puis, dans les années 1930, Citroën a inventé la traction avant°. Parmi les modèles de voiture les plus vendus de la marque Citroën, on compte la 2CV, ou «deux chevaux», un modèle bon marché et très apprécié des jeunes dans les années 1970 et 1980. En 1976, Citroën a fusionné° avec un autre grand constructeur automobile° français, Peugeot, pour former le groupe PSA Peugeot-Citroën.

marque make créée created en série mass-produced carrosserie body acier steel traction avant front-wheel drive a fusionné merged constructeur automobile car manufacturer

LE MONDE FRANCOPHONE

Conduire une voiture

Voici quelques informations utiles.

En France Il n'existe pas de carrefours° avec quatre panneaux° de stop.

En France, en Belgique et en Suisse Il est interdit d'utiliser un téléphone portable quand on conduit et on n'a pas le droit de tourner à droite quand le feu° est rouge.

À l'île Maurice et aux Seychelles Faites attention! On conduit à gauche.

En Suisse Pour conduire sur l'autoroute, il est nécessaire d'acheter une vignette° et de la mettre sur son pare-brise. On peut l'acheter à la poste ou dans les stations-service, et elle est valable° un an.

Dans l'Union européenne Le permis de conduire d'un pays de l'Union européenne est valable dans tous les autres pays de l'Union.

carrefours intersections panneaux signs feu traffic light vignette sticker valable valid

SUR INTERNET

Qu'est-ce que la Formule 1?

Go to daccord2.vhlcentral.com to find more information related to this **CULTURE** section. Then watch the corresponding **Flash culture**.

ACTIVITÉS

2 Répondez Répondez par des phrases complètes.
1. Quelles sont les caractéristiques de la marque Citroën? *Elle est réputée pour son utilisation de technologies d'avant-garde et pour ses innovations.*
2. Quelle est une des innovations de la marque Citroën? *Answers will vary. Possible answer: La construction en série d'une voiture en Europe a été une innovation.*
3. Quel modèle de Citroën a eu beaucoup de succès? *La 2CV, ou «deux chevaux», a eu beaucoup de succès.*
4. Qu'a fait la compagnie Citroën en 1976? *La compagnie a fusionné avec un autre constructeur automobile français, Peugeot.*
5. Que faut-il avoir pour conduire sur l'autoroute, en Suisse? *Il faut avoir une vignette sur le pare-brise.*
6. Les résidents d'autres pays de l'UE ont-ils le droit de conduire en France? *Oui, les permis de conduire des autres pays de l'Union européenne sont valables en France.*

3 À vous... Quelle est votre voiture préférée? Pourquoi? Avec un(e) partenaire, discutez de ce sujet et soyez prêts à expliquer vos raisons au reste de la classe.

ressources
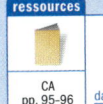 CA pp. 95-96
 daccord2.vhlcentral.com

Leçon 3B — STRUCTURES

3B.1 The verbs *ouvrir* and *offrir*

Point de départ The verbs **ouvrir** (*to open*) and **offrir** (*to offer*) are irregular. Although they end in **-ir**, they use the endings of regular **-er** verbs in the present tense.

Ouvrir and *offrir*

	ouvrir	offrir
j'	ouvre	offre
tu	ouvres	offres
il/elle	ouvre	offre
nous	ouvrons	offrons
vous	ouvrez	offrez
ils/elles	ouvrent	offrent

La boutique **ouvre** à dix heures.
The shop opens at 10 o'clock.

Nous **offrons** soixante-quinze dollars.
We offer seventy-five dollars.

- The verbs **couvrir** (*to cover*), **découvrir** (*to discover*), and **souffrir** (*to suffer*) use the same endings as **ouvrir** and **offrir**.

Elle **souffre** quand elle est chez le dentiste.
She suffers when she's at the dentist's.

Couvrez la tête d'un enfant quand il fait soleil.
Cover the head of a child when it's sunny.

- The past participles of **ouvrir** and **offrir** are, respectively, **ouvert** and **offert**. Verbs like **ouvrir** and **offrir** follow this pattern.

Nous **avons découvert** un bon logiciel.
We discovered a good software program.

Elles **ont souffert** d'une allergie.
They suffered from an allergy.

- Verbs like **ouvrir** and **offrir** are regular in the **imparfait**.

Nous **souffrions** pendant les moments difficiles.
We suffered during the bad times.

Ils nous **offraient** de beaux cadeaux.
They used to give us nice gifts.

Essayez!
Complétez les phrases avec les formes correctes du présent des verbes.

1. On _découvre_ (découvrir) beaucoup de choses quand on lit.
2. Vous _ouvrez_ (ouvrir) le livre.
3. Tu _souffres_ (souffrir) beaucoup chez le dentiste?
4. Elle _offre_ (offrir) des fleurs à ses amis.
5. Nous _offrons_ (offrir) dix mille dollars pour la voiture.
6. Les profs _couvrent_ (couvrir) les réponses.

MISE EN PRATIQUE

1 Mais non! Alexandra et sa copine Djamila viennent d'arriver en cours et parlent de leurs camarades. Que se disent-elles?

MODÈLE Julianne souffre d'un mal de tête. (je)
Je souffre aussi d'un mal de tête.

1. Sylvain ouvre son livre. (Caroline)
   Caroline ouvre aussi son livre.
2. Antoine souffre d'allergies. (le professeur et moi)
   Le professeur et moi souffrons aussi d'allergies.
3. Loïc découvre la réponse. (nous)
   Nous découvrons aussi la réponse.
4. Tu offres ta place à Maéva. (Théo)
   Théo offre aussi sa place à Maéva.
5. Je souffre beaucoup avant les examens. (nous)
   Nous souffrons aussi beaucoup avant les examens.
6. Vous ouvrez votre sac à dos. (Luc et Anne)
   Luc et Anne ouvrent aussi leur sac à dos.
7. Odile et Fatou couvrent leurs devoirs. (Lise)
   Lise couvre aussi ses devoirs.
8. Angèle découvre qu'elle adore les maths. (je)
   Je découvre aussi que j'adore les maths.

2 Je l'ai déjà fait Maya parle avec sa sœur des choses qu'elle veut faire pour organiser une fête dans leur nouvelle maison. Sophie lui dit qu'elle les a déjà faites.

MODÈLE Je veux ouvrir les bouteilles.
Je les ai déjà ouvertes.

1. Je veux couvrir les meubles pour les protéger.
   Je les ai déjà couverts.
2. Je veux ouvrir toutes les fenêtres.
   Je les ai déjà ouvertes.
3. Je veux découvrir le centre-ville.
   Je l'ai déjà découvert.
4. Je veux offrir des cadeaux aux voisins.
   Je leur en ai déjà offert.
5. Je veux ouvrir les nouveaux CD.
   Je les ai déjà ouverts.
6. Je veux couvrir les murs d'affiches.
   Je les ai déjà couverts.
7. Je veux découvrir ce que (*what*) nos amis vont nous offrir.
   Je l'ai déjà découvert.
8. Je veux offrir une fleur aux invités.
   Je leur en ai déjà offert une.

3 Que faisaient-ils? Qu'est-ce que ces personnages faisaient hier? Employez les verbes de la liste. *Answers may vary.*

| couvrir | découvrir | offrir | ouvrir | souffrir |

1. Benoît
Benoît ouvrait son livre.

3. vous
Vous découvriez de l'argent.

2. tu
Tu souffrais d'une grippe.

4. ils
Ils offraient un cadeau.

Practice more at daccord2.vhlcentral.com.

UNITÉ 3 La technologie

COMMUNICATION

4 **Questions** Avec un(e) partenaire, posez-vous ces questions à tour de rôle. Ensuite, présentez les réponses à la classe. *Answers will vary.*

1. Qu'est-ce que tu as offert à ta mère pour la fête des Mères?
2. En quelle saison souffres-tu le plus des allergies? Pourquoi?
3. Est-ce que tu te couvres la tête quand tu bronzes? Avec quoi?
4. Est-ce que tu ouvres la fenêtre de ta chambre quand tu dors? Pourquoi?
5. Qu'est-ce que tes amis t'ont offert pour ton dernier anniversaire?
6. Que fais-tu quand tu souffres d'une grippe?
7. As-tu découvert des sites web intéressants? Quels sites?
8. Quand tu achètes un nouveau CD, est-ce que tu l'ouvres tout de suite? Pourquoi?

5 **Une amende** Un agent de police vous arrête parce que vous n'avez pas respecté la limitation de vitesse. Vous inventez beaucoup d'excuses. Avec un(e) partenaire, créez le dialogue et utilisez ce vocabulaire. *Answers will vary.*

amende	dépasser	ouvrir
avoir	freiner	permis
un accident	freins	de conduire
circulation	se garer	pneu crevé
coffre	limitation	rentrer dans
couvrir	de vitesse	rue
découvrir	offrir	souffrir

6 **Un cadeau électronique** Vous avez de l'argent et vous voulez acheter des cadeaux à des membres de votre famille. Dites à un(e) partenaire les choses que vous voulez acheter et pourquoi. Utilisez les verbes de la liste. *Answers will vary.*

MODÈLE

Je peux acheter un jeu vidéo pour l'offrir à mon neveu.

| couvrir | découvrir | offrir | ouvrir | souffrir |

Le français vivant

À Noël, offrez le plus beau des cadeaux

Elle ouvre le paquet, et c'est le bonheur!
Quoi de plus beau à offrir?
Parlez-vous à cœur ouvert.

Telecom

Identifiez Avez-vous trouvé des formes des verbes **ouvrir** et **offrir** dans cette publicité (*ad*)? Lesquelles (*Which ones*)? offrez, ouvre, offrir, ouvert

Questions Posez ces questions à un(e) partenaire et répondez à tour de rôle. *Answers will vary.*

1. Qui offre un cadeau dans la pub? Qui reçoit (*receives*) un cadeau?
2. Quel cadeau offre-t-on?
3. Quel est le plus beau cadeau qu'on t'aie (*has*) offert?
4. Quel est le plus beau cadeau que tu aies (*have*) offert à quelqu'un?

cent quarante-neuf 149

Leçon 3B STRUCTURES

3B.2 Le conditionnel

Point de départ The conditional expresses what you *would* do or what *would* happen under certain circumstances.

- The conditional of regular verbs is formed by using the infinitive form of the verb as the stem. To form the conditional of **-er** and **-ir** verbs, add the **imparfait** endings to the infinitive. Drop the **-e** from the infinitive of **-re** verbs before adding the endings to it.

Conditional of regular verbs

	parler	réussir	attendre
je/j'	parlerais	réussirais	attendrais
tu	parlerais	réussirais	attendrais
il/elle	parlerait	réussirait	attendrait
nous	parlerions	réussirions	attendrions
vous	parleriez	réussiriez	attendriez
ils/elles	parleraient	réussiraient	attendraient

Nous ne **conduirions** pas.
We would not drive.

À ta place, je **réparerais** la voiture.
In your place, I would repair the car.

- Note the conditional form of most spelling change **-er** verbs.

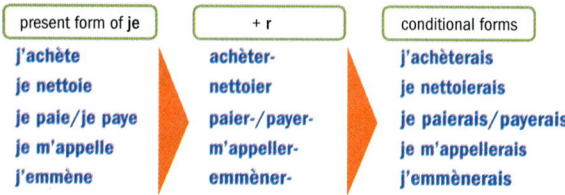

present form of je	+ r	conditional forms
j'achète	achèter-	j'achèterais
je nettoie	nettoier-	je nettoierais
je paie/je paye	paier-/payer-	je paierais/payerais
je m'appelle	m'appeller-	je m'appellerais
j'emmène	emmèner-	j'emmènerais

- For **-er** verbs with an **è** before the infinitive ending, form the conditional the same way as regular verbs.

Tu **préférerais** aller à une station-service?
Would you prefer to go to a service station?

Nous **protégerions** les enfants de la chaleur.
We would protect the children from the heat.

- Some verbs use irregular stems in the conditional.

aller	ir-	envoyer	enverr-	recevoir	recevr-
apercevoir	apercevr-	être	ser-	savoir	saur-
avoir	aur-	faire	fer-	venir	viendr-
devoir	devr-	pouvoir	pourr-	vouloir	voudr-

J'**irais** chez toi, mais pas aujourd'hui.
I'd go to your house, but not today.

Quand est-ce qu'elle **ferait** le plein?
When would she fill the tank?

150 cent cinquante

MISE EN PRATIQUE

1 Changer de vie Alexandre parle à son ami de ce qu'il (*what he*) aimerait changer dans sa vie. Complétez ses phrases avec les formes correctes du conditionnel.

MODÈLE
Je n' _étudierais_ (étudier) jamais le week-end.

1. Ma petite amie et moi _ferions_ (faire) des études dans la même (*same*) ville.
2. Je _vendrais_ (vendre) ma vieille voiture.
3. Nous _achèterions_ (acheter) une Porsche.
4. J' _attacherais_ (attacher) toujours ma ceinture de sécurité.
5. Nos amis nous _rendraient_ (rendre) souvent visite.
6. Quelqu'un _nettoierait_ (nettoyer) la maison.

2 Les professeurs Que feraient ces personnes si elles étaient profs de français?

MODÈLE tu / donner / examen / difficile
Tu donnerais des examens difficiles.

1. Marc / donner / devoirs
   Marc donnerait des devoirs.
2. vous / répondre / à / questions / élèves
   Vous répondriez aux questions des élèves.
3. nous / permettre / à / élèves / de / manger / en classe
   Nous permettrions aux élèves de manger en classe.
4. tu / parler / français / tout le temps
   Tu parlerais français tout le temps.
5. tes parents / boire / café / classe
   Tes parents boiraient du café en classe.
6. nous / montrer / films / français
   Nous montrerions des films français.

3 Je suis d'accord! Quand on vous dit ce que vos amis font ou ne font pas, dites que vous feriez ou ne feriez pas ces choses. Utilisez le conditionnel dans vos réponses.
Answers will vary.

MODÈLE
Je n'ai pas envie de ranger les valises dans le coffre.
Moi non plus, je n'aurais pas envie de ranger les valises dans le coffre.

Je regarde souvent dans le rétroviseur.
Moi aussi, je regarderais souvent dans le rétroviseur.

1. Élodie ne prend pas le vélo.
   Moi non plus, je ne prendrais pas le vélo.
2. Olivier et Solange ne se garent pas devant le café.
   Moi non plus, je ne me garerais pas devant le café.
3. Laurent et toi ne vérifiez pas la pression des pneus.
   Moi non plus, je ne vérifierais pas la pression des pneus.
4. Tu fais le plein avant de partir.
   Moi aussi, je ferais le plein avant de partir.
5. Ma petite amie veut acheter une nouvelle voiture.
   Moi aussi, je voudrais acheter une nouvelle voiture.
6. Sylvie ne dépasse pas le policier sur l'autoroute.
   Moi non plus, je ne dépasserais pas le policier sur l'autoroute.
7. Nous devons souvent nettoyer le pare-brise.
   Moi aussi, je devrais souvent nettoyer le pare-brise.
8. Marie vient chaque semaine à la station-service.
   Moi aussi, je viendrais chaque semaine à la station-service.

Practice more at **daccord2.vhlcentral.com**.

UNITÉ 3 La technologie

COMMUNICATION

4 Une grosse fortune Avec un(e) partenaire, parlez de la façon dont (*the way in which*) vous dépenseriez l'argent si quelqu'un vous laissait une grosse fortune. Posez-vous ces questions à tour de rôle. *Answers will vary.*

1. Partirais-tu en voyage? Où irais-tu?
2. Quelle voiture achèterais-tu?
3. Où habiterais-tu?
4. Qu'est-ce que tu achèterais à tes amis? À ta famille?
5. Donnerais-tu de l'argent à des œuvres de charité (*charities*)? Auxquelles (*To which ones*)?
6. Qu'est-ce qui changerait dans ta vie quotidienne (*daily*)?

5 Sans ça... Par groupes de trois, dites ce qui (*what*) changerait dans le monde sans ces choses. *Answers will vary.*

MODÈLE sans devoirs?
Les élèves s'amuseraient plus.

- sans voitures?
- sans ordinateurs?
- sans télévisions?
- sans avions?
- sans téléphones?
- ?

6 Le tour de la France Vous aimeriez faire le tour de la France avec un(e) partenaire. Regardez la carte et discutez de l'itinéraire. Où commenceriez-vous? Que visiteriez-vous? Utilisez ces idées et trouvez-en d'autres. *Answers will vary.*

MODÈLE
Nous commencerions à Paris.

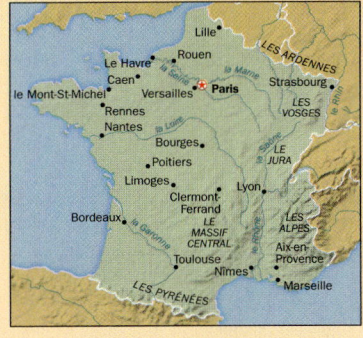

- les plages de la Côte d'Azur
- les randonnées dans le Centre
- le ski dans les Alpes
- les musées à Paris
- les châteaux (*castles*) de la Loire

- The conditional forms of **il y a**, **il faut**, and **il pleut** are, respectively, **il y aurait**, **il faudrait**, and **il pleuvrait**.

Il faudrait ouvrir le capot de la voiture.
We would need to open the hood of the car.

Il y aurait trop de circulation à cette heure-là.
There would be too much traffic at that time.

- Use the conditional to make a polite request, soften a demand, or express what someone *could* or *should* do.

Je **voudrais** acheter une nouvelle imprimante.
I would like to buy a new printer.

Pourriez-vous nous dire où elles sont?
Could you tell us where they are?

Tu **devrais** dormir jusqu'à onze heures.
You should sleep until 11 o'clock.

Nous **aimerions** vérifier la pression des pneus, s'il vous plaît.
We would like to check the tire pressure, please.

- Use the conditional, along with a past-tense verb, to express what someone said or thought would happen in the future at a past moment in time.

Guillaume a dit qu'il **arriverait** vers midi.
Guillaume said that he would arrive around noon.

Nous pensions que tu **ferais** tes devoirs.
We thought that you would do your homework.

- The English *would* can also mean *used to*, in the sense of past habitual action. To express past habitual actions in French, use the **imparfait**.

Je **travaillais** dans un restaurant à Nice.
I would (used to) work at a restaurant in Nice.

but

Je **travaillerais** seulement dans un restaurant à Nice.
I would only work for a restaurant in Nice.

Essayez! Indiquez la forme correcte du conditionnel de ces verbes.

1. je (perdre, devoir, venir) _perdrais, devrais, viendrais_
2. tu (vouloir, aller, essayer) _voudrais, irais, essaierais_
3. Michel (dire, prendre, savoir) _dirait, prendrait, saurait_
4. nous (préférer, nettoyer, faire) _préférerions, nettoierions, ferions_
5. vous (être, pouvoir, avoir) _seriez, pourriez, auriez_
6. elles (dire, espérer, amener) _diraient, espéreraient, amèneraient_
7. je (boire, choisir, essuyer) _boirais, choisirais, essuierais_
8. il (tenir, se lever, envoyer) _tiendrait, se lèverait, enverrait_

cent cinquante et un 151

Essayez! Have volunteers make up stories (two or three sentences long) using each of the items.

1 Suggestion Ask six volunteers to write the completed sentences on the board. Have other volunteers correct any errors.

2 Expansion Have students compose questions that would elicit the sentences from the activity as answers. Example: **Marc donnerait-il des devoirs?**

3 Suggestion Have students do this as a written activity.

4 Expansion Have volunteers use the third person to present their partner's responses to the questions.

5 Suggestion Before assigning the activity, have the class brainstorm other items similar to those in the activity. Ask a volunteer to write these items on the board.

6 Expansion Have pairs present their itinerary to the class. Ask volunteers to come up with questions for each pair.

OPTIONS

Oral Practice Have students take turns asking each other favors, using the conditional for courtesy. Partners respond by saying whether they will do the favor. If partners can't do it, they should make up an excuse. Example: **Pourrais-tu m'aider à faire mes devoirs ce soir?** (**Je suis désolé, je ne peux pas t'aider. Je dois aller chez mes parents ce soir.**)

Using Video Show the video again to give students more input on the use of the conditional. Stop the video where appropriate to discuss how and why the conditional was used.

STRUCTURES 151

Leçon 3B

SYNTHÈSE
Révision

1. Dans ma famille... Votre professeur va vous donner une feuille d'activités. Circulez dans la classe pour interviewer un(e) camarade différent(e) pour chaque question. Mentionnez un détail supplémentaire dans vos réponses. *Answers will vary.*

MODÈLE

Élève 1: Qui, dans ta famille, a peur de conduire?
Élève 2: Mon oncle Olivier a peur de conduire. Il a eu trop d'accidents.

Qui, dans ta famille,...	Noms
1. a peur de conduire?	l'oncle de Marc
2. aime l'odeur de l'essence?	
3. n'aime pas conduire vite?	
4. n'a jamais eu d'accident?	
5. ne dépasse jamais la limitation de vitesse?	
6. n'a pas son permis de conduire?	
7. ne sait pas faire le plein?	
8. sait vérifier l'huile?	

2. Des explications Avec un(e) partenaire, observez ces personnages et inventez une phrase au conditionnel pour décrire leur situation. *Answers will vary.*

MODÈLE

Elle ferait du jogging, mais elle s'est foulé la cheville.

1.

3.

2.

4.

3. Le marathon Votre meilleur(e) ami(e) va participer à un marathon dans six mois et il/elle veut savoir ce qu'il/elle (*what he/she*) devrait faire pour s'entraîner (*train himself/herself*). Avec un(e) partenaire, écrivez un e-mail à votre ami(e) pour dire ce que vous feriez à sa place pour vous préparer. Utilisez le conditionnel. *Answers will vary.*

4. La leçon de conduite Vous êtes moniteur de conduite (*driving instructor*) et c'est la première leçon de conduite que prend votre partenaire. Inventez une scène où il/elle découvre la voiture et où vous lui expliquez la fonction des différentes commandes. Utilisez le conditionnel dans votre dialogue. *Answers will vary.*

MODÈLE

Élève 1: J'utiliserais ce bouton pour ouvrir le capot?
Élève 2: Non. Tu utiliserais ce bouton pour ouvrir le coffre.

5. Les slogans Avec un(e) partenaire, utilisez ces verbes dans des slogans pour vendre cette voiture. Soyez prêts à voter pour les meilleurs slogans de la classe. *Answers will vary.*

MODÈLE

Élève 1: Qu'est-ce que tu penses de: «Offrez-vous l'évasion»?
Élève 2: Ce n'est pas mal, mais j'aime bien aussi: «Le monde vous découvre.»

| couvrir | découvrir | offrir | ouvrir | souffrir |

6. Mots croisés Votre professeur va vous donner, à vous et à votre partenaire, deux grilles de mots croisés (*crossword*) incomplètes. Attention! Ne regardez pas la feuille de votre partenaire. Utilisez le conditionnel dans vos définitions.

MODÈLE

Élève 1: Horizontalement, le numéro 1, tu les allumerais pour conduire la nuit.
Élève 2: Les phares!

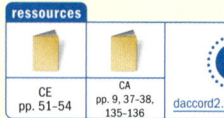

ressources
CE pp. 51-54
CA pp. 9, 37-38, 135-136
daccord2.vhlcentral.com

152 cent cinquante-deux

UNITÉ 3 La technologie

À l'écoute Audio: Activities

STRATÉGIE

Guessing the meaning of words through context

When you hear an unfamiliar word, you can often guess its meaning by listening to the words and phrases around it.

 To practice this strategy, you will listen to a paragraph. Jot down the unfamiliar words that you hear. Then, listen to the paragraph again and jot down the word or words that are the most useful clues to the meaning of each unfamiliar word.

Préparation

Regardez la photo. Que fait la policière? Et l'homme, que fait-il? Où sont-ils? Que se passe-t-il, d'après vous?

À vous d'écouter

Écoutez la conversation entre la policière et l'homme et utilisez le contexte pour vous aider à comprendre les mots et expressions de la colonne A. Trouvez leur équivalent dans la colonne B.

A	B
_d_ 1. la moto	a. un document qui indique une infraction
_f_ 2. la loi	b. un signal pour indiquer dans quelle direction on va aller
_a_ 3. une contravention	c. conduire une voiture
_c_ 4. rouler	d. véhicule à deux roues
_b_ 5. le clignotant	e. faire attention
_e_ 6. être prudent	f. quelque chose qu'il faut respecter

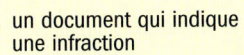

Compréhension

Vrai ou faux? Indiquez si les phrases sont **vraies** ou **fausses**. Corrigez les phrases fausses.

1. L'homme a oublié son permis de conduire à l'aéroport.
   Faux. Il va chercher son fils à l'aéroport.

2. L'homme roulait trop vite.
   Vrai.

3. La vitesse est limitée à 150 km/h sur cette route.
   Faux. Elle est limitée à 130.

4. L'homme a dépassé un camion rouge.
   Faux. Il a dépassé une grosse moto.

5. L'agent de police n'accepte pas les excuses de l'homme.
   Vrai.

6. L'agent de police donne une contravention à l'homme.
   Vrai.

7. L'homme préfère payer l'amende tout de suite.
   Faux. Il pense qu'il ne va pas pouvoir payer l'amende.

8. L'agent de police demande à l'homme de faire réparer son rétroviseur avant de repartir.
   Faux. Elle lui demande de bien regarder dans son rétroviseur avant de repartir.

Racontez Choisissez un sujet et écrivez un paragraphe.

1. Connaissez-vous une personne qui a déjà eu une contravention (*ticket*)? Quand? Où? Que faisait-elle? Donnez des détails.

2. Vous êtes-vous déjà trouvé(e) dans une voiture qui est tombée en panne? Quand? Où? Quel était le problème? Êtes-vous allé(e) chez un mécanicien? Qu'a-t-il fait? Est-ce que ça a coûté cher?

cent cinquante-trois **153**

SAVOIR-FAIRE

Panorama

Interactive Map Reading

une barque° sur l'Escaut

La Belgique

Le pays en chiffres

▶ **Superficie:** 30.500 km²
▶ **Population:** 10.700.000
  SOURCE: Population Division, UN Secretariat
▶ **Industries principales:** agroalimentaire°, chimie, métallurgie, sidérurgie°, textile
▶ **Villes principales:** Anvers, Bruges, Bruxelles, Gand, Liège, Namur
▶ **Langues:** allemand, français, néerlandais°

Les Belges néerlandais parlent une variante de la langue néerlandaise qui s'appelle le flamand°. Environ° 60% de la population belge parlent flamand et habitent dans la partie nord° du pays, la Flandre. Le français est surtout parlé dans la partie sud° du pays, la Wallonie, par environ 40% des Belges. L'allemand est parlé par très peu de gens, environ 1%, dans l'est° du pays.

▶ **Monnaie:** l'euro

Belges célèbres

▶ **Marguerite Yourcenar,** femme écrivain (1903–1987)
▶ **Georges Simenon,** écrivain (1903–1989)
▶ **Jacques Brel,** chanteur (1929–1978)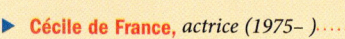
▶ **Eddy Merckx,** cycliste, cinq fois vainqueur° du Tour de France (1945–)
▶ **Cécile de France,** actrice (1975–)
▶ **Justine Henin,** joueuse de tennis (1982–)

Régions francophones
0   50 miles
0   50 kilomètres

Incroyable mais vrai!

Acheter de la bière ou du fromage au monastère? Pourquoi pas? Les moines° trappistes suivent° des principes monastiques stricts: isolés, ils se consacrent° au travail et à la prière°. Pour subvenir à° leurs besoins, ils font des bières et des fromages de qualité. Seules six bières belges peuvent porter l'appellation «trappiste».

agroalimentaire food processing **sidérurgie** steel industry
néerlandais Dutch **flamand** Flemish **Environ** About **nord** north
sud south **est** east **vainqueur** winner **moines** monks **suivent** follow
se consacrent devote themselves **prière** prayer **subvenir à** to provide
for **barque** small boat **cortège folklorique** traditional procession

154 cent cinquante-quatre

UNITÉ 3 La technologie

Les destinations
Bruxelles, capitale de l'Europe

Fondée au septième siècle, la ville de Bruxelles a été choisie en 1958 comme siège° de la CEE°. Aujourd'hui, elle reste encore le siège de l'Union européenne (l'UE), lieu central des institutions et des décisions européennes. On y trouve le Parlement européen, organe législatif de l'UE, et depuis 1967, le siège de l'OTAN°. Bruxelles est une ville très cosmopolite, avec un grand nombre d'habitants étrangers. Elle est aussi touristique, renommée pour sa Grand-Place, ses nombreux chocolatiers et la grande qualité de sa cuisine.

Les traditions
La bande dessinée

Les dessinateurs° de bandes dessinées (BD) sont très nombreux en Belgique. À Bruxelles, il y a de nombreuses peintures murales° et statues de personnages de BD. Le dessinateur Peyo est devenu célèbre avec la création des Schtroumpfs° en 1958, mais le père de la BD belge est Hergé, dessinateur qui a créé Tintin et Milou en 1929. Tintin est un reporter qui parcourt° le monde. En 1954, il devient le premier homme, avant Neil Armstrong, à marcher sur la Lune° dans *On a marché sur la Lune*. La BD de Tintin est traduite en 45 langues.

La gastronomie
Les moules frites

Les moules° frites sont une spécialité belge. Les moules, cuites° dans du vin blanc, et les frites sont servies dans des plats séparés, mais on les mange ensemble, et c'est délicieux. Beaucoup de gens ne savent pas que les frites ne sont pas françaises, mais belges! On peut en acheter dans les nombreuses friteries. Elles sont servies dans un cornet° en papier avec une sauce, souvent de la mayonnaise. Il existe même en Belgique une Semaine nationale de la frite et une Union nationale des frituristes.

Les arts
René Magritte (1898–1967)

René Magritte, peintre surréaliste, s'intéressait à la représentation des images mentales. En montrant° la divergence entre un objet et sa représentation, son désir était de «faire hurler° les objets les plus familiers», mais toujours avec humour. Le musée Magritte à Bruxelles se trouve dans la maison où il a habité pendant 24 ans, et qui était aussi le quartier général° des surréalistes belges. Le portrait de Magritte était sur les billets de 500 francs belges. Une de ses œuvres° les plus célèbres, à gauche, est *Le fils de l'homme*.

Qu'est-ce que vous avez appris? Répondez aux questions par des phrases complètes.

1. Quelle est la langue la plus parlée en Belgique?
   Le flamand est la langue la plus parlée.
2. Que produisent les moines trappistes?
   Ils produisent de la bière et du fromage.
3. À quelles activités se consacrent-ils?
   Ils se consacrent au travail et à la prière.
4. Quand Bruxelles a-t-elle été choisie comme capitale de l'Europe? *Elle a été choisie en 1958.*
5. Qui est le père de la bande dessinée belge?
   Hergé est le père de la bande dessinée belge.
6. Qui est allé sur la Lune avant Armstrong?
   Tintin est allé sur la Lune avant Armstrong.
7. Quelle bande dessinée Peyo a-t-il créée?
   Peyo a créé les Schtroumpfs.
8. Où peut-on acheter des frites?
   On peut acheter des frites dans les friteries.
9. Qu'est-ce que Magritte montre dans ses œuvres?
   Il montre la divergence entre un objet et sa représentation.
10. Quel était le quartier général des surréalistes belges?
    La maison de Magritte était leur quartier général.

Practice more at **daccord2.vhlcentral.com**.

SUR INTERNET

Go to **daccord2.vhlcentral.com** to find more cultural information related to this **PANORAMA**.

1. Quels sont les noms de trois autres personnages de bandes dessinées belges?
2. Dans quelles peintures Magritte a-t-il représenté des parties de la maison (fenêtre, cheminée, escalier)?
3. Cherchez des informations sur la ville de Bruges. Combien de kilomètres de canaux (*canals*) y a-t-il?

ressources

CE pp. 55–56

daccord2.vhlcentral.com

siège headquarters **CEE** European Economic Community (predecessor of the European Union) **OTAN** NATO **dessinateurs** cartoonists **peintures murales** murals **Schtroumpfs** Smurfs **parcourt** travels all over **Lune** moon **moules** mussels **cuites** cooked **cornet** cone **En montrant** By showing **faire hurler** make scream **quartier général** headquarters **œuvres** works

cent cinquante-cinq **155**

Bruxelles, capitale de l'Europe
The city square, **la Grand-Place**, hosts concerts, festivals, and a flower market during the warmer months. Featuring baroque and gothic guild architecture, **la Grand-Place** was used as a merchant's market during the thirteenth century.

La bande dessinée
- In Brussels, one can learn about the creation of comics strips, such as **Tintin** and the **Schtroumpfs,** as well as 670 other cartoonists at the **Centre Belge de la Bande Dessinée.**
- *The Smurfs* was an American TV show from 1981–1990. Ask students: **Combien d'élèves se souviennent des Schtroumpfs? Qui étaient-ils? Décrivez-les.**

Les moules frites
- Mussels and fries have been served in Belgium since the seventeenth century. The mussels come from the North Sea and are in season from September to February. Although **les moules** are most commonly prepared with white wine, some variations use cream, vegetable stock, or even beer. Today, there are over 4,000 **friteries** in Belgium.
- Ask students: **Voulez-vous goûter des moules frites? Pourquoi?**

René Magritte
- Certain symbols appear repeatedly in Magritte's work, such as a middle-class man wearing a bowler hat, a castle, a window, a rock, and a female torso. Dislocations of space, time, and scale are common elements.
- Have students look at the painting in this section *The Son of Man* (1964) and describe what they see. Then ask: **Que pensez-vous de son style de peinture? Quels objets sont réalistes? Quelle partie est incroyable? Que pensez-vous que la peinture représente?**

Cultural Comparison Working in small groups, have students compare Brussels to Geneva (page 119), New York City, or Washington, D.C. Tell them to list the similarities and differences in a two-column chart under the headings **Similitudes** and **Différences**. After completing their charts, call on volunteers to read their lists. You might wish to assign a different city to each group.

Le chocolat belge Belgium produces 172,000 tons of chocolate per year and has 2,130 chocolate shops. Godiva, Côte d'Or, Callebaut, and Nirvana are just a few of the many famous Belgian brands. Bring in some Belgian chocolates and conduct a taste test. Ask students how Belgian chocolate compares with well-known American brands of chocolates.

SAVOIR-FAIRE **155**

SAVOIR-FAIRE

Lecture
Audio: Dramatic Recording

Avant la lecture

STRATÉGIE

Recognizing the purpose of a text

When you are faced with an unfamiliar text, it is important to determine the writer's purpose. If you are reading an editorial in a newspaper, for example, you know that the journalist's objective is to persuade you of his or her point of view. Identifying the purpose of a text will help you better comprehend its meaning.

Examinez le texte
Examinez les illustrations. Quel est le genre de ce texte? Décrivez ce qu'il y a dans chaque illustration. Puis, regardez les trois textes courts. Quel est le genre de ces textes? Quel est leur but (*purpose*)? D'après vous, quel genre de vocabulaire allez-vous trouver dans ces textes?

À propos de l'auteur
Renée Lévy

Renée Lévy est une artiste québécoise. Son père, artiste lui aussi, lui a expliqué les principes du dessin et l'a encouragée à dessiner. Au lycée, Renée Lévy amusait ses camarades de classe avec ses caricatures de professeurs. Ses dessins humoristiques traitent de° nombreux sujets, comme la vie de tous les jours, le travail, les animaux et la politique. On peut voir ses caricatures et ses dessins humoristiques dans plusieurs publications et sur des sites Internet. Renée Lévy est l'auteur des deux dessins que vous allez voir°.

traitent de *deal with* **voir** *see*

156   cent cinquante-six

Les Technoblagues

Dessin 1

C'EST UN LECTEUR DE MP3, DE CD ET DE DVD. C'EST AUSSI UN TÉLÉPHONE, UN APPAREIL PHOTO ET UN ORDINATEUR. IL PEUT NUMÉRISER°, TÉLÉCOPIER° ET IMPRIMER.

IL VERROUILLE° MON AUTO, ALLUME MON FOUR ET MESURE MON DIABÈTE. IL ME SERT DE BROSSE À DENTS, D'ASPIRATEUR ET DE RASOIR.

IL M'INDIQUE AUSSI LE MAGASIN DE BATTERIES LE PLUS PROCHE°!

Blague 1

Dans un magasin d'ordinateurs, un père se plaint° du manque d'intérêt° de son fils pour le sport. «Il passe son temps devant son écran, avec ses jeux vidéo», explique le père découragé à l'employé. «Tenez, l'autre jour, je lui ai proposé un match de tennis. Savez-vous ce que mon fils m'a répondu? "Quand tu veux, papa, je vais chercher la disquette."»

UNITÉ 3 — La technologie

Blague 2

La maîtresse°, absente de sa classe pendant dix minutes, y retourne et entend un véritable vacarme°. «Quand je suis partie, dit-elle, sévèrement, je vous ai interdit° de bavarder entre vous.» «Mais, dit un élève, on ne s'est pas adressé la parole. Seulement, pour s'occuper, on a tous sorti nos portables et on a passé un coup de fil° à nos parents.»

Dessin 2

Blague 3

Un homme vient d'acheter une nouvelle voiture, mais il est obligé de la laisser dans la rue la nuit. Comme il sait que les voleurs° d'autoradios° n'hésitent pas à fracturer° les portières, il met sur son pare-brise la note suivante: IL N'Y A PAS DE RADIO DANS CETTE VOITURE. Le jour d'après, plus de° voiture. À la place où elle se trouvait, il y a seulement la note sur laquelle° on a écrit: *Ce n'est pas grave, on en fera mettre une°.*

numériser *scan* télécopier *fax* verrouille *locks* le plus proche *the closest* se plaint *complains* manque d'intérêt *lack of interest* maîtresse *school teacher* vacarme *racket* interdit *forbade* on ne s'est pas adressé la parole *we didn't speak to each other* a passé un coup de fil *made a call* V.U.S. *S.U.V.* machine à coudre *sewing machine* sauf *except* il me faudra *I will need* fil *cord* voleurs *thieves* autoradios *car radios* fracturer *break* plus de *no more* sur laquelle *on which* on en fera mettre une *we'll have one installed*

Après la lecture

Répondez Répondez aux questions par des phrases complètes.

1. Quelles sont trois des fonctions de l'appareil du **dessin 1**?
   Answers will vary. Possible answer: C'est un lecteur de MP3, un téléphone et un aspirateur.

2. De quoi l'appareil du **dessin 1** a-t-il beaucoup besoin?
   L'appareil a besoin de beaucoup de batteries.

3. Pour jouer au tennis, on a besoin d'une raquette. Dans la **blague 1**, quel mot (*word*) le garçon utilise-t-il au lieu de (*instead of*) «raquette»?
   Il utilise le mot «disquette».

4. Dans la **blague 1**, pourquoi le père est-il découragé?
   Il est découragé parce que son fils ne s'intéresse pas au sport et passe son temps devant son écran d'ordinateur, avec ses jeux vidéo.

5. Dans la **blague 2**, qu'est-ce que la maîtresse a demandé aux élèves?
   Elle a demandé aux élèves de ne pas bavarder entre eux.

6. Qu'ont fait les élèves de la **blague 2** quand la maîtresse est partie?
   Ils ont téléphoné à leurs parents avec leur portable.

7. Pourquoi faut-il remplacer le moteur du V.U.S. dans le **dessin 2**?
   Il faut le remplacer parce que l'essence coûte très cher.

8. De quoi le personnage a-t-il besoin après dans le **dessin 2**?
   Il a besoin d'un fil plus long.

9. Dans la **blague 3**, qu'est-ce que l'homme écrit sur la note qu'il met sur le pare-brise de sa voiture? Pourquoi?
   Il écrit qu'il n'y a pas de radio dans sa voiture. Il pense que les voleurs d'autoradios ne vont pas fracturer les portières s'il n'y a pas de radio dans la voiture.

10. À la fin de la **blague 3**, qu'ont pris les voleurs? Que vont-ils faire?
    Ils ont pris la voiture et vont faire installer un autoradio.

Des inventions L'appareil du **dessin 1** a beaucoup de fonctions. D'après vous, quelle invention de la liste est la plus utile et pourquoi? Soyez prêt à expliquer votre décision à la classe.

appareil photo	lecteur CD
aspirateur	lecteur DVD
fax	lecteur MP3
imprimante	téléphone

Inventez Électropuissance, une compagnie d'équipement électronique, vous demande d'inventer l'appareil idéal pour la vie de tous les jours. Dites comment votre invention va vous aider à la maison, à l'école, dans la voiture, en voyage et pour rester en bonne santé.

cent cinquante-sept 157

SAVOIR-FAIRE

Écriture

STRATÉGIE

Listing key words

Once you have determined the purpose for a piece of writing and identified your audience, it is helpful to make a list of key words you can use while writing. If you were to write a description of your campus, for example, you would probably need a list of prepositions that describe location, such as **devant**, **à côté de**, and **derrière**. Likewise, a list of descriptive adjectives would be useful if you were writing about the people and places of your childhood.

By preparing a list of potential words ahead of time, you will find it easier to avoid using the dictionary while writing your first draft. You will probably also learn a few new words in French while preparing your list of key words.

Listing useful vocabulary is also a valuable organizational strategy since the act of brainstorming key words will help you form ideas about your topic. In addition, a list of key words can help you avoid redundancy when you write.

If you were going to write a composition about your communication habits with your friends, what words would be the most helpful to you? Jot a few of them down and compare your list with a partner's. Did you choose the same words? Would you choose any different or additional words, based on what your partner wrote?

_____
_____
_____
_____
_____
_____
_____
_____

158 cent cinquante-huit

Thème
Écrire une dissertation
Avant l'écriture

1. Vous allez écrire une dissertation pour décrire vos préférences et vos habitudes en ce qui concerne (*regarding*) les moyens (*means*) de communication d'hier et d'aujourd'hui.

2. D'abord, répondez en quelques mots à ces questions pour vous faire une idée de ce que (*what*) doit inclure votre dissertation.

- Quel est votre moyen de communication préféré (e-mail, téléphone, lettre, ...)? Pourquoi?
- En général, comment communiquez-vous avec les gens que vous connaissez? Pourquoi? Avez-vous toujours communiqué avec eux de cette manière (*in this way*)?
- Communiquez-vous avec tout le monde de la même manière ou cela dépend-il des personnes? Par exemple, restez-vous en contact avec vos grands-parents de la même manière qu'avec votre professeur de français? Expliquez.
- Comment restez-vous en contact avec les membres de votre famille? Et avec vos amis et vos camarades de classe?
- Communiquez-vous avec certaines personnes tous les jours? Avec qui? Comment?

UNITÉ 3 — La technologie

3. Ensuite, complétez ce tableau pour faire une liste des personnes avec qui vous communiquez régulièrement, et pour donner le moyen de communication que vous avez utilisé dans le passé et que vous utilisez aujourd'hui. Utilisez aussi votre liste de mots-clés comme point de départ pour votre dissertation.

Personnes	Moyen de communication du passé	Moyen de communication d'aujourd'hui
Personne 1		
Personne 2		
Personne 3		
Personne 4		
Personne 5		

Écriture

1. Servez-vous de la liste de mots-clés que vous avez créée, de vos réponses aux questions et du tableau pour écrire votre dissertation. Utilisez le vocabulaire et la grammaire de l'unité.

2. N'oubliez pas d'inclure ces informations:
   - Toutes les personnes avec qui vous communiquez souvent
   - Les moyens de communications que vous utilisiez avant
   - Les moyens de communications que vous utilisez maintenant
   - La raison pour laquelle vous avez changé de moyen de communication

Après l'écriture

1. Échangez votre dissertation avec celle (*the one*) d'un(e) partenaire. Répondez à ces questions pour commenter son travail.
   - Votre partenaire a-t-il/elle inclu toutes les personnes citées dans le tableau?
   - A-t-il/elle mentionné tous les moyens de communications qu'il/elle utilisait avant?
   - A-t-il/elle mentionné tous les moyens de communications qu'il/elle utilise maintenant?
   - A-t-il/elle mentionné la raison pour laquelle il/elle a changé de moyen de communication?
   - A-t-il/elle utilisé le vocabulaire et la grammaire de l'unité?
   - Quel(s) détail(s) ajouteriez-vous (*would you add*)? Quel(s) détail(s) enlèveriez-vous (*would you delete*)? Quel(s) autre(s) commentaire(s) avez-vous pour votre partenaire?

2. Corrigez votre dissertation d'après (*according to*) les commentaires de votre partenaire. Relisez votre travail pour éliminer ces problèmes:
   - des fautes (*errors*) d'orthographe
   - des fautes de ponctuation
   - des fautes de conjugaison
   - un mauvais emploi (*use*) de la grammaire de l'unité
   - des fautes d'accord (*agreement*) des adjectifs

EVALUATION

Criteria

Content Contains answers to each set of questions called out in the bulleted points of the task, as well as a preliminary list of people and means of communication.
Scale: 1 2 3 4 5

Organization Organized into logical paragraphs that begin with a topic sentence and contain appropriate supporting details.
Scale: 1 2 3 4 5

Accuracy Uses prepositions with the infinitive and relative pronouns correctly. Spells words, conjugates verbs, and modifies adjectives correctly throughout.
Scale: 1 2 3 4 5

Creativity Includes additional information that is not included in the task and/or uses adjectives, descriptive verbs, and additional details to make the composition more interesting.
Scale: 1 2 3 4 5

Scoring

Excellent	18–20 points
Good	14–17 points
Satisfactory	10–13 points
Unsatisfactory	< 10 points

OPTIONS

Avant l'écriture Have students create the list of persons on their own. Then tally the results as a class to see how many people the average student is in touch with, as well as what means of communication he or she used two years ago and what he or she uses today. Create a summary that lists the different means of communication in order of popularity, now and two years ago.

Tell students that they should organize their information around the questions called out by the five bulleted items in the writing task. Here are some transitional phrases they may find useful for moving from one bulleted category to the next: **À mon avis…, Concernant/À propos de/Au sujet de…, Quand il s'agit de…, En général/Généralement, Normalement, D'habitude.**

VOCABULAIRE

UNITÉ 3

Key Standards
4.1

Teacher Resources
Vocabulary MP3s/CD

Suggestion Tell students that an easy way to study from **Vocabulaire** is to cover up the French half of each section, leaving only the English equivalents exposed. They can then quiz themselves on the French items. To focus on the English equivalents of the French entries, they simply reverse this process.

L'ordinateur

un CD/compact disc/disque compact	CD, compact disc
(CD/compact disc/disques compacts *pl.*)	(CDs, compact discs)
un CD-ROM/cédérom (CD-ROM/cédéroms *pl.*)	CD-ROM(s)
un clavier	keyboard
un disque dur	hard drive
un écran	screen
un e-mail	e-mail
un fichier	file
une imprimante	printer
un jeu vidéo (jeux vidéo *pl.*)	video game(s)
un logiciel	software, program
un moniteur	monitor
un mot de passe	password
une page d'accueil	homepage
un site Internet/web	website
une souris	mouse
démarrer	to start up
être connecté(e) (avec)	to be connected (with)
être en ligne (avec)	to be online/on the phone (with)
graver	to record, to burn (a CD)
imprimer	to print
sauvegarder	to save
surfer sur Internet	to surf the Internet
télécharger	to download

Verbes

couvrir	to cover
découvrir	to discover
offrir	to offer
ouvrir	to open
souffrir	to suffer

Expressions utiles	See pp. 131 and 145.
Prepositions with the infinitive	See p. 134.

La voiture

arrêter (de faire quelque chose)	to stop (doing something)
attacher sa ceinture de sécurité (f.)	to buckle/to fasten one's seatbelt
avoir un accident	to have/to be in an accident
dépasser	to go over; to pass
faire le plein	to fill the tank
freiner	to brake
se garer	to park
rentrer (dans)	to hit
réparer	to repair
tomber en panne	to break down
vérifier (l'huile/la pression des pneus)	to check (the oil/the air pressure)
un capot	hood
un coffre	trunk
l'embrayage (m.)	clutch
l'essence (f.)	gas
un essuie-glace (essuie-glaces *pl.*)	windshield wiper(s)
les freins (m., pl.)	brakes
l'huile (f.)	oil
un moteur	engine
un pare-brise (pare-brise *pl.*)	windshield
un pare-chocs (pare-chocs *pl.*)	bumper
les phares (m.)	headlights
un pneu (crevé)	(flat) tire
une portière	car door
un réservoir d'essence	gas tank
un rétroviseur	rearview mirror
une roue	wheel
une roue de secours	spare tire
une voiture	car
un volant	steering wheel
un voyant (d'essence/ d'huile)	(gas/oil) warning light
un agent de police/ un(e) policier/policière	police officer
une amende	fine
une autoroute	highway
la circulation	traffic
la limitation de vitesse	speed limit
un(e) mécanicien(ne)	mechanic
un parking	parking lot
un permis de conduire	driver's license
une rue	street
une station-service	service station

Verbes pronominaux réciproques

s'adorer	to adore one another
s'aider	to help one another
s'aimer (bien)	to love (like) one another
se connaître	to know one another
se dire	to tell one another
se donner	to give one another
s'écrire	to write one another
s'embrasser	to kiss one another
s'entendre bien (avec)	to get along well (with one another)
se parler	to speak to one another
se quitter	to leave one another
se regarder	to look at one another
se rencontrer	to meet one another (make an acquaintance)
se retrouver	to meet one another (planned)
se téléphoner	to phone one another

L'électronique

un appareil photo (numérique)	(digital) camera
un baladeur CD	personal CD player
une caméra vidéo/un caméscope	camcorder
une cassette vidéo	videotape
une chaîne (de télévision)	(television) channel
une chaîne stéréo	stereo system
un fax	fax (machine)
un lecteur (de) CD/DVD	CD/DVD player
un magnétophone	tape recorder
un magnétoscope	videocassette recorder (VCR)
un portable	cell phone
un poste de télévision	television set
un répondeur (téléphonique)	answering machine
une télécommande	remote control
allumer	to turn on
composer (un numéro)	to dial (a number)
effacer	to erase
enregistrer	to record
éteindre	to turn off; to shut off
fermer	to close; to shut off
fonctionner/marcher	to work, to function
sonner	to ring

160 cent soixante

En ville

UNITÉ 4

Pour commencer
- Qu'est-ce que David a dans la main?
- Quel temps fait-il?
- Que fait Valérie?
- Est-ce que David va conduire jusqu'à sa destination?

Leçon 4A
CONTEXTES
pages 162–165
- Errands
- The letter **h**

ROMAN-PHOTO
pages 166–167
- On fait des courses.

CULTURE
pages 168–169
- Monetary transactions
- Flash culture

STRUCTURES
pages 170–173
- Voir, croire, recevoir, and apercevoir
- Negative/Affirmative expressions

SYNTHÈSE
pages 174–175
- Révision
- Le zapping

Leçon 4B
CONTEXTES
pages 176–179
- Giving and getting directions
- Les majuscules et les minuscules

ROMAN-PHOTO
pages 180–181
- Chercher son chemin

CULTURE
pages 182–183
- French cities and towns

STRUCTURES
pages 184–187
- Le futur simple
- Irregular future forms

SYNTHÈSE
pages 188–189
- Révision
- À l'écoute

Savoir-faire
pages 190–195
- **Panorama:** Le Québec
- **Lecture:** Read a poem.
- **Écriture:** Write a description of a new business in town.

Unit Goals

Leçon 4A
In this lesson, students will learn:
- terms for banking
- terms for business establishments
- terms for the post office
- the pronunciation of the letter **h**
- about methods of payment in France
- more about businesses and small shops through specially shot video footage
- the verbs **voir, croire, recevoir,** and **apercevoir**
- negative and affirmative expressions
- about the city of Rennes

Leçon 4B
In this lesson, students will learn:
- terms for asking for and giving directions
- rules of French capitalization
- about the centers of French cities and towns
- the formation and usage of **le futur simple**
- irregular future tense forms
- to use background information to understand spoken French

Savoir-faire
In this section, students will learn:
- cultural and historical information about the Canadian province of Quebec
- to identify the narrator's point of view
- to use linking words when writing

Pour commencer
- Il a un plan dans la main.
- Il fait beau./Il fait (du) soleil.
- Elle aide David à trouver l'endroit qu'il cherche.
- Non, il va y aller à pied.

RESOURCES

Student Materials
Print: Student Book, Workbooks (*Cahier d'exercices, Cahier d'activités*)
Technology: MAESTRO® *Cahier interactif* and Supersite (Audio, Video, Practice)

Teacher Materials
DVDs (*Roman-photo, Flash culture*)
Teacher's Resources (Scripts, Answer Keys, Testing Program)
Audio CDs (Testing Program, Textbook, Audio Program)

MAESTRO® Supersite: Student Supersite Content; Planning and Teaching Resources (Overheads, PowerPoints, Lesson Plans, Information Gaps and *Feuilles d'activités*); Learning Management System (Gradebook, Assignments); Audio MP3s and Streaming Video
D'ACCORD! 2 Supersite: daccord2.vhlcentral.com

Section Goals

In this section, students will learn and practice vocabulary related to:
- banking
- the post office
- business establishments

Key Standards
1.1, 1.2, 4.1

Student Resources
Cahier d'exercices, pp. 57-58;
Cahier d'activités, p. 137;
Supersite: Activities,
Cahier interactif

Teacher Resources
Answer Keys; Overhead #27; Audio Script; Textbook & Audio Activity MP3s/CD; Testing program: Vocabulary Quiz

Suggestions
- Use **Overhead #27.** Describe what people are doing. Examples: **Elle poste une lettre. Il retire de l'argent.** Then point out the various stores and other businesses. Have students identify the types of business based on the signs.
- Explain that **un salon de beauté** is a day spa where one gets manicures, pedicures, facials, massages, etc. It is not the same as **un coiffeur/une coiffeuse**.
- Ask students questions using the new vocabulary. Examples: **Que fait le facteur? Que fait l'homme au distributeur automatique? Utilisez-vous les distributeurs automatiques? Que vend-on dans une papeterie? Qu'achète-t-on chez le marchand de journaux? Où est le cybercafé?**
- To introduce banking terms, mime several transactions. Say: **Quand j'ai besoin d'argent, je vais au distributeur.** Follow the same procedure with the post office vocabulary.
- Point out the difference in spelling between the French words **adresse** and **enveloppe** and the English words *address* and *envelope*.

CONTEXTES

Leçon 4A

You will learn how to...
- make business transactions
- get around town

Les courses

Vocabulaire

accompagner	to accompany
avoir un compte bancaire	to have a bank account
déposer de l'argent	to deposit money
emprunter	to borrow
payer par carte (de crédit)	to pay by credit card
payer en liquide	to pay in cash
payer par chèque	to pay by check
remplir un formulaire	to fill out a form
retirer de l'argent	to withdraw money
signer	to sign
une adresse	address
une carte postale	postcard
une enveloppe	envelope
un timbre	stamp
une boutique	boutique, store
une brasserie	café, restaurant
un commissariat de police	police station
une laverie	laundromat
une mairie	town/city hall; mayor's office
un compte-chèques	checking account
un compte d'épargne	savings account
une dépense	expenditure, expense
des pièces de monnaie	coins
de la monnaie	change
fermé(e)	closed
ouvert(e)	open

ressources
CE pp. 57-58
CA p. 137
daccord2.vhlcentral.com

162 cent soixante-deux

Questions For additional practice, ask these questions. 1. Avez-vous un compte-chèques? 2. Avez-vous un compte d'épargne? 3. Où y a-t-il un distributeur automatique? 4. Où y a-t-il un bureau de poste? 5. Où y a-t-il une banque? 6. Quelle est votre marchand de journaux préféré? 7. Quelle est votre boutique préférée?

Using Games Play a game of **Dix questions**. Ask a volunteer to think of a place listed in the new vocabulary. Other students get to ask one yes/no question, then they can guess what the word is. Limit attempts to ten questions per word. You might want to tell students that they can narrow down their options by asking questions about what can be done at the location.

UNITÉ 4 En ville

Mise en pratique

1 Associez Associez chaque activité de la colonne de gauche avec le lieu qui correspond dans la colonne de droite.

_d_ 1. acheter un chemisier   a. un bureau de poste
_j_ 2. acheter du maquillage   b. une banque
_i_ 3. acheter un magazine   c. une bijouterie
_c_ 4. acheter une montre   d. une boutique
_e_ 5. boire un café   e. une brasserie
_a_ 6. envoyer une carte   f. un commissariat de police
_g_ 7. envoyer un e-mail   g. un cybercafé
_h_ 8. faire la lessive   h. une laverie
_b_ 9. ouvrir un compte   i. un marchand de journaux
_f_ 10. payer une amende   j. un salon de beauté

2 Complétez Complétez ces phrases avec le mot ou l'expression qui convient le mieux. N'oubliez pas de faire les accords nécessaires.

1. __Le facteur__ apporte le courrier tous les jours à la même heure.
2. Quand les magasins sont __fermés__, on ne peut pas faire de courses.
3. Pour poster une lettre, on peut simplement la mettre dans __une boîte aux lettres__.
4. Quand on n'a pas beaucoup d'argent, il faut faire attention à ses __dépenses__.
5. Si la banque n'est pas ouverte, on peut toujours __retirer de l'argent__ au distributeur automatique.
6. Quand on envoie une lettre, il ne faut pas oublier d'écrire __l'adresse__ et de mettre __un timbre__.
7. Pour acheter une voiture, il faut souvent __emprunter__ de l'argent.
8. Si on n'a pas de lave-linge à la maison, il faut aller à __la laverie__.

3 Écoutez Écoutez la conversation entre Jean-Pierre et Carole. Ensuite, complétez les phrases avec le bon mot.

1. Carole demande à Jean-Pierre d'acheter des timbres et de __poster__ un colis. (déposer, poster, retirer)
2. Le __bureau de poste__ se trouve sur la route de Jean-Pierre. (bureau de poste, papeterie, laverie)
3. Jean-Pierre veut __déposer__ de l'argent à la banque. (retirer, déposer, emprunter)
4. Jean-Pierre doit __remplir__ et signer des formulaires. (accompagner, remplir, payer)
5. Jean-Pierre a acheté le journal chez le __marchand de journaux__. (papeterie, marchand de journaux, bureau de poste)
6. Jean-Pierre n'avait pas assez de __liquide__ sur lui. (compte-chèques, carte de crédit, liquide)

Practice more at daccord2.vhlcentral.com.

Image labels: un salon de beauté; le facteur; le courrier; une banque; guichet; les billets (m.); un distributeur (automatique/de billets); Elle fait la queue.

cent soixante-trois **163**

---

1 Suggestion Ask students what one does at each place listed. They should respond with the activity. Example: **Que fait-on dans un bureau de poste?** (On envoie une lettre/carte.)

1 Expansion For additional practice, ask students where they might do these activities. **1.** poster un colis (au bureau de poste) **2.** retirer de l'argent (à la banque/au distributeur automatique) **3.** manger quelque chose (dans une brasserie) **4.** acheter un cadeau (dans une boutique/dans une bijouterie)

2 Suggestion Have students check their answers with a classmate.

3 Script JEAN-PIERRE: Carole, je vais aller à la banque. Est-ce que tu as besoin de quelque chose en ville?
CAROLE: Oui. Est-ce que tu peux aller faire des courses pour moi? Tu peux prendre le journal chez le marchand de journaux? J'ai aussi un colis à poster et j'ai besoin de timbres.
J-P: Pas de problème. Le bureau de poste et le marchand de journaux sont sur ma route. *Jean-Pierre est maintenant à la banque.*
J-P: Bonjour, Monsieur. J'ai de l'argent à déposer sur mon compte-chèques et sur mon compte d'épargne, s'il vous plaît.
L'EMPLOYÉ: Oui, bien sûr, Monsieur. Voici les formulaires à remplir et à signer. Si vous avez besoin de liquide pendant le week-end, nous avons un nouveau distributeur de billets à l'extérieur.
J-P: Très bien, je vous remercie. *Plus tard, à la maison…*
C: Alors, tu as fait mes courses?
J-P: Oui, voici le journal, mais je n'ai pas envoyé le colis. La machine ne fonctionnait pas. Je n'ai pas pu payer avec ma carte de crédit et je n'avais pas assez de liquide sur moi. Je suis désolé.
C: Ce n'est pas grave. Je dois aller à la papeterie plus tard, je peux passer à la poste après. (On Textbook Audio)

3 Suggestion Have volunteers read the completed sentences aloud.

OPTIONS

Using Games Toss a beanbag to a student at random and call out the name of a place. The person has four seconds to name an activity that goes with it. That person then tosses the beanbag to another student and says another place. Students who cannot think of an activity or repeat one that has already been mentioned are eliminated. The last person standing wins.

Narrative Have students work in groups of four or five. Give each group a different list of errands. Tell them to create a story in which someone goes to various places to complete the errands. Remind them to use sequencing expressions, such as **d'abord, puis**, and **après ça**.

CONTEXTES **163**

Leçon 4A

CONTEXTES

Communication

4 **Décrivez** Avec un(e) partenaire, regardez les photos et décrivez où et comment Annick et Charles ont passé la journée samedi dernier. Donnez l'heure exacte pour chaque endroit. Answers will vary.

1.

2.

3.

4.

5.

6.

5 **Répondez** Avec un(e) partenaire, posez ces questions et répondez-y à tour de rôle. Ensuite, comparez vos réponses avec celles (*the ones*) d'un autre groupe. Answers will vary.

1. Vas-tu souvent au bureau de poste? Pour quoi faire?
2. Quel genre de courses fais-tu le week-end?
3. Où est-ce que tu fais souvent la queue? Pourquoi?
4. Y a-t-il une laverie près de chez toi? Combien de fois par mois tes parents ou toi y allez-vous?
5. Comment préfères-tu payer tes achats (*purchases*)? Pourquoi?
6. As-tu déjà utilisé un distributeur de billets? Combien de fois?

6 **À vous de jouer** Par petits groupes, choisissez une de ces situations et écrivez un dialogue. Ensuite, jouez la scène. Answers will vary.

1. À la banque, un(e) étudiant(e) veut ouvrir un compte bancaire et connaître les services offerts.
2. À la poste, une vieille dame (*lady*) veut envoyer un colis, acheter des timbres et faire un changement d'adresse. Il y a la queue derrière elle.
3. Dans un salon de beauté, deux femmes discutent de leurs courses à la mairie, à la papeterie et chez le marchand de journaux.
4. Dans un cybercafé, des étudiants font des achats en ligne sur différents sites.

cent soixante-quatre

UNITÉ 4 | En ville

Les sons et les lettres

Audio: Concepts, Activities Record & Compare

The letter h

You already know that the letter **h** is silent in French, and you are familiar with many French words that begin with an **h muet**. In such words, the letter **h** is treated as if it were a vowel. For example, the articles **le** and **la** become **l'** and there is a liaison between the final consonant of a preceding word and the vowel following the **h**.

l'h̶eure   l'h̶omme   des h̶ôtels   des h̶ommes

Some words begin with an **h aspiré**. In such words, the **h** is still silent, but it is not treated like a vowel. Words beginning with **h aspiré**, like these you've already learned, are not preceded by **l'** and there no liaison.

la h̶onte   les h̶aricots verts   le h̶uit mars   les h̶ors-d'œuvre

Words that begin with an **h aspiré** are normally indicated in dictionaries by some kind of symbol, usually an asterisk (*).

Prononcez Répétez les mots suivants à voix haute.

1. le hall
2. la hi-fi
3. l'humeur
4. la honte
5. le héron
6. l'horloge
7. l'horizon
8. le hippie
9. l'hilarité
10. la Hongrie
11. l'hélicoptère
12. les hamburgers
13. les hiéroglyphes
14. les hors-d'œuvre
15. les hippopotames
16. l'hiver

Articulez Répétez les phrases suivantes à voix haute.

1. Hélène joue de la harpe.
2. Hier, Honorine est allée à l'hôpital.
3. Le hamster d'Hervé s'appelle Henri.
4. La Havane est la capitale de Cuba.
5. L'anniversaire d'Héloïse est le huit mars.
6. Le hockey et le handball sont mes sports préférés.

Dictons Répétez les dictons à voix haute.

La honte n'est pas d'être inférieur à l'adversaire, c'est d'être inférieur à soi-même.[1]

L'heure, c'est l'heure; avant l'heure, c'est pas l'heure; après l'heure, c'est plus l'heure.[2]

[1] Shame is not being inferior to an adversary; it's being inferior to oneself.
[2] On time is on time; before the hour is not on time; after the hour is no longer on time.

ressources
CA p. 138
daccord2.vhlcentral.com

cent soixante-cinq 165

Section Goals
In this section, students will learn functional phrases for talking about errands and money and expressing negation.

Key Standards
1.2, 2.1, 2.2, 4.1, 4.2

Student Resources
Cahier d'activités, pp. 73-74; Supersite: Activities, *Cahier interactif*

Teacher Resources
Answer Keys; Video Script & Translation; *Roman-photo* video

Video Recap: Leçon 3B
Before doing this **Roman-photo**, review the previous one with this activity.
1. Où est Rachid quand l'épisode commence? (Il est à une station-service.)
2. Pourquoi y va-t-il? (Il y va pour faire le plein.)
3. Qui attend Rachid au P'tit Bistrot? (Amina l'attend.)
4. Qu'est-ce que Rachid donne à Amina? (Il lui donne des fleurs.)
5. Qu'est-ce qui se passe en route? (Un voyant s'allume. Ils ont un pneu crevé.)

Video Synopsis
Rachid and Amina are buying some food at a **charcuterie** for a picnic. Rachid needs some cash, so they head for an ATM. As they are walking, Amina says she has to go to the post office, the jewelry store, and a boutique that afternoon. David invites Sandrine to eat at a **brasserie**. On the way, they run into Rachid and Amina at the ATM. Sandrine and Amina discuss their new relationships.

Suggestions
- Have students predict what the episode will be about based on the video stills.
- Have students scan the captions for sentences related to places in a city.
- After reading the **Roman-photo**, have students summarize the episode.
- Point out that Amina can buy stamps from a machine even when the post office is closed.

Leçon 4A

ROMAN-PHOTO

On fait des courses.

Video: *Roman-photo*
Record & Compare

PERSONNAGES

Amina

David

Employée

Rachid

Sandrine

À la charcuterie...
EMPLOYÉE Bonjour, Mademoiselle, Monsieur. Qu'est-ce que je vous sers?
RACHID Bonjour, Madame. Quatre tranches de pâté et de la salade de carottes pour deux personnes, s'il vous plaît.
EMPLOYÉE Et avec ça?
RACHID Deux tranches de jambon, s'il vous plaît.

RACHID Vous prenez les cartes de crédit?
EMPLOYÉE Ah, désolée, Monsieur. Nous n'acceptons que les paiements en liquide ou par chèque.
RACHID Amina, je viens de m'apercevoir que je n'ai pas de liquide sur moi!
AMINA Ce n'est pas grave, j'en ai assez. Tiens.

Dans la rue...
RACHID Merci, chérie. Passons à la banque avant d'aller au parc.
AMINA Mais, nous sommes samedi midi, la banque est fermée.
RACHID Peut-être, mais il y a toujours le distributeur automatique.
AMINA Bon, d'accord... J'ai quelques courses à faire plus tard cet après-midi. Tu veux m'accompagner?

Dans une autre partie de la ville...
DAVID Tu aimes la cuisine alsacienne?
SANDRINE Oui, j'adore la choucroute!
DAVID Tu veux aller à la brasserie La Petite France? C'est moi qui t'invite.
SANDRINE D'accord, avec plaisir.
DAVID Excellent! Avant d'y aller, il faut trouver un distributeur automatique.
SANDRINE Il y en a un à côté de la banque.

Au distributeur automatique...
SANDRINE Eh, regarde qui fait la queue!
RACHID Tiens, salut, qu'est-ce que vous faites de beau, vous deux?
SANDRINE On va à la brasserie. Vous voulez venir avec nous?

AMINA Non non! Euh... je veux dire... Rachid et moi, on va faire un pique-nique dans le parc.
RACHID Oui, et après ça, Amina a des courses importantes à faire.
SANDRINE Je comprends, pas de problème... David et moi, nous avons aussi des choses à faire cet après-midi.

1 **Vrai ou faux?** Indiquez si ces affirmations sont **vraies** ou **fausses**. Corrigez les phrases fausses. Answers may vary.
1. Aujourd'hui, la banque est ouverte. Faux. Le samedi midi, la banque est fermée.
2. Amina doit aller à la poste pour envoyer un colis. Faux. Elle doit envoyer des cartes postales.
3. Amina doit aller à la poste pour acheter des timbres. Vrai.
4. Amina va mettre ses cartes postales dans une boîte aux lettres à côté de la banque. Faux. Elle va les mettre dans une boîte aux lettres à côté de la poste.
5. Sandrine n'aime pas la cuisine alsacienne. Faux. Elle adore la cuisine alsacienne.
6. David et Rachid vont retirer de l'argent. Vrai.
7. Il n'y a pas de queue au distributeur automatique. Faux. Il y a la queue au distributeur automatique.
8. David et Sandrine invitent Amina et Rachid à la brasserie. Vrai.
9. Amina et Rachid vont à la brasserie. Faux. Ils vont faire un pique-nique dans le parc.
10. Amina va faire ses courses après le pique-nique. Vrai.

 Practice more at **daccord2.vhlcentral.com**.

166 cent soixante-six

OPTIONS

Avant de regarder la vidéo Tell students to read the title and the scene setter. Then have them predict what might happen in this episode. Write their predictions on the board. After viewing the episode, have them confirm or correct their predictions.

Regarder la vidéo Show the video in four parts, pausing the video before each location change. Have students describe what happens in each place. Write their observations on the board. Then show the entire episode again without pausing and have the class fill in any missing details to summarize the plot.

UNITÉ 4 En ville

RACHID Volontiers. Où est-ce que tu vas?
AMINA Je dois aller à la poste pour acheter des timbres et envoyer quelques cartes postales, et puis je voudrais aller à la bijouterie. J'ai reçu un e-mail de la bijouterie qui vend les bijoux que je fais. Regarde.
RACHID Très joli!

AMINA Oui, tu aimes? Et après ça, je dois passer à la boutique Olivia où l'on vend mes vêtements.
RACHID Tu vends aussi des vêtements dans une boutique?
AMINA Oui, mes créations! J'étudie le stylisme de mode, tu ne t'en souviens pas?
RACHID Si, bien sûr, mais... Tu as vraiment du talent.

AMINA Alors! On n'a plus besoin de chercher un cyberhomme.
SANDRINE Pour le moment, je ne cherche personne. David est super.

DAVID De quoi parlez-vous?
SANDRINE Oh, rien d'important.
RACHID Bon, Amina. On y va?
AMINA Oui. Passez un bon après-midi.
SANDRINE Vous aussi.

Expressions utiles

Dealing with money
- **Nous n'acceptons que les paiements en liquide.**
  We only accept payment in cash.
- **Je viens de m'apercevoir que je n'ai pas de liquide.**
  I just noticed/realized I don't have any cash.
- **Il y a toujours le distributeur automatique.**
  There's always the ATM.

Running errands
- **J'ai quelques courses à faire plus tard cet après-midi.**
  I have a few/some errands to run later this afternoon.
- **Je voudrais aller à la bijouterie qui vend les bijoux que je fais.**
  I would like to go to the jewelry shop that sells the jewelry I make.

Expressing negation
- **Pas de problème.**
  No problem.
- **On n'a plus besoin de chercher un cyberhomme?**
  We no longer need to look for a cyberhomme?
- **Pour le moment, je ne cherche personne.**
  For the time being/the moment, I'm not looking for anyone.
- **Rien d'important.**
  Nothing important.

Additional vocabulary
- **J'ai reçu un e-mail.**
  I received an e-mail.
- **Qu'est-ce que vous faites de beau?**
  What are you up to?

Activités

2 Complétez Complétez ces phrases.
1. La charcuterie accepte les paiements en liquide et <u>par chèque</u>.
2. Amina veut aller à la poste, à la boutique de vêtements et à la <u>bijouterie</u>.
3. À côté de la banque, il y a un <u>distributeur automatique</u>.
4. Amina paie avec des pièces de monnaie et des <u>billets</u>.
5. Amina a des <u>courses</u> à faire cet après-midi.

3 À vous! Que se passe-t-il au pique-nique ou à la brasserie? Avec un(e) camarade de classe, écrivez une conversation entre Amina et Sandrine ou Rachid et David, dans laquelle elles/ils se racontent ce qu'ils ont fait. Qu'ont-ils mangé? Se sont-ils amusés? Était-ce romantique? Jouez la scène devant la classe.

ressources
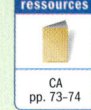 CA pp. 73–74
 daccord2.vhlcentral.com

cent soixante-sept **167**

Les heures d'ouverture Many small shops close for an hour or two between 12:00 p.m. and 2:00 p.m. It is common to reopen in the afternoon and stay open until around 7:00 p.m. Most stores are not open late in the evening or on Sundays except around the holidays. Stores near popular tourist attractions are exceptions. For example, many businesses along the Champs-Élysées in Paris are open until midnight.

Role-play Ask volunteers to ad-lib the scenes in video stills 5–10 for the class. Tell them it is not necessary to memorize the episode. They should just try to get the general meaning across with the vocabulary they know. Give them time to prepare or have them do their skit as a review activity during the next class period.

Leçon 4A

Video: *Flash culture*

CULTURE

CULTURE À LA LOUPE

Les moyens de paiement en France

À l'exception des petites courses quotidiennes, les Français paient très rarement leurs achats° et leurs factures° en liquide. Pour les paiements réguliers, comme les factures d'électricité ou de téléphone, les virements° et les prélèvements° automatiques sur comptes bancaires sont souvent utilisés. Pour les autres dépenses, le mode de paiement préféré est la carte bancaire. Les Français sont les plus gros utilisateurs de chèques du monde, mais le système de chèques payants° en France les encourage à se servir de leur carte bancaire. Au départ, les cartes bancaires françaises, émises° uniquement par des banques, servaient seulement à retirer de l'argent dans les distributeurs automatiques. Peu de commerces les acceptaient et il fallait° souvent que les achats dépassent° une certaine somme°. Aujourd'hui, l'usage des cartes bancaires est en hausse°, mais on trouve encore des petits commerces qui ne les acceptent pas.

La plupart des Français possèdent actuellement° une carte de la gamme° Carte Bleue. La carte, qui peut être nationale ou internationale, est une carte bancaire liée° à un compte en banque. Certaines cartes peuvent aussi être utilisées comme des cartes de crédit. Dans ce cas, les sommes sont généralement débitées à la fin de chaque mois ou bien on peut faire des paiements mensuels° à la banque. Il existe aussi de plus en plus d'organismes de crédit et de magasins qui offrent leur propre° carte de crédit à leurs clients. Longtemps réticents° devant ce type de crédit, les Français l'utilisent de plus en plus aujourd'hui.

Coup de main

If you are in France for more than three months, you may open a bank account as a **résident** by showing three documents.
- your passport
- your **permis de séjour**
- proof of residence (electric, gas, or phone bill)

achats purchases **factures** bills **virements** transfers **prélèvements** withdrawals **payants** with a fee **émises** issued **il fallait** it was necessary **dépassent** exceed **somme** sum **en hausse** increasing **actuellement** currently **gamme** line **liée** linked **mensuels** monthly **propre** own **réticents** hesitant

---

1 Répondez Répondez aux questions par des phrases complètes.

1. Comment paie-t-on souvent ses factures en France?
   On les paie souvent par virement ou par prélèvement automatique.
2. Quel mode de paiement est préféré pour faire des achats?
   C'est la carte bancaire.
3. Pourquoi de plus en plus de Français utilisent-ils leur carte bancaire? Ils utilisent leur carte bancaire parce qu'il y a, en France, un système de chèques payants.
4. À quoi servait la carte bancaire quand elle est arrivée en France?
   Elle servait à retirer de l'argent dans les distributeurs automatiques.
5. À l'origine, pourquoi était-il difficile d'utiliser une carte bancaire?
   Peu de commerces les acceptaient et il fallait souvent que les achats dépassent une certaine somme.
6. Qu'est-ce qu'une carte bancaire? C'est une carte liée à un compte en banque. Certaines peuvent aussi être utilisées comme des cartes de crédit.
7. Quelle carte peut être utilisée à l'étranger?
   La carte bancaire internationale peut être utilisée à l'étranger.
8. À quel type de carte américaine la carte bancaire française ressemble-t-elle? La carte bancaire française ressemble à la *debit card* américaine.
9. Comment en est-elle différente? Quand on utilise une carte bancaire française, les sommes sont généralement débitées du compte à la fin du mois et non pas immédiatement.
10. Quels organismes offrent leur propre carte de crédit à leurs clients?
    Les organismes de crédit et les magasins les leur offrent.

UNITÉ 4   En ville

LE FRANÇAIS QUOTIDIEN

Le vocabulaire du métro

bouche (f.) de métro	subway station entrance
correspondance (f.)	connection
ligne (f.) de métro	subway line
rame (f.) de métro	subway train
strapontin (m.)	foldaway seat
changer	to change (subway line)
monter/descendre	to get on/to get off
prendre la direction	to go in the direction

LE MONDE FRANCOPHONE

Où faire des courses?

Voici quelques endroits intéressants où faire des courses.

En Afrique du Nord les souks, des marchés couverts ou en plein air° où il y a une grande concentration de magasins et de stands

En Côte d'Ivoire le marché de Cocody à Abidjan où on trouve des tissus° et des objets locaux

À la Martinique le grand marché de Fort-de-France, un marché couvert°, ouvert tous les jours, qui offre toutes sortes de produits

À Montréal la ville souterraine°, un district du centre-ville où il y a de nombreux centres commerciaux reliés° entre eux par des tunnels

À Paris le marché aux puces° de Saint-Ouen où on trouve des antiquités et des objets divers

À Tahiti le marché de Papeete où on propose des produits pour les touristes et pour les Tahitiens

plein air *outdoor* tissus *fabrics* couvert *covered* souterraine *underground* reliés *connected* marché aux puces *flea market*

PORTRAIT

Le «Spiderman» français

Alain Robert, le «Spiderman» français, découvre l'escalade° quand il est enfant et devient un des meilleurs grimpeurs° de falaises° du monde. Malgré° deux accidents qui l'ont laissé invalide à 60%°, avec des problèmes de vertiges°, il commence sa carrière de grimpeur «urbain» et escalade son premier gratte-ciel° à Chicago, en 1994. Depuis, il a escaladé plus de 70 gratte-ciel et autres structures du monde, dont la tour Eiffel à Paris et la Sears Tower à Chicago. En 1997, il a été arrêté par la police pendant son ascension d'un des plus grands bâtiments du monde, les tours Petronas en Malaisie. Parfois en costume de Spiderman, mais toujours sans corde° et à mains nues°, Robert fait souvent des escalades pour collecter des dons° et il attire° parfois des milliers de spectateurs.

escalade *climbing* grimpeurs *climbers* falaises *cliffs* Malgré *In spite of* invalide à 60% *60% disabled* vertiges *vertigo* gratte-ciel *skyscraper* corde *rope* nues *bare* dons *charitable donations* attire *attracts*

SUR INTERNET

Que peut-on acheter chez les bouquinistes, à Paris?

Go to **daccord2.vhlcentral.com** to find more information related to this **CULTURE** section. Then watch the corresponding **Flash culture**.

ACTIVITÉS

2 Vrai ou faux? Indiquez si les phrases sont **vraies** ou **fausses**.

1. Alain Robert escalade seulement des falaises.
   Faux. Il escalade aussi des gratte-ciel et d'autres structures.
2. Alain Robert a escaladé son premier bâtiment (*building*) à Chicago.
   Vrai.
3. Alain Robert n'a jamais eu de problèmes de santé dans sa carrière de grimpeur. Faux. Il a eu deux accidents graves et il a des problèmes de vertiges.
4. Il y a un quartier souterrain à Montréal. Vrai.
5. Il y a des souks dans les marchés d'Abidjan.
   Faux. Il y a des souks dans les vieilles villes d'Afrique du Nord.

Practice more at **daccord2.vhlcentral.com**.

3 Le marchandage En Afrique du Nord, il est très courant de marchander ou de discuter avec un vendeur pour obtenir un meilleur prix. Avez-vous déjà eu l'occasion de marchander? Où? Quand? Qu'avez-vous acheté? Avez-vous obtenu un bon prix? Discutez de ce sujet avec un(e) partenaire.

ressources

CA
pp. 97-98

daccord2.vhlcentral.com

Leçon 4A

STRUCTURES

4A.1 Voir, croire, recevoir, and apercevoir

Point de départ In this section, you will learn to conjugate four new irregular verbs.

Je m'aperçois que je n'ai pas d'argent.

On vous a vus devant le distributeur!

- Here is the conjugation of the verb **voir** (*to see*).

Voir

je vois	nous voyons
tu vois	vous voyez
il/elle voit	ils/elles voient

Vous **voyez** la mairie à côté du commissariat de police?
Do you see the city hall next to the police station?

Je ne **vois** pas bien sans mes lunettes.
I don't see well without my glasses.

- The verb **revoir** (*to see again*) is derived from **voir** and is conjugated the same way.

On se **revoit** mercredi ou jeudi?
Will we see each other again Wednesday or Thursday?

Il ne va pas **revoir** ce film avec moi.
He is not going to see this movie again with me.

- Here is the conjugation of the verb **croire** (*to believe*).

Croire

je crois	nous croyons
tu crois	vous croyez
il/elle croit	ils/elles croient

Tu **crois** que l'homme est innocent.
You believe that the man is innocent.

Nous **croyons** que la boutique est fermée aujourd'hui.
We think that the store is closed today.

MISE EN PRATIQUE

1 Autour du lycée Vous parlez avec un(e) ami(e) de votre vie. Complétez les phrases avec les verbes appropriés au présent.

1. De sa chambre, mon ami Marc __voit/aperçoit__ le lycée.
2. Ma famille et moi, nous ne __recevons__ pas de visites pendant la semaine.
3. Je __crois__ que la vie au lycée peut être difficile quelquefois.
4. Ma petite amie et sa sœur __reçoivent__ souvent des colis.
5. Quand il fait beau, nous __apercevons/voyons__ les montagnes derrière le stade.
6. Ton meilleur ami et toi, vous __recevez__ de bonnes notes aux examens?

2 À Québec Mélanie a passé une semaine à Québec avec sa famille. Elle en parle avec son petit ami. Utilisez les verbes donnés au passé composé.

MODÈLE mon frère Paul / voir / la Citadelle
Mon frère Paul a vu la Citadelle.

1. nous / recevoir / journal / à sept heures / du matin
   Nous avons reçu le journal à sept heures du matin.
2. papa et Fabrice / apercevoir / la chute (*waterfalls*) Montmorency / de l'avion
   Papa et Fabrice ont aperçu la chute Montmorency de l'avion.
3. papa et maman / recevoir / des cadeaux / de leurs amis
   Papa et maman ont reçu des cadeaux de leurs amis.
4. je / voir / beaucoup / de spectacles
   J'ai vu beaucoup de spectacles.
5. Simon / croire / à la vieille légende / de Québec
   Simon a cru à la vieille légende de Québec.
6. ta sœur et toi / recevoir / ma carte postale / ?
   Ta sœur et toi avez reçu ma carte postale?

3 Ma vie au lycée Tristan parle de sa vie au lycée. Regardez les illustrations et complétez les phrases avec les verbes **recevoir** et **apercevoir**. *Suggested answers*

1. Toutes les semaines, je
   reçois une lettre.

3. La semaine dernière, mon meilleur ami
   a reçu son diplôme.

2. De leur fenêtre, les élèves
   aperçoivent des arbres.

4. Quelquefois, nous
   apercevons notre prof à la cantine.

Practice more at daccord2.vhlcentral.com.

170 cent soixante-dix

UNITÉ 4 — En ville

COMMUNICATION

4 Enquête Votre professeur va vous donner une feuille d'activités. Circulez dans la classe et demandez à vos camarades s'ils connaissent quelqu'un qui pratique chaque activité de la liste. S'ils répondent oui, demandez-leur qui est la personne et écrivez la réponse. Ensuite, présentez vos réponses à la classe. *Answers will vary.*

MODÈLE
Élève 1: Connais-tu quelqu'un qui reçoit rarement des e-mails?
Élève 2: Oui, mon frère aîné reçoit très peu d'e-mails.

Activités	Noms	Réponses
1. recevoir / rarement / e-mails	Quang	son frère aîné
2. s'inquiéter / quand / ne pas / recevoir / e-mails		
3. apercevoir / e-mail bizarre / le / ouvrir		

5 Assemblez Connaissez-vous des personnes qui achètent sur Internet? Assemblez les éléments des colonnes pour en parler. Utilisez les verbes **voir, recevoir, apercevoir, croire** et **s'apercevoir** dans votre conversation. *Answers will vary.*

MODÈLE
Élève 1: Mon frère aîné commande parfois des livres sur Internet. Une fois, il n'a pas reçu ses livres!
Élève 2: Mon père adore acheter sur Internet. Il aperçoit souvent des objets qui l'intéressent.

A	B	C
je	apercevoir	adresse
tu	s'apercevoir	bureau de poste
un(e) ami(e)	commander	carte de crédit
nous	croire	colis
vous	payer	compte-chèques
tes parents	recevoir	formulaire
tes profs	voir	liquide
?	?	?

6 Curieux! Avec un(e) partenaire, posez-vous ces questions à tour de rôle. *Answers will vary.*

1. Reçois-tu souvent des e-mails? De qui?
2. Tes parents recevaient-ils souvent des amis quand tu étais petit(e)?
3. Crois-tu aux extraterrestres? Pourquoi?
4. Qu'aperçois-tu de ta chambre? Des arbres?
5. Qui as-tu vu le week-end dernier?

- In **Leçon 1A**, you learned to conjugate **devoir**. You will now learn two verbs that are conjugated similarly.

Recevoir and apercevoir

	recevoir (to receive)	apercevoir (to catch sight of, to see)
je/j'	reçois	aperçois
tu	reçois	aperçois
il/elle	reçoit	aperçoit
nous	recevons	apercevons
vous	recevez	apercevez
ils/elles	reçoivent	aperçoivent

Je **reçois** de l'argent de mon père.
I receive money from my father.

D'ici, on **aperçoit** le bureau de poste.
From here, you see the post office.

- The verb **s'apercevoir** means *to notice, to be aware of,* or *to realize.*

Cela ne **s'aperçoit** pas.
It is not noticeable.

Il **s'aperçoit** de son erreur.
He realizes his mistake.

- **Voir, croire, recevoir,** and **apercevoir** all take **avoir** as the auxiliary verb in the **passé composé**. Their past participles are respectively, **vu, cru, reçu,** and **aperçu**.

Tu **as vu** son ami au parc?
Did you see his friend at the park?

Nous **avons reçu** un colis.
We received a package.

BOÎTE À OUTILS
Recall that in Level 1, you learned the expression **être reçu(e) à un examen** (*to pass an exam*).

- The **conditionnel** of **voir, croire, recevoir,** and **apercevoir** are formed respectively with the stems **verr-, croir-, recevr-,** and **apercevr-**.

On **croirait** que c'est facile à faire.
One would think it's easy to do.

Nous **verrions** le film ce soir.
We would watch the movie tonight.

Essayez!
Complétez les phrases avec les formes correctes des verbes au présent.

1. Je ne ___vois___ (voir) pas la banque d'ici.
2. Vous ___croyez___ (croire) à son histoire (*story*)?
3. Nous ___recevons___ (recevoir) toujours une lettre de Marie à Noël.
4. Mes amis ___croient___ (croire) que je dors.
5. Ils ___aperçoivent___ (apercevoir) le facteur au coin (*corner*) de la rue.
6. Nous ___voyons___ (voir) encore nos amis d'enfance.
7. Le prof ___reçoit___ (recevoir) un cadeau des élèves.
8. Tu ___aperçois___ (apercevoir) le marchand de journaux?

cent soixante et onze **171**

Leçon 4A

STRUCTURES

4A.2 Negative/Affirmative expressions

Point de départ In **Leçon 2A**, you learned how to negate verbs with **ne... pas**, which is used to make a general negation. In French, as in English, you can also use a variety of expressions that add a more specific meaning to the negation.

- The other negative expressions are also made up of two parts: **ne** and a second negative word.

Negative expressions

ne... aucun(e)	none (not any)	ne... plus	no more (not anymore)
ne... jamais	never (not ever)	ne... que	only
ne... ni... ni	neither... nor	ne... rien	nothing (not anything)
ne... personne	nobody, no one		

Je **n'**ai **aucune** envie de manger.
I have no desire to eat.

Le bureau de poste **n'**est **jamais** ouvert.
The post office is never open.

Elle **ne** parle à **personne**.
She doesn't talk to anyone.

Il **n'**a **plus** faim.
He's not hungry anymore.

Ils **n'**ont **que** des timbres pour l'Europe.
They only have stamps for Europe.

Le facteur **n'**avait **rien** pour nous.
The mailman had nothing for us.

- To negate the expression **il y a**, place **n'** before **y** and the second negative word after the form of **avoir**.

Il **n'**y a **aucune** banque près d'ici?
Aren't there any banks nearby?

Il **n'**y avait **rien** sur mon compte.
There wasn't anything in my account.

- The negative words **personne** and **rien** can be the subject of a verb, in which case they are placed before the verb.

Personne n'était là.
No one was there.

Rien n'est arrivé dans le courrier.
Nothing arrived in the mail.

- Note that **aucun(e)** can be either an adjective or a pronoun. Therefore, it must agree with the noun it modifies. It is always used in the singular.

Tu **ne** trouves **aucune** banque?
Can't you find any banks?

Je **n'**en trouve **aucune** par ici.
I can't find any around here.

- **Jamais**, **personne**, **plus**, and **rien** can be doubled up with **ne**.

Elle **ne** parle **jamais** à **personne**.
She never talks to anyone.

Elle **ne** dit **jamais rien**.
She never says anything.

Il **n'**y a **plus personne** ici.
There isn't anyone here anymore.

Il **n'**y a **plus rien** ici.
There isn't anything here anymore.

172   cent soixante-douze

MISE EN PRATIQUE

1 **À la banque** Mathilde veut ouvrir un nouveau compte et elle pose des questions au banquier. Écrivez les réponses du banquier à la forme négative.

MODÈLE
La banque ferme-t-elle à midi? (jamais)
Non, la banque ne ferme jamais à midi.

1. La banque est-elle ouverte le samedi? (jamais)
   Non, la banque n'est jamais ouverte le samedi.
2. Peut-on ouvrir un compte sans papier d'identité? (personne)   Non, personne ne peut ouvrir de compte sans papier d'identité.
3. Avez-vous des distributeurs automatiques dans les supermarchés? (aucun) Non, nous n'avons aucun distributeur automatique dans les supermarchés./Non, nous n'avons de distributeur automatique dans aucun supermarché.
4. Pour retirer de l'argent, ai-je encore besoin de remplir ce document? (plus)
   Non, vous n'avez plus besoin de remplir ce document.
5. Avez-vous des billets et des pièces dans vos distributeurs automatiques? (que)
   Non, nous n'avons que des billets dans nos distributeurs automatiques.
6. Est-ce que tout le monde peut retirer de l'argent de mon compte bancaire? (personne)
   Non, personne ne peut retirer d'argent de votre compte bancaire.

2 **Les jumelles** Olivia et Anaïs sont des jumelles (*twin sisters*) bien différentes. Expliquez pourquoi.

MODÈLE
Olivia est toujours heureuse.
Anaïs n'est jamais heureuse.

1. Olivia rit tout le temps.
   Anaïs ne rit jamais.
2. Olivia remarque (*notes*) tout.
   Anaïs ne remarque rien.
3. Olivia voit (*sees*) encore ses amies d'enfance.
   Anaïs ne voit plus/aucune de ses amies d'enfance.
4. Olivia aime le chocolat et la glace.
   Anaïs n'aime ni le chocolat ni la glace.
5. Olivia connaît beaucoup de monde.
   Anaïs ne connaît personne.
6. Olivia reçoit beaucoup de colis.
   Anaïs ne reçoit aucun colis.

3 **Pas exactement** Tristan exagère souvent. Il a écrit cet e-mail et vous lui répondez pour dire que les choses ne sont pas arrivées exactement comme ça. Mettez toutes ses phrases à la forme négative dans votre réponse.

MODÈLE
Tu n'es pas arrivé tard à la banque...

Je suis arrivé tard à la banque. Quelqu'un m'a ouvert la porte. J'ai regardé les affiches et les catalogues. J'ai demandé quelque chose. Il y avait encore de l'argent sur mon compte. Je vais souvent revenir dans cette banque.

Tu n'es pas arrivé tard à la banque. Personne ne t'a ouvert la porte. Tu n'as regardé ni les affiches ni les catalogues. Tu n'as rien demandé. Il n'y avait plus d'argent sur ton compte. Tu ne vas jamais revenir dans cette banque.

Practice more at **daccord2.vhlcentral.com**.

UNITÉ 4 | En ville

COMMUNICATION

4 De mauvaise humeur Aujourd'hui, Anne-Marie est très négative. Elle répond négativement à toutes les questions. Avec un(e) partenaire, jouez les rôles d'Anne-Marie et de son amie. Rajoutez (*Add*) deux lignes de dialogue supplémentaires à la fin. *Answers will vary.*

MODÈLE

tu / sortir avec quelqu'un en ce moment
Élève 1: *Est-ce que tu sors avec quelqu'un en ce moment?*
Élève 2: *Non, je ne sors avec personne.*

1. tu / faire quelque chose ce soir
2. tes parents / venir chez toi ce week-end
3. ton frère / avoir encore sa vieille voiture
4. tes amis et toi / déjà aller en vacances au Canada
5. quelqu'un / habiter dans ta maison cet été
6. tu / avoir encore faim
7. ?
8. ?

5 Activités dangereuses Avec un(e) partenaire, faites une liste de dix activités dangereuses. Ensuite, travaillez avec un autre groupe et demandez à vos camarades s'ils pratiquent ces activités. Répondent-ils toujours par des phrases négatives? *Answers will vary.*

MODÈLE

Élève 1: *Fais-tu du jogging la nuit?*
Élève 2: *Non! Je ne fais jamais de jogging la nuit.*

6 À la banque En vacances, vous vous apercevez que votre valise a disparu (*disappeared*) avec votre argent liquide, vos papiers et vos cartes de crédit. Vous avez besoin de retirer de l'argent à la banque. Par groupes de trois, préparez un dialogue entre vous et deux employés de banque. Utilisez les expressions de la liste. *Answers will vary.*

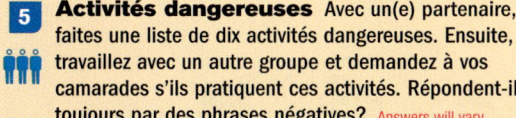

jamais	ne... que	quelqu'un
ne... aucun(e)	ne... rien	rien
ne... ni... ni	quelque chose	toujours
ne... plus		

- To say *neither... nor*, use three negative words: **ne... ni... ni**. Note that partitive and indefinite articles are usually omitted.

  Le facteur **n'**est **ni** sympa **ni** sociable.
  The mailman is neither nice nor sociable.

  Je **n'**ai **ni** frères **ni** sœurs.
  I have neither brothers nor sisters.

- Note that in the **passé composé**, the words **jamais**, **plus**, and **rien** are placed between the auxiliary verb and the past participle. **Aucun(e)**, **personne**, and **que** follow the past participle.

  Elle **n'**est **jamais** revenue.
  She's never returned.

  Nous **n'**avons **plus** emprunté d'argent.
  We didn't borrow money anymore.

  Je **n'**ai **rien** dit aujourd'hui.
  I didn't say anything today.

  Vous **n'**avez signé **aucun** papier.
  You didn't sign a single paper.

  Il **n'**a parlé à **personne**.
  He didn't speak to anyone.

  Ils **n'**en ont posté **que** deux.
  They only mailed two.

- These expressions can be used in affirmative phrases. Note that when **jamais** is not accompanied by **ne**, it can mean *ever*.

  | jamais | *ever* | quelqu'un | *someone* |
  | quelque chose | *something* | toujours | *always; still* |

  As-tu **jamais** été à cette brasserie?
  Have you ever been to that brasserie?

  Il y a **quelqu'un**?
  Is someone there?

  Vous cherchez **quelque chose**?
  Are you looking for something?

  Il est **toujours** aussi réservé?
  Is he still so reserved?

- Note that **personne**, **quelque chose**, **quelqu'un**, and **rien** can be modified with an adjective after **de**.

  Nous cherchons **quelque chose** de joli.
  We're looking for something pretty.

  Je ne sais **rien** de nouveau.
  I don't know anything new.

> **BOÎTE À OUTILS**
> Remember to use **de** instead of the indefinite article in a negative construction:
> **Il n'y a plus de billets dans le distributeur. Personne ne poste de lettre le dimanche.**

Essayez! Choisissez l'expression correcte.

1. (Jamais / **Personne**) ne trouve cet homme agréable.
2. Je ne veux (**rien** / jamais) faire aujourd'hui.
3. Y a-t-il (**quelqu'un** / personne) à la banque?
4. Je n'ai reçu (pas de / **aucun**) colis.
5. Il n'y avait (ne / **ni**) lettres ni colis dans la boîte aux lettres.
6. Il n'y a (**plus** / aucun) d'argent à la banque?
7. Jérôme ne va (toujours / **jamais**) à la poste.
8. Le facteur n'arrive (toujours / **qu'**) à trois heures.

cent soixante-treize **173**

Leçon 4A

SYNTHÈSE

Révision

1 **Je ne vais jamais...** Votre professeur va vous donner une feuille d'activités. Circulez dans la classe pour trouver un(e) camarade différent(e) qui fait ses courses à ces endroits. Où ne vont-ils jamais? Où ne vont-ils plus? Justifiez toutes vos réponses. *Answers will vary.*

MODÈLE

Élève 1: Vas-tu au cybercafé?
Élève 2: Non, je n'y vais pas parce que j'ai un ordinateur à la maison.

Endroits	Noms
1. banque	Sabrina
2. bijouterie	
3. boutique de vêtements	
4. cybercafé	
5. laverie	

2 **Le courrier** Avec un(e) partenaire, préparez six questions pour interviewer vos camarades. Que reçoivent-ils dans leur courrier? Qu'envoient-ils? Utilisez les expressions négatives et les verbes **recevoir** et **envoyer**. Ensuite, par groupes de quatre, posez vos questions et écrivez les réponses. *Answers will vary.*

MODÈLE

Élève 1: Est-ce que tu ne reçois que des lettres dans ton courrier?
Élève 2: Non, je reçois des cadeaux parfois, mais je n'en envoie jamais.

3 **Au village** Vous visitez un petit village pour la première fois. Malheureusement, tout y est fermé. Vous posez des questions à un(e) habitant(e) sur les endroits de la liste et il/elle vous répond par des expressions négatives. Préparez le dialogue avec un(e) partenaire. *Answers will vary.*

MODÈLE

Élève 1: À quelle heure le bureau de poste ouvre-t-il aujourd'hui?
Élève 2: Malheureusement, le bureau de poste n'existe plus, Monsieur!

banque	laverie
bureau de poste	mairie
commissariat de police	salon de beauté

4 **Vrai ou faux?** Par groupes de quatre, travaillez avec un(e) partenaire pour préparer huit phrases au sujet des deux autres partenaires de votre groupe. Essayez de deviner ce qu'ils/elles (*what they*) ont fait et n'ont pas fait. Utilisez dans vos phrases le passé composé et les expressions négatives indiquées. Ensuite, lisez les phrases à vos deux camarades, qui vont vous dire si elles sont vraies ou fausses. *Answers will vary.*

MODÈLE

Élève 1: Tu n'es jamais allé(e) dans le bureau du prof.
Élève 2: C'est faux. J'ai dû y aller hier pour lui poser une question.

- ne... aucun(e)
- ne... plus
- ne... jamais
- ne... que
- ne... personne
- ne... rien

5 **Au secours!** Avec un(e) partenaire, préparez un dialogue pour représenter la scène de cette illustration. Utilisez les verbes **s'apercevoir**, **voir** et **croire** et des expressions négatives et affirmatives. *Answers will vary.*

6 **Dix ans plus tard** Votre professeur va vous donner, à vous et à votre partenaire, deux plans d'une ville. Attention! Ne regardez pas la feuille de votre partenaire. *Answers will vary.*

MODÈLE

Élève 1: Il y a dix ans, la laverie avait beaucoup de clients.
Élève 2: Aujourd'hui, il n'y a personne dans la laverie.

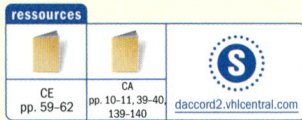

174 cent soixante-quatorze

UNITÉ 4 | En ville

 Video: TV Clip

Le Zapping

Rennes: capitale bretonne

La ville de Rennes devient capitale de la Bretagne en 1532, année où cette région est annexée à la France. Elle commence sa longue histoire de plus de 2.000 ans à l'époque des Gaulois°. Rennes se trouve sur le confluent de deux fleuves°, l'Ille et la Vilaine, emplacement stratégique qui attire° ses premiers habitants. Au centre-ville, on peut admirer son architecture de différentes périodes historiques, comme les maisons médiévales à colombages° et le Parlement de Bretagne du XVIIe siècle.

—Au centre-ville, on trouve des cafés, la mairie, des boutiques, des distributeurs automatiques...

—Une promenade à travers° les rues anciennes du centre historique vous fait découvrir la magnifique architecture bretonne...

Compréhension Répondez aux questions. *Some answers will vary.*

1. Quelles courses peut-on faire dans un centre-ville français? On peut aller à la poste ou à la banque.
2. Quels lieux d'intérêt culturel peut-on visiter à Rennes? On peut visiter le musée des Beaux-Arts ou la bibliothèque municipale.
3. Comment peut-on s'y détendre? On peut faire une promenade en bateau ou visiter le parc du Thabor.

 Discussion Avec un(e) partenaire, discutez de ces questions. *Answers will vary.*

1. Y a-t-il des villes dans votre pays avec des centres-villes de style français? Lesquelles (*Which ones*)?
2. Que pensez-vous des centres-villes français? Aimeriez-vous habiter à Rennes? Pourquoi?

Gaulois Gauls (ancient Celtic people) **fleuves** rivers **attire** attracts **à colombages** half-timbered **à travers** through

 Practice more at daccord2.vhlcentral.com.

OPTIONS

Here is a full list of the places and activities shown in the center of Rennes:
- Le marché des Lices
- Des promenades en bateau sur la Vilaine
- Le palais Saint-Georges
- Des maisons à colombages
- Le Parlement de Bretagne
- L'Opéra de Rennes
- Le palais du commerce
- La place de la République
- Le musée des Beaux-Arts
- La cathédrale Saint-Pierre
- Les Champs Libres: la bibliothèque municipale, l'Espace des sciences, le musée de Bretagne
- L'Alignement du XXIe siècle
- Le parc du Thabor
- L'Hôtel de Ville

Section Goals

In this section, students will learn and practice vocabulary related to:
- asking for and giving directions
- landmarks

Key Standards

1.1, 1.2, 4.1

Student Resources
Cahier d'exercices, pp. 63-64; *Cahier d'activités*, p. 141; Supersite: Activities, *Cahier interactif*

Teacher Resources
Answer Keys; Overhead #28; Audio Script; Textbook & Audio Activity MP3s/CD; Testing program: Vocabulary Quiz

Suggestions
- Tell students to look over the new vocabulary and identify the cognates.
- Use **Overhead #28**. Point out objects and describe what the people are doing. Examples: **Il est perdu. C'est une statue. Il y a deux feux de signalisation au carrefour.**
- Define and contrast the words for types of roads: **une rue, une autoroute, un boulevard, une avenue,** and **un chemin**. Also give examples using local roads students know.
- Point out that **coin** and **angle** both mean *corner*.
- Point out the difference between **tout droit** (*straight ahead*) and **à droite** (*to the right*).
- You might want to teach students the expression **point de repère** (*landmark; point of reference*).

Leçon 4B

CONTEXTES

Talking Picture Audio: Activity

You will learn how to...
- ask for directions
- tell what you will do

Où se trouve...?

Vocabulaire

continuer	to continue
se déplacer	to move (change location)
suivre	to follow
tourner	to turn
traverser	to cross
un angle	corner
une avenue	avenue
un bâtiment	building
un boulevard	boulevard
un chemin	way; path
un coin	corner
des indications (f.)	directions
un office du tourisme	tourist office
au bout (de)	at the end (of)
au coin (de)	at the corner (of)
autour (de)	around
jusqu'à	until
(tout) près (de)	(very) close (to)
tout droit	straight ahead

un pont

Elle monte les escaliers. (monter)

une statue

Il descend les escaliers. (descendre)

une fontaine

Il est perdu. (perdue f.)

Elle s'oriente. (s'orienter)

ressources

CE pp. 63-64

CA p. 141

daccord2.vhlcentral.com

176 cent soixante-seize

Word Association Ask students which vocabulary words they associate with these verbs. 1. descendre (rue/escalier) 2. suivre (rue/boulevard/chemin) 3. tourner (gauche/droite) 4. demander (indications) 5. monter (escaliers) 6. traverser (un pont/une rue) 7. regarder (une statue) 8. boire (une fontaine) 9. téléphoner (une cabine téléphonique) 10. s'arrêter (un feu de signalisation)

Using Movement Label four points in your classroom with the cardinal directions. Play a game of **Jacques a dit** (*Simon says*) in which students respond to commands using the four directions. Example: **Regardez vers le nord.** Tell students to respond only if they hear the words **Jacques a dit**. If a student responds to a command not preceded by **Jacques a dit**, he or she is eliminated. The last person standing wins.

176 Teacher's Annotated Edition • Unit 4 • Lesson 4B

UNITÉ 4 En ville

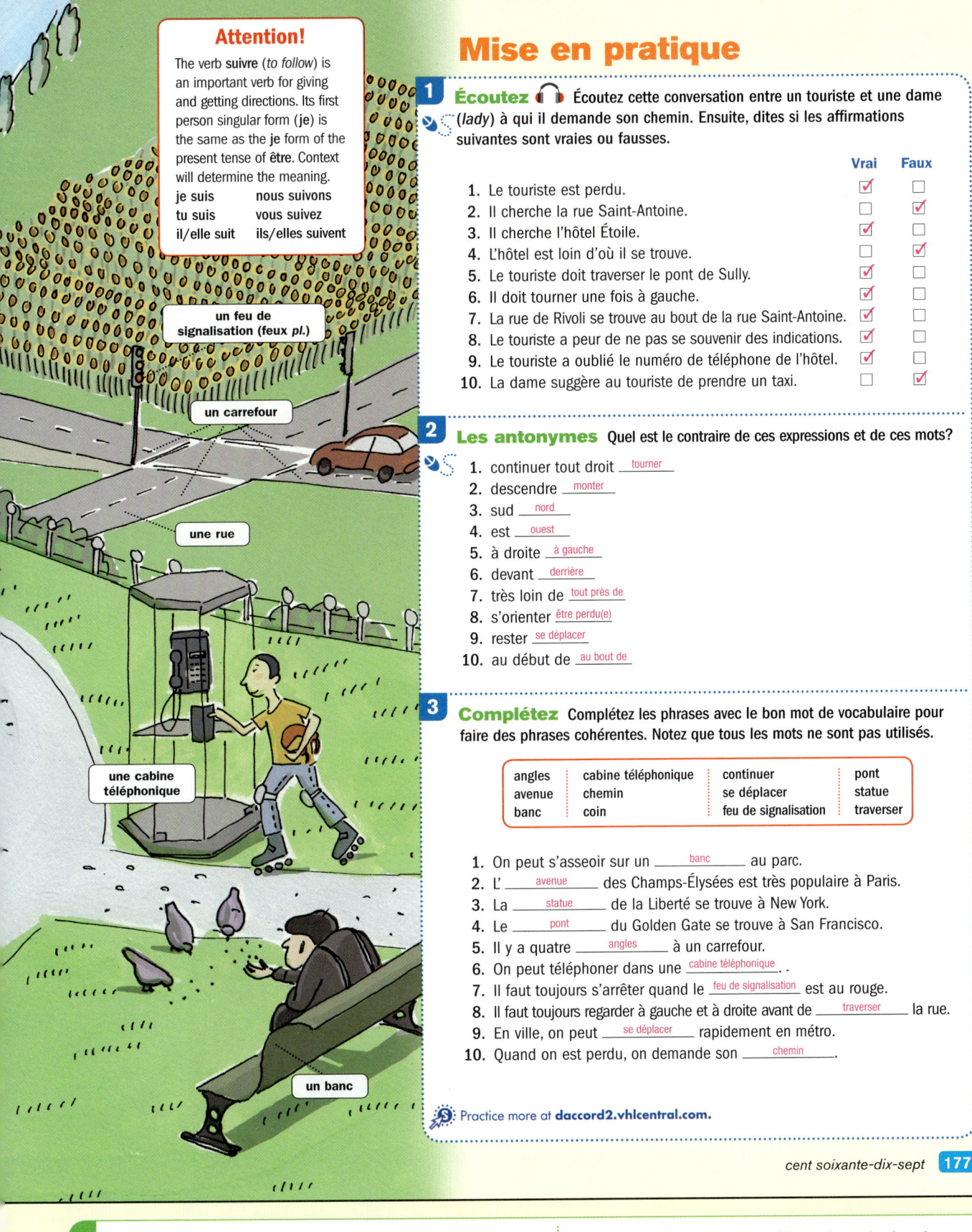

- un feu de signalisation (feux *pl.*)
- un carrefour
- une rue
- une cabine téléphonique
- un banc

Attention!
The verb **suivre** (*to follow*) is an important verb for giving and getting directions. Its first person singular form (**je**) is the same as the **je** form of the present tense of **être**. Context will determine the meaning.

je suis	nous suivons
tu suis	vous suivez
il/elle suit	ils/elles suivent

Mise en pratique

1 Écoutez 🎧 Écoutez cette conversation entre un touriste et une dame (*lady*) à qui il demande son chemin. Ensuite, dites si les affirmations suivantes sont vraies ou fausses.

	Vrai	Faux
1. Le touriste est perdu.	✓	
2. Il cherche la rue Saint-Antoine.		✓
3. Il cherche l'hôtel Étoile.	✓	
4. L'hôtel est loin d'où il se trouve.		✓
5. Le touriste doit traverser le pont de Sully.	✓	
6. Il doit tourner une fois à gauche.	✓	
7. La rue de Rivoli se trouve au bout de la rue Saint-Antoine.	✓	
8. Le touriste a peur de ne pas se souvenir des indications.	✓	
9. Le touriste a oublié le numéro de téléphone de l'hôtel.	✓	
10. La dame suggère au touriste de prendre un taxi.		✓

2 Les antonymes Quel est le contraire de ces expressions et de ces mots?

1. continuer tout droit ___tourner___
2. descendre ___monter___
3. sud ___nord___
4. est ___ouest___
5. à droite ___à gauche___
6. devant ___derrière___
7. très loin de ___tout près de___
8. s'orienter ___être perdu(e)___
9. rester ___se déplacer___
10. au début de ___au bout de___

3 Complétez Complétez les phrases avec le bon mot de vocabulaire pour faire des phrases cohérentes. Notez que tous les mots ne sont pas utilisés.

angles	cabine téléphonique	continuer	pont
avenue	chemin	se déplacer	statue
banc	coin	feu de signalisation	traverser

1. On peut s'asseoir sur un ___banc___ au parc.
2. L'___avenue___ des Champs-Élysées est très populaire à Paris.
3. La ___statue___ de la Liberté se trouve à New York.
4. Le ___pont___ du Golden Gate se trouve à San Francisco.
5. Il y a quatre ___angles___ à un carrefour.
6. On peut téléphoner dans une ___cabine téléphonique___.
7. Il faut toujours s'arrêter quand le ___feu de signalisation___ est au rouge.
8. Il faut toujours regarder à gauche et à droite avant de ___traverser___ la rue.
9. En ville, on peut ___se déplacer___ rapidement en métro.
10. Quand on est perdu, on demande son ___chemin___.

Practice more at **daccord2.vhlcentral.com**.

cent soixante-dix-sept 177

Leçon 4B

CONTEXTES

Communication

4 **Le plan de la ville** À tour de rôle avec un(e) partenaire, demandez des indications pour pouvoir vous rendre (*to get*) aux endroits de la liste. Indiquez votre point de départ. Answers will vary.

 Café de la Gare
 Boulangerie Le Pain Chaud
 Hôpital St-Jean
 Office du tourisme
 Épicerie Bresson
 Bureau de poste
 Pharmacie Molière
 Banque
 Université Joseph Fourier
 Cabine téléphonique

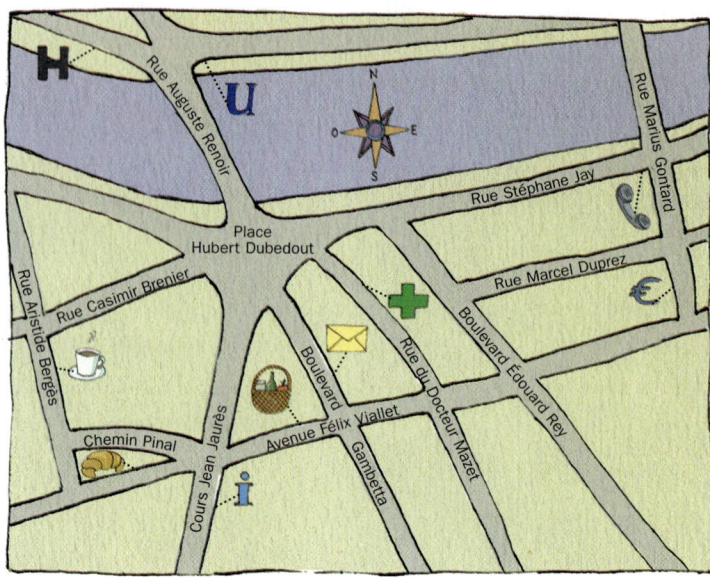

MODÈLE

la boulangerie Le Pain Chaud, le bureau de poste

Élève 1: Excusez-moi, où se trouve la boulangerie Le Pain Chaud, s'il vous plaît?
Élève 2: Du bureau de poste, suivez le boulevard jusqu'à l'avenue Félix Viallet, ensuite prenez à droite, continuez tout droit, la boulangerie est à droite, juste après le cours Jean Jaurès.

1. l'hôpital, la pharmacie
2. le café, l'office du tourisme
3. la banque, le bureau de poste
4. l'université, l'épicerie
5. la cabine téléphonique, la boulangerie
6. l'office du tourisme, la pharmacie
7. la banque, l'université
8. la boulangerie, la pharmacie

5 **Conversez** Interviewez un(e) camarade de classe. Answers will vary.

1. Quelles statues célèbres connais-tu? Connais-tu aussi des ponts, des bâtiments célèbres?
2. Quand t'es-tu perdu(e) pour la dernière fois? Où? Qui t'a aidé(e)?
3. Quand as-tu utilisé une cabine téléphonique pour la dernière fois? Où étais-tu?
4. Es-tu déjà allé(e) dans un office du tourisme? Pour quoi faire?
5. Qu'est-ce qui se trouve au coin de la rue où tu habites? Et au bout de la rue?
6. Qui, de ta famille ou de tes ami(e)s, habite près de chez toi?

6 **En vacances** Avec un(e) partenaire, préparez cette conversation. Soyez prêt(e)s à jouer la scène devant la classe. Answers will vary.

- Vous êtes un(e) touriste perdu(e) en ville.
- Vous demandez où se trouvent deux endroits différents.
- Quelqu'un vous indique le chemin.

178 cent soixante-dix-huit

UNITÉ 4 | En ville

Les sons et les lettres

Audio: Concepts, Activities Record & Compare

Les majuscules et les minuscules

Some of the rules governing capitalization are the same in French as they are in English. However, many words that are capitalized in English are not capitalized in French. For example, the French pronoun **je** is never capitalized except when it is the first word in a sentence.

Aujourd'hui, je vais au marché.   *Today, I am going to the market.*

Days of the week, months, and geographical terms are not capitalized in French.

Qu'est-ce que tu fais lundi après-midi?   **Mon anniversaire, c'est le 14 octobre.**
Cette ville est au bord de la mer Méditerranée.

Languages are not capitalized in French, nor are adjectives of nationality. However, if the word is a noun that refers to a person or people of a particular nationality, it is capitalized.

Tu apprends le français.   **C'est une voiture allemande.**
You are learning French.   *It's a German car.*

Elle s'est mariée avec un Italien.   **Les Français adorent le foot.**
She married an Italian.   *The French love soccer.*

As a general rule, you should write capital letters with their accents. Diacritical marks can change the meaning of words, so not including them can create ambiguities.

LES AVOCATS SERONT JUGÉS.   **LES AVOCATS SERONT JUGES.**
Lawyers will be judged.   *Lawyers will be the judges.*

Corrigez Corrigez la capitalisation des mots suivants.

1. MAI *mai*
2. QUÉBEC *Québec*
3. VENDREDI *vendredi*
4. ALLEMAND *allemand*
5. L'OCÉAN PACIFIQUE *l'océan Pacifique*
6. LE BOULEVARD ST-MICHEL *le boulevard St-Michel*

Écrivez Écrivez correctement les phrases en utilisant (*by writing*) les minuscules et les majuscules.

1. LE LUNDI ET LE MERCREDI, J'AI MON COURS D'ITALIEN.
   Le lundi et le mercredi, j'ai mon cours d'italien.
2. CHARLES BAUDELAIRE ÉTAIT UN POÈTE FRANÇAIS.
   Charles Baudelaire était un poète français.
3. LES AMÉRICAINS AIMENT BEAUCOUP LE LAC MICHIGAN.
   Les Américains aiment beaucoup le lac Michigan.
4. UN MONUMENT SE TROUVE SUR L'AVENUE DES CHAMPS-ÉLYSÉES.
   Un monument se trouve sur l'avenue des Champs-Élysées.

Dictons Répétez les dictons à voix haute.

Si le Français est "tout yeux", l'Anglais est "tout oreilles."[2]

La France, c'est le français quand il est bien écrit.[1]

[1] France is French (when it is) well written.
[2] If the Frenchman is all eyes, the Englishman is all ears.

cent soixante-dix-neuf **179**

Leçon 4B

ROMAN-PHOTO

Chercher son chemin

Video: *Roman-photo*
Record & Compare

PERSONNAGES

Amina

David

M. Hulot

Rachid

Sandrine

Stéphane

Touriste

Au kiosque de M. Hulot…
M. HULOT Bonjour, Monsieur.
TOURISTE Bonjour.
M. HULOT Trois euros, s'il vous plaît.
TOURISTE Je n'ai pas de monnaie.
M. HULOT Voici cinq, six, sept euros qui font dix. Merci.
TOURISTE Excusez-moi, où est le bureau de poste, s'il vous plaît?

M. HULOT Euh… c'est par là… Ah… non… euh… voyons… vous prenez cette rue, là et… euh, non non… je ne sais pas vraiment comment vous expliquer… Attendez, vous voyez le café qui est juste là? Il y aura certainement quelqu'un qui saura vous dire comment y aller.
TOURISTE Ah, merci, Monsieur. Au revoir!

Au P'tit Bistrot…
SANDRINE Qu'est-ce que vous allez faire le week-end prochain?
RACHID Je pense que nous irons faire une randonnée à la Sainte-Victoire.
AMINA Oui, j'espère qu'il fera beau!
DAVID S'il ne pleut pas, nous irons au concert en plein air de Pauline Ester. C'est la chanteuse préférée de Sandrine, n'est-ce pas, chérie?

DAVID Non! À droite!
RACHID Non, à gauche! Puis, vous continuez tout droit, vous traversez le cours Mirabeau et c'est juste là, en face de la fontaine de La Rotonde, à côté de la gare.
DAVID Non, c'est à côté de l'office du tourisme.

TOURISTE Euh merci, je… je vais le trouver tout seul. Au revoir.
TOUS Bonne journée, Monsieur.

À la terrasse…
STÉPHANE Bonjour, je peux vous aider?
TOURISTE J'espère que oui.
STÉPHANE Vous êtes perdu?
TOURISTE Exactement. Je cherche le bureau de poste.

A C T I V I T É S

1 **Questions** Répondez par des phrases complètes.

1. Qu'est-ce que Rachid et Amina vont faire ce week-end? *Ils vont faire une randonnée à la Sainte-Victoire.*
2. Qu'est-ce que Sandrine et David vont faire ce week-end? *Ils vont aller à un concert en plein air.*
3. Quels points de repères (*landmarks*) Stéphane donne-t-il au touriste? *Il mentionne le cours Mirabeau, La Rotonde et la fontaine.*
4. Est-ce que vous pensez que la musique de Pauline Ester est très appréciée aujourd'hui? Pourquoi? *Answers will vary.*
5. Est-ce que vous pensez que les choses vont bien entre Amina et Rachid? Pourquoi? *Answers will vary.*
6. Est-ce que vous pensez que les choses vont bien entre Sandrine et David? Pourquoi? *Answers will vary.*
7. Comment pensez-vous que le touriste se sent quand il sort du P'tit Bistrot? *Answers will vary.*
8. Qui avait raison, à votre avis (*in your opinion*), David ou Rachid? *Answers will vary.*

 cent quatre vingts

UNITÉ 4 En ville

Un touriste se perd à Aix… heureusement, il y a Stéphane!

SANDRINE Absolument! «Oui, je l'adore, c'est mon amour, mon trésor…»
AMINA Pauline Ester! Tu aimes la musique des années quatre-vingt-dix?
SANDRINE Pas tous les styles de musique, mais Pauline Ester, oui.
AMINA Comme on dit, les goûts et les couleurs, ça ne se discute pas!
RACHID Tu n'aimes pas Pauline Ester, mon cœur?

TOURISTE Excusez-moi, est-ce que vous savez où se trouve le bureau de poste, s'il vous plaît?
RACHID Oui, ce n'est pas loin d'ici. Vous descendez la rue, juste là, ensuite vous continuez jusqu'au feu rouge et vous tournez à gauche.

Expressions utiles

Giving directions
- **Attendez, vous voyez le café qui est juste là?**
  Wait, do you see the café right over there?
- **Il y aura certainement quelqu'un qui saura vous dire comment y aller.**
  There will surely be someone there who will know how to tell you how to get there.
- **Vous tournerez à gauche et suivrez le cours jusqu'à La Rotonde.**
  You will turn left and follow the street until the Rotunda.
- **Vous la verrez.**
  You will see it.
- **Derrière la fontaine, vous trouverez le bureau de poste.**
  Behind the fountain, you will find the post office.

Talking about the weekend
- **Je pense que nous irons faire une randonnée.**
  I think we will go for a hike.
- **J'espère qu'il fera beau!**
  I hope it will be nice/the weather will be good!
- **Nous irons au concert en plein air.**
  We will go to the outdoor concert.

Additional vocabulary
- **voyons**
  let's see
- **le boulevard principal**
  the main drag/principal thoroughfare

STÉPHANE Le bureau de poste? C'est très simple.
TOURISTE Ah bon! C'est loin d'ici?
STÉPHANE Non, pas du tout. C'est tout près. Vous prenez cette rue, là, à gauche. Vous continuez jusqu'au cours Mirabeau. Vous le connaissez?
TOURISTE Non, je ne suis pas d'ici.
STÉPHANE Bon… Le cours Mirabeau, c'est le boulevard principal de la ville.

STÉPHANE Alors, une fois que vous serez sur le cours Mirabeau, vous tournerez à gauche et suivrez le cours jusqu'à La Rotonde. Vous la verrez… Il y a une grande fontaine. Derrière la fontaine, vous trouverez le bureau de poste, et voilà!
TOURISTE Merci beaucoup.
STÉPHANE De rien. Au revoir!

---

2 Comment y aller? Remettez les indications pour aller du P'tit Bistrot au bureau de poste dans l'ordre. Écrivez un **X** à côté de l'indication qu'on ne doit pas suivre.

- _3_ a. Suivez le cours Mirabeau jusqu'à la fontaine.
- _4_ b. Le bureau de poste se trouve derrière la fontaine.
- _2_ c. Tournez à gauche.
- _X_ d. Tournez à droite au feu rouge.
- _1_ e. Prenez cette rue à gauche jusqu'au boulevard principal.

3 Écrivez Le touriste est soulagé (*relieved*) d'enfin arriver au bureau de poste. Il était très découragé; presque personne ne savait lui expliquer comment y aller. Il écrit une carte postale à sa petite amie pour lui raconter son aventure. Composez son message.

cent quatre-vingt-un **181**

Leçon 4B

CULTURE

CULTURE À LA LOUPE

Villes et villages français

Quand on regarde le plan d'un village, d'une petite ville ou celui d'un quartier d'une grande ville, on remarque qu'il y a souvent une place au centre, autour de laquelle° la ville ou le quartier s'organise. Elle est un peu comme «le cœur» de la ville ou du quartier.

Sur la place principale des villes et villages français, on trouve souvent une église. Il peut s'y trouver aussi l'hôtel de ville (la mairie), ainsi que° d'autres bâtiments administratifs comme la poste, le commissariat de police ou l'office du tourisme, s'il y en a un. La grande place est aussi le quartier commercial d'une petite ville et beaucoup de gens y vont pour faire leurs courses dans les magasins ou pour se détendre dans un café, un restaurant ou au cinéma. On y trouve aussi parfois un musée ou un théâtre. La place peut être piétonne° ou ouverte à la circulation, mais dans les deux cas, elle est souvent très animée°.

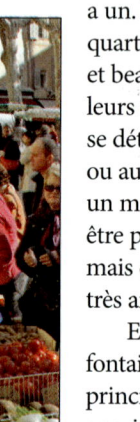

En général, la grande place est bien entretenue° et décorée d'une fontaine, d'un parterre de fleurs° ou d'une statue. La majorité des rues principales de la ville ou du quartier partent ensuite de la place. Le nom de la place reflète souvent ce qu'on y trouve, par exemple la place de l'Église, la place de la Mairie ou la place de la Comédie. Beaucoup de rues portent le nom d'un écrivain ou d'un personnage célèbre de l'histoire de France, comme rue Victor Hugo ou avenue du général de Gaulle. Au centre-ville, les rues sont souvent très étroites et beaucoup sont à sens unique°.

laquelle which **ainsi que** as well as **piétonne** pedestrian **animée** busy **entretenue** cared for **parterre de fleurs** flower bed **sens unique** one-way

Coup de main

Paris, Lyon, and Marseille, the three major French cities, are divided into **arrondissements**, or districts. You can determine in which **arrondissement** something is located by the final numbers of its zip code. For example, 75011 indicates the 11th **arrondissement** in Paris and 13001 is the 1st **arrondissement** in Marseille.

ACTIVITÉS

1 Complétez Donnez un début logique à chaque phrase, d'après le texte. *Answers will vary. Possible answers provided.*

1. ... au centre de la majorité des petites villes françaises.
   Il y a une place
2. ... autour de sa grande place.
   Une petite ville française s'organise
3. ... se situe souvent sur la place principale d'une ville française.
   Une église
4. ... pour faire leurs courses ou pour se détendre.
   Beaucoup de gens vont sur la grande place de leur ville
5. ... décorent souvent les places.
   Une fontaine, une statue ou un parterre de fleurs
6. ... sont réservées exclusivement aux piétons.
   Les places piétonnes
7. ... détermine souvent le nom d'une place.
   Un bâtiment
8. ... donnent souvent leur nom aux rues françaises.
   Des écrivains ou d'autres personnages célèbres
9. ... sont souvent à sens unique.
   Les rues du centre-ville
10. ... sont divisées en arrondissements.
    Paris, Lyon et Marseille

cent quatre-vingt-deux

UNITÉ 4 — En ville

LE FRANÇAIS QUOTIDIEN

Des magasins

cordonnerie (f.)	cobbler's
disquaire (m.)	music store
fleuriste (m.)	florist
parfumerie (f.)	perfume/beauty shop
photographe (m.)	photo shop
quincaillerie (f.)	hardware store
tailleur (m.)	tailor's
teinturerie (f.)	dry cleaner's
vidéoclub (m.)	video store

LE MONDE FRANCOPHONE

Le centre des villes

Voici le «cœur» de quelques villes francophones.

En Belgique
la Grand-Place à Bruxelles cœur de la vieille ville avec l'hôtel de ville, la maison du roi et de nombreux restaurants et cafés

Au Maroc
la médina de Fès centre historique avec ses monuments, ses boutiques et surtout ses artisans

En Nouvelle-Calédonie
le marché municipal de Nouméa ouvert tous les jours, on y vend du poisson, des fleurs, des légumes et des fruits

Au Québec
la Place-Royale à Québec rues étroites° et maisons en pierres° restaurées des premiers colons° français

étroites *narrow* pierres *stones* colons *colonists*

PORTRAIT

Le baron Haussmann

En 1853, Napoléon III demande au baron Georges Eugène Haussmann (1809-1891) de moderniser Paris. Le baron imagine alors un programme de transformation de la ville entière°. Il en est le premier vrai urbaniste. Il multiplie sa surface par deux. Pour améliorer° la circulation, il ouvre de larges avenues et des boulevards, comme le boulevard Haussmann, qu'il borde° d'immeubles bourgeois. Il crée de grands carrefours, comme l'Étoile ou la place de la Concorde, et de  nombreux parcs et jardins. Plus de 600 km d'égouts° sont construits. Parce qu'il a aussi détruit beaucoup de bâtiments historiques, les Français ont longtemps détesté le baron Haussmann. Pourtant°, son influence a été remarquable.

entière *entire* améliorer *improve* borde *lines with* égouts *sewers* Pourtant *However*

SUR INTERNET

Quelle est la particularité de la ville de Rocamadour, en France?

Go to **daccord2.vhlcentral.com** to find more information related to this CULTURE section.

ACTIVITÉS

2 Complétez Donnez une suite logique à chaque phrase.
1. En 1853, Napoléon III demande à Haussmann... *de moderniser Paris.*
2. Pour améliorer la circulation dans Paris, le baron Haussmann a créé... *de larges avenues et des boulevards.*
3. Les Français ont longtemps détesté le baron Haussmann... *parce qu'il a détruit beaucoup de bâtiments historiques.*
4. La médina représente... *le centre historique de Fès.*
5. Au marché de Nouméa, on peut acheter... *du poisson, des fleurs, des légumes et des fruits.*

Practice more at daccord2.vhlcentral.com.

3 Une école de langues Vous et un(e) partenaire dirigez une école de langues située en plein centre-ville. Préparez une petite présentation de votre école où vous expliquez où elle se situe, les choses à faire au centre-ville, etc. Vos camarades ont-ils envie de s'y inscrire (*enroll*)?

ressources
daccord2.vhlcentral.com

cent quatre-vingt-trois **183**

Section Goals

In this section, students will learn:
- the **futur simple** of regular verbs
- the **futur simple** with spelling-change **-er** verbs

Key Standards
4.1, 5.1

Student Resources
Cahier d'exercices, pp. 65–66;
Cahier d'activités, p. 143;
Supersite: Activities,
Cahier interactif

Teacher Resources
Answer Keys; Audio Script;
Audio Activity MP3s/CD;
Testing program: Grammar Quiz

Suggestions

- Before introducing the **futur simple**, review **futur proche** constructions by asking students questions about their plans for the upcoming weekend. Examples: **Qui va sortir ce week-end? Vous allez faire quoi ce week-end, _____?**
- Go over the pronunciation of spelling-change **-er** verbs in the table. Then ask students for other verbs they've learned that end in **-yer** (**employer, essayer, balayer, essuyer,** and **s'ennuyer**).
- You might want to teach the expressions **à l'avenir** and **dans l'avenir** (*in the future*) to the class. In addition, you might give students a list of other adverbial expressions to use with the **futur simple**: **l'année/la semaine/le mois prochain(e), ...** (*day of the week*) **prochain, dans ... ans/mois/semaines, en ...** (*name of month or year*), etc.

Essayez! Have students create sentences using these phrases.

Leçon 4B

STRUCTURES

4B.1 Le futur simple

Point de départ In **Leçon 4A**, you learned to use **aller** + [*infinitive*] to express actions that are going to happen in the immediate future (**le futur proche**). You will now learn the future tense to say what *will happen*.

Future tense of regular verbs

	parler	réussir	attendre
je/j'	parler**ai**	réussir**ai**	attendr**ai**
tu	parler**as**	réussir**as**	attendr**as**
il/elle	parler**a**	réussir**a**	attendr**a**
nous	parler**ons**	réussir**ons**	attendr**ons**
vous	parler**ez**	réussir**ez**	attendr**ez**
ils/elles	parler**ont**	réussir**ont**	attendr**ont**

- Note that you form the future tense of **-er** and **-ir** verbs by adding the future endings to the infinitive. The **-e** of the infinitive is dropped before adding the endings to **-re** verbs.

Nous **voyagerons** cet été.   Tu ne **sortiras** pas.   Ils **attendront** Sophie.
We will travel this summer.   *You won't go out.*   *They will wait for Sophie.*

- Note the future tense forms of most spelling-change **-er** verbs:

present form of **je**	+r	future forms
j'achète	acheter-	j'achèterai
je nettoie	nettoier-	je nettoierai
je paie/paye	paier-/payer-	je paierai/payerai
je m'appelle	m'appeller-	je m'appellerai

- For **-er** verbs with an **é** before the infinitive ending, form the future tense as you would with regular **-er** verbs.

Elle **répétera** ses questions.   Elles **considéreront** le pour et le contre.
She will repeat her questions.   *They'll consider the pros and cons.*

- The words **le futur** and **l'avenir** (*m.*) both mean *future*. Use the first word when referring to the grammatical future; use the second word when referring to events that haven't occurred yet.

On étudie **le futur** en cours.   Je parlerai de **mon avenir** au prof.
We're studying the future   *I'll speak to the teacher about*
(tense) in class.   *my future.*

Essayez! Complétez les phrases avec la forme correcte du futur des verbes.

1. je _mangerai_ (manger)
2. il _prendra_ (prendre)
3. on _boira_ (boire)
4. ils _achèteront_ (acheter)
5. vous _choisirez_ (choisir)
6. tu _connaîtras_ (connaître)

184 *cent quatre-vingt-quatre*

MISE EN PRATIQUE

1 **Projets** Cécile et ses amis parlent de leurs projets (*plans*) d'avenir. Employez le futur pour refaire ses phrases.

MODÈLE Je vais chercher une belle maison.
Je chercherai une belle maison.

1. Je vais finir mes études.
   Je finirai mes études.
2. Philippe va me dire où trouver un travail.
   Philippe me dira où trouver un travail.
3. Tu vas gagner beaucoup d'argent.
   Tu gagneras beaucoup d'argent.
4. Mes amis vont habiter près de chez moi.
   Mes amis habiteront près de chez moi.
5. Mon petit ami et moi, nous allons acheter un chien.
   Mon petit ami et moi, nous achèterons un chien.
6. Vous allez nous rendre visite de temps en temps.
   Vous nous rendrez visite de temps en temps.

2 **Dans l'avenir** Qu'est-ce qu'Habib et sa famille vont faire cet été?

MODÈLE mon cousin / lire / dix livres
Mon cousin lira dix livres.

1. mon neveu / apprendre / nager
   Mon neveu apprendra à nager.
2. mes grands-parents / voyager / en voiture
   Mes grands-parents voyageront en voiture.
3. en août / je / conduire / ma nouvelle voiture
   En août, je conduirai ma nouvelle voiture.
4. mon père / écrire / cartes postales
   Mon père écrira des cartes postales.
5. tante Yamina / maigrir
   Tante Yamina maigrira.
6. nous / vendre / notre vieille voiture
   Nous vendrons notre vieille voiture.

3 **Je cherche du travail** Regardez ces deux annonces (*ads*). Ensuite, avec un(e) partenaire, posez-vous ces questions et parlez du travail que vous préférez.
Answers will vary.

NOUVEAU RESTAURANT CHERCHE SERVEUR/ SERVEUSE	TRAVAILLEZ COMME COIFFEUR/ COIFFEUSE
Cinq ans d'expérience minimum. Cuisine française. Du mardi au samedi de 16h30 à 23h30; le dimanche de 11h30 à 22h30 Salaire 1.200 euros par mois, avec une augmentation après six mois Métro: Goncourt Téléphonez au: 01.40.96.31.15	Excellent salaire: 1.000 euros par mois Deux ans d'expérience Pour commencer immédiatement Horaires: mardi, mercredi, jeudi, de 9h00 à 15h00 Téléphonez pour rendez-vous au: 01.38.18.42.90

1. Quel emploi préfères-tu? Pourquoi?
2. À quelle heure arriveras-tu au travail? À quelle heure sortiras-tu?
3. T'amuseras-tu au travail? Pourquoi?
4. Combien gagneras-tu?
5. Prendras-tu le métro? Pourquoi?
6. Chercheras-tu un autre emploi l'année prochaine? Pourquoi?

 Practice more at **daccord2.vhlcentral.com**.

OPTIONS

Oral Practice Write the following on the board: **L'année prochaine, je/j'....** Then ask students to complete the sentence using a verb in the **futur simple**. If they wish to use a verb with an irregular stem (such as **aller**), give them the form and tell them that they'll learn it in **Structures 4B.2**.

Probable ou improbable? Read predictions about the future while students react by saying **Oui, c'est probable** or **Non, c'est peu probable**. Write the two phrases on the board before you get started and be sure to use only verbs with regular stems in the future. Example: **En l'an 3000, personne ne parlera ni français ni anglais.**

184 Teacher's Annotated Edition • Unit 4 • Lesson 4B

UNITÉ 4   En ville

COMMUNICATION

4 Chez la voyante Vous voulez savoir ce qui (*what*) vous attend dans l'avenir. Vous allez chez une voyante (*fortune-teller*) et vous lui posez ces questions. Jouez les deux rôles avec un partenaire, puis échangez les rôles.
Answers will vary.
1. Où est-ce que je travaillerai après l'université?
2. Où est-ce que j'habiterai dans 20 ans?
3. Avec qui est-ce que je partagerai ma vie?
4. Quelle voiture est-ce que je conduirai?
5. Est-ce que je m'occuperai de ma santé?
6. Qu'est-ce que j'aimerai faire pour m'amuser?
7. Où est-ce que je passerai mes vacances?
8. Où est-ce que je dépenserai mon argent?

5 L'horoscope Avec un(e) partenaire, préparez par écrit l'horoscope d'une célébrité. Ensuite, par groupes de quatre, lisez cet horoscope à vos camarades qui essaieront de découvrir l'identité de la personne.
Answers will vary.

MODÈLE

Vous travaillerez comme acteur de cinéma. Vous jouerez dans beaucoup de films français et américains. Vous jouerez des rôles divers dans des films comiques comme Last Holiday *et dans des films classiques comme* Jean de Florette. *(réponse: Gérard Depardieu)*

6 Partir très loin Vous et votre partenaire avez décidé de prendre des vacances très loin de chez vous. Regardez les photos et choisissez deux endroits où vous voulez aller, puis comparez-les. Utilisez ces questions pour vous guider. Ensuite, présentez vos réponses à la classe.
Answers will vary.

- Qu'apporterez-vous?
- Quand partirez-vous?
- Que visiterez-vous?
- Comment vous détendrez-vous?
- Quand rentrerez-vous?

Le français vivant

Le Nouveau-Brunswick vous enchantera!

Le Nouveau-Brunswick vous habitera pour toujours. Vous aimerez ses villes cosmopolites et historiques, au style jeune et moderne. Venez faire un tour.

Identifiez Quelles formes de verbes au futur trouvez-vous dans cette publicité (*ad*)? enchantera, habitera, aimerez

Questions À tour de rôle, avec un(e) partenaire, posez-vous ces questions et répondez. Some answers will vary.
1. Que veut dire «Le Nouveau-Brunswick vous habitera pour toujours»?
   a. Vous habiterez toujours au Nouveau-Brunswick.
   b. Vous penserez toujours au Nouveau-Brunswick.
   c. Le Nouveau-Brunswick existera toujours.
2. Pourquoi le touriste aimera-t-il le Nouveau-Brunswick?
3. Dans quel pays se trouve le Nouveau-Brunswick? au Canada
4. Dans quelle région du monde veux-tu voyager? Cette région t'enchantera-t-elle?
5. Voyageras-tu un jour au Nouveau-Brunswick? Pourquoi?

cent quatre-vingt-cinq **185**

1 Suggestion Have students do this activity in pairs. One student should read items 1–3, and the other one should restate the sentence with **futur simple**. Then they should switch roles.

2 Suggestion Students could complete this activity in phases, first writing out the sentences in the present tense and then changing the verbs from the present to the future tense.

3 Expansion When students have finished, have them write an ad for their ideal job and write sentences about it based on the activity's questions. Allow them to create humorous job descriptions, such as for TV watchers.

4 Expansion Have fortune-tellers record predictions. Then ask volunteers to read the most interesting predictions to the class.

5 Suggestion Discreetly assign a picture of a celebrity from magazines or the Internet to each pair.

6 Suggestion You might suggest that students use **on** rather than **nous** in their sentences so that they are typical of informal, everyday speech.

Le français vivant Ask students to find New Brunswick on the map on page 190. Point out that it is an officially bilingual province whose languages are French and English, and that it borders Quebec and Maine.

OPTIONS

Working on Comprehension Read a set of statements about what will happen in the future with some good events and some bad ones. Students should react to the statements by giving a thumbs-up (for good events) or a thumbs-down (for bad events). Example: **On gagnera des millions à la loterie.** (thumbs-up)

Writing Practice Have students write a half-page description of a place in the future. It can be a utopia or a dystopia. You might suggest that they use ideas from science fiction. You may need to give them forms for some verbs with irregular stems in the future.

STRUCTURES **185**

Leçon 4B STRUCTURES

4B.2 Irregular future forms

Point de départ In the previous grammar point, you learned how to form the future tense. Although the future endings are the same for all verbs, some verbs use irregular stems in the future tense.

Irregular verbs in the future

infinitive	stem	future forms
aller	ir-	j'irai
apercevoir	apercevr-	j'apercevrai
avoir	aur-	j'aurai
devoir	devr-	je devrai
envoyer	enverr-	j'enverrai
être	ser-	je serai
faire	fer-	je ferai
pouvoir	pourr-	je pourrai
recevoir	recevr-	je recevrai
savoir	saur-	je saurai
venir	viendr-	je viendrai
vouloir	voudr-	je voudrai

Vous **aurez** des vacances?
Will you have vacation?

Nous **irons** en Tunisie.
We will go to Tunisia.

Il **enverra** des cartes postales.
He will send postcards.

Tu les **recevras** dans une semaine.
You will receive them in a week.

- The verbs **devenir, maintenir, retenir, revenir,** and **tenir** are patterned after **venir** in the future tense, just as they are in the present tense.

  Nous **reviendrons** bientôt.
  We will come back soon.

  Tu **deviendras** architecte un jour?
  Will you become an architect one day?

- The future forms of **il y a, il faut,** and **il pleut** are, respectively, **il y aura, il faudra,** and **il pleuvra**.

  Il **faudra** apporter le parapluie.
  We'll need to bring the umbrella.

  Tu penses qu'il **pleuvra** ce week-end?
  Do you think it will rain this weekend?

Essayez! Conjuguez ces verbes au futur.

1. je/j' (aller, vouloir, savoir) _irai, voudrai, saurai_
2. tu (faire, pouvoir, envoyer) _feras, pourras, enverras_
3. Marc (venir, être, apercevoir) _viendra, sera, apercevra_
4. nous (avoir, devoir, faire) _aurons, devrons, ferons_
5. vous (recevoir, tenir, aller) _recevrez, tiendrez, irez_
6. elles (vouloir, faire, être) _voudront, feront, seront_
7. je/j' (devenir, pouvoir, envoyer) _deviendrai, pourrai, enverrai_
8. elle (aller, avoir, vouloir) _ira, aura, voudra_

MISE EN PRATIQUE

1 Que ferai-je? Que feront ces personnes la semaine prochaine?

MODÈLE
J'étudierai.

je / étudier

1. nous / faire
Nous ferons du shopping.

3. vous / aller
Vous irez au cinéma.

2. tu / être
Tu seras à la plage.

4. Yves / devoir
Yves devra travailler.

2 Le rêve de Stéphanie Complétez les phrases pour décrire le rêve (*dream*) de Stéphanie. Employez le futur des verbes.

Quand j' (1) _aurai_ (avoir) 26 ans, j' (2) _irai_ (aller) habiter au bord de la mer. Mon beau mari (3) _sera_ (être) avec moi et nous (4) _aurons_ (avoir) une grande maison. Je ne (5) _ferai_ (faire) rien à la maison. Nos amis (6) _viendront_ (venir) nous rendre visite tous les week-ends.

3 Si... Avec un(e) partenaire, finissez ces phrases à tour de rôle. Employez le futur des verbes de la liste dans toutes vos réponses. *Answers will vary.*

MODÈLE Si mon ami(e) ne me téléphone pas ce soir, ...
Si mon amie ne me téléphone pas ce soir, je ne ferai pas de gym demain.

| aller | devoir | faire | venir |
| avoir | être | pouvoir | vouloir |

1. Si on m'invite à une fête samedi soir, ...
2. Si mes parents me donnent $1.000, ...
3. Si mon père me prête sa voiture, ...
4. Si le temps est mauvais, ...
5. Si je suis fatigué(e) vendredi, ...
6. Si ma meilleure amie me rend visite, ...

Practice more at **daccord2.vhlcentral.com**.

cent quatre-vingt-six

UNITÉ 4 En ville

COMMUNICATION

4 Faites des projets Travaillez avec un(e) camarade de classe pour faire des projets (*plans*) pour ces événements qui auront lieu dans l'avenir. Answers will vary.

MODÈLE

Élève 1: Après le lycée j'irai à l'université. Plus tard, j'enseignerai dans un lycée où je pourrai travailler avec les adolescents.
Élève 2: Moi, après le lycée, j'irai en Europe. Je travaillerai comme serveuse dans un café.

1. Samedi soir: Décidez où vous irez et comment vous y arriverez.
2. Les prochaines vacances: Parlez de ce que (*what*) vous ferez. Que visiterez-vous?
3. Votre prochain anniversaire: Quel âge aurez-vous? Que ferez-vous? Avec qui ferez-vous la fête?
4. Votre vie professionnelle: Que ferez-vous après le lycée? Où irez-vous?
5. À 65 ans: Où serez-vous? Que ferez-vous? Avec qui partagerez-vous votre vie?

5 Prédictions Par groupes de trois, parlez de comment sera le monde en 2020, 2050 et 2100. Utilisez votre imagination. Answers will vary.

6 Demain Avec un(e) partenaire, parlez de ce que (*what*) vous, votre famille et vos amis ferez demain. Answers will vary.

MODÈLE

Élève 1: Que feras-tu demain à midi?
Élève 2: Demain à midi, j'irai poster une lettre. Mon frère fera ses devoirs.

vendredi		samedi	
8h00	_____	8h00	_____
		10h00	_____
10h00	_____	12h00	_____
		14h00	_____
12h00	_____	16h00	_____
		18h00	_____
14h00	_____	20h00	_____
		22h00	_____
16h00	_____	**dimanche**	
		8h00	_____
18h00	_____	10h00	_____
		12h00	_____
20h00	_____	14h00	_____
		16h00	_____
22h00	_____	18h00	_____
		20h00	_____
		22h00	_____

Le français vivant

Un emplacement unique, près du parc Vendôme

Le Voltaire à Nice

À 500 mètres du magnifique parc Vendôme, il y aura bientôt le Voltaire: une belle architecture, de grands appartements, avec terrasses et balcons. Vous viendrez visiter et vous ne voudrez plus repartir. Vous serez charmé.

AGENCE IMMO

Identifiez Quelles formes de verbes au futur trouvez-vous dans cette publicité (*ad*)? aura, viendrez, voudrez, serez

Questions À tour de rôle, avec un(e) partenaire, posez-vous ces questions et répondez. Some answers will vary.

1. Où se trouvera bientôt le Voltaire? Il se trouvera à 500 mètres du magnifique parc Vendôme.
2. Quelle sera l'architecture des appartements? L'architecture sera belle avec de grands appartements, avec terrasses et balcons.
3. D'après (*According to*) la pub, quel effet une visite au Voltaire peut-elle avoir? Vous ne voudrez plus repartir. Vous serez charmé.
4. As-tu été dans un appartement que tu n'as pas voulu quitter? Habiteras-tu un jour dans un appartement comme ça?
5. Quelles boutiques et quels bureaux y aura-t-il autour du Voltaire?

---

1 Expansion Have students create a series of illustrations accompanied by text telling what they'll be doing next week.

2 Suggestion To make sure that students understand the passage they just completed, read each sentence back to them and ask the class if their dream life would be similar. Example: **Et vous? Est-ce que vous rêvez d'avoir une grande maison?**

3 Suggestion Write this paradigm on the board to help students with the activity: **si** + *present tense verb* ➔ *future tense verb*. Make certain that the class remembers and understands the concept of **si** clauses before they complete the activity.

4 Suggestion If students aren't comfortable sharing personal information, tell them that they can answer the questions in the activity for a well-known person (Zac Efron, Miley Cyrus, etc.) or a fictional character (Harry Potter, Barbie, etc.).

5 Expansion For the presentation part of this activity, you might write a few reactions on the board for students to repeat. Examples: **Ah, oui, c'est sûr! Mais non! C'est une blague ou quoi?**

6 Suggestion To simplify the presentations, have students present only their partner's plans for tomorrow.

Le français vivant After students have read the ad aloud, point out the phrase **vous ne voudrez plus repartir**. Ask the class what they think it means. Then ask individual students what they think of the building: **Comment trouvez-vous le Voltaire?**

OPTIONS

Writing Practice Make up a transparency with a set of **si** clauses, each beginning a sentence. Allow students to complete the sentences by supplying clauses with the verb in the future tense. Example: **S'il pleut cet après-midi, ... (je resterai à la maison avec mon chat.)**

Pairs Teach the expression **Quand les poules auront des dents** and then add ellipses (...) after it and tell the class to complete the thought by describing an improbable scenario with a partner. Example: **...moi, j'irai à la bibliothèque le samedi soir.** When students have completed their work in pairs, have them share it with the class.

cent quatre-vingt-sept 187

STRUCTURES 187

SYNTHÈSE

Révision

Leçon 4B

1. La ville À tour de rôle, donnez des indications à un(e) partenaire pour aller du lycée jusqu'à d'autres endroits en ville. Employez le futur. *Answers will vary.*

MODÈLE

Élève 1: Tu sortiras du bâtiment et tu tourneras à gauche. Ensuite, tu traverseras la rue. Où seras-tu?
Élève 2: Je serai à la bibliothèque.

2. La visite de Québec Avec un(e) partenaire, vous visitez la ville de Québec. Préparez un itinéraire de votre visite où vous vous arrêterez souvent pour visiter ou acheter quelque chose, manger, boire, etc. Soyez prêts à présenter votre itinéraire à la classe. *Answers will vary.*

MODÈLE

Élève 1: Le matin, nous prendrons le petit-déjeuner dans l'hôtel.
Élève 2: Ensuite, nous irons visiter le musée de la Civilisation.

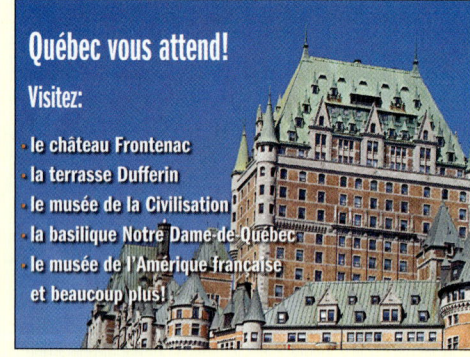

Québec vous attend!
Visitez:
- le château Frontenac
- la terrasse Dufferin
- le musée de la Civilisation
- la basilique Notre Dame-de-Québec
- le musée de l'Amérique française
- et beaucoup plus!

3. Ma future maison Avec un(e) partenaire, parlez de votre future maison et de ses pièces, de son jardin, du quartier et de vos voisins. Utilisez le futur et ces prépositions pour les décrire. Ensuite, présentez les projets (*plans*) de votre partenaire à la classe. *Answers will vary.*

MODÈLE

Élève 1: Il y aura un énorme jardin devant ma future maison.
Élève 2: Je n'aurai aucun voisin en face de ma future maison.

à droite (de)	autour (de)	en face (de)
à gauche (de)	derrière	loin (de)
au bout (de)	devant	(tout) près (de)
au milieu de		

4. Une visite Vous invitez votre partenaire à venir vous rendre visite chez vous. Expliquez-lui le chemin du lycée jusqu'à votre maison. Ensuite, votre partenaire donnera ces indications à un(e) autre camarade, qui vous les répétera. Les indications sont-elles toujours correctes? Utilisez le futur et alternez les rôles. *Answers will vary.*

MODÈLE

Élève 1: Tu sortiras du lycée, tu iras jusqu'au centre-ville et tu passeras la mairie où tu tourneras à droite.
Élève 2: D'accord, à droite à la mairie. Et après, j'irai où?

5. Des prévisions météo Avec un(e) partenaire, parlez des prévisions météo pour le week-end prochain. Chacun (*Each one*) doit faire cinq prévisions et dire ce qu'on (*what one*) peut faire par ce temps. Soyez prêts à parler de vos prévisions et des possibilités pour le week-end devant la classe. *Answers will vary.*

MODÈLE

Élève 1: Samedi, il fera beau dans le nord. On pourra faire une promenade.
Élève 2: Dimanche, il pleuvra dans l'ouest. On devra passer la journée dans l'appartement.

samedi   dimanche

6. La vie de Gaëlle et de Marc Votre professeur va vous donner, à vous et à votre partenaire, deux feuilles d'activités différentes sur l'avenir de Gaëlle et de Marc. Attention! Ne regardez pas la feuille de votre partenaire. *Answers will vary.*

MODÈLE

Élève 1: Marc et Gaëlle finiront leurs études au lycée.
Élève 2: Ensuite, …

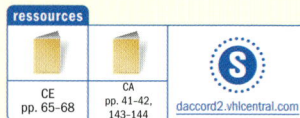

ressources
CE pp. 65-68
CA pp. 41-42, 143-144
daccord2.vhlcentral.com

188   cent quatre-vingt-huit

À l'écoute

STRATÉGIE

Using background information

Once you discern the topic of a conversation, take a minute to think about what you already know about the subject. Using this background information will help you guess the meaning of unknown words or linguistic structures.

To help you practice this strategy, you will listen to a short paragraph. Jot down the subject of the paragraph, and then use your knowledge of the subject to listen for and write down the paragraph's main points.

Préparation

Regardez la photo. Combien de personnes y a-t-il? Où sont-elles? Que font-elles? D'après vous, de quoi parlent-elles?

À vous d'écouter

Écoutez la conversation entre Amélie et Christophe. Puis, écoutez une deuxième fois et notez les quatre choses qu'ils vont faire ce matin. Comparez vos notes avec celles d'un(e) camarade.

ouvrir un compte en banque

acheter des livres à la librairie

aller à la mairie

aller à la laverie

Compréhension

Vrai ou faux? Indiquez si les phrases sont **vraies** ou **fausses**. Corrigez les phrases fausses.

1. Amélie habite cette ville depuis toujours.
   Faux. Elle habite cette ville depuis un mois.
2. Amélie ne connaît pas bien la ville.
   Vrai.
3. Christophe recommande la Banque de l'Ouest parce qu'il aime beaucoup son architecture. Faux. Il la recommande parce qu'elle est tout près et parce qu'il y a un distributeur automatique ouvert 24 heures sur 24.
4. La Banque de l'Ouest est en face d'une bijouterie.
   Faux. Elle est en face d'une pharmacie.
5. Amélie a besoin d'emprunter de l'argent à la banque.
   Faux. Elle veut ouvrir un compte en banque.
6. Amélie veut aller à la bibliothèque pour chercher des livres.
   Faux. Elle veut aller à une librairie pour acheter des livres.
7. La librairie Molière est près d'un jardin public.
   Vrai.
8. Christophe demande à Amélie si elle peut aller chercher un colis à la poste.
   Faux. Il lui demande de déposer un formulaire à la mairie.
9. Pour aller à la mairie, on doit traverser un pont.
   Vrai.
10. Ce matin, Christophe doit aller à la papeterie.
    Faux. Il doit aller à la laverie.

Dans votre ville Amélie passe une année dans votre lycée. Elle vous pose les mêmes questions qu'elle a posées à Christophe. Écrivez-lui un petit mot pour lui expliquer comment aller, d'abord, du lycée à une banque qui se trouve dans le quartier. Puis, expliquez-lui comment aller de cette banque à un supermarché où les habitants du quartier font souvent leurs courses. Demandez aussi à Amélie si elle peut faire une petite course pour vous et expliquez-lui où se trouve l'endroit où elle devra aller.

cent quatre-vingt-neuf **189**

C: C'est dans le quartier. J'ai besoin de déposer ce formulaire à la mairie.
A: OK. Elle est où, la mairie?
C: Alors, la mairie est sur la place Bellevue. De la librairie, tu continues tout droit dans l'avenue de la République. Ensuite, tu prends à gauche sur le boulevard Henri IV. Tu prends le pont Alexandre Dumas et la mairie sera juste là, de l'autre côté du pont, sur la place Bellevue.
A: Bon, d'accord, pas de problème. Et toi, qu'est-ce que tu vas faire ce matin?
C: Je vais aller à la laverie. J'ai plein de lessive à faire.
A: Eh bien bon courage, alors! À tout à l'heure.
C: Salut!

Section Goals
In this section, students will read historical and cultural information about Quebec.

Key Standards
2.2, 3.1, 3.2, 5.1

Student Resources
Cahier d'exercices, pp. 69–70;
Supersite: Activities,
Cahier interactif

Teacher Resources
Answer Keys; Overhead #29

Carte du Québec
- Have students look at the map or use **Overhead #29**. Ask volunteers to read the names of cities and other geographical features aloud. Model pronunciation as necessary.
- Point out the St. Lawrence River and have students locate the three major cities on its banks.

La province en chiffres
- Point out the flag of Québec province.
- Have volunteers read the sections aloud. After each section, ask students questions about the content.
- Explain that the people of France began using Bourgeois French instead of the King's French after the French Revolution. From then on, the language evolved differently in France and in Québec.

Incroyable mais vrai!
Ice bricks are used to build the snow palace. The palace has electrical installations for lighting displays and special effects for the festival.

SAVOIR-FAIRE

S Interactive Map Reading

Panorama

Le Québec

La province en chiffres

▶ **Superficie:** 1.667.441 km²
▶ **Population:** 7.550.000
   SOURCE: Statistique Canada
▶ **Industries principales:** agriculture, exploitation forestière°, hydroélectricité, industrie du bois (papier), minerai° (fer°, cuivre°, or°)
▶ **Villes principales:** Montréal, Québec, Trois-Rivières
▶ **Langues:** anglais, français

Le français parlé par les Québécois a une histoire très intéressante. La population française qui s'installe° au Québec en 1608 est composée en majorité de Français du nord-ouest de la France. Ils parlent tous leur langue régionale, comme le normand ou le breton. Beaucoup d'entre eux parlent aussi le français de la cour du roi°, langue qui devient la langue commune de tous les Québécois. Assez isolés du reste du monde francophone et ardents défenseurs de leur langue, les Québécois continuent à parler un français considéré plus pur même° que celui° des Français.

▶ **Monnaie:** le dollar canadien

Québécois célèbres

▶ **Antonine Maillet,** écrivain (1929–)
▶ **Jean Chrétien,** ancien premier ministre du Canada (1934–)
▶ **Robert Charlebois,** chanteur (1944–)

   ▶ **Carole Laure,** actrice (1948–)
   ▶ **Julie Payette,** astronaute (1963–)
▶ **Mario Lemieux,** joueur de hockey sur glace (1965–)

exploitation forestière forestry **minerai** ore **fer** iron **cuivre** copper **or** gold **s'installe** settles **cour du roi** king's court **même** even **celui** that **traîneau à chiens** dogsled **loger** house **Bonhomme** Snowman (mascot of the carnival) **haut** high **large** wide

190 cent quatre-vingt-dix

---

un traîneau à chiens°

Région francophone

LA BAIE D'HUDSON
LA MER DU LABRADOR
Kangiqsujuaq
Inukjuak
LE QUÉBEC
TERRE-NEUVE-ET-LABRADOR
LE CANADA
Chisasibi
Labrador City
La Tabatière
la ville de Trois-Rivières
L'ÎLE-DU-PRINCE-ÉDOUARD
Québec
LE NOUVEAU-BRUNSWICK
L'ONTARIO
Trois-Rivières
Ottawa
Montréal
LA NOUVELLE-ÉCOSSE
Toronto
le lac Ontario
le Saint-Laurent
LES ÉTATS-UNIS
0 200 miles
0 200 kilomètres
le Stade olympique, Montréal
L'OCÉAN ATLANTIQUE

Incroyable mais vrai!
Chaque année, pour le carnaval d'hiver de la ville de Québec, 15 personnes travaillent pendant deux mois à la construction d'un immense palais de glace pour loger° le Bonhomme° Carnaval. L'architecture et la taille du palais changent chaque année; il mesure parfois jusqu'à 50 mètres de long, 20 m de haut° et 20 m de large°.

OPTIONS

Québécois célèbres **Antonine Maillet** writes plays and novels based on Acadian life. She was awarded France's **Prix Goncourt**. **Jean Chrétien** served as prime minister of Canada from 1993–2003. **Robert Charlebois** is a singer, songwriter, actor, and musician. Internationally acclaimed for his music, Charlebois was one of three men to found the modern **chanson** in Québec. **Carole Laure** is a singer and actress. She performs concerts with her husband and has starred in over 40 films. **Julie Payette** is the chief astronaut for the Canadian Space Agency. She was the first **Québécoise** woman in space and the first Canadian to participate in an International Space Station assembly mission. **Mario Lemieux** has been awarded Most Valuable Player three times and led the Canadian hockey team to its gold medal victory in 2002.

UNITÉ 4 | En ville

La société
Un Québec indépendant

Pour des raisons politiques, économiques et culturelles, un grand nombre de Québécois, surtout les francophones, luttent°, depuis les années soixante, pour un Québec indépendant du Canada. Ils forment le mouvement souverainiste° et font des efforts pour conserver l'identité culturelle québécoise. Ces Canadiens francophones ont pris le nom de Québécois pour montrer leur «nationalisme». Les séparatistes ont perdu deux référendums en 1980 et en 1995, mais aujourd'hui, l'indépendance est une idée toujours d'actualité°.

Les destinations
Montréal

Montréal, deuxième ville francophone du monde après Paris, est située sur une île du fleuve° Saint-Laurent et présente une ambiance américano-européenne. Elle a été fondée° en 1642 et a, à la fois, l'énergie d'un centre urbain moderne et le charme d'une vieille ville de style européen. Ville cosmopolite et largement bilingue de 1,8 millions d'habitants, elle attire° beaucoup de touristes et accueille° de nombreux étudiants dans ses quatre universités. La majorité des Montréalais, 68%, est de langue maternelle française; 12% parlent l'anglais et 19% une autre langue. Pourtant°, 57% de la population montréalaise peuvent communiquer en français et en anglais.

La musique
Le festival de jazz de Montréal

Le festival international de jazz de Montréal est parmi° les plus prestigieux du monde. Avec 500 concerts, dont 350 donnés gratuitement en plein air°, le festival attire 3.000 artistes de plus de 30 pays, et près de 2,5 millions de spectateurs. Le centre-ville, fermé à la circulation, se transforme en un village musical. De grands noms internationaux comme Miles Davis, Ella Fitzgerald, Dizzy Gillespie ou Pat Metheny sont venus au festival, ainsi que° des jazzmen locaux.

L'histoire
La ville de Québec

Capitale de la province de Québec, la ville de Québec est la seule ville d'Amérique au nord du Mexique qui a conservé ses fortifications. Fondée par l'explorateur français Samuel de Champlain en 1608, Québec est située sur un rocher°, au bord du fleuve Saint-Laurent. Elle est connue en particulier pour sa vieille ville, son carnaval d'hiver et le château Frontenac. Les plaines d'Abraham, où les Britanniques ont vaincu° les Français en 1759 pour prendre le contrôle du Canada, servent aujourd'hui de vaste parc public. De nombreux étudiants de l'Université Laval profitent° du charme de cette ville francophone.

Qu'est-ce que vous avez appris? Répondez aux questions par des phrases complètes.

1. Quelle était la deuxième langue de beaucoup de Français quand ils sont arrivés au Québec?
   La deuxième langue de beaucoup de Français était le français de la cour du roi.
2. Quel est le nom d'un chanteur québécois célèbre?
   Robert Charlebois est un chanteur québécois célèbre.
3. Combien de temps et combien de personnes sont nécessaires à la construction du palais de glace?
   Quinze personnes construisent le palais pendant deux mois.
4. Le palais est-il identique pour chaque carnaval?
   Non, son architecture change chaque année.
5. Que désire le mouvement souverainiste pour le Québec?
   Il désire un Québec indépendant.
6. Quelles sont les deux langues principales parlées à Montréal?
   Ce sont le français et l'anglais.
7. Pourquoi le centre-ville de Montréal est-il fermé pour le festival de jazz?
   Il est transformé en village musical où il y a de nombreux concerts de jazz en plein air.
8. Y a-t-il seulement de grandes stars du jazz au festival?
   Non, il y a aussi des musiciens locaux.
9. Où se situe la ville de Québec?
   Elle se situe sur un rocher, au bord du fleuve Saint-Laurent.
10. Qui a fondé la ville de Québec?
    Samuel de Champlain a fondé la ville de Québec.

Practice more at **daccord2.vhlcentral.com**.

SUR INTERNET

Go to **daccord2.vhlcentral.com** to find more cultural information related to this **PANORAMA**.

1. Quelles sont quelques-unes des expressions qui sont particulières au français des Québécois?
2. Quels sont les autres grands festivals du Québec? Quand ont-ils lieu?
3. Cherchez plus d'informations sur le carnaval d'hiver de Québec. Le palais de glace a-t-il toujours été fait de glace?

ressources
CE pp. 69–70
daccord2.vhlcentral.com

luttent fight **souverainiste** in support of sovereignty for Quebec **d'actualité** current, relevant **fleuve** river **fondée** founded **attire** attracts **accueille** welcomes **Pourtant** However **parmi** among **en plein air** outside **ainsi que** as well as **rocher** rock **ont vaincu** defeated **profitent** take advantage of, benefit from

cent quatre-vingt-onze 191

Lecture

Audio: Dramatic Recording

Avant la lecture

STRATÉGIE

Identifying point of view

You can understand a text more completely if you identify the point of view of the narrator. You can do this by simply asking yourself from whose perspective the story is being told. Some stories are narrated in the first person. That is, the narrator is a character in the story, and everything you read is filtered through that person's thoughts, emotions, and opinions. Other texts have an omniscient narrator who is not a character in the story but who reports the thoughts and actions of the story's characters.

Examinez le texte
Regardez le titre du texte et l'illustration. De quoi va parler ce texte, à votre avis? Décrivez l'illustration.

À propos de l'auteur
Charles Baudelaire (1821–1867)

Charles Baudelaire est aujourd'hui considéré comme un des plus grands poètes français du dix-neuvième siècle. Né à Paris, où il passera la plus grande partie de sa vie, il connaît une enfance et une adolescence difficiles avec un beau-père, général dans l'armée, qu'il n'aime pas. Baudelaire devient poète, mais est peu apprécié de ses contemporains. En 1857, son recueil° de poèmes Les Fleurs du mal, dont Paysage est tiré, paraît. Cette œuvre°, qui reflète ses pensées° sur la société, est qualifiée de scandaleuse et il est condamné à payer une amende. Il part alors s'installer° pour quelques temps à Bruxelles, en Belgique, où il devient critique d'art et où il réussit enfin à publier° une partie de son recueil hors de° la juridiction française. Il meurt à Paris sans avoir exaucé° son rêve° de publier Les Fleurs du mal dans son intégralité°.

recueil collection **œuvre** work **pensées** thoughts **s'installer** to settle **publier** publish
hors de outside **exaucé** satisfied **rêve** dream **intégralité** entirety

Paysage

1 Je veux, pour composer chastement mes églogues°,
   Coucher auprès du ciel°, comme les astrologues,
   Et, voisin des clochers°, écouter en rêvant°
   Leurs hymnes solennels emportés° par le vent.
5 Les deux mains au menton°, du haut de ma mansarde°,
   Je verrai l'atelier° qui chante et qui bavarde°;
   Les tuyaux°, les clochers, ces mâts° de la cité,
   Et les grands ciels qui font rêver d'éternité.

   Il est doux, à travers les brumes°, de voir naître
10 L'étoile° dans l'azur°, la lampe à la fenêtre,
   Les fleuves de charbon° monter au firmament
   Et la lune° verser° son pâle° enchantement.

«Paysage» dans *Les Fleurs du mal* de Charles Baudelaire

UNITÉ 4 — En ville

Charles Baudelaire

Je verrai les printemps, les étés, les automnes;
Et quand viendra l'hiver aux neiges monotones,
15 Je fermerai partout° portières et volets°
Pour bâtir° dans la nuit mes féeriques° palais.
Alors je rêverai des horizons bleuâtres,
Et tout ce que° l'Idylle° a de plus enfantin.
L'Émeute°, tempêtant vainement à ma vitre°,
20 Ne fera pas lever mon front de mon pupitre;
Car je serai plongé° dans cette volupté°
D'évoquer le Printemps avec ma volonté°,
De tirer un soleil de mon cœur, et de faire
De mes pensers brûlants une tiède° atmosphère.

églogues eclogues (poem about shepherds) **ciel** sky **clochers** bell towers **en rêvant** while dreaming **emportés** carried away **menton** chin **mansarde** attic **atelier** workshop **bavarde** chats **tuyaux** pipes **mâts** masts **brumes** mists **étoile** star **azur** blue sky **fleuves de charbon** rivers of coal **lune** moon **verser** to pour **partout** everywhere **volets** shutters **bâtir** to build **féeriques** enchanted **albâtres** alabaster fountains **baisers** kisses **ce que** that **Idylle** Romance **Émeute** Riot **vitre** windowpane **plongé** immersed **volupté** voluptuousness **volonté** will **tiède** warm

Après la lecture

Vrai ou faux? Indiquez si les phrases sont **vraies** ou **fausses**. Citez le texte pour justifier vos réponses.
Answers may vary slightly.

	Vrai	Faux
1. Le narrateur est un berger et vit à la campagne. «ces mâts de la cité»	☐	☑
2. Le narrateur aime être à sa fenêtre et regarder l'horizon en rêvant. «écouter en rêvant» «du haut de ma mansarde, Je verrai l'atelier» «Les tuyaux, les clochers, ces mâts de la cité, Et les grands ciels qui font rêver d'éternité.»	☑	☐
3. Il regarde les gens passer. «Je verrai l'atelier/Les tuyaux, les clochers»	☐	☑
4. Il aime être à sa fenêtre au milieu (*middle*) de la journée. «de voir naître/L'étoile dans l'azur, la lampe à la fenêtre»	☐	☑
5. Il est à sa fenêtre à toutes les saisons de l'année. «Et quand viendra l'hiver aux neiges monotones/ Je fermerai partout portières et volets»	☐	☑
6. En hiver, il s'arrête de rêver. «Alors je rêverai des horizons bleuâtres»	☐	☑
7. Il aime la nature. «des jardins, des jets d'eau..., des oiseaux»	☑	☐
8. Il aime les choses simples. «Et tout ce que l'Idylle a de plus enfantin.»	☑	☐
9. Rien ne peut le perturber (*disturb*) pendant qu'il écrit ses poèmes. «Ne fera pas lever mon front de mon pupitre»	☑	☐
10. Il est heureux quand il pense au printemps. «D'évoquer le Printemps» «De tirer un soleil de mon cœur, et de faire/De mes pensers brûlants une tiède atmosphère.»	☑	☐

Le narrateur Regardez rapidement tout le texte et notez les pronoms sujets utilisés dans ce poème. D'après vous, qui est le narrateur? Qui voudrait-il être? Expliquez votre réponse.

Réflexions Et vous, si (*if*) vous deviez écrire un poème sur la vie à la campagne tout en habitant (*living*) en ville, ou vice versa, comment feriez-vous pour trouver l'inspiration? Comme l'auteur du haut de sa fenêtre? Expliqez votre réponse.

Vrai ou faux? Have volunteers write the answers and text quotes on the board. Then go over them with the class.

Le narrateur Take a class survey to find out how many students think it is the poet himself. Have students justify their answers.

Réflexions Have students discuss this question in small groups.

OPTIONS

Interpretation Have groups of three or four students discuss the following questions regarding images in the poem. **1.** À quoi «les fleurs de charbon» font-elles allusion (ligne 11)? **2.** Que sont «mes féeriques palais» (ligne 16)?

Brainstorming Have students try to find inspiration the way the author did. Have them choose a place, a city, or a country they never went to, and ask them to brainstorm ideas about it. Then ask them if they find it to be the best way to get inspiration about something they don't know.

SAVOIR-FAIRE

Écriture

STRATÉGIE

Using linking words

You can make your writing more sophisticated by using linking words to connect simple sentences or ideas in order to create more complex sentences. Consider these passages that illustrate this effect:

Without linking words

Aujourd'hui, j'ai fait beaucoup de courses. Je suis allé à la poste. J'ai fait la queue pendant une demi-heure. J'ai acheté des timbres. J'ai aussi posté un colis. Je suis allé à la banque. La banque est rue Girardeau. J'ai perdu ma carte de crédit hier. Je devais aussi retirer de l'argent. Je suis allé à la brasserie pour déjeuner avec un ami. Cet ami s'appelle Marc. Je suis rentré à la maison. Ma mère rentrait du travail.

With linking words

Aujourd'hui, j'ai fait beaucoup de courses. D'abord, je suis allé à la poste où j'ai fait la queue pendant une demi-heure. J'ai acheté des timbres et j'ai aussi posté un colis. Après, je suis allé à la banque qui est rue Girardeau, parce que j'ai perdu ma carte de crédit hier et parce que je devais aussi retirer de l'argent. Ensuite, je suis allé à la brasserie pour déjeuner avec un ami qui s'appelle Marc. Finalement, je suis rentré à la maison alors que ma mère rentrait du travail.

Linking words			
alors	then	mais	but
alors que	as	ou	or
après	then, after that	où	where
d'abord	first	parce que	because
donc	so	pendant (que)	while
dont	of which	(et) puis	(and) then
enfin	finally	puisque	since
ensuite	then, after that	quand	when
et	and	que	that, which
finalement	finally	qui	who, that

Thème

Faire la description d'un nouveau commerce

Avant l'écriture

1. Avec des amis, vous allez ouvrir un commerce (*business*) dans votre quartier. Vous voulez créer quelque chose d'original qui n'existe pas encore et qui sera très utile aux habitants: un endroit où ils pourront faire plusieurs choses en même temps (par exemple, une laverie/salon de coiffure).

2. Lisez ces questions et utilisez votre imagination comme point de départ de votre description.

- Quel sera le nom du commerce?
- Quel type de commerce voulez-vous ouvrir?
- Quels seront les produits (*products*) que vous vendrez? Quels seront les prix? Donnez quelques détails sur l'activité commerciale.
- Où se trouvera le commerce?
- Comment sera l'intérieur du commerce (style, décoration, etc.)?
- Quels seront ses jours et heures d'ouverture (*business hours*)?
- En quoi consistera l'originalité de votre commerce? Expliquez pourquoi votre commerce sera unique et donnez les raisons pour lesquelles (*which*) les habitants du quartier fréquenteront votre commerce.

UNITÉ 4 — En ville

3. Avant d'écrire votre description détaillée, complétez ce tableau par des phrases complètes, à l'aide (*with the help*) des questions que vous venez de lire. Vous devez inventer les détails (le nom du commerce, les produits, les prix...).

Le commerce	1. le nom: 2. le type:
Les produits	1. le type: 2. le prix: 3. détails:
L'endroit	1. l'adresse: 2. près de (monument, grand magasin, …):
L'intérieur	1. le style: 2. la décoration: 3. autre information:
Les jours et heures d'ouverture	1. les horaires: 2. les jours d'ouverture:
L'originalité	1. le style: 2. détails:
…?	

4. Après avoir complété le tableau, regardez les phrases que vous avez écrites. Est-il possible de les combiner avec des mots de liaison (*linking words*) de la liste de **Stratégie**? Regardez cet exemple:

Le commerce est une laverie, mais aussi un salon de coiffure, parce que nous savons que les habitants du quartier aiment pouvoir faire plusieurs choses en même temps.

5. Réécrivez les phrases que vous pouvez combiner.

Écriture

1. Utilisez les phrases du tableau et celles (*the ones*) que vous venez de combiner pour écrire la description de votre commerce.
2. Pendant que vous écrivez, trouvez d'autres phrases à combiner avec des mots de liaison.
3. Utilisez le vocabulaire de l'unité.
4. Utilisez les verbes voir, recevoir, apercevoir et croire, des expressions négatives et le futur simple.

Après l'écriture

1. Échangez votre description avec celle (*the one*) d'un(e) partenaire. Répondez à ces questions pour commenter son travail.

- Votre partenaire a-t-il/elle inclu toutes les informations du tableau?
- A-t-il/elle utilisé des mots de liaison pour combiner les phrases?
- A-t-il/elle utilisé le vocabulaire de l'unité?
- A-t-il/elle utilisé les verbes voir, recevoir, apercevoir et croire, des expressions négatives et le futur simple?
- A-t-il/elle utilisé le conditionnel?
- Quel(s) détail(s) ajouteriez-vous (*would you add*)? Quel(s) détail(s) enlèveriez-vous (*would you delete*)? Quel(s) autre(s) commentaire(s) avez-vous pour votre partenaire?

2. Corrigez votre description d'après (*according to*) les commentaires de votre partenaire. Relisez votre travail pour éliminer ces problèmes:

- des fautes (*errors*) d'orthographe
- des fautes de ponctuation
- des fautes de conjugaison
- des fautes d'accord (*agreement*) des adjectifs
- un mauvais emploi (*use*) de la grammaire

EVALUATION

Criteria

Content Contains answers to each question called out in the bulleted points of the task.
Scale: 1 2 3 4 5

Organization Organized into logical paragraphs that begin with a topic sentence and contain appropriate supporting details.
Scale: 1 2 3 4 5

Accuracy Uses the simple future tense and linking words correctly. Spells words, conjugates verbs, and modifies adjectives correctly throughout.
Scale: 1 2 3 4 5

Creativity Includes additional information that is not included in the task and/or uses adjectives, descriptive verbs, and additional details to make the composition more interesting.
Scale: 1 2 3 4 5

Scoring

Excellent	18–20 points
Good	14–17 points
Satisfactory	10–13 points
Unsatisfactory	< 10 points

VOCABULAIRE

UNITÉ 4

Key Standards
4.1

Teacher Resources
Vocabulary MP3s/CD

Suggestion Tell students that an easy way to study from **Vocabulaire** is to cover up the French half of each section, leaving only the English equivalents exposed. They can then quiz themselves on the French items. To focus on the English equivalents of the French entries, they simply reverse this process.

Retrouver son chemin

continuer	to continue
se déplacer	to move (change location)
descendre	to go/come down
être perdu(e)	to be lost
monter	to go up/come up
s'orienter	to get one's bearings
suivre	to follow
tourner	to turn
traverser	to cross
un angle	corner
une avenue	avenue
un banc	bench
un bâtiment	building
un boulevard	boulevard
une cabine téléphonique	phone booth
un carrefour	intersection
un chemin	way; path
un coin	corner
des indications (f.)	directions
un feu de signalisation (feux pl.)	traffic light(s)
une fontaine	fountain
un office du tourisme	tourist office
un pont	bridge
une rue	street
une statue	statue
est	east
nord	north
ouest	west
sud	south

Pour donner des indications

au bout (de)	at the end (of)
au coin (de)	at the corner (of)
autour (de)	around
jusqu'à	until
(tout) près (de)	(very) close (to)
tout droit	straight ahead

À la poste

poster une lettre	to mail a letter
une adresse	address
une boîte aux lettres	mailbox
une carte postale	postcard
un colis	package
le courrier	mail
une enveloppe	envelope
un facteur	mailman
un timbre	stamp

À la banque

avoir un compte bancaire	to have a bank account
déposer de l'argent	to deposit money
emprunter	to borrow
payer par carte (de crédit)	to pay by credit card
payer en liquide	to pay in cash
payer par chèque	to pay by check
retirer de l'argent	to withdraw money
les billets (m.)	bills, notes
un compte-chèques	checking account
un compte d'épargne	savings account
une dépense	expenditure, expense
un distributeur (automatique/ de billets)	ATM
les pièces de monnaie (f.)	coins
de la monnaie	change

En ville

accompagner	to accompany
faire la queue	to wait in line
remplir un formulaire	to fill out a form
signer	to sign
une banque	bank
une bijouterie	jewelry store
une boutique	boutique, store
une brasserie	café, restaurant
un bureau de poste	post office
un cybercafé	cybercafé
une laverie	laundromat
un marchand de journaux	newsstand
une papeterie	stationery store
un salon de beauté	beauty salon
un commissariat de police	police station
une mairie	town/city hall; mayor's office
fermé(e)	closed
ouvert(e)	open

La négation

jamais	never; ever
ne... aucun(e)	none (not any)
ne... jamais	never (not ever)
ne... ni... ni	neither... nor
ne... personne	nobody, no one
ne... plus	no more (not anymore)
ne... que	only
ne... rien	nothing (not anything)
pas (de)	no, none
personne	no one
quelque chose	something
quelqu'un	someone
rien	nothing
toujours	always; still

Verbes

apercevoir	to catch sight of, to see
s'apercevoir	to notice; to realize
croire	to believe
recevoir	to receive
voir	to see

Expressions utiles	See pp. 167 and 181.
Le futur simple	See p. 184.

ressources
daccord2.vhlcentral.com

L'avenir et les métiers

UNITÉ 5

Pour commencer
- Quel genre de travail Amina fera-t-elle?
- Est-ce qu'elle travaillera dans un bureau?
- Est-ce qu'elle aimera son travail?
- Que porte-t-elle aujourd'hui?

Leçon 5A
CONTEXTES
pages 198–201
- At the office
- Making phone calls
- La ponctuation française

ROMAN-PHOTO
pages 202–203
- Le bac

CULTURE
pages 204–205
- Telephones in France

STRUCTURES
pages 206–209
- Le futur simple with quand and dès que
- The interrogative pronoun lequel

SYNTHÈSE
pages 210–213
- Révision
- Le zapping

Leçon 5B
CONTEXTES
pages 214–217
- Professions
- Les néologismes et le franglais

ROMAN-PHOTO
pages 218–219
- Je démissionne!

CULTURE
pages 220–221
- Unions and strikes
- Flash culture

STRUCTURES
pages 222–225
- Si clauses
- Relative pronouns qui, que, dont, où

SYNTHÈSE
pages 226–227
- Révision
- À l'écoute

Savoir-faire
pages 228–233
Panorama: L'Afrique du Nord
Lecture: Read a fable.
Écriture: Write a plan for your professional goals.

Unit Goals
Leçon 5A
In this lesson, students will learn:
- terms for the workplace
- terms for job interviews
- terms for making and receiving phone calls
- rules of punctuation in French
- about telephones, text messages, and **les artisans**
- the future tense with **quand** and **dès que**
- interrogative pronouns **lequel**, **laquelle**, **lesquels**, and **lesquelles**
- about the short film *Mi-temps*

Leçon 5B
In this lesson, students will learn:
- terms for professions
- more terms for discussing one's work
- about neologisms and **franglais**
- about labor unions, strikes, and civil servants
- more about professions and work through specially shot video footage
- **si** clauses
- the relative pronouns **qui**, **que**, **dont**, and **où**
- to use background knowledge and listen for specific information

Savoir-faire
In this section, students will learn:
- cultural, geographical, and historical information about Algeria, Morocco, and Tunisia
- to summarize a text in their own words
- to use note cards to organize their writing

Pour commencer
- Elle fera du stylisme de mode.
- Answers will vary.
- **Oui, elle l'aimera beaucoup.**
- **Elle porte une robe rose.**

Student Materials
Print: Student Book, Workbooks (*Cahier d'exercices, Cahier d'activités*)
Technology: MAESTRO® *Cahier interactif* and Supersite (Audio, Video, Practice)

Teacher Materials
DVDs (*Roman-photo, Flash culture*)
Teacher's Resources (Scripts, Answer Keys, Testing Program)
Audio CDs (Testing Program, Textbook, Audio Program)

MAESTRO® Supersite: Student Supersite Content; Planning and Teaching Resources (Overheads, *PowerPoints*, Lesson Plans, Information Gaps and *Feuilles d'activités*); Learning Management System (Gradebook, Assignments); Audio MP3s and Streaming Video
D'ACCORD! 2 Supersite: daccord2.vhlcentral.com

Section Goals

In this section, students will learn and practice vocabulary related to:
- the workplace
- job interviews
- phone calls

Key Standards
1.1, 1.2, 4.1

Student Resources
Cahier d'exercices, pp. 71-72;
Cahier d'activités, p. 145;
Supersite: Activities,
Cahier interactif

Student Resources
Answer Keys; Overhead #30;
Audio Script; Textbook & Audio
Activity MP3s/CD; Testing
program: Vocabulary Quiz

Suggestions
- Tell students to look over the new vocabulary and identify the cognates.
- Use **Overhead #30**. Point out objects and describe what the people are doing. Examples: **Il patiente. C'est une employée. Il passe un entretien.**
- Point out that **un salaire modeste** is a figurative rather than literal equivalent of *low salary*. One might also say **un bas salaire**.
- Point out the difference between **un poste** (*a job*) and **la poste** (*the post office*).
- Explain that **une lettre de motivation** is a letter a job candidate writes in response to a want ad or when introducing him or herself to a prospective employer.
- Point out the **Attention!** Explain that **chercher** is a general term, while **rechercher** refers to more thorough, methodical research.

Leçon 5A

CONTEXTES

You will learn how to...
- make and receive phone calls
- talk about your goals

Au bureau

Vocabulaire

chercher un/du travail	to look for work
embaucher	to hire
faire des projets	to make plans
obtenir	to get, to obtain
postuler	to apply
prendre (un) rendez-vous	to make an appointment
trouver un/du travail	to find a job
un(e) candidat(e)	candidate, applicant
un conseil	advice
un domaine	field
une entreprise	firm, business
une expérience professionnelle	professional experience
une formation	education; training
une lettre de recommandation	letter of reference/recommendation
une lettre de motivation	letter of application
une mention	distinction
un métier	profession
un poste	position
une référence	reference
un salaire (élevé, modeste)	(high, low) salary
un(e) spécialiste	specialist
un stage	internship; professional training
appeler	to call
laisser un message	to leave a message
l'appareil (*m.*)	telephone
une télécarte	phone card
Qui est à l'appareil?	Who's calling please?
C'est de la part de qui?	On behalf of whom?
C'est M./Mme/Mlle... (à l'appareil.)	It's Mr./Mrs./Miss... (on the phone.)
Ne quittez pas.	Please hold.

198 cent quatre-vingt-dix-huit

ALLÔ!
Elle va raccrocher.
Il va décrocher.
un numéro de téléphone
oui, 04.48.87.29.16
Il patiente. (patienter)
un patron (patronne *f.*)
une employée (employé *m.*)

ressources
CE pp. 71-72
CA p. 145
daccord2.vhlcentral.com

OPTIONS

Asking Questions For additional practice, ask students these questions. 1. Quel est votre numéro de téléphone? 2. Quels projets avez-vous faits pour votre carrière? 3. Préférez-vous travailler dans une grande entreprise ou dans une petite compagnie? Pourquoi? 4. Est-il plus important d'avoir un salaire élevé ou un métier qu'on aime bien? 5. Avez-vous déjà écrit une lettre de motivation?

Spelling Bee Divide the class into two teams. Have a spelling bee using vocabulary words from **Contextes**. Pronounce each word, use it in a sentence, and then say the word again. Tell students that they must spell the words in French and include all diacritical marks.

UNITÉ 5 L'avenir et les métiers

Mise en pratique

Attention!
Note the difference in the usage and meaning of **chercher** and **rechercher**.
Il cherche du travail.
He is looking for work.
Cette compagnie recherche un chef du personnel.
This company is looking for a human resources director.

1 Complétez Complétez ces phrases avec le verbe de la liste qui convient le mieux. N'oubliez pas de faire les accords nécessaires.

appeler	lire les annonces	postuler
décrocher	métier	prendre (un) rendez-vous
conseil	obtenir	raccrocher
embaucher	passer un entretien	salaire
laisser des messages	patienter	trouver un/du travail

1. Quand on cherche du travail, il faut __lire les annonces__ tous les jours.
2. Il est toujours plus facile de trouver un __métier__ intéressant quand on a une bonne formation.
3. Le téléphone sonne. Est-ce que tu peux __décrocher__, s'il te plaît?
4. Il y a peu d'entreprises qui __embauchent__ en ce moment. L'économie ne va pas très bien.
5. —Bonjour, Madame. Je vous __appelle__ pour __prendre (un) rendez-vous__.
   —Vous pouvez venir lundi 15, à 16h00?
6. J'ai envoyé mon CV. J'espère qu'ils vont m'appeler pour __passer un entretien__.
7. __Patientez__ quelques minutes, s'il vous plaît. Madame Benoît va bientôt arriver.
8. Il __a raccroché__ parce que la ligne n'était pas bonne.
9. Sophie vient juste de __trouver un travail__. Elle va organiser une petite fête vendredi pour célébrer son nouveau poste.
10. Une messagerie permet de __laisser des messages__.

2 Corrigez Lisez ces phrases et dites si elles sont **vraies** ou **fausses**. Corrigez les phrases qui ne sont pas cohérentes.

1. Il faut décrocher le combiné avant de composer un numéro de téléphone.
   Vrai.
2. Quand on appelle d'une cabine téléphonique, on utilise des billets.
   Faux. Quand on appelle d'une cabine téléphonique, on utilise une télécarte.
3. Quand on est embauché, on perd son travail.
   Faux. Quand on est embauché, on trouve un travail.
4. Quand on travaille, on reçoit un salaire à la fin de chaque mois.
   Vrai.
5. À la fin d'un CV américain, il ne faut pas oublier de mentionner ses références.
   Vrai.
6. Pour savoir qui vous appelle au téléphone, vous demandez: «Ne quittez pas.»
   Faux. Vous demandez: «Qui est à l'appareil?»
7. Un(e) patron(ne) dirige (*manages*) une entreprise ou des employés.
   Vrai.
8. Avant d'obtenir un poste, il faut souvent passer une entreprise.
   Faux. Il faut souvent passer un entretien.
9. Quand on travaille dans une entreprise, on est un(e) employé(e).
   Vrai.

3 Écoutez 🎧 Armand et Michel cherchent du travail. Écoutez leur conversation et répondez ensuite aux questions.

1. Quel genre de travail Armand recherche-t-il?
   Armand recherche un travail d'assistant.
2. Où est-ce qu'Armand a lu l'annonce?
   Armand a lu l'annonce dans le journal ce matin.
3. Quel(s) document(s) faut-il envoyer pour le stage?
   Il faut envoyer un CV accompagné d'une lettre de motivation.
4. Qui est M. Dupont?
   M. Dupont est le chef du personnel.
5. Que doit faire Armand pour obtenir un entretien?
   Armand doit appeler M. Dupont pour prendre (un) rendez-vous.
6. Quel est le domaine professionnel de Michel?
   Son domaine professionnel est l'informatique.
7. Pourquoi Michel a-t-il des difficultés à trouver du travail?
   Michel a des difficultés à trouver du travail parce qu'il ne sait pas où postuler ni comment obtenir un entretien.
8. Comment est-ce qu'Armand aide Michel?
   Armand trouve deux entreprises qui recherchent des spécialistes dans le domaine de Michel.

Practice more at daccord2.vhlcentral.com.

- un curriculum vitæ, un CV
- un chef du personnel
- Il passe un entretien. (passer)

- Elle lit les annonces. (lire)
- le combiné
- la messagerie
- une compagnie

cent quatre-vingt-dix-neuf **199**

Leçon 5A

CONTEXTES

Communication

4 Répondez Avec un(e) partenaire, posez-vous ces questions à tour de rôle. *Answers will vary.*
1. Est-ce que tu as fait des projets d'avenir? Quels sont-ils?
2. Après tes études, dans quel domaine est-ce que tu vas chercher du travail?
3. Dans quelle entreprise voudrais-tu faire un stage? Pourquoi?
4. As-tu déjà travaillé? Dans quel(s) domaine(s)?
5. As-tu déjà répondu à des annonces pour trouver du travail? Est-ce qu'on t'a embauché(e)?
6. À ton avis, qu'est-ce qui est le plus important pour réussir un entretien d'embauche?
7. Pour qui imagines-tu pouvoir écrire une bonne lettre de recommandation un jour?
8. Selon toi, qu'est-ce qu'il faut inclure dans un curriculum vitae?

5 Les conversations Avec un(e) partenaire, complétez et remettez dans l'ordre ces conversations. Ensuite, jouez les scènes devant la classe.

Conversation 1
- _3_ —C'est Mlle Grandjean à l'appareil. Est-ce que vous pouvez me passer le chef du personnel, s'il vous plaît?
- _1_ —___Allô___. Bonjour, Monsieur.
- _2_ —Bonjour. ___Qui est à l'appareil?___ ?
- _4_ —___Ne quittez pas___. Je vous le passe.

Conversation 2
- _3_ —Tu n'as donc pas vu ___le poste___ que la compagnie Petit et Fils offre.
- _1_ —Est-ce que tu ___as lu les annonces___ ce matin?
- _4_ —Non, mais je connais cette entreprise et elle n'est pas dans ___mon domaine___.
- _2_ —Non, je n'ai pas encore acheté le journal.

Conversation 3
- _2_ —Non, appelle plutôt son portable.
- _4_ —C'est le 06-22-28-80-83.
- _5_ —Oh, encore sa ___messagerie___! Elle ne décroche jamais.
- _3_ —Tu as raison. Quel est son ___numéro de téléphone___?
- _1_ —Stéphanie ne ___décroche___ pas. Je vais lui ___laisser un message___.

6 Les petites annonces Lisez ces annonces et choisissez-en une. Avec un(e) partenaire, imaginez votre conversation avec le directeur de l'entreprise que vous avez sélectionnée. Vous devez parler de votre expérience professionnelle, de votre formation et de vos projets. Ensuite, choisissez une autre annonce et changez de rôle. *Answers will vary.*

Nous recherchons des professionnels de la gestion. Première expérience ou expert(e) dans votre domaine, notre groupe vous offre d'intéressantes opportunités d'évolution. Retrouvez nos postes sur www.comptaparis.fr/métiers.

France Conseil recherche un analyste financier bilingue anglais. Vous travaillez avec nos bureaux à l'étranger pour développer les projets du département. De formation supérieure, vous avez une expérience de chef de projet de 2 à 4 ans. Nous contacter à: France Conseil, 80, rue du Faubourg Saint-Antoine, 75012 Paris

SARLA recherche un(e) assistant(e) commercial(e) trilingue anglais et espagnol avec expérience en informatique (logiciels et Internet). Envoyer CV et lettre de motivation à SARLA, 155, avenue de Gerland, BP 72, 69007 Lyon

7 Le poste idéal Alain souhaite travailler à l'étranger pendant les vacances d'été, mais il ne sait pas par où commencer. Il va donc dans un Centre d'Information Jeunesse pour rencontrer un conseiller/une conseillère (*advisor*) qui va déterminer le pays et le domaine professionnel les mieux adaptés. Travaillez à deux et échangez les rôles avec votre partenaire. *Answers will vary.*

deux cents

Écrire une petite annonce Brainstorm a list of professions learned in earlier lessons. Have each student pick a profession or randomly assign one to each student. Tell students to write an advertisement in search of someone in that profession, using the ads in **Activité 6** as models.

Skits Have students role-play a phone call. Tell pairs to sit back-to-back to simulate the phone conversation. Then give them the following situation: The person they want to speak to is not there, so the caller should leave a message. Tell students to use as much phone-related vocabulary as possible in their conversations.

Les sons et les lettres

La ponctuation française

Although French uses most of the same punctuation marks as English, their usage often varies. Unlike English, no period (**point**) is used in abbreviations of measurements in French.

200 m (*meters*) **30 min** (*minutes*) **25 cl** (*centiliters*) **500 g** (*grams*)

In other abbreviations, a period is used only if the last letter of the abbreviation is different from the last letter of the word it represents.

Mme Bonaire = Mada**me** Bonaire   **M.** Bonaire = Monsieu**r** Bonaire

French dates are written with the day before the month, so if the month is spelled out, no punctuation is needed. When using digits only, use slashes to separate them.

le 25 février 1954   **25/2/1954**   **le 15 août 2006**   **15/8/2006**

Notice that a comma (**une virgule**) is not used before the last item in a series or list.

Lucie parle français, anglais et allemand.   *Lucie speaks French, English, and German.*

Generally, in French, a direct quotation is enclosed in **guillemets**. Notice that a colon (**deux points**), not a comma, is used before the quotation.

Charlotte a dit: «Appelle-moi!»   **Marc a demandé: «Qui est à l'appareil?»**

Réécrivez Ajoutez la ponctuation et remplacez les mots en italique par leurs abréviations.

1. Depuis le *21 mars 1964 Madame* Pagny habite à 500 *mètres* de chez moi
   Depuis le 21.03.1964, Mme Pagny habite à 500 m de chez moi.
2. Ce matin j'ai acheté 2 *kilos* de poires *Monsieur* Florent m'a dit Lucien tu as très bien fait
   Ce matin, j'ai acheté 2 kg de poires. M. Florent m'a dit: «Lucien, tu as très bien fait!»

Corrigez Lisez le paragraphe et ajoutez la bonne ponctuation et les majuscules.

hier michel le frère de ma meilleure amie sylvie m'a téléphoné il a dit carole on va fêter l'anniversaire de sylvie le samedi 13 novembre est-ce que tu peux venir téléphone-moi
Answers may vary. Possible answer: Hier, Michel, le frère de ma meilleure amie, Sylvie, m'a téléphoné. Il a dit: «Carole, on va fêter l'anniversaire de Sylvie, le samedi 13 novembre. Est-ce que tu peux venir? Téléphone-moi!»

Dictons Répétez les dictons à voix haute.

Le temps, c'est de l'argent.[1]

Ne parle jamais des princes: si tu en dis du bien, tu mens; si tu en dis du mal, tu t'exposes.[2]

[1] Time is money.
[2] Never talk about princes. If you talk nicely about them, you lie. If you say bad things about them, you reveal yourself.

Section Goals
In this section, students will learn functional phrases for talking about tests, future plans, and successes.

Key Standards
1.2, 2.1, 2.2, 4.1, 4.2

Student Resources
Cahier d'activités, pp. 77-78; Supersite: Activities, *Cahier interactif*

Teacher Resources
Answer Keys; Video Script & Translation; *Roman-photo* video

Video Recap: Leçon 4B
Before doing this **Roman-photo**, review the previous one with this activity.
1. Que cherche le touriste? (le bureau de poste)
2. À qui demande-t-il des indications? (d'abord à M. Hulot, puis à David et à Rachid et finalement à Stéphane)
3. Qui lui donne de bonnes indications? (Stéphane)
4. Où est le bureau de poste? (derrière la fontaine, la Rotonde)

Video Synopsis
Stéphane and Astrid just took their **bac**. Stéphane tells Astrid he wants to study architecture at the **Université de Marseille**. She plans to study medicine at the **Université de Bordeaux**. Stéphane calls his mother to tell her the exam is over. At **Le P'tit Bistrot**, a young woman inquires about a job. Unbeknownst to Valérie, Michèle has an interview for a receptionist's job at Dupont.

Suggestions
- Have students predict what the episode will be about based on the video stills.
- Have students scan the captions to find sentences related to jobs and future plans.
- After reading the **Roman-photo**, have students summarize the episode.

ROMAN-PHOTO

Leçon 5A

Le bac  Video: *Roman-photo* Record & Compare

PERSONNAGES

Astrid

Jeune femme

Michèle

Stéphane

Valérie

Après le bac...
STÉPHANE Alors, Astrid, tu penses avoir réussi le bac?
ASTRID Franchement, je crois que oui. Et toi?
STÉPHANE Je ne sais pas, c'était plutôt difficile. Mais au moins, c'est fini, et ça, c'est le plus important pour moi!

ASTRID Qu'est-ce que tu vas faire une fois que tu auras le bac?
STÉPHANE Aucune idée, Astrid. J'ai fait une demande à l'université pour étudier l'architecture.
ASTRID Vraiment? Laquelle?
STÉPHANE L'université de Marseille, mais je n'ai pas encore de réponse. Alors, Mademoiselle Je-pense-à-tout, tu sais déjà ce que tu feras?

ASTRID Bien sûr! J'irai à l'université de Bordeaux et dès que je réussirai l'examen de première année, je continuerai en médecine.
STÉPHANE Ah oui? Pour moi, les études, c'est fini pour l'instant. On vient juste de passer le bac, il faut fêter ça! C'est loin, la rentrée.

VALÉRIE Mais bien sûr que je m'inquiète! C'est normal.
STÉPHANE Tu sais, finalement, ce n'était pas si difficile.
VALÉRIE Ah bon? Tu sais quand tu auras les résultats?
STÉPHANE Ils seront affichés dans deux semaines.
VALÉRIE En attendant, il faut prendre des décisions pour préparer l'avenir.

STÉPHANE L'avenir! L'avenir! Vous n'avez que ce mot à la bouche, Astrid et toi. Oh maman, je suis tellement content aujourd'hui. Pour le moment, je voudrais juste faire des projets pour le week-end.
VALÉRIE D'accord, Stéphane. Je comprends. Tu rentres maintenant?
STÉPHANE Oui, maman. J'arrive dans quinze minutes.

Au P'tit Bistrot...
JEUNE FEMME Bonjour, Madame. Je cherche un travail pour cet été. Est-ce que vous embauchez en ce moment?
VALÉRIE Eh bien, c'est possible. L'été en général nous avons beaucoup de clients étrangers. Est-ce que vous parlez anglais?
JEUNE FEMME Oui, c'est ce que j'étudie à l'université.

A C T I V I T É S

1 **Complétez** Complétez les phrases suivantes.

1. Stéphane et Astrid viennent de passer ___le bac___.
2. Stéphane doit téléphoner à ___sa mère/Valérie___.
3. Astrid prête une ___télécarte___ à Stéphane.
4. Aujourd'hui, Stéphane est très ___content/heureux___.
5. Il aura les résultats du bac dans ___deux semaines___.
6. Stéphane ne veut pas parler de l' ___avenir___.
7. La jeune femme étudie ___l'anglais___ à l'université.
8. Valérie dit que de nombreux clients du P'tit Bistrot sont ___étrangers___.
9. ___Michèle___ est en train (*in the process*) de chercher un nouveau travail.
10. Elle ne veut pas demander ___une lettre de recommandation___ à Valérie.

 Practice more at daccord2.vhlcentral.com.

202 *deux cent deux*

OPTIONS

Avant de regarder la vidéo Before viewing the video, have students work in pairs and brainstorm a list of things a student might say after taking a difficult exam and what a parent might say to a son or daughter after the exam.

Regarder la vidéo Download and print the videoscript from the Supersite. Then white out words related to tests, jobs, and other key vocabulary in order to create a master for a cloze activity. Distribute the photocopies and tell students to fill in the missing information as they watch the video.

UNITÉ 5 L'avenir et les métiers

Stéphane et Astrid ont passé l'examen.

STÉPHANE Écoute, je dois téléphoner à ma mère. Je peux emprunter ta télécarte, s'il te plaît?
ASTRID Oui, bien sûr. Tiens.
STÉPHANE Merci.
ASTRID Bon... Je dois rentrer chez moi. Ma famille m'attend. Au revoir.
STÉPHANE Salut.

Stéphane appelle sa mère...
VALÉRIE Le P'tit Bistrot. Bonjour.
STÉPHANE Allô.
VALÉRIE Allô. Qui est à l'appareil?
STÉPHANE Maman, c'est moi!
VALÉRIE Stéphane! Alors, comment ça a été? Tu penses avoir réussi?
STÉPHANE Oui, bien sûr, maman. Ne t'inquiète pas!

Expressions utiles

Talking about tests
- Tu penses avoir réussi le bac?
  Do you think you passed the **bac**?
- Je crois que oui.
  I think so.
- Qu'est-ce que tu vas faire une fois que tu auras le bac?
  What are you going to do once you have the **bac**?
- Tu sais quand tu auras les résultats?
  Do you know when you will have the results?
- Ils seront affichés dans deux semaines.
  They will be posted in two weeks.

Enjoying successes
- L'avenir! Vous n'avez que ce mot à la bouche.
  The future! That's all you talk about.
- Je suis tellement content(e) aujourd'hui.
  I am so happy today.
- Pour le moment, je voudrais juste faire des projets pour le week-end.
  For the time being, I would only like to make plans for the weekend.
- Nous irons dîner pour fêter ça dès que j'aurai un nouveau travail.
  We will go to dinner to celebrate as soon as I have a new job.

Additional vocabulary
- laquelle
  which one (f.)

VALÉRIE Et vous avez déjà travaillé dans un café?
JEUNE FEMME Eh bien, l'été dernier j'ai travaillé à la brasserie les Deux Escargots. Vous pouvez les appeler pour obtenir une référence si vous le désirez. Voici leur numéro de téléphone.
VALÉRIE Au revoir, et peut-être à bientôt!

Près de la terrasse...
MICHÈLE J'ai un rendez-vous pour passer un entretien avec l'entreprise Dupont... C'est la compagnie qui offre ce poste de réceptionniste... Tu es fou, je ne peux pas demander une lettre de recommandation à Madame Forestier... Bien sûr, nous irons dîner pour fêter ça dès que j'aurai un nouveau travail.

---

2 Répondez Répondez aux questions suivantes par des phrases complètes.

1. Quels sont les projets d'avenir d'Astrid?
   Elle ira à l'université de Bordeaux et étudiera la médecine.
2. Qu'est-ce que Stéphane veut faire l'année prochaine?
   Il veut étudier l'architecture à l'université de Marseille.
3. Est-ce que les projets d'Astrid et de Stéphane sont certains?
   (Supposez que les deux auront le bac.) Les projets d'Astrid sont certains, mais Stéphane n'a pas encore de réponse de l'université de Marseille.
4. Quel est le projet de Michèle pour l'avenir?
   Michèle veut travailler comme réceptionniste pour une compagnie.
5. Son projet est-il certain? Non, son projet n'est pas certain: elle doit passer l'entretien d'embauche d'abord. Elle ne sait pas encore s'ils vont lui donner le poste.

3 À vous! La jeune femme qui veut travailler au P'tit Bistrot rencontre Michèle. Elle veut savoir comment est le travail et quel genre de patronne est Valérie. Michèle, qui n'est pas vraiment heureuse au P'tit Bistrot en ce moment, lui raconte tout. Avec un(e) camarade de classe, composez le dialogue et jouez la scène devant la classe.

ressources
CA pp. 77–78

daccord2.vhlcentral.com

deux cent trois **203**

Leçon 5A

CULTURE

CULTURE À LA LOUPE

Le téléphone en France

Pour téléphoner en France, on peut utiliser une cabine publique avec une télécarte. Les télécartes sont vendues dans les bureaux de tabac°, à la poste et dans tous les endroits qui affichent° «Télécartes en vente ici». Si vous devez téléphoner avec de la monnaie, il vaut mieux° essayer un café ou un hôtel. Les cabines publiques à pièces sont très rares.

Les Français sont surtout accros° à leur téléphone portable. Aujourd'hui, plus de 58 millions de personnes sont abonnées°. Soixante-six pour cent d'entre elles choisissent le forfait° et payent un tarif mensuel°. Ce type d'abonnement° exige° d'avoir un compte bancaire en France. Sinon, on a la possibilité de choisir des cartes prépayées ou de louer un portable pour une courte période.

Comme les appels sont chers, les gens communiquent beaucoup par SMS°. En moyenne, chaque abonné envoie 30 SMS par mois. Ces messages sont écrits dans un langage particulier, qui permet de taper° plus vite. Le langage SMS est très phonétique et joue avec le son des lettres et des chiffres°. Tous les jeunes l'utilisent. Les jeunes aiment aussi beaucoup télécharger les logos et sonneries° du moment. En France, le marché de la téléphonie mobile a beaucoup d'avenir.

Coup de main

A cell phone has many names in French: **téléphone, portable, GSM, mobile.**

A text message may be called an **SMS** or a **texto**.

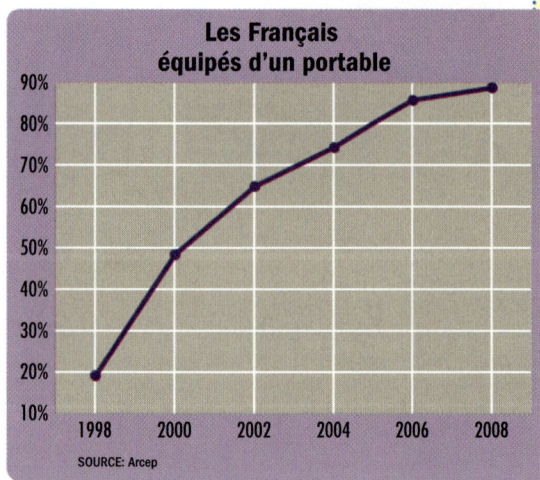

Les Français équipés d'un portable

SOURCE: Arcep

bureaux de tabac *tobacco shops* affichent *post* il vaut mieux *it is better* accros *addicted* sont abonnées *have a subscription* forfait *package* tarif mensuel *monthly fee* abonnement *subscription* exige *requires* SMS *text message* taper *type* chiffres *numbers* sonneries *ringtones*

A C T I V I T É S

1 Complétez Donnez le début ou la suite de chaque phrase, d'après le texte et le tableau. *Answers may vary. Possible answers provided.*

1. Pour téléphoner en France, on peut utiliser... une cabine publique avec une télécarte.
2. ... dans les bureaux de tabac, à la poste et dans tous les endroits qui affichent «Télécartes en vente ici». Les télécartes sont vendues
3. Si vous devez téléphoner avec de la monnaie, il vaut mieux... essayer un café ou un hôtel.
4. ... des abonnés choisissent le forfait. 66%
5. En moyenne, chaque abonné envoie... 30 SMS par mois.
6. ... joue avec le son des lettres et des chiffres. Le langage SMS
7. Les jeunes aiment aussi... télécharger des logos et des sonneries.
8. En 1998, 19% seulement des Français... possédaient un portable.
9. ... sont d'autres noms pour désigner le portable. Téléphone, GSM et mobile
10. Un SMS s'appelle aussi... un texto.

Practice more at daccord2.vhlcentral.com.

204 *deux cent quatre*

UNITÉ 5   L'avenir et les métiers

LE FRANÇAIS QUOTIDIEN

Le SMS, C pratik!

A+	À plus (tard).
Bap	Bon après-midi.
C pa 5pa	C'est pas sympa!
Dak	D'accord.
GT o 6né	J'étais au ciné.
Je t'M	Je t'aime.
Jenémar	J'en ai marre!
Kestufé	Qu'est-ce que tu fais?
Komencava	Comment ça va?
MDR	Mort de rire!

LE MONDE FRANCOPHONE

Comment gagner sa vie

Voici des métiers et des secteurs où on peut gagner sa vie dans le monde francophone.

Quelques exemples de métiers bien payés

En France avocat(e)
En Haïti prêtre°
Au Sénégal joueur de football professionnel
En Suisse banquier d'affaires

Quelques exemples de secteurs lucratifs

En Belgique l'industrie chimique, du pétrole
Au Québec l'industrie du papier
En Suisse les banques et les assurances
En Tunisie le tourisme

prêtre *priest*

PORTRAIT

Les artisans

L'artisanat en France emploie 2,5 millions de personnes. On le décrit souvent comme «la plus grande entreprise de France». Bouchers, plombiers, fleuristes, bijoutiers... les artisans travaillent dans plus de 300 secteurs d'activité différents. Leurs entreprises sont

de petite taille, avec moins de dix employés. Les artisans sont plus nombreux dans les villes, mais ils jouent un grand rôle en milieu rural. En plus d'°y apporter les services nécessaires, ils aident à créer le «lien social°». Artisans et artisans d'art sont considérés comme les gardiens° de la tradition française et de son savoir-faire°, qu'ils se transmettent depuis des générations, grâce au° système de l'apprentissage°.

En plus de *In addition to* **lien social** *social cohesion* **gardiens** *guardians*
savoir-faire *expertise* **grâce au** *thanks to* **apprentissage** *apprenticeship*

SUR INTERNET

Combien d'hommes a-t-il fallu pour installer les ampoules (*lights*) sur la tour Eiffel?

Go to **daccord2.vhlcentral.com** to find more information related to this **CULTURE** section.

ACTIVITÉS

2 Complétez Complétez les phrases.
1. L'artisanat en France emploie <u>2,3 millions de personnes</u>.
2. <u>Answer will vary. Possible answer: Bouchers, plombiers, fleuristes, bijoutiers</u> sont des exemples d'artisans.
3. Artisans et artisans d'art sont les gardiens <u>de la tradition française et de son savoir-faire</u>.
4. Le savoir-faire des artisans est transmis <u>grâce au système de l'apprentissage</u>.
5. Au Sénégal, <u>joueur de football professionnel</u> est un métier bien payé.
6. En Tunisie, <u>le tourisme</u> est un secteur lucratif.

3 Échange de textos Vous et un(e) partenaire allez faire connaissance par SMS. Préparez un dialogue en français facile, puis transformez-le en messages SMS. Comparez ensuite votre conversation SMS à la conversation d'un autre groupe. Présentez-la devant la classe.

ressources

daccord2.vhlcentral.com

deux cent cinq 205

Leçon 5A

STRUCTURES

5A.1 Le futur simple with quand and dès que

Point de départ In **Leçon 4B**, you learned how to form **le futur simple**, which is generally equivalent to the English future with *will*. You will now learn how to use **le futur simple** where English uses the present tense.

FUTURE — FUTURE
Je me **mettrai** à chercher du travail, quand je n'**aurai** plus d'argent.
I will start looking for work when I don't have any more money.

Dès que je réussirai l'examen de première année, je continuerai en médecine.

Nous irons dîner pour célébrer dès que j'aurai un nouveau travail.

- In a clause that begins with **quand** or **dès que** (*as soon as*), use the future tense if the clause describes an event that will happen in the future.

Il enverra son CV **quand il aura** le temps.
He will send his résumé when he has time.

Je posterai mon CV **dès que je pourrai**.
I will post my résumé as soon as I can.

- If a clause with **quand** or **dès que** does not describe a future action, another tense may be used for the verb.

Quand avez-vous fait le stage?
When did you do the internship?

La patronne nous parle **dès qu'elle arrive**.
The boss talks to us as soon as she arrives.

Essayez! Écrivez la forme correcte des verbes indiqués.

1. On l'embauchera dès qu'on ____aura____ (avoir) de l'argent.
2. Nous commencerons le stage quand nous __connaîtrons__ (connaître) les résultats.
3. Il a téléphoné dès qu'il __a reçu__ (recevoir) la lettre.
4. On a envie de sortir quand il ____fait____ (faire) beau.
5. Dès que vous __prendrez__ (prendre) rendez-vous, on vous indiquera le salaire.
6. Ils enverront leurs CV dès qu'ils __achèteront__ (acheter) l'ordinateur.
7. Nous passerons un entretien quand il __reviendra__ (revenir) de vacances.
8. Je décroche quand le téléphone ___sonne___ (sonner).

206 deux cent six

MISE EN PRATIQUE

1 Projets Nathalie et Brigitte discutent des problèmes de travail. Nathalie explique ce qu'elle fait quand elle est sans travail. Brigitte approuve.

MODÈLE
Je lis les annonces quand je cherche un travail.
Moi aussi, je lirai les annonces quand je chercherai un travail.

1. J'envoie mon CV quand je cherche du travail.
   Moi aussi, j'enverrai mon CV quand je chercherai du travail.
2. Mon mari lit mon CV dès qu'il a le temps.
   Mon mari aussi lira mon CV dès qu'il aura le temps.
3. Je suis contente quand tu passes un entretien.
   Moi aussi, je serai contente quand tu passeras un entretien.
4. Je prends rendez-vous dès que je reçois une lettre d'une compagnie. Moi aussi, je prendrai rendez-vous dès que je recevrai une lettre d'une compagnie.
5. Ta famille et toi, vous êtes heureux quand des chefs du personnel me téléphonent. Ta famille et toi aussi, vous serez heureux quand des chefs du personnel me téléphoneront.
6. Je fais des projets quand j'ai un travail.
   Moi aussi, je ferai des projets quand j'aurai un travail.

2 Plus tard Aurélien parle de ses projets et des projets de sa famille et de ses amis. Mettez les verbes au futur.

MODÈLE dès que / je / avoir / le bac / je / aller / à l'université
Dès que j'aurai le bac, j'irai à l'université.

1. quand / je / être / à l'université / ma sœur et moi / habiter ensemble
   Quand je serai à l'université, ma sœur et moi habiterons ensemble.
2. quand / ma sœur / étudier plus / elle / réussir
   Quand ma sœur étudiera plus, elle réussira.
3. quand / mes parents / être / à la retraite / je / emprunter pour payer mes études Quand mes parents seront à la retraite, j'emprunterai pour payer mes études.
4. dès que / vous / finir vos études / vous / envoyer vos CV / tout / entreprises de la ville Dès que vous finirez vos études, vous enverrez vos CV à toutes les entreprises de la ville.
5. quand / tu / travailler / tu / acheter une voiture
   Quand tu travailleras, tu achèteras une voiture.
6. quand / nous / trouver / nouveau travail / nous / ne plus lire / les annonces
   Quand nous trouverons un nouveau travail, nous ne lirons plus les annonces.

3 Conseils Quels conseils pouvez-vous donner à un(e) ami(e) qui cherche du travail? Avec un(e) partenaire, assemblez les éléments des colonnes pour formuler vos conseils. Utilisez **quand** ou **dès que**. Answers will vary.

MODÈLE
Quand tu auras ton diplôme, tu chercheras un travail.

A	B
avoir son diplôme	s'amuser
avoir un métier	chercher un travail
passer un entretien	être riche
réussir ses examens	gagner beaucoup d'argent
trouver un emploi	lire les annonces
	se marier
	parler de son expérience professionnelle

 Practice more at daccord2.vhlcentral.com.

UNITÉ 5 L'avenir et les métiers

COMMUNICATION

4 **L'avenir** Qu'est-ce que l'avenir nous réserve? Avec un(e) partenaire, complétez ces phrases. Ensuite, présentez vos réponses à la classe. *Answers will vary.*

1. Dès que je réussirai mes examens, je...
2. Ton ami(e) et toi, vous lirez les annonces quand...
3. Mon/Ma meilleur(e) ami(e) travaillera dès que...
4. Tu enverras ton CV quand...
5. Mes amis se marieront dès que...
6. Quand nous aurons beaucoup d'argent, nous...

5 **Content(e)** Votre professeur va vous donner une feuille d'activités. Circulez dans la classe pour trouver une personne qui réponde oui et une qui réponde non à chaque question. Justifiez toutes vos réponses. *Answers will vary.*

MODÈLE

Élève 1: Est-ce que tu seras plus content(e) quand tu auras du temps libre?
Élève 2: Oui, je serai plus content(e) dès que j'aurai du temps libre, parce que je ferai plus souvent de la gym.

6 **Les métiers** Vous allez bientôt exercer ces métiers (*have these jobs*). Dites à un(e) partenaire ce qui (*what*) sera possible et ce qui ne sera pas possible quand vous commencerez votre nouveau poste. Alternez les rôles. *Answers will vary.*

MODÈLE

Élève 1: Dès que je commencerai ce travail, je chercherai un nouvel appartement.
Élève 2: Je n'aurai plus le temps de sortir quand j'aurai ce poste.

1.

2.

3.

4.

Le français vivant

PRENEZ EN MAIN VOTRE AVENIR

FORUM RENCONTRE

Vous prendrez en main votre avenir quand vous irez à ce forum. Dès que vous entrerez, vous rencontrerez des gens qui vous aideront à rencontrer d'autres gens, à trouver un emploi.

Identifiez Quelles formes de verbes au futur trouvez-vous après **quand** et **dès que** dans cette publicité (*ad*)? Quels autres verbes au futur trouvez-vous? *irez, entrerez, rencontrerez, aideront*

Questions À tour de rôle, avec un(e) partenaire, posez-vous ces questions. *Answers will vary.*

1. Qui assistera au Forum rencontre? Pourquoi?
2. Que trouvera-t-on au Forum rencontre? Que fera-t-on?
3. Que feras-tu dès que tu finiras le lycée?
4. Que penses-tu faire pour trouver un emploi quand tu seras prêt(e) à travailler?

deux cent sept **207**

---

1 Expansion Have pairs model the activity and write three more sentences expressing generalities. Then have students switch their sentences with other pairs.

2 Suggestion Have volunteers write each sentence with the future tense on the board. Ask other volunteers to change the sentences into the present or the past tense and discuss how the meanings change.

3 Suggestion Before beginning the activity, have students talk about the last job they had. Encourage them to use **quand** and **dès que** with the past tense.

4 Expansion Have students write three original sentences modeled after the activity. Then ask volunteers to share their sentences with the class.

5 Suggestion Have two volunteers act out the **modèle**. Then hand out the **Feuilles d'activités** from the Supersite.

6 Expansion Ask volunteers to tell you the job of their dreams. Modeling the activity, have them talk about what will and will not be possible once they have begun their job.

Le français vivant Call on a volunteer to read the ad aloud. Ask students: **Quelles sont les questions qu'on doit poser à un forum pour l'emploi?** Encourage students to use the future tense with **quand** and **dès que**.

OPTIONS

Writing Practice Have students imagine they are taking a vacation to Europe. Ask them to write six things they will do when they arrive. Then in pairs have students imagine they are calling home after their first few days of vacation. Have one student ask questions about what they did upon arrival. The second student should answer the questions using **quand** and **dès que**.

Using Video Show the video episode again to give students more input on the use of the future tense. Ask the students to write down all the examples of the future tense they hear in the conversation. When the video has finished, review the lists as a class. Discuss the use of **quand**, **dès que**, and **une fois que**.

STRUCTURES **207**

STRUCTURES

Leçon 5A

5A.2 The interrogative pronoun *lequel*

Point de départ In **D'accord!** Level 1, you learned how to use the interrogative adjective **quel**, as in **Quelle heure est-il?** You will now learn how to use the interrogative pronoun **lequel**.

- If a person or thing has already been mentioned, use a form of **lequel**, translated as *which one(s)*, in place of **quel(le)(s)** + [*noun*].

  Quel métier choisirez-vous? ▶ **Lequel** choisirez-vous?
  Which profession will you choose? *Which one will you choose?*

- **Lequel** agrees with the noun to which it refers.

	singular	plural
masculine	lequel	lesquels
feminine	laquelle	lesquelles

  Quelle entreprise l'a embauché? ▶ **Laquelle** l'a embauchée?
  Which company hired him? *Which one hired him?*

- Place the form of **lequel** wherever you would place **quel(le)(s)** + [*noun*] in a question.

  Dans **quel domaine** travaille-t-il? Dans **lequel** travaille-t-il?
  Which field does he work in? *Which one does he work in?*

- Remember that past participles agree with preceding direct objects.

  Laquelle avez-vous **choisie**? **Lesquels** as-tu **faits**?
  Which one did you choose? *Which ones did you do?*

- Forms of **lequel** contract with the prepositions **à** and **de**.

à + form of *lequel*				de + form of *lequel*		
	singular	plural			singular	plural
masculine	auquel	auxquels		masculine	duquel	desquels
feminine	à laquelle	auxquelles		feminine	de laquelle	desquelles

  Auxquels vous intéressez-vous? Vous parlez **duquel**?
  Which ones interest you? *Which one are you talking about?*

Essayez! Réécrivez les phrases avec des formes de *lequel*.

1. Pour quelle compagnie travaillez-vous? **Pour laquelle travaillez-vous?**
2. Quel métier préférez-vous? **Lequel préférez-vous?**
3. À quel métier t'intéresses-tu? **Auquel t'intéresses-tu?**
4. De quels stages est-ce que vous parlez? **Desquels est-ce que vous parlez?**

208 deux cent huit

MISE EN PRATIQUE

1 **Au bureau** Hubert parle à ses collègues. Complétez ses phrases avec une forme du pronom interrogatif **lequel**.

1. J'ai deux stylos. **Lequel** veux-tu emprunter?
2. Voici la liste des entreprises. À **laquelle** devons-nous téléphoner?
3. Avez-vous contacté les employés avec **lesquels** il faut travailler?
4. Sais-tu le nom des stages **auxquels** tu as assisté?
5. **Lesquelles** de ces lettres avez-vous lues?
6. Je suis allé dans plusieurs bureaux. **Desquels/Duquel** parlez-vous?

2 **Répétez** Nathalie rencontre M. Dupont pendant un dîner où il y a beaucoup de bruit (*noise*). Il lui pose des questions, mais il n'entend pas ses réponses. Avec un(e) partenaire, alternez les rôles. *Some answers will vary.*

MODÈLE examen / avoir réussi
Élève 1: *Quel examen avez-vous réussi?*
Élève 2: *L'examen de chimie.*
Élève 1: *Lequel avez-vous réussi?*

1. métier / s'intéresser à
   À quel métier vous intéressez-vous? Auquel vous intéressez-vous?
2. CV / avoir envoyé
   Quel CV avez-vous envoyé? Lequel avez-vous envoyé?
3. entreprise / avoir embauché
   Quelle entreprise vous a embauchée? Laquelle vous a embauchée?
4. candidats / ne pas avoir obtenu de poste
   Quels candidats n'ont pas obtenu de poste? Lesquels n'ont pas obtenu de poste?
5. formations / devoir suivre
   Quelles formations devez-vous suivre? Lesquelles devez-vous suivre?
6. domaine / se spécialiser dans
   Dans quel domaine vous spécialisez-vous? Dans lequel vous spécialisez-vous?

3 **La culture francophone** Vous voulez savoir si votre partenaire connaît la culture francophone. À tour de rôle, posez-vous ces questions et répondez-y. Ensuite, posez-vous une question avec une forme de **lequel**. *Some answers will vary.*

MODÈLE Qui chante en français?
a. Madonna (b.) Céline Dion c. Mariah Carey
Laquelle/Lesquelles de ces chanteuses aimes-tu?

1. Qui est un acteur français?
   (a.) Gérard Depardieu b. Tom Hanks c. Johnny Depp
   Lequel/Lesquels de ces acteurs préfères-tu?
2. Où parle-t-on français?
   a. Philadelphie (b.) Montréal c. Athènes
   Laquelle/Lesquelles de ces villes voudrais-tu visiter un jour?
3. Quelle voiture est française?
   a. Lotus b. Ferrari (c.) Peugeot
   Laquelle/Lesquelles de ces voitures as-tu déjà conduite(s)?
4. Quelle marque (*brand*) est française?
   a. Mabelle b. Versace (c.) L'Oréal
   Laquelle/Lesquelles de ces marques vas-tu essayer?
5. Qui est un metteur en scène (*director*) français?
   a. Visconti (b.) Besson c. Spielberg
   Lequel/Lesquels de ces metteurs en scène connais-tu?

 Practice more at daccord2.vhlcentral.com.

UNITÉ 5 L'avenir et les métiers

COMMUNICATION

4 Des choix Cet été, vous irez en vacances avec votre famille et vous visiterez plusieurs endroits. Avec un(e) partenaire, parlez de vos projets et posez des questions pour demander des détails. *Answers will vary.*

MODÈLE visiter des châteaux (*castles*)

Élève 1: Quand je serai en Suisse, je visiterai des châteaux.
Élève 2: Lesquels visiteras-tu?

aller dans des musées
bronzer sur la plage
dîner au restaurant
faire du shopping
?

faire du sport
marcher dans les rues
se promener au parc
visiter des sites touristiques
?

5 Enquête Votre professeur va vous donner une feuille d'activités. Circulez dans la classe et parlez à différent(e)s camarades pour trouver, pour chaque question, une personne qui réponde oui. Demandez des détails. *Answers will vary.*

MODÈLE

Élève 1: Écoutes-tu de la musique?
Élève 2: Oui.
Élève 1: Laquelle aimes-tu?
Élève 2: J'écoute toujours de la musique classique.

Activités	Noms	Réponses
1. écouter de la musique	Sam	musique classique
2. avoir des passe-temps		
3. bien s'entendre avec des membres de sa famille		
4. s'intéresser aux livres		
5. travailler avec d'autres élèves		
6. aimer le cinéma		

6 Ce semestre Avec un(e) partenaire, parlez des bons et des mauvais aspects de votre vie au lycée cette année. Employez des formes du pronom interrogatif **lequel**. Ensuite, présentez vos réponses à la classe. *Answers will vary.*

MODÈLE

Élève 1: J'ai des cours très difficiles cette année.
Élève 2: Lesquels?
Élève 1: Le cours de biologie et le cours de chimie.

- les cours
- les activités extra-scolaires
- les livres
- les camarades
- les profs
- ?

Le français vivant

Identifiez Quelles formes du pronom interrogatif **lequel** trouvez-vous dans cette publicité (*ad*)? *Lequel, laquelle, Lesquels*

Questions À tour de rôle, avec un(e) partenaire, posez-vous ces questions. *Answers will vary.*

1. Quel est le but (*goal*) de cette pub?
2. Quelle question posait-on traditionnellement?
3. Quelle question pose-t-on aujourd'hui?
4. Les formations traditionnelles fonctionnent-elles toujours pour trouver un travail? Pourquoi?
5. Pourquoi faut-il aujourd'hui avoir une personnalité inhabituelle?

1 Suggestion Ask six volunteers to write the completed sentences on the board. Have other volunteers correct any spelling or grammar errors.

2 Expansion Have students work in pairs to brainstorm other nouns and verbs similar to those in the activity. Ask volunteers to write their examples on the board. Have other volunteers formulate questions aloud using **lequel**.

3 Suggestion Before assigning the activity, use magazine pictures of popular movies, TV programs, etc., to ask some general questions about students' likes and preferences.

4 Expansion
- Have students bring in photos from a past vacation. Working in pairs, students should ask questions similar to those in the activity, but using the past tense.
- Ask volunteers to present their photos to the class. Have classmates ask questions using the appropriate form of **lequel**.

5 Suggestion Have two volunteers act out the **modèle**. Then hand out the **Feuilles d'activités** from the Supersite.

6 Suggestion Brainstorm vocabulary about high school life before assigning the activity. Examples: **la bibliothèque, la cantine, les examens**, etc.

OPTIONS

Interviews Have your students interview each other in pairs about where they want to be and what they want to be doing in five years, in ten years, in thirty years, and so forth. Encourage students to use the future tense and ask clarifying questions using the appropriate forms of **lequel**. Have each student take notes on his or her partner's plans. Then ask for a few volunteers to report on their partner's plans for the future.

Writing Predictions Divide the class into groups of three. Ask each group to work together to write a prediction of a classmate's future, using the future tense with **quand** and **dès que**. The group should not include the name of their subject. Then circulate the description and ask other groups to identify the name of the classmate whose future is being predicted.

Leçon 5A

SYNTHÈSE
Révision

1 **Mon premier emploi** Avec un(e) partenaire, dites ce que (*what*) vous ferez et utilisez **quand** ou **dès que**. *Answers will vary.*

MODÈLE

mon premier emploi
Dès que je serai embauché(e), je téléphonerai à ma mère.

1. mon premier entretien
2. mon premier jour dans l'entreprise
3. rencontrer les autres employés
4. mon premier salaire
5. travailler sur mon premier projet
6. changer de poste
7. me disputer avec le patron
8. quitter l'entreprise

2 **Lequel?** Avec un(e) partenaire, imaginez un dialogue entre un(e) patron(ne) et son assistant(e). L'assistant(e) demande des précisions. Alternez les rôles. *Answers will vary.*

MODÈLE

Élève 1: Vous appellerez notre client, s'il vous plaît?
Élève 2: Oui, mais lequel?
Élève 1: Le client qui est venu hier après-midi.

accompagner un visiteur	envoyer un colis
appeler un client	laisser un message à un(e) employé(e)
chercher un numéro de téléphone	prendre un rendez-vous
faire une lettre de recommandation	préparer une réunion (*meeting*)

3 **Mes stratégies** Avec un(e) partenaire, faites une liste de dix stratégies pour bien mener (*to lead*) votre carrière. Pour chaque stratégie, utilisez **quand** ou **dès que**. *Answers will vary.*

MODÈLE

Élève 1: Dès que je m'ennuierai, je chercherai un nouveau poste.
Élève 2: Quand je serai trop fatigué(e), je prendrai des vacances.

4 **Laquelle choisir?** Deux entreprises différentes ont offert un travail à votre père/mère. Avec un(e) partenaire, comparez-les. Posez des questions avec la forme correcte du pronom interrogatif **lequel** et donnez des réponses avec **quand** et **dès que**. Choisissez une entreprise et comparez vos réponses avec la classe. *Answers will vary.*

MODÈLE

Élève 1: Laquelle lui propose un meilleur salaire?
Élève 2: Verrin lui propose un meilleur salaire, mais dès qu'il commencera, il devra travailler jusqu'à neuf heures du soir.

5 **Un entretien** Par groupes de trois, jouez cette scène: un chef du personnel visite une université. Joëlle et Benoît passent un entretien informel. Utilisez le pronom interrogatif **lequel** et le futur avec **quand** et **dès que**. *Answer will vary.*

Le chef du personnel...
- décrit le poste.
- pose des questions.
- répond aux questions des candidats.
- dit aux candidats quand il/elle va les contacter.

Les candidats...
- L'un doit donner toutes les bonnes réponses.
- L'autre ne donne que de mauvaises réponses.
- Les deux posent des questions pour en savoir plus sur l'entreprise et sur les postes.

6 **Quand nous chercherons du travail...** Votre professeur va vous donner, à vous et à votre partenaire, deux feuilles d'activités différentes. Attention! Ne regardez pas la feuille de votre partenaire. *Answers will vary.*

ressources

CE pp. 73–76 | CA pp. 12–13, 43–44, 147–148 | daccord2.vhlcentral.com

210 deux cent dix

UNITÉ 5   L'avenir et les métiers

Le Zapping

MI-TEMPS
un film de Mathias GOKALP

Video: Short Film

Une jeune étudiante, qui a besoin d'argent pour payer ses études, travaille à mi-temps° dans un supermarché. Elle déteste ce travail, méprise° ses collègues et n'en fait qu'à sa tête°, se croyant supérieure° à tous les autres. Jusqu'au jour où, à cause de ses propres° actions, elle se retrouve dans une situation qui pourrait avoir des conséquences très fâcheuses°.

mi-temps part time   **méprise** looks down on   **n'en fait qu'à sa tête** does whatever she feels like doing   **se croyant supérieure** thinking she's better   **ses propres** her own   **fâcheuses** regrettable

Préparation

Expressions utiles

C'est foutu. (fam.) It's ruined.
C'est plein pot. It's full price.
Dégagez! (fam.) Get lost!
Je ne vous empêche pas de... I'm not keeping you from...
J'ai tout foiré. (fam.) I messed up everything.
Laisse tomber! Forget it!
On s'en fout. (fam.) Who cares.
prendre en compte to take into consideration
se donner à fond to give it one's all

Vocabulaire du court métrage

un achat purchase
bosser (fam.) to work
le boulot (fam.) work, job
une bourse scholarship
une caisse cash register
faire le compte de la caisse to count the money
un(e) caissier/caissière cashier
la clientèle customers
une grève strike
un horaire shift
un(e) raté(e) loser
surveiller to watch, to keep an eye on

1 Synonymes Remplacez les termes soulignés par des synonymes appropriés du vocabulaire.

1. J'aime énormément <u>mon travail</u>.   *mon boulot*
2. Mon ami déteste <u>ses heures de travail</u> cette année.   *son horaire*
3. Désolé! <u>Il n'y a pas de promotion</u> en ce moment.   *C'est plein pot.*
4. Le patron vient d'annoncer qu'il faut <u>travailler</u> plus vite pour arriver à tout finir.   *bosser*
5. <u>N'y pense plus!</u> C'est trop tard, de toute façon!   *Laisse tomber!*
6. Allez, <u>partez</u>! Il n'y a rien à voir, ici!   *dégagez*

2 Réactions Avec un(e) partenaire, complétez les réactions à ces commentaires avec des mots et expressions du vocabulaire.

1. —Il pleut, nous avons raté le train. Ils sont partis sans nous.
   —Et notre week-end à la plage! ___C'est foutu___, c'est sûr!
2. —Mais, bien sûr! Vous pouvez toujours faire tout ce que vous voulez!
   —Oui, c'est vrai, tu ___ne nous empêches pas de___ sortir, en général.
3. —Les études ne sont pas très chères en France.
   —Oui, c'est vrai, mais il faut aussi ___prendre en compte___ le logement, la nourriture, les transports, les loisirs...
4. —Ta cousine fait tout ce qu'elle peut pour réussir en médecine.
   —Oui, elle ___se donne à fond___ dans ses études.
5. —Alors, comment s'est passé ton examen de chimie?
   —Oh là là, une vraie catastrophe. Je crois que ___j'ai tout foiré___!
6. —Carole a reçu 5.000 euros du gouvernement pour ses études.
   —C'est vrai? Elle a eu ___une bourse___? C'est génial!

deux cent onze **211**

Note culturelle When looking for work, French people can turn to the **ANPE**, which stands for **Agence Nationale pour l'Emploi**. Created in 1967 by the French Government, its goal is to help jobseekers find jobs, help companies recruit new employees, and fight against discrimination in the labor market. The ANPE has a partnership with over 500.000 companies.

Note culturelle The **SMIC (salaire minimum interprofessionnel de croissance)** is the French equivalent of the US minimum wage. It is currently € 8,82 per hour. The **SMIC** is reevaluated every year on January 1st.

Leçon 5A

SYNTHÈSE

Mi-temps

  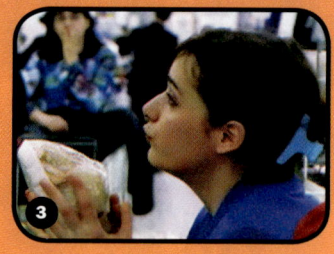

ROSA Bonjour, Alice. Tu travailles, aujourd'hui? Ce n'était pas Viviane, ce matin? Ça fait trois semaines que tu lui laisses le vendredi après-midi.
ALICE Je n'y peux rien. J'ai mes examens à la fac.
ROSA Et elle, ça lui bouffe° tous ses week-ends.
UNE CLIENTE C'est à partir de combien, le parking gratuit°?
ALICE C'est à partir de 500 francs d'achat, Madame. Pour 50 francs, ça ira. Rosa, tu peux me passer le tampon° pour le parking?
ROSA C'est à partir de 500 francs d'achat.

ALICE Rosa, tu peux prendre mes clients? Il faut que je téléphone pour les résultats de mon examen.
ROSA Ça ne peut pas attendre la pause°?
ALICE Allô? C'est moi. GL304. C'est la littérature générale. LM311. Langues vivantes. LP204. Linguistique. C'est pas possible. Il faut que je raccroche, je suis au boulot.
ALICE Elle n'est pas terrible, la musique, aujourd'hui. Tu ne pourrais pas changer?
ABDEL C'est la radio.
ALICE Ben, change de station.

UNE FEMME Alice! Alors, c'était aujourd'hui?
ALICE Ouais, et j'ai tout foiré! C'est foutu.
UNE FEMME Bon, écoute, si t'es occupée, je vais te laisser, d'accord?
ALICE Le poulet de Bresse est en promotion°. Vous pouvez passer à la caisse d'à côté? Je n'en peux plus de ce boulot! Je travaille à mi-temps. Sans ma bourse, laisse tomber! Je me suis donnée à fond et j'ai tout foiré. Je suis une ratée. Le poulet, il est en promotion.
UN HOMME C'est plein pot, le poulet.
ALICE Il est en promo. Cadeau, le poulet!

ALICE 114,80, s'il vous plaît. Bonjour. Au revoir.
UN CLIENT Bonjour.
ALICE Bonjour. Merci. Voilà, au revoir.
UN CLIENT Bonjour.
ALICE Bonjour. Vous n'auriez pas plus petit?
UN CLIENT Non, c'est tout ce que j'ai.
ALICE Rosa, tu n'aurais pas de la monnaie sur 500 francs? Merci. Vous avez le ticket? Au revoir. Vous payez par chèque ou par carte bleue?
UNE CLIENTE Carte bleue.

LE DIRECTEUR Vous ne partez pas sans faire le compte de la caisse.
ALICE C'est Viviane qui le fait en fin de journée.
LE DIRECTEUR Les caisses sont vérifiées à la fin de chaque horaire.
ALICE Non, mais d'habitude, ce n'est pas comme ça. Pourquoi vous ne faites ça qu'à moi? Vous me lâchez°? Vous n'avez pas le droit. C'est Rosa qui vous a dit de m'emmerder°?
ROSA Le temps de vérification des caisses n'est pas pris en compte dans l'horaire. Vous n'avez pas le droit de demander à Alice de vérifier sa caisse. Ce n'est pas syndical.

ROSA Nous informons notre aimable clientèle que suite à des mesures anti-syndicales° prises par la direction, l'ensemble des caissiers entame° une grève surprise. La sortie des articles est libre°.
UNE CAISSIÈRE Je vais devoir quitter ma caisse et vous laisser, si vous voulez, partir avec vos articles.
UNE CAISSIÈRE Le magasin ferme. Oui, oui, vous pouvez prendre... vous pouvez passer.
UN CLIENT Celui-là...
UNE CAISSIÈRE Au revoir.

bouffe *eats up* **gratuit** *free* **tampon** *stamp* **pause** *break* **en promotion** *on sale* **lâchez** *let go* **droit** *right* **m'emmerder** *bother me* **mesures anti-syndicales** *decisions in violation of workers' rights* **entame** *begins* **libre** *free*

212 *deux cent douze*

Analyse

3 **Associez** D'abord, faites correspondre les images aux phrases. Ensuite, mettez les images dans l'ordre chronologique.

- _e_ 1. Rosa donne de la monnaie à Alice.
- _a_ 2. Alice attend sa pause pour passer un coup de téléphone (*to phone*) important.
- _d_ 3. Le directeur veut qu'Alice vérifie sa caisse maintenant.
- _f_ 4. Alice vole (*steals*) dans la caisse.
- _b_ 5. Alice sait qu'elle a raté ses examens.
- _c_ 6. Les caissiers font la grève. Les clients peuvent partir sans payer.

a. _1_ b. _2_ c. _6_

d. _5_ e. _4_ f. _3_

4 **Les relations au supermarché** Avec un(e) partenaire, répondez à ces questions sur le film. *Answers will vary.*

1. Quelles actions d'Alice créent ou pourraient créer des problèmes pour Viviane? Expliquez.
2. Dans la salle de pause, pourquoi Rosa dit-elle à Alice que les autres employés ont aussi besoin de pauses? Quelle est la réaction d'Alice? Qu'est-ce qui explique peut-être cette réaction?
3. Que fait Alice à plusieurs reprises (*several times*) quand elle ne veut pas s'occuper de ses clients? Qu'en pensez-vous?
4. Pourquoi Alice dit-elle au client qu'il y a une promotion sur le poulet? Que pensez-vous de son comportement (*behavior*)?
5. À votre avis, Rosa a-t-elle dit au directeur qu'Alice avait pris de l'argent? Expliquez votre réponse.
6. D'après vous, Rosa savait-elle qu'Alice avait volé dans la caisse? Expliquez votre réponse.

Practice more at **daccord2.vhlcentral.com**.

5 **Après la grève** Par groupes de trois ou quatre, préparez un dialogue qui a lieu (*that takes place*) après la grève des caissiers. Servez-vous de ces questions comme base. *Answers will vary.*

- Qu'arrive-t-il à Rosa?
- Alice change-t-elle de comportement et aide-t-elle Rosa?
- Que font les autres employés?
- Que fait le directeur?

Section Goals

In this section, students will learn and practice vocabulary related to:
- professions and occupations
- the workplace

Key Standards

1.1, 1.2, 4.1

Student Resources
Cahier d'exercices, pp. 77-78; *Cahier d'activités*, pp. 45-46, 149; Supersite: Activities, *Cahier interactif*

Teacher Resources
Answer Keys; Overhead #31; Audio Script; Textbook & Audio Activity MP3s/CD; Info Gap Activities; Testing program: Vocabulary Quiz

Suggestions
- Tell students to look over the new vocabulary and identify the cognates.
- Use **Overhead #31**. Identify the professions of people in the illustration. Examples: **C'est un agriculteur. C'est un banquier.**
- Explain that whenever there is no feminine form (**un agriculteur/une agricultrice**) nor article change (**un/une psychologue**) nor a term in apposition (**un homme/une femme politique**), the French say **elle est** followed by the masculine form of the profession. Examples: **Elle est plombier. Elle est chef d'entreprise.**
- Ask students questions using the new vocabulary. Examples: **1. Avez-vous un emploi à mi-temps? 2. Êtes-vous au chômage? 3. Avez-vous une assurance maladie? 4. Pourquoi est-il important d'avoir une assurance maladie? 5. Quelles professions sont exigeantes, à votre avis? 6. Connaissez-vous une femme politique célèbre?**

Leçon 5B

CONTEXTES

Talking Picture Audio: Activity

You will learn how to...
- discuss your work
- say what you would do

Les professions

Vocabulaire

démissionner	to resign
diriger	to manage
être au chômage	to be unemployed
être bien/mal payé(e)	to be well/badly paid
gagner	to earn; to win
prendre un congé	to take time off
renvoyer	to dismiss, to let go
une carrière	career
un chômeur/une chômeuse	unemployed person
un emploi à mi-temps/à temps partiel	part-time job
un emploi à plein temps	full-time job
un niveau	level
une profession (exigeante)	(demanding) profession
un(e) retraité(e)	retired person
une réunion	meeting
une réussite	success
un syndicat	union
une assurance-maladie	health insurance
une assurance-vie	life insurance
une augmentation (de salaire)	raise (in salary)
une promotion	promotion
un cadre/une femme cadre	executive
un chef d'entreprise	head of a company
un conseiller/une conseillère	consultant; advisor
une femme au foyer	housewife
un(e) gérant(e)	manager
un homme/une femme politique	politician
un ouvrier/une ouvrière	worker, laborer
un plombier	plumber

ressources
CE pp. 77-78
CA pp. 45-46, 149
daccord2.vhlcentral.com

214 deux cent quatorze

OPTIONS

Using Movement Have students mime the work of different professionals. Write the names of professions on slips of paper or whisper them to each person. Examples: **comptable, pompier,** and **chauffeur**. The rest of the class should guess what profession the person is miming. The student who guesses correctly gets to mime the next profession.

Guessing Game Give French words that are related to a profession. Then ask students to guess the profession. Example: **la nourriture, un restaurant, cuisiner, une fourchette, un menu, le dîner (un chef de cuisine)**

UNITÉ 5 L'avenir et les métiers

Mise en pratique

1 **Les professions** Pour chaque profession de la colonne de gauche, trouvez la définition qui correspond dans la colonne de droite.

- g 1. un chef d'entreprise
- j 2. une femme au foyer
- k 3. un chauffeur
- i 4. une banquière
- h 5. un cuisinier
- a 6. une comptable
- b 7. un ouvrier
- f 8. une vétérinaire
- d 9. un agent immobilier
- c 10. un plombier

a. travaille avec des budgets
b. est employé dans une usine (factory)
c. répare les fuites (leaks) d'eau
d. loue et vend des appartements
e. travaille dans un laboratoire
f. s'occupe de la santé des animaux
g. dirige des employés
h. prépare des plats dans un restaurant
i. travaille avec de l'argent
j. s'occupe de la maison et des enfants
k. conduit un taxi ou un camion
l. donne des conseils

2 **Le monde du travail** Complétez le paragraphe en utilisant les mots de vocabulaire de la liste pour faire des phrases cohérentes.

à mi-temps	un conseil
à plein temps	mal payés
l'assurance maladie	un niveau
une augmentation	d'une promotion
leur carrière	un salaire élevé

Quand les lycéens ont un travail, en général c'est un emploi (1) _à mi-temps_ parce qu'ils doivent aussi étudier pour préparer (2) _leur carrière_. Souvent, ils sont (3) _mal payés_. Mais avec leur diplôme, ils auront la possibilité de trouver un poste (4) _à plein temps_, avec (5) _un salaire élevé_ et bien souvent (6) _l'assurance maladie_. Plus tard, ils pourront demander (7) _une augmentation_ de salaire ou bien attendre l'opportunité (8) _d'une promotion_ pour gagner plus d'argent.

3 **Écoutez** Écoutez la conversation entre Henri et Margot, deux jeunes élèves, et indiquez si les phrases suivantes sont **vraies** ou **fausses**.

Henri

Margot

1. Henri veut être comptable. Faux.
2. Il aidera ses employés. Vrai.
3. Ses employés seront bien payés. Vrai.
4. Il offrira à tous une assurance vie. Faux.
5. Margot veut être chef d'entreprise. Faux.
6. Elle aidera les femmes au foyer. Faux.
7. Margot ne parlera pas aux syndicats. Faux.
8. Une de ses priorités sera le chômage. Vrai.

Practice more at daccord2.vhlcentral.com.

deux cent quinze 215

Leçon 5B

CONTEXTES

Communication

4 Conversez Interviewez un(e) camarade de classe. Les réponses peuvent être réelles ou imaginaires. *Answers will vary.*

1. Où travailles-tu en ce moment? Es-tu bien payé(e)?
2. Préfères-tu travailler à mi-temps ou à plein temps? Pourquoi?
3. Est-ce le métier que tu feras plus tard? Pourquoi?
4. Est-ce que tu as des congés payés? Une assurance maladie? Qu'en penses-tu?
5. As-tu déjà demandé une augmentation de salaire? As-tu réussi à en obtenir une? Comment?
6. As-tu déjà obtenu une promotion? Quand? Pourquoi?
7. As-tu déjà été au chômage? Pendant combien de temps? Qu'est-ce que tu as fait pendant ce temps-là?
8. Quel genre de carrière veux-tu faire? Ta profession sera-t-elle exigeante? Pourquoi?

5 Votre carrière Voilà cinq ans que vous n'avez pas vu votre ami(e) du lycée. Depuis, vous avez obtenu tous/toutes les deux votre diplôme et trouvé un travail. Travaillez avec un(e) camarade de classe pour présenter un dialogue avec ces éléments: *Answers will vary.*

- Vous vous retrouvez et vous parlez de votre métier.
- Vous décrivez votre poste.
- Vous parlez de votre patron/patronne et/ou de vos employés.
- Vous parlez des avantages et des inconvénients (*drawbacks*) de votre travail.

6 Décrivez Votre professeur va vous donner, à vous et à votre partenaire, deux feuilles d'activités différentes. À tour de rôle, posez-vous des questions pour trouver ce que font les personnages de chaque profession pendant la journée. *Answers will vary.*

MODÈLE

Élève 1: *Sur mon dessin, j'ai un plombier qui répare une fuite (leak) d'eau sous un évier.*
Élève 2: *Moi, j'ai un homme…*

7 L'offre d'emploi Vous êtes le chef d'entreprise de Cartalis, une agence immobilière. Vous développez votre entreprise et avez besoin de rapidement embaucher un(e) nouvel(le) employé(e). Avec deux partenaires, écrivez une annonce que vous enverrez à votre journal local. Utilisez les mots de la liste. *Answers will vary.*

agent immobilier	poste exigeant
carrière	promotion
congés payés	réussite
diriger	salaire élevé
entretien	temps partiel

216 *deux cent seize*

Teacher's notes:

4 Expansion Have pairs get together with another pair and report what information they collected from their partners.

5 Suggestion Before beginning the activity, give students a few minutes to jot down some ideas about their job, boss, and/or employees.

6 Suggestion Have two volunteers read the **modèle** aloud. Then divide the class into pairs and distribute the Info Gap Handouts found on the Supersite for this activity. Give students ten minutes to complete the activity.

7 Suggestion Tell students to use the ads on page 200 as models. Encourage them to invent information for the company, such as a telephone number, a street address, or an e-mail address.

OPTIONS

Categories Have students categorize professions according to various paradigms. Examples: **les emplois de bureau/les emplois en plein air; les métiers physiques/les métiers intellectuels;** and **les métiers qui exigent une longue formation/les métiers qui n'exigent pas ou peu de formation.**

Making Lists Have students work in pairs. Tell them to make a list of reasons people resign from a job (**Raisons pour démissionner d'un poste**) and a list of reasons people are let go from a job (**Raisons pour être renvoyé[e]**). Then call on volunteers to read one item from their list.

UNITÉ 5 L'avenir et les métiers

Les sons et les lettres

Les néologismes et le franglais

The use of words or neologisms of English origin in the French language is called **franglais**. These words often look identical to the English words, but they are pronounced like French words. Most of these words are masculine, and many end in **-ing**. Some of these words have long been accepted and used in French.

| le sweat-shirt | le week-end | le shopping | le parking |

Some words for foods and sports are very common, as are expressions in popular culture, business, and advertising.

| un milk-shake | le base-ball | le top-modèle | le marketing |

Many **franglais** words are recently coined terms (**néologismes**). These are common in contemporary fields, such as entertainment and technology. Some of these words do have French equivalents, but the **franglais** terms are used more often.

| un e-mail = un courriel | le chat = la causette | une star = une vedette |

Some **franglais** words do not exist in English at all, or they are used differently.

| **un brushing** = *a blow-dry* | **un relooking** = *a makeover* | **le zapping** = *channel surfing* |

Prononcez Répétez les mots suivants à voix haute.

1. flirter
2. un fax
3. cliquer
4. le look
5. un clown
6. le planning
7. un scanneur
8. un CD-ROM
9. le volley-ball
10. le shampooing
11. une speakerine
12. le chewing-gum

Articulez Répétez les phrases suivantes à voix haute.

1. Le cowboy porte un jean et un tee-shirt.
2. Julien joue au base-ball et il fait du footing.
3. J'ai envie d'un nouveau look, je vais faire du shopping.
4. Au snack-bar, je commande un hamburger, des chips et un milk-shake.
5. Tout ce qu'il veut faire, c'est rester devant la télé dans le living et zapper!

Dictons Répétez les dictons à voix haute.

Ce n'est pas la star qui fait l'audience, mais l'audience qui fait la star.[1]

Un gentleman est un monsieur qui se sert d'une pince à sucre, même lorsqu'il est seul.[2]

[1] It's not the star that makes the fans, it's the fans that make the star.
[2] A gentleman is a man who uses sugar tongs, even when he is alone.

Section Goals

In this section, students will learn functional phrases for talking about hypothetical situations and making polite requests or suggestions.

Key Standards

1.2, 2.1, 2.2, 4.1, 4.2

Student Resources
Cahier d'activités, pp. 79-80; Supersite: Activities, *Cahier interactif*

Teacher Resources
Answer Keys; Video Script & Translation; *Roman-photo* video

Video Recap: Leçon 5A

Before doing this **Roman-photo**, review the previous one with this activity.

1. Qu'est-ce que Stéphane et Astrid viennent de faire? (passer le bac)
2. Qu'est-ce que Stéphane veut étudier à l'université? (l'architecture)
3. Qu'est-ce qu'Astrid veut étudier à l'université? (la médecine)
4. Qu'est-ce que cherche la jeune femme au P'tit Bistrot? (un emploi)
5. Qu'est-ce que cherche Michèle? (un nouveau travail)

Video Synopsis

Sandrine is anxious about her first public performance as a singer. Amina offers to make her a dress to give her confidence. Stéphane and Astrid get their **bac** results. Astrid passed with honors, but Stéphane has to retake one part of the exam. At **Le P'tit Bistrot**, Michèle asks Valérie for a raise. When Valérie refuses, Michèle quits. Then Stéphane arrives and tells his mother his bad news.

Suggestions

- Tell students to scan the captions to find job-related vocabulary.
- After reading the **Roman-photo**, review students' predictions and have them summarize the episode.

Leçon 5B

ROMAN-PHOTO

Je démissionne!

 Video: *Roman-photo* Record & Compare

PERSONNAGES

Amina

Astrid

Michèle

Sandrine

Stéphane

Valérie

En ville...
AMINA Alors, Sandrine, ton concert, ce sera la première fois que tu chantes en public?
SANDRINE Oui, et je suis un peu anxieuse!
AMINA Ah! Tu as le trac!
SANDRINE Un peu, oui. Toi, tu es toujours tellement chic, tu as confiance en toi, tu n'as peur de rien...

AMINA Mais Sandrine, la confiance en soi, c'est ici dans le cœur et ici dans la tête. J'ai une idée! Ce qui te donnerait du courage, c'est de porter une superbe robe.
SANDRINE Tu crois? Mais, je n'en ai pas...
AMINA Je m'en occupe. Quel style de robe est-ce que tu aimerais? Suis-moi!

Au marché...
AMINA Que penses-tu de ce tissu noir?
SANDRINE Oh! C'est ravissant!
AMINA Oui et ce serait parfait pour une robe du soir.
SANDRINE Bon, si tu le dis. Moi, si je faisais cette robe moi-même, elle finirait sans doute avec une manche courte et avec une manche longue!

STÉPHANE Attends. Forestier, Stéphane... Oh! Ce n'est pas possible!
ASTRID Quoi, qu'est-ce qu'il y a?
STÉPHANE Je dois repasser une partie de l'examen la semaine prochaine.
ASTRID Oh, ce n'est pas vrai! Il y a peut-être une erreur. Stéphane, attends!

Au P'tit Bistrot...
MICHÈLE Excusez-moi, Madame. Auriez-vous une petite minute?
VALÉRIE Oui, bien sûr!
MICHÈLE Voilà, ça fait deux ans que je travaille ici au P'tit Bistrot... Est-ce qu'il serait possible d'avoir une augmentation?

VALÉRIE Michèle, être serveuse, c'est un métier exigeant, mais les salaires sont modestes!
MICHÈLE Oui, je sais, Madame. Je ne vous demande pas un salaire très élevé, mais... c'est pour ma famille.
VALÉRIE Désolée, Michèle, j'aimerais bien le faire, mais, en ce moment, ce n'est pas possible. Peut-être dans quelques mois...

A C T I V I T É S

1 **Vrai ou faux?** Indiquez si ces affirmations sont **vraies** ou **fausses**. Corrigez les phrases fausses. *Answers may vary.*

1. Sandrine a un peu peur avant son concert.
   Vrai.
2. Amina ne sait pas comment aider Sandrine.
   Faux. Amina va faire une robe pour Sandrine.
3. Amina va faire une robe de velours noir.
   Faux. Amina va faire une robe en soie noire.
4. Sandrine ne sait pas faire une robe.
   Vrai.
5. Pour la remercier (*To thank her*), Sandrine va préparer un dîner pour Amina.
   Faux. Sandrine va préparer un gâteau pour Amina.
6. Stéphane doit repasser tout le bac.
   Faux. Stéphane doit repasser une partie du bac.
7. Astrid a reçu une très bonne note.
   Vrai.
8. Michèle travaille au P'tit Bistrot depuis deux ans.
   Vrai.
9. Valérie offre à Michèle une toute petite augmentation de salaire.
   Faux. Valérie n'offre pas d'augmentation de salaire à Michèle.
10. Michèle va retourner au P'tit Bistrot après ses vacances.
    Faux. Michèle ne va pas retourner au P'tit Bistrot.

 Practice more at **daccord2.vhlcentral.com**.

218 deux cent dix-huit

OPTIONS

Avant de regarder la vidéo Tell students to look at the video stills and to read the title and the scene setter. Then have them predict what might happen in this episode. Write their predictions on the board. After viewing the episode, have them confirm or correct their predictions.

Regarder la vidéo Show the video in four parts, pausing it before each location change. Have students describe what happens in each place. Write their observations on the board. Then show the entire episode again without pausing and have the class fill in any missing details to summarize the plot.

UNITÉ 5 L'avenir et les métiers

Valérie et Stéphane rencontrent de nouveaux problèmes.

AMINA Je pourrais en faire une comme ça, si tu veux.
SANDRINE Je préférerais une de tes créations. Si tu as besoin de quoi que ce soit un jour, dis-le-moi.
AMINA Oh, Sandrine, je vais te faire une robe qui te fera plaisir.
SANDRINE Je pourrais te préparer un gâteau au chocolat?
AMINA Mmmm… Je ne dirais pas non.

Au lycée…
ASTRID Oh, Stéphane, c'est le grand jour! On va enfin connaître les résultats du bac! Je suis tellement nerveuse. Pas toi?
STÉPHANE Non, pas vraiment. Seulement si j'échoue, ma mère va m'étrangler. Eh! Félicitations, Astrid! Tu as réussi! Avec mention bien en plus!
ASTRID Et toi?

MICHÈLE Non, Madame! Dans quelques mois, je serai déjà partie. Je démissionne! Je prends le reste de mes vacances à partir d'aujourd'hui.
VALÉRIE Michèle, attendez! Mais Michèle! Ah, Stéphane, te voilà. Hé! Où vas-tu? Tu as eu les résultats du bac, non? Qu'est-ce qu'il y a?

STÉPHANE Maman, je suis désolé, mais je vais devoir repasser une partie de l'examen.
VALÉRIE Oh là là! Stéphane!
STÉPHANE Bon, écoute maman, voici ce que je vais faire: je vais étudier nuit et jour jusqu'à la semaine prochaine: pas de sports, pas de jeux vidéo, pas de télévision. J'irai à l'université, maman. Je te le promets.

Expressions utiles

Talking about hypothetical situations
- Ce qui te donnerait du courage, c'est de porter une superbe robe.
  Wearing a great dress would give you courage.
- Ce serait parfait pour une robe du soir.
  This would be perfect for an evening gown.
- Si je faisais cette robe, elle finirait avec une manche courte et avec une manche longue!
  If I made this dress, it would end up with one short sleeve and one long sleeve!
- Je préférerais une de tes créations.
  I would prefer one of your creations.
- Je ne dirais pas non.
  I wouldn't say no.
- Si tu as besoin de quoi que ce soit un jour, dis-le-moi.
  If you ever need anything someday, tell me.
- Si j'échoue, ma mère va m'étrangler.
  If I fail, my mother is going to strangle me.

Making polite requests and suggestions
- Quel style de robe est-ce que tu aimerais? J'aimerais…
  What kind of dress would you like? I would like…
- Je pourrais en faire une comme ça, si tu veux.
  I could make you one like this, if you would like.
- Auriez-vous une petite minute?
  Would you have a minute?
- Est-ce qu'il serait possible d'avoir une augmentation?
  Would it be possible to get a raise?

Additional vocabulary
- le trac
  stage fright
- ravissant(e)
  beautiful; delightful
- faire plaisir à quelqu'un
  to make someone happy

2 Les mauvaises nouvelles Stéphane, Valérie et Michèle ont été très déçus (*disappointed*) aujourd'hui pour des raisons différentes. Avec deux partenaires, décidez qui a passé la pire journée et pourquoi. Ensuite, discutez-en avec le reste de la classe.

3 Écrivez Pensez à un examen très important de votre vie et écrivez un paragraphe, en répondant à (*by answering*) ces questions. Quel était l'examen? Qu'est-ce que vous avez fait pour le préparer? Comment était-ce? Comme l'histoire de Stéphane ou d'Astrid? Comment cet examen a-t-il affecté vos projets d'avenir?

ressources
CA pp. 79–80

daccord2.vhlcentral.com

deux cent dix-neuf **219**

Section Goals

In this section, students will:
- learn about unions and strikes in France
- learn some colloquial terms for talking about money
- learn about paid vacations and holidays in various francophone regions
- read about civil servants in France
- view authentic video footage

Key Standards
2.1, 2.2, 3.1, 3.2, 4.2

Student Resources
Cahier d'activités, pp. 99-100;
Supersite: Activities,
Cahier interactif

Teacher Resources
Answer Keys; Video Script & Translation; *Flash culture* video

Culture à la loupe
Avant la lecture Have students look at the photo of the people protesting and describe what they see. Ask what they are protesting.

Lecture
- Point out the statistics chart. Ask students what information it shows. (the percentage of French people in favor of minimum service for the sectors listed) Then ask: **Pourquoi pensez-vous que tant de gens veulent un service minimum pour ces secteurs? Pourquoi ces services sont-ils très importants?**

Après la lecture Ask students: **Pourquoi fait-on la grève? Qu'espère-t-on obtenir quand on fait la grève?**

1 Suggestion Have volunteers write the answers to the questions on the board. Then go over the answers with the class.

Leçon 5B

CULTURE

Video: *Flash culture*

CULTURE À LA LOUPE

Syndicats et grèves en France

Des passagers attendent un train pendant une grève de la SNCF.

Les gens se plaignent° souvent des grèves° en France, mais faire la grève est un droit. Ce sont les grandes grèves historiques qui ont apporté aux Français la majorité des avantages sociaux°: retraite, sécurité sociale, congés payés, instruction publique, etc. Les grèves en France sont accompagnées de manifestations ou de pétitions, et beaucoup d'entre elles ont lieu° en automne, après les vacances d'été. Des grèves peuvent avoir lieu dans tous les secteurs de l'économie, en particulier le secteur des transports et celui° de l'enseignement°. Une grève de la SNCF, par exemple, peut immobiliser tout le pays et causer des ennuis à des millions de voyageurs.

Les syndicats organisent les trois quarts° de ces mouvements sociaux. La France est pourtant° le pays industrialisé le moins syndiqué° du monde. En 2009, seulement six à huit pour cent des salariés français étaient syndiqués contre environ° 13% aux États-Unis ou 91% en Suède.

De plus en plus, des non-salariés, comme les médecins et les commerçants, font aussi la grève. Dans ce cas, ils cherchent surtout à faire changer les lois°.

En général, le public soutient° les grévistes, mais il demande aussi la création d'un service minimum obligatoire dans les transports publics et l'enseignement pour éviter la paralysie totale du pays. Ce service minimum obligerait° un petit nombre d'employés à travailler pendant chaque grève. La fréquence des grèves a diminué pendant les années 1970, 1980 et 1990, mais a vu° une certaine augmentation depuis l'année 2000.

une manifestation de la CGT, un syndicat

Les Français favorables à un service minimum

Dans le ramassage des ordures°	84%
Dans l'enseignement public	79%
Dans les transports aériens	77%
Dans les transports publics	74%

SOURCE: Francoscopie

se plaignent complain **grèves** strikes **avantages sociaux** benefits **ont lieu** take place **celui** the one **enseignement** education **trois quarts** three quarters **pourtant** however **syndiqué** unionized **environ** around **faire changer les lois** have the laws changed **soutient** supports **obligerait** would force **a vu** has seen **ramassage des ordures** trash collection

ACTIVITÉS

1 Répondez Répondez aux questions d'après les textes.

1. Quel est un des droits des Français?
   Faire la grève est un des droits des Français.
2. Qu'est-ce que la grève a apporté aux Français? Elle leur a apporté des avantages sociaux.
3. Quand ont souvent lieu les grèves?
   Elles ont souvent lieu en automne.
4. Par qui la majorité des grèves sont-elles organisées?
   Elles sont organisées par les syndicats.
5. Les travailleurs français sont-ils très syndiqués?
   Non, la France est le pays industrialisé le moins syndiqué du monde.
6. Combien de travailleurs français étaient syndiqués en 2000?
   Entre six et huit pour cent des travailleurs étaient syndiqués en 2009.
7. Pourquoi les médecins et les commerçants font-ils la grève?
   Ils font la grève pour changer les lois.
8. Y a-t-il toujours eu un grand nombre de grèves en France?
   Non, la fréquence des grèves a diminué pendant les années 1970, 1980 et 1990.
9. Combien de Français sont favorables au service minimum dans l'enseignement public?
   79% y sont favorables.
10. À quoi sont favorables 77% des Français?
    77% des Français sont favorables à un service minimum dans les transports aériens.

220 *deux cent vingt*

OPTIONS

Les grèves During a strike, people in France march in large or small numbers, as is true in the United States. The media coverage of participants in a strike is also similar: unions consistently report a higher rate of participation than the police. In France, however, one might see police carrying body shields and using tear gas when large groups assemble to strike.

Discussion Have students work in groups of three or four. Have them discuss the various options unions have for making their demands known: **la pétition, la grève, la manifestation**, and **le boycott**. Tell them to decide which means they think are the most and least effective and explain why.

UNITÉ 5   L'avenir et les métiers

LE FRANÇAIS QUOTIDIEN

L'argent

Voici d'autres noms familiers souvent utilisés pour parler de l'argent.

avoine (f.)	oseille (f.)
biffeton (m.)	pépètes (f., pl.)
blé (m.)	pèze (m.)
cash (m.)	pognon (m.)
flouze (m.)	radis (m.)
fric (m.)	rond (m.)
grisbi (m.)	thune (f.)

LE MONDE FRANCOPHONE

La durée des vacances et les jours fériés

Voici la durée des congés payés dans quelques pays francophones.

En Belgique 20 jours après une année de travail, plus 10 jours fériés par an

En France 25 jours et 10 jours fériés par an

Au Luxembourg 25 jours et 12 jours fériés par an

Au Maroc 18 jours par an

Au Québec 10 jours et 8 jours fériés par an

Au Sénégal un minimum de 24 jours par an, plus pour les travailleurs avec ancienneté° et pour les mères de famille

En Suisse 20 jours pour les plus de 20 ans, 25 jours pour les moins de 20 ans

En Tunisie 12 jours par an pour les plus de 20 ans, 18 jours pour les 18-20 ans et 24 jours pour les moins de 18 ans

ancienneté *seniority*

PORTRAIT

Les fonctionnaires

Avec environ six millions de fonctionnaires° dans le pays, ou 21% de la population active°, la France bat des records°. Ces fonctionnaires travaillent pour l'État (dans le gouvernement, les universités, les lycées, les compagnies nationales), pour la fonction publique territoriale (le département, la région) ou pour la fonction publique hospitalière. Ils ont de nombreux avantages: des salaires compétitifs, une bonne retraite et une grande protection de l'emploi. Pour devenir fonctionnaire, il faut passer un concours°. Chaque année, près de 40.000 emplois sont ainsi° ouverts au public.

fonctionnaires *civil servants* population active *working population* bat des records *breaks records* concours *competitive examination* ainsi *thus*

SUR INTERNET

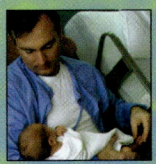

Quelle est la durée des congés de maternité et de paternité en France?

Go to **daccord2.vhlcentral.com** to find more information related to this **CULTURE** section. Then watch the corresponding **Flash culture**.

2   Complétez Donnez une suite logique à chaque phrase.

1. La France bat des records avec... *environ six millions de fonctionnaires dans le pays.*
2. Les fonctionnaires sont employés par... *l'État.*
3. Ils bénéficient de nombreux... *avantages.*
4. On peut devenir fonctionnaire après avoir passé... *un concours.*
5. Au Sénégal, on a des journées de vacances supplémentaires si on est... *travailleur avec ancienneté ou mère de famille.*
6. La durée des vacances dépend de l'âge en... *Tunisie et en Suisse.*

3   La grève Vous êtes journaliste et votre partenaire est un fonctionnaire en grève. Vous allez l'interviewer pour le journal télévisé de 20 heures. Préparez un dialogue où vous cherchez à comprendre pourquoi il ou elle est en grève et depuis combien de temps. Soyez prêts à jouer le dialogue devant la classe.

Practice more at **daccord2.vhlcentral.com**.

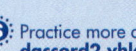 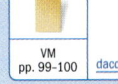

ressources
VM pp. 99–100
daccord2.vhlcentral.com

deux cent vingt et un 221

Section Goals

In this section, students will learn:
- the use of **si** clauses with the conditional
- **si** clauses with the present and **imparfait**

Key Standards

4.1, 5.1

Student Resources
Cahier d'exercices, pp. 79-80;
Cahier d'activités, p. 151;
Supersite: Activities,
Cahier interactif

Teacher Resources
Answer Keys; Audio Script;
Audio Activity MP3s/CD; Testing program: Grammar Quiz

Suggestions

- To help students sort out the possibilities with **si** clauses, make a chart with these headings: Condition, **Si** clause, Main clause. Under the first column, list the three types of **si** clauses introduced in this lesson: *contrary-to-fact, possible or likely,* and *suggestion or wish*. Under the second column, write these three items in order: **si** + [*imperfect*], **si** + [*present*], **si** + [*imperfect*]. Under the third column, write *imperfect, future or near future,* and *N/A*.
- Compare and contrast contrary-to-fact situations (which use the imperfect and the conditional) with events that are possible or likely to occur (which use the present and future) using the example sentences. Check understanding by providing main clauses and having volunteers finish the sentence with a **si** clause. Examples: **Je n'irais pas à Paris… (si je n'avais pas d'argent.) Elle travaillera comme professeur… (si elle obtient son doctorat.)**
- Explain that a **si** clause in the past can also express something that is habitual in the past. Example: **Si mon amie m'invitait à une fête, j'y allais toujours.**
- Point out that **si** and **il/ils** contract to become **s'il** and **s'ils**, respectively.

Essayez! Have students change the sentences from a contrary-to-fact situation to a possible or likely situation, and vice versa. Example: **1. Si on visite la Tunisie, on ira admirer les ruines.**

Leçon 5B STRUCTURES

5B.1 *Si* clauses

Point de départ **Si** (*If*) clauses describe a condition or event upon which another condition or event depends. Sentences with **si** clauses consist of a **si** clause and a main (or result) clause.

Si je faisais cette robe, elle serait laide.

Si j'échoue, ma mère va m'étrangler.

- **Si** clauses can speculate or hypothesize about a current event or condition. They express what *would happen* if an event or condition *were to occur*. This is called a contrary-to-fact situation. In such instances, the verb in the **si** clause is in the **imparfait** while the verb in the main clause is in the conditional.

Si j'**étais** au chômage, je lui **enverrais** mon CV.
If I were unemployed, I'd send her my résumé.

Vous **partiriez** souvent en vacances si vous **aviez** de l'argent.
You would go on vacation often if you had money.

- **Si** clauses can also express conditions or events that are possible or likely to occur. In such instances, the **si** clause is in the present while the main clause uses the **futur** or **futur proche**.

Si le patron me **renvoie**, je **trouverai** un emploi à mi-temps.
If the boss fires me, I'll find a part-time job.

Si vous ne **signez** pas le contrat, vous **allez perdre** votre poste.
If you don't sign the contract, you're going to lose your job.

- Use a **si** clause alone with the **imparfait** to make a suggestion or to express a wish.

Si nous **faisions** des projets pour le week-end?
What about making plans for the weekend?

Ah! S'il **obtenait** un meilleur emploi!
Oh! If only he got a better job!

Essayez! Complétez les phrases avec la forme correcte des verbes.

1. Si on __visitait__ (visiter) la Tunisie, on irait admirer les ruines.
2. Vous __serez__ (être) plus heureux si vous faites vos devoirs.
3. Si tu __as__ (avoir) la grippe, tu devras aller chez le médecin.
4. S'ils __avaient__ (avoir) un million d'euros, que feraient-ils?
5. Mes parents me __rendront__ (rendre) visite ce week-end s'ils ont le temps.
6. J'__écrirais__ (écrire) au conseiller si j'avais son adresse.

222 *deux cent vingt-deux*

MISE EN PRATIQUE

1 Questions Vous cherchez un emploi. Indiquez vos réponses aux questions du chef du personnel.

MODÈLE
Quand est-ce que vous pourriez commencer? (vous / avoir besoin de moi / je / pouvoir commencer demain)
Si vous aviez besoin de moi, je pourrais commencer demain.

1. Est-ce que vous aimeriez travailler à plein temps? (vous / offrir un travail à plein temps / je / l'accepter)
   Si vous m'offriez un travail à plein temps, je l'accepterais.
2. Auriez-vous besoin d'une assurance-vie? (je / en avoir besoin / je / vous le dire)
   Si j'en avais besoin d'une, je vous le dirais.
3. Quand prendriez-vous un congé? (mon/ma petit(e) ami(e) / prendre un congé / nous / partir en mai)
   Si mon/ma petit(e) ami(e) prenait un congé, nous partirions en mai.
4. Voudriez-vous devenir cadre un jour? (vous / le permettre / je / devenir cadre dans deux ans)
   Si vous le permettiez, je deviendrais cadre dans deux ans.
5. Quand rentreriez-vous le soir? (nous / devoir travailler très tard / je / rentrer vers minuit)
   Si nous devions travailler très tard, je rentrerais vers minuit.

2 Et si... D'abord, complétez les questions. Ensuite, employez le conditionnel pour y répondre. Comparez vos réponses aux réponses d'un(e) partenaire. *Answers will vary.*

MODÈLE
Que ferais-tu si... tu / être malade?
Que ferais-tu si tu étais malade? Si j'étais malade, je dormirais toute la journée.

Situation 1: Que ferais-tu si...

1. tu / être fatigué(e)? *... si tu étais fatigué(e)?*
2. il / pleuvoir? *... s'il pleuvait?*
3. il / faire beau? *... s'il faisait beau?*

Situation 2: Que feraient tes parents si...

1. tu / quitter le lycée? *... si tu quittais le lycée?*
2. tu / choisir de devenir avocat(e)? *... si tu choisissais de devenir avocat(e)?*
3. tu / partir habiter en France? *... si tu partais habiter en France?*

3 Des réactions À tour de rôle avec un(e) partenaire, dites ce que (*what*) vous ferez dans ces circonstances. *Answers will vary.*

MODÈLE
Vous trouvez votre petit(e) ami(e) avec un(e) autre garçon/fille.
Si je trouve mon petit ami..., je ne lui parlerai plus.

1. Vous n'avez pas de devoirs ce week-end.
2. Votre ami(e) organise une fête sans rien vous dire.
3. Votre meilleur(e) ami(e) ne vous téléphone pas pendant un mois.
4. Le prof de français vous donne une mauvaise note.
5. Vous tombez malade.

Practice more at daccord2.vhlcentral.com.

Using Video Replay the video episode, having students focus on **si** clauses. Ask students to write each one down as they hear it. Afterward, have them compare their notes in groups of four.

Asking Questions Ask each student to write a question that contains a **si** clause. Then have students walk around the room until you signal them to stop. On your cue, each student should turn to the nearest classmate. Give students three minutes to ask and answer one another's question before having them begin walking around the room again. Each time you say "stop," students should ask a new partner their question.

UNITÉ 5   L'avenir et les métiers

COMMUNICATION

4 L'imagination Par groupes de trois, choisissez un de ces sujets et préparez un paragraphe par écrit. Ensuite, lisez votre paragraphe à la classe. Vos camarades décideront quel groupe est le gagnant (*winner*). *Answers will vary.*
- Si je pouvais devenir invisible, ...
- Si j'étais un extraterrestre à New York, ...
- Si j'inventais une machine, ...
- Si j'étais une célébrité, ...
- Si nous pouvions prendre des vacances sur Mars, ...

5 Le portefeuille Vos camarades de classe trouvent un portefeuille (*wallet*) plein d'argent. Par groupes de quatre, parlez avec un(e) de vos camarades pour deviner ce que (*what*) feraient les deux autres. Ensuite, rejoignez-les pour comparer vos prédictions. *Answers will vary.*

MODÈLE
Élève 1: *Si vous trouviez le portefeuille, vous le rendriez à la police.*
Élève 2: *Oui, mais nous garderions l'argent pour aller dans un bon restaurant.*

6 Interview Par groupes de trois, préparez cinq questions pour un(e) candidat(e) à la présidence des États-Unis. Ensuite, jouez les rôles de l'interviewer et du/de la candidat(e). Alternez les rôles. *Answers will vary.*

MODÈLE
Élève 1: *Que feriez-vous au sujet du sexisme dans l'armée?*
Élève 2: *Alors, si j'étais président(e), nous...*

Le français vivant

Viendriez-vous nous consulter si vous cherchiez une hôtesse?
Que trouveriez-vous si vous parliez à une autre entreprise?

Une hôtesse d'accueil ou une hôtesse de l'air? Vous voudriez une hôtesse compétente, non?

VediorBis

Si vous parlez à quelqu'un d'autre, vous risquerez beaucoup.

Identifiez Combien de phrases avec **si** trouvez-vous dans cette publicité (*ad*)? Lesquelles? *Three: 1. Viendriez-vous nous consulter si vous cherchiez une hôtesse? 2. Que trouveriez-vous si vous parliez à une autre entreprise? 3. Si vous parlez à quelqu'un d'autre, vous risquerez beaucoup.*

Questions À tour de rôle, avec un(e) partenaire, posez-vous ces questions. *Answers will vary.*
1. Pourquoi irait-on chez VediorBis?
2. Quelle erreur pourrait-on éviter?
3. Comment font les conseillers de VediorBis pour trouver l'emploi et l'employé(e) idéal(e) pour tous leurs clients?
4. Irais-tu consulter VediorBis si tu étais au chômage? Pourquoi?

deux cent vingt-trois **223**

1 Expansion Have students come up with three more questions for their **chef du personnel**. Then have students swap their questions with their classmates and answer their questions using **si** clauses.

2 Expansion Write more situations like those in the activity. Example: **Situation 3: Que feriez-vous si... 1. vous / gagner à la loterie? 2. le club de français / proposer un voyage en France? 3. le professeur de français / être malade?**

3 Suggestion Organize the class into two groups: **si + le présent** and **si + l'imparfait**. Have each group complete the activity using the tenses according to their groups. Then discuss the different meanings of the sentences produced by each group.

4 Suggestion Before assigning this activity, write **Si nous pouvions prédire** (*predict*) **l'avenir...** on the board. Brainstorm possible main clauses with the whole class.

5 Expansion Have groups of four brainstorm other moral dilemmas using **Que feraient vos camarades de classe si...** Example: **...s'ils trouvaient les réponses de l'examen de français.**

6 Suggestions
- You may wish to have students pick a different prominent politician that interests them.
- Videotape the interviews and show parts during the next class or check out the tape to students for viewing out of class.

Le français vivant Call on a volunteer to read the ad aloud. Have students point out all the instances of the conditional.

OPTIONS

Writing Sentences Ask students to reflect on their French study habits. Then assign them partners to write a list of eight complex sentences to express what they could do better. Example: **Si je lisais un journal français tous les jours, je pourrais mieux comprendre la langue.**

Writing Practice Ask students to bring in the most outlandish news report they can find. In groups of four, have students write a list of statements that use **si** clauses about each report. Example: **Si les extraterrestres venaient à Washington, D.C. pour avoir un rendez-vous avec le président des États-Unis...**

STRUCTURES **223**

Leçon 5B

STRUCTURES

5B.2 Relative pronouns *qui, que, dont, où*

Point de départ Relative pronouns link two phrases together into a longer, more complex sentence. The second phrase gives additional information about the first phrase. In English, relative pronouns can sometimes be omitted, but the relative pronoun in French cannot be.

Je suis allé voir **le docteur**.
I went to see the doctor.

Tu m'as parlé de **ce docteur**.
You talked to me about this doctor.

Je suis allé voir le docteur **dont** tu m'as parlé.
I went to see the doctor that you talked to me about.

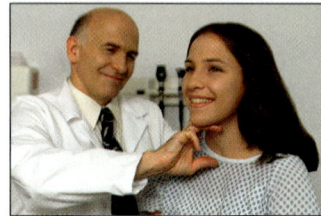

Relative pronouns

qui	who, that, which	dont	of which, of whom
que	that, which	où	where

- Use **qui** if an element of the first phrase is the subject of the second phrase.

ELEMENT
Il a renvoyé **la comptable**.
He dismissed the accountant.

SUBJECT
La comptable travaillait à mi-temps.
The accountant worked part-time.

Il a renvoyé la comptable **qui** travaillait à mi-temps.
He dismissed the accountant who was working part-time

ELEMENT
Les élèves vont **au restaurant**.
The students go to the restaurant.

SUBJECT
Le restaurant se trouve près du lycée.
The restaurant is near the high school.

Les élèves vont au restaurant **qui** se trouve près du lycée.
The students go to the restaurant that is near the university.

224   deux cent vingt-quatre

MISE EN PRATIQUE

1 Notre entreprise Sophie et Thierry discutent de leur bureau et de leurs collègues. Complétez leurs phrases en utilisant (*by using*) les pronoms relatifs **qui, que, dont, où**.

MODÈLE   Ils ont une cafétéria __qui__ n'est pas trop chère.

1. C'est une entreprise __où__ les employés peuvent suivre des formations supplémentaires.
2. Nous avons une profession __qui__ est exigeante.
3. Notre chef d'entreprise a commandé les nouveaux ordinateurs __dont__ nous avions besoin.
4. La personne __qui__ a un entretien aujourd'hui est l'ami du gérant.
5. La réunion __que__ tu as ratée (*missed*) hier était vraiment intéressante.
6. La femme __dont__ tu as peur est notre chef du personnel, n'est-ce pas?
7. L'homme __qu'__ on a embauché est le mari de Sandra.
8. Tu te souviens du jour __où__ on a fait la connaissance du patron?

2 Les villageois Isabelle vient de déménager dans un petit village et son agent immobilier lui parle des gens qui y habitent. Assemblez les deux phrases avec **qui, que, dont, où** pour en faire une seule.

1. Voici le bureau de M. Dantès. Vous pouvez vous adresser à ce bureau pour obtenir une assurance-vie. *Voici le bureau de M. Dantès où vous pouvez vous adresser pour obtenir une assurance-vie.*
2. Je vous ai parlé d'une banquière. La banquière s'appelle Murielle Marteau. *La banquière dont je vous ai parlé s'appelle Murielle Marteau.*
3. Vous avez vu la grande boutique. M. Descartes est le patron de cette boutique. *M. Descartes est le patron de la grande boutique que vous avez vue.*
4. Je ne connais pas le pompier. Le pompier habite en face de chez vous. *Je ne connais pas le pompier qui habite en face de chez vous.*
5. Madame Thibaut sert beaucoup de plats régionaux. Vous allez adorer ces plats. *Madame Thibaut sert beaucoup de plats régionaux que vous allez adorer.*
6. Les cuisinières travaillent à temps partiel. Vous avez rencontré les cuisinières chez moi. *Les cuisinières que vous avez rencontrées chez moi travaillent à temps partiel.*

3 Les choses que je préfère Marianne parle des choses qu'elle préfère. À tour de rôle avec un(e) partenaire, utilisez les pronoms relatifs pour écrire ses phrases. Présentez vos phrases à la classe. *Answers will vary.*

1. Marc est l'ami… (qui, dont)
2. «Chez Henri», c'est le restaurant… (où, que)
3. Ce CD est le cadeau… (que, qui)
4. Ma sœur est la personne… (dont, que)

Practice more at daccord2.vhlcentral.com.

UNITÉ 5 L'avenir et les métiers

COMMUNICATION

4 Des opinions Avec un(e) partenaire, donnez votre opinion sur ces thèmes. Utilisez les pronoms relatifs **qui, que, dont et où.** Answers will vary.

MODÈLE

le printemps / saison

Élève 1: Le printemps est la saison que je préfère parce que j'aime les fleurs.
Élève 2: L'hiver est la saison que je préfère, parce que j'aime la neige.

1. le petit-déjeuner / repas
2. surfer sur Internet / passe-temps
3. mon frère / ma sœur / personne
4. le samedi / jour
5. la chimie / cours
6. la France / pays
7. Tom Cruise / acteur
8. le prof de français / prof

5 Des endroits intéressants Par groupes de trois, organisez un voyage. Parlez des endroits qui vous intéressent et expliquez pourquoi vous voulez y aller. Utilisez des pronoms relatifs dans vos réponses et décidez où vous allez. Answers will vary.

MODÈLE

Allons à Bruxelles où nous pouvons acheter des chocolats délicieux.

6 Chère Madame Avec un(e) partenaire, écrivez un e-mail à votre gérante dans lequel vous expliquez pourquoi vous n'avez pas fini le document qu'elle voulait pour la réunion. Utilisez des pronoms relatifs dans votre e-mail. Answers will vary.

De: clement@entreprise.fr
À: madame.giraud@entreprise.fr
Objet: Document

Chère Madame Giraud,

Je suis désolé, mais je n'ai pas fini le document que vous vouliez aujourd'hui. Ce matin, je suis allé à l'entreprise François et Fils où…

- Use **que** if an element of the first phrase is the direct object of the second. The past participle following **que** agrees in number and gender with the direct object.

ELEMENT — DIRECT OBJECT
Le banquier a deux **voitures** bleues. → Il a acheté **les voitures** hier.
The banker has two blue cars. *He bought the cars yesterday.*

Le banquier a deux voitures bleues **qu**'il a achet**ées** hier.
The banker has two blue cars that he bought yesterday.

ELEMENT — DIRECT OBJECT
Samir est à côté de **la porte**. → Nicole lui a ouvert **la porte**.
Samir is by the door. *Nicole opened the door for him.*

Samir est à côté de la porte **que** Nicole lui a ouverte.
Samir is by the door (that) Nicole opened for him.

- Use **dont**, meaning *that* or *of which*, to replace an element in the first phrase that is the object of the preposition **de** in the second phrase.

ELEMENT — OBJECT OF PREPOSITION DE
Stéphane est **pompier**. → Tu m'as parlé de **ce pompier**.
Stéphane is a firefighter. *You talked to me about this firefighter.*

Stéphane est le pompier **dont** tu m'as parlé?
Is Stéphane the firefighter (that) you talked to me about?

- Use **où**, meaning *where*, *when*, or *in which*, if an element of the first phrase is a place or a period of time.

ELEMENT — PERIOD OF TIME
Venez me parler à **ce moment-là**. → Vous arrivez à **ce moment-là**.
Come speak with me at that moment. *You arrive at that moment.*

Venez me parler au moment **où** vous arrivez.
Come speak with me at the moment (that) you arrive.

Essayez! Complétez les phrases avec qui, que, dont, où.

1. La France est le pays ___que___ j'aime le plus.
2. Tu te souviens du jour ___où___ tu as fait ma connaissance?
3. M. Valois est le gérant ___dont___ mon employé m'a parlé.
4. C'est la voiture ___que___ vous avez louée?
5. Voici l'enveloppe ___dont___ tu as besoin.
6. Vous connaissez le plombier ___qui___ a réparé le lavabo chez Lucas?
7. On passe devant le lycée ___où___ j'ai fait mes études.
8. Je reconnais le chauffeur de taxi ___qui___ a conduit Lucie à l'hôtel.

deux cent vingt-cinq **225**

Leçon 5B

SYNTHÈSE

Révision

1 Du changement Avec un(e) partenaire, observez ces bureaux. Faites une liste d'au minimum huit changements que les employés feraient s'ils en avaient les moyens (*means*). *Answers will vary.*

MODÈLE

Élève 1: *Si ces gens pouvaient changer quelque chose, ils achèteraient de nouveaux ordinateurs.*
Élève 2: *Si les affaires allaient mieux, ils déménageraient.*

2 Si j'étais… Par groupes de quatre, discutez et faites votre propre (*own*) portrait à travers (*through*) ces métiers. Utilisez la phrase **Si j'étais…** Comparez vos réponses et présentez le portrait d'un(e) camarade à la classe. *Answers will vary.*

MODÈLE

Élève 1: *Si j'étais cuisinier/cuisinière, je ne préparerais que des desserts.*
Élève 2: *Si je travaillais comme chauffeur, je ne conduirais que sur autoroute.*

artiste	conseiller/	médecin
chauffeur	conseillère	patron(ne)
chef d'entreprise	cuisinier/cuisinière	professeur
chercheur/chercheuse	femme au foyer	

3 Je démissionnerais… Pour quelles raisons seriez-vous prêt(e)s à démissionner de votre travail? Par groupes de trois, donnez chacun(e) (*each one*) au minimum deux raisons positives et deux raisons négatives. *Answers will vary.*

MODÈLE

Élève 1: *Je démissionnerais si je devais suivre ma famille et déménager loin.*
Élève 2: *Moi, je démissionnerais tout de suite si je m'ennuyais dans mon travail.*

4 C'est l'histoire de… Avec un(e) partenaire, commentez ces titres de films français et imaginez les histoires. Utilisez des pronoms relatifs. Ensuite, comparez vos histoires avec les histoires d'un autre groupe, puis avec un résumé du film que vous trouverez sur Internet. Qui a l'histoire la plus proche (*closest*) du vrai film? *Answers will vary.*

MODÈLE

Élève 1: *C'est l'histoire d'un homme qui…*
Élève 2: *… et que la police recherche…*

- *Le dernier métro*
- *Les visiteurs*
- *Toto le héros*
- *La chèvre* (goat)
- *L'argent de poche* (pocket)
- *Le professionnel*

5 Un(e) patron(ne) poli(e) Avec un(e) partenaire, inventez un dialogue entre un(e) patron(ne) et son/sa secrétaire. Le/La patron(ne) demande plusieurs services au/à la secrétaire, qui refuse. Le/La patron(ne) recommence alors ses demandes, mais plus poliment, et le/la secrétaire accepte. *Answers will vary.*

MODÈLE

Élève 1: *Apportez-moi le téléphone!*
Élève 2: *Si vous me parlez comme ça, je ne vous apporterai rien.*
Élève 1: *Pourriez-vous m'apporter le téléphone, s'il vous plaît?*
Élève 2: *Avec plaisir!*

6 Il y a longtemps! Au bout de (*After*) cinq ans, vous retournez dans la ville où vous avez travaillé et vous déjeunez avec un(e) ancien(ne) collègue. Jouez cette scène avec un(e) partenaire. Vous posez des questions à propos d'autres (*about other*) collègues du bureau. Utilisez autant de (*as many*) pronoms relatifs que possible dans votre dialogue. *Answers will vary.*

MODÈLE

Élève 1: *Est-ce que la fille qui faisait un stage travaille toujours avec Paul?*
Élève 2: *Ah non! La fille dont tu parles a quitté l'entreprise.*

ressources
CE pp. 79–82
CA pp. 151–152
daccord2.vhlcentral.com

226 deux cent vingt-six

À l'écoute

STRATÉGIE

Using background knowledge/Listening for specific information

If you know the subject of something you are going to listen to, your background knowledge will help you anticipate words and phrases you are going to hear. It will also help you determine important information that you should listen for.

 To practice these strategies, you will listen to a radio advertisement for a culinary school. Before you listen, make a list of the things you expect the advertisement to contain. Make another list of information you would listen for if you were considering this school. After listening, look at your lists. Did they help you anticipate the content of the advertisement and focus on key information?

Préparation

Dans la conversation que vous allez entendre, un homme passe un entretien pour obtenir un nouvel emploi. De quoi cet homme et le chef du personnel discuteront-ils pendant l'entretien? Faites une liste des choses dont ils parleront probablement.

À vous d'écouter

Écoutez la conversation. Après une deuxième écoute, complétez les notes du chef du personnel.

Nom: Patrick Martin
Emploi demandé: chercheur en biologie
Diplôme en: biologie
Expérience professionnelle:
• _stage (chercheur)_ au Laboratoire Martin [Roche]
• Chercheur dans une _entreprise de médicaments_
• Emploi à _mi-temps_ à l'Hôpital Saint-Jean
Cherche un emploi à: _plein temps_

Compréhension

Répondez Répondez aux questions d'après la conversation par des phrases complètes. *Answers may vary slightly.*

1. Le chef du personnel est-il un homme ou une femme?
   C'est une femme.

2. Patrick a-t-il envoyé son CV avant d'aller à l'entretien?
   Oui, il l'a envoyé.

3. Pourquoi ne travaille-t-il plus pour l'entreprise de médicaments?
   Il a perdu son emploi.

4. Où devra-t-il voyager s'il est choisi pour l'emploi de chercheur?
   Il devra voyager à l'étranger.

5. Est-il d'accord pour voyager? Pourquoi?
   Oui. Il est d'accord parce qu'il aime beaucoup voyager.

6. D'après le chef du personnel, l'emploi de chercheur est-il facile?
   Non, c'est un travail exigeant.

7. Quels sont deux des avantages (*benefits*) qu'on proposera à Patrick s'il est choisi pour l'emploi?
   Possible answer: On lui proposera un bon salaire et la possibilité de souvent avoir des promotions.

8. Quand Patrick commencera-t-il à travailler si on l'embauche pour cet emploi?
   Il commencera à travailler le mois prochain.

Une lettre de candidature Julie, une étudiante, va chercher un stage d'été dans une entreprise en France ou dans un autre pays francophone. Préparez une lettre dans laquelle elle explique au chef du personnel quel genre de stage l'intéresse et pourquoi elle veut faire un stage dans cette entreprise. Parlez aussi de sa formation et de son expérience professionnelle et expliquez comment ce stage sera utile à sa future carrière.

SAVOIR-FAIRE

Interactive Map Reading

Panorama

le marché de Douz, en Tunisie

la mosquée Hassan II à Casablanca, au Maroc

Pays francophones

un café à Tlemcen, en Algérie

Section Goals
In this section, students will learn historical, geographical, and cultural information about Algeria, Morocco, and Tunisia.

Key Standards
2.2, 3.1, 3.2, 5.1

Student Resources
Cahier d'exercices, pp. 83–84; Supersite: Activities, Cahier interactif

Teacher Resources
Answer Keys; Overhead #32

Carte du Maroc, de la Tunisie et de l'Algérie
- Have students look at the map or use **Overhead #32**. Ask volunteers to read the names of the cities and geographical features aloud.
- Ask students to name the countries that border Algeria, Morroco, and Tunisia.
- Point out that Douz (see photo) is an oasis on the edge of the Sahara Desert.

Le pays en chiffres
- Point out the flags. Ask students what elements these flags have in common. Then explain that the crescent, star, and color green are traditional symbols of Islam.
- Point out that Morocco is a kingdom.
- Have volunteers read the sections aloud. After each section, ask students questions about the content.
- Have students compare the size and population of the countries. Then ask them to guess why Algeria's population is smaller in relation to its size than the other countries. (The southern region is sparsely populated due to the harsh conditions of the Sahara Desert.)
- Ask students: **Où est la mosquée Hassan II? (à Casablanca)** Then point out that approximately 98% of the population in these countries is Muslim.

Incroyable mais vrai!
The word *Sahara* comes from *Sahra'*, which means *desert* in Arabic. In reality, the Sahara is not one desert but many deserts. It encompasses 3.5 million square miles and extends over portions of 11 countries.

L'Algérie

Le pays en chiffres

▶ **Superficie:** 2.381.741 km²
▶ **Population:** 38.100.000
  SOURCE: Population Division, UN Secretariat
▶ **Industries principales:** agriculture, gaz naturel, pétrole°
▶ **Ville capitale:** Alger ▶ **Monnaie:** dinar algérien
▶ **Langues:** arabe, français, tamazight

Le Maroc

Le pays en chiffres

▶ **Superficie:** 446.550 km²
▶ **Population:** 36.150.000
▶ **Industries principales:** agriculture, tourisme
▶ **Ville capitale:** Rabat ▶ **Monnaie:** dirham
▶ **Langues:** arabe, français

La Tunisie

Le pays en chiffres

▶ **Superficie:** 163.610 km²
▶ **Population:** 11.140.000
▶ **Industries principales:** agriculture, tourisme
▶ **Ville capitale:** Tunis ▶ **Monnaie:** dinar tunisien
▶ **Langues:** arabe, français

Personnes célèbres

▶ **Juliette Smája-Zerah,** Tunisie, première avocate de Tunisie (1890–1973)
▶ **Saïd Aouita,** Maroc, coureur de fond° (1959–)
▶ **Khaled,** Algérie, chanteur (1960–)

pétrole oil **coureur de fond** long-distance runner
Grâce aux Thanks to **sources** springs **sable** sand
faire pousser grow **En plein milieu** Right in the middle

Incroyable mais vrai!

Des oranges du Sahara? Dans ce désert, il ne tombe que 12 cm de pluie par an. Grâce aux° sources° et aux rivières sous le sable°, les Sahariens ont développé un système d'irrigation pour faire pousser° des fruits et des légumes dans les oasis. En plein milieu° du désert, on peut trouver des tomates, des abricots ou des oranges!

228 deux cent vingt-huit

O P T I O N S

Personnes célèbres **Khaled** has become one of the most popular singers of rai music. His fame spread from North Africa to France to other countries in Europe. **Idir**, another famous singer from Algeria, uses his talent to promote Tamazight, the Berber people's language and culture. **Saïd Aouita** won an Olympic gold medal in the 5000 meter in 1984, a bronze medal in the 800 meter in 1988, as well as world championships.

Les Berbères The Berbers are an indigenous nomadic people of the Maghreb region who live mainly in the mountains. At **le festival du Sahara de Douz** one can observe the arts and traditions of the Berbers. There are shows, dances, music, traditional marriage ceremonies, a horse race, and an endurance race on camelback in the desert.

UNITÉ 5 | L'avenir et les métiers

Les régions
Le Maghreb

La région du Maghreb, en Afrique du Nord, se compose° du Maroc, de l'Algérie et de la Tunisie. Envahis° aux 7ᵉ et 8ᵉ siècles par les Arabes, les trois pays deviennent plus tard des colonies françaises avant de retrouver leur indépendance dans les années 1950–1960. La population du Maghreb est composée d'Arabes, d'Européens et de Berbères, les premiers résidents de l'Afrique du Nord. Le Grand Maghreb inclut ces trois pays, plus la Libye et la Mauritanie. En 1989, les cinq pays ont formé l'Union du Maghreb Arabe dans l'espoir° de créer une union politique et économique.

Les arts
Assia Djebar (1936–)

Lauréate de nombreux prix littéraires et cinématographiques, Assia Djebar fait partie des écrivains et cinéastes algériens les plus talentueux. Dans ses œuvres°, Djebar présente le point de vue° féminin avec l'intention de donner une voix° aux femmes algériennes. *La Soif*, son premier roman°, sort en 1957. C'est plus tard, pendant qu'elle enseigne l'histoire à l'Université d'Alger, qu'elle devient cinéaste et sort son premier film, *La Nouba des femmes du Mont Chenoua*, en 1979. Le film reçoit le prix de la critique internationale au festival du film de Venise. En 2005, Assia Djebar est élue° à l'Académie française.

Les destinations
Marrakech

La ville de Marrakech, fondée en 1062, est un grand symbole du Maroc médiéval. Sa médina, ou vieille ville, est entourée° de fortifications et fermée aux automobiles. On y trouve la mosquée de Kutubiyya et la place Djema'a el-Fna. La mosquée est le joyau° architectural de la ville, et la place Djema'a el-Fna est la plus active de toute l'Afrique à tout moment de la journée, avec ses nombreux artistes et vendeurs. La médina a aussi le plus grand souk (grand marché couvert°) du Maroc, où toutes sortes d'objets sont proposés, au milieu de délicieuses odeurs de thé à la menthe°, d'épices et de pâtisseries au miel°.

Les traditions
Les hammams

Inventés par les Romains et adoptés par les Arabes, les hammams, ou «bains turcs», sont très nombreux et populaires en Afrique du Nord. Ce sont des bains de vapeur° composés de plusieurs pièces—souvent trois—où la chaleur est plus ou moins forte. L'architecture des hammams varie d'un endroit à un autre, mais ces bains de vapeur servent tous de lieux où se laver et de centres sociaux très importants dans la culture régionale. Les gens s'y réunissent aux grandes occasions de la vie, comme les mariages et les naissances, et y vont aussi de manière habituelle pour se détendre et bavarder entre amis.

Qu'est-ce que vous avez appris? Répondez aux questions par des phrases complètes.

1. Qui est un chanteur algérien célèbre?
   Khaled est un chanteur algérien célèbre.
2. Où fait-on pousser des fruits et des légumes dans le Sahara?
   On en fait pousser dans les oasis.
3. Pourquoi le français est-il parlé au Maghreb?
   Parce que ces trois pays ont été des colonies françaises.
4. Combien de pays composent le Grand Maghreb? Lesquels?
   Cinq pays le composent: l'Algérie, la Libye, le Maroc, la Mauritanie et la Tunisie.
5. Qui est Assia Djebar?
   C'est une femme écrivain et une cinéaste algérienne.
6. Qu'essaie-t-elle de faire dans ses œuvres?
   Elle essaie de présenter le point de vue féminin et de donner une voix aux femmes algériennes.
7. Qu'est-ce qu'un souk?
   C'est un grand marché couvert.
8. Quel est l'autre nom pour la vieille ville de Marrakech?
   Elle s'appelle aussi la médina.
9. Où peut-on aller au Maghreb pour se détendre et bavarder entre amis?
   On peut aller au hammam.
10. Qui a inventé les hammams?
    Les Romains les ont inventés.

Practice more at daccord2.vhlcentral.com.

SUR INTERNET

Go to daccord2.vhlcentral.com to find more cultural information related to this PANORAMA.

1. Cherchez plus d'information sur les Berbères. Où se trouvent les grandes populations de Berbères? Ont-ils encore une identité commune?
2. Le henné est une tradition dans le monde maghrébin. Comment et pourquoi est-il employé?
3. Cherchez des informations sur les oasis du Sahara. Comment est la vie là-bas? Que peut-on y faire?

ressources
CE pp. 83–84
daccord2.vhlcentral.com

se compose is made up   *Envahis* Invaded   *espoir* hope   *œuvres* works   *point de vue* point of view   *voix* voice   *roman* novel   *élue* elected   *entourée* surrounded   *joyau* jewel   *couvert* covered   *menthe* mint   *miel* honey   *vapeur* steam

deux cent vingt-neuf 229

SAVOIR-FAIRE

Lecture 🔊 Audio: Dramatic Recording

Avant la lecture

STRATÉGIE

Summarizing a text in your own words

Summarizing a text in your own words can help you comprehend it better. Before summarizing a text, you may find it helpful to skim it and jot down a few notes about its general meaning. You can then read the text again, writing down the important details. Your notes will help you summarize what you have read. If the text is particularly long, you may want to subdivide it into smaller segments so that you can summarize it more easily.

Examinez le texte

D'abord, regardez la forme du texte. Quel genre de texte est-ce? Puis, regardez les illustrations. Qu'y a-t-il sur ces illustrations? Qui sont les personnages de l'histoire (*story*)? Que font les insectes dans la première illustration? Et dans la deuxième?

À propos de l'auteur
Jean de La Fontaine (1621–1695)

Jean de La Fontaine est un auteur et un poète français très connu du dix-septième siècle. Né à Château-Thierry, à l'est de Paris, il a passé toute son enfance à la campagne avant de devenir avocat et de s'installer à Paris. C'est à la capitale qu'il a rencontré des écrivains célèbres et qu'il a décidé d'écrire. Il est l'auteur de poèmes, de nouvelles en vers° et de contes°, mais il est connu surtout pour ses fables, considérées comme des chefs-d'œuvre° de la littérature française. Au total, La Fontaine a publié 12 livres de fables dans lesquels il a créé des histoires autour de concepts fondamentaux de la morale qu'il a empruntés principalement aux fables d'Ésope. Les fables de La Fontaine, avec leurs animaux et leurs histoires assez simples, étaient, pour lui, une manière° subtile de critiquer la société contemporaine et la nature humaine. Deux de ses fables les plus connues sont *La Cigale et la Fourmi* et *Le Corbeau et le Renard*.

nouvelles en vers *short stories in verse* **contes** *tales* **chefs-d'œuvre** *masterpieces* **manière** *way*

230 *deux cent trente*

La Cigale et

1 La Cigale°, ayant° chanté
  Tout l'été,
  Se trouva fort dépourvue°
  Quand la bise fut venue°:
5 Pas un seul petit morceau
  De mouche° ou de vermisseau°.
  Elle alla crier° famine
  Chez la Fourmi° sa voisine,
  La priant° de lui prêter
10 Quelque grain pour subsister°
  Jusqu'à la saison nouvelle.
  «Je vous paierai, lui dit-elle,
  Avant l'Oût°, foi d'animal°,
  Intérêt et principal.»
15 La Fourmi n'est pas prêteuse°;
  C'est là son moindre défaut°.
  «Que faisiez-vous au temps chaud?
  Dit-elle à cette emprunteuse°.
  —Nuit et jour à tout venant°
20 Je chantais, ne vous déplaise°.
  —Vous chantiez? j'en suis fort aise°.
  Eh bien! dansez maintenant.»

UNITÉ 5   L'avenir et les métiers

la Fourmi

de Jean de La Fontaine

Cigale *Cicada* **ayant** *having* **Se trouva fort dépourvue** *Found itself left without a thing* **la bise fut venue** *the cold winds of winter arrived* **mouche** *fly* **vermisseau** *small worm* **alla crier** *went crying* **Fourmi** *Ant* **La priant** *Begging her* **subsister** *survive* **Oût** *August* **foi d'animal** *on my word as an animal* **n'est pas prêteuse** *doesn't like lending things* **moindre défaut** *the least of her shortcomings* **emprunteuse** *borrower* **à tout venant** *all the time* **ne vous déplaise** *whether you like it or not* **fort aise** *overjoyed*

Après la lecture

Répondez Répondez aux questions par des phrases complètes. *Answers may vary slightly.*

1. Qu'est-ce que la Cigale a fait tout l'été?
   La Cigale a chanté tout l'été.
2. Quel personnage de la fable a beaucoup travaillé pendant l'été?
   C'est la Fourmi.
3. Pourquoi la Cigale n'a-t-elle rien à manger quand l'hiver arrive?
   Elle n'a rien à manger parce qu'elle n'a pas travaillé.
4. Que fait la Cigale quand elle a faim?
   Elle va chez la Fourmi pour lui demander quelque chose à manger.
5. Que fera la Cigale si la Fourmi lui donne à manger?
   Elle lui dit qu'elle la payera.
6. Qu'est-ce que la Fourmi demande à la Cigale?
   Elle lui demande ce qu'elle a fait pendant tout l'été.
7. Quel est le moindre défaut de la Fourmi?
   Elle n'est pas prêteuse.
8. La Fourmi va-t-elle donner quelque chose à manger à la Cigale? Expliquez.
   Non, elle dit à la Cigale d'aller danser.

Un résumé Écrivez un résumé (*summary*) de la fable de La Fontaine. Regardez le texte et prenez des notes sur ce qui se passe aux différents moments de l'histoire. Faites aussi une liste des mots importants que vous ne connaissez pas et trouvez-leur des synonymes que vous pourrez utiliser dans votre résumé. Par exemple, vous connaissez déjà le mot «vent», synonyme de «bise».

La morale de la fable Comme les fables en général, *La Cigale et la Fourmi* a une morale, mais La Fontaine ne la donne pas explicitement. À votre avis, quelle est la morale de cette fable? Êtes-vous d'accord avec cette morale? Discutez ces questions en petits groupes.

Les fables Connaissez-vous déjà l'histoire de cette fable? Connaissez-vous d'autres fables, comme celles du Grec Ésope, de l'Américain James Thurber, de l'Allemand Gotthold Lessing ou de l'Espagnol Félix Maria Samaniego? Que pensez-vous des fables en général? Aimez-vous les lire? À quoi servent-elles? Quels thèmes trouve-t-on souvent dans les fables? Quels animaux sont souvent utilisés? Discutez ces questions en petits groupes.

Répondez Go over the answers with the class.

Un résumé After completing the activity, have students compare their summaries with a classmate or ask a few volunteers to read their summaries aloud.

La morale de la fable Ask groups to state the moral of the fable. Then ask students why animals are used as characters in fables.

Les fables Before beginning the activity, take a quick class survey to find out how many students have read fables by Thurber, Aesop, Lessing, or Samaniego.

OPTIONS

Debate Have students work in pairs. Tell them to think of some real-life situations that would mirror the moral taught in this fable. Then have volunteers give examples and ask the class if they think the situation is appropriate or not.

Writing a Fable Have students work in groups of three or four. Tell them to create a fable of their own. They should decide what the purpose or moral of their fable is, what situation would illustrate it, and which animals should be the main characters. Encourage them to include an illustration. Have volunteer groups act out their fable for the class.

SAVOIR-FAIRE

Écriture

STRATÉGIE

Using note cards

Note cards serve as valuable study aids in many different contexts. When you write, note cards can help you organize and sequence the information you wish to present.

If you were going to write a personal narrative about a trip you took, you would jot down notes about each part of the trip on a different note card. Then you could easily arrange them in chronological order or use a different organization, such as the best parts and the worst parts, traveling and staying, before and after, etc.

Here are some helpful techniques:

- Label the top of each card with a general subject, such as l'avion or l'hôtel.
- Number the cards in each subject category in the upper right corner to help you organize them.
- Use only the front side of each note card so that you can easily flip through them to find information.

Study this example of a note card used to prepare a composition.

> l'avion
> - arrivée à l'aéroport de Chicago à 14h30
> - départ pour Paris à 16h45, Vol 47 d'Air France
> - arrivée à Paris (aéroport Charles-de-Gaulle) à 7h15 le lendemain matin
> - douane
> - voyage long mais agréable

Thème

Écrire une rédaction

Avant l'écriture

1. Vous allez écrire une rédaction (*composition*) dans laquelle vous expliquez vos projets d'avenir en ce qui concerne (*concerning*) votre carrière professionnelle.

2. D'abord, préparez des petites fiches (*cards*) avec des notes pour chacune (*each*) des catégories suivantes. Vous avez trois catégories de fiches:

- types de professions
- recherche d'un emploi
- évolution de carrière

3. Pour chaque catégorie, écrivez vos idées sur la fiche correspondante. Utilisez une fiche pour chaque idée. Basez-vous sur ces questions pour trouver des idées.

TYPES DE PROFESSIONS

- Quels domaines professionnels ou quelles professions vous intéressent? Pourquoi?
- Connaissez-vous déjà des compagnies pour lesquelles vous avez envie de travailler? Lesquelles? Pourquoi?

UNITÉ 5 — L'avenir et les métiers

RECHERCHE D'UN EMPLOI
- Resterez-vous dans la région où vous habitez maintenant?
- Comment chercherez-vous du travail? Chercherez-vous dans le journal ou sur Internet?
- Chercherez-vous un emploi à temps partiel ou à plein temps? Quel salaire vous proposera-t-on, à votre avis?

ÉVOLUTION DE CARRIÈRE
- Travaillerez-vous pour la même entreprise toute votre carrière ou changerez-vous d'emploi?
- Votre emploi évoluera-t-il beaucoup (promotions, salaire et autres avantages…), à votre avis?
- Finirez-vous par créer votre propre entreprise?
- À quel âge prendrez-vous votre retraite?

4. Regardez cet exemple pour la catégorie numéro 1.

Types de professions
Je travaillerai dans le domaine de la science. Je deviendrai astronome et j'étudierai l'univers. J'ai toujours voulu savoir s'il y avait de la vie sur d'autres planètes.

5. Avant de noter vos idées sur les fiches, organisez-les selon (*according to*) les trois catégories. Vous aurez ainsi toutes vos idées prêtes pour l'écriture de votre rédaction.

Écriture

1. Servez-vous des fiches pour écrire votre rédaction. Écrivez trois paragraphes en utilisant (*by using*) les catégories comme thèmes de chaque paragraphe.
2. Employez les points de grammaire de cette unité dans votre rédaction.

Après l'écriture

1. Échangez votre rédaction avec celle (*the one*) d'un(e) partenaire. Répondez à ces questions pour commenter son travail.
   - Votre partenaire a-t-il/elle écrit trois paragraphes qui correspondent aux trois catégories d'information?
   - A-t-il/elle répondu à toutes les questions de la liste qui apparaît dans **Avant l'écriture**?
   - A-t-il/elle bien utilisé les points de grammaire de l'unité?
   - Quel(s) détail(s) ajouteriez-vous (*would you add*)? Quel(s) détail(s) enlèveriez-vous (*would you delete*)? Quel(s) autre(s) commentaire(s) avez-vous pour votre partenaire?

2. Corrigez votre rédaction d'après (*according to*) les commentaires de votre partenaire. Relisez votre travail pour éliminer ces problèmes:
   - des fautes (*errors*) d'orthographe
   - des fautes de ponctuation
   - des fautes de conjugaison
   - un mauvais emploi (*use*) des temps
   - un mauvais emploi de la grammaire de l'unité
   - des fautes d'accord (*agreement*) des adjectifs

EVALUATION

Criteria

Content Contains answers to each set of questions called out in the bulleted points of the task.
Scale: 1 2 3 4 5

Organization Organized into a set of note cards with preliminary answers to the questions, followed by a composition that is organized into logical paragraphs, each of which begins with a topic sentence and contains appropriate supporting detail.
Scale: 1 2 3 4 5

Accuracy Uses the simple future tense and forms of **lequel** correctly. Spells words, conjugates verbs, and modifies adjectives correctly throughout.
Scale: 1 2 3 4 5

Creativity Includes additional information that is not specified in the task and/or uses adjectives, descriptive verbs, and additional details to make the composition more interesting.
Scale: 1 2 3 4 5

Scoring
Excellent	18–20 points
Good	14–17 points
Satisfactory	10–13 points
Unsatisfactory	< 10 points

OPTIONS

Avant l'écriture To activate vocabulary for the topic, have students work in pairs and role-play an interview. Students should take turns asking and answering questions from the list and taking notes on their answers and the words they use in their responses. Then, as needed, they can use a dictionary to add any specific words that will personalize these responses.

Point out that most of the questions in the writing task require answers using the simple future tense. Review its formation and the irregular forms from **Unité 4**, and its use with **quand** and **dès que** from this unit. Review also the use of **lequel** and its various combined forms. Practice by asking simple questions using these forms and calling upon individual students to respond.

VOCABULAIRE

UNITÉ 5

Flashcards
Audio: Vocabulary

Key Standards
4.1

Teacher Resources
Vocabulary MP3s/CD

Suggestion Tell students that an easy way to study from **Vocabulaire** is to cover up the French half of each section, leaving only the English equivalents exposed. They can then quiz themselves on the French items. To focus on the English equivalents of the French entries, they simply reverse this process.

Au travail

démissionner	to resign
diriger	to manage
être au chômage	to be unemployed
être bien/ mal payé(e)	to be well/badly paid
gagner	to earn; to win
prendre un congé	to take time off
renvoyer	to dismiss, to let go
une carrière	career
un emploi à mi-temps/ à temps partiel	part-time job
un emploi à plein temps	full-time job
un(e) employé(e)	employee
un niveau	level
un(e) patron(ne)	manager; boss
une profession (exigeante)	(demanding) profession
un(e) retraité(e)	retired person
une réunion	meeting
une réussite	success
un syndicat	union
une assurance (maladie, vie)	(health, life) insurance
une augmentation (de salaire)	raise (in salary)
une promotion	promotion

Qualifications

un domaine	field
une expérience professionnelle	professional experience
une formation	education; training
une lettre de recommandation	letter of reference/ recommendation
une mention	distinction
une référence	reference
un(e) spécialiste	specialist
un stage	internship; professional training

Les métiers

un agent immobilier	real estate agent
un agriculteur/ une agricultrice	farmer
un banquier/ une banquière	banker
un cadre/ une femme cadre	executive
un chauffeur de taxi/ de camion	taxi/truck driver
un chef d'entreprise	head of a company
un chercheur/ une chercheuse	researcher
un(e) comptable	accountant
un conseiller/ une conseillère	consultant; advisor
un cuisinier/ une cuisinière	cook, chef
un(e) électricien(ne)	electrician
une femme au foyer	housewife
un(e) gérant(e)	manager
un homme/ une femme politique	politician
un ouvrier/ une ouvrière	worker, laborer
un plombier	plumber
un pompier/ une femme pompier	firefighter
un(e) psychologue	psychologist
un(e) vétérinaire	veterinarian

La recherche d'emploi

chercher un/du travail	to look for work
embaucher	to hire
faire des projets	to make plans
lire les annonces (f.)	to read the want ads
obtenir	to get, to obtain
passer un entretien	to have an interview
postuler	to apply
prendre (un) rendez-vous	to make an appointment
trouver un/du travail	to find a job
un(e) candidat(e)	candidate, applicant
un chef du personnel	human resources director
un chômeur/une chômeuse	unemployed person
une compagnie	company
un conseil	advice
un curriculum vitæ (un CV)	résumé
une entreprise	firm, business
une lettre de motivation	letter of application
un métier	profession
un poste	position
un salaire (élevé, modeste)	(high, low) salary

Au téléphone

appeler	to call
décrocher	to pick up
laisser un message	to leave a message
patienter	to wait (on the phone), to be on hold
raccrocher	to hang up
l'appareil (m.)	telephone
le combiné	receiver
la messagerie	voicemail
un numéro de téléphone	phone number
une télécarte	phone card
Allô!	Hello! (on the phone)
Qui est à l'appareil?	Who's calling please?
C'est de la part de qui?	On behalf of whom?
C'est M./Mme/Mlle... (à l'appareil.)	It's Mr./Mrs./Miss... (on the phone.)
Ne quittez pas.	Please hold.

| Expressions utiles | See pp. 203 and 219 |

Vocabulaire supplémentaire

dès que	as soon as
quand	when
lequel	which one (m. sing.)
lesquels	which ones (m. pl.)
laquelle	which one (f. sing.)
lesquelles	which ones (f. pl.)

Pronoms relatifs

dont	of which, of whom
où	where
que	that, which
qui	who, that, which

ressources

daccord2.vhlcentral.com

234   deux cent trente-quatre

L'espace vert

UNITÉ 6

Pour commencer
- Où est le groupe d'amis?
  a. à la mer   b. à la campagne   c. en ville
- Qu'est-ce qu'ils vont faire?
  a. un pique-nique   b. les courses   c. du vélo
- Qu'est-ce qu'il y a derrière eux?
  a. une jungle   b. une montagne   c. un pont

Leçon 6A
CONTEXTES
pages 236–239
- Environmental concerns
- French and English spelling

ROMAN-PHOTO
pages 240–241
- Une idée de génie

CULTURE
pages 242–243
- The ecological movement in France

STRUCTURES
pages 244–247
- Demonstrative pronouns
- The subjunctive (Part 1)

SYNTHÈSE
pages 248–249
- Révision
- Le zapping

Leçon 6B
CONTEXTES
pages 250–253
- Nature
- Homophones

ROMAN-PHOTO
pages 254–255
- La randonnée

CULTURE
pages 256–257
- National parks
- Flash culture

STRUCTURES
pages 258–261
- The subjunctive (Part 2)
- Comparatives and superlatives of nouns

SYNTHÈSE
pages 262–263
- Révision
- À l'écoute

Savoir-faire
pages 264–269
Panorama: L'Afrique de l'Ouest et l'Afrique centrale
Lecture: Read an excerpt from a book.
Écriture: Write a letter or an article about an ecological concern.

Unit Goals
Leçon 6A
In this lesson, students will learn:
- terms related to ecology and the environment
- common differences in French and English spelling
- about the ecological movement and nuclear energy in France
- the demonstrative pronouns **celui, celle, ceux,** and **celles**
- to form **le subjonctif**
- common impersonal expressions that take the subjunctive
- about the **Banque Marocaine du Commerce Extérieur**

Leçon 6B
In this lesson, students will learn:
- terms to discuss nature and conservation
- about homophones
- about France's national park system and Madagascar
- more about the diverse geography of the francophone world through specially shot video footage
- about the subjunctive with verbs and expressions of will and emotion
- verbs with irregular subjunctive forms
- the comparative and superlative of nouns
- to listen for the gist and cognates

Savoir-faire
In this section, students will learn:
- cultural and historical information about the francophone countries of West and Central Africa
- to recognize chronological order in a text
- to consider audience and purpose when writing

Pour commencer
- b. à la campagne
- a. un pique-nique
- b. une montagne

Student Materials
Print: Student Book, Workbooks (*Cahier d'exercices, Cahier d'activités*)
Technology: MAESTRO® *Cahier interactif* and Supersite (Audio, Video, Practice)

Teacher Materials
DVDs (*Roman-photo, Flash culture*)
Teacher's Resources (Scripts, Answer Keys, Testing Program)
Audio CDs (Testing Program, Textbook, Audio Program)

MAESTRO® Supersite: Student Supersite Content; Planning and Teaching Resources (Overheads, *PowerPoints*, Lesson Plans, Information Gaps and *Feuilles d'activités*); Learning Management System (Gradebook, Assignments); Audio MP3s and Streaming Video
D'ACCORD! 2 Supersite: daccord2.vhlcentral.com

Section Goals

In this section, students will learn and practice vocabulary related to:
- ecology
- the environment

Key Standards

1.1, 1.2, 4.1

Student Resources
Cahier d'exercices, pp. 85–86;
Cahier d'activités, p. 153;
Supersite: Activities,
Cahier interactif

Teacher Resources
Answer Keys; Overhead #33; Audio Script; Textbook & Audio Activity MP3s/CD; Testing program: Vocabulary Quiz

Suggestions

- Tell students to look over the new vocabulary and identify the cognates.
- Use **Overhead #33**. Point out people and things as you describe the illustration. Examples: **Elle recycle. Ils ont pollué. C'est une centrale nucléaire.**
- Point out the double consonants in the words **développer** and **environnement**.
- Point out the verb **interdire** and the sign next to it. Write on the board: **Il est interdit de…** Then have students finish the sentence with various things people might be forbidden to do, such as **gaspiller de l'énergie**.
- Ask students questions using the new vocabulary. Examples: **Le lycée a-t-il un programme de recyclage? Quels objets recyclez-vous? Que faites-vous pour réduire la pollution? Quel est le plus gros problème écologique de votre région? L'énergie solaire est-elle mieux que l'énergie nucléaire? Pourquoi? Où y a-t-il souvent des glissements de terrain?**

CONTEXTES

Leçon 6A

Talking Picture Audio: Activity

You will learn how to…
- talk about pollution
- talk about what needs to be done

Sauvons la planète!

Vocabulaire

abolir	to abolish
améliorer	to improve
développer	to develop
gaspiller	to waste
préserver	to preserve
prévenir l'incendie	to prevent a fire
proposer une solution	to propose a solution
sauver la planète	to save the planet
une catastrophe	catastrophe
un danger	danger, threat
des déchets toxiques (m.)	toxic waste
l'effet de serre (m.)	greenhouse effect
le gaspillage	waste
un glissement de terrain	landslide
une population croissante	growing population
le réchauffement climatique	global warming
la surpopulation	overpopulation
le trou dans la couche d'ozone	hole in the ozone layer
une usine	factory
l'écologie (f.)	ecology
un emballage en plastique	plastic wrapping/packaging
l'environnement (m.)	environment
un espace	space, area
un produit	product
la protection	protection
écologique	ecological
en plein air	outdoor, open-air
pur(e)	pure
un gouvernement	government
une loi	law

236 *deux cent trente-six*

Using Visuals Whisper a vocabulary word in a student's ear. That student should draw a picture or a series of pictures that represent the word on the board. The class must guess the word, then spell it in French as a volunteer writes the word on the board.

Using Games Divide the class into two teams. Have a spelling bee using vocabulary words from **Contextes**. Pronounce each word, use it in a sentence, and then say the word again. Tell students that they must spell the words in French and include all diacritical marks.

UNITÉ 6 L'espace vert

Mise en pratique

le ramassage des ordures (f.)

Elle recycle. (recycler)

le recyclage

interdire

Ils ont pollué. (polluer)

1 Écoutez 🎧 Écoutez l'annonce radio suivante. Ensuite, complétez les phrases avec le mot ou l'expression qui convient le mieux.

1. C'est l'annonce radio _____
   a. d'un groupe de lycéens.
   b. d'une entreprise commerciale.
   c. d'une agence écologiste.
2. La protection de l'environnement, c'est l'affaire _____
   a. de tous.
   b. du gouvernement.
   c. des centres de recyclage.
3. L'annonce dit qu'on peut recycler _____
   a. les emballages en plastique et en papier.
   b. les boîtes de conserve.
   c. les bouteilles en plastique.
4. Pour les déchets toxiques, il y a _____
   a. le ramassage des ordures.
   b. le centre de recyclage.
   c. l'effet de serre.
5. Pour ne pas gaspiller l'eau, on peut _____
   a. acheter des produits écologiques.
   b. développer les incendies.
   c. prendre des douches plus courtes.

2 Complétez Complétez ces phrases avec le mot ou l'expression qui convient le mieux pour parler de l'environnement. N'oubliez pas les accords.

1. Nous avons trois poubelles différentes pour pouvoir __recycler__.
2. __L'effet de serre__ contribue au réchauffement de la Terre.
3. __Les centrales nucléaires__ produisent près de 80% de l'énergie en France.
4. Les pluies ont provoqué __un glissement de terrain__. À présent, la route est fermée.
5. Chez moi, __le ramassage__ des ordures se fait tous les lundis.
6. L'accident à l'usine chimique a provoqué un __nuage de pollution__.

3 Composez Utilisez les éléments de chaque colonne pour former six phrases logiques au sujet de l'environnement. Vous pouvez composer des phrases affirmatives ou négatives. *Answers will vary.*

Les gens	Les actions	Les éléments
vous	développer	l'eau
on	gaspiller	le covoiturage
les gens	polluer	l'énergie solaire
les politiciens	préserver	l'environnement
les entreprises	proposer	la planète
les centrales nucléaires	sauver	la Terre

Practice more at **daccord2.vhlcentral.com**.

deux cent trente-sept **237**

---

1 Script L'écologie, c'est l'affaire de tous! Aidez-nous à préserver et à améliorer l'environnement. Tout commence avec le ramassage des ordures: recyclez vos emballages en plastique et en papier! Ne polluez pas: votre centre de recyclage local est là pour s'occuper de vos déchets toxiques. Ne gaspillez pas l'eau, surtout en cette période de réchauffement de la Terre: comment? Prenez des douches plus courtes! Nous vous rappelons également qu'une loi interdit de laver sa voiture dans certaines régions de France quand il fait extrêmement chaud l'été. Ne gaspillez pas non plus l'énergie: faites attention à la consommation inutile d'énergie de vos appareils électriques. Enfin, évitez d'acheter des produits qui peuvent mettre l'environnement en danger: choisissez des produits écologiques. Ensemble, nous sommes plus forts! Nous développons et proposons des solutions simples. Alors, la prochaine fois que vous entendrez parler de pluies acides, de trou dans la couche d'ozone, de l'effet de serre, de pollution et de catastrophe écologique, vous pourrez être fier de dire que vous faites partie de la solution.
Ceci était un message de l'agence nationale pour la protection de l'environnement. *(On Textbook Audio)*

1 Suggestion Go over the answers with the class. Ask volunteers to read the complete sentences.

2 Expansion For additional practice, give students these items. 7. Une nouvelle étude des Nations Unies confirme qu'il y a un risque de ____. (surpopulation) En 2050, il y aura neuf milliards (*billions*) de personnes sur Terre. 8. Le parti écologiste veut améliorer ____ de l'environnement. (la protection) 9. Le gouvernement vient de passer ____ sur le transport des déchets toxiques. (une loi) 10. Nous évitons de laisser ____ derrière nous quand nous mangeons dans le parc. (des ordures)

3 Suggestion This activity can be done orally or in writing in pairs or groups.

OPTIONS

Guessing Game Play a game of **Dix questions**. Ask a volunteer to think of a word or expression from the new vocabulary. Other students get to ask one yes/no question, then they can guess what the word is. Limit attempts to ten questions per word. You may want to write some phrases on the board to cue students' questions.

Ranking Have students work in pairs. Write the following list of dangers facing our planet on the board. Tell students to rank them from the most serious to least serious and explain why. **Dangers: la surpopulation, le réchauffement de la Terre, les déchets toxiques, la pollution de l'environnement, la pluie acide, l'effet de serre, le risque d'accident dans une centrale nucléaire**, and **la crise de l'énergie**

CONTEXTES **237**

Leçon 6A

CONTEXTES

Communication

4 **Décrivez** Avec un(e) partenaire, décrivez ces photos et donnez autant de détails et d'informations que possible. Soyez prêt(e)s à présenter vos descriptions à la classe. Answers will vary.

1.

3.

2.

4.

5 **À vous de jouer** Par petits groupes, préparez une conversation au sujet d'une de ces situations. Ensuite jouez la scène devant la classe. Answers will vary.

- Un(e) employé(e) du centre de recyclage local vient dans votre lycée pour expliquer aux élèves un nouveau système de recyclage. De nombreux élèves posent des questions.
- Un groupe d'écologistes rencontre le patron d'une entreprise accusée de polluer la rivière (*river*) locale.
- Le ministre de l'environnement donne une conférence de presse au sujet d'une nouvelle loi sur la protection de l'environnement.
- Vos parents oublient systématiquement de recycler les emballages. Vous avez une conversation animée avec eux.

6 **L'article** Vous êtes journaliste et vous devez écrire un article pour le journal local au sujet de la pollution. Vous en expliquez les causes et les conséquences sur l'environnement. Vous suggérez aussi des solutions pour améliorer la situation. Answers will vary.

MODÈLE

Les dangers de la pollution chimique

Les usines chimiques de notre région polluent! C'est une catastrophe pour notre environnement. Il faut leur interdire de fonctionner jusqu'à ce qu'elles améliorent leurs systèmes de recyclage…

deux cent trente-huit

UNITÉ 6 L'espace vert

Les sons et les lettres

Audio: Concepts, Activities Record & Compare

French and English spelling

You have seen that many French words only differ slightly from their English counterparts. Many differ in predictable ways. English words that end in **-y** often end in **-ie** in French.

| biolog**ie** | psycholog**ie** | énerg**ie** | écolog**ie** |

English words that end in *-ity* often end in **-ité** in French.

| qual**ité** | univers**ité** | c**ité** | national**ité** |

French equivalents of English words that end in *-ist* often end in **-iste**.

| art**iste** | optim**iste** | pessim**iste** | dent**iste** |

French equivalents of English words that end in *-or* and *-er* often end in **-eur**. This tendency is especially common for words that refer to people.

| doct**eur** | act**eur** | employ**eur** | agricult**eur** |

Other English words that end in *-er* end in **-re** in French.

| cent**re** | memb**re** | lit**re** | théât**re** |

Other French words vary in ways that are less predictable, but they are still easy to recognize.

| problème | orchestre | carotte | calculatrice |

Prononcez Répétez les mots suivants à voix haute.

1. tigre
2. bleu
3. lettre
4. salade
5. poème
6. banane
7. tourisme
8. moniteur
9. pharmacie
10. écologiste
11. conducteur
12. anthropologie

Articulez Répétez les phrases suivantes à voix haute.

1. Ma cousine est vétérinaire.
2. Le moteur ne fonctionne pas.
3. À la banque, Carole paie par chèque.
4. Mon oncle écrit l'adresse sur l'enveloppe.
5. À la station-service, le mécanicien a réparé le moteur.

Dictons Répétez les dictons à voix haute.

On reconnaît l'arbre à son fruit.[1]

On ne fait pas d'omelette sans casser des œufs.[2]

[1] You can recognize a tree by its fruit.
[2] You can't make an omelet without breaking some eggs.

Section Goals

In this section, students will learn about:
- differences between French and English spelling
- various strategies for recognizing cognates

Key Standards
4.1

Student Resources
Cahier d'activités, p. 154;
Supersite: Activities,
Cahier interactif

Teacher Resources
Answer Keys; Audio Script;
Textbook & Audio Activity
MP3s/CD

Suggestions
- Point out that all the words in the explanation section are cognates.
- Model the pronunciation of the example words and have students repeat them after you.
- Ask students to provide more examples of French words that are spelled only slightly differently from their English counterparts. Examples: **allergie, journaliste, spécialiste, géographie, économie, appartement, couleur, développer,** and **espace.**
- Point out that English adjectives ending in *-ous* often end in **-eux** in the masculine form and **-euse** in the feminine form in French. Examples: **nerveux/nerveuse, curieux/curieuse,** and **sérieux/sérieuse.**
- Explain that words that end in *-al* in English often end in **-el** in French. Examples: **naturel, personnel, culturel,** and **fraternel.**
- Explain that English words that end in *-ory* may end in **-oire** in French. Examples: **histoire, laboratoire,** and **victoire.**
- Ask students to think of additional French words that follow these patterns.

OPTIONS

Mini-dictée Use these words for additional practice or dictation. 1. anxieux 2. essentiel 3. délicieuse 4. environnement 5. intellectuel 6. serveuse 7. journaliste 8. développer 9. exercice 10. distributeur

Tongue Twisters Teach students these French tongue-twisters that contain French words that are similar to English words. 1. Papier, panier, piano 2. Un généreux déjeuner régénérerait des généraux dégénérés.

Section Goals
In this section, students will learn functional phrases for talking about necessities, asking for opinions, and expressing denial.

Key Standards
1.2, 2.1, 2.2, 4.1, 4.2

Student Resources
Cahier d'activités, pp. 81-82;
Supersite: Activities,
Cahier interactif

Teacher Resources
Answer Keys; Video Script & Translation; *Roman-photo* video

Video Recap: Leçon 5B
Before doing this **Roman-photo**, review the previous one with this activity.
1. Pourquoi Sandrine est-elle anxieuse? (à cause de son concert)
2. Que propose Amina? (de lui faire une jolie robe)
3. Pourquoi Stéphane n'est-il pas content? (Il doit repasser une partie du bac.)
4. Qu'a demandé Michèle à Valérie? (une augmentation de salaire)
5. Qu'est-ce que Michèle a décidé de faire finalement? (Elle a démissionné.)

Video Synopsis
Valérie asks Stéphane to recycle some bottles and plastic packaging. Amina wants to know where Michèle is. Valérie explains that she quit. David announces that he has to return home to the States in three weeks. To cheer everyone up, Rachid suggests a weekend trip to **la montagne Sainte-Victoire**. They all agree that it's a great idea.

Suggestions
- Have students scan the captions to find sentences related to ecology and the environment.
- After reading the **Roman-photo**, have students summarize the episode.

Leçon 6A

ROMAN-PHOTO

Une idée de génie

Video: *Roman-photo*
Record & Compare

PERSONNAGES

Amina

David

Rachid

Sandrine

Stéphane

Valérie

Au P'tit Bistrot...
VALÉRIE Stéphane, mon chéri, tu peux porter ces bouteilles en verre à recycler, s'il te plaît?
STÉPHANE Oui, bien sûr, maman.
VALÉRIE Oh, et puis, ces emballages en plastique aussi.
STÉPHANE Oui, je m'en occupe tout de suite.

RACHID ET AMINA Bonjour, Madame Forestier!
VALÉRIE Bonjour à vous deux.
AMINA Où est Michèle?
VALÉRIE Je n'en sais rien.
RACHID Mais elle ne travaille pas aujourd'hui?
VALÉRIE Non, elle ne vient ni aujourd'hui, ni demain, ni la semaine prochaine.

AMINA Elle est en vacances?
VALÉRIE Elle a démissionné.
RACHID Mais pourquoi?
AMINA Ça ne nous regarde pas!
VALÉRIE Oh, ça va, je peux vous le dire. Michèle voulait un autre travail.
RACHID Quelle sorte de travail?
VALÉRIE Plus celui-ci... Elle voulait une augmentation, ce n'était pas possible.

DAVID Madame Forestier, vous avez entendu la nouvelle? Je rentre aux États-Unis.
VALÉRIE Tu repars aux États-Unis?
DAVID Dans trois semaines.
VALÉRIE Il te reste très peu de temps à Aix, alors!
SANDRINE Oui. On sait.
DAVID Il faut que nous passions le reste de mon séjour de bonne humeur, hein?

RACHID Ah, mais vraiment, tout le monde a l'air triste aujourd'hui!
AMINA Oui. Pensons à quelque chose pour améliorer la situation. Tu as une idée?
RACHID Oui, peut-être.
AMINA Dis-moi! *(Il lui parle à l'oreille.)* Excellente idée!
RACHID Tu crois? Tu es sûre? Bon... Écoutez, j'ai une idée.

DAVID C'est quoi, ton idée?
RACHID Tout le monde a l'air triste aujourd'hui. Si on allait au mont Sainte-Victoire ce week-end. Ça vous dit?
DAVID Oui! J'aimerais bien y aller. J'adore dessiner en plein air.

A C T I V I T É S

1 **Les événements** Remettez ces événements dans l'ordre chronologique.

_6_ a. David dit qu'il part dans trois semaines.
_3_ b. Valérie explique que Michèle ne travaille plus au P'tit Bistrot.
_9_ c. Amina dit qu'elle veut aller à la montagne Sainte-Victoire ce week-end.
_1_ d. Stéphane va porter les bouteilles et les emballages à recycler.
_2_ e. Amina veut savoir où est Michèle.
_4_ f. David dit au groupe ce qu'il a lu dans le journal.
_5_ g. Sandrine semble *(seems)* avoir le trac.
_10_ h. Ils décident de passer le week-end tous ensemble.
_8_ i. Rachid essaie de remonter le moral à ses amis.
_7_ j. David console Sandrine.

 Practice more at **daccord2.vhlcentral.com**.

240　*deux cent quarante*

OPTIONS

Avant de regarder la vidéo Based on the title **Une idée de génie** and video still 7, have students guess what idea Rachid might be suggesting to Amina and why he is suggesting it.

Regarder la vidéo Show the first half of the video episode and have students describe what happened. Write their observations on the board. Then ask them to guess what will happen in the second half of the episode. Write their ideas on the board. Show the entire episode and have students confirm or correct their predictions.

UNITÉ 6 L'espace vert

Rachid propose une excursion en montagne.

DAVID Bonjour, tout le monde. Vous avez lu le journal ce matin? Il faut que je vous parle de cet article sur la pollution. J'ai appris beaucoup de choses au sujet des pluies acides, du trou dans la couche d'ozone, de l'effet de serre...
AMINA Oh, David, la barbe.
RACHID Allez, assieds-toi et déjeune avec nous.

Un peu plus tard...
RACHID Ton concert est dans une semaine, n'est-ce pas Sandrine?
SANDRINE Oui.
RACHID Qu'est-ce que tu vas chanter?
SANDRINE Écoute, Rachid, je n'ai pas vraiment envie de parler de ça.

SANDRINE Oui, peut-être...
AMINA Allez! Ça nous fera du bien! Adieu pollution de la ville. À nous, l'air pur de la campagne! Qu'en penses-tu, Sandrine?
SANDRINE Bon, d'accord.

AMINA Super! Et vous, Madame Forestier? Vous et Stéphane avez besoin de vous reposer aussi, vous devez absolument venir avec nous!
VALÉRIE En effet, je crois que c'est une excellente idée!

Expressions utiles

Talking about necessities
- Il faut que je vous parle de cet article sur la pollution.
  I have to tell you about this article on pollution.
- Il faut que nous passions le reste de mon séjour de bonne humeur.
  We have to spend the rest of my stay in a good mood.

Getting someone's opinion
- Qu'en penses-tu?
  What do you think (about that)?
- Je pense que...
  I think that...

Expressing denial
- Je n'en sais rien.
  I have no idea.
- Ça ne nous regarde pas.
  That is none of our business.
- Quelle sorte de travail? Plus celui-ci.
  What kind of job? Not this one anymore.

Additional vocabulary
- au sujet de — *about*
- Adieu! — *Farewell!*
- Il te reste très peu de temps. — *You don't have much time left.*
- en effet — *indeed/in fact*
- je crois — *I think/believe*
- Ça te/vous dit? — *Does that appeal to you?*

---

2 Répondez Répondez à ces questions par des phrases complètes.
1. Que se passe-t-il avec Sandrine? *Elle est nerveuse avant son concert et elle est triste parce que David part dans trois semaines.*
2. Qu'est-ce qu'Amina croit (*believe*) qu'il se passe avec Michèle? *Elle croit que Michèle est peut-être en vacances.*
3. Pourquoi Rachid veut-il aller à la montagne Sainte-Victoire? *Il trouve que ses amis ont l'air triste et il veut les aider à changer d'humeur.*
4. À votre avis, qu'est-ce que David a appris après avoir lu le journal? *Answers will vary.*

3 Écrivez Imaginez comment se passera le week-end du groupe d'amis à la montagne Sainte-Victoire. Composez un paragraphe qui explique comment ils vont y aller, ce qu'ils y feront, s'ils s'amuseront...

ressources CA pp. 81-82 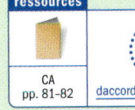 daccord2.vhlcentral.com

deux cent quarante et un **241**

Leçon 6A

CULTURE

CULTURE À LA LOUPE

L'écologie

l'agriculture française

une manifestation° des Verts

Le mouvement écologique a commencé en France dans les années 1970, mais ne s'est réellement développé que dans les années 1980. Ce sont surtout les crises majeures comme le nuage de Tchernobyl en 1986, la destruction de la couche d'ozone, l'effet de serre et les marées noires° qui ont réveillé la conscience écologique des Français. Le désir de préserver la qualité de la vie et les espaces naturels s'est développé en même temps.

Aujourd'hui, l'environnement n'est pas le seul sujet d'inquiétude° des Français. L'emploi, la baisse des revenus° et l'avenir des retraites les préoccupent° plus. Pourtant, le score aux élections du parti écologique des Verts est en hausse° depuis 1999 et on considère que le parti des Verts est le deuxième parti de gauche.

De manière générale, les problèmes liés à° l'environnement qui retiennent° le plus l'attention des Français sont la pollution atmosphérique des villes, la pollution de l'eau, le réchauffement climatique et la prolifération des déchets nucléaires. Pour l'opinion publique, le plus urgent à régler° est la qualité de l'eau. En effet, à cause de° l'agriculture française, les taux° de nitrates et de phosphates dans l'eau sont presque partout largement supérieurs à la normale. Depuis la crise de la vache folle°, les Français sont aussi sensibles aux menaces alimentaires°. Les cultures OGM° ont porté le débat écologique dans les assiettes.

Les inquiétudes sur l'environnement

les Français qui sont préoccupés par la pollution de l'air et de l'eau	92%
les Français qui s'opposent à la culture de plantes génétiquement modifiées	86%
les Français qui sont inquiets pour l'avenir de la planète	83%
les Français qui s'inquiètent de plus en plus des changements climatiques	76%

SOURCE: www.ifen.fr, www.actu-environnement.com

marées noires oil spills **inquiétude** concern **baisse des revenus** lowering of incomes **préoccupent** worry **en hausse** on the rise **liés à** linked to **retiennent** hold **régler** solve **à cause de** because of **taux** levels **vache folle** mad cow **alimentaires** food-related **OGM (organismes génétiquement modifiés)** GMO **manifestation** demonstration

ACTIVITÉS

1 Complétez Complétez les phrases.

1. Le mouvement écologique s'est développé _dans les années 1980_.
2. Les crises majeures comme _le nuage de Tchernobyl, la destruction de la couche d'ozone, l'effet de serre et les marées noires_ ont réveillé la conscience écologique des Français.
3. _L'environnement_ n'est pas la seule préoccupation des Français.
4. _Les problèmes d'emploi, la baisse des revenus et l'avenir des retraites_ préoccupent aussi les Français.
5. Le score du parti écologique des Verts est _en hausse depuis 1999_.
6. Le problème écologique le plus urgent à régler est _la qualité de l'eau_.
7. À cause de l'agriculture, _les taux de nitrates et de phosphates dans l'eau_ sont presque partout largement supérieurs à la normale.
8. 92% des Français sont préoccupés _par la pollution de l'air et de l'eau_.
9. 86% des Français s'opposent _à la culture de plantes génétiquement modifiées_.
10. _76% des Français_ s'inquiètent de plus en plus des changements climatiques.

Practice more at **daccord2.vhlcentral.com**.

242 deux cent quarante-deux

UNITÉ 6 | L'espace vert

LE FRANÇAIS QUOTIDIEN

L'écologie

agriculture (f.) bio	organic farming
bac (m.) de recyclage	recycling bin
écologiste (m., f.)	ecologist
énergie (f.) éolienne	wind power
énergie (f.) renouvelable	renewable energy
panneau (m.) solaire	solar panel
produit (m.) bio	organic product
seuil (m.) de tolérance	threshold

LE MONDE FRANCOPHONE

L'écotourisme

Voici quelques destinations francophones de l'écotourisme.

En Afrique du Nord avec le désert du Sahara, en Algérie, au Maroc et en Tunisie

À la Guadeloupe avec le volcan de la Soufrière, ses nombreuses cascades° et ses forêts tropicales

En Guyane française avec sa forêt tropicale humide qui couvre 90% du pays

Au Québec avec sa géographie variée, ses communautés indigènes° et ses trois réserves de biosphère

Aux Seychelles les 115 îles de l'archipel, avec leurs nombreuses réserves naturelles et leurs récifs de corail°

Au Viêt-nam le delta du Mékong, avec son paysage de canaux° et ses cultures de riz

cascades *waterfalls* indigènes *native* récifs de corail *coral reefs* canaux *canals*

PORTRAIT

L'énergie nucléaire

En France, le nucléaire produit 75 à 80% de l'électricité. C'est EDF (Électricité de France) qui a construit les premières centrales° du pays. Aujourd'hui, le pays possède 58 réacteurs et une usine de traitement°, Areva NC. Les déchets radioactifs de France, d'Europe et d'Asie y sont traités°. La France est un exemple de réussite de l'énergie nucléaire, mais sa population est inquiète. L'explosion de Tchernobyl en 1986 a démontré les risques d'accidents des centrales. Dix pour cent des déchets, dits «à vie longue», ne sont pas traitables° et deviennent un problème de santé publique. Le rôle des énergies renouvelables ne peut donc qu'augmenter° à l'avenir.

centrales *power plants* usine de traitement *reprocessing plant* traités *reprocessed* ne sont pas traitables *cannot be reprocessed* augmenter *become larger*

SUR INTERNET

Quand la dernière marée noire a-t-elle eu lieu en France?

Go to **daccord2.vhlcentral.com** to find more information related to this CULTURE section.

ACTIVITÉS

2 Répondez Répondez aux questions d'après les textes.
1. En France, quelle quantité d'électricité le nucléaire produit-il?
   Le nucléaire produit 75% à 80% de l'électricité en France.
2. Qui a construit les premières centrales françaises?
   EDF (Électricité de France) a construit les premières centrales françaises.
3. Quel type de déchets l'entreprise Areva NC traite-t-elle?
   Areva NC traite les déchets radioactifs de France, d'Europe et d'Asie.
4. Les Français sont-ils contents du nucléaire?
   Non, en majorité, ils sont inquiets.
5. Où peut-on faire de l'écotourisme au Québec?
   On peut faire de l'écotourisme dans les trois réserves de biosphère.

3 Nucléaire et environnement  Vous travaillez pour Areva NC et votre partenaire est un militant écologiste. Imaginez ensemble un dialogue où vous parlez de vos opinions pour et contre l'usage (*use*) de l'énergie nucléaire en France. Soyez prêts à jouer votre dialogue devant la classe.

ressources

daccord2.vhlcentral.com

deux cent quarante-trois **243**

Areva NC Based in La Hague (Normandy), **Areva NC** reprocesses spent power reactor fuel in order to recycle uranium and plutonium and to condition the waste. **Areva NC** has been criticized for its disposal of radioactive waste in the English Channel and in the air. The site in La Hague houses the world's largest stockpile of separated plutonium.

Les énergies renouvelables The windmill (**le moulin à vent**) has existed in Europe since the twelfth century. Today it has evolved into the powerful wind turbine (**l'éolienne moderne**), which owes its technology to the aviation industry. Other renewable energy sources include solar energy (**l'énergie solaire**), hydroelectric power (**l'énergie hydroélectrique**), and geothermal energy (**l'énergie géothermique**).

Leçon 6A STRUCTURES

Section Goals

In this section, students will learn:
- the demonstrative pronouns **celui**, **celle**, **ceux**, and **celles**
- to use **-ci** and **-là** with forms of **celui**

Key Standards
4.1, 5.1

Student Resources
Cahier d'exercices, pp. 87–88;
Cahier d'activités, p. 155;
Supersite: Activities,
Cahier interactif

Teacher Resources
Answer Keys; Audio Script;
Audio Activity MP3s/CD;
Testing program: Grammar Quiz

Suggestions
- Tell the class that adjectives modifying forms of **celui** agree in gender and number. Use the **Point de départ** example. Past participles also agree in gender and number with any preceding direct object form of **celui**. Example: **La centrale nucléaire de Belleville est celle qu'on a vue à la télé cet après-midi.**
- Make sure students understand that forms of **celui** in relative clauses can be used with the relative pronoun **dont**. Example: **La voiture hybride est celle dont on parle le plus.**
- When using forms of **celui** in prepositional phrases, make sure students understand how possession can be expressed with the construction **celui de** + *a person's name*: **Quel sac cherches-tu? Celui d'Isabelle.**
- Have the class play a guessing game about articles in the classroom (such as clothing and school supplies). Say phrases with the construction **celui de** + [*a person's name*]. Students should respond with an antecedent for your statement. Examples: **Celui de Shayne est bleu. (le tee-shirt) Celles de Roger sont noires. (les lunettes)**

Essayez! Here are some additional items. **7. La population de l'Inde est croissante. (Celle / Celui) de la Russie est en déclin. (Celle) 8. Les bouteilles en verre sont-elles plus écologiques que (ceux / celles) en plastique? (celles) 9. Le gaspillage de l'eau n'est pas plus excusable que (celui / celle) de l'électricité. (celui)**

6A.1 Demonstrative pronouns

Point de départ In D'accord! Level 1, you learned how to use demonstrative adjectives. Demonstrative *pronouns* refer to a person or thing that has already been mentioned. Examples of English demonstrative pronouns include *this one* and *those*.

L'énergie qui coûte moins cher est plus dangereuse.
The energy that costs less is more dangerous.

→ **Celle** qui coûte moins cher est plus dangereuse.
The one that costs less is more dangerous.

- Demonstrative pronouns agree in number and gender with the noun to which they refer.

Demonstrative pronouns

	singular		plural	
masculine	**celui**	this one; that one; the one	**ceux**	these; those; the ones
feminine	**celle**	this one; that one; the one	**celles**	these; those; the ones

- Demonstrative pronouns must be followed by one of three constructions: **-ci** or **-là**, a relative clause, or a prepositional phrase.

-ci; -là	Quels emballages? **Ceux-ci?** *Which packages? These here?*	Quelle bouteille? **Celle-là** en verre? *Which bottle? The glass one there?*
relative clause	Quelle femme? **Celle qui parle?** *Which woman? The one who is talking?*	C'est **celui qu'on a entendu** à la radio. *He is the one we heard on the radio.*
prepositional phrase	Quel problème? **Celui de l'effet de serre?** *What problem? The one about the greenhouse effect?*	Ces sacs coûtent plus cher que **ceux en papier.** *Those bags cost more than the paper ones.*

Essayez! Choisissez le pronom démonstratif correct.

1. Le recyclage du plastique coûte plus cher que (celle / **celui**) du verre.
2. La protection des arbres est aussi importante que (**celle** / celui) des animaux.
3. Les espaces verts sont (**ceux** / celles) dont on a le plus besoin en ville.
4. Les ordures les plus sales sont (ceux / **celles**) des industries.
5. De tous les problèmes écologiques, l'effet de serre est (**celui** / ceux) dont on parle le plus.
6. Quels sacs préfères-tu: (**ceux** / celui)-ci?

244 deux cent quarante-quatre

MISE EN PRATIQUE

1 **Le marché aux puces** Vous êtes au marché aux puces (*flea market*) pour trouver des cadeaux. Complétez les phrases avec des pronoms démonstratifs.

1. Ce magnifique vase bleu, je pense que c'est ___celui___ que maman voulait.
2. Ces deux jolis sacs: ___celui-ci___ est pour Sylvie et ___celui-là___ est pour Soraya.
3. Cette casquette rouge est pour moi. Elle ressemble à ___celle___ de Françoise.
4. Il y avait des boîtes pleines de livres anciens. ___Ceux___ que j'ai achetés étaient les plus beaux.
5. J'adore ces deux affiches. ___Celle-ci___ est pour Julien et ___celle-là___ est pour André.
6. Ce cadeau? ___Celui-ci___... C'est une surprise!

2 **Entretien** Camille doit passer un entretien et elle parle à sa copine Alice. Ajoutez des pronoms démonstratifs avec **-ci** et **-là**. *Suggested answers*

CAMILLE Qu'est-ce que je peux mettre pour cet entretien? J'ai plusieurs tailleurs sympas.

ALICE Ces deux tailleurs gris font sérieux. Tu devrais plutôt mettre (1) ___celui-là___. Il est élégant et classique.

CAMILLE Et comme chemisier, qu'est-ce que je mets?

ALICE (2) ___Celui-ci___ est joli, mais (3) ___celui-là___ ira mieux avec le style de ton tailleur.

CAMILLE Tu penses que je devrais mettre ces chaussures-ci ou (4) ___celles-là___?

ALICE (5) ___Celles-ci___ sont très à la mode mais (6) ___celles-là___ sont plus classiques.

3 **Cadeau d'anniversaire** C'est bientôt l'anniversaire d'Houda et vous discutez avec un(e) partenaire des cadeaux que vous pourriez lui offrir. Refaites leur conversation. *Answers will vary.*

MODÈLE des tee-shirts / plus joli

Élève 1: *Tu aimes ce tee-shirt?*
Élève 2: *Non, pas trop.*
Élève 1: *Alors, lequel préfères-tu?*
Élève 2: *Je préfère celui-ci. Il est plus joli.*

- des robes / élégant
- des lunettes de soleil / trop cher
- des CD / plus classique
- des livres / très intéressant

Practice more at **daccord2.vhlcentral.com**.

Writing Sentences Have the class identify all the nouns in **Contextes**, pages 236–237. Then tell students to work in pairs to write a couple of sentences in which nouns from the list are replaced with forms of **celui**. Example: **des déchets toxiques (Ceux des usines de Sugar Land sont-ils dangereux?)**

Using Games Make up a set of enigmatic sentences using forms of **celui**. The sentences should contain enough clues to suggest an antecedent. Tell students to guess at possible antecedents for each sentence and encourage them to be creative. Example: **Ceux de Taylor Swift sont blonds. (les cheveux)**

UNITÉ 6 L'espace vert

COMMUNICATION

4 La pollution Que pensent vos camarades de la pollution? Posez ces questions à un(e) partenaire. Ensuite, présentez les réponses à la classe. Utilisez **celui, celle, ceux** ou **celles**. Answers will vary.

1. Quelles voitures polluent le moins: les voitures hybrides ou les voitures de sport? Lesquelles préfères-tu?
2. Si tu devais choisir entre ces deux voitures, laquelle prendrais-tu: celle qui est la plus rapide ou celle qui pollue le moins? Pourquoi?
3. Connais-tu quelqu'un qui fait régulièrement du covoiturage? Qui? Pourquoi le fait-il/elle?
4. Les emballages en plastique polluent-ils plus que ceux en papier? Pourquoi?
5. Est-ce que ceux qui recyclent leurs déchets aident à préserver la nature? Pourquoi?
6. Parmi (*Among*) les pays industrialisés, lesquels polluent le plus? Lesquels polluent le moins?

5 Définitions Votre petit frère vous demande de lui expliquer ces expressions. Avec un(e) partenaire, alternez les rôles pour donner leurs définitions. Utilisez **celui qui, celle qui, ceux qui** ou **celles qui**. Answers will vary.

MODÈLE

un pollueur
Élève 1: *Qu'est-ce que c'est, un pollueur?*
Élève 2: *C'est celui qui laisse des papiers sales dans la rue.*

- les déchets toxiques
- l'énergie solaire
- un(e) écologiste
- la pluie acide
- un écoproduit
- les voitures hybrides

6 D'accord, pas d'accord Par groupes de quatre, faites ce sondage (*survey*). Qui est d'accord ou qui n'est pas d'accord avec ces phrases? Justifiez vos réponses. Ensuite, comparez-les avec celles d'un autre groupe. Answers will vary.

	D'accord	Pas d'accord
1. Les déchets toxiques d'une centrale nucléaire sont plus dangereux que ceux d'une centrale électrique.	___	___
2. Les sacs en plastique sont aussi facilement recyclables que ceux en papier.	___	___
3. En ce qui concerne la voiture du futur, la voiture hybride est celle dont on parle le plus.	___	___
4. Les déchets qui polluent le plus sont ceux des centrales nucléaires.	___	___

Le français vivant

L'île de Corse

Celle qui a les plus belles plages de la Méditerranée. Tous ceux qui habitent ce paradis sont fiers de le partager avec tous ceux qui leur rendent visite. Celui qui vient en Corse une fois y reviendra toujours.

beautécorse

Identifiez Quels pronoms démonstratifs trouvez-vous dans la publicité (*ad*)? Celle, ceux, Celui

Questions À tour de rôle, avec un(e) partenaire, posez-vous ces questions. Employez des pronoms démonstratifs dans vos réponses, si possible. Answers will vary.

1. D'après (*According to*) la pub, quelles sont les plus belles plages de la Méditerranée? celles de la Corse
2. Qui est fier de partager la Corse? tous ceux qui y habitent
3. Que veut celui qui vient une fois en Corse? Celui qui vient en Corse veut y revenir.
4. Y a-t-il un endroit dans le monde qui a eu cet effet sur toi? Lequel?
5. Voudrais-tu visiter la Corse un jour? Pourquoi?

deux cent quarante-cinq **245**

---

1 Suggestion You might want to have students complete items 1, 3, and 4 first. Then remind them of the suffixes **-ci** and **-là** before proceeding to items 2, 5, and 6.

2 Suggestion Remind students that French speakers usually refer to a near object with **-ci** before referring to a far object with **-là** in the same sentence.

3 Suggestion Have two volunteers read the **modèle** aloud to the class. Then review forms of the relative pronoun **lequel**. Make sure students understand the different ways **lequel** and **celui** are used.

4 Expansion Introduce students to a concept of personal responsibility from existentialism: **la mauvaise foi**. A person that acts in **mauvaise foi** behaves in a way that is inconsistent with his or her true beliefs. Ask the class to categorize certain behaviors as a **politique de bonne foi** or a **politique de mauvaise foi** for an environmentalist. Examples: **le covoiturage (bonne foi)** and **promouvoir le covoiturage, mais aller seul(e) au travail avec une grosse voiture (mauvaise foi)**

5 Suggestion Have students draw pictures like those in children's books to accompany their definitions.

6 Expansion Have groups select a topic from the list and prepare a small debate. Regardless of their personal beliefs, one student should advocate **d'accord** and the other **pas d'accord**.

Le français vivant Hand out or have students copy the text in the advertisement. Tell them to underline the demonstrative pronouns. Then ask them what they think the antecedents are.

OPTIONS

Comparing Styles Have small groups of students prepare a fashion outlook for the season. They should make collages with pictures from magazines or the Internet of the latest styles and tell the class what they think of them, using forms of the demonstrative pronoun **celui** whenever possible. Example: *Ce jean-ci est laid! J'aime mieux celui-là.*

Using Cards Make a set of index cards, organized in pairs with two similar objects, one on each card. Then prompt students to evaluate the objects with questions using forms of **lequel** and **celui**. Example: (*two pictures of automobiles*) **Laquelle pollue moins, à votre avis? Celle-ci ou celle-là? (La voiture rouge!)**

STRUCTURES **245**

Section Goals

In this section, students will learn:
- the present subjunctive of regular verbs
- to use the subjunctive after some impersonal expressions

Key Standards
4.1, 5.1

Student Resources
Cahier d'exercices, pp. 89-90; *Cahier d'activités*, p. 156; Supersite: Activities, *Cahier interactif*

Teacher Resources
Answer Keys; Audio Script; Audio Activity MP3s/CD; Testing program: Grammar Quiz

Suggestions
- Remind students that verbs ending in **-ier** have a double **i** in the **nous** and **vous** forms of the present subjunctive: **étudiiez, skiions**, etc.
- Tell the class that to negate impersonal expressions they should place the negative particles around the conjugated verb in the indicative, not around the subjunctive verb that follows in the next clause. Example: **Il ne faut pas qu'elle mette ces ordures dans le bac à recycle.**
- Point out to students that the expressions **il faut** and **il vaut mieux** can be followed by an infinitive. Example: **Il vaut mieux partager sa voiture de temps en temps.** You could also point out that the other expressions in the list can be followed by **de/d'** + infinitive. Example: **Il est nécessaire de partager sa voiture de temps en temps.**
- Read aloud a set of logical and illogical statements about environmentalism that make use of impersonal expressions and the subjunctive. Students should respond by saying **logique** or **illogique**. Example: **Pour éviter de gaspiller l'essence, il vaut mieux qu'on recycle le verre. (illogique)**

Leçon 6A

STRUCTURES

6A.2 The subjunctive (Part 1)
Introduction, regular verbs, and impersonal expressions

Point de départ With the exception of commands and the conditional, the verb forms you have learned have been in the indicative mood. The indicative is used to state facts and to express actions or states that the speaker considers real and definite. In contrast, the subjunctive mood expresses the speaker's subjective attitudes toward events and actions or states the speaker's views as uncertain or hypothetical.

Present subjunctive of one-stem verbs

	parl**er**	fin**ir**	attend**re**
que je/j'	parl**e**	finiss**e**	attend**e**
que tu	parl**es**	finiss**es**	attend**es**
qu'il/elle	parl**e**	finiss**e**	attend**e**
que nous	parl**ions**	finiss**ions**	attend**ions**
que vous	parl**iez**	finiss**iez**	attend**iez**
qu'ils/elles	parl**ent**	finiss**ent**	attend**ent**

- The **je**, **tu**, **il/elle**, and **ils/elles** forms of the three verb types form the subjunctive the same way. They add the subjunctive endings to the stem of the **ils/elles** form of the present indicative.

INFINITIVE	PRESENT INDICATIVE OF ILS/ELLES	PRESENT SUBJUNCTIVE
parler	parl**ent**	que je parl**e**
finir	finiss**ent**	que je finiss**e**
attendre	attend**ent**	que j'attend**e**

Il est nécessaire qu'on **évite** le gaspillage.
It is necessary that we avoid waste.

Il est important que tu **réfléchisses** aux dangers.
It is important that you think about the dangers.

- The **nous** and **vous** forms of the present subjunctive are the same as those of the **imparfait**.

Il vaut mieux que nous **préservions** l'environnement.
It is better that we preserve the environment.

Il est essentiel que vous **trouviez** un meilleur travail.
It is essential that you find a better job.

Il faut que nous **commencions**.
It is necessary that we start.

Il est bon que vous **réfléchissiez**.
It is good that you're thinking.

> **BOÎTE À OUTILS**
> English also uses the subjunctive. It used to be very common, but now survives mostly in expressions such as *if I were you* and *be that as it may*.

246 *deux cent quarante-six*

MISE EN PRATIQUE

1 **Prévenir et améliorer** Complétez ces phrases avec la forme correcte des verbes au présent du subjonctif.

1. Il est essentiel que je ___recycle___ (recycler).
2. Il est important que nous ___réduisions___ (réduire) la pollution.
3. Il faut que le gouvernement ___interdise___ (interdire) les voitures polluantes (*polluting*).
4. Il vaut mieux que vous ___amélioriez___ (améliorer) les transports en commun (*public transportation*).
5. Il est possible que les pays ___prennent___ (prendre) des mesures pour réduire les déchets toxiques.
6. Il est indispensable que tu ___boives___ (boire) de l'eau pure.

2 **Au lycée** Quelles règles les lycéens doivent-ils suivre pour réussir? Transformez ces phrases avec **il faut** et le présent du subjonctif.

> **MODÈLE**
> Vous devez vous coucher avant minuit.
> *Il faut que vous vous couchiez avant minuit.*

1. Le matin, vous devez vous lever à sept heures.
   Le matin, il faut que vous vous leviez à sept heures.
2. Ils doivent prendre un bon petit-déjeuner le matin.
   Il faut qu'ils prennent un bon petit-déjeuner le matin.
3. Tu dois prendre le bus au coin de la rue.
   Il faut que tu prennes le bus au coin de la rue.
4. Je dois déjeuner à la cantine à midi.
   Il faut que je déjeune à la cantine à midi.
5. Nous devons rentrer tôt pendant la semaine.
   Il faut que nous rentrions tôt pendant la semaine.
6. Elle doit faire ses devoirs tous les soirs.
   Il faut qu'elle fasse ses devoirs tous les soirs.

3 **Éviter une catastrophe** Que devons-nous faire pour préserver notre planète? Avec un(e) partenaire, faites des phrases avec des expressions impersonnelles.
Answers will vary.

> **MODÈLE**
> Il est essentiel que tu évites le gaspillage.

A	B	C
je/j'	améliorer	les écoproduits
tu	développer	les emballages
on	éviter	le gaspillage
nous	préserver	les glissements de terrain
vous	prévenir	les industries propres
le président	recycler	la nature
les pays	sauver	la pollution
?	trouver	le ramassage des ordures

Practice more at **daccord2.vhlcentral.com**.

Using Video Distribute copies of the script for the last scene of the video for **Leçon 6A** and have students underline all the verbs. Ask them to identify the mood (indicative, imperative, or subjunctive) of each verb. When they realize that the subjunctive is used rarely, point out that native speakers often avoid the subjunctive because it can be tricky for them, too.

De bonnes résolutions Have the class make up a list of ten environmental resolutions using some of the impersonal expressions listed on page 247. Help them when they need expressions such as *a recycling bin* (**un bac à recyclage**). Example: **Il est essentiel qu'on préserve la nature.**

UNITÉ 6 L'espace vert

COMMUNICATION

4 Oui ou non? Vous discutez avec un(e) partenaire des problèmes d'environnement. À tour de rôle, parfois, vous confirmez ce qu'il/elle dit, mais parfois, vous n'êtes pas d'accord. *Answers will vary.*

MODÈLE
Élève 1: Il faut que les pays industrialisés réduisent les émissions à effet de serre.
Élève 2: C'est vrai, il faut qu'ils réduisent les émissions à effet de serre.

1. Il est nécessaire que tu recycles les bouteilles.
2. Il est dommage que les élèves prennent le bus pour aller au lycée.
3. Il est bon qu'on développe des énergies propres.
4. Il est essentiel qu'on signe le protocole de Kyoto.
5. Il est indispensable que nous évitions le gaspillage.
6. Il faut que les pays développent de nouvelles technologies pour réduire les émissions toxiques.

5 Les opinions Vous discutez avec un(e) partenaire des problèmes de pollution. À tour de rôle, répondez à ces questions. Justifiez vos réponses. *Answers will vary.*

MODÈLE
Élève 1: Faut-il que nous préservions l'environnement?
Élève 2: Oui, il faut que nous préservions l'environnement pour éviter le réchauffement de la Terre.

1. Est-il important qu'on s'intéresse à l'écologie?
2. Faut-il qu'on évite de gaspiller?
3. Est-il essentiel que nous construisions des centrales nucléaires?
4. Vaut-il mieux que j'utilise des bacs (*bins*) à recyclage pour le ramassage des ordures?
5. Est-il indispensable qu'on prévienne les incendies?
6. Est-il possible qu'on développe l'énergie solaire?

6 L'écologie Par groupes de quatre, regardez les deux photos et parlez des problèmes écologiques qu'elles évoquent. Ensuite, préparez par écrit une liste des solutions. Comparez votre liste avec celles de la classe. *Answers will vary.*

MODÈLE
Élève 1: Aujourd'hui, il y a trop d'ordures.
Élève 2: Il faut qu'on développe le recyclage.

- The verbs on the preceding page are called one-stem verbs because the same stem is used for all the endings. Two-stem verbs have a different stem for **nous** and **vous**, but the rule still applies: the forms are identical to those of the **imparfait**.

Present subjunctive of two-stem verbs

	acheter	venir	prendre	boire
que je/j'	achète	vienne	prenne	boive
que tu	achètes	viennes	prennes	boives
qu'il/elle	achète	vienne	prenne	boive
que nous	achetions	venions	prenions	buvions
que vous	achetiez	veniez	preniez	buviez
qu'ils/elles	achètent	viennent	prennent	boivent

- The subjunctive is usually used in complex sentences that consist of a main clause and a subordinate clause. The main clause contains a verb or expression that triggers the subjunctive. The word **que** connects the two clauses.

- These impersonal expressions of opinion are often followed by clauses in the subjunctive. They are followed by the infinitive, without **que**, if no person or thing is specified. Add **de** before the infinitive after expressions with **être**.

Il est bon que...	It is good that...	Il est indispensable que...	It is essential that...
Il est dommage que...	It is a shame that...	Il est nécessaire que...	It is necessary that...
Il est essentiel que...	It is essential that...	Il est possible que...	It is possible that...
Il est important que...	It is important that...	Il faut que...	One must... / It is necessary that...
		Il vaut mieux que...	It is better that...

Il est essentiel qu'on réduise le gaspillage.
It is essential that we reduce waste.

but

Il est essentiel de réduire le gaspillage.
It is essential to reduce waste.

Il faut qu'on ferme l'usine.
We must close the factory.

but

Il faut fermer l'usine.
We must close the factory.

Essayez! Indiquez la forme correcte du présent du subjonctif de ces verbes.

1. (améliorer, choisir, vendre) que je/j' _améliore, choisisse, vende_
2. (mettre, renvoyer, maigrir) que tu _mettes, renvoies, maigrisses_
3. (dire, partir, devenir) qu'elle _dise, parte, devienne_
4. (appeler, enlever, revenir) que nous _appelions, enlevions, revenions_
5. (démissionner, obtenir, apprendre) que vous _démissionniez, obteniez, appreniez_
6. (payer, répéter, lire) qu'ils _paient, répètent, lisent_

deux cent quarante-sept **247**

Essayez! Toss a tennis ball or a crumpled piece of paper to a student while saying a subject pronoun and the infinitive of a regular verb. He or she gives the present subjunctive form and tosses the object to another student while you call another pronoun and infinitive.

1 Expansion To ensure students' comprehension, ask them to categorize each statement as **une responsabilité gouvernementale**, **une responsabilité personnelle**, or **les deux**.

2 Expansion Have students reformulate each answer so that the subject is **je/j'**. Then ask them **C'est vrai?** to see if the statement is true for them personally. Example: **Le matin, il faut que je me lève à sept heures.** (Ce n'est pas vrai! D'habitude, je me lève à six heures.)

3 Suggestion Remind students to use each of the expressions in the columns at least once.

4 Expansion When students have completed this activity, suggest that they prepare a conversation between a passionate environmentalist and an environmentalism skeptic. Encourage them to use humor and to perform their conversation for the class.

5 Suggestion Have students develop two responses for each question, one that begins with **oui** and one that begins with **non**. They should summarize their arguments in writing when they've completed the activity and place a check next to the argument for each topic that they find most persuasive.

6 Expansion After completing the activity, write this statement on the board: **L'avenir de l'écologie, c'est la technologie**. Then ask students to find arguments that support or contradict it. You might suggest that they do Internet or library research to support their arguments.

OPTIONS

Using Impersonal Expressions Have students complete the following sentences to practice the subjunctive with impersonal expressions. 1. Il ne faut pas qu'on ____ l'eau. (gaspille) 2. Pour prévenir les incendies, il vaut mieux que les visiteurs du camping ne ____ pas. (fument) 3. L'écologiste nous a dit qu'il fallait qu'on ____ la planète. (sauve)

Comprehension Make a set of statements about the environment that use impersonal expressions and the subjunctive. Ask students to pretend that they are ecologists and to give a thumbs-up if they like what they hear or a thumbs-down if they don't. Example for thumbs-up: **Il faut qu'on réduise les déchets toxiques des usines.**

STRUCTURES **247**

Leçon 6A

SYNTHÈSE
Révision

1 **Des solutions** Avec un(e) partenaire, décrivez ces problèmes et donnez des solutions. Utilisez le présent du subjonctif et un pronom démonstratif pour chaque photo. Présentez vos solutions à la classe. *Answers will vary.*

MODÈLE

Élève 1: *Cette eau est sale.*
Élève 2: *Il faut que celui qui a pollué cette eau paie une grosse amende.*

1.

3.

2.

4.

2 **Une lettre** Vous habitez dans un village où les autorités veulent construire un grand aéroport. Avec un(e) partenaire, écrivez une lettre aux responsables dans laquelle vous expliquez vos inquiétudes (*worries*). Utilisez des expressions impersonnelles, puis lisez la lettre à la classe. *Answers will vary.*

3 **Les plaintes** Par groupes de trois, interviewez vos camarades à tour de rôle. Que vous conseillent-ils de faire quand vous vous plaignez (*complain*) d'une de ces personnes? Écrivez leurs réponses, puis comparez-les à celles d'un autre groupe. *Answers will vary.*

MODÈLE

Il est important que tu écrives une lettre au gérant.

- vos parents
- votre professeur
- votre sœur/frère
- un(e) serveur/serveuse
- un(e) patron(ne)
- un médecin

4 **Si…** Avec un(e) partenaire, observez ces scènes et lisez les phrases. Pour chaque scène, faites trois phrases au présent du subjonctif, puis présentez-les à la classe. *Answers will vary.*

MODÈLE

Élève 1: *Si l'eau est sale, il ne faut pas que les gens mangent les poissons.*
Élève 2: *Oui, il faut qu'ils les achètent à la poissonnerie.*

1. Si l'eau est sale, …

3. S'il tombe une pluie acide, …

2. S'il y a un nuage de pollution, …

4. S'il y a un glissement de terrain, …

5 **Des propositions** Que peut-on faire pour préserver l'environnement? Avec un(e) partenaire, utilisez le présent du subjonctif et, si nécessaire, des pronoms pour faire des propositions. Ensuite, comparez-les à celles d'un autre groupe. *Answers will vary.*

MODÈLE

Élève 1: *Celui qui change l'huile de sa voiture? Il est essentiel qu'il recycle l'huile et qu'il l'apporte à un garagiste.*
Élève 2: *Il ne faut pas qu'il change l'huile trop souvent ou qu'il utilise de l'huile de mauvaise qualité.*

6 **Non, Solange!** Votre professeur va vous donner, à vous et à votre partenaire, deux feuilles d'activités différentes sur les mauvaises habitudes de Solange. Attention! Ne regardez pas la feuille de votre partenaire. *Answers will vary.*

MODÈLE

Élève 1: *Il est dommage que Solange conduise une voiture qui pollue.*
Élève 2: *Il faut qu'elle conduise une voiture plus écologique.*

ressources

CE pp. 87–90
CA pp. 47–48, 155–156

daccord2.vhlcentral.com

248 *deux cent quarante-huit*

UNITÉ 6 L'espace vert

Video: TV Clip
Le Zapping

La BMCE

La Banque Marocaine du Commerce Extérieur est la deuxième plus grande banque du Maroc. Elle a non seulement des agences en Europe et en Asie, mais elle vise° aussi constamment à étendre° les liens° entre le Maroc et le reste du monde. À travers la Fondation BMCE Éducation et Environnement, la banque se soucie° également° de la protection de l'environnement et du développement de la société marocaine. En 2000, elle a lancé le projet Medersat.com, dont un des objectifs les plus importants est la scolarisation des enfants dans les villages marocains.

—Comme tu es belle, petite fleur! Seras-tu encore belle demain?

—Attends-moi! Moi aussi, j'ai envie d'apprendre.

Compréhension Répondez aux questions.

1. Sur quoi le garçon est-il debout (*standing*) dans la première scène? Il est debout sur la Terre/la planète.
2. Que demande-t-il à la colombe (*dove*)? Il lui demande si elle peut lui montrer le chemin de la Liberté.
3. Où vont le garçon et sa sœur à la fin? Ils vont à l'école.

Discussion Par groupes de trois, répondez aux questions et discutez. Answers will vary.

1. Pourquoi le garçon pose-t-il des questions? Pourquoi à une fleur, aux étoiles (*stars*), à une colombe et à un arbre (*tree*)? Quels sont leurs attributs?
2. Quels messages concernant les missions de la BMCE la publicité (*commercial*) nous transmet-elle?

vise *aims* **étendre** *to extend* **liens** *links* **se soucie** *cares* **également** *also*

Practice more at daccord2.vhlcentral.com.

deux cent quarante-neuf **249**

La langue tamazight One of the BMCE's social missions is the promotion of the Tamazight language of Moroccan Berbers. Most Tamazight speakers today live in central Morocco, but people of Berber descent live across most of North Africa. Tamazight is only one of many Berber dialects, though the term is often used generically to denote all of its dialects, some of which are spoken as far south as Burkina Faso and as far east as Egypt. After gaining independence from France in the 1960s, several North African countries, including Morocco, instituted policies to promote the use of Arabic in schools. However, in the process they also suppressed or outright banned the teaching of Tamazight. In the case of Morocco, new policies are today reversing the trend and introducing Tamazight-language instruction in schools.

Section Goals

In this section, students will learn and practice vocabulary related to:
- nature and conservation
- animals

Key Standards
1.1, 1.2, 4.1

Student Resources
Cahier d'exercices, pp. 91-92; *Cahier d'activités*, p. 157; Supersite: Activities, *Cahier interactif*

Teacher Resources
Answer Keys; Overhead #34; Audio Script; Textbook & Audio Activity MP3s/CD; Testing program: Vocabulary Quiz

Suggestions

- Tell students to look over the new vocabulary and identify the cognates.
- Use **Overhead #34**. Point out people and things as you describe the illustration. Examples: **Ils voient une étoile. C'est une vache.**
- To practice the vocabulary, show drawings or magazine photos and ask students questions. Examples: **Qu'est-ce que c'est? C'est un lapin ou un écureuil? Y a-t-il un fleuve sur le dessin?**
- Explain that **jeter**, like **appeler**, doubles the stem's final consonant in all singular forms as well as the third person plural form of the present tense: **je jette, tu jettes, il/elle jette, nous jetons, vous jetez, ils/elles jettent.**

CONTEXTES

Leçon 6B

You will learn how to...
- discuss nature and the environment
- make comparisons

Talking Picture Audio: Activity

En pleine nature

Vocabulaire

chasser	to hunt
jeter	to throw away
un animal	animal
un bois	woods
un champ	field
une côte	coast
un désert	desert
un fleuve	river
une forêt (tropicale)	(tropical) forest
la jungle	jungle
la nature	nature
une région	region
une rivière	river
un sentier	path
un volcan	volcano
la chasse	hunt
le déboisement	deforestation
l'écotourisme (*m.*)	ecotourism
une espèce (menacée)	(endangered) species
l'extinction (*f.*)	extinction
la préservation	protection
une ressource naturelle	natural resource
le sauvetage des habitats naturels	natural habitat preservation

Image labels: le ciel, un arbre, une plante, Ils font un pique-nique. (*pl.* des pique-niques), un écureuil, une vache, l'herbe (f.)

ressources
CE pp. 91-92
CA p. 157
daccord2.vhlcentral.com

250 deux cent cinquante

OPTIONS

Using Movement Make a series of true/false statements related to the lesson theme using the new vocabulary. Tell students to remain seated if a statement is true and to stand if it is false. Examples: **Les lapins habitent dans les arbres.** (Students stand.) **On voit des étoiles dans le ciel.** (Students remain seated or sit down.)

Classifying Write these categories on the board: **Animaux** and **Éléments naturels** (*Natural features*). Dictate words from the vocabulary. Tell students to write the words under the correct heading on their papers. Examples: **serpent, île, désert, écureuil, volcan, falaise, vallée,** and **vache.**

UNITÉ 6 | L'espace vert

Mise en pratique

1 **Par catégorie** Faites correspondre les éléments de la colonne de gauche avec l'élément des colonnes de droite qui convient.

_d_ 1. la Seine
_j_ 2. la Martinique
_h_ 3. une vache
_a_ 4. l'Etna
_i_ 5. le pétrole
_g_ 6. le Sahara
_e_ 7. un arbre
_c_ 8. Érié

a. un volcan
b. une jungle
c. un lac
d. un fleuve
e. une plante

f. une forêt
g. un désert
h. un animal
i. une ressource naturelle
j. une île

2 **La nature** Choisissez le terme qui correspond à chaque définition. Ensuite choisissez trois autres termes de **CONTEXTES** et écrivez leur définition. Avec un(e) partenaire, lisez vos définitions et devinez quels sont les termes que vous avez choisis.

le déboisement	une falaise	la préservation
l'écotourisme	une jungle	le sauvetage des habitats naturels
l'environnement	une pierre	un sentier
l'extinction	un pique-nique	une vache

1. Là où l'homme vit : _l'environnement_
2. Sauver et protéger : _la préservation_
3. Lieu très chaud, très humide : _une jungle_
4. Chemin très étroit (_narrow_) : _un sentier_
5. Quand une espèce n'existe plus : _l'extinction_
6. Conséquence de la destruction des arbres : _le déboisement_
7. Action de sauver le lieu où vivent des animaux : _le sauvetage des habitats naturels_
8. Vacances qui favorisent la protection de l'environnement : _l'écotourisme_
9. Un animal de taille importante qui mange de l'herbe : _une vache_
10. Quand on mange dans la nature : _un pique-nique_
11. Élément minéral solide, parfois gris : _une pierre_
12. Sur le dessin de gauche, c'est la formation rocheuse (_rocky_) à droite : _une falaise_

3 **Écoutez** Écoutez Armand parler de quelques-unes de ses expériences avec la nature. Après une deuxième écoute, écrivez les termes qui se réfèrent au ciel, à la terre et aux plantes. Some answers may vary.

Terre	Ciel	Plantes
nature	étoiles	forêt(s) tropicale(s)
forêt(s) tropicale(s)	Lune	arbres
sentiers		fleurs
campagne		nature

Practice more at **daccord2.vhlcentral.com**.

deux cent cinquante et un 251

Leçon 6B

CONTEXTES

Communication

4 Conversez Interviewez un(e) camarade de classe. Answers will vary.

1. As-tu déjà fait de l'écotourisme? Où? Si non, où as-tu envie d'en faire?
2. Aimes-tu les pique-niques? Quand en as-tu fait un pour la dernière fois? Avec qui?
3. Quelles activités aimes-tu pratiquer dans la nature?
4. As-tu déjà visité une forêt? Laquelle?
5. Connais-tu un lac? Quand y es-tu allé(e)? Quelles activités y as-tu pratiquées?
6. Es-tu déjà allé(e) dans un désert? Lequel?
7. Es-tu déjà allé(e) sur une île? Laquelle? Comment as-tu passé le temps?
8. Quelles sont les régions du monde que tu veux visiter? Pour quelle(s) raison(s)?
9. Si tu étais un animal, lequel serais-tu? Pourquoi?
10. Quand tu regardes le ciel, que trouves-tu de beau? Pourquoi?

5 La nature et moi Écrivez un paragraphe dans lequel vous racontez votre expérience avec la nature. Ensuite, à tour de rôle, lisez votre description à votre partenaire et comparez vos paragraphes. Answers will vary.

- Choisissez au minimum deux lieux naturels différents.
- Utilisez un minimum de huit mots de vocabulaire de **CONTEXTES**.
- Faites votre description avec le plus de détails possible.
- Expliquez ce que vous aimez ou ce que vous n'aimez pas à propos de chaque lieu.

6 Les écologistes Vous faites partie d'un club d'écologistes au lycée. Avec deux camarades de classe et les informations suivantes, préparez une brochure pour informer les élèves d'un grave problème écologique. Présentez ensuite votre brochure au reste de la classe. Quel groupe a présenté le problème le plus sérieux? Quel groupe a proposé les solutions les plus originales? Answers will vary.

- le nom de votre club
- la situation géographique du problème écologique
- la description du problème
- les causes du problème
- les conséquences du problème
- les solutions possibles au problème

7 À la radio Vous travaillez pour le ministère du Tourisme d'un pays francophone et vous devez préparer un texte qui sera lu à la radio. L'objectif de ce message est de faire la promotion de ce pays pour son écotourisme. Décrivez la nature et les activités offertes. Utilisez les mots que vous avez appris dans **CONTEXTES**. Answers will vary.

MODÈLE

Venez découvrir la beauté de l'île de Madagascar. Chaque région vous offre des sentiers qui permettent d'admirer des plantes rares et des arbres magnifiques et de rencontrer des animaux extraordinaires… À Madagascar, la nature est unique, préservée. Le charme et l'exotisme sont ici!

UNITÉ 6   L'espace vert

Les sons et les lettres

Homophones

Audio: Concepts, Activities
Record & Compare

Many French words sound alike, but are spelled differently. As you have already learned, sometimes the only difference between two words is a diacritical mark. Other words that sound alike have more obvious differences in spelling.

| a / à | ou / où | sont / son | en / an |

Several forms of a single verb may sound alike. To tell which form is being used, listen for the subject or words that indicate tense.

| je parle | tu parles | ils parlent |
| vous parlez | j'ai parlé | je vais parler |

Many words that sound alike are different parts of speech. Use context to tell them apart.

| VERB | POSSESSIVE ADJECTIVE | PREPOSITION | NOUN |
| Ils sont belges. | C'est son mari. | Tu vas en France? | Il a un an. |

You may encounter multiple spellings of words that sound alike. Again, context is the key to understanding which word is being used.

je peux I can	elle peut she can	peu a little, few
le foie liver	la foi faith	une fois one time
haut high	l'eau water	au at, to, in the

Prononcez Répétez les paires de mots suivants à voix haute.

1. ce   se
2. leur leurs
3. né   nez
4. foi   fois
5. ces   ses
6. vert verre
7. au   eau
8. peut peu
9. où   ou
10. lis   lit
11. quelle qu'elle
12. c'est s'est

Choisissez Choisissez le mot qui convient à chaque phrase.

1. Je (lis / lit) le journal tous les jours.
2. Son chien est sous le (lis / lit).
3. Corinne est (née / nez) à Paris.
4. Elle a mal au (née / nez).

Jeux de mots Répétez les jeux de mots à voix haute.

Le ver vert va vers le verre.[1]

Mon père est maire, mon frère est masseur.[2]

[1] The green worm is going toward the glass.
[2] My father is a mayor, my brother is a masseur.

ressources

CA p. 158

daccord2.vhlcentral.com

deux cent cinquante-trois 253

Section Goals

In this section, students will learn functional phrases for expressing regrets, preferences, comparisons, and suggestions.

Key Standards

1.2, 2.1, 2.2, 4.1, 4.2

Student Resources
Cahier d'activités, pp. 83-84; Supersite: Activities, *Cahier interactif*

Teacher Resources
Answer Keys; Video Script & Translation; *Roman-photo* video

Video Recap: Leçon 6A
Before doing this **Roman-photo**, review the previous one with this activity.
1. Pourquoi Valérie est-elle de mauvaise humeur? (Michèle a démissionné. Stéphane n'a pas réussi son bac.)
2. Pourquoi Sandrine est-elle de mauvaise humeur? (Elle est/était anxieuse à cause de son concert/du départ de David.)
3. Quelle idée Rachid a-t-il eue? (d'aller à la montagne Sainte-Victoire)
4. Qui va aller à la montagne Sainte-Victoire? (Rachid, Amina, David, Sandrine, Valérie et Stéphane)

Video Synopsis
At **la montagne Sainte-Victoire**, the group visits the **Maison Sainte-Victoire**, an eco-museum. The guide explains that the mountain is a nature preserve. After a picnic, Sandrine wants David to draw her portrait. Rachid and Amina share a romantic moment, until Stéphane interrupts them.

Suggestions
- Have students predict what the episode will be about based on the video stills.
- Tell students to scan the captions for vocabulary related to nature and conservation.
- After reading the **Roman-photo**, have students summarize the episode.

Leçon 6B

ROMAN-PHOTO

La randonnée

Video: *Roman-photo*
Record & Compare

PERSONNAGES

Amina

David

Guide

Rachid

Sandrine

Stéphane

Valérie

À la montagne...
DAVID Que c'est beau!
VALÉRIE C'est la première fois que tu viens à la montagne Sainte-Victoire?
DAVID Non, en fait, je viens assez souvent pour dessiner, mais malheureusement c'est peut-être la dernière fois. C'est dommage que j'aie si peu de temps.

SANDRINE Je préférerais qu'on parle d'autre chose.
AMINA Elle a raison, nous sommes venus ici pour passer un bon moment.
STÉPHANE Tiens, et si on essayait de trouver des serpents?
AMINA Des serpents ici?
RACHID Ne t'inquiète pas, ma chérie. Par précaution, je suggère que tu restes près de moi.

RACHID Mais il ne faut pas que tu sois aussi anxieuse.
SANDRINE C'est romantique ici, n'est-ce pas?
DAVID Comment? Euh, oui, enfin...
VALÉRIE Avant de commencer notre randonnée, je propose qu'on visite la Maison Sainte-Victoire.
AMINA Bonne idée. Allons-y!

Après le pique-nique...
DAVID Mais tu avais faim, Sandrine!
SANDRINE Oui. Pourquoi?
DAVID Parce que tu as mangé autant que Stéphane!
SANDRINE C'est normal, on a beaucoup marché, ça ouvre l'appétit. En plus, ce fromage est délicieux!
DAVID Mais, tu peux manger autant de fromage que tu veux, ma chérie.

Stéphane laisse tomber une serviette...
VALÉRIE Stéphane! Mais qu'est-ce que tu jettes par terre? Il est essentiel qu'on laisse cet endroit propre!
STÉPHANE Oh, ne t'inquiète pas, maman. J'allais mettre ça à la poubelle plus tard.

SANDRINE David, j'aimerais que tu fasses un portrait de moi, ici, à la montagne. Ça te dit?
DAVID Peut-être un peu plus tard... Cette montagne est tellement belle!
VALÉRIE David, tu es comme Cézanne. Il venait ici tous les jours pour dessiner. La montagne Sainte-Victoire était un de ses sujets favoris.

A C T I V I T É S

1 **Vrai ou faux?** Indiquez si ces affirmations sont **vraies** ou **fausses**. Corrigez les phrases fausses. Answers may vary.

1. David fait un portrait de Sandrine sur-le-champ (*on the spot*). Faux. David ne veut pas faire un portrait de Sandrine tout de suite.
2. C'est la première fois que Stéphane visite la Maison Sainte-Victoire. Vrai.
3. Valérie traite la nature avec respect. Vrai.
4. Sandrine mange beaucoup au pique-nique. Vrai.
5. David et Sandrine passent un après-midi très romantique. Faux. L'après-midi de David et Sandrine n'est pas romantique.
6. Le guide confirme qu'il y a des serpents sur la montagne Sainte-Victoire. Faux. Le guide ne parle pas des serpents.
7. David est un peu triste de devoir bientôt retourner aux États-Unis. Vrai.
8. Valérie pense que David ressemble à Cézanne. Vrai.
9. Rachid est très romantique. Answers will vary.
10. Stéphane laisse Rachid et Amina tranquilles. Faux. Stéphane ne les laisse pas tranquilles.

 Practice more at daccord2.vhlcentral.com.

254 *deux cent cinquante-quatre*

O P T I O N S

Avant de regarder la vidéo Before viewing the video, have students work in pairs and brainstorm a list of words and expressions they expect to hear in an episode about a hike in the mountains.

Regarder la vidéo Show the video episode and tell students to check off the words or expressions on their lists when they hear them. Then show the episode again and have students give you a play-by-play description of the action. Write their descriptions on the board.

UNITÉ 6 L'espace vert

Les amis se promènent à la montagne Sainte-Victoire.

À la Maison Sainte-Victoire
GUIDE Mesdames, Messieurs, bonjour et bienvenue. C'est votre première visite de la Maison Sainte-Victoire?
STÉPHANE Pour moi, oui.
GUIDE La Maison Sainte-Victoire a été construite après l'incendie de 1989.
DAVID Un incendie?
GUIDE Oui, celui qui a détruit une très grande partie de la forêt.

GUIDE Maintenant, la montagne est un espace protégé.
DAVID Protégé? Comment?
GUIDE Eh bien, nous nous occupons de la gestion de la montagne et de la forêt. Notre mission est la préservation de la nature, le sauvetage des habitats naturels et la prévention des incendies. Je vous fais visiter le musée?
VALÉRIE Oui, volontiers!

RACHID Tiens, chérie.
AMINA Merci, elle est très belle cette fleur.
RACHID Oui, mais toi, tu es encore plus belle. Tu es plus belle que toutes les fleurs de la nature réunies!
AMINA Rachid...

RACHID Chut! Ne dis rien... Stéphane! Laisse-nous tranquilles.

Expressions utiles

Expressing regrets and preferences
- **C'est dommage que j'aie si peu de temps.**
  It's a shame that I have so little time.
- **Je préférerais qu'on parle d'autre chose.**
  I would prefer to talk about something else.
- **J'aimerais que tu fasses un portrait de moi.**
  I would like you to do a portrait of me.

Making suggestions
- **Par précaution, je suggère que tu restes près de moi.**
  As a precaution, I suggest that you stay close to me.
- **Il ne faut pas que tu sois si anxieuse.**
  There's no need to be so anxious.
- **Je propose qu'on visite...**
  I propose we visit...

Making comparisons
- **Tu as mangé autant que Stéphane!**
  You ate as much as Stéphane!
- **Tu peux manger autant de fromage que tu veux.**
  You can eat as much cheese as you want.

2 À vous! Imaginez que vous êtes allé(e) à la montagne Sainte-Victoire avec des amis. À l'entrée du parc, il y a une liste de règles (*rules*) à suivre pour protéger la nature. Avec un(e) camarade de classe, imaginez quelles sont ces règles et écrivez une liste. Qu'est-ce qu'il faut faire si vous faites un pique-nique? Une randonnée? Quelles sont les activités interdites? Présentez votre liste à la classe.

3 Écrivez Il y a deux couples dans notre histoire, Sandrine et David, Amina et Rachid. Composez un paragraphe dans lequel vous expliquez quel couple va rester ensemble et quel couple va se séparer. Pourquoi? Attention! Le départ de David n'entre pas en jeu (*doesn't come into play*).

deux cent cinquante-cinq **255**

Paul Cézanne Born in Aix-en-Provence, Paul Cézanne (1839–1906) lived much of his life as a recluse in Provence. A master of Postimpressionism, he is considered one of the greatest modern French painters. Bring in some photos of Cézanne's sketches and paintings of **la montagne Sainte-Victoire** and have students describe them.

Le mistral The south of France is at high risk for wildfires. Because of the extremely strong wind, **le mistral**, fires can get out of control and spread rapidly. **Le mistral** is caused by air that cools over the mountains and then flows into the valleys, creating a funnel effect and generating extremely strong wind currents. **Le mistral** occurs most often in the spring or winter.

Leçon 6B

CULTURE

Video: *Flash culture*

CULTURE À LA LOUPE

Les parcs nationaux

le parc de la Vanoise

des perroquets° en Guadeloupe

Les neuf parcs nationaux français sont protégés par le gouvernement, qui s'occupe de leur gestion. Tous offrent des sentiers de randonnée et la possibilité de découvrir la nature pendant des activités d'écotourisme guidées. Ce sont aussi des endroits où les visiteurs peuvent pratiquer différentes activités sportives. Par exemple, ils peuvent pratiquer des sports d'hiver dans cinq des sept parcs montagneux, qui ont de nombreux sommets° et glaciers.

Les Cévennes, en Languedoc-Roussillon, est le plus grand parc national forestier français avec 3.200 km² de forêts, mais on y trouve aussi des montagnes et des plateaux. La Vanoise, un parc de haute montagne dans les Alpes, a été le premier parc créé° en France, en 1963. Avec ses 107 lacs et sa vingtaine° de glaciers, c'est une réserve naturelle où le bouquetin° est protégé. Deux autres parcs, les Écrins et le Mercantour, sont aussi situés dans la région des Alpes. Autre parc montagneux, le parc national des Pyrénées est composé de six vallées principales, riches en forêts, cascades° et autres formations naturelles. C'est aussi un refuge pour de nombreuses espèces menacées, comme l'ours° et l'aigle royal°. Quand il fait beau l'été, le parc marin de Port-Cros, composé d'îles méditerranéennes, est idéal pour des activités aquatiques. Aux Antilles°, il fait chaud et humide toute l'année dans le parc national de la Guadeloupe. Situé dans la forêt tropicale, les paysages° du parc sont très variés: forestiers, volcaniques, côtiers° et maritimes. Ouverts depuis 2007, les deux parcs nationaux les plus récents sont le Parc Amazonien de Guyane, en Amérique du Sud, et le Parc national de La Réunion, dans l'océan Indien.

Les records naturels de la France en Europe de l'Ouest

- Le Mont-Blanc, dans les Alpes, est la plus haute montagne d'Europe de l'Ouest. Il mesure 4.811 mètres.
- La forêt de pins des Landes, en Aquitaine, est le plus grand massif forestier d'Europe. Il fait plus d'un million d'hectares.
- La dune du Pilat, en Aquitaine, est la plus haute dune de sable° d'Europe. Elle mesure 117 mètres.
- Le cirque° de Gavarnie, dans les Pyrénées, a la plus grande cascade d'Europe. Elle mesure 422 mètres.

sommets *summits* **créé** *created* **vingtaine** *about twenty* **bouquetin** *ibex, a type of wild goat* **cascades** *waterfalls* **ours** *bear* **aigle royal** *golden eagle* **Antilles** *the French West Indies* **paysages** *landscapes* **côtiers** *coastal* **perroquets** *parrots* **sable** *sand* **cirque** *steep-walled, mountainous basin*

ACTIVITÉS

1 Répondez Répondez aux questions par des phrases complètes.

1. Combien de parcs nationaux français y a-t-il?
   Il y a neuf parcs nationaux français.
2. Quel type de parc est le parc des Cévennes?
   Le parc des Cévennes est un parc forestier.
3. Quel parc est situé sur des îles méditerranéennes?
   Le parc marin de Port-Cros est situé sur des îles méditerranéennes.
4. Quels sont deux animaux qu'on peut trouver dans les Pyrénées?
   On peut trouver des ours et des aigles royaux dans les Pyrénées.
5. Quels sont deux types de paysages du parc de la Guadeloupe?
   Answers will vary. Possible answer: Les paysages forestiers et volcaniques sont deux types de paysages du parc de la Guadeloupe.
6. Comment s'appellent deux des parcs nationaux français et où se trouvent-ils (à la montagne, etc.)? Answers will vary. Possible answer: La Vanoise se trouve dans les montagnes et Port-Cros se trouve sur des îles.
7. Quelle est la plus haute montagne d'Europe?
   C'est le Mont-Blanc.
8. Où se trouve le plus grand massif forestier d'Europe?
   Il se trouve dans les Landes, en France.
9. Combien mesure la dune du Pilat?
   Elle mesure 117 mètres.
10. Combien mesure la plus grande cascade d'Europe?
    Elle mesure 422 mètres.

256 *deux cent cinquante-six*

UNITÉ 6   L'espace vert

LE FRANÇAIS QUOTIDIEN

La protection de la nature

essence (f.) sans plomb	unleaded gas
protection du littoral	shoreline restoration
mesures (f.) antipollution	pollution control
reboisement (m.)	reforestation
valorisation (f.) des terres	land improvement

LE MONDE FRANCOPHONE

Grands sites naturels

Voici quelques exemples d'espaces naturels remarquables du monde francophone.

En Algérie Plus de 80% de la superficie de l'Algérie, deuxième plus grand pays d'Afrique, sont occupés par le Sahara.

Au Cambodge Le lac Tonle Sap est le plus grand lac d'Asie du sud-est.

Au Cameroun La réserve Dja Faunal est l'une des plus grandes forêts tropicales d'Afrique.

À l'île Maurice L'île est presque entièrement entourée° de plus de 150 km de récifs de corail.

Au Sénégal Le parc national du Niokolo Koba, site du Patrimoine° mondial (UNESCO) et Réserve de la biosphère internationale, est l'une des réserves naturelles les plus importantes d'Afrique de l'Ouest.

Aux Seychelles L'atoll Aldabra abrite la plus grande population de tortues géantes du monde.

entièrement entourée *entirely surrounded*   Patrimoine *Heritage*

PORTRAIT

Madagascar

Madagascar, ancienne colonie française, est la quatrième plus grande île du monde, et, avec plus de 20 parcs nationaux et réserves naturelles, elle est un paradis pour l'écotourisme. Madagascar (plus de 20 millions d'habitants) est située à 400 km à l'est du Mozambique, dans l'océan Indien. Sa faune et sa flore sont exceptionnelles avec 250.000 espèces différentes, dont 1.000 orchidées. 90% de ces espèces sont uniques au monde. Ses mangroves, rivières, lacs et récifs coralliens° offrent des milieux écologiques variés et ses forêts abritent° 90% des lémuriens° du monde. Caméléons, tortues terrestres°, tortues de mer° et baleines à bosse° sont aussi typiques de l'île.

récifs coralliens *coral reefs*   abritent *provide a habitat for*   lémuriens *lemurs*   tortues terrestres *tortoises*   tortues de mer *sea turtles*   baleines à bosse *humpback whales*

SUR INTERNET

Quel est le sujet de l'émission *Thalassa*?

Go to daccord2.vhlcentral.com to find more information related to this CULTURE section. Then watch the corresponding Flash culture.

2 **Complétez** Complétez les phrases.
1. Madagascar est une grande _____île_____ près du Mozambique.
2. Madagascar est une bonne destination pour __l'écotourisme__.
3. À Madagascar, la majorité des espèces sont uniques au monde.
4. Caméléons, tortues terrestres, tortues de mer et baleines à bosse sont des espèces typiques de l'île.
5. L'une des plus grandes forêts tropicales d'Afrique se trouve __au Cameroun__.

Practice more at daccord2.vhlcentral.com.

3 **À la découverte** Vous et deux partenaires voulez visiter ensemble plusieurs pays francophones et découvrir la nature. Quelles destinations choisissez-vous? Comparez les activités qui vous intéressent et les endroits que vous voulez visiter. Soyez prêts à présenter votre itinéraire à la classe.

ressources

CA pp. 101–102

 daccord2.vhlcentral.com

ACTIVITÉS

deux cent cinquante-sept **257**

Section Goals

In this section, students will learn:
- to use the subjunctive to express will or emotion
- the present subjunctive forms of *avoir*, *être*, and *faire*

Key Standards
4.1, 5.1

Student Resources
Cahier d'exercices, pp. 93–94; *Cahier d'activités*, p. 159; Supersite: Activities, *Cahier interactif*

Teacher Resources
Answer Keys; Audio Script; Audio Activity MP3s/CD; Testing program: Grammar Quiz

Suggestions
- Read these sentences to the class: **Je veux manger à la cantine ce midi. Je veux que tu manges avec moi à la cantine ce midi.** Ask why an infinitive is used in the first sentence and a conjugated verb in the subjunctive mood in the second. (In the first one, the subject is the same for both verbs. In the second one, there are two different subjects.)
- Point out that the subjunctive is sometimes used in English to express will. Example: *The teacher demands that we pay attention in class.* **Le prof exige que nous soyons attentifs en classe.** English speakers often use an infinitive instead after a verb that expresses will, even if the subjects of the two verbs are different. Example: *I want you to get out now!* **Je veux que tu sortes d'ici tout de suite!**
- Read statements that begin with **Je propose que vous...**, **Je recommande que vous...**, and **Je suggère que vous...**. Have students qualify each piece of advice you give them as **un bon conseil** or **un mauvais conseil**. Example: **Je recommande que vous ne mangiez que des gâteaux au déjeuner. (C'est un mauvais conseil.)**
- Ask students if the present subjunctive forms of the verbs **avoir** and **être** seem familiar to them. (They resemble the imperative forms for those verbs.)

Leçon 6B

STRUCTURES

6B.1 The subjunctive (Part 2)
Will and emotion

- Use the subjunctive with verbs and expressions of will and emotion. Verbs and expressions of will are often used when someone wants to influence the actions of other people. Verbs and expressions of emotion express someone's feelings or attitude.

Je suggère que tu restes près de moi.

J'ai peur que nous soyons perdus!

 BOÎTE À OUTILS
See **Leçon 6A** for an introduction to the subjunctive and the structure of clauses containing verbs in the subjunctive.

- When the main clause contains an expression of will or emotion and the subordinate clause has a different subject, the subjunctive is required.

MAIN CLAUSE VERB OF WILL	CONNECTOR	SUBORDINATE CLAUSE SUBJUNCTIVE
Mes parents exigent *My parents demand*	**que** *that*	**je dorme** huit heures. *I sleep eight hours.*

MAIN CLAUSE EXPRESSION OF EMOTION	CONNECTOR	SUBORDINATE CLAUSE SUBJUNCTIVE
Tu es triste *You are sad*	**que** *that*	**Sophie ne vienne pas** avec nous. *Sophie isn't coming with us.*

MAIN CLAUSE VERB OF WILL	CONNECTOR	SUBORDINATE CLAUSE SUBJUNCTIVE
Je préfère *I prefer*	**que** *that*	**tu travailles** ce soir. *you work tonight.*

- Here are some verbs and expressions of will commonly followed by the subjunctive.

Verbs of will

demander que...	to ask that...	recommander que...	to recommend that...
désirer que...	to want/desire that...	souhaiter que...	to wish that...
exiger que...	to demand that...	suggérer que...	to suggest that...
préférer que...	to prefer that...	vouloir que...	to want that...
proposer que...	to propose that...		

258 *deux cent cinquante-huit*

MISE EN PRATIQUE

1 Des opinions Que devraient faire les personnages sur les illustrations? Employez ces expressions pour donner vos opinions. *Suggested answers*

MODÈLE
Je propose que vous mangiez quelque chose.

vous (proposer que)

acheter une décapotable (convertible)	garder le secret
boire de l'eau	manger quelque chose
faire la fête	me donner de l'argent
	trouver des amis

1. tu (suggérer que)
Je suggère que tu boives de l'eau.

2. mes voisins (vouloir que)
Je veux que mes voisins me donnent de l'argent.

3. vous (exiger que)
J'exige que vous gardiez le secret.

4. Yves (souhaiter que)
Je souhaite qu'Yves trouve des amis.

5. elle (recommander que)
Je recommande qu'elle achète une décapotable.

6. tu (désirer que)
Je désire que tu fasses la fête.

2 Des opinions Complétez ces phrases avec le présent du subjonctif. Ensuite, comparez vos réponses avec celles d'un(e) partenaire. *Answers will vary.*

1. Nous sommes furieux que les examens...
2. Notre prof exige que...
3. Nous aimons que le prof...
4. Je propose que... le vendredi.
5. Les élèves veulent que les cours...
6. Je recommande que... tous les jours.
7. C'est triste que ce lycée...
8. Nous préférons que la cantine...

Practice more at daccord2.vhlcentral.com.

OPTIONS

Jacques a dit Play a variation of **Jacques a dit** (*Simon Says*) with direct and indirect commands. Students should obey indirect commands that use the subjunctive and ignore all direct commands (those that use the imperative). Examples: **Jacques demande que vous vous leviez.** (*Students stand up.*) **Levez-vous!** (*Students remain seated.*)

Expressing Emotions Tell students to pretend that they've just seen a documentary on an environmental subject and that they should react to what they've seen with an expression of emotion from page 259. Example: **Je suis contente que l'on fasse quelque chose pour protéger les espèces d'oiseaux menacées.**

UNITÉ 6   L'espace vert

COMMUNICATION

3 Enquête Comparez vos idées sur la nature et l'environnement avec celles d'un(e) partenaire. Posez-vous ces questions. *Answers will vary.*

1. Que suggères-tu qu'on fasse pour protéger les forêts tropicales?
2. Vaut-il mieux qu'on ne chasse plus? Pourquoi?
3. Que recommandes-tu qu'on fasse pour arrêter la pollution?
4. Comment souhaites-tu que nous préservions nos ressources naturelles?
5. Quels produits recommandes-tu qu'on développe?
6. Quel problème écologique veux-tu qu'on traite tout de suite?

4 Mme Quefège... Mme Quefège donne des conseils à la radio. Pensez à une difficulté que vous avez et préparez par écrit un paragraphe que vous lui lirez. Elle va vous faire des recommandations. Avec un(e) partenaire, alternez les rôles pour jouer les scènes. *Answers will vary.*

MODÈLE

Élève 1: *Ma petite amie fait constamment ses devoirs et elle ne quitte plus son appartement.*
Élève 2: *Je suis désolée qu'elle n'arrête pas de travailler. Si elle ne quitte toujours pas l'appartement ce week-end, je suggère que vous en parliez à ses parents.*

5 Les habitats naturels Par groupes de trois, préparez le texte pour cette affiche où vous expliquez ce qu'on doit faire pour sauver les habitats naturels. Utilisez des verbes au présent du subjonctif. *Answers will vary.*

• These are some verbs and expressions of emotion followed by the subjunctive.

Verbs and expressions of emotion

aimer que...	to like that...	être heureux / heureuse que...	to be happy that...
avoir peur que...	to be afraid that...	être surpris(e) que...	to be surprised that...
être content(e) que...	to be glad that...	être triste que...	to be sad that...
être désolé(e) que...	to be sorry that...	regretter que...	to regret that...
être furieux / furieuse que...	to be furious that...		

• In English, the word *that* introducing the subordinate clause may be omitted. In French, never omit **que** between the two clauses.

Ils sont heureux **que** j'arrive.
They're happy (that) I'm arriving.

Elle préfère **que** tu partes.
She prefers (that) you leave.

• If the subject doesn't change, use the infinitive with expressions of will and emotion. In the case of **avoir peur**, **regretter**, and expressions with **être**, add **de** before the infinitive.

Tu souhaites faire un pique-nique?
Do you wish to have a picnic?

Nous sommes tristes d'entendre la mauvaise nouvelle.
We're sad to hear the bad news.

• Some verbs have irregular subjunctive forms.

Present subjunctive of *avoir*, *être*, *faire*

	avoir	être	faire
que je/j'	aie	sois	fasse
que tu	aies	sois	fasses
qu'il/elle	ait	soit	fasse
que nous	ayons	soyons	fassions
que vous	ayez	soyez	fassiez
qu'ils/elles	aient	soient	fassent

Elle veut que je **fasse** le lit.
She wants me to make the bed.

Tu es désolé qu'elle **soit** loin.
You are sorry that she is far away.

Essayez! Indiquez les formes correctes du présent du subjonctif des verbes.

1. que je __finisse__ (finir)
2. qu'il __fasse__ (faire)
3. que vous __soyez__ (être)
4. que leur enfant __ait__ (avoir)
5. que nous __prenions__ (prendre)
6. que nous __fassions__ (faire)
7. qu'ils __aient__ (avoir)
8. que tu __attendes__ (attendre)

deux cent cinquante-neuf   **259**

Essayez! Assign an infinitive to each row of students. They should take turns giving present subjunctive forms for their appointed verb. The first student should give the **que je/j'**... form, the second student the **que tu**... form, and so on. Example for one row of students: *(first student)* **que je fasse**, *(second student)* **que tu fasses,** etc.

1 Suggestion Encourage students to come up with creative suggestions for the people pictured and to share the most interesting suggestions with the class.

2 Suggestion Have one pair of students share their sentences with the class. Ask their classmates to say **d'accord** if they agree or **pas d'accord** if they don't agree with the statements.

3 Expansion Students could also answer these questions. **Avez-vous peur que des espèces soient menacées dans votre région? Que proposez-vous que l'on fasse pour éviter la destruction des habitats naturels autour des villes?**

4 Suggestion Ask students why they think the radio personality is named **Quefège**. (It sounds like the phrase **Que fais-je?**)

5 Expansion Have the class vote on the best text for the poster. Then have small groups create a television ad campaign in the same vein. They should produce a script modeled on the poster text and a storyboard that shows the visuals to appear on the screen. Remind the class that successful TV ads often use striking images and catchy slogans.

OPTIONS

Completing Sentences Read aloud some sentence starters that refer to current events or celebrities. Each one should use an expression of emotion from page 257. Students should complete the sentences appropriately. Example: **Emeril Lagasse est furieux que...** (qu'il n'y ait plus d'ail au supermarché.)

Using Video As students watch the last scene of the video for **Leçon 6B** again, pause periodically and ask them these questions. **Qu'est-ce que Valérie veut que Stéphane fasse? Qu'est-ce que Sandrine veut que David fasse? Qu'est-ce que Rachid veut qu'Amina fasse? Qu'est-ce que Rachid veut que Stéphane fasse?**

STRUCTURES   **259**

Leçon 6B STRUCTURES

6B.2 Comparatives and superlatives of nouns

Point de départ In D'accord! Level 1, you learned how to compare nouns and verbs by using comparative and superlative forms of adjectives and adverbs. You will now learn how to compare nouns when talking about quantities.

Tu peux manger autant de fromage que tu veux.

Nous nous occupons de la forêt pour avoir moins d'incendies.

- To compare the amount of something, use these expressions:

plus de	+ [noun]	more
moins de	+ [noun]	less; fewer
autant de	+ [noun]	as much; as many

Elle fait **plus d'heures** que sa sœur.
She works more hours than her sister (does).

Vous recevez **autant de courrier** que vos amis.
You receive as much mail as your friends (do).

Il y a **moins d'arbres** dans le jardin que dans la forêt.
There are fewer trees in the garden than in the forest.

Il n'y a pas **autant d'animaux** dans la ville que dans la jungle.
There aren't as many animals in the city as (there are) in the jungle.

- To express the superlative quantity of a noun (*the most, the least/fewest*), add the definite article **le**: **le plus de, le moins de**.

Ce sont les forêts tropicales qui ont **le plus de plantes**.
Tropical rainforests have the most plants.

Ce sont les pays pauvres qui ont **le moins d'argent**.
Poor countries have the least money.

Essayez! Complétez les phrases avec les comparatifs ou les superlatifs corrects.

1. Mon ami n'a pas ___autant de___ (*as much*) travail que moi.
2. Qui a ___le moins de___ (*the fewest*) cousins?
3. La Corse a-t-elle ___autant de___ (*as many*) falaises que la Sicile?
4. Il y a ___moins de___ (*fewer*) déserts en Amérique du Nord qu'en Afrique.
5. Quel pays a ___le plus de___ (*the most*) rivières polluées?
6. Malheureusement, on a ___plus de___ (*more*) problèmes que de solutions.

260 deux cent soixante

MISE EN PRATIQUE

1 Avec qui sortir? Amaia compare deux garçons pour voir avec qui elle va accepter de sortir le week-end prochain. Assemblez ses phrases.

MODÈLE Kadir / avoir / plus / énergie / Jacques
Kadir a plus d'énergie que Jacques.

1. Kadir / avoir / moins / problèmes / Jacques
   Kadir a moins de problèmes que Jacques.
2. Jacques / avoir / plus / humour / Kadir
   Jacques a plus d'humour que Kadir.
3. Kadir / donner / plus / cadeaux / Jacques
   Kadir donne plus de cadeaux que Jacques.
4. Jacques / avoir / autant / amis / Kadir
   Jacques a autant d'amis que Kadir.
5. Kadir / avoir / moins / patience / Jacques
   Kadir a moins de patience que Jacques.
6. Jacques / avoir / plus / ambition / Kadir
   Jacques a plus d'ambition que Kadir.

2 À la campagne Lise parle de son séjour à la campagne et compare le nombre de choses qu'elle a observées dans la nature. Que dit-elle?

MODÈLE
J'ai observé autant de nuages blancs que de nuages gris.

1. J'ai observé moins d'arbres que de fleurs./J'ai observé plus de fleurs que d'arbres.

3. J'ai observé moins de chiens que de chats./J'ai observé plus de chats que de chiens.

2. J'ai observé moins d'écureuils que de lapins./J'ai observé plus de lapins que d'écureuils.

4. J'ai observé moins de vaches que de serpents./J'ai observé plus de serpents que de vaches.

3 Combien de calories? Vous et votre partenaire êtes au régime. Faites au moins quatre comparaisons entre ces aliments. Dites à la classe quel aliment contient le plus de calories et lequel en contient le moins.
Answers will vary.

MODÈLE
Il y a autant de calories dans un café que dans un thé.

banane	carotte	glace	poulet
biscuits	frites	pain	saucisses
bonbons	gâteau	porc	thon

Practice more at daccord2.vhlcentral.com.

UNITÉ 6   L'espace vert

COMMUNICATION

4 **Eh bien, moi...** Posez ces questions à un(e) partenaire, puis faites une comparaison. *Answers will vary.*

MODÈLE
Élève 1: Pendant combien d'heures par jour regardes-tu la télévision?
Élève 2: Je regarde la télévision deux heures par jour.
Élève 1: Je regarde plus d'heures de télévision que toi: je la regarde trois heures par jour.

1. Combien de frères (sœurs, cousins) as-tu?
2. Combien d'heures par jour étudies-tu?
3. Combien d'e-mails reçois-tu par jour?
4. Combien d'heures dors-tu chaque nuit?
5. Combien de cours as-tu ce semestre?
6. Combien de cafés prends-tu par jour?

5 **Où habiter?** Avec un(e) partenaire, comparez la vie dans une maison à la vie dans un appartement. Décidez où vous préféreriez habiter si vous aviez le choix. Utilisez le vocabulaire de la liste. *Answers will vary.*

MODÈLE
Élève 1: Dans une maison, nous pouvons mettre plus d'affiches sur les murs.
Élève 2: Oui, et dans un appartement, il y a moins d'espace.

affiches	armoire	meuble	supervision
amis	espace	protection	télé
argent	fêtes	repas	?

6 **Un dialogue** Vous voulez voyager dans un pays francophone. Vous consultez une agence de voyages et vous posez des questions. Par groupes de trois, préparez un dialogue où vous utilisez **autant de**, **moins de** et **plus de** et alternez les rôles. *Answers will vary.*

MODÈLE
Élève 1: Où y a-t-il moins de pollution, au Cameroun ou à Paris?
Élève 2: Il y a de la pollution aux deux endroits. Mais il y a plus de forêts au Cameroun.
Élève 3: Où y a-t-il plus de sentiers? On voudrait faire des randonnées.

Le français vivant

Le Québec

Là où il y a le plus de calme, le plus de sérénité. Moins de stress que chez vous, mais autant de confort et autant de bonheur.

Venez découvrir le Québec... pour plus d'émotions.

Identifiez Quels comparatifs et superlatifs trouvez-vous dans cette publicité (*ad*)? *le plus de calme; le plus de sérénité; Moins de stress; autant de confort; autant de bonheur; plus d'émotions*

Questions Posez ces questions à un(e) partenaire et répondez à tour de rôle. Employez des comparatifs et des superlatifs dans vos réponses, si possible. *Answers will vary.*

1. D'après (*According to*) cette pub, que cherche le touriste qui voudrait passer des vacances au Québec?
2. Quelle comparaison la pub fait-elle entre le Québec et l'endroit où habite le lecteur/la lectrice (*reader*)?
3. As-tu déjà passé des vacances au Québec? Voudrais-tu y aller un jour?
4. Si tu vas ou retournes au Québec un jour, voudras-tu y faire un séjour comme celui que la pub décrit? Pourquoi?

deux cent soixante et un **261**

1 Expansion Tell students to write down six statements in which they compare themselves to a good friend or to a sibling.

2 Expansion Ask students to make similar observations about the high school by looking out the window or walking around outside.

3 Suggestion You can focus students' attention by grouping items from the list. Example: **gâteau / carotte (Il y a plus de calories dans un gâteau que dans une carotte.)**

4 Expansion When students have completed the activity, find out which student has the most of each item in the questions. Example: **1. Qui a le plus de frères de toute la classe?**

5 Suggestion Tally on the board how many students prefer apartments or houses. Then ask: **Y a-t-il plus d'élèves qui préfèrent les appartements ou plus d'élèves qui préfèrent les maisons?**

6 Expansion Ask students to take notes on their conversation for reference and then verify the travel agent's answers by doing some research on French-language Internet sites.

Le français vivant When students are working on question 3, ask them why the last statement might strike someone as contradicting the first two. Then ask them what you call a contradictory statement that may be true nonetheless (*a paradox/* **un paradoxe**).

OPTIONS

Asking Questions Ask the class questions about objects around the classroom using comparative and superlative noun constructions. Example: **Qui a plus de crayons, Max ou Lina?** Students should answer in complete sentences.

Guessing Game Tell students to write three statements about themselves using comparatives or superlatives of nouns. Suggest that they mention characteristics that would allow their classmates to identify them. Example: **J'ai moins de cheveux que Jason.** Then collect the papers and read them aloud while students guess the identity of each writer. The student with the most correct guesses wins.

STRUCTURES **261**

Leçon 6B

SYNTHÈSE
Révision

1 Des changements Avec un(e) partenaire, observez ces endroits et dites, à tour de rôle, si vous aimeriez qu'il y ait **plus de** ou **moins de** certaines choses. Ensuite, comparez vos phrases à celles d'un autre groupe. Answers will vary.

MODÈLE

Élève 1: Je préférerais qu'il y ait plus d'eau dans cette rivière.
Élève 2: J'aimerais mieux qu'il y ait plus d'herbe.

1.

3.

2.

4.

2 Visite de votre région Interviewez vos camarades. Que recommandent-ils à des visiteurs qui ne connaissent pas votre région? Écrivez leurs réponses, puis comparez vos résultats à ceux d'un autre groupe. Utilisez ces expressions. Answers will vary.

MODÈLE

Élève 1: Que devraient faire les visiteurs de cette région?
Élève 2: Je recommande qu'ils visitent les musées du centre-ville. Il serait bon qu'ils assistent aussi à un match de baseball.

il est bon que	proposer que
il est indispensable que	recommander que
il faut que	suggérer que
?	?

3 Plus d'arbres Avec un(e) partenaire, pensez à votre environnement et dites si vous voulez qu'il y ait **plus de**, **moins de** ou **autant de** choses ou d'animaux. Quand vous n'êtes pas d'accord, justifiez vos réponses. Answers will vary.

MODÈLE

Élève 1: Je souhaite qu'il y ait plus d'arbres.
Élève 2: Oui, il faut plus d'arbres autour du lycée et en ville.

4 Voyage en Afrique centrale Avec un(e) partenaire, vous voulez visiter ces endroits en Afrique centrale. Préparez un dialogue avec des verbes au présent du subjonctif et des comparatifs ou des superlatifs. Ensuite, alternez les rôles. Answers will vary.

MODÈLE

Élève 1: J'aimerais qu'on visite Kribi, au Cameroun. Il y a plus de plages.
Élève 2: Il vaut mieux que nous visitions le marché, au Gabon.

la forêt de Dzanga-Sangha (République centrafricaine)
le lac Kivu (Rwanda)
les marchés (Gabon)
le parc national de Lobéké (Cameroun)
le parc national de l'Ivindo (Congo)
les plages de Kribi (Cameroun)

5 Échange d'opinions Avec un(e) partenaire, imaginez une conversation entre un chasseur (*hunter*) et un défenseur de la nature. Préparez un dialogue où les deux se font des suggestions. Ensuite, jouez votre dialogue pour la classe. Answers will vary.

MODÈLE

Élève 1: Il est dommage que vous disiez que les chasseurs n'aiment pas la nature.
Élève 2: Je souhaite que vous respectiez plus les animaux.

6 La maman de Carine Votre professeur va vous donner, à vous et à votre partenaire, deux feuilles d'activités différentes sur Carine et sa mère. Attention! Ne regardez pas la feuille de votre partenaire. Answers will vary.

MODÈLE

Élève 1: Si Carine prend l'avion,…
Élève 2: …sa mère veut qu'elle l'appelle de l'aéroport.

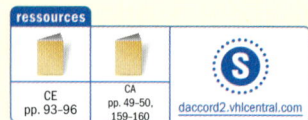

262 *deux cent soixante-deux*

À l'écoute

UNITÉ 6 — L'espace vert

STRATÉGIE

Listening for the gist/Listening for cognates

Combining these two strategies is an easy way to get a good sense of what you hear. When you listen for the gist, you get the general idea of what you're hearing, which allows you to interpret cognates and other words in a meaningful context. Similarly, the cognates give you information about the details of the story that you might not have understood when listening for the gist.

To practice these strategies, you will listen to a short paragraph. Write down the gist of what you hear and jot down a few cognates. What conclusions can you draw about what you heard?

Préparation

Regardez la photo. Que se passe-t-il à votre avis? Combien de personnes y a-t-il? Pour quelle cause ces personnes manifestent-elles (*demonstrate*)? De quoi vont-elles parler?

À vous d'écouter

Écoutez la personne qui a organisé la manifestation (*demonstration*) et encerclez les sujets mentionnés.

la chasse	les lois sur la protection de l'environnement
(les déchets toxiques)	
l'effet de serre	la pluie acide
l'énergie nucléaire	(la pollution)
(l'extinction de certaines espèces)	(la pollution des rivières)
(le gaspillage)	(le ramassage des ordures)
	la surpopulation

Practice more at daccord2.vhlcentral.com.

Compréhension

Complétez Choisissez la bonne réponse pour terminer chaque phrase, d'après ce que vous venez d'entendre.

1. On peut recycler __a__.
   a. le verre   b. les déchets toxiques   c. tous les déchets

2. Les emballages recyclables aident à __c__.
   a. éviter le ramassage des ordures
   b. trier (*to sort*) les déchets   c. combattre la pollution de la Terre

3. Il faut __b__ le gaspillage.
   a. développer   b. éviter   c. polluer

4. Le gouvernement doit __a__.
   a. passer des lois plus strictes en ce qui concerne l'écologie
   b. éviter l'effet de serre   c. réduire le trou dans la couche d'ozone

5. Il y a beaucoup de __a__ dans les rivières.
   a. déchets toxiques   b. ressources naturelles   c. verre

6. Trop __b__ sont en train de disparaître.
   a. d'écoproduits   b. d'espèces   c. d'océans

Les lois Un(e) représentant(e) du Congrès vient visiter votre lycée pour discuter de l'environnement. Par petits groupes, choisissez un problème écologique qui est très important pour vous. Préparez des arguments à lui présenter. Vous voulez lui faire comprendre que le gouvernement doit faire plus dans le domaine que vous avez choisi. Soyez prêts à bien expliquer la situation actuelle (*current*) et les changements nécessaires pour l'améliorer. Pensez aussi à quelques nouvelles lois sur la protection de l'environnement que vous pourrez suggérer à votre représentant(e) du Congrès.

deux cent soixante-trois **263**

---

d'efforts en ce qui concerne le recyclage et le ramassage des ordures. Il est également nécessaire que tous les gouvernements d'Europe ainsi que ceux des autres pays et continents fassent passer des lois beaucoup plus strictes en ce qui concerne les déchets toxiques. Nous ne voulons plus de déchets toxiques dans nos rivières ni dans nos océans! La pollution de l'eau, comme celle du reste de la Terre, est un véritable danger qu'il faut prendre très au sérieux. Trop d'espèces aussi sont en train de disparaître et je souhaite qu'aujourd'hui, nous promettions tous d'essayer de faire plus d'efforts pour favoriser l'écologie. Je propose en plus que nous écrivions tous au ministre de l'environnement pour demander des changements dès aujourd'hui!

Section Goals
In this section, students will learn historical and cultural information about West Africa and Central Africa.

Key Standards
2.2, 3.1, 3.2, 5.1

Student Resources
Cahier d'exercices, pp. 97–98; Supersite: Activities, *Cahier interactif*

Teacher Resources
Answer Keys; Overhead #35

Carte de l'Afrique de l'Ouest et de l'Afrique centrale
- Have students look at the map or use **Overhead #35**. Ask volunteers to read the names of countries and major cities aloud. Model pronunciation as necessary.
- Point out the photos of Abidjan, the administrative and commercial center of **la Côte d'Ivoire**, and Kinshasa. Abidjan is a major port city, whereas Kinshasa is an inland city connected by rail to an Atlantic port city.

La région en chiffres
- For the countries of French-speaking West and Central Africa, French is the language of administration, education, and international communication. French is the official language and may share official status with English, Arabic, and other languages native to the country.
- Rwanda has three official languages, and Cameroon recognizes two official and 24 unofficial languages. The minimum number of recognized languages for any country in West or Central Africa is three.

Incroyable mais vrai!
Today there is an estimated total of 250 mountain gorillas in Kahuzi-Biega National Park that the World Conservation Society is trying to protect.

SAVOIR-FAIRE
Panorama

Interactive Map Reading

un marché en Afrique

L'Afrique de l'Ouest

La région en chiffres
- **Bénin:** *(11.217.000 habitants)*, Porto Novo
- **Burkina-Faso:** *(17.678.000)*, Ouagadougou
- **Côte d'Ivoire:** *(21.553.000)*, Yamoussoukro
- **Guinée:** *(11.890.000)*, Conakry
- **Mali:** *(18.093.000)*, Bamako
- **Mauritanie:** *(3.988.000)*, Nouakchott
- **Niger:** *(19.283.000)*, Niamey
- **Sénégal:** *(14.538.000)*, Dakar
- **Togo:** *(7.847.000)*, Lomé

SOURCE: Population Division, UN Secretariat

L'Afrique centrale

La région en chiffres
- **Burundi:** *(10.617.000)*, Bujumbura
- **Cameroun:** *(19.040.000)*, Yaoundé
- **Congo:** *(5.441.000)*, Brazzaville
- **Gabon:** *(1.605.000)*, Libreville
- **République centrafricaine:** *(4.647.000)*, Bangui
- **République démocratique du Congo (R.D.C.):** *(78.016.000)*, Kinshasa
- **Rwanda:** *(11.262.000)*, Kigali
- **Tchad:** *(12.832.000)*, N'Djamena

Personnes célèbres
- **Mory Kanté,** *Guinée et Mali, chanteur et musicien (1950–)*
- **Djimon Hounsou,** *Bénin, acteur (1964–)*
- **Françoise Mbango-Etone,** *Cameroun, athlète olympique (1976–)*

la ville d'Abidjan

une femme à Kinshasa

° liste du patrimoine mondial en péril *World Heritage in Danger List*

Incroyable mais vrai!
Progrès ou destruction? Dans le parc Kahuzi-Biega, en R.D.C., habite une espèce menacée d'extinction: le gorille de montagne. Il est encore plus menacé, depuis peu, par l'exploitation d'un minerai qu'on trouve dans ce parc, le coltan, utilisé, entre autres, dans la fabrication de téléphones portables. Aujourd'hui, le parc est sur la liste du patrimoine mondial en péril°.

deux cent soixante-quatre

OPTIONS

Personnes célèbres **Mory Kanté** uses traditional African instruments and rhythms in his music. He plays the kora, which is a large harp-lute. Kanté is the first African musician to sell a million singles, and his music has topped European charts. **Djimon Hounsou** immigrated to France at the age of 13, where he was discovered and made a fashion model by Thierry Mugler. He has starred in major American and French films. He is also the first African male to be nominated for an Academy Award for his role in the movie *In America*. **Françoise Mbango-Etone** competes in the triple jump. She has won world championships, and she won an Olympic gold medal in 2004 and in 2008. She is the first Cameroonian athlete to win an Olympic medal.

UNITÉ 6 — L'espace vert

Les gens
Léopold Sédar Senghor, le président poète (1906–2001)

Senghor, homme politique et poète sénégalais, était professeur de lettres en France avant de mener° le Sénégal à l'indépendance et de devenir le premier président du pays en 1960. Humaniste et homme de culture, il est un des pères fondateurs° de la Négritude, un mouvement littéraire d'Africains et d'Antillais noirs qui examinent et mettent en valeur leur identité culturelle. Il a aussi organisé le premier Festival mondial des arts nègres, à Dakar, en 1966. Senghor a produit une importante œuvre° littéraire dans laquelle il explore le métissage° des cultures africaines, européennes et américaines. Docteur honoris causa de nombreuses universités, dont Harvard et la Sorbonne, il a été élu° à l'Académie française en 1983.

La musique
Le reggae ivoirien

La Côte d'Ivoire est un des pays d'Afrique où le reggae africain est le plus développé. Ce type de reggae se distingue du reggae jamaïcain par les instruments de musique utilisés et les thèmes abordés°. En fait, les artistes ivoiriens incorporent souvent des instruments traditionnels d'Afrique de l'Ouest et les thèmes sont souvent très politiques. Alpha Blondy, par exemple, est le plus célèbre des chanteurs ivoiriens de reggae et fait souvent des commentaires sociopolitiques. Le chanteur Tiken Jah Fakoly critique la politique occidentale et les gouvernants africains, et Ismaël Isaac dénonce les ventes d'armes° dans le monde. Le reggae ivoirien est chanté en français, en anglais et dans les langues africaines.

Alpha Blondy

Léopold Sédar Senghor
Senghor was president from 1960–1980. The concept of **la Négritude** is best exemplified in his *Anthologie de la nouvelle poésie nègre et malgache* (1948).

Le reggae ivoirien
Some of the traditional African musical instruments are talking drums, djembe, balafone, kora, bolon, daro, and the gourd rattle. Many are made from natural materials such as seeds, grass, or wood.

Les lieux
Les parcs nationaux du Cameroun

Avec la forêt, la savane et la montagne dans ses réserves et parcs nationaux, le Cameroun présente une des faunes et flores les plus riches et variées d'Afrique. Deux cent quarante empreintes° de dinosaures sont fossilisées au site de dinosaures de Manangia, dans la province du Nord. Les différentes réserves du pays abritent°, entre autres, éléphants, gorilles, chimpanzés, antilopes et plusieurs centaines d'espèces de reptiles, d'oiseaux et de poissons. Le parc national Korup est une des plus anciennes forêts tropicales du monde. Il est connu surtout récemment pour une liane°, découverte là-bas, qui pourrait avoir un effet sur la guérison° de certains cancers et du VIH°.

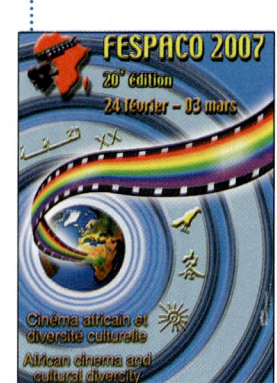

Les arts
Le FESPACO

Le FESPACO (Festival Panafricain du Cinéma et de la télévision à Ouagadougou), créé en 1969 pour favoriser la promotion du cinéma africain, est le plus grand festival du cinéma africain du monde et le plus grand événement culturel d'Afrique qui revient régulièrement. Vingt films et vingt courts métrages° africains sont présentés en compétition officielle, tous les deux ans, à ce festival du Burkina-Faso. Le FESPACO est aussi une fête populaire avec une cérémonie d'ouverture à laquelle assistent 40.000 spectateurs et des stars de la musique africaine.

Les parcs nationaux du Cameroun
Cameroon's national parks are Waza, Boubandjidah, Bénoué, Kalamaloué, Faro, Mozogo-Gokoro, Korup, Dja, Boumba Bek, and Nki. Ask students: **Quelles espèces d'animaux peut-on voir dans les réserves du Cameroun?** (éléphants, gorilles, chimpanzés, antilopes, reptiles, oiseaux et poissons)

Le FESPACO
- One of the objectives of **FESPACO** is to contribute to the expansion and development of African films. The festival arranges free screenings of African films in rural areas and also offers monetary prizes to its winners.
- Have students locate Ouagadougou on the map on page 264.

 Qu'est-ce que vous avez appris? Répondez aux questions par des phrases complètes.

1. Qu'est-ce qui menace la vie des gorilles de montagne?
   L'exploitation du coltan menace la vie des gorilles.
2. Quelle est une des utilisations du coltan?
   Il est utilisé dans la fabrication de portables.
3. Pourquoi Senghor est-il important dans l'histoire du Sénégal?
   Il a mené le Sénégal à l'indépendance et a été le premier président du pays.
4. De quel mouvement Senghor était-il un des fondateurs?
   Il était un des fondateurs du mouvement de la Négritude.
5. Qu'est-ce qui fait la spécificité du son (sound) du reggae ivoirien?
   Les artistes utilisent des instruments traditionnels d'Afrique de l'Ouest.
6. De quoi parlent souvent les chanteurs de reggae en Côte d'Ivoire?
   Ils parlent souvent de politique.
7. Qu'a-t-on trouvé sur le site de Manangia?
   On a trouvé des empreintes de dinosaures.
8. Pourquoi le parc national Korup est-il bien connu récemment?
   Il est connu pour la liane qu'on y a trouvée qui pourrait avoir des effets avantageux dans la guérison de cancers et du VIH.
9. Pourquoi le FESPACO a-t-il été créé?
   Le festival a été créé pour favoriser la promotion du cinéma africain.
10. Le FESPACO est-il un festival réservé exclusivement aux professionnels du cinéma?
    Non, c'est aussi une fête populaire.

ressources CE pp. 97–98  daccord2.vhlcentral.com

Practice more at **daccord2.vhlcentral.com**.

SUR INTERNET

Go to **daccord2.vhlcentral.com** to find more cultural information related to this **PANORAMA**.

1. Trouvez des informations sur le mouvement de la Négritude. Qui en étaient les autres principaux fondateurs?
2. Écoutez des chansons (songs) de reggae ivoirien. De quoi parlent-elles?
3. Cherchez plus d'informations sur le gorille de montagne et le coltan. Quel est le statut (status) du gorille aujourd'hui?

mener lead **pères fondateurs** founding fathers
œuvre body of work **métissage** mixing **élu** elected
abordés dealt with **ventes d'armes** weapons sales
empreintes footprints **abritent** provide a habitat for, shelter
liane vine **guérison** cure **VIH** HIV **métrages** films

deux cent soixante-cinq **265**

La Négritude
La Négritude was a literary movement in the 1930s, 1940s, and 1950s. It began among French-speaking African and Caribbean writers living in Paris as a way to protest French colonial rule and forced assimilation into Western culture. A basic tenant of **Négritude** is to look to one's own cultural heritage, traditions, history, and beliefs with pride and to use them in the modern world. In literary works, the value and dignity of African traditions and peoples is manifested through the use of African subject matter and poetic traditions. For example, in poetry some of the traditional values are closeness to nature and constant contact with ancestors.

Lecture

Audio: Dramatic Recording

Avant la lecture

STRATÉGIE

Recognizing chronological order

Recognizing the chronological order of events in a narrative is key to understanding the cause and effect relationship between them. When you are able to establish the chronological chain of events, you will easily be able to follow the plot. In order to be more aware of the order of events in a narrative, you may find it helpful to prepare a numbered list of the events as you read.

Examinez le texte

Dans l'extrait (*excerpt*) du *Petit Prince* que vous allez lire, le petit prince rencontre un géographe. Que fait un géographe? En quoi consiste son travail exactement? Est-ce un travail facile ou difficile, à votre avis? Regardez les illustrations et décrivez le géographe et le petit prince.

À propos de l'auteur
Antoine de Saint-Exupéry

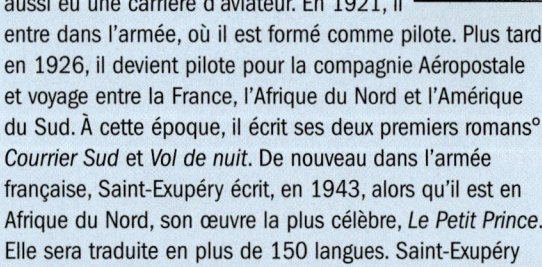

Antoine de Saint-Exupéry est né à Lyon, en France, en 1900. C'est un écrivain français très apprécié dans le monde entier qui a aussi eu une carrière d'aviateur. En 1921, il entre dans l'armée, où il est formé comme pilote. Plus tard, en 1926, il devient pilote pour la compagnie Aéropostale et voyage entre la France, l'Afrique du Nord et l'Amérique du Sud. À cette époque, il écrit ses deux premiers romans°, *Courrier Sud* et *Vol de nuit*. De nouveau dans l'armée française, Saint-Exupéry écrit, en 1943, alors qu'il est en Afrique du Nord, son œuvre la plus célèbre, *Le Petit Prince*. Elle sera traduite en plus de 150 langues. Saint-Exupéry disparaît° en 1944 lors d'° une mission en avion.

Le Petit Prince raconte l'histoire d'un jeune garçon qui a quitté sa planète pour visiter d'autres planètes. Pendant son voyage, il rencontre des personnages et des animaux différents. Dans cet extrait, le petit prince arrive sur la sixième planète, où habite un vieux monsieur qui est géographe.

romans novels **disparaît** disappears **lors d'** during

Le Petit Prince

[…]

La sixième planète était une planète dix fois plus vaste. Elle était habitée par un vieux Monsieur qui écrivait d'énormes livres.

—Tiens! voilà un explorateur! s'écria-t-il°, quand il aperçut° le petit prince.

Le petit prince s'assit° sur la table et souffla° un peu. Il avait déjà tant° voyagé!

—D'où viens-tu? lui dit le vieux Monsieur.

—Quel est ce gros livre? dit le petit prince. Que faites-vous ici?

—Je suis géographe, dit le vieux Monsieur.

—Qu'est-ce qu'un géographe?

—C'est un savant° qui connaît où se trouvent les mers, les fleuves, les villes, les montagnes et les déserts.

—Ça, c'est intéressant, dit le petit prince. Ça, c'est enfin un véritable métier! Et il jeta un coup d'œil autour° de lui sur la planète du géographe. Il n'avait jamais vu encore une planète aussi majestueuse.

—Elle est bien belle, votre planète. Est-ce qu'il y a des océans?

—Je ne puis° pas le savoir, dit le géographe.

—Ah! (Le petit prince était déçu.) Et des montagnes?

—Je ne puis pas le savoir, dit le géographe.

—Et des villes et des fleuves et des déserts?

—Je ne puis pas le savoir non plus, dit le géographe.

—Mais vous êtes géographe!

—C'est exact, dit le géographe, mais je ne suis pas explorateur. Je manque° absolument d'explorateurs. Ce n'est pas le géographe qui va faire le compte° des villes, des fleuves, des montagnes, des mers et des océans. Le géographe est trop important pour flâner°. Il ne quitte pas son bureau. Mais il reçoit les explorateurs. Il les interroge, et il prend note de leurs souvenirs°. Et si les souvenirs de l'un d'entre eux lui paraissent° intéressants, le géographe fait une enquête° sur la moralité de l'explorateur.

—Pourquoi ça?

—Parce qu'un explorateur qui mentirait° entraînerait° des catastrophes dans les livres de géographie. Et aussi un explorateur qui boirait° trop.

—Pourquoi ça? fit° le petit prince.

—Parce que les ivrognes° voient double. Alors le géographe noterait deux montagnes, là où il n'y en a qu'une seule.

—Je connais quelqu'un, dit le petit prince, qui serait mauvais explorateur.

—C'est possible. Donc, quand la moralité de l'explorateur paraît° bonne, on fait une enquête sur sa découverte°.
—On va voir?
—Non. C'est trop compliqué. Mais on exige qu'il en rapporte° de grosses pierres.
Le géographe soudain s'émut°.
—Mais toi, tu viens de loin! Tu es explorateur! Tu vas me décrire ta planète!
Et le géographe, ayant ouvert son registre°, tailla° son crayon. On note d'abord au crayon les récits des explorateurs. On attend, pour noter à l'encre°, que l'explorateur ait fourni des preuves°.
—Alors? interrogea le géographe.
—Oh! chez moi, dit le petit prince, ce n'est pas très intéressant, c'est tout petit. J'ai trois volcans. Deux volcans en activité, et un volcan éteint. […]

s'écria-t-il *he exclaimed* **aperçut** *noticed* **s'assit** *sat down* **souffla** *breathed* **tant** *so much* **savant** *scholar* **jeta un coup d'œil autour** *glanced around* **puis** *can* **déçu** *disappointed* **manque** *lack* **faire le compte** *count* **flâner** *stroll* **souvenirs** *memories* **paraissent** *seem* **enquête** *investigation* **mentirait** *would lie* **entraînerait** *would cause* **boirait** *would drink* **fit** *said* **ivrognes** *drunks* **paraît** *seems* **découverte** *discovery* **rapporte** *brings back* **s'émut** *became emotional* **ayant ouvert son registre** *having opened his book* **tailla** *sharpened* **encre** *ink* **ait fourni des preuves** *has provided proof*

Après la lecture

Le travail d'un géographe Cherchez, dans le texte, les différentes étapes du travail du géographe et mettez-les dans l'ordre chronologique.

___8___ 1. Le géographe écrit la version du récit des explorateurs à l'encre.

___2___ 2. Le géographe demande aux explorateurs de raconter leurs récits.

___3___ 3. Le géographe note les découvertes des explorateurs au crayon.

___1___ 4. Le géographe reçoit des explorateurs.

___7___ 5. Les explorateurs donnent des preuves au géographe.

___5___ 6. Le géographe fait une enquête sur les découvertes des explorateurs.

___4___ 7. Le géographe fait une enquête sur la moralité des explorateurs.

___6___ 8. Le géographe demande aux explorateurs de lui rapporter (*bring back*) des pierres.

Répondez Répondez aux questions par des phrases complètes.

1. Où habite le géographe? Il habite sur la sixième planète.
2. Que faisait le géographe quand le petit prince est arrivé sur sa planète? Il écrivait d'énormes livres.
3. Pourquoi est-ce que le petit prince est fatigué quand il arrive chez le géographe? Il est fatigué parce qu'il a beaucoup voyagé.
4. D'après le géographe, quel est le métier du petit prince? Il pense que le petit prince est explorateur.
5. Pourquoi est-ce qu'un géographe n'explore jamais les endroits qu'il veut connaître? Il est trop important pour flâner.
6. Si un explorateur ment, quelles peuvent être les conséquences, d'après le géographe? Il peut y avoir des catastrophes dans les livres de géographie.
7. Qu'est-ce que le géographe demande au petit prince à la fin de l'extrait? Il lui demande de lui parler de sa planète.
8. Comment est la planète du petit prince? Elle est toute petite, avec deux volcans en activité et un volcan éteint.

Dans le futur Nous sommes en 2650 et on peut voyager dans l'espace. Avez-vous envie de visiter les autres planètes, comme le petit prince? Expliquez. Comment sont les autres planètes, à votre avis? Sont-elles comme la Terre ou pas?

Une lettre au géographe Vous êtes un(e) des explorateurs/exploratrices qui travaillent pour le géographe. Aidez-le à mieux connaître la Terre. Écrivez-lui une lettre dans laquelle vous lui expliquez comment est votre région, votre pays ou un autre endroit dans le monde, si vous préférez.

Le travail d'un géographe If students have difficulty putting the events in order, have them refer to the text and mark the item number next to the corresponding line(s).

Répondez Go over the answers with the class.

Dans le futur This activity can be done in pairs or groups.

Une lettre au géographe Have students exchange their letters for peer editing. Then tell them to ask questions about the letter's content as if they were **le géographe** in the story.

Discussion Have the class discuss these topics. **1.** *Le Petit Prince* est-il écrit pour les adultes ou pour les enfants? Students should justify their opinions with examples from the reading. **2.** Comment caractériseriez-vous (*would you characterize*) le géographe et le petit prince? **3.** À votre avis, qu'est-ce que le géographe et le petit prince symbolisent (*symbolize*)?

Research Have students research and compile a list of titles of Saint-Exupéry's literary works. Tell them to read a brief description of each title, choose a book that they would like to read, and explain why.

Section Goals

In this section, students will:
- learn about a writer's audience and purpose
- write a letter or an article about an environmental issue

Key Standards

1.3, 3.1, 5.1

Stratégie Review with the class the importance of considering the purpose and audience when writing. Then go through questions 1–5. If possible, provide students with samples of persuasive letters in French, such as letters to the editor. Tell them to identify the audience and the author's purpose for each letter.

Thème Tell students to follow the steps outlined here when writing their letter or article.

Proofreading Activity Have students correct these sentences. **1. Il faut que je vous parler de cette article sur le pollution. 2. C'est dommage que j'ai si peu de temp. 3. J'aimerais que tu fasse une portraite de moi. 4. Il ne faut pas que tu être si anxieuse.**

SAVOIR-FAIRE

Écriture

STRATÉGIE

Considering audience and purpose

Writing always has a purpose. During the planning stages, you must determine to whom you are addressing the piece, and what you want to express to your reader. Once you have defined both your audience and your purpose, you will be able to decide which genre, vocabulary, and grammatical structures will best serve your literary composition.

Let's say you want to share your thoughts on local traffic problems. Your audience can be either the local government or the community. You could choose to write a newspaper article, a letter to the editor, or a letter to the city's governing board. You should first ask yourself these questions:

1. Are you going to comment on traffic problems in general, or are you going to point out several specific problems?
2. Are you intending to register a complaint?
3. Are you simply intending to inform others and increase public awareness of the problems?
4. Are you hoping to persuade others to adopt your point of view?
5. Are you hoping to inspire others to take concrete actions?

The answers to these questions will help you establish the purpose of your writing and determine your audience. Of course, your writing can have more than one purpose. For example, you may intend for your writing to both inform others of a problem and inspire them to take action.

268 *deux cent soixante-huit*

Thème

Écrire une lettre ou un article
Avant l'écriture

1. Vous allez écrire au sujet d'un (*about a*) problème de l'environnement qui est important pour vous. Choisissez d'abord le problème dont vous voulez parler. Lisez les trois sujets et choisissez à propos duquel (*about which one*) vous voulez écrire.

   - Écrivez au sujet des programmes qui existent pour protéger l'environnement dans votre communauté. Sont-ils efficaces (*effective*)? Tout le monde (*Everybody*) participe-t-il? Avez-vous des doutes sur le futur de l'environnement dans votre communauté?

   - Décrivez un des attraits (*attractions*) naturels de votre région. Êtes-vous optimiste sur l'avenir de votre région? Que font le gouvernement et les habitants de votre région pour protéger l'environnement? Faut-il faire plus?

   - Écrivez au sujet d'un programme pour la protection de l'environnement au niveau national ou international. Est-ce un programme du/des gouvernement(s) ou d'une entreprise privée? Est-il efficace? Qui y participe? Avez-vous des doutes au sujet de ce programme? Pensez-vous qu'on devrait le changer ou l'améliorer? Comment?

2. Décidez qui sera votre public: Voulez-vous écrire une lettre à un membre du gouvernement, à une association d'élèves, etc.? Préférez-vous écrire un article pour un journal, un magazine? Complétez ce tableau (*chart*).

OPTIONS

Stratégie Review the strategy with students. Then list some possible audiences for a writing task: the general public, someone you don't know well, someone you know very well. Ask how your language would change for each audience. Then do the same thing with various purposes: to entertain, to inform, to persuade. How would your language change to reflect your purpose in writing?

If possible, provide students with samples of persuasive letters in French, such as letters to the editor from actual or digital newspapers. Ask them: Who is the intended audience for a letter to the editor? Do different newspapers have different kinds of audiences? Then have students work in pairs to analyze each letter and to identify the writer's purpose in writing.

268 Teacher's Annotated Edition • Unit 6

UNITÉ 6 — L'espace vert

Audience: Cochez (*Select*) les options qui décrivent votre audience.

_____ un(e) ami(e) (lequel/laquelle?)
_____ une association d'élèves (laquelle?)
_____ un membre du/d'un gouvernement (lequel?)
_____ les lecteurs (*readers*) d'un journal/magazine (lequel?)
_____ les lecteurs d'un magazine (lequel?)

Décrivez votre audience ici.

Mots (*Words*) et expressions pour atteindre (*reach*) ces lecteurs:

3. Identifiez le but de votre lettre ou article: Voulez-vous simplement informer le public ou allez-vous aussi donner votre opinion personnelle? Complétez ce tableau.

But: Cochez toutes les options qui décrivent votre but.

_____ informer les lecteurs   _____ se plaindre (*to complain*)
_____ exprimer vos sentiments (*feelings*)   _____ examiner différents problèmes et situations
_____ persuader les lecteurs   _____ examiner un seul problème ou une seule situation
_____ inspirer les lecteurs

Décrivez votre but ici.

Détails qui soutiennent (*support*) votre but:

4. Après avoir complété les deux tableaux, décidez quel type de rédaction vous allez écrire.

Écriture

1. Préparez une courte introduction, puis présentez le problème que vous avez choisi.
2. N'oubliez pas de répondre à toutes les questions posées dans la présentation du sujet en page précédente.
3. Utilisez le subjonctif pour exprimer la volonté et l'émotion, des comparatifs et des superlatifs, et des pronoms démonstratifs dans votre rédaction.
4. Si vous avez choisi d'exprimer votre opinion personnelle, justifiez-la pour essayer de persuader votre/vos lecteur(s).
5. Préparez la conclusion de votre lettre ou article.

Après l'écriture

1. Échangez votre lettre/article avec celle/celui d'un(e) partenaire. Répondez à ces questions pour commenter son travail.

- Votre partenaire a-t-il/elle identifié un but et une audience spécifiques?
- Sa lettre/Son article montre-t-elle/il clairement le but?
- Sa lettre/Son article est-elle/il réellement destiné(e) (*aimed*) à un type de lecteurs spécifiques?
- Votre partenaire a-t-il/elle répondu à toutes les questions posées dans la présentation du sujet?
- A-t-il/elle utilisé les points de grammaire de l'unité?
- Quel(s) détail(s) ajouteriez-vous (*would you add*)? Quel(s) détail(s) enlèveriez-vous (*would you delete*)? Quel(s) autre(s) commentaire(s) avez-vous pour votre partenaire?

2. Corrigez votre lettre/article d'après (*according to*) les commentaires de votre partenaire. Relisez votre travail pour éliminer ces problèmes:

- des fautes (*errors*) d'orthographe, de ponctuation et de conjugaison
- un mauvais emploi (*use*) des temps et de la grammaire de l'unité
- des fautes d'accord (*agreement*) des adjectifs

deux cent soixante-neuf

EVALUATION

Criteria

Content Includes evidence of and information related to each of the numbered items in the writing task.
Scale: 1 2 3 4 5

Organization Organized into a letter or an article that contains logical paragraphs that begin with a topic sentence and contain appropriate supporting detail.
Scale: 1 2 3 4 5

Accuracy Uses the subjunctive verb forms correctly. Spells words, conjugates verbs, and modifies adjectives correctly throughout.
Scale: 1 2 3 4 5

Creativity Includes additional information that is not requested in the task and/or uses adjectives, descriptive verbs, and additional details to make the composition more interesting.
Scale: 1 2 3 4 5

Scoring
Excellent   18–20 points
Good   14–17 points
Satisfactory   10–13 points
Unsatisfactory   < 10 points

OPTIONS

Avant l'écriture Talk about persuasive language and the kinds of words that inspire people to take action. As a class, brainstorm a list of useful words and expressions that could be used in a typical letter to the editor. Possible items for inclusion: **À mon avis, Je pense que/Je crois que..., Il est urgent/nécessaire/important que..., Nous ne pouvons pas/Nous ne devrions pas..., Je vous exhorte de** (*urge*)/**Je vous demande de/Je vous prie de** (*beg*)... Tell students that many of these persuasive expressions and verbs will trigger the use of the subjunctive, such as impersonal expressions with **être** (**Il est bon que...**, etc.), verbs and expressions of will (**Je demande que...**, etc.), and verbs and expressions of emotion (**J'aimerais que...**, etc.). These can be found on pages 483, 494, and 495 of this unit.

VOCABULAIRE

UNITÉ 6

Key Standards
4.1

Teacher Resources
Vocabulary MP3s/CD

Suggestion Tell students that an easy way to study from **Vocabulaire** is to cover up the French half of each section, leaving only the English equivalents exposed. They can then quiz themselves on the French items. To focus on the English equivalents of the French entries, they simply reverse this process.

La nature

un espace	space, area
une espèce (menacée)	(endangered) species
la nature	nature
un pique-nique	picnic
une région	region
une ressource naturelle	natural resource
un arbre	tree
un bois	wood
un champ	field
le ciel	sky
une côte	coast
un désert	desert
une étoile	star
une falaise	cliff
un fleuve	river
une forêt (tropicale)	(tropical) forest
l'herbe (f.)	grass
une île	island
la jungle	jungle
un lac	lake
la Lune	moon
une pierre	stone
une plante	plant
une rivière	river
un sentier	path
une vallée	valley
un volcan	volcano
en plein air	outdoor, open-air
pur(e)	pure

Verbes de volonté

demander que...	to ask that...
désirer que...	to want/desire that...
exiger que...	to demand that...
préférer que...	to prefer that...
proposer que...	to propose that...
recommander que...	to recommend that...
souhaiter que...	to wish that...
suggérer que...	to suggest that...
vouloir que...	to want that...

L'écologie

améliorer	to improve
chasser	to hunt
développer	to develop
gaspiller	to waste
jeter	to throw away
polluer	to pollute
préserver	to preserve
prévenir l'incendie	to prevent a fire
proposer une solution	to propose a solution
recycler	to recycle
sauver la planète	to save the planet
une catastrophe	catastrophe
une centrale nucléaire	nuclear plant
la chasse	hunt
le covoiturage	carpooling
un danger	danger, threat
le déboisement	deforestation
des déchets toxiques (m.)	toxic waste
l'écologie (f.)	ecology
l'écotourisme (m.)	ecotourism
l'effet de serre (m.)	greenhouse effect
un emballage en plastique	plastic wrapping/packaging
l'énergie nucléaire (f.)	nuclear energy
l'énergie solaire (f.)	solar energy
l'environnement (m.)	environment
l'extinction (f.)	extinction
le gaspillage	waste
un glissement de terrain	landslide
un nuage de pollution	pollution cloud
la pluie acide	acid rain
la pollution	pollution
une population croissante	growing population
la préservation	protection
un produit	product
la protection	protection
le ramassage des ordures	garbage collection
le réchauffement climatique	global warming
le recyclage	recycling
le sauvetage des habitats naturels	natural habitat preservation
la surpopulation	overpopulation
le trou dans la couche d'ozone	hole in the ozone layer
une usine	factory
écologique	ecological

Les animaux

un animal	animal
un écureuil	squirrel
un lapin	rabbit
un serpent	snake
une vache	cow

Les lois et les règlements

abolir	to abolish
interdire	to forbid, to prohibit
un gouvernement	government
une loi	law

Pronoms démonstratifs

celui	this one; that one; the one (m., sing.)
ceux	these; those; the ones (m., pl.)
celle	this one; that one; the one (f., sing.)
celles	these; those; the ones (f., pl.)

Expressions impersonnelles

Il est bon que...	It is good that...
Il est dommage que...	It is a shame that...
Il est essentiel que...	It is essential that...
Il est important que...	It is important that...
Il est indispensable que...	It is essential that...
Il est nécessaire que...	It is necessary that...
Il est possible que...	It is possible that...
Il faut que...	One must..., It is necessary that...
Il vaut mieux que...	It is better that...

Expressions utiles	See pp. 241 and 255.
Verbs and expressions of emotion	See p. 259.
Comparatives and superlatives of nouns	See p. 260.

daccord2.vhlcentral.com

Les arts

UNITÉ 7

Pour commencer
- Où est David? Sur une falaise? Dans une classe? Dans un champ?
- Que dessine-t-il?
- Est-il nécessaire qu'il ait un modèle pour dessiner?
- Est-il possible qu'il soit déjà un artiste connu?

Leçon 7A
CONTEXTES
pages 272–275
- Performance arts
- **Les liaisons obligatoires et les liaisons interdites**

ROMAN-PHOTO
pages 276–277
- Après le concert

CULTURE
pages 278–279
- Theater in France
- Flash culture

STRUCTURES
pages 280–283
- The subjunctive (Part 3)
- Possessive pronouns

SYNTHÈSE
pages 284–287
- Révision
- Le zapping

Leçon 7B
CONTEXTES
pages 288–291
- Literary arts
- TV and movies
- **Les abréviations et les sigles**

ROMAN-PHOTO
pages 292–293
- Au revoir, David!

CULTURE
pages 294–295
- Haitian painting

STRUCTURES
pages 296–299
- The subjunctive (Part 4)
- Review of the subjunctive

SYNTHÈSE
pages 300–301
- Révision
- À l'écoute

Savoir-faire
pages 302–307
Panorama: Les Antilles and la Polynésie française
Lecture: Read a poem.
Écriture: Write a critique.

Unit Goals
Leçon 7A
In this lesson, students will learn:
- terms related to the theater and performance arts
- rules for making liaisons and some exceptions
- about the theater in France and Molière
- more about movie theaters and kiosks through specially shot video footage
- about the subjunctive with expressions of doubt, disbelief, and uncertainty
- some irregular forms of the subjunctive
- the possessive pronouns
- about the short film **La tartine**

Leçon 7B
In this lesson, students will learn:
- terms for television and film
- terms for literature and fine arts
- about abbreviations and acronyms
- about Haitian painting and **le Cirque du Soleil**
- the subjunctive with conjunctions
- to listen for key words and use context

Savoir-faire
In this section, students will learn:
- cultural, economic, and historical information about the Antilles and French Polynesia
- to make inferences and recognize metaphors
- to write strong introductions and conclusions

Pour commencer
- David est dans une classe.
- Il dessine des fruits.
- Answers may vary.
- Answers may vary.

RESOURCES

Student Materials
Print: Student Book, Workbooks (*Cahier d'exercices, Cahier d'activités*)
Technology: MAESTRO® *Cahier interactif* and Supersite (Audio, Video, Practice)

Teacher Materials
DVDs (*Roman-photo, Flash culture*)
Teacher's Resources (Scripts, Answer Keys, Testing Program)
Audio CDs (Testing Program, Textbook, Audio Program)

MAESTRO® Supersite: Student Supersite Content; Planning and Teaching Resources (Overheads, PowerPoints, Lesson Plans, Information Gaps and *Feuilles d'activités*); Learning Management System (Gradebook, Assignments); Audio MP3s and Streaming Video
D'ACCORD! 2 Supersite: daccord2.vhicentral.com

Section Goals

In this section, students will learn and practice vocabulary related to:
- theater
- performance arts

Key Standards
1.1, 1.2, 4.1

Student Resources
Cahier d'exercices, pp. 99-100; *Cahier d'activités*, pp. 51-52, 161; Supersite: Activities, *Cahier interactif*

Teacher Resources
Answer Keys; Overhead #36; Audio Script; Textbook & Audio Activity MP3s/CD; Info Gap Activities; Testing program: Vocabulary Quiz

Suggestions
- Tell students to look over the new vocabulary and identify the cognates.
- Use **Overhead #36**. Point out people and things as you describe the illustration. Examples: **Il joue du piano. C'est un opéra. La spectatrice applaudit.**
- Point out the differences in spelling between the French words **danse** and **membre** and the English words *dance* and *member*.
- Model the pronunciation of the word **début**, contrasting it with its English pronunciation.
- Point out the difference between **un personnage** and **une personne**.
- Tell students that **profiter de** does not necessarily have the negative connotation that *to take advantage of* does in English.
- Remind students to use **jouer à** with sports, but **jouer de** with musical instruments. Examples: **Il joue au tennis. Il joue de la guitare.**
- Ask students questions using the new vocabulary. Examples: **Quels réalisateurs célèbres connaissez-vous? Quelle est votre chanson préférée? Jouez-vous d'un instrument de musique? Si oui, duquel? Aimez-vous aller au théâtre? À l'opéra?**

CONTEXTES

Leçon 7A

Talking Picture Audio: Activity

You will learn how to...
- talk about performance arts
- express your feelings and opinions

Que le spectacle commence!

Vocabulaire

jouer un rôle	to play a role
présenter	to present
profiter de quelque chose	to take advantage of/ to enjoy something
un applaudissement	applause
une chanson	song
un chœur	choir, chorus
une comédie (musicale)	comedy (musical)
un compositeur	composer
un concert	concert
une danse	dance
un dramaturge	playwright
un entracte	intermission
un membre	member
un metteur en scène	director (of a play, a show)
un personnage (principal)	(main) character
une pièce de théâtre	play
un réalisateur/ une réalisatrice	director (of a movie)
une séance	show; screening
une troupe	company, troop
le début	beginning; debut
la fin	end
un genre	genre
une sorte	sort, kind
célèbre	famous

une danseuse

une spectatrice

un danseur

Elle applaudit. (applaudir)

un piano

La danse

une guitare

la batterie

un orchestre

Ils font de la musique.

ressources
CE pp. 99-100
CA pp. 51-52, 161
daccord2.vhlcentral.com

272 deux cent soixante-douze

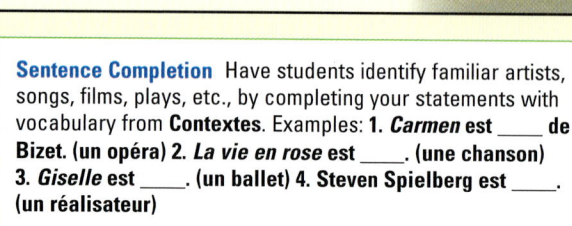

Sentence Completion Have students identify familiar artists, songs, films, plays, etc., by completing your statements with vocabulary from **Contextes**. Examples: 1. *Carmen* est _____ de Bizet. (un opéra) 2. *La vie en rose* est _____. (une chanson) 3. *Giselle* est _____. (un ballet) 4. Steven Spielberg est _____. (un réalisateur)

Guessing Game Write or have students write the names of well-known artists on sticky notes and put them on the backs of other students. Then tell them to walk around the room asking their classmates yes/no questions to determine their identity. Examples: **Est-ce que je suis dramaturge? Est-ce que j'écris des tragédies? Est-ce que je suis William Shakespeare?**

272 Teacher's Annotated Edition • Unit 7 • Lesson 7A

UNITÉ 7 Les arts

Mise en pratique

1 **Choisissez** Choisissez la phrase de la colonne B qui complète le mieux les phrases de la colonne A. Notez que tous les éléments de la colonne B ne sont pas utilisés.

A

a 1. Pour entrer dans une salle de spectacle,
g 2. Georges Bizet a écrit **Carmen** en 1875;
e 3. Au milieu d'une pièce de théâtre
d 4. Un metteur en scène est chargé de
h 5. La tragédie **Hamlet** est une
b 6. Une comédie musicale est

B

a. il faut un billet.
b. un spectacle de musique et de danse.
c. un membre de la troupe.
d. guider les comédiens dans leur travail.
e. il y a souvent un entracte.
f. il faut danser à l'entracte.
g. c'est un des opéras français les plus célèbres.
h. des pièces de théâtre les plus connues de Shakespeare.

2 **Associez** Complétez les analogies suivantes par le mot ou l'expression de **CONTEXTES** qui convient le mieux.

1. chanter ⟷ chanson / applaudir ⟷ _applaudissement_
2. heureux ⟷ comédie / triste ⟷ _tragédie_
3. théâtre ⟷ pièce / cinéma ⟷ _séance_
4. concert ⟷ orchestre / chanson ⟷ _chœur_
5. film ⟷ acteur / ballet ⟷ _danseur_
6. opéra ⟷ chanter / concert ⟷ _faire de la musique_
7. livre ⟷ écrivain / musique ⟷ _compositeur_
8. classe ⟷ élève / troupe ⟷ _membre_
9. film ⟷ réalisateur / pièce de théâtre ⟷ _metteur en scène_
10. danse ⟷ danseur / chanson ⟷ _chanteur_

3 **Écoutez** Écoutez la conversation entre Hakim et Nadja pendant le spectacle de *Notre-Dame de Paris*, ensuite indiquez la bonne réponse.

1. Hakim et Nadja donnent leurs...
   a. places.
   b. billets.
   c. détails.

2. Leurs places sont situées...
   a. très loin de l'orchestre.
   b. au balcon.
   c. près de l'orchestre.

3. Le spectacle est...
   a. une comédie musicale.
   b. un concert.
   c. une tragédie.

4. Gilles Maheu est...
   a. un dramaturge.
   b. un metteur en scène.
   c. un personnage.

5. Hakim...
   a. n'a pas applaudi.
   b. a très peu applaudi.
   c. a beaucoup applaudi.

6. Nadja pense qu'Hakim...
   a. va devenir célèbre.
   b. n'est pas un bon danseur.
   c. est un bon compositeur.

Practice more at daccord2.vhlcentral.com.

deux cent soixante-treize **273**

— une comédie
— une tragédie
— un spectateur
— Le théâtre
— CARMEN de Bizet
— Il joue du violon.
— un opéra
— une place

Using Games Write words for various types of artists on index cards. On another set of cards, write words for their works. Tape them face down on the board in random order. Divide the class into two teams. Play a game of Concentration in which students match artists with their works. Example: **dramaturge/ pièce de théâtre**. When a player makes a match, that player's team collects those cards. The team with the most cards wins.

Notre-Dame de Paris Gilles Maheu (from Québec) is the actual director of the musical **Notre-Dame de Paris**, which was adapted from Victor Hugo's novel (titled *The Hunchback of Notre Dame* in English). In addition, Julie Zenatti is the actress and singer who played Fleur-de-Lys in the 1999 movie version of the musical.

1 Suggestion Write each of the phrases in column B on separate pieces of paper and distribute them. Have students read the items in column A aloud. Those with the correct ending finish the sentences.

2 Suggestion Have students explain the relationship between the first set of words, then give the answer.

3 Script L'EMPLOYÉ: Soyez les bienvenus à *Notre-Dame de Paris*. Vos billets, s'il vous plaît.
NADJA: Oui, tenez.
E: Si vous voulez bien me suivre. Voici vos places.
HAKIM: C'est parfait. On n'est pas loin de l'orchestre. On pourra profiter de tous les détails du spectacle.
N: Ce soir, c'est la première de cette comédie musicale. C'est aussi les débuts de Julie Zenatti dans un des rôles principaux.
H: Tu sais qui est le metteur en scène?
N: Oui. C'est Gilles Maheu. Pourquoi?
H: Juste pour savoir. Oh, regarde! Le spectacle va commencer. On continuera de parler à l'entracte.
Un peu plus tard...
H: Tu ne m'avais pas dit qu'en plus de chansons, il y aurait de la danse.
N: Tu n'aimes pas ce genre de spectacle?
H: Si, j'adore. J'ai même mal aux mains tellement j'ai applaudi. Ça me donne envie de faire partie de la troupe. Je pourrais peut-être jouer un petit rôle, non?
N: Je ne suis pas sûre. Tu sais, il faut être très bon danseur. Et puis, en plus, tu ne fais pas de musique...
H: Ce n'est pas vrai. Je te rappelle que je joue de la guitare.
N: Ah, oui... Tu peux toujours te présenter à une audition, mais ne t'attends pas à beaucoup d'applaudissements.
H: Eh bien, si c'est comme ça, tu n'auras pas de place pour mon premier concert!
(On Textbook Audio)

3 Suggestion Go over the answers with the class.

CONTEXTES **273**

Leçon 7A

CONTEXTES

Communication

4 **Le mot juste** Avec un(e) partenaire, remplissez les espaces par le mot qui est illustré. Faites les accords nécessaires.

1. Ma petite sœur apprend à __jouer de la batterie__ . Ça fait beaucoup de bruit (*noise*) dans la maison. Elle prépare son premier __concert__ qui sera en décembre.

2. Je dois me dépêcher de trouver une __place__ parce que la __séance__  va bientôt commencer.

3. Marie-Claude Pietragalla a été __danseuse__  étoile de l'Opéra de Paris. Je l'ai beaucoup aimée dans le __rôle__ de Giselle.

4. Je sais __jouer du piano__  et je voudrais apprendre à __jouer du violon__ , mais je n'ai pas beaucoup de temps.

5 **Répondez** Avec un(e) partenaire, posez-vous les questions suivantes et répondez-y à tour de rôle. Ensuite, comparez vos réponses avec celles d'un autre groupe. *Answers will vary.*

1. Quelle sorte de chanson préfères-tu? Pour quelle(s) raison(s)?
2. Quel est le dernier concert auquel tu as assisté? Comment était-ce?
3. Quel est ton genre de spectacle favori? Pourquoi?
4. Quel réalisateur admires-tu le plus? Décris un de ses films.
5. Est-ce que tu fais de la musique? De quel genre?
6. Es-tu un(e) bon(ne) danseur/danseuse? Pour quelle(s) raison(s)?
7. Si tu pouvais jouer un rôle, lequel choisirais-tu? Pourquoi?
8. Est-ce que les arts sont importants pour toi? Lesquels? Pourquoi?

6 **Les sorties** Votre professeur va vous donner, à vous et à votre partenaire, une feuille d'activités. Attention! Ne regardez pas la feuille de votre partenaire. *Answers will vary.*

MODÈLE

Élève 1: Bonjour.
Élève 2: Bonjour. J'aimerais voir quelques spectacles ce week-end. Pourriez-vous me dire quels sont les spectacles proposés?
Élève 1: Bien sûr! Eh bien, vendredi soir…

7 **Le blog virtuel** Formez un petit groupe. Chaque membre du groupe choisit un film ou un spectacle différent. *Answers will vary.*

- Écrivez une critique de ce film/spectacle.
- Passez-la à votre partenaire de gauche.
- Il/Elle écrit ensuite ses réactions.
- Continuez le processus pour faire un tour complet.
- Ensuite, discutez de tous vos commentaires.

274 *deux cent soixante-quatorze*

UNITÉ 7 | Les arts

Les sons et les lettres

 Audio: Concepts, Activities Record & Compare

Les liaisons obligatoires et les liaisons interdites

Rules for making liaisons are complex and have many exceptions. Generally, a liaison is made between pronouns, and between a pronoun and a verb that begins with a vowel or vowel sound.

vous en avez   **nous habitons**   **ils aiment**   **elles arrivent**

Make liaisons between articles, numbers, or the verb **est** and a noun or adjective that begins with a vowel or a vowel sound.

un éléphant   **les amis**   **dix hommes** (z)   **Roger est enchanté.**

There is a liaison after many single-syllable adverbs, conjunctions, and prepositions.

très intéressant   **chez eux**   **quand elle** (t)   **quand on décidera** (t)

Many expressions have obligatory liaisons that may or may not follow these rules.

C'est-à-dire…   **Comment allez-vous?**   **plus ou moins**   **avant-hier**

Never make a liaison before or after the conjunction **et** or between a noun and a verb that follows it. Likewise, do not make a liaison between a singular noun and an adjective that follows it.

un garçon et une fille   **Gilbert adore le football.**   **un cours intéressant**

There is no liaison before **h aspiré** or before the word **oui** and before numbers.

un hamburger   **les héros**   **un oui et un non**   **mes onze animaux**

Prononcez Répétez les mots suivants à voix haute.

1. les héros   2. mon petit ami   3. un pays africain   4. les onze étages

Articulez Répétez les phrases suivantes à voix haute.

1. Ils en veulent onze.
2. Vous vous êtes bien amusés hier soir?
3. Christelle et Albert habitent en Angleterre.
4. Quand est-ce que Charles a acheté ces objets?

Dictons Répétez les dictons à voix haute.

Deux avis valent mieux qu'un.[1]

Les murs ont des oreilles.[2]

[1] Two heads are better than one. (lit. Two opinions are better than one.)
[2] The walls have ears.

deux cent soixante-quinze **275**

Section Goals

In this section, students will learn functional phrases for talking about a performance and for expressing certainty, doubt, necessities and desires.

Key Standards
1.2, 2.1, 2.2, 4.1, 4.2

Student Resources
Cahier d'activités, pp. 85–86;
Supersite: Activities,
Cahier interactif

Teacher Resources
Answer Keys; Video Script & Translation; *Roman-photo* video

Video Recap: Leçon 6B
Before doing this **Roman-photo**, review the previous one with this activity.
1. Le groupe a fait un pique-nique à ____. (la montagne Sainte-Victoire)
2. D'abord, ils ont visité ____. (la Maison Sainte-Victoire)
3. Sandrine voulait que David fasse ____, mais il préférait dessiner ____. (un portrait d'elle/la montagne)
4. Stéphane a essayé de prendre une photo de ____. (Rachid et Amina)

Video Synopsis
Rachid, Amina, and David discuss the musical comedy they just saw and Sandrine's performance in it. At **Le P'tit Bistrot**, Valérie wants to know about the show and Sandrine's performance. David says she's not a bad actress, but she can't sing very well. Sandrine overhears his comments and confronts him. They argue and Sandrine breaks up with him.

Suggestions
- Tell students to scan the captions for vocabulary related to shows and performances.
- After reading the **Roman-photo**, have students summarize the episode.

Leçon 7A

ROMAN-PHOTO

Après le concert  Video: *Roman-photo* Record & Compare

PERSONNAGES

Amina

David

Rachid

Sandrine

Valérie

Après le concert...
RACHID Bon... que pensez-vous du spectacle?
AMINA Euh... c'est ma comédie musicale préférée... Les danseurs étaient excellents.
DAVID Oui, et l'orchestre aussi!

RACHID Et les costumes, comment tu les as trouvés, Amina?
AMINA Très beaux!
RACHID Moi, je trouve que la robe que tu as faite pour Sandrine était le plus beau des costumes.
AMINA Vraiment?
DAVID Eh, voilà Sandrine.

SANDRINE Vous avez entendu ces applaudissements? Je n'arrive pas à croire que c'était pour moi... et toute la troupe, bien sûr!
DAVID Oui c'est vraiment incroyable!
SANDRINE Alors, vous avez aimé notre spectacle?
RACHID Oui! Amina vient de nous dire que c'était sa comédie musicale préférée.

VALÉRIE Et Sandrine?
DAVID Euh, comme ci, comme ça... À vrai dire, ce n'était pas terrible... C'est le moins que l'on puisse dire.
VALÉRIE Ah bon?
DAVID Comme actrice elle n'est pas mal. Elle a bien joué son rôle, mais il est évident qu'elle ne sait pas chanter.
VALÉRIE Tu ne lui as pas dit ça, j'espère!

DAVID Ben, non, mais... Je doute qu'elle devienne une chanteuse célèbre! C'est ça, son rêve. Croyez-vous que ce soit mieux qu'elle le sache?
SANDRINE Tu en as suffisamment dit...
DAVID Sandrine! Je ne savais pas que tu étais là.
SANDRINE De toute évidence! Il vaut mieux que je m'en aille.

À la terrasse...
DAVID Sandrine! Attends!
SANDRINE Pour quoi faire?
DAVID Je voudrais m'expliquer... Il est clair que...
SANDRINE Écoute, ce qui est clair, c'est que tu n'y connais rien en musique et que tu ne sais rien de moi!

A C T I V I T É S

1 **Vrai ou faux?** Indiquez si ces affirmations sont **vraies** ou **fausses**. Corrigez les phrases fausses. *Answers may vary.*

1. Le spectacle est la comédie musicale préférée de Rachid.
   Faux. Rachid n'a pas aimé le spectacle.
2. Amina a beaucoup aimé les costumes. **Vrai.**
3. David a apporté des fleurs à Sandrine. **Vrai.**
4. David n'aime pas vraiment la robe de Sandrine.
   Faux. David aime bien la robe de Sandrine.
5. Finalement, Sandrine a dû acheter sa robe elle-même.
   Faux. Amina a fait la robe de Sandrine.
6. Valérie est surprise d'apprendre que Sandrine n'est pas une très bonne chanteuse. **Vrai.**
7. Sandrine est furieuse quand elle découvre la véritable opinion de David. **Vrai.**
8. David voulait être méchant avec Sandrine.
   Faux. Il ne voulait pas être méchant avec elle.
9. Sandrine rompt (*breaks up*) avec David. **Vrai.**
10. David veut rompre avec Sandrine.
    Faux. Sandrine veut rompre avec David.

 Practice more at **daccord2.vhlcentral.com**.

deux cent soixante-seize

OPTIONS

Avant de regarder la vidéo Before viewing the video, have students work in pairs and brainstorm a list of things people might say after a concert or musical. What aspects of the show might they mention? What expressions might they use to praise or criticize a performance?

Regarder la vidéo Photocopy the videoscript from the IRM. Then white out words related to performance arts and other important vocabulary in order to create a master for a cloze activity. Distribute photocopies and tell students to fill in the missing information as they watch the video episode.

UNITÉ 7 Les arts

Les amis échangent leurs opinions.

SANDRINE C'est vrai? C'est la mienne aussi. (*Elle chante.*) J'adore cette chanson!
DAVID Euh... Sandrine, que tu es ravissante dans cette robe!
SANDRINE Merci, David. Elle me va super bien, non? Et toi, Amina, merci mille fois!

Au P'tit Bistrot...
VALÉRIE Alors c'était comment, la pièce de théâtre?
DAVID C'était une comédie musicale.
VALÉRIE Oh! Alors, c'était comment?
DAVID Pas mal. Les danseurs et l'orchestre étaient formidables.
VALÉRIE Et les chanteurs?
DAVID Mmmm... pas mal.

Expressions utiles

Talking about a performance
- **Je n'arrive pas à croire que ces applaudissements étaient pour moi!**
  I can't believe all that applause was for me!
- **À vrai dire, ce n'était pas terrible... C'est le moins que l'on puisse dire.**
  To tell the truth, it wasn't great... That's the least that you can say.

Expressing doubts
- **Je doute qu'elle devienne une chanteuse célèbre!**
  I doubt that she will become a famous singer!
- **Croyez-vous que ce soit mieux qu'elle le sache?**
  Do you think it would be better if she knew it?
- **Je doute que ce soit ta vocation.**
  I doubt that it's your vocation/professional calling.

Expressing certainties
- **Il est évident qu'elle ne sait pas chanter.**
  It's obvious that she does not know how to sing.
- **Ce qui est clair, c'est que tu n'y connais rien en musique.**
  What's clear is that you don't know anything about music.
- **Il est clair que tu ne sais rien de moi.**
  It's clear that you know nothing about me.
- **Je suis certaine de ne plus jamais vouloir te revoir.**
  I'm certain that I never want to see you again.

Talking about necessities and desires
- **Il vaut mieux que je m'en aille.**
  It's better that I go.
- **Il faut bien que quelqu'un soit honnête avec toi.**
  It's really necessary that someone be honest with you.

DAVID Sandrine, je suis désolé de t'avoir blessée, mais il faut bien que quelqu'un soit honnête avec toi.
SANDRINE À quel sujet?
DAVID Eh bien..., la chanson... je doute que ce soit ta vocation.
SANDRINE Tu doutes? Eh bien, moi, je suis certaine... certaine de ne plus jamais vouloir te revoir. C'est fini, David.

DAVID Mais, Sandrine, écoute-moi! C'est pour ton bien que je dis...
SANDRINE Oh ça suffit. Toi, tu m'écoutes... Je suis vraiment heureuse que tu repartes bientôt aux États-Unis. Dommage que ce ne soit pas demain!

2 À vous! David rentre chez lui et explique à Rachid qu'il s'est disputé avec Sandrine. Avec un(e) camarade de classe, préparez une conversation dans laquelle David dit ce qu'il a fait et explique la réaction de Sandrine. Rachid doit lui donner des conseils.

3 Écrivez Pauvre Sandrine! C'est vrai qu'elle ne chante pas bien, mais que son petit ami le dise, c'est blessant (*hurtful*). À votre avis, David a-t-il bien fait d'en parler? Pourquoi? Pour Sandrine, est-ce mieux de savoir ce que pense réellement David? Composez un paragraphe dans lequel vous expliquez votre point de vue.

Leçon 7A

CULTURE

Video: *Flash culture*

CULTURE À LA LOUPE

Le théâtre, un art vivant et populaire

la Comédie-Française

Les Français sont de plus en plus nombreux à fréquenter les théâtres: un Français sur trois voit° au moins une pièce par an. Ce public fréquente les théâtres privés, les théâtres municipaux et les cinq théâtres nationaux, dont le plus ancien est la Comédie-Française. Les spectacles d'amateurs sont aussi très appréciés. Les comédiens° de théâtre ont beaucoup de prestige et reçoivent des récompenses° professionnelles spéciales, les Molières. Le théâtre joue aussi un rôle social important, en particulier pour les jeunes.

Le théâtre français est né au XVIIe siècle. Le roi Louis XIV était un grand amateur° de spectacles et la cour° de Versailles offrait les divertissements° les plus extravagants°. Les œuvres° d'auteurs célèbres, comme Molière ou les tragédiens Pierre Corneille et Jean Racine, datent de cette époque. En 1680, Louis XIV crée l'institution théâtrale la plus prestigieuse de France, la Comédie-Française.

Aujourd'hui, elle s'appelle aussi «Maison de Molière» ou «Théâtre-Français» et elle est toujours le symbole de la tradition théâtrale française. Elle compte parfois jusqu'à 70 comédiens et elle est subventionnée par l'État. Elle a plus de 3.000 pièces à son répertoire et ses comédiens jouent dans près de 900 représentations° par an. Ils partent aussi en tournée° en province et à l'étranger et participent à des enregistrements° pour la radio et pour la télévision.

Pour assister à un de ces spectacles, il faut prendre une réservation et retirer des billets avant le début de la représentation. Au théâtre Richelieu, on peut admirer le fauteuil dans lequel Molière a joué° il y a plus de 300 ans!

Coup de main

Les trois coups du lever de rideau°

A French tradition is to signal the beginning of a theater performance with three knocks. At the **Comédie-Française**, a six-knock signal is used instead.

Les chiffres clés du théâtre français sur trois saisons
- 2.638 textes différents ont été joués
- 7.044 mises en scène° ont été programmées
- 31.884 représentations ont été données
- il y a eu entre 1 et 323 représentations par pièce

voit sees **comédiens** actors **récompenses** awards **amateur** lover **cour** royal court **divertissements** entertainment **les plus extravagants** wildest **œuvres** works **représentations** performances **en tournée** on tour **enregistrements** recordings **a joué** acted **lever de rideau** rise of the curtain **mises en scène** productions

1 Complétez Complétez les phrases.

1. _Un Français sur trois_ voit au moins une pièce par an.
2. Les comédiens de théâtre reçoivent _des récompenses professionnelles spéciales, les Molières_.
3. _Le théâtre français_ est né au XVIIe siècle.
4. Trois auteurs qui datent de cette époque sont _Molière, Pierre Corneille et Jean Racine_
5. _La Comédie-Française_ a été créée par Louis XIV en 1680.
6. _Maison de Molière et Théâtre-Français_ sont deux autres noms pour la Comédie-Française.
7. La Comédie-Française a un répertoire de plus de _3.000 pièces_.
8. Ses comédiens partent aussi _en tournée en province et à l'étranger_
9. Au théâtre Richelieu se trouve _le fauteuil dans lequel Molière a joué il y a plus de 300 ans_
10. _2.638 textes_ ont été joués en France sur trois saisons.

 Practice more at daccord2.vhlcentral.com.

278 deux cent soixante-dix-huit

UNITÉ 7 — Les arts

LE FRANÇAIS QUOTIDIEN

Les spectacles

billetterie (f.)	box office
jour (m.) de relâche	day with no performances
orchestre (m.)	orchestra seats
poulailler (m.)	gallery
rentrée (f.) théâtrale	start of theatrical season
reprise (f.)	revival; rerun
à l'affiche	now playing
incontournable	must-see

LE MONDE FRANCOPHONE

Des musiciens

Voici quelques musiciens francophones célèbres.

En Algérie Khaled, chanteur de raï, un mélange° de chanson arabe et d'influences occidentales

Aux Antilles le groupe Kassav, inventeur de la musique zouk

Au Cameroun Manu Dibango, célèbre joueur de saxophone

Au Mali Amadou et Mariam, couple de chanteurs aveugles°

À la Réunion Danyèl Waro, la voix° du maloya, musique typique de l'île

À Saint-Pierre-et-Miquelon Henri Lafitte, auteur, compositeur et interprète° de plus de 500 chansons

Au Sénégal Youssou N'Dour, compositeur et interprète de musique mbalax, un mélange de musique traditionnelle d'Afrique de l'Ouest et de musique occidentale

mélange *mix* aveugles *blind* voix *voice* interprète *performer*

PORTRAIT

Molière (1622–1673)

LE THÉÂTRE A TRAVERS LES AGES
Molière et sa troupe.

Molière, dont le vrai nom est Jean-Baptiste Poquelin, est le génie de la Comédie-Française. D'origine bourgeoise, il choisit la vie difficile du théâtre. En 1665, il obtient le soutien° de Louis XIV et devient le premier acteur comique, auteur et metteur en scène de France. Molière est un innovateur: il écrit des satires et des farces quand la mode est aux tragédies néoclassiques. Avec le compositeur Lully, il invente la comédie-ballet. Après une vie riche en aventures, il meurt après une représentation° du *Malade imaginaire*, dans laquelle il tenait° le rôle principal.

Aujourd'hui, ses pièces sont toujours d'actualité° et Molière reste l'auteur le plus joué en France.

soutien *support* représentation *performance* tenait *played* d'actualité *current*

SUR INTERNET

Qu'est-ce que le festival d'Avignon?

Go to daccord2.vhlcentral.com to find more information related to this **CULTURE** section. Then watch the corresponding **Flash culture**.

ACTIVITÉS

2 Répondez Répondez aux questions par des phrases complètes.
1. Molière était-il d'origine populaire? Non, il était d'origine bourgeoise.
2. Que s'est-il passé dans la vie de Molière en 1659? Il obtient le soutien de Louis XIV et devient le premier acteur comique, auteur et metteur en scène de France.
3. Pourquoi Molière est-il un innovateur? Il écrit des satires et des farces quand la mode est aux tragédies néoclassiques.
4. Comment Molière est-il mort? Il est mort sur scène, dans le rôle du *Malade imaginaire*.
5. Qu'est-ce que le raï? C'est un mélange de chanson traditionnelle arabe et d'influences occidentales.
6. De quel instrument joue Manu Dibango? Il joue du saxophone.

3 Un festival Vous et un(e) partenaire allez organiser un festival de culture francophone. Faites des recherches sur des artistes francophones et choisissez qui vous allez inviter. Où vont-ils jouer? Indiquez les genres d'œuvres. Comparez ensuite votre programme avec celui d'un autre groupe.

ressources
CA pp. 103–104

daccord2.vhlcentral.com

deux cent soixante-dix-neuf **279**

Section Goals

In this section, students will learn:
- the subjunctive with expressions of doubt, disbelief, or uncertainty
- the subjunctive of irregular verbs **aller**, **pouvoir**, **savoir**, and **vouloir**

Key Standards
4.1, 5.1

Student Resources
Cahier d'exercices, pp. 101-102;
Cahier d'activités, p. 163;
Supersite: Activities,
Cahier interactif

Teacher Resources
Answer Keys; Audio Script; Audio Activity MP3s/CD; Testing program: Grammar Quiz

Suggestions
- Review the subjunctive verb forms from **Structures 6A**, pages 246–247 and **6B**, pages 258–259.
- Explain that, although *that* is often optional in English, **que** is required in French. Example: *I doubt (that) the concert is good.* **Je doute que le concert soit bon.**
- Check for understanding by writing on the board main clauses ending in **que** that require a subjunctive in the subordinate clause. Invite volunteers to suggest several endings for each, using verbs they have just reviewed. Example: **Il est douteux que/qu'…**(qu'il y ait un examen la semaine prochaine/que mes parents achètent une nouvelle voiture/qu'on aille à Paris).
- Point out that the subjunctive is used when there is a change of subject as well as an expression of doubt, disbelief, or uncertainty. If the subject does not change, the infinitive is used. Example: **Jacques n'est pas sûr de pouvoir aller à Paris cet été.**

Leçon 7A

STRUCTURES

7A.1 The subjunctive (Part 3)
Verbs of doubt, disbelief, and uncertainty

- The subjunctive is used in a subordinate clause when there is a change of subject and the main clause implies doubt, disbelief, or uncertainty.

MAIN CLAUSE	CONNECTOR	SUBORDINATE CLAUSE
Je doute	**que**	le concert **soit** bon.
I doubt	*that*	*the concert is good.*

Je doute qu'elle devienne une chanteuse célèbre!

Je suis certaine que je ne veux plus jamais te revoir!

Expressions of doubt, disbelief, and uncertainty

douter que…	to doubt that…	Il est impossible que…	It is impossible that…
ne pas croire que…	not to believe that…	Il n'est pas certain que…	It is uncertain that…
ne pas penser que…	not to think that…	Il n'est pas sûr que…	It is not sure that…
Il est douteux que…	It is doubtful that…	Il n'est pas vrai que…	It is untrue that…

Il n'est pas sûr qu'il y **ait** un entracte.
It's not sure that there is an intermission.

Je ne crois pas qu'on **vende** les billets ici.
I don't believe that they sell the tickets here.

- The indicative is used in a subordinate clause when the main clause expresses certainty.

Expressions of certainty

croire que…	to believe that…	Il est clair que…	It is clear that…
penser que…	to think that…	Il est évident que…	It is obvious that…
savoir que…	to know that…	Il est sûr que…	It is sure that…
Il est certain que…	It is certain that…	Il est vrai que…	It is true that…

On **sait que** l'histoire **finit** mal.
We know the story ends badly.

Il est certain qu'elle **comprend**.
It is certain that she understands.

280   deux cent quatre-vingts

MISE EN PRATIQUE

1 **Fort-de-France** Vous discutez de vos projets avec votre ami(e) martiniquais(e). Complétez les phrases avec les formes correctes du présent de l'indicatif ou du subjonctif.

1. Je crois que Fort-de-France __est__ (être) plus loin de Paris que de New York.
2. Il n'est pas certain que je __vienne__ (venir) à Fort-de-France cet été.
3. Il n'est pas sûr que nous __partions__ (partir) en croisière (*cruise*) ensemble.
4. Il est clair que nous __ne partons pas__ (ne pas partir) sans toi.
5. Nous savons que ce voyage __va__ (aller) te plaire.
6. Il est douteux que le ski alpin __soit__ (être) un sport populaire ici.

2 **Un camarade pénible** Vous faites une présentation sur la Martinique devant la classe. Un(e) camarade pénible critique toutes vos idées. Avec un(e) partenaire, jouez la scène. *Answers will vary.*

MODÈLE
Élève 1: Le carnaval martiniquais est populaire.
Élève 2: Je doute qu'il soit populaire.

1. Les ressources naturelles sont protégées.
2. Tout le monde va se promener dans la forêt.
3. Les Martiniquais font des pique-niques tous les jours.
4. L'île a de belles plages.
5. Les enfants y font des randonnées.
6. On y boit des jus de fruits délicieux.

3 **Le Tour de France** Maxime veut participer un jour au Tour de France. Employez des expressions de doute et de certitude pour lui dire ce que vous pensez de ses habitudes. *Answers will vary.*

MODÈLE
Je ne crois pas que tu puisses dormir jusqu'à midi!

1.

2.

Practice more at **daccord2.vhlcentral.com**.

Using Movement Call out a series of sentences, using either an expression of certainty or an expression of doubt, disbelief, or uncertainty. Have students stand if they hear an expression of certainty or remain seated if they hear an expression of doubt. Example: **Il est impossible que j'apprenne une autre langue.** (Students remain seated.)

Oral Practice Have students write five absurd or strange sentences. Then have them switch sentences with a classmate. Students should write their reactions using a different expression of doubt, disbelief, or uncertainty. Example: **Toutes les femmes aiment bien faire le ménage. (Je ne crois pas que toutes les femmes aiment bien faire le ménage!)**

UNITÉ 7 | Les arts

COMMUNICATION

4 Assemblez Vous avez l'occasion de faire un séjour aux Antilles françaises. À tour de rôle avec un(e) partenaire, assemblez les éléments de chaque colonne pour parler de ces vacances. *Answers will vary.*

MODÈLE
Il n'est pas certain que nous allions visiter une plantation.

A	B	C
Il est certain que	je/j'	être content(e)(s)
Il n'est pas certain que	tu	faire des excursions
Il est évident que	mon copain	faire beau temps
Il est impossible que	ma sœur	faire du bateau
Il est vrai que	mon frère	jouer sur la plage
Il n'est pas sûr que	nous	pouvoir parler créole
Je doute que	les touristes	visiter une plantation
Je pense que	mes parents	?
Je sais que	?	
?		

5 Comédie musicale Votre classe prépare une comédie musicale et vous organisez le spectacle. Votre partenaire voudrait y participer et il/elle postule pour un rôle. Alternez les rôles, puis présentez vos dialogues à la classe. *Answers will vary.*

MODÈLE
Élève 1: Est-il possible que je chante dans la chorale?
Élève 2: Je doute qu'il soit possible que vous y chantiez. Il n'y a plus de place, mais je crois que...

- acteur/actrice
- compositeur
- metteur en scène
- animateur/animatrice
- chorale
- danseurs
- musiciens
- ouvreur/ouvreuse (*emcee*)
- (*usher*)

6 Je doute Votre partenaire veut mieux vous connaître. Écrivez cinq phrases qui vous décrivent: quatre fausses et une vraie. Votre partenaire doit deviner laquelle est vraie et justifier sa réponse. Ensuite, alternez les rôles. *Answers will vary.*

MODÈLE
Élève 1: Je finis toujours mes devoirs avant de me coucher.
Élève 2: Je doute que tu finisses tes devoirs avant de te coucher, parce que tu as toujours beaucoup de devoirs.

• Sometimes a speaker may opt to use the subjunctive in a question to indicate that he or she feels doubtful or uncertain of an affirmative response.

Crois-tu que cet acteur **fasse** un bon Charles de Gaulle?
Do you believe that actor makes a good Charles de Gaulle?

Est-il vrai que vous **partiez** déjà en vacances?
Is it true that you're already leaving on vacation?

Croyez-vous que ce soit mieux qu'elle le sache?

Il vaut mieux que je m'en aille.

Present subjunctive of *aller, pouvoir, savoir, vouloir*

	aller	pouvoir	savoir	vouloir
que je/j'	aille	puisse	sache	veuille
que tu	ailles	puisses	saches	veuilles
qu'il/elle	aille	puisse	sache	veuille
que nous	allions	puissions	sachions	voulions
que vous	alliez	puissiez	sachiez	vouliez
qu'ils/elles	aillent	puissent	sachent	veuillent

Il faut qu'on **aille** au théâtre ce soir.
We have to go to the theater tonight.

Il vaut mieux que tu **saches** la nouvelle.
It's better that you know the news.

Je doute que la pièce **puisse** causer un effet comme celui-là.
I doubt that the play could cause an effect like that.

Est-il possible qu'il **veuille** apprendre à jouer du violon?
Is it possible that he wants to learn to play the violin?

Essayez! Choisissez la forme correcte du verbe.

1. Il est douteux que le metteur en scène (sait / **sache**) où est l'acteur.
2. Je sais que Carole Bouquet et Gérard Depardieu (**sont** / soient) mariés.
3. Il est impossible qu'il (est / **soit**) amoureux d'elle.
4. Ne crois-tu pas que l'histoire du Titanic (finit / **finisse**) bien?
5. Est-il vrai que les Français (font / **fassent**) uniquement des films intellectuels?
6. Je ne crois pas qu'il (peut / **puisse**) jouer le rôle du jeune prisonnier.
7. Tout le monde sait que le ballet (**est** / soit) d'origine française.
8. Il n'est pas certain qu'ils (peuvent / **puissent**) terminer le spectacle.

Section Goals

In this section, you will learn:
- the possessive pronouns
- the use of the expression **être à quelqu'un**

Key Standards
4.1, 5.1

Student Resources
Cahier d'exercices, pp. 103-104;
Cahier d'activités, p. 164;
Supersite: Activities,
Cahier interactif

Teacher Resources
Answer Keys; Audio Script;
Audio Activity MP3s/CD;
Testing program: Grammar Quiz

Suggestions
- You might want to quickly review the possessive adjectives and their usage before presenting the possessive pronouns. Call out different phrases in English, for example *my hats, their dogs, his boat* etc. and have students give the equivalent in French.
- Practice the difference in pronunciation between **notre** vs. **nôtre** and **votre** vs. **vôtre**. Be sure to stress that the possessive pronouns are pronounced with the closed **o** sound. After students practice this a few times, have them write down the four words on separate index cards. Say one of these words at a time and have them hold up the correct card to check if they are able to hear the difference.
- Once students are comfortable with the concept of the possessive pronouns, you might want to contrast the different ways one can indicate possession using the possessive adjective, the expression **être à quelqu'un**, the possessive pronouns, and the demonstrative pronouns. Example: **C'est le piano de Didier.** *(This is Didier's piano.)* **C'est son piano.** *(It's his piano.)* **C'est le sien./Il est à lui.** *(It's his.)* **Il est meilleur que celui d'Armand.** *(It is better than Armand's.)*

Leçon 7A

STRUCTURES

7A.2 Possessive pronouns

Point de départ In *D'accord!* Level 1, you learned how possessive adjectives function in French. You will now learn about possessive pronouns and how they are different in French and English.

- Possessive pronouns are the words which replace nouns modified by possessive adjectives. In French, the possessive pronouns have different forms depending on whether the noun is masculine or feminine, singular or plural. These are the forms of the French possessive pronouns.

Singular possessive pronouns

masculine	feminine	
le mien	la mienne	mine
le tien	la tienne	yours (fam./sing.)
le sien	la sienne	his/hers/its
le nôtre	la nôtre	ours
le vôtre	la vôtre	yours (form./pl.)
le leur	la leur	theirs

Plural possessive pronouns

masculine	feminine	
les miens	les miennes	mine
les tiens	les tiennes	yours (fam./sing.)
les siens	les siennes	his/hers/its
les nôtres		ours
les vôtres		yours (form./pl.)
les leurs		theirs

Je connais **ton frère**, mais je ne connais pas **le sien**.
I know your brother, but I don't know his/hers.

- French and English possessive pronouns are very similar in usage. They can refer to an object or a person. However, the French possessive pronouns consist of two parts: the definite article and the possessive word. Both parts must agree in number and gender with the noun to which they refer.

Ils aiment mes pièces, mais ils préfèrent **les tiennes**. (**tes pièces**)
They like my plays, but they prefer yours.

- Possessive pronouns, like possessive adjectives, reflect the object or person possessed, *not* the possessor.

sa voiture → *his car*   **la sienne** (*referring to the car*) → *his*
sa voiture → *her car*   **la sienne** (*referring to the car*) → *hers*

MISE EN PRATIQUE

1 Pas de répétitions! Remplacez les mots indiqués par les bons pronoms possessifs.

MODÈLE
Je vois mon frère, mais je ne vois pas ton frère.
Je vois le mien, mais je ne vois pas le tien.

1. Tu préfères <u>mes chansons</u> ou <u>leurs chansons</u>?
   Tu préfères les miennes ou les leurs?
2. <u>Mes danseurs</u> sont arrivés, mais <u>vos danseurs</u> pas encore.
   Les miens sont arrivés, mais les vôtres pas encore.
3. <u>Ta comédie</u> est amusante, mais <u>sa comédie</u> est ennuyeuse.
   La tienne est amusante, mais la sienne est ennuyeuse.
4. <u>Mon petit ami</u> et <u>ton petit ami</u> sont allés au match ensemble.
   Le mien et le tien sont allés au match ensemble.
5. <u>Ma grand-mère</u> habite à Bruxelles. Et <u>leur grand-mère</u>?
   La mienne habite à Bruxelles. Et la leur?
6. <u>Nos chansons</u> sont meilleures que <u>vos chansons</u>.
   Les nôtres sont meilleures que les vôtres.
7. <u>Sa maison</u> est près de la banque. Où est <u>votre maison</u>?
   La sienne est près de la banque. Où est la vôtre?
8. <u>Leurs séances</u> sont moins longues que <u>tes séances</u>.
   Les leurs sont moins longues que les tiennes.

2 Quel chaos! Madame Mercier emmène ses enfants et leurs copains à la plage, mais tout le monde a oublié d'apporter quelque chose. Faites des phrases complètes pour dire qui a oublié quoi.

MODÈLE
je / serviette / David
J'ai ma serviette, mais David a oublié la sienne.

1. tu / lunettes de soleil / Marie et Claire
   Tu as tes lunettes de soleil, mais Marie et Claire ont oublié les leurs.
2. nous / chaussures / Christophe
   Nous avons nos chaussures, mais Christophe a oublié les siennes.
3. Tristan et Benjamin / casquettes / Élisa et toi
   Tristan et Benjamin ont leurs casquettes, mais Élisa et toi avez oublié les vôtres.
4. vous / maillot de bain / nous
   Vous avez votre maillot de bain, mais nous avons oublié les nôtres.
5. Thomas / crème solaire (*sunscreen*) / vous
   Thomas a sa crème solaire, mais vous avez oublié la vôtre.
6. je / lecteur MP3 / tu
   J'ai mon lecteur MP3, mais tu as oublié le tien.

3 Les mêmes choses Votre cousin va faire exactement les mêmes choses que vous, aujourd'hui. Écrivez ses réponses avec des pronoms possessifs.

MODÈLE
Tu vas écrire une carte postale à tes grands-parents?
Alors, je vais aussi écrire une carte postale aux miens.

1. Tu vas jouer avec ton petit frère?
   Alors, je vais aussi jouer avec le mien.
2. Tu vas téléphoner à tes amies?
   Alors, je vais aussi téléphoner aux miennes.
3. Tu vas donner à manger à tes chats?
   Alors, je vais aussi donner à manger aux miens.
4. Tu vas dire bonjour à ton prof?
   Alors, je vais aussi dire bonjour au mien.
5. Tu vas prendre une photo de ta maison?
   Alors, je vais aussi prendre une photo de la mienne.
6. Tu vas t'occuper de tes affaires?
   Alors, je vais aussi m'occuper des miennes.

Practice more at daccord2.vhlcentral.com.

Oral Practice Have students come up with additional sentences using the indefinite pronoun **on** with **le sien/les siens**. Here are some examples that you can give them. **On s'occupe du sien. On ne se fâche pas contre les siens. On s'intéresse aux siens. On se souvient des siens.**

Writing Questions Have students work in pairs to write at least eight questions on a variety of topics to ask the other. The goal is to use possessive pronouns in the questions or the answers. Ex: **1. Mes grands-parents habitent à Houston. Et les tiens? 2. Ma famille est très grande. Et la tienne? 3. Mon/Ma petit(e) ami(e) est très intelligent(e). Et le tien/la tienne? 4. J'adore mes cours. Et toi? Les miens sont trop difficiles.**

UNITÉ 7 Les arts

COMMUNICATION

4 **C'est à qui?** Vous êtes responsable du bureau des objets trouvés dans votre lycée. Avec un(e) partenaire, créez un dialogue et jouez la scène devant la classe. *Answers will vary.*

MODÈLE

Élève 1: Ces cahiers sont à toi?
Élève 2: Non, ce ne sont pas les miens.
Élève 1: Tu es sûr(e)?
Élève 2: Oui, les miens sont plus grands.

1.

2.

3.

4.

5 **Au spectacle** Catherine est au théâtre avec son ami Rémi. Elle est metteur en scène et compare la pièce qu'elle voit avec la sienne. Avec un(e) partenaire, jouez la conversation. Utilisez autant de pronoms possessifs possibles. *Answers will vary.*

MODÈLE

Élève 1: Le début de ma pièce est plus intéressant que le sien.
Élève 2: Je ne suis pas d'accord. Le sien est aussi intéressant que le tien.

6 **Questions personnelles** Vous voulez mieux connaître votre partenaire. Posez-vous ces questions à tour de rôle. Utilisez des pronoms possessifs. *Answers will vary.*

1. Est-ce que tes idées (*ideas*) sont vraiment différentes de celles de tes parents?
2. Est-ce que ton style de vêtements est le même que celui de ton frère ou de ta sœur?
3. D'habitude, est-ce que tu t'occupes de tes affaires ou de celles de tes amis?
4. Tu t'entends mieux avec tes parents ou avec ceux de ton/ta meilleur(e) ami(e)?
5. Tu aimes ton quartier ou celui de tes amis?
6. Tu préfères la voiture de tes parents ou celle des parents d'un de tes amis?

- The articles **le** and **les** of the possessive pronouns contract with **à**.

à + le mien	au mien
à + la mienne	à la mienne
à + les miens	aux miens
à + les miennes	aux miennes

Tu vas téléphoner **à mes amis** ou **aux tiens**?
Are you going to call my friends or yours?

Avez-vous récemment parlé **à leurs parents** ou **aux vôtres**?
Did you speak recently to their parents or yours?

- The articles **le** and **les** of the possessive pronouns contract also with **de**.

de + le mien	du mien
de + la mienne	de la mienne
de + les miens	des miens
de + les miennes	des miennes

Pourquoi t'occupes-tu **de ses problèmes** au lieu **des tiens**?
Why are you concerned with his/her problems instead of yours?

Les critiques parlent **de votre tragédie**, pas **de la nôtre**.
The critics are talking about your tragedy, not ours.

- With the indefinite pronoun **on**, always use the masculine possessive pronoun **le sien/les siens**.

On est fier **des siens**.
One is proud of one's own (people).

- The possessive pronoun is never used after the verb **être** in the construction [noun/pronoun (subject)] + **être**. In such a case, use the expression **être à** + [noun/disjunctive pronoun].

Ce pull **est à** Nathan.
This sweater belongs to Nathan.

Ce pull **est à** lui.
This sweater is his.

- You can however use the possessive pronouns after the expressions **C'est** and **Ce sont**.

C'est **la nôtre**.
It's ours.

Ce sont **les miennes**.
These are mine.

Essayez! Écrivez le pronom possessif qui correspond.

1. Où est ma feuille d'examen? _Où est la mienne?_
2. Ce sont tes sœurs qui reviennent de Grèce? _Ce sont les tiennes qui reviennent de Grèce?_
3. J'ai revu mon amie d'enfance hier soir! _J'ai revu la mienne hier soir!_
4. C'est votre lampe qui ne marche plus! _C'est la vôtre qui ne marche plus!_
5. Ils viennent d'acheter leur piano. _Ils viennent d'acheter le leur._
6. Ce sont nos chansons qui passent à la radio! _Ce sont les nôtres qui passent à la radio!_
7. Ses fauteuils sont toujours en bon état (*condition*). _Les siens sont toujours en bon état._
8. Quand ton concert a-t-il lieu (*takes place*)? _Quand le tien a-t-il lieu?_

deux cent quatre-vingt-trois **283**

Essayez! Here are some additional items that you could give the students. 9. **Sa tragédie est longue.** (La sienne est longue.) 10. **Avez-vous écouté leur chœur?** (Avez-vous écouté le leur?) 11. **Notre opéra est moderne.** (Le nôtre est moderne.) 12. **Leurs spectateurs sont contents d'être venus.** Les leurs sont contents d'être venus.

1 Suggestion Have students do this as a written activity. Then, have them exchange their papers and correct each other's work.

2 Expansion Change the subjects of the dehydrated sentences in the activity and have students say or write the new sentences.

3 Expansion Have students redo this activity, this time saying that they have already done what their partner did. Example: **Moi, j'ai déjà écrit une carte postale aux miens.**

4 Suggestion Before they start this activity, have students brainstorm a variety of adjectives they could use to describe their belongings.

4 Expansions
- They could extend the activity by using their personal belongings and asking their partner if the item belongs to him/her.
- Have students use the third person to share their partner's response with the class. Example: **Ces cahiers ne sont pas à lui/elle. Les siens sont plus grands.**

5 Expansion Have pairs volunteer to perform this as a skit in front of the class.

6 Expansion You might have students circulate around the class and ask at least five other students these questions. Then, have them write five sentences to summarize the information obtained through the interviews.

OPTIONS

Using Games Split the class into four teams. Using the **Essayez!** activity as a model, have each team come up with a list of additional words from the vocabulary they have learned so far and use them with different possessive adjectives. Then, have each team take turns calling out one of their words. The next team should give the corresponding possessive pronoun. The team that answers then gets a chance to call out its word. If a team gives a wrong answer, the following team gets a chance to answer and score a point. The game should proceed at a fairly fast pace. Set a time limit for the game. You could make the game more challenging by having each responding team not only give the corresponding possessive pronoun, but also use it in a logical sentence.

STRUCTURES **283**

Leçon 7A

SYNTHÈSE
Révision

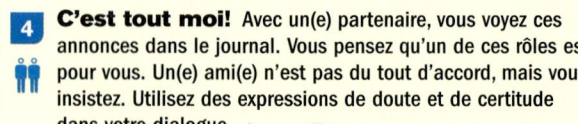

1 **Il est clair que...** Observez ces personnes et imaginez leurs activités artistiques préférées. Avec un(e) partenaire, utilisez des expressions de doute et de certitude pour répondre aux questions et pour décrire chaque personnage. *Answers will vary.*

chanteur de chorale ou de comédie musicale?

danseur ou acteur?

chef d'orchestre ou metteur en scène?

compositeur d'opéra ou dramaturge?

2 **Je ne pense pas** Que pensent vos camarades de ces affirmations? Par groupes de quatre, trouvez au moins une personne qui soit d'accord avec chaque phrase et une qui ne soit pas d'accord. Utilisez des expressions de doute et de certitude. Ensuite, présentez vos arguments à la classe. *Answers will vary.*

MODÈLE La télévision fait du mal au cinéma.
Élève 1: *Penses-tu que la télévision fasse du mal au cinéma?*
Élève 2: *Non, je ne crois pas que ce soit vrai. Il est clair que les acteurs de cinéma sont plus célèbres que ceux de la télé.*

- Jimi Hendrix est le meilleur joueur de guitare.
- Mozart est le meilleur compositeur de musique classique.
- Personne n'aime les comédies musicales aujourd'hui.
- Un danseur est autant un sportif qu'un artiste.
- L'opéra est un genre trop ésotérique et ennuyeux.

3 **Les arts** Votre professeur va vous donner, à vous et à votre partenaire, deux feuilles d'activités différentes sur les arts. Attention! Ne regardez pas la feuille de votre partenaire. *Answers will vary.*

4 **C'est tout moi!** Avec un(e) partenaire, vous voyez ces annonces dans le journal. Vous pensez qu'un de ces rôles est pour vous. Un(e) ami(e) n'est pas du tout d'accord, mais vous insistez. Utilisez des expressions de doute et de certitude dans votre dialogue. *Answers will vary.*

Cherchons jeune homme de 27-30 ans, sportif et musclé, avec permis moto et avion, pour rôle principal. Doit être un acteur expérimenté qui sache jouer du piano comme un professionnel et qui puisse monter à cheval. Doit avoir les yeux noirs, beaucoup de charme, de la présence et un look aventurier.

Cherchons jeune femme de 18-20 ans avec beaucoup de personnalité et qui ait une formation de chanteuse classique, pour rôle dans une comédie musicale en espagnol. Doit pouvoir danser le tango, la salsa et la rumba.

Venez rencontrer le compositeur et le metteur en scène, jeudi à 20 heures, au Théâtre du Boulevard.

5 **Le meilleur** Avec un(e) partenaire, trouvez un exemple pour chaque catégorie de la liste. Ensuite, comparez votre liste avec celle d'un autre groupe et parlez de vos opinions. Utilisez des expressions de doute et de certitude. *Answers will vary.*

le/la meilleur(e)... en ce moment
- film
- chanson à la radio
- danseur/danseuse
- chanteur/chanteuse
- acteur/actrice

6 **Mal organisé** Vous étiez très pressé(e) ce matin et vous avez oublié de mettre beaucoup de choses dans votre sac à dos. Demandez à votre partenaire si vous pouvez lui emprunter cinq choses dont vous avez besoin pour le lycée. Votre partenaire va vous donner des excuses pour ne pas vous les prêter. Utilisez des pronoms possessifs. Jouez votre dialogue devant la classe. *Answers will vary.*

MODÈLE
Élève 1: *Je peux emprunter ta calculatrice?*
Élève 2: *Désolé(e). J'ai besoin de la mienne pour faire ce devoir.*

ressources
CE pp. 101–104
CA pp. 53–54, 163–164
daccord2.vhlcentral.com

284 deux cent quatre-vingt-quatre

UNITÉ 7 Les arts

Le Zapping

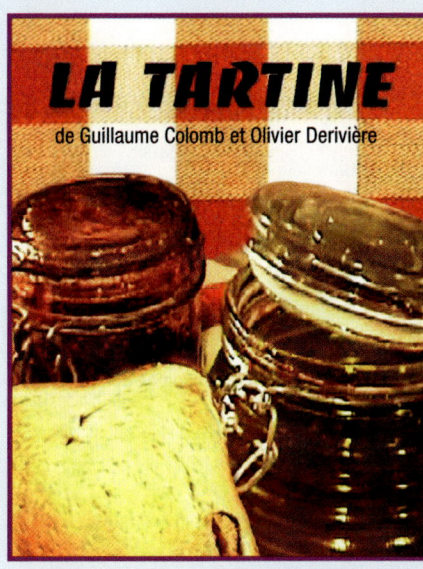

LA TARTINE
de Guillaume Colomb et Olivier Derivière

Video: Short Film

Dans ce film d'animation musical de Guillaume Colomb et Olivier Derivière, les objets et les aliments qu'on associe à un petit-déjeuner français typique prennent vie° pour transformer ce moment simple de la journée en une compétition pleine d'humour entre un pot de miel et un pot de confiture qui convoitent° tous les deux une belle tartine. Lequel d'entre eux sera le vainqueur°? Découvrez-le!

prennent vie *come to life* **convoitent** *covet* **vainqueur** *winner*

Préparation

1 Le bon choix Trouvez le mot ou l'expression la plus proche du terme souligné dans chaque phrase.

1. Arrête de faire l'andouille! c
2. Quel bruit! Mets la musique en sourdine! f
3. Déjà dix heures? Il faut se bouger! b
4. J'en soupe avec ce cours! e
5. Cet homme râle depuis ce matin. a
6. Ce café est vraiment corsé. d

a. n'est pas content
b. se dépêcher
c. l'idiot
d. fort
e. suis fatigué de
f. moins fort

2 À compléter Avec un(e) camarade, complétez ce dialogue avec des mots et expressions des listes.

—Je n'arrête pas de (1) __bâiller__. J'ai mal dormi.
—Qu'est-ce que tu veux ce matin pour le petit-déjeuner?
—Du pain bien (2) __croustillant__ avec du beurre et de la confiture.
—Tu veux du café?
—Oui, mais fais-le bien (3) __corsé__, pas comme hier matin, alors, parce qu'il n'était vraiment pas bon!
—Oh, écoute, arrête de (4) __râler__! Tu n'es jamais content! Tiens, voilà le jus d'orange...
—(5) __Bon sang__, fais attention! Tu en as renversé (*spilled*) partout!
—Dis donc, il est déjà huit heures. On doit (6) __se grouiller__ si on veut arriver à la gare à l'heure!

Expressions utiles

Arrête de faire l'andouille! (*fam.*)
Stop goofing around!

Bon sang! (*fam.*)
Darn it!

Grouille-toi! (*fam.*)
Hurry up!

vouloir du bol (*fam.*)
to want good luck

J'en ai soupé. (*fam.*)
I've had enough.

espèce de feignasse (*fam.*)
you, lazy bum

Si vous n'y mettez pas du vôtre...
If you don't make an effort...

Vocabulaire du court métrage

bâiller *to yawn*
conte (*m.*) **de fée** *fairy tale*
coquin(e)s *rascals*
corsé *strong*
croustillant *crusty*
fatidique *fateful*
marioles (*m.*) *jokers*
(mettre) en sourdine *(to play) quietly, softly*
pétale (*m.*) *flake*
râler *to groan, to complain*
se bouger (*fam.*) *to get moving*
tartiner *to spread*

deux cent quatre-vingt-cinq **285**

Leçon 7A

SYNTHÈSE

La tartine

L'OUVRE-BOÎTE° Le réveil a sonné. Le petit-déjeuner va bientôt commencer. Tous nos amis sont-ils prêts? Où sont ces petits coquins? Ah tiens! En voilà un!
LE BOL Si vous voulez du bol, me voilà, les petits marioles!
LE CAFÉ Et moi, je suis corsé, tout aromatisé°. Et nous formons une équipe idyllique.
LA CONFITURE Et moi, la confiture, je suis prête pour l'aventure.
LE MIEL Et moi?! Il n'y a pas que toi!
L'OUVRE-BOÎTE Ah, décidément, ce miel... toujours en train de râler!

L'OUVRE-BOÎTE Elle en a de la chance, cette petite tranche! Car c'est aujourd'hui le jour de sa vie.
LA TARTINE Alors, c'est aujourd'hui? C'est vraiment le jour de ma vie?

LA TARTINE Quelle belle journée pour déjeuner! J'en ai rêvé.
LA CONFITURE Tu es si belle!
LE MIEL Elle sera mienne.
LA CONFITURE Viens avec moi!
LA TARTINE Un conte de fée est arrivé.
LE MIEL Ne l'écoute pas!
LA TARTINE Mon aimé! Mon amant°!
LA CONFITURE Mon adorée! Mon amour!

LE MIEL Moi, j'en ai marre! J'en ai soupé! Toujours pareil! Il y en a que pour lui, ce pot de confiture!
L'HOMME Nous allons vous départager°. Devant vous, deux bols, un chacun. Derrière, des sucres. Vous allez lancer° un maximum de sucres dans votre bol. Quand la tartine sera prête, celui qui aura le plus de sucres dans son bol aura le droit° de se faire tartiner.

L'HOMME Un, deux, trois, quatre, cinq... Un, deux, trois, quatre, cinq, six, sept, huit. Ce sera donc une tartine de confiture.
L'OUVRE-BOÎTE Formidable!
LE MIEL À chaque fois, ce n'est jamais moi. Je vous le dis... Ce n'est pas fini!

L'OUVRE-BOÎTE Elle en a eu de la chance, cette petite tranche. Ce fut° aujourd'hui le jour de sa vie.

ouvre-boîte *can opener* **aromatisé** *flavored* **amant** *lover* **départager** *to decide between* **lancer** *to throw* **le droit** *the right* **fut** *was*

deux cent quatre-vingt-six

UNITÉ 7   Les arts

Analyse

3 **Associez** Faites correspondre les images aux phrases.

__e__ 1. La tartine est prête à être tartinée.
__c__ 2. L'homme décide de départager le miel et la confiture.
__a__ 3. L'ouvre-boîte réveille tout le monde pour le petit-déjeuner.
__b__ 4. Le miel tombe de la table.
__d__ 5. C'est la compétition entre la confiture et le miel.
__f__ 6. L'homme mange finalement autre chose.

a.   b.   c.

d.   e.   f.

4 **Une fin tragique** Avec un(e) partenaire, discutez de la fin du film en répondant à (*by answering*) ces questions.

1. Êtes-vous surpris(es) par la fin du film?
2. Comment décririez-vous cette fin? Inattendue (*Unexpected*)? Inévitable? Comique? Tragique?...
3. Que pensez-vous du comportement du miel?
4. Pensez-vous que la fin du film va avec le ton humoristique (*humorous tone*) du reste du film? Expliquez.
5. Que pensez-vous de la réaction de l'homme après la fin tragique du miel et de la tartine?

5 **Une autre fin** Par groupes de trois ou quatre, imaginez une fin différente en vous aidant (*by getting help*) de ces questions. Dessinez les images qui pourraient apparaître dans votre court métrage. Ensuite, jouez la scène devant la classe, qui choisira la meilleure.

- Est-ce une autre fin tragique ou une fin heureuse?
- Y a-t-il l'intervention d'autres personnages?
- Que fait finalement l'homme?

Practice more at daccord2.vhlcentral.com.

deux cent quatre-vingt-sept   287

Section Goals

In this section, students will learn and practice vocabulary related to:
- fine arts
- films and television
- books

Key Standards

1.1, 1.2, 4.1

Student Resources
Cahier d'exercices, pp. 105-106; *Cahier d'activités*, pp. 14, 165; Supersite: Activities, *Cahier interactif*

Teacher Resources
Answer Keys; Overhead #37; Audio Script; Textbook & Audio Activity MP3s/CD; *Feuilles d'activités*; Testing program: Vocabulary Quiz

Suggestions

- Tell students to look over the new vocabulary and identify the cognates.
- Use **Overhead #37**. Point out people and things as you describe the illustration. Examples: **Elle fait de la peinture. C'est un film d'horreur.**
- Point out that the **f** in **chef-d'œuvre** and the **p** in **sculpture** are silent.
- Point out the difference in spelling between the French word **aventure** and the English word *adventure*.
- Explain that in France you say **une femme écrivain/auteur/peintre/sculpteur** or **elle est écrivain/auteur/peintre/sculpteur**. The terms **écrivaine** and **auteure** are used in Québec. Mention that the term **auteur** is more general than **écrivain**. **Auteur** can also mean *creator*.
- Explain that **les beaux-arts** (*fine arts*) is a term that refers collectively to a variety of artistic fields, particularly those concerned with the creation of beautiful things, such as painting and sculpture.

Leçon 7B

CONTEXTES

S Talking Picture
Audio: Activity

You will learn how to...
- discuss films and television
- discuss books

Au festival d'art

Vocabulaire

faire les musées	to go to museums
publier	to publish
les beaux-arts (*m.*)	fine arts
un chef-d'œuvre	masterpiece
un conte	tale
une critique	review; criticism
un dessin animé	cartoon
un documentaire	documentary
un drame psychologique	psychological drama
une émission (de télévision)	(television) program
un festival (festivals *pl.*)	festival
un feuilleton	soap opera
un film (d'aventures, policier)	(adventure, crime) film
une histoire	story
les informations (infos) (*f.*)	news
un jeu télévisé	game show
la météo	weather
les nouvelles (*f.*)	news
une œuvre	artwork, piece of art
un programme	program
une publicité (pub)	advertisement
les variétés (*f.*)	popular music
ancien(ne)	ancient; old; former
doué(e)	talented, gifted
gratuit(e)	free
littéraire	literary
récent(e)	recent
à la radio	on the radio
à la télé(vision)	on television

ressources
CE pp. 105-106
CA pp. 14, 165
daccord2.vhlcentral.com

288 *deux cent quatre-vingt-huit*

OPTIONS

Using Games Write types of television shows or movies on index cards and place them in a box. Divide the class into two teams. Have students draw a card and describe the genre without saying the word, but they may use French titles as clues. Award points as follows: after one clue = 3 points, after two clues = 2 points, and after three clues = 1 point. If a team does not guess the answer after three tries, the other team has one chance to "steal" the point by guessing correctly.

Oral Practice Tell students that they have just returned from an arts festival. Ask them to describe what they did, saw, and heard. Example: **J'ai vu beaucoup de beaux tableaux et j'ai parlé à deux peintres.**

UNITÉ 7 — Les arts

Mise en pratique

1. Vous les connaissez? Faites correspondre les œuvres, personnages et programmes télévisés de la colonne de gauche avec le mot de la colonne de droite qui convient.

- _e_ 1. *La Belle et la Bête*
- _d_ 2. *Whistler's Mother*
- _a_ 3. *Le David*
- _h_ 4. *Jeopardy*
- _l_ 5. Claude Monet
- _g_ 6. *Les Trois Mousquetaires*
- _b_ 7. Victor Hugo
- _f_ 8. *All My Children*
- _i_ 9. *Vogue*
- _c_ 10. *2001, l'Odyssée de l'espace*

a. une sculpture
b. un auteur
c. un film de science-fiction
d. une peinture
e. un conte
f. un feuilleton
g. un roman
h. un jeu télévisé
i. un magazine
j. une exposition
k. un film d'horreur
l. un peintre

2. Complétez Complétez ces phrases avec le mot de vocabulaire de **CONTEXTES** qui convient.

1. La peinture et la sculpture font partie des _beaux-arts_.
2. Une _poétesse_ est une femme qui écrit des poèmes.
3. Un _auteur_ est quelqu'un qui est à l'origine d'une œuvre.
4. Art de juger (*to judge*) les créations littéraires ou artistiques: _une critique_.
5. Un _documentaire_ est basé sur la réalité.
6. Une _publicité_ est une activité commerciale pour vendre un produit.
7. *Bugs Bunny* et *Mickey Mouse* sont des exemples de _dessin animé_.
8. *Indiana Jones* est un exemple de film _d'aventures_.
9. Si on n'a pas besoin de payer pour entrer dans un musée, c'est _gratuit_.
10. On peut écouter les informations _à la radio_.

3. Écoutez Écoutez la conversation entre Nora et Jeanne et indiquez si Nora (N), Armand (A), Jeanne (J) ou Charles (C) ont fait les choses suivantes.

- _N_ 1. s'est bien amusée au Festival des beaux-arts.
- _N et A_ 2. ont vu une exposition d'art contemporain.
- _J et C_ 3. ont vu un film d'aventures.
- _N et A_ 4. ont assisté à une critique littéraire sur Assia Djebar.
- _J et C_ 5. sont restés chez eux.
- _N et A_ 6. sont allés à la librairie pour acheter un roman.
- _C_ 7. a promis de faire les musées le week-end prochain.
- _J_ 8. a fait de la peinture.

Practice more at daccord2.vhlcentral.com.

deux cent quatre-vingt-neuf **289**

Leçon 7B

CONTEXTES

Communication

4 Conversez Interviewez un(e) camarade de classe au sujet de l'art et des médias. Answers will vary.

1. Quel(s) genre(s) de film préfères-tu? Pourquoi?
2. Quel film récent as-tu vu? Quelle en est l'histoire?
3. As-tu un auteur favori? Lequel?
4. Quel(s) genre(s) d'œuvres littéraires aimes-tu?
5. Qu'est-ce que tu écoutes à la radio? Quand?
6. As-tu fait les musées récemment? Quelle(s) exposition(s) as-tu vue(s)?
7. Quel(s) chef(s)-d'œuvre admires-tu?
8. Qui considères-tu être un peintre doué? Pour quelle(s) raison(s)?
9. Es-tu un(e) artiste? Dans quel domaine?
10. Lis-tu des magazines? Lesquels?

5 À la télévision et à la radio Votre professeur va vous donner, à vous et à votre partenaire, une feuille d'activités. Remplissez d'abord la première colonne avec vos préférences pour chaque catégorie. Ensuite, comparez vos réponses avec celles d'un(e) camarade de classe. Answers will vary.

MODÈLE

un dessin animé
Élève 1: Quel est ton dessin animé préféré?
Élève 2: J'adore regarder les Simpsons.

Programmes	Moi	Noms
1. un dessin animé		
2. une émission		
3. un feuilleton		

6 L'art et vous Écrivez un paragraphe d'après (*according to*) ces instructions. Ensuite, à tour de rôle, discutez-en avec un(e) camarade de classe. Answers will vary.

- Décrivez l'importance que vous donnez à l'art dans votre vie.
- Parlez de l'influence positive et/ou négative de l'art sur le monde.
- Parlez de comment vous aimeriez contribuer à cette influence.

7 Regardons la télé Avec les éléments donnés, travaillez avec trois autres partenaires pour présenter une émission pour une chaîne de télévision. Answers will vary.

- Choisissez une catégorie de programme télévisé. Chaque groupe doit choisir un genre différent, par exemple un jeu, un feuilleton, les informations, la météo, un documentaire, etc.
- Donnez un nom à votre programme et aux personnages de l'émission.
- Annoncez le contenu de votre programme.

290 *deux cent quatre-vingt-dix*

UNITÉ 7 Les arts

Les sons et les lettres

Audio: Concepts, Activities Record & Compare

Les abréviations

French speakers use many acronyms. This is especially true in newspapers, televised news programs, and in political discussions. Many stand for official organizations or large companies.

EDF = Électricité de France   **ONU** = Organisation des Nations Unies

People often use acronyms when referring to geographical place names and transportation.

É-U = États-Unis   **RF** = République Française
RN = Route Nationale   **TGV** = Train à Grande Vitesse

Many are simply shortened versions of common expressions or compound words.

SVP = S'il Vous Plaît   **RV** = Rendez-Vous   **RDC** = Rez-De-Chaussée

When speaking, some acronyms are spelled out, while others are pronounced like any other word.

Cedex = Courrier d'Entreprise à Distribution Exceptionnelle *(an overnight delivery service)*

Prononcez Répétez les abréviations suivantes à voix haute.

1. W-C = *Water-Closet*
2. HS = Hors Service (*out of order*)
3. VF = Version Française
4. CV = Curriculum Vitæ
5. TVA = Taxe à la Valeur Ajoutée (*added*)
6. DELF = Diplôme d'Études en Langue Française
7. RATP = Régie Autonome (*independent administration*) des Transports Parisiens
8. SMIC = Salaire Minimum Interprofessionnel de Croissance (*growth*)

Assortissez-les Répétez les abréviations à voix haute. Que représentent-elles?

_d_ 1. ECP   a. objet volant non identifié
_e_ 2. GDF   b. toutes taxes comprises
_f_ 3. DEUG   c. président-directeur général
_b_ 4. TTC   d. École centrale de Paris
_c_ 5. PDG   e. Gaz de France
_a_ 6. OVNI   f. diplôme d'études universitaires générales

Expressions Répétez les expressions à voix haute.

Elle est BCBG (Bon Chic, Bon Genre).[2]

RSVP (Répondez, S'il Vous Plaît).[1]

[1] Please reply. [2] She is preppy. (in a conservatively classic fashion)

deux cent quatre-vingt-onze **291**

Section Goals
In this section, students will learn about:
- abbreviations
- acronyms

Key Standards
4.1

Student Resources
Cahier d'activités, p. 166;
Supersite: Activities,
Cahier interactif

Teacher Resources
Answer Keys; Audio Script;
Textbook & Audio Activity
MP3s/CD

Suggestions
- Model the pronunciation of the abbreviations and acronyms and have students repeat them after you.
- Explain that an **acronyme** refers to an abbreviation that can be pronounced as a word and is written without periods, such as **ONU**. A **sigle** is a set of letters forming an abbreviation that is pronounced as separate letters, for example, **RATP** The general tendency is to omit the periods in everyday French.
- Ask students to provide additional examples of French abbreviations or acronyms they have seen or heard.
- Distribute French newspapers or magazines and tell students to find acronyms and abbreviations. Ask them to guess what words they stand for.

OPTIONS

Language Note Tell students that French speakers use many abbreviated forms of words. Some of them are considered slang, so they should be careful about using them in formal situations. Then write the shortened forms of the words below on the board or a transparency and ask students what the original word is. **1.** métro (métropolitain) **2.** ciné (cinéma) **3.** ado (adolescent) **4.** micro (microphone) **5.** moto (motocyclette) **6.** appart (appartement) **7.** frigo (réfrigérateur) **8.** pub (publicité) **9.** petit-déj (petit-déjeuner)

Matching Write the following abbreviations in a column on the board and their meanings in another column. Have students match the abbreviations and words. **1.** K7 (cassette) **2.** PJ (police judiciaire) **3.** Cie (compagnie) **4.** VO (version originale) **5.** RP (relations publiques) **6.** DOM (département d'outre-mer)

CONTEXTES **291**

Section Goals

In this section, students will learn functional phrases for expressing conditions and possible actions.

Key Standards

1.2, 2.1, 2.2, 4.1, 4.2

Student Resources
Cahier d'activités, pp. 87–88; Supersite: Activities, *Cahier interactif*

Teacher Resources
Answer Keys; Video Script & Translation; *Roman-photo* video

Video Recap: Leçon 7A

Before doing this **Roman-photo**, review the previous one with this true/false activity.

1. Le spectacle de Sandrine, c'est la comédie musicale préférée d'Amina. (Vrai)
2. Rachid admire la robe qu'Amina a faite. (Vrai)
3. Sandrine chante mal, mais elle est une assez bonne actrice. (Vrai)
4. David dit directement à Sandrine ce qu'il pense de son concert. (Faux)
5. Sandrine accepte gracieusement ce que David lui dit. (Faux)

Video Synopsis

Sandrine is making a cake for David's farewell party. She tells Amina that David helped her find her true passion, cooking, and she has decided to become a professional chef. At the party, Amina explains that some of her clothes are going to be in a fashion show for young designers in Paris. Rachid announces that he got his diploma with honors. David says he plans to return next year and have an exhibit of his paintings at **Le P'tit Bistrot**.

Suggestions

- Have students predict what the episode will be about based on the video stills.
- After reading the **Roman-photo**, have students summarize the episode.

Leçon 7B

ROMAN-PHOTO

Au revoir, David!

 Video: *Roman-photo* Record & Compare

PERSONNAGES

 Amina

 Astrid

 David

 Rachid

 Sandrine

 Stéphane

 Valérie

Chez Sandrine...
AMINA Qu'est-ce qui sent si bon?
SANDRINE C'est un gâteau pour David. Il repart demain aux États-Unis tu sais.
AMINA David et toi, vous avez décidé de ne plus vous disputer?
SANDRINE C'est de l'histoire ancienne.
AMINA C'est comme dans un feuilleton. Vous vous disputez, vous vous détestez. Vous vous réconciliez.

SANDRINE J'étais tellement en colère contre lui ce jour-là, mais depuis, j'ai beaucoup réfléchi à ce qu'il m'a dit.
AMINA Et alors...?
SANDRINE En fait, David m'a aidée.
AMINA Comment ça?
SANDRINE Ma vraie passion, ce n'est pas la musique.
AMINA Non? Mais alors, c'est quoi, ta vraie passion?

SANDRINE J'ai décidé de devenir chef de cuisine!
AMINA Ça, c'est une excellente idée.
SANDRINE N'est-ce pas? Et j'ai aussi décidé de préparer ce gâteau pour la fête de ce soir.
AMINA Et moi qui pensais que tu ne voudrais pas y aller...
SANDRINE Mais... David ne peut pas partir sans que je lui dise au revoir!

À la fête de David...
ASTRID Elle est jolie, ta jupe. C'est une de tes créations, n'est-ce pas?
SANDRINE Cet été, Amina participe à un défilé de mode à Paris.
AMINA N'exagérons rien... C'est une petite présentation des collections de plusieurs jeunes stylistes.
SANDRINE Tu vas montrer ce chef-d'œuvre?

AMINA Oui, cette jupe-ci, la robe que j'ai faite pour toi et d'autres modèles.
RACHID Elle n'est pas géniale, ma chérie? Belle, intelligente, douée...
AMINA Toi aussi, tu as de bonnes nouvelles, n'est-ce pas?
SANDRINE Ah bon?
RACHID Oh, ce n'est pas grand-chose.

AMINA Au contraire, c'est très important!
SANDRINE Vas-y, dis-nous tout, avant que je ne perde patience!
RACHID Eh bien, ça y est, j'ai mon diplôme!
AMINA Ah, mais ce n'est pas tout! Il a eu mention très bien!
SANDRINE Bravo, Rachid!
ASTRID Oui, félicitations!

A C T I V I T É S

1 **Les événements** Remettez les événements suivants dans l'ordre chronologique.

_6_ a. Rachid annonce une bonne nouvelle.
_4_ b. Stéphane veut absolument réussir son bac.
_9_ c. David promet qu'il va revenir à Aix.
_2_ d. Sandrine dit qu'elle n'est plus fâchée avec David.
_5_ e. Amina explique qu'elle va à Paris cet été.
_1_ f. Amina arrive chez Sandrine.
_10_ g. Valérie prend une photo du groupe.
_7_ h. Valérie attire (*gets*) l'attention du groupe.
_8_ i. David fait un petit discours (*speech*).
_3_ j. Sandrine annonce qu'elle souhaite devenir chef de cuisine.

 Practice more at **daccord2.vhlcentral.com**.

292 *deux cent quatre-vingt-douze*

OPTIONS

Avant de regarder la vidéo Before viewing the video, have students work in pairs and brainstorm a list of things people might say at a farewell party. What questions might they ask? What might they talk about?

Regarder la vidéo Download and print the videoscript found on the Supersite. Then white out key vocabulary in order to create a master for a cloze activity. Distribute photocopies and tell students to fill in the missing information as they watch the video episode.

UNITÉ 7 Les arts

Les amis organisent une fête pour David.

Expressions utiles

Relating conditions and possible actions

- **David ne peut pas partir sans que je lui dise au revoir!**
  David can't leave without my saying good-bye to him!
- **Dis-nous tout, avant que je (ne) perde patience!**
  Tell us everything, before I lose patience!
- **J'ai l'intention de revenir à condition que Madame Forestier accepte.**
  I intend to return on the condition that Madame Forestier accepts.

Additional vocabulary

- **repartir**
  to go back
- **repasser**
  to take again
- **chut**
  shh/hush
- **au contraire**
  on the contrary
- **félicitations**
  congratulations
- **se réconcilier**
  to make up

Au P'tit Bistrot...
SANDRINE Stéphane, tu ne veux pas nous aider à préparer la fête?
STÉPHANE Une minute s'il te plaît.
SANDRINE Mais, qu'est-ce que tu lis de si intéressant? Oh là là, *L'Histoire des Républiques françaises*. Ah, oui je vois... j'ai entendu dire que tu devais repasser une partie du bac.

STÉPHANE Oui, je dois absolument réussir cette fois-ci, mais une fois l'examen passé, je retourne à mes passions—le foot, les jeux vidéo...
SANDRINE Chut... ta mère va t'entendre.
STÉPHANE *(parlant plus fort et de manière sérieuse)* Oui, je t'assure, les documentaires et les infos sont mes nouvelles passions.

VALÉRIE S'il vous plaît. Nous sommes ici ce soir pour dire au revoir et bon voyage à David, qui repart demain aux États-Unis. Alors, David, comment s'est passée ton année à Aix?
DAVID Oh ça a été fantastique! Je ne connaissais personne à mon arrivée, mais j'ai rapidement trouvé un coloc super! J'ai fait la connaissance de quelques femmes formidables.

DAVID Mais surtout, je me suis fait des amis pour la vie...
ASTRID Quand est-ce que tu vas revenir nous voir, David?
DAVID Eh bien, j'ai l'intention de revenir l'année prochaine pour organiser une exposition de tous mes tableaux au P'tit Bistrot, à condition, bien sûr, que Madame Forestier accepte!
VALÉRIE Allez, une photo. Souriez!

2 À vous! Sandrine est bien plus calme maintenant. Elle a même dit qu'elle voulait dire au revoir à David à la fête. Avec un(e) camarade de classe, préparez une conversation entre David et Sandrine à cette occasion. Comment finit leur histoire?

3 Écrivez Pendant la fête de David, certains ont parlé de leurs projets d'avenir. À votre avis, qu'est-ce qui va arriver l'année prochaine? Écrivez vos prédictions pour chacun d'entre eux, au niveau professionnel et au niveau personnel.

deux cent quatre-vingt-treize **293**

Leçon 7B

CULTURE

CULTURE À LA LOUPE

La peinture haïtienne

L'art haïtien est surtout connu grâce à° sa peinture. Cette tradition artistique est très ancienne sur l'île, mais ses débuts officiels datent de 1804, quand le roi Christophe crée la première Académie de peinture. Les thèmes les plus fréquents à cette époque sont les thèmes historiques de l'émancipation° et les thèmes religieux du vaudou°.

La peinture haïtienne ne devient célèbre dans le monde qu'à partir de 1943. Cette année-là, Dewitt Peters, un professeur américain du lycée de Port-au-Prince, capitale d'Haïti, rencontre plusieurs jeunes peintres haïtiens. Il aime leurs toiles° et fonde avec eux un centre d'art et de peinture. Ce centre va donner à la majorité des peintres haïtiens les ressources nécessaires pour accéder au° succès. Aujourd'hui, on en est à la quatrième génération d'artistes. Ces peintres appartiennent à° diverses écoles d'art et leurs styles sont très variés, du plus naïf au plus sophistiqué. Ils peuvent être surréalistes, impressionnistes ou même primitifs modernes.

La peinture haïtienne est souvent très colorée et d'une grande vitalité. Quand elle n'est pas abstraite, elle illustre des scènes de la vie quotidienne°, des cérémonies religieuses et des paysages°. En Haïti, la peinture est partout. Elle décore les rues, les murs et les bus. On la trouve aussi bien sur les marchés que dans les galeries d'art. Grâce à des expositions dans le monde entier, les peintres haïtiens séduisent un public de plus en plus large.

grâce à *thanks to* émancipation *liberation* vaudou *voodoo* toiles *paintings* accéder au *achieve* appartiennent à *belong to* quotidienne *everyday* paysages *landscapes*

un peintre haïtien devant son œuvre

ACTIVITÉS

1 Répondez Répondez aux questions par des phrases complètes.

1. Quel est l'art le plus connu à Haïti?
   C'est la peinture.
2. Pourquoi ses débuts officiels datent-ils de 1804?
   Le roi Christophe crée la première Académie de peinture en 1804.
3. Quels sont les thèmes les plus fréquents à cette époque?
   Ce sont les thèmes historiques de l'émancipation et les thèmes religieux du vaudou.
4. À partir de quand la peinture haïtienne est-elle devenue célèbre dans le monde?
   Elle est devenue célèbre à partir de 1943.
5. Quel était le métier de Dewitt Peters?
   Il était professeur au lycée de Port-au-Prince.
6. Qu'a-t-il créé? Il a créé un centre d'art et de peinture avec des jeunes peintres haïtiens.
7. À quelles écoles d'art les peintres haïtiens appartiennent-ils et comment est leur style? Ils appartiennent à diverses écoles et leurs styles sont très variés.
8. Comment est la peinture haïtienne?
   Elle est souvent très colorée et d'une grande vitalité.
9. Quels sont les sujets les plus souvent peints? Les scènes de la vie quotidienne, les cérémonies religieuses et les paysages sont les sujets les plus souvent peints.
10. Où peut-on voir de la peinture à Haïti?
    On peut en voir dans les rues, sur les murs, sur les bus, sur les marchés et dans les galeries d'art.

deux cent quatre-vingt-quatorze

UNITÉ 7 | Les arts

LE FRANÇAIS QUOTIDIEN

Les livres

bouquin (*m.*)	book
dico (*m.*)	dictionary
lecture (*f.*)	reading
manuel (*m.*)	textbook
nouvelle (*f.*)	short story
recueil (*m.*)	collection
bouquiner	to read
feuilleter	to leaf through
parcourir	to skim

LE MONDE FRANCOPHONE

Des arts traditionnels

Voici quelques exemples d'art traditionnel du monde francophone.

Aux Antilles la fabrication de poupées° en costumes de madras° traditionnels

Au Burkina Faso les poteries en terre cuite° décorées à la teinture° végétale et la fabrication de masques traditionnels

Au Cambodge le théâtre d'ombres°, avec ses marionnettes en cuir°

Au Maroc l'art de la tapisserie° et du métal

En Polynésie française la sculpture et l'art du tatouage corporel

En Tunisie les arts céramiques et l'art de la calligraphie

Au Viêt-nam la peinture à la laque° et la peinture sur soie°

poupées dolls **madras** brightly-colored cotton or silk fabric **terre cuite** terra-cotta **teinture** dye **ombres** shadows **marionnettes en cuir** leather puppets **tapisserie** tapestry **laque** lacquer **soie** silk

PORTRAIT

Le Cirque du Soleil

En 1982, des saltimbanques° et des cracheurs de feu° sur échasses° se rencontrent et montent un spectacle à Baie-Saint-Paul, au Québec. En 1984, le gouvernement les embauche pour célébrer le 450e anniversaire de l'arrivée de l'explorateur Jacques Cartier. Ainsi° est né le Cirque du Soleil. Depuis, il a connu un succès international sous la direction de son fondateur principal, Guy Laliberté. Ses spectacles pleins de féerie° et de poésie ravissent° tous les publics et, à la différence de ceux du cirque traditionnel, ils n'ont aucun animal. Ils intègrent plutôt les numéros° acrobatiques de contorsionnistes, trapézistes, équilibristes° et jongleurs à ceux de danseurs et de clowns. Leur univers magique a apporté à la troupe une popularité incroyable et a transformé le monde du cirque.

saltimbanques acrobats, performers **cracheurs de feu** fire-eaters **échasses** stilts **Ainsi** In this way **féerie** enchantment **ravissent** delight **numéros** acts **équilibristes** tightrope walkers

SUR INTERNET

Qu'est-ce que Jean-Pierre Jeunet et Gaston Kaboré ont en commun?

Go to **daccord2.vhlcentral.com** to find more information related to this **CULTURE** section.

ACTIVITÉS

2 Complétez Complétez les phrases.
1. En 1982, <u>des saltimbanques et des cracheurs de feu sur échasses</u> montent un spectacle au Québec.
2. Le Cirque du Soleil est né en <u>1984</u>.
3. Ses spectacles pleins de féerie et de poésie <u>ravissent tous les publics</u>.
4. Ils intègrent les numéros acrobatiques de <u>contorsionnistes, de trapézistes, d'équilibristes, de jongleurs, de danseurs et de clowns</u>.
5. La fabrication de poupées en costumes de madras traditionnels est un art traditionnel <u>aux Antilles</u>.
6. En Polynésie française, <u>le tatouage corporel</u> est un art.

3 Au cirque Interviewez votre partenaire. Est-il/elle déjà allé(e) au cirque? Au Cirque du Soleil? Combien de fois? Quels numéros a-t-il/elle préférés? En a-t-il/elle un souvenir particulier? A-t-il/elle envie d'y retourner? Soyez prêts à présenter vos résultats à la classe.

Practice more at **daccord2.vhlcentral.com**.

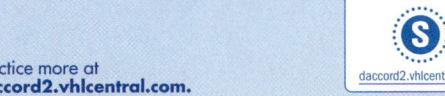

deux cent quatre-vingt-quinze

Section Goals

In this section, students will learn:
- conjunctions that require the subjunctive
- when to use the infinitive instead of the subjunctive

Key Standards
4.1, 5.1

Student Resources
Cahier d'exercices, pp. 107-108;
Cahier d'activités, p. 167;
Supersite: Activities,
Cahier interactif

Teacher Resources
Answer Keys; Audio Script;
Audio Activity MP3s/CD;
Testing program: Grammar Quiz

Suggestions

- To introduce conjunctions that require the subjunctive, make a few statements about yourself. Examples: **Je n'arrive pas en retard au cours, à moins que ma voiture ne démarre pas. Je range mes livres avant que la classe finisse. Je vais à pied au cours, à condition qu'il ne pleuve pas.** Write each conjunction on the board as you say it.
- Have a volunteer read the example sentences from the lesson. Point out that these conjunctions must be followed by a change in subject in order to elicit the subjunctive mood.
- Write sentences that use **avant de** and **pour**, and ask volunteers to rewrite them so that each ends with a subordinate clause with the subjunctive instead of a preposition and infinitive. Example: **Je vais parler avec Chantal avant d'aller au cours.** (... **avant qu'elle aille au cours**/... **avant qu'il lui parle**)
- You might want to explain the use of the **ne explétif** at this point. Example: **Je vais parler avec Chantal avant qu'elle n'achète cette voiture.**
- Write the six conjunctions on the board. Ask students to call out some main clauses and subordinate clauses in order to make six logical sentences.

Essayez! Have students form sentences with these phrases. Example: **Avant que nous partions, il faut que j'aille chercher un pull.**

Leçon 7B

STRUCTURES

7B.1 The subjunctive (Part 4)
The subjunctive with conjunctions

Point de départ Conjunctions are words or phrases that connect other words and clauses in sentences. Certain conjunctions commonly introduce adverbial clauses, which describe *how*, *why*, *when*, and *where* an action takes place.

- Conjunctions that express a condition upon which an action is dependent are followed by the subjunctive form of the verb.

Conjunctions that require the subjunctive

à condition que...	on the condition that..., provided that...	jusqu'à ce que...	until...
à moins que...	unless...	pour que...	so that...
avant que...	before...	sans que...	without...

| main clause | conjunction | subordinate clause |

Je vous laisse la clé — **à condition que** — vous me la rendiez.
I'll leave you the key — *provided that* — *you return it to me.*

Nous n'irons pas au cinéma — **à moins que** — tu viennes avec nous.
We won't go to the cinema — *unless* — *you come with us.*

Elle me montre les photos — **pour que** — je connaisse sa famille.
She shows me the pictures — *so that* — *I get to know her family.*

- When the subject of the main clause is the same as the subject of the subordinate clause, use the infinitive after these frequently used conjunctions. Note the change in their forms.

| avant que | **avant de** | sans que | **sans** | pour que | **pour** |

Je lis **avant de m'endormir**.   Elle travaille **pour gagner** de l'argent.
I read before falling asleep.   *She works in order to earn some money.*

Essayez! Indiquez les formes correctes du présent du subjonctif des verbes.

1. avant que nous _partions_ (partir)
2. pour que je ne _me mette_ (se mettre) pas en colère
3. à condition que nous _soyons_ (être) prudents
4. à moins que tu _dises_ (dire) oui
5. sans que les spectateurs les _applaudissent_ (applaudir)
6. à moins qu'il _fasse_ (faire) beau
7. avant que tu _saches_ (savoir) conduire
8. pour que vous _appreniez_ (apprendre) des choses

296 *deux cent quatre-vingt-seize*

MISE EN PRATIQUE

1 Je veux bien y aller si... Richard veut que Louise aille avec lui au cinéma ce week-end, mais elle y met plusieurs conditions. Complétez les phrases avec la forme correcte du verbe.

1. Je veux bien aller avec toi au cinéma à moins qu'il _fasse_ (faire) beau.
2. S'il fait beau, je préfère aller à la plage pour _bronzer_ (bronzer).
3. Regarde la météo pour que nous _sachions_ (savoir) le temps qu'il fera.
4. S'il ne fait pas beau, j'irai avec toi à condition que ce _ne soit pas_ (ne pas être) un film d'horreur.
5. J'aime bien les films policiers à moins qu'il y _ait_ (avoir) trop de violence.
6. Nous pouvons voir un documentaire à condition qu'il ne _soit_ (être) pas sur les animaux.
7. Souviens-toi que je ne vois pas de film sans _manger_ (manger) de pop-corn.
8. Si j'ai sommeil, je veux rentrer chez moi avant que le film _finisse_ (finir).

2 Au musée des Beaux-Arts Myriam et Delphine passent la journée au musée. Faites les changements nécessaires pour créer leur conversation. *Suggested answers*

MYRIAM (1) je / pouvoir / regarder / ce / chef-d'œuvre / jusqu'à ce que / le musée / fermer
Je pourrais regarder ce chef-d'œuvre jusqu'à ce que le musée ferme.
DELPHINE (2) le peintre / avoir / faire / ce / tableau / avant / avoir / douze ans
Le peintre a fait ce tableau avant d'avoir douze ans.
MYRIAM (3) certain / enfants / être / vraiment doué / sans que / les parents / le / savoir
Certains enfants sont vraiment doués sans que les parents le sachent.
DELPHINE (4) je / vouloir bien / voir / sculptures / Rodin / avant que / nous / partir
Je voudrais bien voir les sculptures de Rodin avant que nous partions.
MYRIAM (5) pouvoir / nous / voir / documentaire / sur Rodin / avant / partir
Pouvons-nous voir le documentaire sur Rodin avant de partir?
DELPHINE (6) d'accord / je / aller / le voir / à condition que / il / ne pas être / ennuyeux
D'accord, j'irai le voir à condition qu'il ne soit pas ennuyeux.

3 Opinions Complétez ces phrases de manière originale. Ensuite, comparez vos réponses avec celles d'un(e) partenaire. *Answers will vary.*

1. J'aime les films d'horreur à moins que...
2. Les gens regardent les feuilletons pour...
3. Je ferai les musées de Paris jusqu'à ce que...
4. On fait des publicités pour que les gens...
5. Je lis des romans à condition que...
6. Je regarde la météo avant de...

Practice more at daccord2.vhlcentral.com.

Sentence Completion Write the following partial sentences on the board. Have students complete them with true or fictional information about their own lives. **1. Je vais finir mes études à condition que... 2. Je voudrais avoir 500 $ pour que... 3. Je peux sortir ce soir à moins que... 4. Le monde change sans que... 5. Je dois... avant que... 6. Je continuerai à travailler jusqu'à ce que...**

Video Show the video again to give students more input on the use of conjunctions with the subjunctive. Stop the video where appropriate to discuss how and why the subjunctive was used.

UNITÉ 7   Les arts

COMMUNICATION

4 **Questions** Avec un(e) partenaire, répondez à ces questions. Ensuite, présentez vos réponses à la classe.
Answers will vary.
1. Que fais-tu tous les soirs avant de te coucher?
2. Que font tes parents pour que tu puisses aller à la fac plus tard?
3. Que peux-tu faire pour améliorer (*to improve*) ton français?
4. Que veux-tu faire demain à moins qu'il fasse mauvais?
5. Que fais-tu pendant les cours sans que les profs le sachent?
6. Que fais-tu seulement à condition qu'un(e) ami(e) t'accompagne?
7. Quelles stratégies utilises-tu pour avoir de bonnes notes?
8. Quelle activité pratiques-tu sans t'arrêter jusqu'à ce que tu la finisses?

5 **Le week-end** Avec un(e) partenaire, parlez de vos projets pour ce week-end. Utilisez ce vocabulaire.
Answers will vary.

MODÈLE
Samedi, je vais aller à la piscine à moins que mes amis veuillent aller à la plage.

à condition que	jusqu'à ce que
à moins que	pour (que)
avant de/que	sans (que)

6 **Tic-Tac-Toe** Formez deux équipes. Une personne commence une phrase et une autre de son équipe la finit avec les mots de la grille. La première équipe à créer trois phrases d'affilée (*in a row*) gagne.
Answers will vary.

MODÈLE
Élève 1: *J'aime bien admirer un chef-d'œuvre...*
Élève 2: *...à moins que ce soit une sculpture.*

pour que	sans que	avant que
à condition que	jusqu'à ce que	pour
à moins que	sans	avant de

Le français vivant

Magnifique exposition sur ce grand peintre. Venez au château de Versailles du 2 au 29 septembre avant que ces peintures retournent dans leurs musées d'origine. Nous avons beaucoup travaillé pour que vous ayez l'occasion de voir ces superbes portraits. Venez contempler ces magnifiques tableaux qui vous feront voyager dans une autre époque… à moins que vous restiez indifférent à la beauté éternelle.

Identifiez Quelles conjonctions trouvez-vous avec le présent du subjonctif dans la publicité? *avant que, pour que, jusqu'à ce que, à moins que*

Questions Posez ces questions à un(e) partenaire et répondez à tour de rôle.
1. Qui était Maurice Quentin de La Tour? *un grand peintre*
2. Pourquoi faut-il voir l'exposition avant le 29 septembre? *Après cette date, les peintures retournent dans leurs musées d'origine.*
3. Pourquoi a-t-on beaucoup travaillé au château de Versailles? *pour que vous ayez l'occasion de voir ces portraits*
4. Quel effet ont les magnifiques tableaux sur les visiteurs? *Ils vous font voyager dans une autre époque.*
5. D'après (*According to*) la pub, quelle sorte de personne ne voudrait pas visiter l'exposition? *Answers will vary.*
6. Aimes-tu visiter les musées? Pourquoi? Quels musées as-tu visités? *Answers will vary.*

deux cent quatre-vingt-dix-sept **297**

OPTIONS

Interviews Ask partners to interview each other about what they must do today in order to reach their future goals. Students should state what their goals are, the necessary conditions to achieve them, and talk about obstacles they may encounter. They should use as many conjunctions as possible in their interviews. Have pairs present their interviews to the class.

Flashcards Prepare several statements, some with clauses followed by the infinitive and some with the subjunctive. After each statement, hold up two flashcards, one with **I** for infinitive and one with **S** for subjunctive. Students point to the card that represents what they heard. Examples: **Le professeur parle lentement pour que les élèves le comprennent. (S) Je n'ai pas besoin de prendre le bus pour aller au lycée. (I)**

Leçon 7B

STRUCTURES

7B.2 Review of the subjunctive

Point de départ Since **Leçon 6A**, you have been learning about subjunctive verb forms. Because there is no exact English equivalent of the subjunctive in French, do not rely on translation. Learn to recognize the contexts and cues that trigger the subjunctive. The charts on this and the following page will help you review and synthesize what you have learned about the subjunctive.

D'accord, je vous dis tout avant que vous perdiez patience.

Je pense qu'il a raison. Ma vraie passion, ce n'est pas la musique.

Summary of subjunctive forms

one-stem

	parler	finir	attendre	partir
que je/j'	parle	finisse	attende	parte
que tu	parles	finisses	attendes	partes
qu'il/elle	parle	finisse	attende	parte
que nous	parlions	finissions	attendions	partions
que vous	parliez	finissiez	attendiez	partiez
qu'ils/elles	parlent	finissent	attendent	partent

two-stem / **irregular forms**

	prendre	aller	avoir	être
que je/j'	prenne	aille	aie	sois
que tu	prennes	ailles	aies	sois
qu'il/elle	prenne	aille	ait	soit
que nous	prenions	allions	ayons	soyons
que vous	preniez	alliez	ayez	soyez
qu'ils/elles	prennent	aillent	aient	soient

irregular forms

	faire	pouvoir	savoir	vouloir
que je	fasse	puisse	sache	veuille
que tu	fasses	puisses	saches	veuilles
qu'il/elle	fasse	puisse	sache	veuille
que nous	fassions	puissions	sachions	voulions
que vous	fassiez	puissiez	sachiez	vouliez
qu'ils/elles	fassent	puissent	sachent	veuillent

298 *deux cent quatre-vingt-dix-huit*

MISE EN PRATIQUE

1 **Oui, maman...** La mère de Tarik et d'Aïcha veut que ses enfants soient très instruits (*educated*) sur l'art et la musique. Mettez les verbes à l'infinitif, à l'indicatif ou au subjonctif pour compléter ses phrases.

1. Il est nécessaire de ____lire____ (lire) tous les jours.
2. Il ne faut pas que nous ____regardions____ (regarder) trop la télévision.
3. Je pense que Tarik ____ne va pas____ (ne pas aller) assez souvent au musée.
4. Je ne pense pas que vous ____fassiez____ (faire) assez de peinture.
5. Il faut que vous ____étudiiez____ (étudier) la peinture et la musique.
6. Il est impossible que vous ____puissiez____ (pouvoir) tout comprendre, bien sûr.
7. Je veux que votre père vous ____apprenne____ (apprendre) à reconnaître les chefs-d'œuvre de Van Gogh.
8. Il croit que Van Gogh ____est____ (être) le plus grand peintre du dix-neuvième siècle (*century*).

2 **Parle-moi de ta famille...** Marc, le petit ami de Marion, veut tout savoir sur sa famille. Que lui dit-elle? Complétez les phrases. *Answers will vary.*

1. Il est clair que mes parents...
2. Je ne pense pas que mon frère...
3. Je crois que ma grand-mère...
4. Il est possible que je...
5. Je sais que mon frère et moi, nous...
6. Il est évident que ma famille...
7. Je ne suis pas sûre que...
8. Nous avons peur que...

3 **Et nous?** Marc veut épouser Chantal, mais elle n'est pas sûre. Comment répond-elle à ses questions? Avec un(e) partenaire, jouez les rôles. *Answers will vary.*

1. De quoi as-tu peur, Chantal?
2. N'est-il pas clair que je t'aime?
3. Est-il possible que tu sois malheureuse avec moi?
4. Que faut-il que je fasse pour te persuader?
5. De quoi n'es-tu pas sûre?
6. De quoi doutes-tu?
7. Que pensent tes amis?
8. Et tes parents, que veulent-ils que tu fasses?

Practice more at **daccord2.vhlcentral.com**.

UNITÉ 7   Les arts

COMMUNICATION

4 Mon émission préférée Avec un(e) partenaire, parlez de vos émissions de télévision préférées. Utilisez ces phrases dans votre conversation. *Answers will vary.*

1. Je la regarde à condition que...
2. Je suis furieux/furieuse que...
3. Tu devrais la regarder pour que...
4. Je ne suis pas sûr(e) que...
5. Il est important que...
6. Je ne pense pas que...

5 Une pub Par groupes de trois, inventez un produit et faites sa publicité. Utilisez autant de ces expressions que possible. Ensuite, présentez vos produits et vos pubs à la classe, qui votera pour les meilleurs. *Answers will vary.*

MODÈLE
Voulez-vous que votre maison soit propre? Il faut que vous achetiez «Nettoitou»! Il est formidable! Utilisez-le pour que toute votre maison soit belle!

avant que	il est évident	ne pas penser que
croire que	il est impossible que	pour que
il est douteux que	il faut que	sans que
il est essentiel que	jusqu'à ce que	vouloir que

6 Vos opinions Avec un(e) partenaire, écrivez un paragraphe pour donner votre opinion sur un de ces thèmes. Ensuite, échangez vos feuilles avec un groupe qui a choisi un thème différent et discutez de toutes les opinions. *Answers will vary.*

MODÈLE
Il est important que les profs écoutent les problèmes de leurs élèves.

- Le coût (*cost*) élevé des études universitaires
- Les relations entre la France et les États-Unis
- Le rôle du gouvernement dans la vie privée
- La nécessité des armes et de la guerre
- La séparation de l'Église et de l'État (*State*)

- Certain expressions trigger the subjunctive in the subordinate clause when the subject of the main clause is different.

Summary of subjunctive uses

Subjunctive trigger in main clause	Subjunctive in subordinate clause
Verb or expression of opinion	**Il est bon que Djamel conduise.** *It is good (that) Djamel drives.*
Verb or expression of necessity or obligation	**Il est essentiel que les élèves fassent leurs devoirs.** *It's essential that students do their homework.*
Verb or expression of will or emotion	**Nous avons peur que vous ayez trop de travail.** *We're afraid (that) you have too much work.*
Verb or expression of doubt, disbelief, or uncertainty	**Tu ne crois pas que nous soyons américaines.** *You don't believe (that) we're American.*
Conjunction	**Il chantera à condition que tu saches jouer du piano.** *He'll sing provided that you know how to play the piano.*

- Use the indicative in the subordinate clause when there is an expression of belief, certainty, or truth in the main clause.

Je crois que nous sommes à l'heure.   *but*   **Je doute que nous soyons en retard.**
I believe (that) we're on time.   *I doubt (that) we're late.*

- Use the infinitive when the subject of the main clause is the same as that of the subordinate clause.

Préfères-tu jouer de la guitare?   **Nous sommes ici pour voir l'auteur.**
Do you prefer to play the guitar?   *We're here to see the author.*

Essayez! Choisissez les formes correctes des verbes.

1. Veut-il qu'elle (vient / **vienne**) avec nous?
2. Montre-moi tes photos pour que je (vois / **voie**) les belles plages.
3. Il faut que tu (as / **aies**) de la patience.
4. Elle ne doute pas que cette pièce (**finit** / finisse) tard.
5. Il est vrai que Dahlia (**est** / soit) malade.
6. Nous sommes contents que vous (allez / **alliez**) au musée du Louvre.
7. Il est dommage que nous ne (voyons / **voyions**) pas de peintures.
8. J'espère rentrer avant que mes parents (font / **fassent**) la cuisine.

deux cent quatre-vingt-dix-neuf **299**

Leçon 7B

SYNTHÈSE

Révision

1 Un film d'horreur Que doit-on faire pour qu'un film d'horreur soit une réussite? Avec un(e) partenaire, faites par écrit une liste de huit phrases pour expliquer les critères. Utilisez tout ce vocabulaire. *Answers will vary.*

MODÈLE

Le film peut être une réussite à condition que les acteurs soient des célébrités.

à condition que	jusqu'à ce que
à moins que	pour que
avant que	sans que

2 Quels artistes? Par groupes de trois, interviewez vos camarades pour leur demander quels artistes et quelles œuvres ils vous recommandent de découvrir la prochaine fois que vous visiterez un musée. Écrivez leurs réponses, puis présentez leurs recommandations à la classe. Utilisez ces expressions avec le présent du subjonctif. *Answers will vary.*

MODÈLE La télévision fait du mal au cinéma.
Je suggère que tu ailles voir les tableaux de Monet. Tu aimeras les couleurs et la représentation des personnages.

il est important que	proposer que
il est indispensable que	recommander que
(ne pas) penser que	suggérer que
?	?

3 Mes enfants Avec un(e) partenaire, préparez un dialogue où ces parents se disent ce qu'ils veulent que leurs enfants fassent plus tard. Utilisez au moins huit verbes au présent du subjonctif. Ensuite, jouez votre scène devant la classe. *Answers will vary.*

4 Un bon écrivain Que faut-il pour devenir un bon écrivain? Trouvez huit qualités qu'il faut avoir et utilisez l'infinitif pour faire une liste de conseils. À tour de rôle, utilisez votre liste pour donner des conseils à votre partenaire au présent du subjonctif. *Answers will vary.*

MODÈLE

Élève 1: *Conseil numéro 1: Pour être un bon écrivain, il faut avoir beaucoup d'imagination.*
Élève 2: *Si tu veux être un bon écrivain, il est essentiel que tu développes ton imagination.*

5 Au Louvre Votre professeur va vous donner, à vous et à votre partenaire, deux feuilles d'activités différentes. Attention! Ne regardez pas la feuille de votre partenaire. *Answers will vary.*

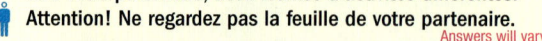

trois cents

À l'écoute

Audio: Activities

STRATÉGIE

Listening for key words/ Using the context

The comprehension of key words is vital to understanding spoken French. You can use your background knowledge of the subject to help you anticipate some key words. When you hear unfamiliar words, remember that you can use context to figure out their meaning.

 To practice these strategies, you will listen to a paragraph from a letter sent to a job applicant. Jot down key words, as well as any other words you figured out from the context.

Préparation

Regardez et décrivez la photo. Où sont ces personnes? Que font-elles? Que vont-elles aller voir, à votre avis?

À vous d'écouter

Vous êtes en France et vous voulez inviter un(e) ami(e) à sortir ce week-end. Vous écoutez la radio et vous entendez une annonce pour un spectacle qui plaira peut-être à votre ami(e). Notez les informations principales pour pouvoir ensuite décrire ce spectacle à votre ami(e) et pour lui dire quand vous pourrez aller le voir. *Answers will vary.*

_____
_____
_____
_____
_____
_____
_____

 Practice more at daccord2.vhlcentral.com.

Compréhension

Complétez Complétez les phrases.

1. Molière est __a__ de *L'Avare*.
   a. l'auteur   b. le metteur en scène   c. le personnage principal

2. *L'Avare* est __c__.
   a. une exposition   b. un jeune comédien très dynamique
   c. une pièce de théâtre

3. *L'Avare* est drôle. C'est __b__.
   a. une tragédie   b. une comédie   c. un drame psychologique

4. Yves Lemoîne est __c__ de *L'Avare*.
   a. l'auteur   b. le journaliste qui a écrit la critique
   c. le metteur en scène

5. Harpagon est le nom du __a__.
   a. personnage principal   b. spectacle   c. poète

6. Dans le journal, il y avait __b__ positive de *L'Avare*.
   a. une pub   b. une critique   c. un applaudissement

Invitez votre ami(e)! Vous avez maintenant toutes les informations importantes nécessaires pour inviter votre ami(e) (un[e] camarade) à aller voir *L'Avare* ce week-end.

- Invitez-le/la au spectacle et dites-lui quand vous pourrez y aller.
- Il/Elle va vous poser quelques questions pour obtenir plus de détails sur le spectacle (histoire, personnages, acteurs, etc.).
- Ensuite, comme il/elle n'a pas très envie d'aller voir le spectacle, il/elle va faire plusieurs suggestions d'autres activités artistiques (films, concerts, expositions, etc.).
- Discutez de ces possibilités et choisissez-en une ensemble.

trois cent un **301**

SAVOIR-FAIRE

Panorama

Interactive Map Reading

Les Antilles

L'archipel en chiffres

- **Guadeloupe:** (472.000 habitants), Pointe-à-Pitre, Basse-Terre
- **Haïti:** (9.751.000), Port-au-Prince
- **Martinique:** (404.000), Fort-de-France
- **Saint-Barthélemy:** (8.400), Gustavia
- **Saint-Martin:** (en partie) (35.700), Marigot

SOURCE: Population Division, UN Secretariat

Antillais célèbres

- **Aimé Césaire,** Martinique, poète (1913–2008)
- **Raphaël Confiant,** Martinique, écrivain° (1951–)
- **Garcelle Beauvais,** Haïti, actrice (1966–)
- **Wyclef Jean,** Haïti, chanteur de rap (1972–)

La Polynésie française

L'archipel en chiffres

- **Îles Australes:** (6.386), Tubuai
- **Îles de la Société:** (214.445), Papeete
- **Îles Gambier:** (1.097), Mangareva
- **Îles Marquises:** (8.712), Nuku-Hiva
- **Îles Tuamotu:** (16.959), Fakarava, Rankiroa

Polynésiens célèbres

- **Henri Hiro,** Tahiti, îles de la Société, poète (1944–1991)
- **Rodolphe Vinh Tung,** Raiatea, îles de la Société, professionnel du wakeboard (1974–)

écrivain writer **survivants** survivors **enfermé** detained **pirogues** dugout canoes

302 trois cent deux

Map labels: LES ÉTATS-UNIS, LES ANTILLES, L'OCÉAN ATLANTIQUE, CUBA, Porto Rico, Saint-Martin, Saint-Barthélemy, La Guadeloupe, La Martinique, LA JAMAÏQUE, HAÏTI, L'OCÉAN PACIFIQUE, LE VENEZUELA, LA COLOMBIE, LE SURINAM, La Guyane française, LA GUYANA, LE BRÉSIL, LA POLYNÉSIE FRANÇAISE, Les îles Marquises, Les îles Tuamotu, Les îles de la Société, Tahiti, Les îles Gambier, Les îles Australes, Régions francophones

la ville de Gustavia, à Saint-Barthélemy

les courses de pirogues° en Polynésie française

Incroyable mais vrai!

Jusqu'au vingtième siècle, Saint-Pierre était le port le plus actif des Antilles et la capitale de la Martinique. Mais en 1902, un volcan, la montagne Pelée, entre en éruption. Il n'y a eu que deux survivants°, dont un qui a été protégé par les murs de la prison où il était enfermé°. Certains historiens doutent de l'authenticité de l'histoire de cet homme.

Teacher Notes

Section Goals
In this section, students will learn historical and cultural information about the Antilles and French Polynesia.

Key Standards
2.2, 3.1, 3.2, 5.1

Student Resources
Cahier d'exercices, pp. 111–112; Supersite: Activities, *Cahier interactif*

Teacher Resources
Answer Keys; Overhead #38

Carte des Antilles et de la Polynésie française
- Have students look at the map or use **Overhead #38**. Ask volunteers to read the names of countries and islands aloud.
- Point out the location of **la mer des Antilles** or **la mer des Caraïbes**.
- Give students a geographical description of a few locations and have them guess which francophone place you are describing.
- Mention that the tropical islands, which are mostly mountainous, have fertile soils that make for rich, abundant vegetation.

L'archipel en chiffres
- Have volunteers read the sections aloud. After each section, ask students questions about the content.
- Explain that an archipelago is a large group of islands. Point out that the **îles Gambier** and **îles de la Société** are composed of atolls.

Incroyable mais vrai! After the eruption, the accumulated ash and rock raised the summit of Mount Pelée from 5,000 feet to 6,000 feet. After a few more minor eruptions, the volcano now stands at 4,584 feet.

OPTIONS

Antillais et Polynésiens célèbres **Aimé Césaire** coined the term «**Négritude**», which came from his poem «**Cahier d'un retour au pays natal**». **Raphaël Confiant** has won many literary prizes for his works, which have been published in French, Creole, and English. He has championed Creole as a literary language and has been involved in social and political activities in Martinique. **Garcelle Beauvais** is a model and actress. She has appeared in American films and TV shows. **Wyclef Jean**'s music draws from his memories of his youth in Haiti and his multicultural experiences in a Creole environment after immigrating to the United States. **Henri Hiro** was responsible for a cultural resurgence of the traditional Polynesian customs in Tahitian theater, dance, music, and film.

UNITÉ 7 | Les arts

Les arts
Les peintures de Gauguin

En 1891, le peintre° Paul Gauguin (1848–1903) vend ses œuvres° à Paris et déménage à Tahiti, dans les îles de la Société, pour échapper à° la vie moderne. Il y reste deux ans avant de rentrer en France et, en 1895, il retourne en Polynésie française pour y habiter jusqu'à sa mort en 1903. Inspirée par le nouvel environnement du peintre et la nature qui l'entoure°, l'œuvre «tahitienne» de Gauguin est célèbre° pour sa représentation du peuple indigène et l'emploi° de couleurs vives°. Ses peintures° de femmes font partie de ses meilleurs tableaux°.

Les destinations
Haïti, première République noire

En 1791, un ancien esclave°, Toussaint Louverture, mène° une rébellion pour l'abolition de l'esclavage en Haïti, ancienne colonie française. Après avoir gagné le combat, Louverture se proclame gouverneur de l'île d'Hispaniola (Haïti et Saint-Domingue) et abolit l'esclavage. Il est plus tard capturé par l'armée française et renvoyé en France. Son successeur, Jean-Jacques Dessalines, lui-même ancien esclave, vainc° l'armée en 1803 et proclame l'indépendance d'Haïti en 1804. C'est la première République noire du monde et le premier pays du monde occidental à abolir l'esclavage.

L'économie
La perle noire

La Polynésie française est le principal producteur de perles° noires. Dans la nature, les perles sont très rares; on en trouve dans une huître° sur 15.000. Par contre°, aujourd'hui, la Polynésie française produit plusieurs tonnes de perles noires chaque année. Des milliers de Tahitiens vivent de° l'industrie perlière. Parce qu'elle s'est développée dans les lagons, la periculture° a même aidé à repeupler° certaines îles et certains endroits ruraux, abandonnés par les gens partis en ville. Les perles sont très variées et présentent différentes formes et nuances de noir.

Les gens
Maryse Condé

Née en Guadeloupe, puis étudiante à la Sorbonne, à Paris, Maryse Condé a vécu° huit ans en Afrique (Ghana, Sénégal, Guinée, etc.). En 1973, elle enseigne dans les universités françaises et commence sa carrière° d'écrivain°. Elle sera ensuite professeur en Californie et à l'Université de Columbia. Ses nombreux romans°, y compris° *Moi, Tituba Sorcière*, ont reçu de multiples récompenses°. Ses romans mêlent° souvent fiction et événements historiques pour montrer la complexité de la culture antillaise, culture liée° à celle de l'Europe et à celle de l'Afrique.

Qu'est-ce que vous avez appris? Répondez aux questions par des phrases complètes.

1. Que s'est-il passé en Martinique au début du vingtième siècle?
   La montagne Pelée est entrée en éruption.
2. L'éruption a-t-elle tué tous les habitants de Saint-Pierre?
   Non, deux habitants n'ont pas été tués.
3. Pour quelle raison Gauguin a-t-il déménagé à Tahiti?
   Il voulait échapper à la vie moderne.
4. Pour quelles raisons l'œuvre «tahitienne» de Gauguin est-elle célèbre?
   Elle est célèbre pour sa représentation du peuple indigène et pour l'emploi de couleurs vives.
5. Quelle est la principale particularité d'Haïti?
   C'est la première République noire du monde.
6. Qui a réussi à abolir l'esclavage en Haïti?
   Toussaint Louverture a réussi à abolir l'esclavage en Haïti.
7. D'où viennent la majorité des perles noires?
   Elles viennent de Polynésie française.
8. Comment la periculture a-t-elle changé la population de la Polynésie?
   Elle a aidé à repeupler certaines îles et certains endroits ruraux.
9. Où Maryse Condé a-t-elle étudié? Où est-elle née?
   Elle a fait ses études à Paris. Elle est née en Guadeloupe.
10. Ses romans sont-ils entièrement des œuvres de fiction?
    Non, ils mêlent la fiction et l'histoire.

Practice more at **daccord2.vhlcentral.com**.

SUR INTERNET

Go to **daccord2.vhlcentral.com** to find more cultural information related to this **PANORAMA**.

1. Cherchez des informations sur Aimé Césaire. Qu'a-t-il en commun avec Léopold Sédar Senghor, poète et homme politique mentionné dans le panorama précédent?
2. Trouvez des informations sur la ville de Saint-Pierre. Comment est-elle aujourd'hui?
3. Cherchez des informations sur les courses de pirogues en Polynésie française. Quelle est leur signification?

ressources
CE pp. 111–112
daccord2.vhlcentral.com

peintre painter **œuvres** artworks **échapper à** escape **entoure** surrounds **célèbre** famous **emploi** use **vives** bright **peintures** paintings **tableaux** paintings **esclave** slave **mène** leads **vainc** defeats **perles** pearls **huître** oyster **Par contre** On the other hand **vivent de** make a living from **periculture** pearl farming **repeupler** repopulate **a vécu** lived **carrière** career **écrivain** writer **romans** novels **y compris** including **récompenses** awards **mêlent** mix **liée** tied

trois cent trois **303**

Les peintures de Gauguin
- Gauguin tried to capture authentic aspects of traditional Tahitian culture, emulated Oceanic traditions in his woodcuts, and often used the Tahitian language for titles of his works.
- Have students describe the painting. Ask: **Qui reconnaît ce tableau. Devinez comment il s'appelle.** (*Femmes de Tahiti [sur la plage]*) Savez-vous où le tableau original se trouve aujourd'hui? (Il est au musée d'Orsay à Paris.)

Haïti, première République noire Haitian Creole and French are the two official languages of Haiti. The grammar of Haitian Creole is similar to languages of West Africa and other Caribbean creoles. Distribute examples of Haitian Creole and have students compare the language with French.

La perle noire Baby oysters are collected from the ocean and raised in pearl farms for three years. A small round piece of mother-of-pearl is inserted into the oyster, and the oyster begins the natural process of secreting nacre in layers onto the foreign substance which becomes a pearl after several years.

Maryse Condé In her historical novels, Maryse Condé has chronicled the migration and experience of the African people from West Africa to the United States and the Caribbean. Her books explore the clash of races and cultures using personal experiences of historical characters.

OPTIONS

Une tradition tahitienne The **Hawaiki Nui Va'a** is one of the world's premier outrigger canoe competitions, and it is an important celebration of Tahiti's traditional sports. Each year in late October or early November, canoeists compete on an 80-mile, four-island course over the span of three days.

Régions d'outre-mer Martinique and Guadeloupe are **départements** or **régions d'outre-mer** (**DOM/ROM**) of France. They have the same status and responsibilities as any other department of metropolitan France. French Polynesia is referred to as a **collectivité d'outre-mer** (previously **territoire d'outre-mer**) which is more independent, but still has some administrative ties to France.

SAVOIR-FAIRE **303**

SAVOIR-FAIRE

Section Goals
In this section, students will:
- learn to make inferences and recognize metaphors
- read an African poem

Key Standards
1.2, 2.1, 3.2, 5.2

Stratégie
- Tell students that poets do not generally spell out everything for their readers. They will need to look for clues in the poem to infer what is unstated and then draw conclusions in order to comprehend the poet's message.
- Review metaphors. Then write these sentences on the board. **Ses cheveux sont comme de la soie. Ses mots sont de la poésie.** Ask students which sentence is a metaphor. Then have students make up a metaphor in French and share it with the class.

Examinez le texte Students should mention that the text is a poem, the title is **«Note à mes lecteurs»**, and it is written in the first person. The illustrations indicate that the writer is a mother, she is writing outdoors under the starry night, and the people climbing the mountain are her readers.

À propos de l'auteur
- Mariama Mbengue Ndoye's hometown in Senegal is Rufisque. An old port city, Rufisque is now a distant suburb of Dakar.
- Ask students these comprehension questions.
  1. Où est née Mariama Mbengue Ndoye? (au Sénégal)
  2. Où a-t-elle reçu son doctorat? (à l'Université de Dakar)
  3. Qu'a-t-elle étudié à l'École du Louvre? (la muséologie)
  4. Qu'avait-elle comme travail entre 1977–1986? (Elle était Conservateur du musée d'Art africain de l'Institut fondamental d'Afrique noire.)
  5. Où habite-t-elle actuellement? (en Tunisie)
  6. Quels thèmes trouve-t-on dans ses livres? (l'Afrique, la femme africaine et la vie dans les villages)

Lecture

 Audio: Dramatic Recording

Avant la lecture

STRATÉGIE

Making inferences and recognizing metaphors

For dramatic effect and to achieve a smoother writing style, authors often do not explicitly supply the reader with all the details of a story or a poem. Clues (**indices**) in the text can help you infer (**déduire**) those things the writer chooses not to state in a direct manner. You simply "read between the lines" to fill in the missing information.

Metaphors (**Métaphores**) are figures of speech used in literature to make descriptions more vivid. They identify one thing with the attributes and qualities of another, as in *all the world's a stage*.

Examinez le texte
Regardez le texte. Est-ce un extrait de roman? Une nouvelle (*short story*)? Un poème? Quel en est le titre? Qu'indiquent le format et le titre à propos du genre du texte? Regardez aussi les illustrations. Qu'indiquent-elles sur le thème de la lecture?

À propos de l'auteur
Mariama Mbengue Ndoye

Mariama Mbengue Ndoye est née au Sénégal en 1953. Elle fait des études de lettres à l'Université de Dakar, où elle reçoit son doctorat en 1982. Elle obtient un certificat de muséologie de l'École du Louvre à Paris en 1977 et devient ensuite Conservateur du musée d'Art africain de l'Institut fondamental d'Afrique noire à Dakar. Après 15 ans passés en Côte d'Ivoire, elle habite maintenant en Tunisie, où elle écrit. Son œuvre comprend° plusieurs romans, dont *Soukey* et *De vous à moi*, des recueils° de nouvelles et des livres pour enfants. Dans ses livres, elle parle de l'Afrique, de la femme africaine et de la vie dans les villages.

comprend includes **recueils** collections

304 trois cent quatre

Note à mes

En forme de poème (1996)

1. Je m'appelle Mariama, Marie, Myriem, Marème, Mouskeba, Maamou à votre aise°
2. Le O de mon nom Ndoye ouvre son gros œil sur le monde
3. Je suis femme, je suis mère, je suis fille
4. porteuse de nichées d'espoirs°
5. lourde de hottes° de secrets
6. pourvoyeuse° de caresses et de claques°

OPTIONS

Reading Aloud Remind students that they can appreciate the lyrical nature of poetry by reading a poem aloud. Have partners read **«Note à mes lecteurs»** to each other. Tell them to pay close attention to how the lines are punctuated and how the stanzas are arranged.

Discussion At the end of the poem the author says, **«Je "nous" écris, lisez-moi.»** Have students discuss why she makes that statement. What were her reasons? Then ask them if this poem makes them want to read more of her works. Have them justify their answers.

UNITÉ 7 Les arts

lecteurs°

7 Je suis une nuit noire étoilée°
8 noire de la souffrance° des femmes en gésine°
9 noire du carbone d'où jaillit° le diamant
10 étoilée du sourire de mes sœurs d'Afrique
11 Je vais déambulant° dans les méandres de mon être et du temps
12 confiant° au papier blanc-ami les songes° fragiles de mon âme° d'enfant
13 Je gravis° ma colline° parfois je m'égratigne°
14 Je regarde mes compagnons de cordée°: Vous.
15 Je «nous» écris, lisez-moi.
16 Mariama Ndoye

lecteurs *readers* **à votre aise** *as you please* **porteuse de nichées d'espoirs** *carrier of broods of hopes* **lourde de hottes** *heavy with baskets* **pourvoyeuse** *provider* **claques** *slaps* **étoilée** *starry* **souffrance** *suffering* **en gésine** *giving birth* **jaillit** *springs up* **déambulant** *wandering* **confiant** *confiding* **songes** *dreams* **âme** *soul* **gravis** *climb up* **colline** *hill* **m'égratigne** *scratch myself* **compagnons de cordée** *fellow climbers*

Après la lecture

Vrai ou faux? Indiquez si les phrases sont **vraies** ou **fausses**. Attention! Beaucoup de choses ne sont que suggérées dans le poème. Citez (*Quote*) le poème pour justifier votre réponse.

1. La femme du poème représente toutes les femmes.
   Vrai. «Je m'appelle Mariama, Marie, Myriem, Marème, Mouskeba, Maamou à votre aise»
2. Elle ne s'intéresse pas au monde.
   Faux. «Le O de mon nom Ndoye ouvre son gros œil sur le monde»
3. Elle n'a pas d'enfants.
   Faux. «je suis mère»
4. C'est une femme qui ne sait pas réprimander.
   Faux. «Je suis [...] pourvoyeuse de caresses et de claques»
5. Elle ressent (*feels*) le bonheur et la douleur des femmes.
   Vrai. «Je suis [...] noire de la souffrance des femmes en gésine [...] étoilée du sourire de mes sœurs d'Afrique»
6. Quand elle écrit, elle parle de ses rêves (*dreams*).
   Vrai. «confiant au papier blanc-ami les songes fragiles de mon âme d'enfant»
7. Elle trouve que c'est facile d'écrire.
   Faux. «Je gravis ma colline parfois je m'égratigne»
8. Quand elle parle de ses compagnons de cordée, elle fait référence à ses enfants.
   Faux. «Note à mes lecteurs [...] je regarde mes compagnons de cordée: Vous.»
9. Elle écrit seulement à propos d'elle-même et pour elle.
   Faux. «Je "nous" écris, lisez-moi.»
10. Ce poème a un ton plutôt pessimiste.
    Faux. «Je suis [...] porteuse de nichées d'espoir»

Métaphores Avez-vous trouvé des métaphores dans ce poème? Trouvez celles qui indiquent que l'auteur vient d'Afrique. Que signifient ces métaphores? L'auteur est-elle fière d'être Africaine?

Answers will vary. Suggested answers: «Je suis une nuit noire étoilée», «noire de la souffrance des femmes en gésine», etc.
Les métaphores du poème illustrent la complexité de la vie des femmes africaines.

Escalader ensemble L'auteur compare ses lecteurs à des compagnons de cordée. Pourquoi, à votre avis? Que doit-on faire quand on escalade (*climb*) une montagne? Avez-vous déjà escaladé une montagne ou une colline? Discutez en petit groupe.

SAVOIR-FAIRE

Écriture

STRATÉGIE

Writing strong introductions and conclusions

Introductions and conclusions serve a similar purpose: both are intended to focus the reader's attention on the topic being covered. The introduction presents a brief preview of the topic. In addition, it informs your reader of the important points that will be covered in the body of your writing. The conclusion reaffirms those points and concisely sums up the information that has been provided. A compelling fact or statistic, a humorous anecdote, or a question directed to the reader are all interesting ways to begin or end your writing.

For example, if you were writing a biographical report on Antoine de Saint-Exupéry, whom you learned about in **Unité 6 LECTURE**, you might start by noting that Saint-Exupéry's Le Petit Prince is considered to be one of the most widely read books ever. The rest of your introductory paragraph would outline the areas you would cover in the body of your paper, such as the author's life, his works, and the impact that Le Petit Prince has had on adult and children's literature. In your conclusion, you might sum up the most important information in the report and tie this information together in a way that would make your reader want to learn even more about the topic. You could write, for example, "Antoine de Saint-Exupéry, with his imagination and unique view on the world, has created one of the most well-known and enduring characters in world literature."

Thème

Écrire la critique d'une œuvre artistique

Avant l'écriture

1. Vous allez écrire la critique d'un film, d'une pièce de théâtre ou d'un spectacle de votre choix. Votre critique doit avoir trois parties: l'introduction, le développement et la conclusion. Dans l'introduction, vous allez rapidement présenter l'œuvre. Ensuite, dans le développement, vous allez la décrire en détail. Enfin, dans la conclusion, vous allez donner votre opinion et expliquer pourquoi vous recommandez ce spectacle ou non. Utilisez ce plan pour la recherche des idées et pour leur organisation.

Introduction

- Le titre de l'œuvre et le nom de son créateur
- Description du sujet et/ou du genre de l'œuvre
- Quand et où vous l'avez vue

Développement

- Un petit résumé de l'histoire
- Les noms des personnages ou des artistes
- Description des personnages, du/des décor(s) et des costumes

UNITÉ 7 — Les arts

Conclusion

- Votre opinion sur l'œuvre
- Expliquez les raisons pour lesquelles vous la recommandez ou pas.

Écriture

1. Pour vous assurer (*ensure*) que vous allez écrire une introduction et une conclusion bien développées, remplissez (*fill in*) ce diagramme. Ces deux sections doivent contenir la même information sur les idées principales de votre critique, mais doivent aussi avoir au moins (*at least*) une idée différente. Référez-vous à la stratégie, si nécessaire.

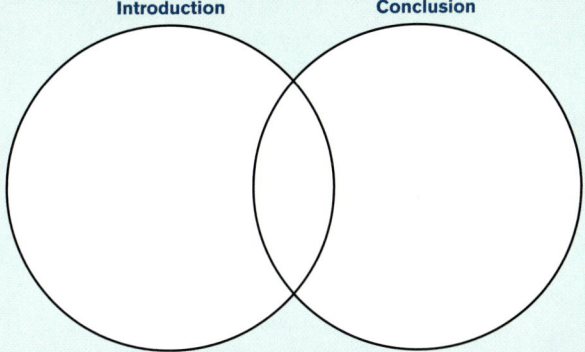

2. Ensuite, utilisez vos idées de la section précédente et du diagramme pour écrire votre critique.

3. Utilisez aussi des formes du subjonctif et, si possible, des pronoms possessifs dans votre critique.

Critique d'une pièce de théâtre

Le malade imaginaire de Molière est une comédie théâtrale que j'ai eu la chance de voir hier soir au Théâtre des Capucins.

L'histoire, qui se passe au XVIIe siècle, est celle d'un vieux bourgeois, Argan, qui se croit constamment malade, alors qu'il ne l'est pas. Béline, sa femme, …

Cette pièce, qui est d'ailleurs un des nombreux chefs-d'œuvre de Molière, m'a donné l'occasion de passer un très bon moment…

Après l'écriture

1. Échangez votre critique avec celle d'un(e) partenaire. Répondez à ces questions pour commenter son travail.

   - Votre partenaire a-t-il/elle inclu une introduction développée?
   - A-t-il/elle écrit une partie centrale détaillée?
   - A-t-il/elle écrit une conclusion bien développée et en relation avec l'introduction, mais contenant (*containing*) aussi au moins une nouvelle idée?
   - A-t-il/elle présenté toutes les informations de la section **Avant l'écriture**?
   - A-t-il/elle utilisé des formes du subjonctif?
   - Quel(s) détail(s) ajouteriez-vous (*would you add*)? Quel(s) détail(s) enlèveriez-vous (*would you delete*)? Quel(s) autre(s) commentaire(s) avez-vous pour votre partenaire?

2. Corrigez votre lettre d'après (*according to*) les commentaires de votre partenaire. Relisez votre travail pour éliminer ces problèmes:

   - des fautes (*errors*) d'orthographe
   - des fautes de ponctuation
   - des fautes de conjugaison
   - un mauvais emploi (*use*) de la grammaire de l'unité
   - des fautes d'accord (*agreement*) des adjectifs

EVALUATION

Criteria

Content Contains a complete evaluation of a film, drama, or show that addresses all the information called out in the bulleted list.
Scale: 1 2 3 4 5

Organization Organized into a clear introduction, body, and conclusion, each of which is made up of logical paragraphs that begin with topic sentences and contain appropriate supporting detail.
Scale: 1 2 3 4 5

Accuracy Uses present and past tense forms correctly. Spells words, conjugates verbs, and modifies adjectives correctly throughout.
Scale: 1 2 3 4 5

Creativity Includes additional information that is not requested in the task and/or uses adjectives, descriptive verbs, and additional details to make the composition more interesting.
Scale: 1 2 3 4 5

Scoring

Excellent	18–20 points
Good	14–17 points
Satisfactory	10–13 points
Unsatisfactory	< 10 points

VOCABULAIRE

UNITÉ 7

Aller au spectacle

applaudir	to applaud
présenter	to present
profiter de quelque chose	to take advantage of/ to enjoy something
un applaudissement	applause
une chanson	song
un chœur	choir, chorus
une comédie (musicale)	comedy (musical)
un concert	concert
une danse	dance
le début	beginning; debut
un entracte	intermission
un festival (festivals *pl.*)	festival
la fin	end
un genre	genre
un opéra	opera
une pièce de théâtre	play
une place	seat
une séance	show; screening
une sorte	sort, kind
un spectateur/ une spectatrice	spectator
une tragédie	tragedy
gratuit(e)	free

Le cinéma et la télévision

un dessin animé	cartoon
un documentaire	documentary
un drame psychologique	psychological drama
une émission (de télévision)	(television) program
un feuilleton	soap opera
un film (d'aventures, d'horreur, policier, de science-fiction)	(adventure, horror, crime, science fiction) film
une histoire	story
les informations (infos) (*f.*)	news
un jeu télévisé	game show
la météo	weather
les nouvelles (*f.*)	news
un programme	program
une publicité (pub)	advertisement
les variétés (*f.*)	popular music
à la radio	on the radio
à la télé(vision)	on television

Expressions de doute et de certitude

douter que...	to doubt that...
ne pas croire que...	not to believe that...
ne pas penser que...	not to think that...
Il est douteux que...	It is doubtful that...
Il est impossible que...	It is impossible that...
Il n'est pas certain que...	It is uncertain that...
Il n'est pas sûr que...	It is not sure that...
Il n'est pas vrai que...	It is untrue that...
croire que...	to believe that...
penser que...	to think that...
savoir que...	to know that...
Il est certain que...	It is certain that...
Il est clair que...	It is clear that...
Il est évident que...	It is obvious that...
Il est sûr que...	It is sure that...
Il est vrai que...	It is true that...

Les artistes

faire de la musique	to play music
faire de la peinture	to paint
jouer un rôle	to play a role
jouer de la batterie/ de la guitare/ du piano/du violon	to play the drums/ the guitar/the piano/ the violin
un auteur/ une femme auteur	author
un compositeur	composer
un danseur/ une danseuse	dancer
un dramaturge	playwright
un écrivain/ une femme écrivain	writer
un membre	member
un metteur en scène	director (of a play, a show)
un orchestre	orchestra
un peintre/ une femme peintre	painter
un personnage (principal)	(main) character
un poète/ une poétesse	poet
un réalisateur/ une réalisatrice	director (of a movie)
un sculpteur/ une femme sculpteur	sculptor
une troupe	company, troop
célèbre	famous
doué(e)	talented; gifted

Les arts

faire les musées	to go to museums
publier	to publish
les beaux-arts (*m.*)	fine arts
un chef-d'œuvre (chefs-d'œuvre *pl.*)	masterpiece
un conte	tale
une critique	review; criticism
une exposition	exhibit
un magazine	magazine
une œuvre	artwork, piece of art
une peinture	painting
un poème	poem
un roman	novel
une sculpture	sculpture
un tableau	painting
ancien(ne)	ancient; old; former
littéraire	literary
récent(e)	recent

Conjonctions suivies du subjonctif

à condition que...	on the condition that..., provided that...
à moins que...	unless...
avant que...	before...
jusqu'à ce que...	until...
pour que...	so that...
sans que...	without...

Expressions utiles	See pp. 277 and 293.
Possessive pronouns	See pp. 282–283.

Appendices

Appendice A
The *impératif* — 310
Glossary of Grammatical Terms — 310

Appendice B
Verb Conjugation Tables — 314

Vocabulaire
French–English — 325
English–French — 346
Vocabulaire Supplémentaire — 364

Index — 368

Credits — 370

Appendice A

The *impératif*

Point de départ The **impératif** is the form of a verb that is used to give commands or to offer directions, hints, and suggestions. With command forms, you do not use subject pronouns.

- Form the **tu** command of **-er** verbs by dropping the **-s** from the present tense form. Note that **aller** also follows this pattern.

   Réserve deux chambres.   **Ne travaille pas.**   **Va** au marché.
   Reserve two rooms.   *Don't work.*   *Go to the market.*

- The **nous** and **vous** command forms of **-er** verbs are the same as the present tense forms.

   Nettoyez votre chambre.   **Mangeons** au restaurant ce soir.
   Clean your room.   *Let's eat at the restaurant tonight.*

- For **-ir** verbs, **-re** verbs, and most irregular verbs, the command forms are identical to the present tense forms.

   Finis la salade.   **Attendez** dix minutes.   **Faisons** du yoga.
   Finish the salad.   *Wait ten minutes.*   *Let's do some yoga.*

The *impératif* of *avoir* and *être*

	avoir	être
(tu)	aie	sois
(nous)	ayons	soyons
(vous)	ayez	soyez

- The forms of **avoir** and **être** in the **impératif** are irregular.

   Aie confiance.   **Ne soyons** pas en retard.
   Have confidence.   *Let's not be late.*

- An object pronoun can be added to the end of an affirmative command. Use a hyphen to separate them. Use **moi** and **toi** for the first- and second-person object pronouns.

   Permettez-moi de vous aider.   **Achète** le dictionnaire et **utilise-le**.
   Allow me to help you.   *Buy the dictionary and use it.*

- In negative commands, place object pronouns between **ne** and the verb. Use **me** and **te** for the first- and second-person object pronouns.

   Ne **me montre** pas les réponses, s'il te plaît.   Cette photo est fragile. Ne **la** touchez pas.
   Please don't show me the answers.   *That picture is fragile. Don't touch it.*

Glossary of Grammatical Terms

ADJECTIVE A word that modifies, or describes, a noun or pronoun.

   des livres **amusants**   une **jolie** fleur
   some **funny** books   a **pretty** flower

Demonstrative adjective An adjective that specifies which noun a speaker is referring to.

   cette chemise   **ce** placard
   this shirt   **this** closet

   cet hôtel   **ces** boîtes
   this hotel   **these** boxes.

Possessive adjective An adjective that indicates ownership or possession.

   ma belle montre   C'est **son** cousin.
   my beautiful watch   This is **his/her** cousin.

   tes crayons   Ce sont **leurs** tantes.
   your pencils   Those are **their** aunts.

ADVERB A word that modifies, or describes, a verb, adjective, or other adverb.

   Michael parle **couramment** français.
   *Michael speaks French **fluently**.*

   Elle lui parle **très** franchement.
   *She speaks to him **very** candidly.*

ARTICLE A word that points out a noun in either a specific or a non-specific way.

Definite article An article that points out a noun in a specific way.

   le marché   **la** valise
   the market   **the** suitcase

   les dictionnaires   **les** mots
   the dictionaries   **the** words

Indefinite article An article that points out a noun in a general, non-specific way.

   un vélo   **une** fille
   a bike   **a** girl

   des oiseaux   **des** affiches
   some birds   **some** posters

CLAUSE A group of words that contains both a conjugated verb and a subject, either expressed or implied.

Main (or Independent) clause A clause that can stand alone as a complete sentence.

   J'ai un manteau vert.
   I have a green coat.

Glossary of Grammatical Terms

Subordinate (or Dependent) clause A clause that does not express a complete thought and therefore cannot stand alone as a sentence.

Je travaille dans un restaurant **parce que j'ai besoin d'argent**.
*I work in a restaurant **because I need money**.*

COMPARATIVE A construction used with an adjective or adverb to express a comparison between two people, places, or things.

Thomas est **plus petit** qu'Adrien.
*Thomas is **shorter than** Adrien.*

En Corse, il pleut **moins souvent qu'**en Alsace.
*In Corsica, it rains **less often than** in Alsace.*

Cette maison n'a pas **autant de fenêtres** que l'autre.
*This house does not have **as many windows as** the other one.*

CONJUGATION A set of the forms of a verb for a specific tense or mood, or the process by which these verb forms are presented.

Imparfait conjugation of **chanter**:
je chant**ais**	nous chant**ions**
tu chant**ais**	vous chant**iez**
il/elle chant**ait**	ils/elles chant**aient**

CONJUNCTION A word used to connect words, clauses, or phrases.

Suzanne **et** Pierre habitent en Suisse.
*Suzanne **and** Pierre live in Switzerland.*

Je ne dessine pas très bien, **mais** j'aime les cours de dessin.
*I don't draw very well, **but** I like art classes.*

CONTRACTION The joining of two words into one. In French, the contractions are **au**, **aux**, **du**, and **des**.

Ma sœur est allée **au** concert hier soir.
*My sister went **to a** concert last night.*

Il a parlé **aux** voisins cet après-midi.
*He talked **to the** neighbors this afternoon.*

Je retire de l'argent **du** distributeur automatique.
*I withdraw money **from the** ATM machine.*

Nous avons campé près **du** village.
*We camped **near the** village.*

DIRECT OBJECT A noun or pronoun that directly receives the action of the verb.

Thomas lit **un livre**.   Je **l'**ai vu hier.
*Thomas reads **a book**.   I saw **him** yesterday.*

GENDER The grammatical categorizing of certain kinds of words, such as nouns and pronouns, as masculine, feminine, or neuter.

Masculine
articles **le, un**
pronouns **il, lui, le, celui-ci, celui-là, lequel**
adjective **élégant**

Feminine
articles **la, une**
pronouns **elle, la, celle-ci, celle-là, laquelle**
adjective **élégante**

IMPERSONAL EXPRESSION A third-person expression with no expressed or specific subject.

Il pleut.   **C'est** très important.
It's raining.   *It's very important.*

INDIRECT OBJECT A noun or pronoun that receives the action of the verb indirectly; the object, often a living being, to or for whom an action is performed.

Éric donne un livre **à Linda**.
*Éric gave a book **to Linda**.*

Le professeur **m'**a donné une bonne note.
*The teacher gave **me** a good mark.*

INFINITIVE The basic form of a verb. Infinitives in French end in **-er**, **-ir**, **-oir**, or **-re**.

parler	**finir**	**savoir**	**prendre**
to speak	to finish	to know	to take

INTERROGATIVE An adjective or pronoun used to ask a question.

Qui parle?
Who is speaking?

Combien de biscuits as-tu achetés?
How many cookies did you buy?

Que penses-tu faire aujourd'hui?
What do you plan to do today?

INVERSION Changing the word order of a sentence, often to form a question.

Statement: Elle a vendu sa voiture.

Inversion: A-t-elle vendu sa voiture?

MOOD A grammatical distinction of verbs that indicates whether the verb is intended to make a statement or command or to express a doubt, emotion, or condition contrary to fact.

Glossary of Grammatical Terms

Conditional mood Verb forms used to express what would be done or what would happen under certain circumstances, or to make a polite request, soften a demand, express what someone could or should do, or to state a contrary-to-fact situation.

Il irait se promener s'il avait le temps.
He would go for a walk if he had the time.

Pourrais-tu éteindre la lumière, s'il te plaît?
Would you turn off the light, please?

Je devrais lui parler gentiment.
I should talk to her nicely.

Imperative mood Verb forms used to make commands or suggestions.

Parle lentement.   **Venez** avec moi.
Speak slowly.   *Come with me.*

Indicative mood Verb forms used to state facts, actions, and states considered to be real.

Je sais qu'**il a** un chat.
I know that he has a cat.

Subjunctive mood Verb forms used principally in subordinate (dependent) clauses to express wishes, desires, emotions, doubts, and certain conditions, such as contrary-to-fact situations.

Il est important que **tu finisses** tes devoirs.
It's important that you finish your homework.

Je doute que **Louis ait** assez d'argent.
I doubt that Louis has enough money.

NOUN A word that identifies people, animals, places, things, and ideas.

homme	chat	Belgique
man	*cat*	*Belgium*
maison	livre	amitié
house	*book*	*friendship*

NUMBER A grammatical term that refers to singular or plural. Nouns in French and English have number. Other parts of a sentence, such as adjectives, articles, and verbs, can also have number.

Singular	Plural
une chose	**des** choses
a thing	*some things*
le professeur	**les** professeurs
the professor	*the professors*

NUMBERS Words that represent amounts.

Cardinal numbers Words that show specific amounts.

cinq minutes   l'année **deux mille six**
five minutes   *the year 2006*

Ordinal numbers Words that indicate the order of a noun in a series.

le **quatrième** joueur   la **dixième** fois
the fourth player   *the tenth time*

PAST PARTICIPLE A past form of the verb used in compound tenses. The past participle may also be used as an adjective, but it must then agree in number and gender with the word it modifies.

Ils ont beaucoup **marché**.
They have walked a lot.

Je n'ai pas **préparé** mon examen.
I haven't prepared for my exam.

Il y a une fenêtre **ouverte** dans le salon.
There is an open window in the living room.

PERSON The form of the verb or pronoun that indicates the speaker, the one spoken to, or the one spoken about. In French, as in English, there are three persons: first, second, and third.

Person	Singular		Plural	
1st	**je**	*I*	**nous**	*we*
2nd	**tu**	*you*	**vous**	*you*
3rd	**il/elle**	*he/she/it*	**ils/elles**	*they*
	on	*one*		

PREPOSITION A word or words that describe(s) the relationship, most often in time or space, between two other words.

Annie habite **loin de** Paris.
Annie lives far from Paris.

Le blouson est **dans** la voiture.
The jacket is in the car.

Martine s'est coiffée **avant de** sortir.
Martine combed her hair before going out.

PRONOUN A word that takes the place of a noun or nouns.

Demonstrative pronoun A pronoun that takes the place of a specific noun.

Je veux **celui-ci**.
I want this one.

Marc préférait **ceux-là**.
Marc preferred those.

Glossary of Grammatical Terms

Object pronoun A pronoun that functions as a direct or indirect object of the verb.

Elle **lui** donne un cadeau.
She gives **him** a present.

Frédéric **me l'**a apporté.
Frédéric brought **it** to **me**.

Reflexive pronoun A pronoun that indicates that the action of a verb is performed by the subject on itself. These pronouns are often expressed in English with -*self*: *myself, yourself*, etc.

Je **me lave** avant de sortir.
I **wash (myself)** before going out.

Marie **s'est couchée** à onze heures et demie.
Marie **went to bed** at eleven-thirty.

Relative pronoun A pronoun that connects a subordinate clause to a main clause.

Le garçon **qui** nous a écrit vient nous voir demain.
The boy **who** wrote us is coming to visit tomorrow.

Je sais **que** nous avons beaucoup de choses à faire.
I know **that** we have a lot of things to do.

Subject pronoun A pronoun that replaces the name or title of a person or thing, and acts as the subject of a verb.

Tu vas partir.
You are going to leave.

Il arrive demain.
He arrives tomorrow.

SUBJECT A noun or pronoun that performs the action of a verb and is often implied by the verb.

Marine va au supermarché.
Marine goes to the supermarket.

Ils travaillent beaucoup.
They work a lot.

Ces livres sont très chers.
Those books are very expensive.

SUPERLATIVE A word or construction used with an adjective, adverb or a noun to express the highest or lowest degree of a specific quality among three or more people, places, or things.

Le cours de français est **le plus intéressant**.
The French class is **the most interesting**.

Romain court **le moins rapidement**.
Romain runs **the least fast**.

C'est son jardin qui a **le plus d'arbres**.
It is her garden that has **the most trees**.

TENSE A set of verb forms that indicates the time of an action or state: past, present, or future

Compound tense A two-word tense made up of an auxiliary verb and a present or past participle. In French, there are two auxiliary verbs: **être** and **avoir**.

Le colis n'**est** pas encore **arrivé**.
The package **has** not **arrived** yet.

Elle **a réussi** son examen.
She **has passed** her exam.

Simple tense A tense expressed by a single verb form.

Timothée **jouait** au volley-ball pendant les vacances.
Timothée **played** volleyball during his vacation.

Joëlle **parlera** à sa mère demain.
Joëlle **will speak** with her mom tomorrow.

VERB A word that expresses actions or states-of-being.

Auxiliary verb A verb used with a present or past participle to form a compound tense. **Avoir** is the most commonly used auxiliary verb in French.

Ils **ont** vu les éléphants.
They **have** seen the elephants.

J'espère que tu **as** mangé.
I hope you **have** eaten.

Reflexive verb A verb that describes an action performed by the subject on itself and is always used with a reflexive pronoun.

Je **me suis acheté** une voiture neuve.
I **bought myself** a new car.

Pierre et Adeline **se lèvent** très tôt.
Pierre and Adeline **get (themselves) up** very early.

Spelling-change verb A verb that undergoes a predictable change in spelling in the various conjugations.

acheter	e → è	nous achetons	j'achète
espérer	é → è	nous espérons	j'espère
appeler	l → ll	nous appelons	j'appelle
envoyer	y → i	nous envoyons	j'envoie
essayer	y → i	nous essayons	j'essaie/ j'essaye

Appendice B

Verb Conjugation Tables

Each verb in this list is followed by a model verb conjugated according to the same pattern. The number in parentheses indicates where in the verb tables you can find the conjugated forms of the model verb. Reminder: All reflexive (pronominal) verbs use **être** as their auxiliary verb in the **passé composé**. The infinitives of reflexive verbs begin with **se** (**s'**).

* = This verb, unlike its model, takes **être** in the **passé composé**.
† = This verb, unlike its model, takes **avoir** in the **passé composé**.

In the tables you will find the infinitive, past participles, and all the forms of each model verb you have learned.

abolir like finir (2)
aborder like parler (1)
abriter like parler (1)
accepter like parler (1)
accompagner like parler (1)
accueillir like ouvrir (31)
acheter (7)
adorer like parler (1)
afficher like parler (1)
aider like parler (1)
aimer like parler (1)
aller (13) p.c. with être
allumer like parler (1)
améliorer like parler (1)
amener like acheter (7)
animer like parler (1)
apercevoir like recevoir (36)
appeler (8)
applaudir like finir (2)
apporter like parler (1)
apprendre like prendre (35)
arrêter like parler (1)
arriver* like parler (1)
assister like parler (1)
attacher like parler (1)
attendre like vendre (3)
attirer like parler (1)
avoir (4)
balayer like essayer (10)
bavarder like parler (1)
boire (15)
bricoler like parler (1)
bronzer like parler (1)
célébrer like préférer (12)
chanter like parler (1)
chasser like parler (1)

chercher like parler (1)
choisir like finir (2)
classer like parler (1)
commander like parler (1)
commencer (9)
composer like parler (1)
comprendre like prendre (35)
compter like parler (1)
conduire (16)
connaître (17)
consacrer like parler (1)
considérer like préférer (12)
construire like conduire (16)
continuer like parler (1)
courir (18)
coûter like parler (1)
couvrir like ouvrir (31)
croire (19)
cuisiner like parler (1)
danser like parler (1)
débarrasser like parler (1)
décider like parler (1)
découvrir like ouvrir (31)
décrire like écrire (22)
décrocher like parler (1)
déjeuner like parler (1)
demander like parler (1)
démarrer like parler (1)
déménager like manger (11)
démissionner like parler (1)
dépasser like parler (1)
dépendre like vendre (3)
dépenser like parler (1)
déposer like parler (1)
descendre* like vendre (3)
désirer like parler (1)

dessiner like parler (1)
détester like parler (1)
détruire like conduire (16)
développer like parler (1)
devenir like venir (41)
devoir (20)
dîner like parler (1)
dire (21)
diriger like parler (1)
discuter like parler (1)
divorcer like commencer (9)
donner like parler (1)
dormir† like partir (32)
douter like parler (1)
durer like parler (1)
échapper like parler (1)
échouer like parler (1)
écouter like parler (1)
écrire (22)
effacer like commencer (9)
embaucher like parler (1)
emménager like manger (11)
emmener like acheter (7)
employer like essayer (10)
emprunter like parler (1)
enfermer like parler (1)
enlever like acheter (7)
enregistrer like parler (1)
enseigner like parler (1)
entendre like vendre (3)
entourer like parler (1)
entrer* like parler (1)
entretenir like tenir (40)
envahir like finir (2)
envoyer like essayer (10)
épouser like parler (1)

espérer like préférer (12)
essayer (10)
essuyer like essayer (10)
éteindre (24)
éternuer like parler (1)
étrangler like parler (1)
être (5)
étudier like parler (1)
éviter like parler (1)
exiger like manger (11)
expliquer like parler (1)
explorer like parler (1)
faire (25)
falloir (26)
fermer like parler (1)
fêter like parler (1)
finir (2)
fonctionner like parler (1)
fonder like parler (1)
freiner like parler (1)
fréquenter like parler (1)
fumer like parler (1)
gagner like parler (1)
garder like parler (1)
garer like parler (1)
gaspiller like parler (1)
enfler like parler (1)
goûter like parler (1)
graver like parler (1)
grossir like finir (2)
guérir like finir (2)
habiter like parler (1)
imprimer like parler (1)
indiquer like parler (1)
interdire like dire (21)
inviter like parler (1)

Verb Conjugation Tables

jeter like appeler (8)
jouer like parler (1)
laisser like parler (1)
laver like parler (1)
lire (27)
loger like manger (11)
louer like parler (1)
lutter like parler (1)
maigrir like finir (2)
maintenir like tenir (40)
manger (11)
marcher like parler (1)
mêler like préférer (12)
mener like parler (1)
mettre (28)
monter* like parler (1)
montrer like parler (1)
mourir (29); **p.c.** with **être**
nager like manger (11)
naître (30); **p.c.** with **être**
nettoyer like essayer (10)
noter like parler (1)
obtenir like tenir (40)
offrir like ouvrir (31)
organiser like parler (1)
oublier like parler (1)
ouvrir (31)
parler (1)
partager like manger (11)
partir (32); **p.c.** with **être**
passer like parler (1)
patienter like parler (1)
patiner like parler (1)
payer like essayer (10)
penser like parler (1)
perdre like vendre (3)
permettre like mettre (28)
pleuvoir (33)
plonger like manger (11)
polluer like parler (1)
porter like parler (1)
poser like parler (1)
posséder like préférer (12)
poster like parler (1)
pouvoir (34)
pratiquer like parler (1)
préférer (12)

prélever like parler (1)
prendre (35)
préparer like parler (1)
présenter like parler (1)
préserver like parler (1)
prêter like parler (1)
prévenir like tenir (40)
produire like conduire (16)
profiter like parler (1)
promettre like mettre (28)
proposer like parler (1)
protéger like préférer (12)
provenir like venir (41)
publier like parler (1)
quitter like parler (1)
raccrocher like parler (1)
ranger like manger (11)
réaliser like parler (1)
recevoir (36)
recommander like parler (1)
reconnaître like connaître (17)
recycler like parler (1)
réduire like conduire (16)
réfléchir like finir (2)
regarder like parler (1)
régner like préférer (12)
remplacer like parler (1)
remplir like finir (2)
rencontrer like parler (1)
rendre like vendre (3)
rentrer* like parler (1)
renvoyer like essayer (10)
réparer like parler (1)
repasser like parler (1)
répéter like préférer (12)
repeupler like parler (1)
répondre like vendre (3)
réserver like parler (1)
rester* like parler (1)
retenir like tenir (40)
retirer like parler (1)
retourner* like parler (1)
retrouver like parler (1)
réussir like finir (2)
revenir like venir (41)

revoir like voir (42)
rire (37)
rouler like parler (1)
salir like finir (2)
s'amuser like se laver (6)
s'asseoir (14)
sauvegarder like parler (1)
sauver like parler (1)
savoir (38)
se brosser like se laver (6)
se coiffer like se laver (6)
se composer like se laver (6)
se connecter like se laver (6)
se coucher like se laver (6)
se croiser like se laver (6)
se dépêcher like se laver (6)
se déplacer* like commencer (9)
se déshabiller like se laver (6)
se détendre* like vendre (3)
se disputer like se laver (6)
s'embrasser like se laver (6)
s'endormir like partir (32)
s'énerver like se laver (6)
s'ennuyer* like essayer (10)
s'excuser like se laver (6)
se fouler like se laver (6)
s'installer like se laver (6)
se laver (6)
se lever* like acheter (7)
se maquiller like se laver (6)
se marier like se laver (6)
se promener* like acheter (7)
se rappeler* like appeler (8)
se raser like se laver (6)
se rebeller like se laver (6)
se réconcilier like se laver (6)
se relever* like acheter (7)
se reposer like se laver (6)
se réveiller like se laver (6)

servir† like partir (32)
se sécher* like préférer (12)
se souvenir like venir (41)
se tromper like se laver (6)
s'habiller like se laver (6)
sentir† like partir (32)
signer like parler (1)
s'inquiéter* like préférer (12)
s'intéresser like se laver (6)
skier like parler (1)
s'occuper like se laver (6)
sonner like parler (1)
s'orienter like se laver (6)
sortir like partir (32)
sourire like rire (37)
souffrir like ouvrir (31)
souhaiter like parler (1)
subvenir† like venir (41)
suffire like lire (27)
suggérer like préférer (12)
suivre (39)
surfer like parler (1)
surprendre like prendre (35)
télécharger like parler (1)
téléphoner like parler (1)
tenir (40)
tomber* like parler (1)
tourner like parler (1)
tousser like parler (1)
traduire like conduire (16)
travailler like parler (1)
traverser like parler (1)
trouver like parler (1)
tuer like parler (1)
utiliser like parler (1)
valoir like falloir (26)
vendre (3)
venir (41); **p.c.** with **être**
vérifier like parler (1)
visiter like parler (1)
vivre like suivre (39)
voir (42)
vouloir (43)
voyager like manger (11)

Verb Conjugation Tables

Regular verbs

Infinitive / Past participle	Subject Pronouns	INDICATIVE				CONDITIONAL	SUBJUNCTIVE	IMPERATIVE
		Present	Passé composé	Imperfect	Future	Present	Present	
1 parler *(to speak)* parlé	je (j') tu il/elle/on nous vous ils/elles	parle parles parle parlons parlez parlent	ai parlé as parlé a parlé avons parlé avez parlé ont parlé	parlais parlais parlait parlions parliez parlaient	parlerai parleras parlera parlerons parlerez parleront	parlerais parlerais parlerait parlerions parleriez parleraient	parle parles parle parlions parliez parlent	 parle parlons parlez
2 finir *(to finish)* fini	je (j') tu il/elle/on nous vous ils/elles	finis finis finit finissons finissez finissent	ai fini as fini a fini avons fini avez fini ont fini	finissais finissais finissait finissions finissiez finissaient	finirai finiras finira finirons finirez finiront	finirais finirais finirait finirions finiriez finiraient	finisse finisses finisse finissions finissiez finissent	 finis finissons finissez
3 vendre *(to sell)* vendu	je (j') tu il/elle/on nous vous ils/elles	vends vends vend vendons vendez vendent	ai vendu as vendu a vendu avons vendu avez vendu ont vendu	vendais vendais vendait vendions vendiez vendaient	vendrai vendras vendra vendrons vendrez vendront	vendrais vendrais vendrait vendrions vendriez vendraient	vende vendes vende vendions vendiez vendent	 vends vendons vendez

Verb Conjugation Tables

Auxiliary verbs: *avoir* and *être*

4 avoir (to have) — Past participle: eu

Infinitive / Past participle	Subject Pronouns	INDICATIVE					CONDITIONAL	SUBJUNCTIVE	IMPERATIVE
		Present	Passé composé	Imperfect	Future		Present	Present	
avoir (to have)	j'	ai	ai eu	avais	aurai		aurais	aie	
	tu	as	as eu	avais	auras		aurais	aies	aie
	il/elle/on	a	a eu	avait	aura		aurait	ait	
eu	nous	avons	avons eu	avions	aurons		aurions	ayons	ayons
	vous	avez	avez eu	aviez	aurez		auriez	ayez	ayez
	ils/elles	ont	ont eu	avaient	auront		auraient	aient	

5 être (to be) — Past participle: été

Infinitive / Past participle	Subject Pronouns	INDICATIVE					CONDITIONAL	SUBJUNCTIVE	IMPERATIVE
		Present	Passé composé	Imperfect	Future		Present	Present	
être (to be)	je (j')	suis	ai été	étais	serai		serais	sois	
	tu	es	as été	étais	seras		serais	sois	sois
	il/elle/on	est	a été	était	sera		serait	soit	
été	nous	sommes	avons été	étions	serons		serions	soyons	soyons
	vous	êtes	avez été	étiez	serez		seriez	soyez	soyez
	ils/elles	sont	ont été	étaient	seront		seraient	soient	

Reflexive (Pronominal)

6 se laver (to wash oneself) — Past participle: lavé

Infinitive / Past participle	Subject Pronouns	INDICATIVE				CONDITIONAL	SUBJUNCTIVE	IMPERATIVE
		Present	Passé composé	Imperfect	Future	Present	Present	
se laver (to wash oneself)	je	me lave	me suis lavé(e)	me lavais	me laverai	me laverais	me lave	
	tu	te laves	t'es lavé(e)	te lavais	te laveras	te laverais	te laves	lave-toi
	il/elle/on	se lave	s'est lavé(e)	se lavait	se lavera	se laverait	se lave	
lavé	nous	nous lavons	nous sommes lavé(e)s	nous lavions	nous laverons	nous laverions	nous lavions	lavons-nous
	vous	vous lavez	vous êtes lavé(e)s	vous laviez	vous laverez	vous laveriez	vous laviez	lavez-vous
	ils/elles	se lavent	se sont lavé(e)s	se lavaient	se laveront	se laveraient	se lavent	

Verb Conjugation Tables

Verbs with spelling changes

	Infinitive / Past participle	Subject Pronouns	INDICATIVE				CONDITIONAL	SUBJUNCTIVE	IMPERATIVE
			Present	Passé composé	Imperfect	Future	Present	Present	
7	acheter (to buy) acheté	j' tu il/elle/on nous vous ils/elles	achète achètes achète achetons achetez achètent	ai acheté as acheté a acheté avons acheté avez acheté ont acheté	achetais achetais achetait achetions achetiez achetaient	achèterai achèteras achètera achèterons achèterez achèteront	achèterais achèterais achèterait achèterions achèteriez achèteraient	achète achètes achète achetions achetiez achètent	achète achetons achetez
8	appeler (to call) appelé	j' tu il/elle/on nous vous ils/elles	appelle appelles appelle appelons appelez appellent	ai appelé as appelé a appelé avons appelé avez appelé ont appelé	appelais appelais appelait appelions appeliez appelaient	appellerai appelleras appellera appellerons appellerez appelleront	appellerais appellerais appellerait appellerions appelleriez appelleraient	appelle appelles appelle appelions appeliez appellent	appelle appelons appelez
9	commencer (to begin) commencé	je (j') tu il/elle/on nous vous ils/elles	commence commences commence commençons commencez commencent	ai commencé as commencé a commencé avons commencé avez commencé ont commencé	commençais commençais commençait commencions commenciez commençaient	commencerai commenceras commencera commencerons commencerez commenceront	commencerais commencerais commencerait commencerions commenceriez commenceraient	commence commences commence commencions commenciez commencent	commence commençons commencez
10	essayer (to try) essayé	j' tu il/elle/on nous vous ils/elles	essaie essaies essaie essayons essayez essayent	ai essayé as essayé a essayé avons essayé avez essayé ont essayé	essayais essayais essayait essayions essayiez essayaient	essaierai essaieras essaiera essaierons essaierez essaieront	essaierais essaierais essaierait essaierions essaieriez essaieraient	essaie essaies essaie essayions essayiez essaient	essaie essayons essayez
11	manger (to eat) mangé	je (j') tu il/elle/on nous vous ils/elles	mange manges mange mangeons mangez mangent	ai mangé as mangé a mangé avons mangé avez mangé ont mangé	mangeais mangeais mangeait mangions mangiez mangeaient	mangerai mangeras mangera mangerons mangerez mangeront	mangerais mangerais mangerait mangerions mangeriez mangeraient	mange manges mange mangions mangiez mangent	mange mangeons mangez

Verb Conjugation Tables

		INDICATIVE				CONDITIONAL	SUBJUNCTIVE	IMPERATIVE
Infinitive	Subject Pronouns	Present	Passé composé	Imperfect	Future	Present	Present	
Past participle								
12 préférer *(to prefer)*	je (j')	préfère	ai préféré	préférais	préférerai	préférerais	préfère	
	tu	préfères	as préféré	préférais	préféreras	préférerais	préfères	préfère
préféré	il/elle/on	préfère	a préféré	préférait	préférera	préférerait	préfère	
	nous	préférons	avons préféré	préférions	préférerons	préférerions	préférions	préférons
	vous	préférez	avez préféré	préfériez	préférerez	préféreriez	préfériez	préférez
	ils/elles	préfèrent	ont préféré	préféraient	préféreront	préféreraient	préfèrent	

Irregular verbs

		INDICATIVE				CONDITIONAL	SUBJUNCTIVE	IMPERATIVE
Infinitive	Subject Pronouns	Present	Passé composé	Imperfect	Future	Present	Present	
Past participle								
13 aller *(to go)*	je (j')	vais	suis allé(e)	allais	irai	irais	aille	
	tu	vas	es allé(e)	allais	iras	irais	ailles	va
allé	il/elle/on	va	est allé(e)	allait	ira	irait	aille	
	nous	allons	sommes allé(e)s	allions	irons	irions	allions	allons
	vous	allez	êtes allé(e)s	alliez	irez	iriez	alliez	allez
	ils/elles	vont	sont allé(e)s	allaient	iront	iraient	aillent	
14 s'asseoir *(to sit down, to be seated)*	je	m'assieds	me suis assis(e)	m'asseyais	m'assiérai	m'assiérais	m'asseye	
	tu	t'assieds	t'es assis(e)	t'asseyais	t'assiéras	t'assiérais	t'asseyes	assieds-toi
assis	il/elle/on	s'assied	s'est assis(e)	s'asseyait	s'assiéra	s'assiérait	s'asseye	
	nous	nous asseyons	nous sommes assis(es)	nous asseyions	nous assiérons	nous assiérions	nous asseyions	asseyons-nous
	vous	vous asseyez	vous êtes assis(es)	vous asseyiez	vous assiérez	vous assiériez	vous asseyiez	asseyez-vous
	ils/elles	s'asseyent	se sont assis(es)	s'asseyaient	s'assiéront	s'assiéraient	s'asseyent	
15 boire *(to drink)*	je (j')	bois	ai bu	buvais	boirai	boirais	boive	
	tu	bois	as bu	buvais	boiras	boirais	boives	bois
bu	il/elle/on	boit	a bu	buvait	boira	boirait	boive	
	nous	buvons	avons bu	buvions	boirons	boirions	buvions	buvons
	vous	buvez	avez bu	buviez	boirez	boiriez	buviez	buvez
	ils/elles	boivent	ont bu	buvaient	boiront	boiraient	boivent	

trois cent dix-neuf

Verb Conjugation Tables

	Infinitive Past participle	Subject Pronouns	INDICATIVE Present	INDICATIVE Passé composé	INDICATIVE Imperfect	INDICATIVE Future	CONDITIONAL Present	SUBJUNCTIVE Present	IMPERATIVE
16	conduire (to drive; to lead) conduit	je (j') tu il/elle/on nous vous ils/elles	conduis conduis conduit conduisons conduisez conduisent	ai conduit as conduit a conduit avons conduit avez conduit ont conduit	conduisais conduisais conduisait conduisions conduisiez conduisaient	conduirai conduiras conduira conduirons conduirez conduiront	conduirais conduirais conduirait conduirions conduiriez conduiraient	conduise conduises conduise conduisions conduisiez conduisent	 conduis conduisons conduisez
17	connaître (to know, to be acquainted with) connu	je (j') tu il/elle/on nous vous ils/elles	connais connais connaît connaissons connaissez connaissent	ai connu as connu a connu avons connu avez connu ont connu	connaissais connaissais connaissait connaissions connaissiez connaissaient	connaîtrai connaîtras connaîtra connaîtrons connaîtrez connaîtront	connaîtrais connaîtrais connaîtrait connaîtrions connaîtriez connaîtraient	connaisse connaisses connaisse connaissions connaissiez connaissent	 connais connaissons connaissez
18	courir (to run) couru	je (j') tu il/elle/on nous vous ils/elles	cours cours court courons courez courent	ai couru as couru a couru avons couru avez couru ont couru	courais courais courait courions couriez couraient	courrai courras courra courrons courrez courront	courrais courrais courrait courrions courriez courraient	coure coures coure courions couriez courent	 cours courons courez
19	croire (to believe) cru	je (j') tu il/elle/on nous vous ils/elles	crois crois croit croyons croyez croient	ai cru as cru a cru avons cru avez cru ont cru	croyais croyais croyait croyions croyiez croyaient	croirai croiras croira croirons croirez croiront	croirais croirais croirait croirions croiriez croiraient	croie croies croie croyions croyiez croient	 crois croyons croyez
20	devoir (to have to; to owe) dû	je (j') tu il/elle/on nous vous ils/elles	dois dois doit devons devez doivent	ai dû as dû a dû avons dû avez dû ont dû	devais devais devait devions deviez devaient	devrai devras devra devrons devrez devront	devrais devrais devrait devrions devriez devraient	doive doives doive devions deviez doivent	 dois devons devez

Verb Conjugation Tables

	Infinitive / Past participle	Subject Pronouns	INDICATIVE				CONDITIONAL	SUBJUNCTIVE	IMPERATIVE
			Present	Passé composé	Imperfect	Future	Present	Present	
21	dire *(to say; to tell)* dit	je (j') tu il/elle/on nous vous ils/elles	dis dis dit disons dites disent	ai dit as dit a dit avons dit avez dit ont dit	disais disais disait disions disiez disaient	dirai diras dira dirons direz diront	dirais dirais dirait dirions diriez diraient	dise dises dise disions disiez disent	 dis disons dites
22	écrire *(to write)* écrit	j' tu il/elle/on nous vous ils/elles	écris écris écrit écrivons écrivez écrivent	ai écrit as écrit a écrit avons écrit avez écrit ont écrit	écrivais écrivais écrivait écrivions écriviez écrivaient	écrirai écriras écrira écrirons écrirez écriront	écrirais écrirais écrirait écririons écririez écriraient	écrive écrives écrive écrivions écriviez écrivent	 écris écrivons écrivez
23	envoyer *(to send)* envoyé	j' tu il/elle/on nous vous ils/elles	envoie envoies envoie envoyons envoyez envoient	ai envoyé as envoyé a envoyé avons envoyé avez envoyé ont envoyé	envoyais envoyais envoyait envoyions envoyiez envoyaient	enverrai enverras enverra enverrons enverrez enverront	enverrais enverrais enverrait enverrions enverriez enverraient	envoie envoies envoie envoyions envoyiez envoient	 envoie envoyons envoyez
24	éteindre *(to turn off)* éteint	j' tu il/elle/on nous vous ils/elles	éteins éteins éteint éteignons éteignez éteignent	ai éteint as éteint a éteint avons éteint avez éteint ont éteint	éteignais éteignais éteignait éteignions éteigniez éteignaient	éteindrai éteindras éteindra éteindrons éteindrez éteindront	éteindrais éteindrais éteindrait éteindrions éteindriez éteindraient	éteigne éteignes éteigne éteignions éteigniez éteignent	 éteins éteignons éteignez
25	faire *(to do; to make)* fait	je (j') tu il/elle/on nous vous ils/elles	fais fais fait faisons faites font	ai fait as fait a fait avons fait avez fait ont fait	faisais faisais faisait faisions faisiez faisaient	ferai feras fera ferons ferez feront	ferais ferais ferait ferions feriez feraient	fasse fasses fasse fassions fassiez fassent	 fais faisons faites
26	falloir *(to be necessary)* fallu	il	faut	a fallu	fallait	faudra	faudrait	faille	

Verb Conjugation Tables

	Infinitive / Past participle	Subject Pronouns	INDICATIVE Present	INDICATIVE Passé composé	INDICATIVE Imperfect	INDICATIVE Future	CONDITIONAL Present	SUBJUNCTIVE Present	IMPERATIVE
27	lire *(to read)* lu	je (j')	lis	ai lu	lisais	lirai	lirais	lise	
		tu	lis	as lu	lisais	liras	lirais	lises	lis
		il/elle/on	lit	a lu	lisait	lira	lirait	lise	
		nous	lisons	avons lu	lisions	lirons	lirions	lisions	lisons
		vous	lisez	avez lu	lisiez	lirez	liriez	lisiez	lisez
		ils/elles	lisent	ont lu	lisaient	liront	liraient	lisent	
28	mettre *(to put)* mis	je (j')	mets	ai mis	mettais	mettrai	mettrais	mette	
		tu	mets	as mis	mettais	mettras	mettrais	mettes	mets
		il/elle/on	met	a mis	mettait	mettra	mettrait	mette	
		nous	mettons	avons mis	mettions	mettrons	mettrions	mettions	mettons
		vous	mettez	avez mis	mettiez	mettrez	mettriez	mettiez	mettez
		ils/elles	mettent	ont mis	mettaient	mettront	mettraient	mettent	
29	mourir *(to die)* mort	je	meurs	suis mort(e)	mourais	mourrai	mourrais	meure	
		tu	meurs	es mort(e)	mourais	mourras	mourrais	meures	meurs
		il/elle/on	meurt	est mort(e)	mourait	mourra	mourrait	meure	
		nous	mourons	sommes mort(e)s	mourions	mourrons	mourrions	mourions	mourons
		vous	mourez	êtes mort(e)s	mouriez	mourrez	mourriez	mouriez	mourez
		ils/elles	meurent	sont mort(e)s	mouraient	mourront	mourraient	meurent	
30	naître *(to be born)* né	je	nais	suis né(e)	naissais	naîtrai	naîtrais	naisse	
		tu	nais	es né(e)	naissais	naîtras	naîtrais	naisses	nais
		il/elle/on	naît	est né(e)	naissait	naîtra	naîtrait	naisse	
		nous	naissons	sommes né(e)s	naissions	naîtrons	naîtrions	naissions	naissons
		vous	naissez	êtes né(e)s	naissiez	naîtrez	naîtriez	naissiez	naissez
		ils/elles	naissent	sont né(e)s	naissaient	naîtront	naîtraient	naissent	
31	ouvrir *(to open)* ouvert	j'	ouvre	ai ouvert	ouvrais	ouvrirai	ouvrirais	ouvre	
		tu	ouvres	as ouvert	ouvrais	ouvriras	ouvrirais	ouvres	ouvre
		il/elle/on	ouvre	a ouvert	ouvrait	ouvrira	ouvrirait	ouvre	
		nous	ouvrons	avons ouvert	ouvrions	ouvrirons	ouvririons	ouvrions	ouvrons
		vous	ouvrez	avez ouvert	ouvriez	ouvrirez	ouvririez	ouvriez	ouvrez
		ils/elles	ouvrent	ont ouvert	ouvraient	ouvriront	ouvriraient	ouvrent	

Verb Conjugation Tables

	Infinitive / Past participle	Subject Pronouns	INDICATIVE Present	INDICATIVE Passé composé	INDICATIVE Imperfect	INDICATIVE Future	CONDITIONAL Present	SUBJUNCTIVE Present	IMPERATIVE
32	partir *(to leave)* / parti	je	pars	suis parti(e)	partais	partirai	partirais	parte	
		tu	pars	es parti(e)	partais	partiras	partirais	partes	pars
		il/elle/on	part	est parti(e)	partait	partira	partirait	parte	
		nous	partons	sommes parti(e)s	partions	partirons	partirions	partions	partons
		vous	partez	êtes parti(e)(s)	partiez	partirez	partiriez	partiez	partez
		ils/elles	partent	sont parti(e)s	partaient	partiront	partiraient	partent	
33	pleuvoir *(to rain)* / plu	il	pleut	a plu	pleuvait	pleuvra	pleuvrait	pleuve	
34	pouvoir *(to be able)* / pu	je (j')	peux	ai pu	pouvais	pourrai	pourrais	puisse	
		tu	peux	as pu	pouvais	pourras	pourrais	puisses	
		il/elle/on	peut	a pu	pouvait	pourra	pourrait	puisse	
		nous	pouvons	avons pu	pouvions	pourrons	pourrions	puissions	
		vous	pouvez	avez pu	pouviez	pourrez	pourriez	puissiez	
		ils/elles	peuvent	ont pu	pouvaient	pourront	pourraient	puissent	
35	prendre *(to take)* / pris	je (j')	prends	ai pris	prenais	prendrai	prendrais	prenne	
		tu	prends	as pris	prenais	prendras	prendrais	prennes	prends
		il/elle/on	prend	a pris	prenait	prendra	prendrait	prenne	
		nous	prenons	avons pris	prenions	prendrons	prendrions	prenions	prenons
		vous	prenez	avez pris	preniez	prendrez	prendriez	preniez	prenez
		ils/elles	prennent	ont pris	prenaient	prendront	prendraient	prennent	
36	recevoir *(to receive)* / reçu	je (j')	reçois	ai reçu	recevais	recevrai	recevrais	reçoive	
		tu	reçois	as reçu	recevais	recevras	recevrais	reçoives	reçois
		il/elle/on	reçoit	a reçu	recevait	recevra	recevrait	reçoive	
		nous	recevons	avons reçu	recevions	recevrons	recevrions	recevions	recevons
		vous	recevez	avez reçu	receviez	recevrez	recevriez	receviez	recevez
		ils/elles	reçoivent	ont reçu	recevaient	recevront	recevraient	reçoivent	
37	rire *(to laugh)* / ri	je (j')	ris	ai ri	riais	rirai	rirais	rie	
		tu	ris	as ri	riais	riras	rirais	ries	ris
		il/elle/on	rit	a ri	riait	rira	rirait	rie	
		nous	rions	avons ri	riions	rirons	ririons	riions	rions
		vous	riez	avez ri	riiez	rirez	ririez	riiez	riez
		ils/elles	rient	ont ri	riaient	riront	riraient	rient	

Verb Conjugation Tables

	Infinitive / Past participle	Subject Pronouns	INDICATIVE					CONDITIONAL	SUBJUNCTIVE	IMPERATIVE
			Present	Passé composé	Imperfect	Future		Present	Present	
38	savoir *(to know)* su	je (j')	sais	ai su	savais	saurai		saurais	sache	
		tu	sais	as su	savais	sauras		saurais	saches	sache
		il/elle/on	sait	a su	savait	saura		saurait	sache	
		nous	savons	avons su	savions	saurons		saurions	sachions	sachons
		vous	savez	avez su	saviez	saurez		sauriez	sachiez	sachez
		ils/elles	savent	ont su	savaient	sauront		sauraient	sachent	
39	suivre *(to follow)* suivi	je (j')	suis	ai suivi	suivais	suivrai		suivrais	suive	
		tu	suis	as suivi	suivais	suivras		suivrais	suives	suis
		il/elle/on	suit	a suivi	suivait	suivra		suivrait	suive	
		nous	suivons	avons suivi	suivions	suivrons		suivrions	suivions	suivons
		vous	suivez	avez suivi	suiviez	suivrez		suivriez	suiviez	suivez
		ils/elles	suivent	ont suivi	suivaient	suivront		suivraient	suivent	
40	tenir *(to hold)* tenu	je (j')	tiens	ai tenu	tenais	tiendrai		tiendrais	tienne	
		tu	tiens	as tenu	tenais	tiendras		tiendrais	tiennes	tiens
		il/elle/on	tient	a tenu	tenait	tiendra		tiendrait	tienne	
		nous	tenons	avons tenu	tenions	tiendrons		tiendrions	tenions	tenons
		vous	tenez	avez tenu	teniez	tiendrez		tiendriez	teniez	tenez
		ils/elles	tiennent	ont tenu	tenaient	tiendront		tiendraient	tiennent	
41	venir *(to come)* venu	je	viens	suis venu(e)	venais	viendrai		viendrais	vienne	
		tu	viens	es venu(e)	venais	viendras		viendrais	viennes	viens
		il/elle/on	vient	est venu(e)	venait	viendra		viendrait	vienne	
		nous	venons	sommes venu(e)s	venions	viendrons		viendrions	venions	venons
		vous	venez	êtes venu(e)(s)	veniez	viendrez		viendriez	veniez	venez
		ils/elles	viennent	sont venu(e)s	venaient	viendront		viendraient	viennent	
42	voir *(to see)* vu	je (j')	vois	ai vu	voyais	verrai		verrais	voie	
		tu	vois	as vu	voyais	verras		verrais	voies	vois
		il/elle/on	voit	a vu	voyait	verra		verrait	voie	
		nous	voyons	avons vu	voyions	verrons		verrions	voyions	voyons
		vous	voyez	avez vu	voyiez	verrez		verriez	voyiez	voyez
		ils/elles	voient	ont vu	voyaient	verront		verraient	voient	
43	vouloir *(to want, to wish)* voulu	je (j')	veux	ai voulu	voulais	voudrai		voudrais	veuille	
		tu	veux	as voulu	voulais	voudras		voudrais	veuilles	veuille
		il/elle/on	veut	a voulu	voulait	voudra		voudrait	veuille	
		nous	voulons	avons voulu	voulions	voudrons		voudrions	voulions	veuillons
		vous	voulez	avez voulu	vouliez	voudrez		voudriez	vouliez	veuillez
		ils/elles	veulent	ont voulu	voulaient	voudront		voudraient	veuillent	

Guide to Vocabulary

This glossary contains the words and expressions listed on the **Vocabulaire** page found at the end of each unit in **D'ACCORD!** Levels 1 & 2. The number following an entry indicates the **D'ACCORD!** level and unit where the term was introduced. For example, the first entry in the glossary, **à**, was introduced in **D'ACCORD!** Level 1, Unit 4. Note that **II–P** refers to the **Unité Préliminaire** in **D'ACCORD!** Level 2.

Abbreviations used in this glossary

adj.	adjective	*f.*	feminine	*i.o.*	indirect object	*prep.*	preposition
adv.	adverb	*fam.*	familiar	*m.*	masculine	*pron.*	pronoun
art.	article	*form.*	formal	*n.*	noun	*refl.*	reflexive
comp.	comparative	*imp.*	imperative	*obj.*	object	*rel.*	relative
conj.	conjunction	*indef.*	indefinite	*part.*	partitive	*sing.*	singular
def.	definite	*interj.*	interjection	*p.p.*	past participle	*sub.*	subject
dem.	demonstrative	*interr.*	interrogative	*pl.*	plural	*super.*	superlative
disj.	disjunctive	*inv.*	invariable	*poss.*	possessive	*v.*	verb
d.o.	direct object						

French-English

A

à *prep.* at; in; to I-4
  À bientôt. See you soon. I-1
  à condition que on the condition that, provided that II-7
  à côté de *prep.* next to I-3
  À demain. See you tomorrow. I-1
  à droite (de) *prep.* to the right (of) I-3
  à gauche (de) *prep.* to the left (of) I-3
  à … heure(s) at … (o'clock) I-4
  à la radio on the radio II-7
  à la télé(vision) on television II-7
  à l'étranger abroad, overseas I-7
  à mi-temps half-time (*job*) II-5
  à moins que unless II-7
  à plein temps full-time (*job*) II-5
  À plus tard. See you later. I-1
  À quelle heure? What time?; When? I-2
  À qui? To whom? I-4
  À table! Let's eat! Food is on! II-1
  à temps partiel part-time (*job*) II-5
  À tout à l'heure. See you later. I-1
  au bout (de) *prep.* at the end (of) II-4

au contraire on the contrary II-7
au fait by the way I-3
au printemps in the spring I-5
Au revoir. Good-bye. I-1
au secours help II-3
au sujet de on the subject of, about II-6
abolir *v.* to abolish II-6
absolument *adv.* absolutely I-8, II-P
accident *m.* accident II-3
  avoir un accident to have/to be in an accident II-3
accompagner *v.* to accompany II-4
acheter *v.* to buy I-5
acteur *m.* actor I-1
actif/active *adj.* active I-3
activement *adv.* actively I-8, II-P
actrice *f.* actress I-1
addition *f.* check, bill I-4
adieu farewell II-6
adolescence *f.* adolescence I-6
adorer *v.* to love I-2
  J'adore… I love… I-2
adresse *f.* address II-4
aérobic *m.* aerobics I-5
  faire de l'aérobic *v.* to do aerobics I-5
aéroport *m.* airport I-7
affaires *f., pl.* business I-3
affiche *f.* poster I-8, II-P
afficher *v.* to post II-5
âge *m.* age I-6
  âge adulte *m.* adulthood I-6
agence de voyages *f.* travel agency I-7
agent *m.* officer; agent II-3

agent de police *m.* police officer II-3
agent de voyages *m.* travel agent I-7
agent immobilier *m.* real estate agent II-5
agréable *adj.* pleasant I-1
agriculteur/agricultrice *m., f.* farmer II-5
aider (à) *v.* to help (*to do something*) I-5
aie (avoir) *imp. v.* have I-7
ail *m.* garlic II-1
aimer *v.* to like I-2
  aimer mieux to prefer I-2
  aimer que… to like that… II-6
  J'aime bien… I really like… I-2
  Je n'aime pas tellement… I don't like … very much. I-2
aîné(e) *adj.* elder I-3
algérien(ne) *adj.* Algerian I-1
aliment *m.* food item; a food II-1
Allemagne *f.* Germany I-7
allemand(e) *adj.* German I-1
aller *v.* to go I-4
  aller à la pêche to go fishing I-5
  aller aux urgences to go to the emergency room II-2
  aller avec to go with I-6
  aller-retour *adj.* round-trip I-7
  billet aller-retour *m.* round-trip ticket I-7
Allons-y! Let's go! I-2
Ça va? What's up?; How are things? I-1
Comment allez-vous? *form.* How are you? I-1
Comment vas-tu? *fam.* How are you? I-1

trois cent vingt-cinq **325**

Vocabulaire

Je m'en vais. I'm leaving. I-8, II-P
Je vais bien/mal. I am doing well/badly. I-1
J'y vais. I'm going/coming. I-8, II-P
Nous y allons. We're going/coming. II-1
allergie *f.* allergy II-2
Allez. Come on. I-5
allô *(on the phone)* hello I-1
allumer *v.* to turn on II-3
alors *adv.* so, then; at that moment I-2
améliorer *v.* to improve II-5
amende *f.* fine II-3
amener *v.* to bring (someone) I-5
américain(e) *adj.* American I-1
   football américain *m.* football I-5
ami(e) *m., f.* friend I-1
   petit(e) ami(e) *m., f.* boyfriend/girlfriend I-1
amitié *f.* friendship I-6
amour *m.* love I-6
amoureux/amoureuse *adj.* in love I-6
   tomber amoureux/amoureuse *v.* to fall in love I-6
amusant(e) *adj.* fun I-1
an *m.* year I-2
ancien(ne) *adj.* ancient, old; former II-7
ange *m.* angel I-1
anglais(e) *adj.* English I-1
angle *m.* corner II-4
Angleterre *f.* England I-7
animal *m.* animal II-6
année *f.* year I-2
   cette année this year I-2
anniversaire *m.* birthday I-5
   C'est quand l'anniversaire de … ? When is …'s birthday? I-5
   C'est quand ton/votre anniversaire? When is your birthday? I-5
annuler (une réservation) *v.* to cancel (a reservation) I-7
anorak *m.* ski jacket, parka I-6
antipathique *adj.* unpleasant I-3
août *m.* August I-5
apercevoir *v.* to see, to catch sight of II-4
aperçu (apercevoir) *p.p.* seen, caught sight of II-4
appareil *m.* (on the phone) telephone II-5
   appareil (électrique/ménager) *m.* (electrical/household) appliance I-8, II-P

appareil photo (numérique) *m.* (digital) camera II-3
C'est M./Mme/Mlle … à l'appareil. It's Mr./Mrs./Miss … on the phone. II-5
Qui est à l'appareil? Who's calling, please? II-5
appartement *m.* apartment II-7
appeler *v.* to call I-7
applaudir *v.* to applaud II-7
applaudissement *m.* applause II-7
apporter *v.* to bring, to carry (something) I-4
apprendre (à) *v.* to teach; to learn (to do something) I-4
appris (apprendre) *p.p., adj.* learned I-6
après (que) *adv.* after I-2
après-demain *adv.* day after tomorrow I-2
après-midi *m.* afternoon I-2
   cet après-midi this afternoon I-2
   de l'après-midi in the afternoon I-2
   demain après-midi *adv.* tomorrow afternoon I-2
   hier après-midi *adv.* yesterday afternoon I-7
arbre *m.* tree II-6
architecte *m., f.* architect I-3
architecture *f.* architecture I-2
argent *m.* money II-4
   dépenser de l'argent *v.* to spend money I-4
   déposer de l'argent *v.* to deposit money II-4
   retirer de l'argent *v.* to withdraw money II-4
armoire *f.* armoire, wardrobe I-8, II-P
arrêt d'autobus (de bus) *m.* bus stop I-7
arrêter (de faire quelque chose) *v.* to stop (doing something) II-3
arrivée *f.* arrival I-7
arriver (à) *v.* to arrive; to manage (to do something) I-2
art *m.* art I-2
   beaux-arts *m., pl.* fine arts II-7
artiste *m., f.* artist I-3
ascenseur *m.* elevator I-7
aspirateur *m.* vacuum cleaner I-8, II-P
   passer l'aspirateur to vacuum I-8, II-P
aspirine *f.* aspirin II-2
Asseyez-vous! (s'asseoir) *imp. v.* Have a seat! II-2
assez *adv.* (before adjective or adverb) pretty; quite I-8, II-P

assez (de) *(before noun)* enough (of) I-4
   pas assez (de) not enough (of) I-4
assiette *f.* plate II-1
assis (s'asseoir) *p.p., adj.* (used as past participle) sat down; (used as adjective) sitting, seated II-2
assister *v.* to attend I-2
assurance (maladie/vie) *f.* (health/life) insurance II-5
athlète *m., f.* athlete I-3
attacher *v.* to attach II-3
   attacher sa ceinture de sécurité to buckle one's seatbelt II-3
attendre *v.* to wait I-6
attention *f.* attention I-5
   faire attention (à) *v.* to pay attention (to) I-5
au (à + le) *prep.* to/at the I-4
auberge de jeunesse *f.* youth hostel I-7
aucun(e) *adj.* no; *pron.* none II-2
   ne… aucun(e) none, not any II-4
augmentation (de salaire) *f.* raise (in salary) II-5
aujourd'hui *adv.* today I-2
auquel (à + lequel) *pron., m., sing.* which one II-5
aussi *adv.* too, as well; as I-1
   Moi aussi. Me too. I-1
   aussi … que (used with an adjective) as … as II-1
autant de … que *adv.* (used with noun to express quantity) as much/as many … as II-6
auteur/femme auteur *m., f.* author II-7
autobus *m.* bus I-7
   arrêt d'autobus (de bus) *m.* bus stop I-7
   prendre un autobus to take a bus I-7
automne *m.* fall I-5
   à l'automne in the fall I-5
autoroute *f.* highway II-3
autour (de) *prep.* around II-4
autrefois *adv.* in the past I-8, II-P
aux (à + les) to/at the I-4
auxquelles (à + lesquelles) *pron., f., pl.* which ones II-5
auxquels (à + lesquels) *pron., m., pl.* which ones II-5
avance *f.* advance I-2
   en avance *adv.* early I-2
avant (de/que) *adv.* before I-7
avant-hier *adv.* day before yesterday I-7
avec *prep.* with I-1

Vocabulaire — French-English

Avec qui? With whom? I-4
aventure *f.* adventure II-7
   film d'aventures *m.* adventure film II-7
avenue *f.* avenue II-4
avion *m.* airplane I-7
   prendre un avion *v.* to take a plane I-7
avocat(e) *m., f.* lawyer I-3
avoir *v.* to have I-2
   aie *imp. v.* have I-2
   avoir besoin (de) to need (*something*) I-2
   avoir chaud to be hot I-2
   avoir de la chance to be lucky I-2
   avoir envie (de) to feel like (*doing something*) I-2
   avoir faim to be hungry I-4
   avoir froid to be cold I-2
   avoir honte (de) to be ashamed (of) I-2
   avoir mal to have an ache II-2
   avoir mal au cœur to feel nauseated II-2
   avoir peur (de/que) to be afraid (of/that) I-2
   avoir raison to be right I-2
   avoir soif to be thirsty I-4
   avoir sommeil to be sleepy I-2
   avoir tort to be wrong I-2
   avoir un accident to have/to be in an accident II-3
   avoir un compte bancaire to have a bank account II-4
   en avoir marre to be fed up I-3
avril *m.* April I-5
ayez (avoir) *imp. v.* have I-7
ayons (avoir) *imp. v.* let's have I-7

B

bac(calauréat) *m.* an important exam taken by high-school students in France I-2
baguette *f.* baguette I-4
baignoire *f.* bathtub I-8, II-P
bain *m.* bath I-6
   salle de bains *f.* bathroom I-8, II-P
baladeur CD *m.* personal CD player II-3
balai *m.* broom I-8, II-P
balayer *v.* to sweep I-8, II-P
balcon *m.* balcony I-8, II-P
banane *f.* banana II-1
banc *m.* bench II-4
bancaire *adj.* banking II-4
   avoir un compte bancaire *v.* to have a bank account II-4
bande dessinée (B.D.) *f.* comic strip I-5
banlieue *f.* suburbs I-4
banque *f.* bank II-4
banquier/banquière *m., f.* banker II-5
barbant *adj.,* **barbe** *f.* drag I-3
baseball *m.* baseball I-5
basket(-ball) *m.* basketball I-5
baskets *f., pl.* tennis shoes I-6
bateau *m.* boat I-7
   prendre un bateau *v.* to take a boat I-7
bateau-mouche *m.* riverboat I-7
bâtiment *m.* building II-4
batterie *f.* drums II-7
bavarder *v.* to chat I-4
beau (belle) *adj.* handsome; beautiful I-3
   faire quelque chose de beau *v.* to be up to something interesting II-4
   Il fait beau. The weather is nice. I-5
beaucoup (de) *adv.* a lot (of) 4
   Merci (beaucoup). Thank you (very much). I-1
beau-frère *m.* brother-in-law I-3
beau-père *m.* father-in-law; stepfather I-3
beaux-arts *m., pl.* fine arts II-7
belge *adj.* Belgian I-7
Belgique *f.* Belgium I-7
belle *adj., f.* (*feminine form of* **beau**) beautiful I-3
belle-mère *f.* mother-in-law; stepmother I-3
belle-sœur *f.* sister-in-law I-3
besoin *m.* need I-2
   avoir besoin (de) to need (*something*) I-2
beurre *m.* butter 4
bibliothèque *f.* library I-1
bien *adv.* well I-7
   bien sûr *adv.* of course I-2
   Je vais bien. I am doing well. I-1
   Très bien. Very well. I-1
bientôt *adv.* soon I-1
   À bientôt. See you soon. I-1
bienvenu(e) *adj.* welcome I-1
bière *f.* beer I-6
bijouterie *f.* jewelry store II-4
billet *m.* (*travel*) ticket I-7; (*money*) bills, notes II-4
   billet aller-retour *m.* round-trip ticket I-7
biologie *f.* biology I-2
biscuit *m.* cookie I-6
blague *f.* joke I-2
blanc(he) *adj.* white I-6
blessure *f.* injury, wound II-2
bleu(e) *adj.* blue I-3
blond(e) *adj.* blonde I-3
blouson *m.* jacket I-6
bœuf *m.* beef II-1
boire *v.* to drink I-4
bois *m.* wood II-6
boisson (gazeuse) *f.* (carbonated) drink/beverage I-4
boîte *f.* box; can II-1
   boîte aux lettres *f.* mailbox II-4
   boîte de conserve *f.* can (of food) II-1
   boîte de nuit *f.* nightclub I-4
bol *m.* bowl II-1
bon(ne) *adj.* kind; good I-3
   bon marché *adj.* inexpensive I-6
   Il fait bon. The weather is good/warm. I-5
bonbon *m.* candy I-6
bonheur *m.* happiness I-6
Bonjour. Good morning.; Hello. I-1
Bonsoir. Good evening.; Hello. I-1
bouche *f.* mouth II-2
boucherie *f.* butcher's shop II-1
boulangerie *f.* bread shop, bakery II-1
boulevard *m.* boulevard II-4
   suivre un boulevard *v.* to follow a boulevard II-4
bourse *f.* scholarship, grant I-2
bout *m.* end II-4
   au bout (de) *prep.* at the end (of) II-4
bouteille (de) *f.* bottle (of) I-4
boutique *f.* boutique, store II-4
bras *m.* arm II-2
brasserie *f.* café; restaurant II-4
Brésil *m.* Brazil II-2
brésilien(ne) *adj.* Brazilian I-7
bricoler *v.* to tinker; to do odd jobs I-5
brillant(e) *adj.* bright I-1
bronzer *v.* to tan I-6
brosse (à cheveux/à dents) *f.* (hair/tooth)brush II-2
brun(e) *adj.* (*hair*) dark I-3
bu (boire) *p.p.* drunk I-6
bureau *m.* desk; office I-1
   bureau de poste *m.* post office II-4
bus *m.* bus I-7
   arrêt d'autobus (de bus) *m.* bus stop I-7
   prendre un bus *v.* to take a bus I-7

C

ça *pron.* that; this; it I-1
   Ça dépend. It depends. I-4
   Ça ne nous regarde pas. That has nothing to do with us.; That is none of our business. II-6

Vocabulaire — French-English

Ça suffit. That's enough. I-5
Ça te dit? Does that appeal to you? II-6
Ça va? What's up?; How are things? I-1
ça veut dire that is to say II-2
Comme ci, comme ça. So-so. I-1
cabine téléphonique *f.* phone booth II-4
cadeau *m.* gift I-6
  paquet cadeau wrapped gift I-6
cadet(te) *adj.* younger I-3
cadre/femme cadre *m., f.* executive II-5
café *m.* café; coffee I-1
  terrasse de café *f.* café terrace I-4
  cuillère à café *f.* teaspoon II-1
cafetière *f.* coffeemaker I-8, II-P
cahier *m.* notebook I-1
calculatrice *f.* calculator I-1
calme *adj.* calm I-1; *m.* calm I-1
camarade *m., f.* friend I-1
  camarade de chambre *m., f.* roommate I-1
  camarade de classe *m., f.* classmate I-1
caméra vidéo *f.* camcorder II-3
caméscope *m.* camcorder II-3
campagne *f.* country(side) I-7
  pain de campagne *m.* country-style bread I-4
  pâté (de campagne) *m.* pâté, meat spread II-1
camping *m.* camping I-5
  faire du camping *v.* to go camping I-5
Canada *m.* Canada I-7
canadien(ne) *adj.* Canadian I-1
canapé *m.* couch I-8, II-P
candidat(e) *m., f.* candidate; applicant II-5
cantine *f.* (school) cafeteria II-1
capitale *f.* capital I-7
capot *m.* hood II-3
carafe (d'eau) *f.* pitcher (of water) II-1
carotte *f.* carrot II-1
carrefour *m.* intersection II-4
carrière *f.* career II-5
carte *f.* map I-1; menu II-1; card II-4
  payer avec une carte de crédit to pay with a credit card II-4
  carte postale *f.* postcard II-4
  cartes *f. pl.* (*playing*) cards I-5

casquette *f.* (baseball) cap I-6
cassette vidéo *f.* videotape II-3
catastrophe *f.* catastrophe II-6
cave *f.* basement, cellar I-8, II-P
CD *m.* CD(s) II-3
CD-ROM *m.* CD-ROM(s) II-3
ce *dem. adj., m., sing.* this; that I-6
  ce matin this morning I-2
  ce mois-ci this month I-2
  Ce n'est pas grave. It's no big deal. I-6
  ce soir this evening I-2
  ce sont… those are… I-1
  ce week-end this weekend I-2
cédérom(s) *m.* CD-ROM(s) II-3
ceinture *f.* belt I-6
  attacher sa ceinture de sécurité *v.* to buckle one's seatbelt II-3
célèbre *adj.* famous II-7
célébrer *v.* to celebrate I-5
célibataire *adj.* single I-3
celle *pron., f., sing.* this one; that one; the one II-6
celles *pron., f., pl.* these; those; the ones II-6
celui *pron., m., sing.* this one; that one; the one II-6
cent *m.* one hundred I-3
  cent mille *m.* one hundred thousand I-5
  cent un *m.* one hundred one I-5
  cinq cents *m.* five hundred I-5
centième *adj.* hundredth I-7
centrale nucléaire *f.* nuclear plant II-6
centre commercial *m.* shopping center, mall I-4
centre-ville *m.* city/town center, downtown I-4
certain(e) *adj.* certain II-1
  Il est certain que… It is certain that… II-7
  Il n'est pas certain que… It is uncertain that… II-7
ces *dem. adj., m., f., pl.* these; those I-6
c'est… it/that is… I-1
  C'est de la part de qui? On behalf of whom? II-5
  C'est le 1er (premier) octobre. It is October first. I-5
  C'est M./Mme/Mlle … (à l'appareil). It's Mr./Mrs./Miss … (on the phone). II-5
  C'est quand l'anniversaire de… ? When is …'s birthday? I-5
  C'est quand ton/votre anniversaire? When is your birthday? I-5

Qu'est-ce que c'est? What is it? I-1
cet *dem. adj., m., sing.* this; that I-6
  cet après-midi this afternoon I-2
cette *dem. adj., f., sing.* this; that I-6
  cette année this year I-2
  cette semaine this week I-2
ceux *pron., m., pl.* these; those; the ones II-6
chaîne (de télévision) *f.* (television) channel 11
chaîne stéréo *f.* stereo system I-3
chaise *f.* chair I-1
chambre *f.* bedroom I-8, II-P
  chambre (individuelle) *f.* (single) room I-7
  camarade de chambre *m., f.* roommate I-1
champ *m.* field II-6
champagne *m.* champagne I-6
champignon *m.* mushroom II-1
chance *f.* luck I-2
  avoir de la chance *v.* to be lucky I-2
chanson *f.* song II-7
chanter *v.* to sing I-5
chanteur/chanteuse *m., f.* singer I-1
chapeau *m.* hat I-6
chaque *adj.* each I-6
charcuterie *f.* delicatessen II-1
charmant(e) *adj.* charming I-1
chasse *f.* hunt II-6
chasser *v.* to hunt II-6
chat *m.* cat I-3
châtain *adj.* (hair) brown I-3
chaud *m.* heat I-2
  avoir chaud *v.* to be hot I-2
  Il fait chaud. (*weather*) It is hot. I-5
chauffeur de taxi/de camion *m.* taxi/truck driver II-5
chaussette *f.* sock I-6
chaussure *f.* shoe I-6
chef d'entreprise *m.* head of a company II-5
chef-d'œuvre *m.* masterpiece II-7
chemin *m.* path; way II-4
  suivre un chemin *v.* to follow a path II-4
chemise (à manches courtes/longues) *f.* (short-/long-sleeved) shirt I-6
chemisier *m.* blouse I-6
chèque *m.* check II-4
  compte-chèques *m.* checking account II-4
  payer par chèque *v.* to pay by check II-4

Vocabulaire — French-English

cher/chère *adj.* expensive I-6
chercher *v.* to look for I-2
  chercher un/du travail to look for work II-4
chercheur/chercheuse *m., f.* researcher II-5
chéri(e) *adj.* dear, beloved, darling I-2
cheval *m.* horse I-5
  faire du cheval *v.* to go horseback riding I-5
cheveux *m., pl.* hair II-1
  brosse à cheveux *f.* hairbrush II-2
  cheveux blonds blond hair I-3
  cheveux châtains brown hair I-3
  se brosser les cheveux *v.* to brush one's hair II-1
cheville *f.* ankle II-2
  se fouler la cheville *v.* to twist/sprain one's ankle II-2
chez *prep.* at (*someone's*) house I-3, at (*a place*) I-3
  passer chez quelqu'un *v.* to stop by someone's house I-4
chic *adj.* chic I-4
chien *m.* dog I-3
chimie *f.* chemistry I-2
Chine *f.* China I-7
chinois(e) *adj.* Chinese 7
chocolat (chaud) *m.* (hot) chocolate I-4
chœur *m.* choir, chorus II-7
choisir *v.* to choose I-4
chômage *m.* unemployment II-5
  être au chômage *v.* to be unemployed II-5
chômeur/chômeuse *m., f.* unemployed person II-5
chose *f.* thing I-1
  quelque chose *m.* something; anything I-4
chrysanthèmes *m., pl.* chrysanthemums II-1
chut shh II-7
-ci (*used with demonstrative adjective* ce *and noun or with demonstrative pronoun* celui) here I-6
  ce mois-ci this month I-2
ciel *m.* sky II-6
cinéma (ciné) *m.* movie theater, movies I-4
cinq *m.* five I-1
cinquante *m.* fifty I-1
cinquième *adj.* fifth 7
circulation *f.* traffic II-3
clair(e) *adj.* clear II-7
  Il est clair que… It is clear that… II-7
classe *f.* (*group of students*) class I-1

camarade de classe *m., f.* classmate I-1
  salle de classe *f.* classroom I-1
clavier *m.* keyboard II-3
clé *f.* key I-7
client(e) *m., f.* client; guest I-7
cœur *m.* heart II-2
  avoir mal au cœur to feel nauseated II-2
coffre *m.* trunk II-3
coiffeur/coiffeuse *m., f.* hairdresser I-3
coin *m.* corner II-4
colis *m.* package II-4
colocataire *m., f.* roommate (*in an apartment*) I-1
Combien (de)… ? *adv.* How much/many… ? I-1
  Combien coûte… ? How much is… ? I-4
combiné *m.* receiver II-5
comédie (musicale) *f.* comedy (musical) II-7
commander *v.* to order II-1
comme *adv.* how; like, as I-2
  Comme ci, comme ça. So-so. I-1
commencer (à) *v.* to begin (*to do something*) I-2
comment *adv.* how I-4
  Comment? *adv.* What? I-4
  Comment allez-vous?, *form.* How are you? I-1
  Comment t'appelles-tu? *fam.* What is your name? I-1
  Comment vas-tu? *fam.* How are you? I-1
  Comment vous appelez-vous? *form.* What is your name? I-1
commerçant(e) *m., f.* shopkeeper II-1
commissariat de police *m.* police station II-4
commode *f.* dresser, chest of drawers I-8, II-P
compact disque *m.* compact disc II-3
complet (complète) *adj.* full (no vacancies) I-7
composer (un numéro) *v.* to dial (a number) II-3
compositeur *m.* composer II-7
comprendre *v.* to understand I-4
compris (comprendre) *p.p., adj.* understood; included I-6
comptable *m., f.* accountant II-5
compte *m.* account (*at a bank*) II-4
  avoir un compte bancaire *v.* to have a bank account II-4
  compte de chèques *m.* checking account II-4

compte d'épargne *m.* savings account II-4
  se rendre compte *v.* to realize II-2
compter sur quelqu'un *v.* to count on someone I-8, II-P
concert *m.* concert II-7
condition *f.* condition II-7
  à condition que on the condition that…, provided that… II-7
conduire *v.* to drive I-6
conduit (conduire) *p.p., adj.* driven I-6
confiture *f.* jam II-1
congé *m.* day off I-7
  jour de congé *m.* day off I-7
  prendre un congé *v.* to take time off II-5
congélateur *m.* freezer I-8, II-P
connaissance *f.* acquaintance I-5
  faire la connaissance de *v.* to meet (*someone*) I-5
connaître *v.* to know, to be familiar with I-8, II-P
connecté(e) *adj.* connected II-3
  être connecté(e) avec quelqu'un *v.* to be online with someone I-7, II-3
connu (connaître) *p.p., adj.* known; famous I-8, II-P
conseil *m.* advice II-5
conseiller/conseillère *m., f.* consultant; advisor II-5
considérer *v.* to consider I-5
constamment *adv.* constantly I-8, II-P
construire *v.* to build, to construct I-6
conte *m.* tale II-7
content(e) *adj.* happy II-5
  être content(e) que… *v.* to be happy that… II-6
continuer (à) *v.* to continue (*doing something*) II-4
contraire *adj.* contrary II-7
  au contraire on the contrary II-7
copain/copine *m., f.* friend I-1
corbeille (à papier) *f.* wastebasket I-1
corps *m.* body II-2
costume *m.* (*man's*) suit I-6
côte *f.* coast II-6
coton *m.* cotton II-4
cou *m.* neck II-2
couche d'ozone *f.* ozone layer II-6
  trou dans la couche d'ozone *m.* hole in the ozone layer II-6
couleur *f.* color 6
  De quelle couleur… ? What color… ? I-6

Vocabulaire — **French-English**

couloir *m.* hallway I-8, II-P
couple *m.* couple I-6
courage *m.* courage II-5
courageux/courageuse *adj.* courageous, brave I-3
couramment *adv.* fluently I-8, II-P
courir *v.* to run I-5
courrier *m.* mail II-4
cours *m.* class, course I-2
course *f.* errand II-1
   faire les courses *v.* to go (grocery) shopping II-1
court(e) *adj.* short I-3
   chemise à manches courtes *f.* short-sleeved shirt I-6
couru (courir) *p.p.* run I-6
cousin(e) *m., f.* cousin I-3
couteau *m.* knife II-1
coûter *v.* to cost I-4
   Combien coûte... ? How much is... ? I-4
couvert (couvrir) *p.p.* covered II-3
couverture *f.* blanket I-8, II-P
couvrir *v.* to cover II-3
covoiturage *m.* carpooling II-6
cravate *f.* tie I-6
crayon *m.* pencil I-1
crème *f.* cream II-1
   crème à raser *f.* shaving cream II-2
crêpe *f.* crêpe I-5
crevé(e) *adj.* deflated; blown up II-3
   pneu crevé *m.* flat tire II-3
critique *f.* review; criticism II-7
croire (que) *v.* to believe (that) II-7
   ne pas croire que... to not believe that... II-7
croissant *m.* croissant I-4
croissant(e) *adj.* growing II-6
   population croissante *f.* growing population II-6
cru (croire) *p.p.* believed II-7
cruel/cruelle *adj.* cruel I-3
cuillère (à soupe/à café) *f.* (soup/tea)spoon II-1
cuir *m.* leather II-4
cuisine *f.* cooking; kitchen 5
   faire la cuisine *v.* to cook 5
cuisiner *v.* to cook II-1
cuisinier/cuisinière *m., f.* cook II-5
cuisinière *f.* stove I-8, II-P
curieux/curieuse *adj.* curious I-3
curriculum vitæ (C.V.) *m.* résumé II-5
cybercafé *m.* cybercafé II-4

D

d'abord *adv.* first I-7
d'accord *(tag question)* all right? I-2; *(in statement)* okay I-2
   être d'accord to be in agreement I-2
d'autres *m., f.* others I-4
d'habitude *adv.* usually I-8, II-P
danger *m.* danger, threat II-6
dangereux/dangereuse *adj.* dangerous II-3
dans *prep.* in I-3
danse *f.* dance II-7
danser *v.* to dance I-4
danseur/danseuse *m., f.* dancer II-7
date *f.* date I-5
   Quelle est la date? What is the date? I-5
de/d' *prep.* of I-3; from I-1
   de l'après-midi in the afternoon I-2
   de laquelle *pron., f., sing.* which one II-5
   De quelle couleur... ? What color... ? I-6
   De rien. You're welcome. I-1
   de taille moyenne of medium height I-3
   de temps en temps *adv.* from time to time I-8, II-P
débarrasser la table *v.* to clear the table I-8, II-P
déboisement *m.* deforestation II-6
début *m.* beginning; debut II-7
décembre *m.* December I-5
déchets toxiques *m., pl.* toxic waste II-6
décider (de) *v.* to decide (to do something) II-3
découvert (découvrir) *p.p.* discovered II-3
découvrir *v.* to discover II-3
décrire *v.* to describe I-7
décrocher *v.* to pick up II-5
décrit (décrire) *p.p., adj.* described I-7
degrés *m., pl.* (temperature) degrees I-5
   Il fait ... degrés. *(to describe weather)* It is ... degrees. I-5
déjà *adv.* already I-5
déjeuner *m.* lunch II-1; *v.* to eat lunch I-4
de l' *part. art., m., f., sing.* some I-4
de la *part. art., f., sing.* some I-4
délicieux/délicieuse delicious I-8, II-P
demain *adv.* tomorrow I-2

À demain. See you tomorrow. I-1
   après-demain *adv.* day after tomorrow I-2
   demain matin/après-midi/soir *adv.* tomorrow morning/afternoon/evening I-2
demander (à) *v.* to ask *(someone)*, to make a request *(of someone)* I-6
   demander que... *v.* to ask that... II-6
démarrer *v.* to start up II-3
déménager *v.* to move out I-8, II-P
demie half I-2
   et demie half past ... (o'clock) I-2
demi-frère *m.* half-brother, stepbrother I-3
demi-sœur *f.* half-sister, stepsister I-3
démissionner *v.* to resign II-5
dent *f.* tooth II-1
   brosse à dents *f.* toothbrush II-2
   se brosser les dents *v.* to brush one's teeth II-1
dentifrice *m.* toothpaste II-2
dentiste *m., f.* dentist I-3
départ *m.* departure I-7
dépasser *v.* to go over; to pass II-3
dépense *f.* expenditure, expense II-4
dépenser *v.* to spend I-4
   dépenser de l'argent *v.* to spend money I-4
déposer de l'argent *v.* to deposit money II-4
déprimé(e) *adj.* depressed II-2
depuis *adv.* since; for II-1
dernier/dernière *adj.* last I-2
dernièrement *adv.* lastly, finally I-8, II-P
derrière *prep.* behind I-3
des *part. art., m., f., pl.* some I-4
des (de + les) *m., f., pl.* of the I-3
dès que *adv.* as soon as II-5
désagréable *adj.* unpleasant I-1
descendre (de) *v.* to go downstairs; to get off; to take down I-6
désert *m.* desert II-6
désirer (que) *v.* to want (that) I-5
désolé(e) *adj.* sorry I-6
   être désolé(e) que... to be sorry that... II-6
desquelles (de + lesquelles) *pron., f., pl.* which ones II-5
desquels (de + lesquels) *pron., m., pl.* which ones II-5

Vocabulaire   **French-English**

dessert *m.* dessert I-6
dessin animé *m.* cartoon II-7
dessiner *v.* to draw I-2
détester *v.* to hate I-2
   Je déteste... I hate... I-2
détruire *v.* to destroy I-6
détruit (détruire) *p.p., adj.* destroyed I-6
deux *m.* two I-1
deuxième *adj.* second I-7
devant *prep.* in front of I-3
développer *v.* to develop II-6
devenir *v.* to become II-1
devoir *m.* homework I-2; *v.* to have to, must II-1
dictionnaire *m.* dictionary I-1
différemment *adv.* differently I-8, II-P
différence *f.* difference I-1
différent(e) *adj.* different I-1
difficile *adj.* difficult I-1
dimanche *m.* Sunday I-2
dîner *m.* dinner II-1; *v.* to have dinner I-2
diplôme *m.* diploma, degree I-2
dire *v.* to say I-7
   Ça te dit? Does that appeal to you? II-6
   ça veut dire that is to say II-2
   veut dire *v.* means, signifies II-1
diriger *v.* to manage II-5
discret/discrète *adj.* discreet; unassuming I-3
discuter *v.* discuss I-6
disque *m.* disk II-3
   compact disque *m.* compact disc II-3
   disque dur *m.* hard drive II-3
dissertation *f.* essay II-3
distributeur automatique/de billets *m.* ATM II-4
dit (dire) *p.p., adj.* said I-7
divorce *m.* divorce I-6
divorcé(e) *adj.* divorced I-3
divorcer *v.* to divorce I-3
dix *m.* ten I-1
dix-huit *m.* eighteen I-1
dixième *adj.* tenth I-7
dix-neuf *m.* nineteen I-1
dix-sept *m.* seventeen I-1
documentaire *m.* documentary II-7
doigt *m.* finger II-2
doigt de pied *m.* toe II-2
domaine *m.* field II-5
dommage *m.* harm II-6
   Il est dommage que... It's a shame that... II-6
donc *conj.* therefore I-7
donner (à) *v.* to give (*to someone*) I-2

dont *rel. pron.* of which; of whom; that II-3
dormir *v.* to sleep I-5
dos *m.* back II-2
   sac à dos *m.* backpack I-1
douane *f.* customs I-7
douche *f.* shower I-8, II-P
   prendre une douche *v.* to take a shower II-2
doué(e) *adj.* talented, gifted II-7
douleur *f.* pain II-2
douter (que) *v.* to doubt (that) II-7
douteux/douteuse *adj.* doubtful II-7
   Il est douteux que... It is doubtful that... II-7
doux/douce *adj.* sweet; soft I-3
douze *m.* twelve I-1
dramaturge *m.* playwright II-7
drame (psychologique) *m.* (psychological) drama II-7
draps *m., pl.* sheets I-8, II-P
droit *m.* law I-2
droite *f.* the right (side) I-3
   à droite de *prep.* to the right of I-3
drôle *adj.* funny I-3
du *part. art., m., sing.* some I-4
du (de + le) *m., sing.* of the I-3
dû (devoir) *p.p., adj. (used with infinitive)* had to; *(used with noun)* due, owed II-1
duquel (de + lequel) *pron., m., sing.* which one II-5

E

eau (minérale) *f.* (mineral) water I-4
   carafe d'eau *f.* pitcher of water II-1
écharpe *f.* scarf I-6
échecs *m., pl.* chess I-5
échouer *v.* to fail I-2
éclair *m.* éclair I-4
école *f.* school I-2
écologie *f.* ecology II-6
écologique *adj.* ecological II-6
économie *f.* economics I-2
écotourisme *m.* ecotourism II-6
écouter *v.* to listen (to) I-2
écran *m.* screen 11
écrire *v.* to write I-7
écrivain/femme écrivain *m., f.* writer II-7
écrit (écrire) *p.p., adj.* written I-7
écureuil *m.* squirrel II-6
éducation physique *f.* physical education I-2
effacer *v.* to erase II-3

effet de serre *m.* greenhouse effect II-6
égaler *v.* to equal I-3
église *f.* church I-4
égoïste *adj.* selfish I-1
Eh! *interj.* Hey! I-2
électrique *adj.* electric I-8, II-P
   appareil électrique/ménager *m.* electrical/household appliance I-8, II-P
électricien/électricienne *m., f.* electrician II-5
élégant(e) *adj.* elegant 1
élevé *adj.* high II-5
élève *m., f.* pupil, student I-1
elle *pron., f.* she; it I-1; her I-3
   elle est... she/it is... I-1
elles *pron., f.* they I-1; them I-3
   elles sont... they are... I-1
e-mail *m.* e-mail II-3
emballage (en plastique) *m.* (plastic) wrapping/packaging II-6
embaucher *v.* to hire II-5
embrayage *m.* (*automobile*) clutch II-3
émission (de télévision) *f.* (television) program II-7
emménager *v.* to move in I-8, II-P
emmener *v.* to take (*someone*) I-5
emploi *m.* job II-5
   emploi à mi-temps/à temps partiel *m.* part-time job II-5
   emploi à plein temps *m.* full-time job II-5
employé(e) *m., f.* employee II-5
employer *v.* to use, to employ I-5
emprunter *v.* to borrow II-4
en *prep.* in I-3
   en automne in the fall I-5
   en avance early I-2
   en avoir marre to be fed up I-6
   en effet indeed; in fact II-6
   en été in the summer I-5
   en face (de) *prep.* facing, across (from) I-3
   en fait in fact I-7
   en général *adv.* in general I-8, II-P
   en hiver in the winter I-5
   en plein air in fresh air II-6
   en retard late I-2
   en tout cas in any case 6
   en vacances on vacation 7
   être en ligne to be online II-3
en *pron.* some of it/them; about it/them; of it/them; from it/them II-2
   Je vous en prie. *form.* Please.; You're welcome. I-1

Vocabulaire — French-English

Qu'en penses-tu? What do you think about that? II-6
enceinte *adj.* pregnant II-2
Enchanté(e). Delighted. I-1
encore *adv.* again; still I-3
endroit *m.* place I-4
énergie (nucléaire/solaire) *f.* (nuclear/solar) energy II-6
enfance *f.* childhood I-6
enfant *m., f.* child I-3
enfin *adv.* finally, at last I-7
enlever la poussière *v.* to dust I-8, II-P
ennuyeux/ennuyeuse *adj.* boring I-3
énorme *adj.* enormous, huge I-2
enregistrer *v.* to record II-3
enseigner *v.* to teach I-2
ensemble *adv.* together I-6
ensuite *adv.* then, next I-7
entendre *v.* to hear I-6
entracte *m.* intermission II-7
entre *prep.* between I-3
entrée *f.* appetizer, starter II-1
entreprise *f.* firm, business II-5
entrer *v.* to enter I-7
entretien: passer un entretien to have an interview II-5
enveloppe *f.* envelope II-4
envie *f.* desire, envy I-2
  avoir envie (de) to feel like (*doing something*) I-2
environnement *m.* environment II-6
envoyer (à) *v.* to send (*to someone*) I-5
épargne *f.* savings II-4
  compte d'épargne *m.* savings account II-4
épicerie *f.* grocery store I-4
épouser *v.* to marry I-3
épouvantable *adj.* dreadful 5
  Il fait un temps épouvantable. The weather is dreadful. I-5
époux/épouse *m., f.* husband/wife I-3
équipe *f.* team I-5
escalier *m.* staircase I-8, II-P
escargot *m.* escargot, snail II-1
espace *m.* space II-6
Espagne *f.* Spain 7
espagnol(e) *adj.* Spanish I-1
espèce (menacée) *f.* (endangered) species II-6
espérer *v.* to hope I-5
essayer *v.* to try I-5
essence *f.* gas II-3
  réservoir d'essence *m.* gas tank II-3
  voyant d'essence *m.* gas warning light II-3
essentiel(le) *adj.* essential II-6
  Il est essentiel que… It is essential that… II-6
essuie-glace *m.* **(essuie-glaces** *pl.***)** windshield wiper(s) II-3
essuyer (la vaisselle/la table) *v.* to wipe (the dishes/the table) I-8, II-P
est *m.* east II-4
Est-ce que… ? (*used in forming questions*) I-2
et *conj.* and I-1
  Et toi? *fam.* And you? I-1
  Et vous? *form.* And you? I-1
étage *m.* floor I-7
étagère *f.* shelf I-8, II-P
étape *f.* stage I-6
état civil *m.* marital status I-6
États-Unis *m., pl.* United States I-7
été *m.* summer I-5
  en été in the summer I-5
été (être) *p.p.* been I-6
éteindre *v.* to turn off II-3
éternuer *v.* to sneeze II-2
étoile *f.* star II-6
étranger/étrangère *adj.* foreign I-2
  langues étrangères *f., pl.* foreign languages I-2
étranger *m.* (*places that are*) abroad, overseas I-7
  à l'étranger abroad, overseas I-7
étrangler *v.* to strangle II-5
être *v.* to be I-1
  être bien/mal payé(e) to be well/badly paid II-5
  être connecté(e) avec quelqu'un to be online with someone I-7, II-3
  être en ligne avec to be online with II-3
  être en pleine forme to be in good shape II-2
études (supérieures) *f., pl.* studies; (higher) education I-2
étudiant(e) *m., f.* student I-1
étudier *v.* to study I-2
eu (avoir) *p.p.* had I-6
eux *disj. pron., m., pl.* they, them I-3
évidemment *adv.* obviously, evidently; of course I-8, II-P
évident(e) *adj.* evident, obvious II-7
  Il est évident que… It is evident that… II-7
évier *m.* sink I-8, II-P
éviter (de) *v.* to avoid (*doing something*) II-2
exactement *adv.* exactly II-1
examen *m.* exam; test I-1
  être reçu(e) à un examen *v.* to pass an exam I-2
  passer un examen *v.* to take an exam I-2
Excuse-moi. *fam.* Excuse me. I-1
Excusez-moi. *form.* Excuse me. I-1
exercice *m.* exercise II-2
  faire de l'exercice *v.* to exercise II-2
exigeant(e) *adj.* demanding II-5
  profession (exigeante) *f.* a (demanding) profession II-5
exiger (que) *v.* to demand (that) II-6
expérience (professionnelle) *f.* (professional) experience II-5
expliquer *v.* to explain I-2
explorer *v.* to explore I-4
exposition *f.* exhibit II-7
extinction *f.* extinction II-6

F

facile *adj.* easy I-2
facilement *adv.* easily I-8, II-P
facteur *m.* mailman II-4
faculté *f.* university; faculty I-1
faible *adj.* weak I-3
faim *f.* hunger I-4
  avoir faim *v.* to be hungry I-4
faire *v.* to do; to make I-5
  faire attention (à) *v.* to pay attention (to) I-5
  faire quelque chose de beau *v.* to be up to something interesting II-4
  faire de l'aérobic *v.* to do aerobics I-5
  faire de la gym *v.* to work out I-5
  faire de la musique *v.* to play music II-5
  faire de la peinture *v.* to paint II-7
  faire de la planche à voile *v.* to go windsurfing I-5
  faire de l'exercice *v.* to exercise II-2
  faire des projets *v.* to make plans II-5
  faire du camping *v.* to go camping I-5
  faire du cheval *v.* to go horseback riding I-5
  faire du jogging *v.* to go jogging I-5

Vocabulaire   **French-English**

faire du shopping *v.* to go shopping I-7
faire du ski *v.* to go skiing I-5
faire du sport *v.* to do sports I-5
faire du vélo *v.* to go bike riding I-5
faire la connaissance de *v.* to meet (*someone*) I-5
faire la cuisine *v.* to cook I-5
faire la fête *v.* to party I-6
faire la lessive *v.* to do the laundry I-8, II-P
faire la poussière *v.* to dust I-8, II-P
faire la queue *v.* to wait in line II-4
faire la vaisselle *v.* to do the dishes I-8, II-P
faire le lit *v.* to make the bed I-8, II-P
faire le ménage *v.* to do the housework I-8, II-P
faire le plein *v.* to fill the tank II-3
faire les courses *v.* to run errands II-1
faire les musées *v.* to go to museums II-7
faire les valises *v.* to pack one's bags I-7
faire mal *v.* to hurt II-2
faire plaisir à quelqu'un *v.* to please someone II-5
faire sa toilette *v.* to wash up II-2
faire une piqûre *v.* to give a shot 10
faire une promenade *v.* to go for a walk I-5
faire une randonnée *v.* to go for a hike I-5
faire un séjour *v.* to spend time (*somewhere*) I-7
faire un tour (en voiture) *v.* to go for a walk (drive) I-5
faire visiter *v.* to give a tour I-8, II-P
fait (faire) *p.p., adj.* done; made I-6
falaise *f.* cliff II-6
faut (falloir) *v.* (used with infinitive) is necessary to… I-5
  Il a fallu… It was necessary to… I-6
  Il fallait… One had to… I-8, II-P
  Il faut que… One must…/It is necessary that… II-6
fallu (falloir) *p.p.* (used with infinitive) had to… I-6
  Il a fallu… It was necessary to… I-6

famille *f.* family I-3
fatigué(e) *adj.* tired I-3
fauteuil *m.* armchair I-8, II-P
favori/favorite *adj.* favorite I-3
fax *m.* fax (machine) II-3
félicitations congratulations II-7
femme *f.* woman; wife I-1
  femme d'affaires businesswoman I-3
  femme au foyer housewife II-5
  femme auteur author II-7
  femme cadre executive II-5
  femme écrivain writer II-7
  femme peintre painter II-7
  femme politique politician II-5
  femme pompier firefighter II-5
  femme sculpteur sculptor II-7
fenêtre *f.* window I-1
fer à repasser *m.* iron I-8, II-P
férié(e) *adj.* holiday I-6
  jour férié *m.* holiday I-6
fermé(e) *adj.* closed II-4
fermer *v.* to close; to shut off II-3
festival (festivals *pl.***)** *m.* festival II-7
fête *f.* party; celebration I-6
  faire la fête *v.* to party I-6
fêter *v.* to celebrate I-6
feu de signalisation *m.* traffic light II-4
feuille de papier *f.* sheet of paper I-1
feuilleton *m.* soap opera II-7
février *m.* February I-5
fiancé(e) *adj.* engaged I-3
fiancé(e) *m., f.* fiancé I-6
fichier *m.* file II-3
fier/fière *adj.* proud I-3
fièvre *f.* fever II-2
  avoir de la fièvre *v.* to have a fever II-2
fille *f.* girl; daughter I-1
film (d'aventures, d'horreur, de science-fiction, policier) *m.* (adventure, horror, science-fiction, crime) film II-7
fils *m.* son I-3
fin *f.* end II-7
finalement *adv.* finally I-7
fini (finir) *p.p., adj.* finished, done, over I-4
finir (de) *v.* to finish (*doing something*) I-4
fleur *f.* flower I-8, II-P
fleuve *m.* river II-6
fois *f.* time I-8, II-P
  une fois *adv.* once I-8, II-P
  deux fois *adv.* twice I-8, II-P
fonctionner *v.* to work, to function II-3
fontaine *f.* fountain II-4

foot(ball) *m.* soccer I-5
  football américain *m.* football I-5
forêt (tropicale) *f.* (tropical) forest II-6
formation *f.* education; training II-5
forme *f.* shape; form II-2
  être en pleine forme *v.* to be in good shape II-2
formidable *adj.* great I-7
formulaire *m.* form II-4
  remplir un formulaire to fill out a form II-4
fort(e) *adj.* strong I-3
fou/folle *adj.* crazy I-3
four (à micro-ondes) *m.* (microwave) oven I-8, II-P
fourchette *f.* fork II-1
frais/fraîche *adj.* fresh; cool I-5
  Il fait frais. (*weather*) It is cool. I-5
fraise *f.* strawberry II-1
français(e) *adj.* French I-1
France *f.* France I-7
franchement *adv.* frankly, honestly I-8, II-P
freiner *v.* to brake II-3
freins *m., pl.* brakes II-3
fréquenter *v.* to frequent; to visit I-4
frère *m.* brother I-3
  beau-frère *m.* brother-in-law I-3
  demi-frère *m.* half-brother, stepbrother I-3
frigo *m.* refrigerator I-8, II-P
frisé(e) *adj.* curly I-3
frites *f., pl.* French fries I-4
froid *m.* cold I-2
  avoir froid to be cold I-2
  Il fait froid. (*weather*) It is cold. I-5
fromage *m.* cheese I-4
fruit *m.* fruit II-1
fruits de mer *m., pl.* seafood II-1
fumer *v.* to smoke II-2
funérailles *f., pl.* funeral II-1
furieux/furieuse *adj.* furious II-6
  être furieux/furieuse que… *v.* to be furious that… II-6

G

gagner *v.* to win I-5; to earn II-5
gant *m.* glove I-6
garage *m.* garage I-8, II-P
garanti(e) *adj.* guaranteed 5
garçon *m.* boy I-1
garder la ligne *v.* to stay slim II-2
gare (routière) *f.* train station (bus station) I-7
gaspillage *m.* waste II-6

trois cent trente-trois **333**

Vocabulaire   **French-English**

gaspiller *v.* to waste II-6
gâteau *m.* cake I-6
gauche *f.* the left (side) I-3
   à gauche (de) *prep.* to the left (of) I-3
gazeux/gazeuse *adj.* carbonated, fizzy 4
   boisson gazeuse *f.* carbonated drink/beverage I-4
généreux/généreuse *adj.* generous I-3
génial(e) *adj.* great I-3
genou *m.* knee II-2
genre *m.* genre II-7
gens *m., pl.* people I-7
gentil/gentille *adj.* nice I-3
gentiment *adv.* nicely I-8, II-P
géographie *f.* geography I-2
gérant(e) *m., f.* manager II-5
gestion *f.* business administration I-2
glace *f.* ice cream I-6
glaçon *m.* ice cube I-6
glissement de terrain *m.* landslide II-6
golf *m.* golf I-5
enfler *v.* to swell II-2
gorge *f.* throat II-2
goûter *m.* afternoon snack II-1; *v.* to taste II-1
gouvernement *m.* government II-6
grand(e) *adj.* big I-3
   grand magasin *m.* department store I-4
grand-mère *f.* grandmother I-3
grand-père *m.* grandfather I-3
grands-parents *m., pl.* grandparents I-3
gratin *m.* gratin II-1
gratuit(e) *adj.* free II-7
grave *adj.* serious II-2
   Ce n'est pas grave. It's okay.; No problem. I-6
graver *v.* to record, to burn (CD, DVD) II-3
grille-pain *m.* toaster I-8, II-P
grippe *f.* flu II-2
gris(e) *adj.* gray I-6
gros(se) *adj.* fat I-3
grossir *v.* to gain weight I-4
guérir *v.* to get better II-2
guitare *f.* guitar II-7
gym *f.* exercise I-5
   faire de la gym *v.* to work out I-5
gymnase *m.* gym I-4

H

habitat *m.* habitat II-6
   sauvetage des habitats *m.* habitat preservation II-6
habiter (à) *v.* to live (in/at) I-2
haricots verts *m., pl.* green beans II-1
Hein? *interj.* Huh?; Right? I-3
herbe *f.* grass II-6
hésiter (à) *v.* to hesitate (to do something) II-3
heure(s) *f.* hour, o'clock; time I-2
   à … heure(s) at … (o'clock) I-4
   À quelle heure? What time?; When? I-2
   À tout à l'heure. See you later. I-1
   Quelle heure avez-vous? *form.* What time do you have? I-2
   Quelle heure est-il? What time is it? I-2
heureusement *adv.* fortunately I-8, II-P
heureux/heureuse *adj.* happy I-3
   être heureux/heureuse que… to be happy that… II-6
hier (matin/après-midi/soir) *adv.* yesterday (morning/afternoon/evening) I-7
   avant-hier *adv.* day before yesterday I-7
histoire *f.* history; story I-2
hiver *m.* winter I-5
   en hiver in the winter I-5
homme *m.* man I-1
   homme d'affaires *m.* businessman I-3
   homme politique *m.* politician II-5
honnête *adj.* honest II-7
honte *f.* shame I-2
   avoir honte (de) *v.* to be ashamed (of) I-2
hôpital *m.* hospital I-4
horloge *f.* clock I-1
hors-d'œuvre *m.* hors d'œuvre, appetizer II-1
hôte/hôtesse *m., f.* host I-6
hôtel *m.* hotel I-7
hôtelier/hôtelière *m., f.* hotel keeper I-7
huile *f.* oil II-1
   huile *f.* (automobile) oil II-3
   huile d'olive *f.* olive oil II-1
   vérifier l'huile to check the oil II-3
   voyant d'huile *m.* oil warning light II-3
huit *m.* eight I-1
huitième *adj.* eighth I-7
humeur *f.* mood I-8, II-P
   être de bonne/mauvaise humeur *v.* to be in a good/bad mood I-8, II-P

I

ici *adv.* here I-1
idée *f.* idea I-3
il *sub. pron.* he; it I-1
   il est… he/it is… I-1
   Il n'y a pas de quoi. It's nothing.; You're welcome. I-1
   Il vaut mieux que… It is better that… II-6
Il faut (falloir) *v. (used with infinitive)* It is necessary to… I-6
   Il a fallu… It was necessary to… I-6
   Il fallait… One had to… I-8, II-P
   Il faut (que)… One must…/ It is necessary that… II-6
il y a there is/are I-1
   il y a eu there was/were 6
   il y avait there was/were I-8, II-P
   Qu'est-ce qu'il y a? What is it?; What's wrong? I-1
   Y a-t-il… ? Is/Are there… ? I-2
il y a… *(used with an expression of time)* … ago II-1
île *f.* island II-6
ils *sub. pron., m., pl.* they I-1
   ils sont… they are… I-1
immeuble *m.* building I-8, II-P
impatient(e) *adj.* impatient I-1
imperméable *m.* rain jacket I-5
important(e) *adj.* important I-1
   Il est important que… It is important that… II-6
impossible *adj.* impossible II-7
   Il est impossible que… It is impossible that… II-7
imprimante *f.* printer II-3
imprimer *v.* to print II-3
incendie *m.* fire II-6
   prévenir l'incendie to prevent a fire II-6
incroyable *adj.* incredible II-3
indépendamment *adv.* independently I-8, II-P
indépendant(e) *adj.* independent I-1
indications *f.* directions II-4
indiquer *v.* to indicate I-5
indispensable *adj.* essential, indispensable II-6
   Il est indispensable que… It is essential that… II-6
individuel(le) *adj.* single, individual I-7
   chambre individuelle *f.* single (hotel) room I-7
infirmier/infirmière *m., f.* nurse II-2

Vocabulaire — French-English

informations (infos) *f., pl.* news II-7
informatique *f.* computer science I-2
ingénieur *m.* engineer I-3
inquiet/inquiète *adj.* worried I-3
instrument *m.* instrument I-1
intellectuel(le) *adj.* intellectual I-3
intelligent(e) *adj.* intelligent I-1
interdire *v.* to forbid, to prohibit II-6
intéressant(e) *adj.* interesting I-1
inutile *adj.* useless I-2
invité(e) *m., f.* guest I-6
inviter *v.* to invite I-4
irlandais(e) *adj.* Irish I-7
Irlande *f.* Ireland I-7
Italie *f.* Italy I-7
italien(ne) *adj.* Italian I-1

J

jaloux/jalouse *adj.* jealous I-3
jamais *adv.* never I-5
  ne… jamais never, not ever II-4
jambe *f.* leg II-2
jambon *m.* ham I-4
janvier *m.* January I-5
Japon *m.* Japan I-7
japonais(e) *adj.* Japanese I-1
jardin *m.* garden; yard I-8, II-P
jaune *adj.* yellow I-6
je/j' *sub. pron.* I I-1
  Je vous en prie. *form.* Please.; You're welcome. I-1
jean *m., sing.* jeans I-6
jeter *v.* to throw away II-6
jeu *m.* game I-5
  jeu télévisé *m.* game show II-7
  jeu vidéo (des jeux vidéo) *m.* video game(s) II-3
jeudi *m.* Thursday I-2
jeune *adj.* young I-3
  jeunes mariés *m., pl.* newlyweds I-6
jeunesse *f.* youth I-6
  auberge de jeunesse *f.* youth hostel I-7
jogging *m.* jogging I-5
  faire du jogging *v.* to go jogging I-5
joli(e) *adj.* handsome; beautiful I-3
joue *f.* cheek II-2
jouer (à/de) *v.* to play (a sport/a musical instrument) I-5
  jouer un rôle *v.* to play a role II-7
joueur/joueuse *m., f.* player I-5
jour *m.* day I-2

jour de congé *m.* day off I-7
jour férié *m.* holiday I-6
Quel jour sommes-nous? What day is it? I-2
journal *m.* newspaper; journal I-7
journaliste *m., f.* journalist I-3
journée *f.* day I-2
juillet *m.* July I-5
juin *m.* June I-5
jungle *f.* jungle II-6
jupe *f.* skirt I-6
jus (d'orange/de pomme) *m.* (orange/apple) juice I-4
jusqu'à (ce que) *prep.* until II-4
juste *adv.* just; right I-3
  juste à côté right next door I-3

K

kilo(gramme) *m.* kilo(gram) II-1
kiosque *m.* kiosk I-4

L

l' *def. art., m., f. sing.* the I-1; *d.o. pron., m., f.* him; her; it I-7
la *def. art., f. sing.* the I-1; *d.o. pron., f.* her; it I-7
là(-bas) (over) there I-1
-là *(used with demonstrative adjective* ce *and noun or with demonstrative pronoun* celui*)* there I-6
lac *m.* lake II-6
laid(e) *adj.* ugly I-3
laine *f.* wool II-4
laisser *v.* to let, to allow II-3
  laisser tranquille *v.* to leave alone II-2
  laisser un message *v.* to leave a message II-5
  laisser un pourboire *v.* to leave a tip I-4
lait *m.* milk I-4
laitue *f.* lettuce II-1
lampe *f.* lamp I-8, II-P
langues (étrangères) *f., pl.* (foreign) languages I-2
lapin *m.* rabbit II-6
laquelle *pron., f., sing.* which one II-5
  à laquelle *pron., f., sing.* which one II-5
  de laquelle *pron., f., sing.* which one II-5
large *adj.* loose; big I-6
lavabo *m.* bathroom sink I-8, II-P
lave-linge *m.* washing machine I-8, II-P
laver *v.* to wash I-8, II-P

laverie *f.* laundromat II-4
lave-vaisselle *m.* dishwasher I-8, II-P
le *def. art., m. sing.* the I-1; *d.o. pron.* him; it I-7
lecteur de CD/DVD *m.* CD/DVD player II-3
légume *m.* vegetable II-1
lent(e) *adj.* slow I-3
lequel *pron., m., sing.* which one II-5
  auquel (à + lequel) *pron., m., sing.* which one II-5
  duquel (de + lequel) *pron., m., sing.* which one II-5
les *def. art., m., f., pl.* the I-1; *d.o. pron., m., f., pl.* them I-7
lesquelles *pron., f., pl.* which ones II-5
  auxquelles (à + lesquelles) *pron., f., pl.* which ones II-5
  desquelles (de + lesquelles) *pron., f., pl.* which ones II-5
lesquels *pron., m., pl.* which ones II-5
  auxquels (à + lesquels) *pron., m., pl.* which ones II-5
  desquels (de + lesquels) *pron., m., pl.* which ones II-5
lessive *f.* laundry I-8, II-P
  faire la lessive *v.* to do the laundry I-8, II-P
lettre *f.* letter II-4
  boîte aux lettres *f.* mailbox II-4
  lettre de motivation *f.* letter of application II-5
  lettre de recommandation *f.* letter of recommendation, reference letter II-5
lettres *f., pl.* humanities I-2
leur *i.o. pron., m., f., pl.* them I-6
leur(s) *poss. adj., m., f.* their I-3
librairie *f.* bookstore I-1
libre *adj.* available I-7
lieu *m.* place I-4
ligne *f.* figure, shape II-2
  garder la ligne *v.* to stay slim II-2
limitation de vitesse *f.* speed limit II-3
limonade *f.* lemon soda I-4
linge *m.* laundry I-8, II-P
  lave-linge *m.* washing machine I-8, II-P
  sèche-linge *m.* clothes dryer I-8, II-P
liquide *m.* cash *(money)* II-4
  payer en liquide *v.* to pay in cash II-4
lire *v.* to read I-7
lit *m.* bed I-7

faire le lit *v.* to make the bed I-8, II-P
littéraire *adj.* literary II-7
littérature *f.* literature I-1
livre *m.* book I-1
logement *m.* housing I-8, II-P
logiciel *m.* software, program II-3
loi *f.* law II-6
loin de *prep.* far from I-3
loisir *m.* leisure activity I-5
long(ue) *adj.* long I-3
   chemise à manches longues *f.* long-sleeved shirt I-6
longtemps *adv.* a long time I-5
louer *v.* to rent I-8, II-P
loyer *m.* rent I-8, II-P
lu (lire) *p.p.* read I-7
lui *pron., sing.* he I-1; him I-3; *i.o. pron.* (attached to imperative) to him/her II-1
l'un(e) à l'autre to one another II-3
l'un(e) l'autre one another II-3
lundi *m.* Monday I-2
Lune *f.* moon II-6
lunettes (de soleil) *f., pl.* (sun)glasses I-6
lycée *m.* high school I-1
lycéen(ne) *m., f.* high school student I-2

M

ma *poss. adj., f., sing.* my I-3
Madame *f.* Ma'am; Mrs. I-1
Mademoiselle *f.* Miss I-1
magasin *m.* store I-4
   grand magasin *m.* department store I-4
magazine *m.* magazine II-7
magnétophone *m.* tape recorder II-3
magnétoscope *m.* videocassette recorder (VCR) II-3
mai *m.* May I-5
maigrir *v.* to lose weight I-4
maillot de bain *m.* swimsuit, bathing suit I-6
main *f.* hand I-5
   sac à main *m.* purse, handbag I-6
maintenant *adv.* now I-5
maintenir *v.* to maintain II-1
mairie *f.* town/city hall; mayor's office II-4
mais *conj.* but I-1
   mais non (but) of course not; no I-2
maison *f.* house I-4
   rentrer à la maison *v.* to return home I-2
mal *adv.* badly I-7

Je vais mal. I am doing badly. I-1
le plus mal *super. adv.* the worst II-1
se porter mal *v.* to be doing badly II-2
mal *m.* illness; ache, pain II-2
   avoir mal *v.* to have an ache II-2
   avoir mal au cœur *v.* to feel nauseated II-2
   faire mal *v.* to hurt II-2
malade *adj.* sick, ill II-2
   tomber malade *v.* to get sick II-2
maladie *f.* illness II-5
   assurance maladie *f.* health insurance II-5
malheureusement *adv.* unfortunately I-2
malheureux/malheureuse *adj.* unhappy I-3
manche *f.* sleeve I-6
   chemise à manches courtes/longues *f.* short-/long-sleeved shirt I-6
manger *v.* to eat I-2
   salle à manger *f.* dining room I-8, II-P
manteau *m.* coat I-6
maquillage *m.* makeup II-2
marchand de journaux *m.* newsstand II-4
marché *m.* market I-4
   bon marché *adj.* inexpensive I-6
marcher *v.* to walk *(person)* I-5; to work *(thing)* II-3
mardi *m.* Tuesday I-2
mari *m.* husband I-3
mariage *m.* marriage; wedding *(ceremony)* I-6
marié(e) *adj.* married I-3
mariés *m., pl.* married couple I-6
   jeunes mariés *m., pl.* newlyweds I-6
marocain(e) *adj.* Moroccan I-1
marron *adj., inv.* (not for hair) brown I-3
mars *m.* March I-5
martiniquais(e) *adj.* from Martinique I-1
match *m.* game I-5
mathématiques (maths) *f., pl.* mathematics I-2
matin *m.* morning I-2
   ce matin *adv.* this morning I-2
   demain matin *adv.* tomorrow morning I-2
   hier matin *adv.* yesterday morning I-7
matinée *f.* morning I-2
mauvais(e) *adj.* bad I-3
   Il fait mauvais. The weather is bad. I-5

le/la plus mauvais(e) *super. adj.* the worst II-1
mayonnaise *f.* mayonnaise II-1
me/m' *pron., sing.* me; myself I-6
mec *m.* guy II-2
mécanicien *m.* mechanic II-3
mécanicienne *f.* mechanic II-3
méchant(e) *adj.* mean I-3
médecin *m.* doctor I-3
médicament (contre/pour) *m.* medication (against/for) II-2
meilleur(e) *comp. adj.* better II-1
   le/la meilleur(e) *super. adj.* the best II-1
membre *m.* member II-7
même *adj.* even I-5; same
-même(s) *pron.* -self/-selves I-6
menacé(e) *adj.* endangered II-6
   espèce menacée *f.* endangered species II-6
ménage *m.* housework I-8, II-P
   faire le ménage *v.* to do housework I-8, II-P
ménager/ménagère *adj.* household I-8, II-P
   appareil ménager *m.* household appliance I-8, II-P
   tâche ménagère *f.* household chore I-8, II-P
mention *f.* distinction II-5
menu *m.* menu II-1
mer *f.* sea I-7
Merci (beaucoup). Thank you (very much). I-1
mercredi *m.* Wednesday I-2
mère *f.* mother I-3
   belle-mère *f.* mother-in-law; stepmother I-3
mes *poss. adj., m., f., pl.* my I-3
message *m.* message II-5
   laisser un message *v.* to leave a message II-5
messagerie *f.* voicemail II-5
météo *f.* weather II-7
métier *m.* profession II-5
métro *m.* subway I-7
   station de métro *f.* subway station I-7
metteur en scène *m.* director *(of a play)* II-7
mettre *v.* to put, to place 6
   mettre la table to set the table I-8, II-P
meuble *m.* piece of furniture I-8, II-P
mexicain(e) *adj.* Mexican I-1
Mexique *m.* Mexico I-7
Miam! *interj.* Yum! I-5
micro-onde *m.* microwave oven I-8, II-P
   four à micro-ondes *m.* microwave oven I-8, II-P
midi *m.* noon I-2

Vocabulaire
French-English

après-midi *m.* afternoon I-2
mieux *comp. adv.* better II-1
  aimer mieux *v.* to prefer I-2
  le mieux *super. adv.* the best II-1
  se porter mieux *v.* to be doing better II-2
mille *m.* one thousand I-5
  cent mille *m.* one hundred thousand I-5
million, un *m.* one million I-5
  deux millions *m.* two million I-5
minuit *m.* midnight I-2
miroir *m.* mirror I-8, II-P
mis (mettre) *p.p.* put, placed I-6
mode *f.* fashion I-2
modeste *adj.* modest II-5
moi *disj. pron., sing.* I, me I-3; *pron. (attached to an imperative)* to me, to myself II-1
  Moi aussi. Me too. I-1
  Moi non plus. Me neither. I-2
moins *adv.* before… (o'clock) I-2
moins (de) *adv.* less (of); fewer I-4
  le/la moins *super. adv. (used with verb or adverb)* the least II-1
  le moins de… *(used with noun to express quantity)* the least… II-6
  moins de… que… *(used with noun to express quantity)* less… than… II-6
mois *m.* month I-2
  ce mois-ci this month I-2
moment *m.* moment I-1
mon *poss. adj., m., sing.* my I-3
monde *m.* world I-7
moniteur *m.* monitor II-3
monnaie *f.* change, coins; money II-4
Monsieur *m.* Sir; Mr. I-1
montagne *f.* mountain I-4
monter *v.* to go up, to come up; to get in/on I-7
montre *f.* watch I-1
montrer (à) *v.* to show *(to someone)* I-6
morceau (de) *m.* piece, bit (of) I-4
mort *f.* death I-6
mort (mourir) *p.p., adj. (as past participle)* died; *(as adjective)* dead I-7
mot de passe *m.* password II-3
moteur *m.* engine II-3
mourir *v.* to die I-7
moutarde *f.* mustard II-1
moyen(ne) *adj.* medium I-3
  de taille moyenne of medium height I-3
mur *m.* wall I-8, II-P
musée *m.* museum I-4

faire les musées *v.* to go to museums II-7
musical(e) *adj.* musical II-7
  comédie musicale *f.* musical II-7
musicien(ne) *m., f.* musician I-3
musique: faire de la musique *v.* to play music II-7

N

nager *v.* to swim I-4
naïf/naïve *adj.* naïve I-3
naissance *f.* birth I-6
naître *v.* to be born I-7
nappe *f.* tablecloth II-1
nationalité *f.* nationality I-1
  Je suis de nationalité… I am of … nationality. I-1
  Quelle est ta nationalité? *fam.* What is your nationality? I-1
  Quelle est votre nationalité? *fam., pl., form.* What is your nationality? I-1
nature *f.* nature II-6
naturel(le) *adj.* natural II-6
  ressource naturelle *f.* natural resource II-6
né (naître) *p.p., adj.* born I-7
ne/n' no, not I-1
  ne… aucun(e) none, not any II-4
  ne… jamais never, not ever II-4
  ne… ni… ni… neither… nor… II-4
  ne… pas no, not I-2
  ne… personne nobody, no one II-4
  ne… plus no more, not anymore II-4
  ne… que only II-4
  ne… rien nothing, not anything II-4
  N'est-ce pas? *(tag question)* Isn't it? I-2
nécessaire *adj.* necessary II-6
  Il est nécessaire que… It is necessary that… II-6
neiger *v.* to snow I-5
  Il neige. It is snowing. I-5
nerveusement *adv.* nervously I-8, II-P
nerveux/nerveuse *adj.* nervous I-3
nettoyer *v.* to clean I-5
neuf *m.* nine I-1
neuvième *adj.* ninth I-7
neveu *m.* nephew I-3
nez *m.* nose II-2
ni nor II-4

ne… ni… ni… neither… nor II-4
nièce *f.* niece I-3
niveau *m.* level II-5
noir(e) *adj.* black I-3
non no I-2
  mais non (but) of course not; no I-2
nord *m.* north II-4
nos *poss. adj., m., f., pl.* our I-3
note *f. (academics)* grade I-2
notre *poss. adj., m., f., sing.* our I-3
nourriture *f.* food, sustenance II-1
nous *pron.* we I-1; us I-3; ourselves II-2
nouveau/nouvelle *adj.* new I-3
nouvelles *f., pl.* news II-7
novembre *m.* November I-5
nuage de pollution *m.* pollution cloud II-6
nuageux/nuageuse *adj.* cloudy I-5
  Le temps est nuageux. It is cloudy. I-5
nucléaire *adj.* nuclear II-6
  centrale nucléaire *f.* nuclear plant II-6
  énergie nucléaire *f.* nuclear energy II-6
nuit *f.* night I-2
  boîte de nuit *f.* nightclub I-4
nul(le) *adj.* useless I-2
numéro *m.* (telephone) number II-3
  composer un numéro *v.* to dial a number II-3
  recomposer un numéro *v.* to redial a number II-3

O

objet *m.* object I-1
obtenir *v.* to get, to obtain II-5
occupé(e) *adj.* busy I-1
octobre *m.* October I-5
œil (les yeux) *m.* eye (eyes) II-2
œuf *m.* egg II-1
œuvre *f.* artwork, piece of art II-7
  chef-d'œuvre *m.* masterpiece II-7
  hors-d'œuvre *m.* hors d'œuvre, starter II-1
offert (offrir) *p.p.* offered II-3
office du tourisme *m.* tourist office II-4
offrir *v.* to offer II-3
oignon *m.* onion II-1
oiseau *m.* bird I-3
olive *f.* olive II-1
  huile d'olive *f.* olive oil II-1
omelette *f.* omelette I-5
on *sub. pron., sing.* one (we) I-1
  on y va let's go II-2

oncle *m.* uncle I-3
onze *m.* eleven I-1
onzième *adj.* eleventh I-7
opéra *m.* opera II-7
optimiste *adj.* optimistic I-1
orageux/orageuse *adj.* stormy I-5
   Le temps est orageux. It is stormy. I-5
orange *adj. inv.* orange I-6; *f.* orange II-1
orchestre *m.* orchestra II-7
ordinateur *m.* computer I-1
ordonnance *f.* prescription II-2
ordures *f., pl.* trash II-6
   ramassage des ordures *m.* garbage collection II-6
oreille *f.* ear II-2
oreiller *m.* pillow I-8, II-P
organiser (une fête) *v.* to organize/to plan (a party) I-6
origine *f.* heritage I-1
   Je suis d'origine… I am of… heritage. I-1
orteil *m.* toe II-2
ou *or* I-3
où *adv., rel. pron.* where 4
ouais *adv.* yeah I-2
oublier (de) *v.* to forget (*to do something*) I-2
ouest *m.* west II-4
oui *adv.* yes I-2
ouvert (ouvrir) *p.p., adj.* (*as past participle*) opened; (*as adjective*) open II-3
ouvrier/ouvrière *m., f.* worker, laborer II-5
ouvrir *v.* to open II-3
ozone *m.* ozone II-6
   trou dans la couche d'ozone *m.* hole in the ozone layer II-6

P

page d'accueil *f.* home page II-3
pain (de campagne) *m.* (country-style) bread I-4
panne *f.* breakdown, malfunction II-3
   tomber en panne *v.* to break down II-3
pantalon *m., sing.* pants I-6
pantoufle *f.* slipper II-2
papeterie *f.* stationery store II-4
papier *m.* paper I-1
   corbeille à papier *f.* wastebasket I-1
   feuille de papier *f.* sheet of paper I-1
paquet cadeau *m.* wrapped gift I-6
par *prep.* by I-3
   par jour/semaine/mois/an per day/week/month/year I-5
parapluie *m.* umbrella I-5
parc *m.* park I-4
parce que *conj.* because I-2
Pardon. Pardon (me). I-1
Pardon? What? I-4
pare-brise *m.* windshield II-3
pare-chocs *m.* bumper II-3
parents *m., pl.* parents I-3
paresseux/paresseuse *adj.* lazy I-3
parfait(e) *adj.* perfect I-4
parfois *adv.* sometimes I-5
parking *m.* parking lot II-3
parler (à) *v.* to speak (to) I-6
   parler (au téléphone) *v.* to speak (on the phone) I-2
partager *v.* to share I-2
partir *v.* to leave I-5
   partir en vacances *v.* to go on vacation I-7
pas (de) *adv.* no, none II-4
   ne… pas no, not I-2
   pas de problème no problem II-4
   pas du tout not at all I-2
   pas encore not yet I-8, II-P
   Pas mal. Not badly. I-1
passager/passagère *m., f.* passenger I-7
passeport *m.* passport I-7
passer *v.* to pass by; to spend time I-7
   passer chez quelqu'un *v.* to stop by someone's house I-4
   passer l'aspirateur *v.* to vacuum I-8, II-P
   passer un examen *v.* to take an exam I-2
passe-temps *m.* pastime, hobby I-5
pâté (de campagne) *m.* pâté, meat spread II-1
pâtes *f., pl.* pasta II-1
patiemment *adv.* patiently I-8, II-P
patient(e) *m., f.* patient II-2; *adj.* patient I-1
patienter *v.* to wait (on the phone), to be on hold II-5
patiner *v.* to skate I-4
pâtisserie *f.* pastry shop, bakery, pastry II-1
patron(ne) *m., f.* boss II-5
pauvre *adj.* poor I-3
payé (payer) *p.p., adj.* paid II-5
   être bien/mal payé(e) *v.* to be well/badly paid II-5
payer *v.* to pay I-5
   payer avec une carte de crédit *v.* to pay with a credit card II-4
   payer en liquide *v.* to pay in cash II-4
   payer par chèque *v.* to pay by check II-4
pays *m.* country I-7
peau *f.* skin II-2
pêche *f.* fishing I-5; peach II-1
   aller à la pêche *v.* to go fishing I-5
peigne *m.* comb II-2
peintre/femme peintre *m., f.* painter II-7
peinture *f.* painting II-7
pendant (que) *prep.* during, while I-7
   pendant (*with time expression*) *prep.* for II-1
pénible *adj.* tiresome I-3
penser (que) *v.* to think (that) I-2
   ne pas penser que… to not think that… II-7
   Qu'en penses-tu? What do you think about that? II-6
perdre *v.* to lose I-6
   perdre son temps *v.* to lose/to waste time I-6
perdu *p.p., adj.* lost II-4
   être perdu(e) to be lost II-4
père *m.* father I-3
   beau-père *m.* father-in-law; stepfather I-3
permettre (de) *v.* to allow (*to do something*) I-6
permis *m.* permit; license II-3
   permis de conduire *m.* driver's license II-3
permis (permettre) *p.p., adj.* permitted, allowed I-6
personnage (principal) *m.* (main) character II-7
personne *f.* person I-1; *pron.* no one II-4
   ne… personne nobody, no one II-4
pessimiste *adj.* pessimistic I-1
petit(e) *adj.* small I-3; short (*stature*) I-3
   petit(e) ami(e) *m., f.* boyfriend/girlfriend I-1
petit-déjeuner *m.* breakfast II-1
petite-fille *f.* granddaughter I-3
petit-fils *m.* grandson I-3
petits-enfants *m., pl.* grandchildren I-3
petits pois *m., pl.* peas II-1
peu (de) *adv.* little; not much (of) I-2
peur *f.* fear I-2
   avoir peur (de/que) *v.* to be afraid (of/that) I-2
peut-être *adv.* maybe, perhaps I-2
phares *m., pl.* headlights II-3
pharmacie *f.* pharmacy II-2

Vocabulaire

French-English

pharmacien(ne) *m., f.* pharmacist II-2
philosophie *f.* philosophy I-2
photo(graphie) *f.* photo (graph) I-3
physique *f.* physics I-2
piano *m.* piano II-7
pièce *f.* room I-8, II-P
pièce de théâtre *f.* play II-7
pièces de monnaie *f., pl.* change II-4
pied *m.* foot II-2
pierre *f.* stone II-6
pilule *f.* pill II-2
pique-nique *m.* picnic II-6
piqûre *f.* shot, injection II-2
   faire une piqûre *v.* to give a shot II-2
pire *comp. adj.* worse II-1
   le/la pire *super. adj.* the worst II-1
piscine *f.* pool I-4
placard *m.* closet; cupboard I-8, II-P
place *f.* square; place I-4; *f.* seat II-7
plage *f.* beach I-7
plaisir *m.* pleasure, enjoyment II-5
   faire plaisir à quelqu'un *v.* to please someone II-5
plan *m.* map I-7
   utiliser un plan *v.* to use a map I-7
planche à voile *f.* windsurfing I-5
   faire de la planche à voile *v.* to go windsurfing I-5
planète *f.* planet II-6
   sauver la planète *v.* to save the planet II-6
plante *f.* plant II-6
plastique *m.* plastic II-6
   emballage en plastique *m.* plastic wrapping/packaging II-6
plat (principal) *m.* (main) dish II-1
plein air *m.* outdoor, open-air II-6
pleine forme *f.* good shape, good state of health II-2
   être en pleine forme *v.* to be in good shape II-2
pleurer *v.* to cry
pleuvoir *v.* to rain I-5
   Il pleut. It is raining. I-5
plombier *m.* plumber II-5
plu (pleuvoir) *p.p.* rained I-6
pluie acide *f.* acid rain II-6
plus *adv.* (used in comparatives, superlatives, and expressions of quantity) more I-4
   le/la plus … *super. adv.* (used with adjective) the most II-1
   le/la plus mauvais(e) *super. adj.* the worst II-1

le plus *super. adv.* (used with verb or adverb) the most II-1
le plus de… (used with noun to express quantity) the most… II-6
le plus mal *super. adv.* the worst II-1
plus… que (used with adjective) more… than II-1
plus de more of I-4
plus de… que (used with noun to express quantity) more… than II-6
plus mal *comp. adv.* worse II-1
plus mauvais(e) *comp. adj.* worse II-1
plus *adv.* no more, not anymore II-4
   ne… plus no more, not anymore II-4
plusieurs *adj.* several I-4
plutôt *adv.* rather I-2
pneu (crevé) *m.* (flat) tire II-3
   vérifier la pression des pneus *v.* to check the tire pressure II-3
poème *m.* poem II-7
poète/poétesse *m., f.* poet II-7
point *m.* (punctuation mark) period II-3
poire *f.* pear II-1
poisson *m.* fish I-3
poissonnerie *f.* fish shop II-1
poitrine *f.* chest II-2
poivre *m.* (spice) pepper II-1
poivron *m.* (vegetable) pepper II-1
poli(e) *adj.* polite I-1
police *f.* police II-3
   agent de police *m.* police officer II-3
   commissariat de police *m.* police station II-4
policier *m.* police officer II-3
   film policier *m.* detective film II-7
policière *f.* police officer II-3
poliment *adv.* politely I-8, II-P
politique *adj.* political I-2
   femme politique *f.* politician II-5
   homme politique *m.* politician II-5
   sciences politiques (sciences po) *f., pl.* political science I-2
polluer *v.* to pollute II-6
pollution *f.* pollution II-6
   nuage de pollution *m.* pollution cloud II-6
pomme *f.* apple II-1
pomme de terre *f.* potato II-1
pompier/femme pompier *m., f.* firefighter II-5
pont *m.* bridge II-4

population croissante *f.* growing population II-6
porc *m.* pork II-1
portable *m.* cell phone II-3
porte *f.* door I-1
porter *v.* to wear I-6
portière *f.* car door II-3
portrait *m.* portrait I-5
poser une question (à) *v.* to ask (someone) a question I-6
posséder *v.* to possess, to own I-5
possible *adj.* possible II-7
   Il est possible que… It is possible that… II-6
poste *f.* postal service; post office II-4
   bureau de poste *m.* post office II-4
poste *m.* position II-5
poste de télévision *m.* television set II-3
poster une lettre *v.* to mail a letter II-4
postuler *v.* to apply II-5
poulet *m.* chicken II-1
pour *prep.* for I-5
   pour qui? for whom? I-4
   pour rien for no reason I-4
   pour que so that II-7
pourboire *m.* tip I-4
   laisser un pourboire *v.* to leave a tip I-4
pourquoi? *adv.* why? I-2
poussière *f.* dust I-8, II-P
   enlever/faire la poussière *v.* to dust I-8, II-P
pouvoir *v.* to be able to; can II-1
pratiquer *v.* to play regularly, to practice I-5
préféré(e) *adj.* favorite, preferred I-2
préférer (que) *v.* to prefer (that) I-5
premier *m.* the first (day of the month) I-5
   C'est le 1er (premier) octobre. It is October first. I-5
premier/première *adj.* first I-2
prendre *v.* to take I-4; to have I-4
   prendre sa retraite *v.* to retire I-6
   prendre un train/avion/ taxi/autobus/bateau *v.* to take a train/plane/taxi/bus/ boat I-7
   prendre un congé *v.* to take time off II-5
   prendre une douche *v.* to take a shower II-2
   prendre (un) rendez-vous *v.* to make an appointment II-5
préparer *v.* to prepare (for) I-2

Vocabulaire — French-English

près (de) *prep.* close (to), near I-3
 tout près (de) very close (to) II-4
présenter *v.* to present, to introduce II-7
 Je te présente… *fam.* I would like to introduce… to you. I-1
 Je vous présente… *fam., form.* I would like to introduce… to you. I-1
préservation *f.* protection II-6
préserver *v.* to preserve II-6
presque *adv.* almost I-2
pressé(e) *adj.* hurried II-1
pression *f.* pressure II-3
 vérifier la pression des pneus to check the tire pressure II-3
prêt(e) *adj.* ready I-3
prêter (à) *v.* to lend (*to someone*) I-6
prévenir l'incendie *v.* to prevent a fire II-6
principal(e) *adj.* main, principal II-1
 personnage principal *m.* main character II-7
 plat principal *m.* main dish II-1
printemps *m.* spring I-5
 au printemps in the spring I-5
pris (prendre) *p.p., adj.* taken I-6
prix *m.* price I-4
problème *m.* problem I-1
prochain(e) *adj.* next I-2
produire *v.* to produce I-6
produit *m.* product II-6
produit (produire) *p.p., adj.* produced I-6
professeur *m.* teacher, professor I-1
profession (exigeante) *f.* (demanding) profession II-5
professionnel(le) *adj.* professional II-5
 expérience professionnelle *f.* professional experience II-5
profiter (de) *v.* to take advantage (of); to enjoy II-7
programme *m.* program II-7
projet *m.* project II-5
 faire des projets *v.* to make plans II-5
promenade *f.* walk, stroll I-5
 faire une promenade *v.* to go for a walk I-5
promettre *v.* to promise I-6
promis (promettre) *p.p., adj.* promised I-6
promotion *f.* promotion II-5
proposer (que) *v.* to propose (that) II-6
 proposer une solution *v.* to propose a solution II-6
propre *adj.* clean I-8, II-P

propriétaire *m., f.* owner I-8, II-P; landlord/landlady I-8, II-P
protection *f.* protection II-6
protéger *v.* to protect 5
psychologie *f.* psychology I-2
psychologique *adj.* psychological II-7
psychologue *m., f.* psychologist II-5
pu (pouvoir) *p.p.* (used with infinitive) was able to 9
publicité (pub) *f.* advertisement II-7
publier *v.* to publish II-7
puis *adv.* then I-7
pull *m.* sweater I-6
pur(e) *adj.* pure II-6

Q

quand *adv.* when I-4
 C'est quand l'anniversaire de … ? When is …'s birthday? I-5
 C'est quand ton/votre anniversaire? When is your birthday? I-5
quarante *m.* forty I-1
quart *m.* quarter I-2
 et quart a quarter after… (o'clock) I-2
quartier *m.* area, neighborhood I-8, II-P
quatorze *m.* fourteen I-1
quatre *m.* four I-1
quatre-vingts *m.* eighty I-3
quatre-vingt-dix *m.* ninety I-3
quatrième *adj.* fourth I-7
que/qu' *rel. pron.* that; which II-3; *conj.* than II-1, II-6
 plus/moins … que (used with adjective) more/less … than II-1
 plus/moins de … que (used with noun to express quantity) more/less … than II-6
que/qu'…? *interr. pron.* what? I-4
 Qu'en penses-tu? What do you think about that? II-6
 Qu'est-ce que c'est? What is it? I-1
 Qu'est-ce qu'il y a? What is it?; What's wrong? I-1
que *adv.* only II-4
 ne… que only II-4
québécois(e) *adj.* from Quebec I-1
quel(le)(s)? *interr. adj.* which? I-4; what? I-4
 À quelle heure? What time?; When? I-2
 Quel jour sommes-nous? What day is it? I-2
 Quelle est la date? What is the date? I-5

Quelle est ta nationalité? *fam.* What is your nationality? I-1
Quelle est votre nationalité? *form.* What is your nationality? I-1
Quelle heure avez-vous? *form.* What time do you have? I-2
Quelle heure est-il? What time is it? I-2
Quelle température fait-il? (*weather*) What is the temperature? I-5
Quel temps fait-il? What is the weather like? I-5
quelqu'un *pron.* someone II-4
quelque chose *m.* something; anything I-4
 Quelque chose ne va pas. Something's not right. I-5
quelquefois *adv.* sometimes I-8, II-P
quelques *adj.* some I-4
question *f.* question I-6
 poser une question (à) to ask (*someone*) a question I-6
queue *f.* line II-4
 faire la queue *v.* to wait in line II-4
qui? *interr. pron.* who? I-4; whom? I-4; *rel. pron.* who, that II-3
 à qui? to whom? I-4
 avec qui? with whom? I-4
 C'est de la part de qui? On behalf of whom? II-5
 Qui est à l'appareil? Who's calling, please? II-5
 Qui est-ce? Who is it? I-1
quinze *m.* fifteen I-1
quitter (la maison) *v.* to leave (the house) I-4
 Ne quittez pas. Please hold. II-5
quoi? *interr. pron.* what? I-1
 Il n'y a pas de quoi. It's nothing.; You're welcome. I-1
 quoi que ce soit whatever it may be II-5

R

raccrocher *v.* to hang up II-5
radio *f.* radio II-7
 à la radio on the radio II-7
raide *adj.* straight I-3
raison *f.* reason; right I-2
 avoir raison *v.* to be right I-2
ramassage des ordures *m.* garbage collection II-6
randonnée *f.* hike I-5
 faire une randonnée *v.* to go for a hike I-5
ranger *v.* to tidy up, to put away I-8, II-P

Vocabulaire — French-English

rapide *adj.* fast I-3
rapidement *adv.* rapidly I-8, II-P
rarement *adv.* rarely I-5
rasoir *m.* razor II-2
ravissant(e) *adj.* beautiful; delightful II-5
réalisateur/réalisatrice *m., f.* director (*of a movie*) II-7
récent(e) *adj.* recent II-7
réception *f.* reception desk I-7
recevoir *v.* to receive II-4
réchauffement de la Terre *m.* global warming II-6
rechercher *v.* to search for, to look for II-5
recommandation *f.* recommendation II-5
recommander (que) *v.* to recommend (that) II-6
recomposer (un numéro) *v.* to redial (a number) II-3
reconnaître *v.* to recognize I-8, II-P
reconnu (reconnaître) *p.p., adj.* recognized I-8, II-P
reçu *m.* receipt II-4
reçu (recevoir) *p.p., adj.* received I-7
  être reçu(e) à un examen to pass an exam I-2
recyclage *m.* recycling II-6
recycler *v.* to recycle II-6
redémarrer *v.* to restart, to start again II-3
réduire *v.* to reduce I-6
réduit (réduire) *p.p., adj.* reduced I-6
référence *f.* reference II-5
réfléchir (à) *v.* to think (about), to reflect (on) I-4
refuser (de) *v.* to refuse (*to do something*) II-3
regarder *v.* to watch I-2
  Ça ne nous regarde pas. That has nothing to do with us.; That is none of our business. II-6
régime *m.* diet II-2
  être au régime *v.* to be on a diet II-1
région *f.* region II-6
regretter (que) *v.* to regret (that) II-6
remplir (un formulaire) *v.* to fill out (a form) II-4
rencontrer *v.* to meet I-2
rendez-vous *m.* date; appointment I-6
  prendre (un) rendez-vous *v.* to make an appointment II-5
rendre (à) *v.* to give back, to return (to) I-6

rendre visite (à) *v.* to visit I-6
rentrer (à la maison) *v.* to return (home) I-2
rentrer (dans) *v.* to hit II-3
renvoyer *v.* to dismiss, to let go II-5
réparer *v.* to repair II-3
repartir *v.* to go back II-7
repas *m.* meal II-1
repasser *v.* to take again II-7
  repasser (le linge) *v.* to iron (the laundry) I-8, II-P
  fer à repasser *m.* iron I-8, II-P
répéter *v.* to repeat; to rehearse I-5
répondeur (téléphonique) *m.* answering machine II-3
répondre (à) *v.* to respond, to answer (to) I-6
réservation *f.* reservation I-7
  annuler une réservation *v.* to cancel a reservation I-7
réservé(e) *adj.* reserved I-1
réserver *v.* to reserve I-7
réservoir d'essence *m.* gas tank II-3
résidence universitaire *f.* dorm I-8, II-P
ressource naturelle *f.* natural resource II-6
restaurant *m.* restaurant I-4
  restaurant universitaire (resto U) *m.* university cafeteria I-2
rester *v.* to stay I-7
résultat *m.* result I-2
retenir *v.* to keep, to retain II-1
retirer (de l'argent) *v.* to withdraw (money) II-4
retourner *v.* to return I-7
retraite *f.* retirement I-6
  prendre sa retraite *v.* to retire I-6
retraité(e) *m., f.* retired person II-5
retrouver *v.* to find (again); to meet up with I-2
rétroviseur *m.* rear-view mirror II-3
réunion *f.* meeting II-5
réussir (à) *v.* to succeed (*in doing something*) I-4
réussite *f.* success II-5
réveil *m.* alarm clock II-2
revenir *v.* to come back II-1
rêver (de) *v.* to dream about II-3
revoir *v.* to see again II-7
  Au revoir. Good-bye. I-1
revu (revoir) *p.p.* seen again II-7
rez-de-chaussée *m.* ground floor I-7

rhume *m.* cold II-2
ri (rire) *p.p.* laughed I-6
rideau *m.* curtain I-8, II-P
rien *m.* nothing II-4
  De rien. You're welcome. I-1
  ne... rien nothing, not anything II-4
  ne servir à rien *v.* to be good for nothing II-1
rire *v.* to laugh I-6
rivière *f.* river II-6
riz *m.* rice II-1
robe *f.* dress I-6
rôle *m.* role II-6
  jouer un rôle *v.* to play a role II-7
roman *m.* novel II-7
rose *adj.* pink I-6
roue (de secours) *f.* (emergency) tire II-3
rouge *adj.* red I-6
rouler en voiture *v.* to ride in a car I-7
rue *f.* street II-3
  suivre une rue *v.* to follow a street II-4

S

s'adorer *v.* to adore one another II-3
s'aider *v.* to help one another II-3
s'aimer (bien) *v.* to love (like) one another II-3
s'allumer *v.* to light up II-3
s'amuser *v.* to play; to have fun II-2
  s'amuser à *v.* to pass time by II-3
s'apercevoir *v.* to notice; to realize II-4
s'appeler *v.* to be named, to be called II-2
  Comment t'appelles-tu? *fam.* What is your name? I-1
  Comment vous appelez-vous? *form.* What is your name? I-1
  Je m'appelle... My name is... I-1
s'arrêter *v.* to stop II-2
s'asseoir *v.* to sit down II-2
sa *poss. adj., f., sing.* his; her; its I-3
sac *m.* bag I-1
  sac à dos *m.* backpack I-1
  sac à main *m.* purse, handbag I-6
sain(e) *adj.* healthy II-2
saison *f.* season I-5
salade *f.* salad II-1
salaire (élevé/modeste) *m.* (high/low) salary II-5
  augmentation de salaire *f.* raise in salary II-5

trois cent quarante et un **341**

sale *adj.* dirty I-8, II-P
salir *v.* to soil, to make dirty I-8, II-P
salle *f.* room I-8, II-P
  salle à manger *f.* dining room I-8, II-P
  salle de bains *f.* bathroom I-8, II-P
  salle de classe *f.* classroom I-1
  salle de séjour *f.* living/family room I-8, II-P
salon *m.* formal living room, sitting room I-8, II-P
  salon de beauté *m.* beauty salon II-4
Salut! Hi!; Bye! I-1
samedi *m.* Saturday I-2
sandwich *m.* sandwich I-4
sans *prep.* without I-8, II-P
  sans que *conj.* without II-7
santé *f.* health II-2
  être en bonne/mauvaise santé *v.* to be in good/bad health II-2
saucisse *f.* sausage II-1
sauvegarder *v.* to save II-3
sauver (la planète) *v.* to save (the planet) II-6
sauvetage des habitats *m.* habitat preservation II-6
savoir *v.* to know (*facts*), to know how to do something I-8, II-P
  savoir (que) *v.* to know (that) II-7
  Je n'en sais rien. I don't know anything about it. II-6
savon *m.* soap II-2
sciences *f., pl.* science I-2
  sciences politiques (sciences po) *f., pl.* political science I-2
sculpture *f.* sculpture II-7
sculpteur/femme sculpteur *m., f.* sculptor II-7
se/s' *pron., sing., pl.* (*used with reflexive verb*) himself; herself; itself; 10 (*used with reciprocal verb*) each other II-3
séance *f.* show; screening II-7
se blesser *v.* to hurt oneself II-2
se brosser (les cheveux/les dents) *v.* to brush one's (hair/teeth) II-1
se casser *v.* to break II-2
sèche-linge *m.* clothes dryer I-8, II-P
se coiffer *v.* to do one's hair II-2
se connaître *v.* to know one another II-3
se coucher *v.* to go to bed II-2
secours *m.* help II-3
  Au secours! Help! II-3
s'écrire *v.* to write one another II-3

sécurité *f.* security; safety
  attacher sa ceinture de sécurité *v.* to buckle one's seatbelt II-3
se dépêcher *v.* to hurry II-2
se déplacer *v.* to move, to change location II-4
se déshabiller *v.* to undress II-2
se détendre *v.* to relax II-2
se dire *v.* to tell one another II-3
se disputer (avec) *v.* to argue (with) II-2
se donner *v.* to give one another II-3
se fouler (la cheville) *v.* to twist/to sprain one's (ankle) II-2
se garer *v.* to park II-3
seize *m.* sixteen I-1
séjour *m.* stay I-7
  faire un séjour *v.* to spend time (*somewhere*) I-7
  salle de séjour *f.* living room I-8, II-P
sel *m.* salt II-1
se laver (les mains) *v.* to wash oneself (one's hands) II-2
se lever *v.* to get up, to get out of bed II-2
semaine *f.* week I-2
  cette semaine this week I-2
s'embrasser *v.* to kiss one another II-3
se maquiller *v.* to put on makeup II-2
se mettre *v.* to put (*something*) on (*yourself*) II-2
  se mettre à *v.* to begin to II-2
  se mettre en colère *v.* to become angry II-2
s'endormir *v.* to fall asleep, to go to sleep II-2
s'énerver *v.* to get worked up, to become upset II-2
sénégalais(e) *adj.* Senegalese I-1
s'ennuyer *v.* to get bored II-2
s'entendre bien (avec) *v.* to get along well (with one another) II-2
sentier *m.* path II-6
sentir *v.* to feel; to smell; to sense I-5
séparé(e) *adj.* separated I-3
se parler *v.* to speak to one another II-3
se porter mal/mieux *v.* to be ill/better II-2
se préparer (à) *v.* to get ready; to prepare (*to do something*) II-2
se promener *v.* to take a walk II-2
sept *m.* seven I-1
septembre *m.* September I-5
septième *adj.* seventh I-7
se quitter *v.* to leave one another II-3

se raser *v.* to shave oneself II-2
se réconcilier *v.* to make up II-7
se regarder *v.* to look at oneself; to look at each other II-2
se relever *v.* to get up again II-2
se rencontrer *v.* to meet one another, to make each other's acquaintance II-3
se rendre compte *v.* to realize II-2
se reposer *v.* to rest II-2
se retrouver *v.* to meet one another (*as planned*) II-3
se réveiller *v.* to wake up II-2
se sécher *v.* to dry oneself II-2
se sentir *v.* to feel II-2
sérieux/sérieuse *adj.* serious I-3
serpent *m.* snake II-6
serre *f.* greenhouse II-6
  effet de serre *m.* greenhouse effect II-6
serré(e) *adj.* tight I-6
serveur/serveuse *m., f.* server I-4
serviette *f.* napkin II-1
  serviette (de bain) *f.* (bath) towel II-2
servir *v.* to serve I-5
ses *poss. adj., m., f., pl.* his; her; its I-3
se souvenir (de) *v.* to remember II-2
se téléphoner *v.* to phone one another II-3
se tourner *v.* to turn (oneself) around II-2
se tromper (de) *v.* to be mistaken (about) II-2
se trouver *v.* to be located II-2
seulement *adv.* only I-8, II-P
s'habiller *v.* to dress II-2
shampooing *m.* shampoo II-2
shopping *m.* shopping I-7
  faire du shopping *v.* to go shopping I-7
short *m., sing.* shorts I-6
si *conj.* if II-5
si *adv.* (*when contradicting a negative statement or question*) yes I-2
signer *v.* to sign II-4
S'il te plaît. *fam.* Please. I-1
S'il vous plaît. *form.* Please. I-1
sincère *adj.* sincere I-1
s'inquiéter *v.* to worry II-2
s'intéresser (à) *v.* to be interested (in) II-2
site Internet/web *m.* web site II-3
six *m.* six I-1
sixième *adj.* sixth I-7
ski *m.* skiing I-5
  faire du ski *v.* to go skiing I-5
  station de ski *f.* ski resort I-7
skier *v.* to ski I-5

Vocabulaire — French-English

s'occuper (de) *v.* to take care (*of something*), to see to II-2
sociable *adj.* sociable I-1
sociologie *f.* sociology I-1
sœur *f.* sister I-3
  belle-sœur *f.* sister-in-law I-3
  demi-sœur *f.* half-sister, stepsister I-3
soie *f.* silk II-4
soif *f.* thirst I-4
  avoir soif *v.* to be thirsty I-4
soir *m.* evening I-2
  ce soir *adv.* this evening I-2
  demain soir *adv.* tomorrow evening I-2
  du soir *adv.* in the evening I-2
  hier soir *adv.* yesterday evening I-7
soirée *f.* evening I-2
sois (être) *imp. v.* be I-2
soixante *m.* sixty I-1
soixante-dix *m.* seventy I-3
solaire *adj.* solar II-6
  énergie solaire *f.* solar energy II-6
soldes *f., pl.* sales I-6
soleil *m.* sun I-5
  Il fait (du) soleil. It is sunny. I-5
solution *f.* solution II-6
  proposer une solution *v.* to propose a solution II-6
sommeil *m.* sleep I-2
  avoir sommeil *v.* to be sleepy I-2
son *poss. adj., m., sing.* his; her; its I-3
sonner *v.* to ring II-3
s'orienter *v.* to get one's bearings II-4
sorte *f.* sort, kind II-7
sortie *f.* exit I-7
sortir *v.* to go out, to leave I-5; to take out I-8, II-P
  sortir la/les poubelle(s) *v.* to take out the trash I-8, II-P
soudain *adv.* suddenly I-8, II-P
souffrir *v.* to suffer II-3
souffert (souffrir) *p.p.* suffered II-3
souhaiter (que) *v.* to wish (that) II-6
soupe *f.* soup I-4
  cuillère à soupe *f.* soupspoon II-1
sourire *v.* to smile I-6; *m.* smile II-4
souris *f.* mouse II-3
sous *prep.* under I-3
sous-sol *m.* basement I-8, II-P
sous-vêtement *m.* underwear I-6
souvent *adv.* often I-5
soyez (être) *imp. v.* be I-7
soyons (être) *imp. v.* let's be I-7
spécialiste *m., f.* specialist II-5
spectacle *m.* show I-5
spectateur/spectatrice *m., f.* spectator II-7
sport *m.* sport(s) I-5
  faire du sport *v.* to do sports I-5
sportif/sportive *adj.* athletic I-3
stade *m.* stadium I-5
stage *m.* internship; professional training II-5
station (de métro) *f.* (subway) station I-7
station de ski *f.* ski resort I-7
station-service *f.* service station II-3
statue *f.* statue II-4
steak *m.* steak II-1
studio *m.* studio (*apartment*) I-8, II-P
stylisme *m.* **de mode** *f.* fashion design I-2
stylo *m.* pen I-1
su (savoir) *p.p.* known I-8, II-P
sucre *m.* sugar I-4
sud *m.* south II-4
suggérer (que) *v.* to suggest (that) II-6
sujet *m.* subject II-6
  au sujet de on the subject of; about II-6
suisse *adj.* Swiss I-1
Suisse *f.* Switzerland I-7
suivre (un chemin/une rue/un boulevard) *v.* to follow (a path/a street/a boulevard) II-4
supermarché *m.* supermarket II-1
sur *prep.* on I-3
sûr(e) *adj.* sure, certain II-1
  bien sûr of course I-2
  Il est sûr que… It is sure that… II-7
  Il n'est pas sûr que… It is not sure that… II-7
surfer sur Internet *v.* to surf the Internet II-1
surpopulation *f.* overpopulation II-6
surpris (surprendre) *p.p., adj.* surprised I-6
  être surpris(e) que… *v.* to be surprised that… II-6
  faire une surprise à quelqu'un *v.* to surprise someone I-6
surtout *adv.* especially; above all I-2
sympa(thique) *adj.* nice I-1
symptôme *m.* symptom II-2
syndicat *m.* (*trade*) union II-5

T

ta *poss. adj., f., sing.* your I-3
table *f.* table I-1
  À table! Let's eat! Food is ready! II-1
  débarrasser la table *v.* to clear the table I-8, II-P
  mettre la table *v.* to set the table I-8, II-P
tableau *m.* blackboard; picture I-1; *m.* painting II-7
tâche ménagère *f.* household chore I-8, II-P
taille *f.* size; waist I-6
  de taille moyenne of medium height I-3
tailleur *m.* (*woman's*) suit; tailor I-6
tante *f.* aunt I-3
tapis *m.* rug I-8, II-P
tard *adv.* late I-2
  À plus tard. See you later. I-1
tarte *f.* pie; tart I-8, II-P
tasse (de) *f.* cup (of) I-4
taxi *m.* taxi I-7
  prendre un taxi *v.* to take a taxi I-7
te/t' *pron., sing., fam.* you I-7; yourself II-2
tee-shirt *m.* tee shirt I-6
télécarte *f.* phone card II-5
télécharger *v.* to download II-3
télécommande *f.* remote control II-3
téléphone *m.* telephone I-2
  parler au téléphone *v.* to speak on the phone I-2
téléphoner (à) *v.* to telephone (*someone*) I-2
téléphonique *adj.* (*related to the*) telephone II-4
  cabine téléphonique *f.* phone booth II-4
télévision *f.* television I-1
  à la télé(vision) on television II-7
  chaîne de télévision *f.* television channel II-3
tellement *adv.* so much I-2
  Je n'aime pas tellement… I don't like… very much. I-2
température *f.* temperature I-5
  Quelle température fait-il? What is the temperature? I-5
temps *m., sing.* weather I-5
  Il fait un temps épouvantable. The weather is dreadful. I-5
  Le temps est nuageux. It is cloudy. I-5
  Le temps est orageux. It is stormy. I-5

Vocabulaire — French-English

Quel temps fait-il? What is the weather like? I-5
temps *m., sing.* time I-5
   de temps en temps *adv.* from time to time I-8, II-P
   emploi à mi-temps/à temps partiel *m.* part-time job II-5
   emploi à plein temps *m.* full-time job II-5
   temps libre *m.* free time I-5
Tenez! (tenir) *imp. v.* Here! II-1
tenir *v.* to hold II-1
tennis *m.* tennis I-5
terrasse (de café) *f.* (café) terrace I-4
Terre *f.* Earth II-6
   réchauffement de la Terre *m.* global warming II-6
tes *poss. adj., m., f., pl.* your I-3
tête *f.* head II-2
thé *m.* tea I-4
théâtre *m.* theater II-7
thon *m.* tuna II-1
ticket de bus/métro *m.* bus/subway ticket I-7
Tiens! (tenir) *imp. v.* Here! II-1
timbre *m.* stamp II-4
timide *adj.* shy I-1
tiret *m.* (punctuation mark) dash; hyphen II-3
tiroir *m.* drawer I-8, II-P
toi *disj. pron., sing., fam.* you I-3; *refl. pron., sing., fam.* (attached to imperative) yourself II-2
   toi non plus you neither I-2
toilette *f.* washing up, grooming II-2
   faire sa toilette to wash up II-2
toilettes *f., pl.* restroom(s) I-8, II-P
tomate *f.* tomato II-1
tomber *v.* to fall I-7
   tomber amoureux/amoureuse *v.* to fall in love I-6
   tomber en panne *v.* to break down II-3
   tomber/être malade *v.* to get/be sick II-2
   tomber sur quelqu'un *v.* to run into someone I-7
ton *poss. adj., m., sing.* your I-3
tort *m.* wrong; harm I-2
   avoir tort *v.* to be wrong I-2
tôt *adv.* early I-2
toujours *adv.* always I-8, II-P
tour *m.* tour I-5
   faire un tour (en voiture) *v.* to go for a walk (drive) I-5
tourisme *m.* tourism II-4
   office du tourisme *m.* tourist office II-4
tourner *v.* to turn II-4
tousser *v.* to cough II-2
tout *m., sing.* all I-4
   tous les (used before noun) all the... I-4
   tous les jours *adv.* every day I-8, II-P
   toute la *f., sing.* (used before noun) all the... I-4
   toutes les *f., pl.* (used before noun) all the... I-4
   tout le *m., sing.* (used before noun) all the... I-4
   tout le monde everyone II-1
tout(e) *adv.* (before adjective or adverb) very, really I-3
   À tout à l'heure. See you later. I-1
   tout à coup suddenly I-7
   tout à fait absolutely; completely II-4
   tout de suite right away I-7
   tout droit straight ahead II-4
   tout d'un coup *adv.* all of a sudden I-8, II-P
   tout près (de) really close by, really close (to) I-3
toxique *adj.* toxic II-6
   déchets toxiques *m., pl.* toxic waste II-6
trac *m.* stage fright II-5
traduire *v.* to translate I-6
traduit (traduire) *p.p., adj.* translated I-6
tragédie *f.* tragedy II-7
train *m.* train I-7
tranche *f.* slice II-1
tranquille *adj.* calm, serene II-2
   laisser tranquille *v.* to leave alone II-2
travail *m.* work II-4
   chercher un/du travail *v.* to look for work II-4
   trouver un/du travail *v.* to find a job II-5
travailler *v.* to work I-2
travailleur/travailleuse *adj.* hard-working I-3
traverser *v.* to cross II-4
treize *m.* thirteen I-1
trente *m.* thirty I-1
très *adv.* (before adjective or adverb) very, really I-8, II-P
   Très bien. Very well. I-1
triste *adj.* sad I-3
   être triste que... *v.* to be sad that... II-6
trois *m.* three I-1
troisième *adj.* third 7
trop (de) *adv.* too many/much (of) I-4
tropical(e) *adj.* tropical II-6
   forêt tropicale *f.* tropical forest II-6
trou (dans la couche d'ozone) *m.* hole (in the ozone layer) II-6
troupe *f.* company, troupe II-7
trouver *v.* to find; to think I-2
   trouver un/du travail *v.* to find a job II-5
truc *m.* thing I-7
tu *sub. pron., sing., fam.* you I-1

U

un *m.* (number) one I-1
un(e) *indef. art.* a; an I-1
universitaire *adj.* (related to the) university I-1
   restaurant universitaire (resto U) *m.* university cafeteria I-2
université *f.* university I-1
urgences *f., pl.* emergency room II-2
   aller aux urgences *v.* to go to the emergency room II-2
usine *f.* factory II-6
utile *adj.* useful I-2
utiliser (un plan) *v.* use (a map) I-7

V

vacances *f., pl.* vacation I-7
   partir en vacances *v.* to go on vacation I-7
vache *f.* cow II-6
vaisselle *f.* dishes I-8, II-P
   faire la vaisselle *v.* to do the dishes I-8, II-P
   lave-vaisselle *m.* dishwasher I-8, II-P
valise *f.* suitcase I-7
   faire les valises *v.* to pack one's bags I-7
vallée *f.* valley II-6
variétés *f., pl.* popular music II-7
vaut (valoir) *v.*
   Il vaut mieux que It is better that II-6
vélo *m.* bicycle I-5
   faire du vélo *v.* to go bike riding I-5
velours *m.* velvet II-4
vendeur/vendeuse *m., f.* seller I-6
vendre *v.* to sell I-6
vendredi *m.* Friday I-2
venir *v.* to come II-1
   venir de *v.* (used with an infinitive) to have just II-1
vent *m.* wind I-5
   Il fait du vent. It is windy. I-5
ventre *m.* stomach II-2

Vocabulaire — French-English

vérifier (l'huile/la pression des pneus) *v.* to check (the oil/the tire pressure) II-3
véritable *adj.* true, real II-4
verre (de) *m.* glass (of) I-4
vers *adv.* about I-2
vert(e) *adj.* green I-3
   haricots verts *m., pl.* green beans II-1
vêtements *m., pl.* clothing I-6
   sous-vêtement *m.* underwear I-6
vétérinaire *m., f.* veterinarian II-5
veuf/veuve *adj.* widowed I-3
veut dire (vouloir dire) *v.* means, signifies II-1
viande *f.* meat II-1
vie *f.* life I-6
   assurance vie *f.* life insurance II-5
vieille *adj., f. (feminine form of* **vieux***)* old I-3
vieillesse *f.* old age I-6
vietnamien(ne) *adj.* Vietnamese I-1
vieux/vieille *adj.* old I-3
ville *f.* city; town I-4
vin *m.* wine I-6
vingt *m.* twenty I-1
vingtième *adj.* twentieth I-7
violet(te) *adj.* purple; violet I-6
violon *m.* violin II-7
visage *m.* face II-2
visite *f.* visit I-6
   rendre visite (à) *v.* to visit *(a person or people)* I-6
visiter *v.* to visit *(a place)* I-2
   faire visiter *v.* to give a tour I-8, II-P
vite *adv.* quickly I-1; quick, hurry I-4
vitesse *f.* speed II-3
voici here is/are I-1
voilà there is/are I-1
voir *v.* to see II-7
voisin(e) *m., f.* neighbor I-3
voiture *f.* car II-3
   faire un tour en voiture *v.* to go for a drive I-5
   rouler en voiture *v.* to ride in a car I-7
vol *m.* flight I-7
volant *m.* steering wheel II-3
volcan *m.* volcano II-6
volley(-ball) *m.* volleyball I-5
volontiers *adv.* willingly II-2
vos *poss. adj., m., f., pl.* your I-3
votre *poss. adj., m., f., sing.* your I-3
vouloir *v.* to want; to mean *(with* **dire***)* II-1
   ça veut dire that is to say II-2
   veut dire *v.* means, signifies II-1
vouloir (que) *v.* to want (that) II-6
voulu (vouloir) *p.p., adj. (used with infinitive)* wanted to… ; *(used with noun)* planned to/for II-1
vous *pron., sing., pl., fam., form.* you I-1; *d.o. pron.* you I-7; yourself, yourselves II-2
voyage *m.* trip I-7
   agence de voyages *f.* travel agency I-7
   agent de voyages *m.* travel agent I-7
voyager *v.* to travel I-2
voyant (d'essence/d'huile) *m.* (gas/oil) warning light 11
vrai(e) *adj.* true; real I-3
   Il est vrai que… It is true that… II-7
   Il n'est pas vrai que… It is untrue that… II-7
vraiment *adv.* really, truly I-5
vu (voir) *p.p.* seen II-7

W

W.-C. *m., pl.* restroom(s) I-8, II-P
week-end *m.* weekend I-2
   ce week-end this weekend I-2

Y

y *pron.* there; at *(a place)* II-2
   j'y vais I'm going/coming I-8, II-P
   nous y allons we're going/coming II-1
   on y va let's go II-2
   Y a-t-il… ? Is/Are there… ? I-2
yaourt *m.* yogurt II-1
yeux (œil) *m., pl.* eyes I-3

Z

zéro *m.* zero I-1
zut *interj.* darn I-6

English-French

A

a **un(e)** *indef. art.* I-1
able: to be able to **pouvoir** *v.* II-1
abolish **abolir** *v.* II-6
about **vers** *adv.* I-2
abroad **à l'étranger** I-7
absolutely **absolument** *adv.* I-8, II-P; **tout à fait** *adv.* I-6
accident **accident** *m.* II-2
   to have/to be in an accident **avoir un accident** *v.* II-3
accompany **accompagner** *v.* II-4
account *(at a bank)* **compte** *m.* II-4
   checking account **compte** *m.* **de chèques** II-4
   to have a bank account **avoir un compte bancaire** *v.* II-4
accountant **comptable** *m., f.* II-5
acid rain **pluie acide** *f.* II-6
across from **en face de** *prep.* I-3
acquaintance **connaissance** *f.* I-5
active **actif/active** *adj.* I-3
actively **activement** *adv.* I-8, II-P
actor **acteur/actrice** *m., f.* I-1
address **adresse** *f.* II-4
administration: business administration **gestion** *f.* I-2
adolescence **adolescence** *f.* I-6
adore **adorer** I-2
   I love… **J'adore…** I-2
   to adore one another **s'adorer** *v.* II-3
adulthood **âge adulte** *m.* I-6
adventure **aventure** *f.* II-7
   adventure film **film** *m.* **d'aventures** II-7
advertisement **publicité (pub)** *f.* II-7
advice **conseil** *m.* II-5
advisor **conseiller/conseillère** *m., f.* II-5
aerobics **aérobic** *m.* I-5
   to do aerobics **faire de l'aérobic** *v.* I-5
afraid: to be afraid of/that **avoir peur de/que** *v.* II-6
after **après (que)** *adv.* I-7
afternoon **après-midi** *m.* I-2
   … (o'clock) in the afternoon … **heure(s) de l'après-midi** I-2
afternoon snack **goûter** *m.* II-1
again **encore** *adv.* I-3
age **âge** *m.* I-6
agent: travel agent **agent de voyages** *m.* I-7
   real estate agent **agent immobilier** *m.* II-5
ago *(with an expression of time)* **il y a…** II-1
agree: to agree (with) **être d'accord (avec)** *v.* I-2
airport **aéroport** *m.* I-7
alarm clock **réveil** *m.* II-2
Algerian **algérien(ne)** *adj.* I-1
all **tout** *m., sing.* I-4
   all of a sudden **soudain** *adv.* I-8, II-P; **tout à coup** *adv.*; **tout d'un coup** *adv.* I-7
all right? *(tag question)* **d'accord?** I-2
allergy **allergie** *f.* II-2
allow *(to do something)* **laisser** *v.* II-3; **permettre (de)** *v.* I-6
allowed **permis (permettre)** *p.p., adj.* I-6
all the… *(agrees with noun that follows)* **tout le…** *m., sing;* **toute la…** *f., sing;* **tous les…** *m., pl.;* **toutes les…** *f., pl.* I-4
almost **presque** *adv.* I-5
a lot (of) **beaucoup (de)** *adv.* I-4
alone: to leave alone **laisser tranquille** *v.* II-2
already **déjà** *adv.* I-3
always **toujours** *adv.* I-8, II-P
American **américain(e)** *adj.* I-1
an **un(e)** *indef. art.* I-1
ancient *(placed after noun)* **ancien(ne)** *adj.* II-7
and **et** *conj.* I-1
   And you? **Et toi?**, *fam.;* **Et vous?** *form.* I-1
angel **ange** *m.* I-1
angry: to become angry **s'énerver** *v.* II-2; **se mettre en colère** *v.* II-2
animal **animal** *m.* II-6
ankle **cheville** *f.* II-2
answering machine **répondeur téléphonique** *m.* II-3
apartment **appartement** *m.* I-7
appetizer **entrée** *f.* II-1; **hors-d'œuvre** *m.* II-1
applaud **applaudir** *v.* II-7
applause **applaudissement** *m.* II-7
apple **pomme** *f.* II-1
appliance **appareil** *m.* I-8, II-P
   electrical/household appliance **appareil** *m.* **électrique/ménager** I-8, II-P
applicant **candidat(e)** *m., f.* II-5
apply **postuler** *v.* II-5
appointment **rendez-vous** *m.* II-5
   to make an appointment **prendre (un) rendez-vous** *v.* II-5
April **avril** *m.* I-5
architect **architecte** *m., f.* I-3
architecture **architecture** *f.* I-2
Are there…? **Y a-t-il…?** I-2
area **quartier** *m.* I-8, II-P
argue (with) **se disputer (avec)** *v.* II-2
arm **bras** *m.* II-2
armchair **fauteuil** *m.* I-8, II-P
armoire **armoire** *f.* I-8, II-P
around **autour (de)** *prep.* II-4
arrival **arrivée** *f.* I-7
arrive **arriver (à)** *v.* I-2
art **art** *m.* I-2
   artwork, piece of art **œuvre** *f.* II-7
   fine arts **beaux-arts** *m., pl.* II-7
artist **artiste** *m., f.* I-3
as *(like)* **comme** *adv.* I-6
   as … as *(used with adjective to compare)* **aussi … que** II-1
   as much … as *(used with noun to express comparative quality)* **autant de … que** II-6
   as soon as **dès que** *adv.* II-5
ashamed: to be ashamed of **avoir honte de** *v.* I-2
ask **demander** *v.* I-2
   to ask *(someone)* **demander (à)** *v.* I-6
   to ask *(someone)* a question **poser une question (à)** *v.* I-6
   to ask that… **demander que…** II-6
aspirin **aspirine** *f.* II-2
at **à** *prep.* I-4
   at … (o'clock) **à … heure(s)** I-4
   at the doctor's office **chez le médecin** *prep.* I-2
   at *(someone's)* house **chez…** *prep.* I-2
   at the end (of) **au bout (de)** *prep.* II-4
   at last **enfin** *adv.* II-3
athlete **athlète** *m., f.* I-3
ATM **distributeur** *m.* **automatique/de billets** *m.* II-4
attend **assister** *v.* I-2
August **août** *m.* I-5
aunt **tante** *f.* I-3
author **auteur/femme auteur** *m., f.* II-7
autumn **automne** *m.* I-5
   in autumn **en automne** I-5
available *(free)* **libre** *adj.* I-7
avenue **avenue** *f.* II-4
avoid **éviter de** *v.* II-2

Vocabulaire — English-French

B

back **dos** *m.* II-2
backpack **sac à dos** *m.* I-1
bad **mauvais(e)** *adj.* I-3
　to be in a bad mood **être de mauvaise humeur** I-8, II-P
　to be in bad health **être en mauvaise santé** II-2
badly **mal** *adv.* I-7
　I am doing badly. **Je vais mal.** I-1
　to be doing badly **se porter mal** *v.* II-2
baguette **baguette** *f.* I-4
bakery **boulangerie** *f.* II-1
balcony **balcon** *m.* I-8, II-P
banana **banane** *f.* II-1
bank **banque** *f.* II-4
　to have a bank account **avoir un compte bancaire** *v.* II-4
banker **banquier/banquière** *m., f.* II-5
banking **bancaire** *adj.* II-4
baseball **baseball** *m.* I-5
baseball cap **casquette** *f.* I-6
basement **sous-sol** *m.*; **cave** *f.* I-8, II-P
basketball **basket(-ball)** *m.* I-5
bath **bain** *m.* I-6
bathing suit **maillot de bain** *m.* I-6
bathroom **salle de bains** *f.* I-8, II-P
bathtub **baignoire** *f.* I-8, II-P
be **être** *v.* I-1
　sois (être) *imp. v.* I-7;
　soyez (être) *imp. v.* I-7
beach **plage** *f.* I-7
beans **haricots** *m., pl.* II-1
　green beans **haricots verts** *m., pl.* II-1
bearings: to get one's bearings **s'orienter** *v.* II-4
beautiful **beau (belle)** *adj.* I-3
beauty salon **salon** *m.* **de beauté** II-4
because **parce que** *conj.* I-2
become **devenir** *v.* II-1
bed **lit** *m.* I-7
　to go to bed **se coucher** *v.* II-2
bedroom **chambre** *f.* I-8, II-P
beef **bœuf** *m.* II-1
been **été (être)** *p.p.* I-6
beer **bière** *f.* I-6
before **avant (de/que)** *adv.* I-7
　before (o'clock) **moins** *adv.* I-2
begin (to do something) **commencer (à)** *v.* I-2; **se mettre à** *v.* II-2
beginning **début** *m.* II-7
behind **derrière** *prep.* I-3
Belgian **belge** *adj.* I-7
Belgium **Belgique** *f.* I-7
believe (that) **croire (que)** *v.* II-7
believed **cru (croire)** *p.p.* II-7
belt **ceinture** *f.* I-6
　to buckle one's seatbelt **attacher sa ceinture de sécurité** *v.* II-3
bench **banc** *m.* II-4
best: the best **le mieux** *super. adv.* II-1; **le/la meilleur(e)** *super. adj.* II-1
better **meilleur(e)** *comp. adj.*; **mieux** *comp. adv.* II-1
　It is better that… **Il vaut mieux que/qu'…** II-6
　to be doing better **se porter mieux** *v.* II-2
　to get better (from illness) **guérir** *v.* II-2
between **entre** *prep.* I-3
beverage (carbonated) **boisson** *f.* **(gazeuse)** I-4
bicycle **vélo** *m.* I-5
　to go bike riding **faire du vélo** *v.* I-5
big **grand(e)** *adj.* I-3; (clothing) **large** *adj.* I-6
bill (in a restaurant) **addition** *f.* I-4
bills (money) **billets** *m., pl.* II-4
biology **biologie** *f.* I-2
bird **oiseau** *m.* I-3
birth **naissance** *f.* I-6
birthday **anniversaire** *m.* I-5
bit (of) **morceau (de)** *m.* I-4
black **noir(e)** *adj.* I-3
blackboard **tableau** *m.* I-1
blanket **couverture** *f.* I-8, II-P
blonde **blond(e)** *adj.* I-3
blouse **chemisier** *m.* I-6
blue **bleu(e)** *adj.* I-3
boat **bateau** *m.* I-7
body **corps** *m.* II-2
book **livre** *m.* I-1
bookstore **librairie** *f.* I-1
bored: to get bored **s'ennuyer** *v.* II-2
boring **ennuyeux/ennuyeuse** *adj.* I-3
born: to be born **naître** *v.* I-7; **né (naître)** *p.p., adj.* I-7
borrow **emprunter** *v.* II-4
bottle (of) **bouteille (de)** *f.* I-4
boulevard **boulevard** *m.* II-4
boutique **boutique** *f.* II-4
bowl **bol** *m.* II-1
box **boîte** *f.* II-1
boy **garçon** *m.* I-1
boyfriend **petit ami** *m.* I-1
brake **freiner** *v.* II-3
brakes **freins** *m., pl.* II-3
brave **courageux/courageuse** *adj.* I-3
Brazil **Brésil** *m.* I-7
Brazilian **brésilien(ne)** *adj.* I-7
bread **pain** *m.* I-4
　country-style bread **pain** *m.* **de campagne** I-4
bread shop **boulangerie** *f.* II-1
break **se casser** *v.* II-2
breakdown **panne** *f.* II-3
break down **tomber en panne** *v.* II-3
break up (to leave one another) **se quitter** *v.* II-3
breakfast **petit-déjeuner** *m.* II-1
bridge **pont** *m.* II-4
bright **brillant(e)** *adj.* I-1
bring (a person) **amener** *v.* I-5; (a thing) **apporter** *v.* I-4
broom **balai** *m.* I-8, II-P
brother **frère** *m.* I-3
brother-in-law **beau-frère** *m.* I-3
brown **marron** *adj., inv.* I-3
　brown (hair) **châtain** *adj.* I-3
brush (hair/tooth) **brosse** *f.* **(à cheveux/à dents)** II-2
　to brush one's hair/teeth **se brosser les cheveux/les dents** *v.* II-1
buckle: to buckle one's seatbelt **attacher sa ceinture de sécurité** *v.* II-3
build **construire** *v.* I-6
building **bâtiment** *m.* II-4; **immeuble** *m.* I-8, II-P
bumper **pare-chocs** *m.* II-3
burn (CD/DVD) **graver** *v.* II-3
bus **autobus** *m.* I-7
bus stop **arrêt d'autobus (de bus)** *m.* I-7
bus terminal **gare** *f.* **routière** I-7
business (profession) **affaires** *f., pl.* I-3; (company) **entreprise** *f.* II-5
business administration **gestion** *f.* I-2
businessman **homme d'affaires** *m.* I-3
businesswoman **femme d'affaires** *f.* I-3
busy **occupé(e)** *adj.* I-1
but **mais** *conj.* I-1
butcher's shop **boucherie** *f.* II-1
butter **beurre** *m.* I-4
buy **acheter** *v.* I-5
by **par** *prep.* I-3
Bye! **Salut!** *fam.* I-1

C

cabinet **placard** *m.* I-8, II-P
café **café** *m.* I-1; **brasserie** *f.* II-4
　café terrace **terrasse** *f.* **de café** I-4

cybercafé **cybercafé** *m.* II-4
cafeteria (school) **cantine** *f.* II-1
cake **gâteau** *m.* I-6
calculator **calculatrice** *f.* I-1
call **appeler** *v.* II-5
calm **calme** *adj.* I-1; **calme** *m.* I-1
camcorder **caméra vidéo** *f.* II-3; **caméscope** *m.* II-3
camera **appareil photo** *m.* II-3
  digital camera **appareil photo** *m.* **numérique** II-3
camping **camping** *m.* I-5
  to go camping **faire du camping** *v.* I-5
can (of food) **boîte (de conserve)** *f.* II-1
Canada **Canada** *m.* I-7
Canadian **canadien(ne)** *adj.* I-1
cancel (a reservation) **annuler (une réservation)** *v.* I-7
candidate **candidat(e)** *m., f.* II-5
candy **bonbon** *m.* I-6
cap: baseball cap **casquette** *f.* I-6
capital **capitale** *f.* I-7
car **voiture** *f.* II-3
  to ride in a car **rouler en voiture** *v.* I-7
card *(letter)* **carte postale** *f.* II-4; credit card **carte** *f.* **de crédit** II-4
  to pay with a credit card **payer avec une carte de crédit** *v.* II-4
  cards *(playing)* **cartes** *f.* I-5
carbonated drink/beverage **boisson** *f.* **gazeuse** I-4
career **carrière** *f.* II-5
carpooling **covoiturage** *m.* II-6
carrot **carotte** *f.* II-1
carry **apporter** *v.* I-4
cartoon **dessin animé** *m.* II-7
case: in any case **en tout cas** I-6
cash **liquide** *m.* II-4
  to pay in cash **payer en liquide** *v.* II-4
cat **chat** *m.* I-3
catastrophe **catastrophe** *f.* II-6
catch sight of **apercevoir** *v.* II-4
CD(s) **CD** *m.* II-3
CD/DVD player **lecteur de CD/DVD** *m.* II-3
CD-ROM(s) **CD-ROM, cédérom(s)** *m.* II-3
celebrate **célébrer** *v.* I-5; **fêter** *v.* I-6
celebration **fête** *f.* I-6
cellar **cave** *f.* I-8, II-P
cell(ular) phone **portable** *m.* II-3
center: city/town center **centre-ville** *m.* I-4
certain **certain(e)** *adj.* II-1; **sûr(e)** *adj.* II-7
  It is certain that… **Il est certain que…** II-7
  It is uncertain that… **Il n'est pas certain que…** II-7
chair **chaise** *f.* I-1
champagne **champagne** *m.* I-6
change *(coins)* **(pièces** *f. pl.* **de) monnaie** II-4
channel (television) **chaîne** *f.* **(de télévision)** II-3
character **personnage** *m.* II-7
  main character **personnage principal** *m.* II-7
charming **charmant(e)** *adj.* I-1
chat **bavarder** *v.* I-4
check **chèque** *m.* II-4; *(bill)* **addition** *f.* I-4
  to pay by check **payer par chèque** II-4;
  to check (the oil/the air pressure) **vérifier (l'huile/la pression des pneus)** *v.* II-3
checking account **compte** *m.* **de chèques** II-4
cheek **joue** *f.* II-2
cheese **fromage** *m.* I-4
chemistry **chimie** *f.* I-2
chess **échecs** *m., pl.* I-5
chest **poitrine** *f.* II-2
  chest of drawers **commode** *f.* I-8, II-P
chic **chic** *adj.* I-4
chicken **poulet** *m.* II-1
child **enfant** *m., f.* I-3
childhood **enfance** *f.* I-6
China **Chine** *f.* I-7
Chinese **chinois(e)** *adj.* I-7
choir **chœur** *m.* II-7
choose **choisir** *v.* I-4
chorus **chœur** *m.* II-7
chrysanthemums **chrysanthèmes** *m., pl.* II-1
church **église** *f.* I-4
city **ville** *f.* I-4
city hall **mairie** *f.* II-4
city/town center **centre-ville** *m.* I-4
class (group of students) **classe** *f.* I-1; (course) **cours** *m.* I-2
classmate **camarade de classe** *m., f.* I-1
classroom **salle** *f.* **de classe** I-1
clean **nettoyer** *v.* I-5; **propre** *adj.* I-8, II-P
clear **clair(e)** *adj.* II-7
  It is clear that… **Il est clair que…** II-7
  to clear the table **débarrasser la table** I-8, II-P
client **client(e)** *m., f.* I-7
cliff **falaise** *f.* II-6
clock **horloge** *f.* I-1
  alarm clock **réveil** *m.* II-2
close (to) **près (de)** *prep.* I-3
  very close (to) **tout près (de)** II-4
close **fermer** *v.* II-3
closed **fermé(e)** *adj.* II-4
closet **placard** *m.* I-8, II-P
clothes dryer **sèche-linge** *m.* I-8, II-P
clothing **vêtements** *m., pl.* I-6
cloudy **nuageux/nuageuse** *adj.* I-5
  It is cloudy. **Le temps est nuageux.** I-5
clutch **embrayage** *m.* II-3
coast **côte** *f.* II-6
coat **manteau** *m.* I-6
coffee **café** *m.* I-1
coffeemaker **cafetière** *f.* I-8, II-P
coins **pièces** *f. pl.* **de monnaie** II-4
cold **froid** *m.* I-2
  to be cold **avoir froid** *v.* I-2
  (weather) It is cold. **Il fait froid.** I-5
cold **rhume** *m.* II-2
color **couleur** *f.* I-6
  What color is… ? **De quelle couleur est… ?** I-6
comb **peigne** *m.* II-2
come **venir** *v.* I-7
come back **revenir** *v.* II-1
Come on. **Allez.** I-2
comedy **comédie** *f.* II-7
comic strip **bande dessinée (B.D.)** *f.* I-5
compact disc **compact disque** *m.* II-3
company (troop) **troupe** *f.* II-7
completely **tout à fait** *adv.* I-6
composer **compositeur** *m.* II-7
computer **ordinateur** *m.* I-1
computer science **informatique** *f.* I-2
concert **concert** *m.* II-7
congratulations **félicitations** II-7
consider **considérer** *v.* I-5
constantly **constamment** *adv.* I-8, II-P
construct **construire** *v.* I-6
consultant **conseiller/conseillère** *m., f.* II-5
continue (doing something) **continuer (à)** *v.* II-4
cook **cuisiner** *v.* II-1; **faire la cuisine** *v.* I-5; **cuisinier/cuisinière** *m., f.* II-5
cookie **biscuit** *m.* I-6
cooking **cuisine** *f.* I-5
cool: (weather) It is cool. **Il fait frais.** I-5
corner **angle** *m.* II-4; **coin** *m.* II-4
cost **coûter** *v.* I-4

Vocabulaire — English-French

cotton **coton** *m.* I-6
couch **canapé** *m.* I-8, II-P
cough **tousser** *v.* II-2
count (on someone) **compter (sur quelqu'un)** *v.* I-8, II-P
country **pays** *m.* I-7
 country(side) **campagne** *f.* I-7
country-style **de campagne** *adj.* I-4
couple **couple** *m.* I-6
courage **courage** II-5
courageous **courageux/ courageuse** *adj.* I-3
course **cours** *m.* I-2
cousin **cousin(e)** *m., f.* I-3
cover **couvrir** *v.* II-3
covered **couvert (couvrir)** *p.p.* II-3
cow **vache** *f.* II-6
crazy **fou/folle** *adj.* I-3
cream **crème** *f.* II-1
credit card **carte** *f.* **de crédit** II-4
 to pay with a credit card **payer avec une carte de crédit** *v.* II-4
crêpe **crêpe** *f.* I-5
crime film **film policier** *m.* II-7
croissant **croissant** *m.* I-4
cross **traverser** *v.* II-4
cruel **cruel/cruelle** *adj.* I-3
cry **pleurer** *v.*
cup (of) **tasse (de)** *f.* I-4
cupboard **placard** *m.* I-8, II-P
curious **curieux/ curieuse** *adj.* I-3
curly **frisé(e)** *adj.* I-3
currency **monnaie** *f.* II-4
curtain **rideau** *m.* I-8, II-P
customs **douane** *f.* I-7
cybercafé **cybercafé** *m.* II-4

D

dance **danse** *f.* II-7
 to dance **danser** *v.* I-4
danger **danger** *m.* II-6
dangerous **dangereux/ dangereuse** *adj.* II-3
dark (hair) **brun(e)** *adj.* I-3
darling **chéri(e)** *adj.* I-2
darn **zut** II-3
dash (*punctuation mark*) **tiret** *m.* II-3
date (*day, month, year*) **date** *f.* I-5; (*meeting*) **rendez-vous** *m.* I-6
 to make a date **prendre (un) rendez-vous** *v.* II-5
daughter **fille** *f.* I-1
day **jour** *m.* I-2; **journée** *f.* I-2
 day after tomorrow **après-demain** *adv.* I-2
day before yesterday **avant-hier** *adv.* I-7
day off **congé** *m.*, **jour de congé** I-7
dear **cher/chère** *adj.* I-2
death **mort** *f.* I-6
December **décembre** *m.* I-5
decide (*to do something*) **décider (de)** *v.* II-3
deforestation **déboisement** *m.* II-6
degree **diplôme** *m.* I-2
degrees (*temperature*) **degrés** *m., pl.* I-5
 It is... degrees. **Il fait... degrés.** I-5
delicatessen **charcuterie** *f.* II-1
delicious **délicieux/délicieuse** *adj.* I-4
Delighted. **Enchanté(e).** *p.p., adj.* I-1
demand (that) **exiger (que)** *v.* II-6
demanding **exigeant(e)** *adj.*
 demanding profession **profession** *f.* **exigeante** II-5
dentist **dentiste** *m., f.* I-3
department store **grand magasin** *m.* I-4
departure **départ** *m.* I-7
deposit: to deposit money **déposer de l'argent** *v.* II-4
depressed **déprimé(e)** *adj.* II-2
describe **décrire** *v.* I-7
described **décrit (décrire)** *p.p., adj.* I-7
desert **désert** *m.* II-6
design (*fashion*) **stylisme (de mode)** *m.* I-2
desire **envie** *f.* I-2
desk **bureau** *m.* I-1
dessert **dessert** *m.* I-6
destroy **détruire** *v.* I-6
destroyed **détruit (détruire)** *p.p., adj.* I-6
detective film **film policier** *m.* II-7
detest **détester** *v.* I-2
 I hate... **Je déteste...** I-2
develop **développer** *v.* II-6
dial (*a number*) **composer (un numéro)** *v.* II-3
dictionary **dictionnaire** *m.* I-1
die **mourir** *v.* I-7
died **mort (mourir)** *p.p., adj.* I-7
diet **régime** *m.* II-2
 to be on a diet **être au régime** II-1
difference **différence** *f.* I-1
different **différent(e)** *adj.* I-1
differently **différemment** *adv.* I-8, II-P
difficult **difficile** *adj.* I-1

digital camera **appareil photo** *m.* **numérique** II-3
dining room **salle à manger** *f.* I-8, II-P
dinner **dîner** *m.* II-1
 to have dinner **dîner** *v.* I-2
diploma **diplôme** *m.* I-2
directions **indications** *f.* II-4
director (*movie*) **réalisateur/ réalisatrice** *m., f.*; (*play/show*) **metteur en scène** *m.* II-7
dirty **sale** *adj.* I-8, II-P
discover **découvrir** *v.* II-3
discovered **découvert (découvrir)** *p.p.* II-3
discreet **discret/discrète** *adj.* I-3
discuss **discuter** *v.* II-3
dish (*food*) **plat** *m.* II-1
 to do the dishes **faire la vaisselle** *v.* I-8, II-P
dishwasher **lave-vaisselle** *m.* I-8, II-P
dismiss **renvoyer** *v.* II-5
distinction **mention** *f.* II-5
divorce **divorce** *m.* I-6
 to divorce **divorcer** *v.* I-3
divorced **divorcé(e)** *p.p., adj.* I-3
do (*make*) **faire** *v.* I-5
 to do odd jobs **bricoler** *v.* I-5
doctor **médecin** *m.* I-3
documentary **documentaire** *m.* II-7
dog **chien** *m.* I-3
done **fait (faire)** *p.p., adj.* I-6
door (*building*) **porte** *f.* I-1; (*automobile*) **portière** *f.* II-3
dorm **résidence** *f.* **universitaire** I-8, II-P
doubt (that)... **douter (que)...** *v.* II-7
doubtful **douteux/douteuse** *adj.* II-7
 It is doubtful that... **Il est douteux que...** II-7
download **télécharger** *v.* II-3
downtown **centre-ville** *m.* I-4
drag **barbant** *adj.* I-3; **barbe** *f.* I-3
drape **rideau** *m.* I-8, II-P
draw **dessiner** *v.* I-2
drawer **tiroir** *m.* I-8, II-P
dreadful **épouvantable** *adj.* I-5
dream (about) **rêver (de)** *v.* II-3
dress **robe** *f.* I-6
 to dress **s'habiller** *v.* II-2
dresser **commode** *f.* I-8, II-P
drink (*carbonated*) **boisson** *f.* **(gazeuse)** I-4
 to drink **boire** *v.* I-4
drive **conduire** *v.* I-6
 to go for a drive **faire un tour en voiture** I-5
driven **conduit (conduire)** *p.p.* I-6

trois cent quarante-neuf **349**

Vocabulaire — English-French

driver *(taxi/truck)* **chauffeur (de taxi/de camion)** *m.* II-5
driver's license **permis** *m.* **de conduire** II-3
drums **batterie** *f.* II-7
drunk **bu (boire)** *p.p.* I-6
dryer *(clothes)* **sèche-linge** *m.* I-8, II-P
dry oneself **se sécher** *v.* II-2
due **dû(e) (devoir)** *adj.* II-1
during **pendant** *prep.* I-7
dust **enlever/faire la poussière** *v.* I-8, II-P

E

each **chaque** *adj.* I-6
ear **oreille** *f.* II-2
early **en avance** *adv.* I-2; **tôt** *adv.* I-2
earn **gagner** *v.* II-5
Earth **Terre** *f.* II-6
easily **facilement** *adv.* I-8, II-P
east **est** *m.* II-4
easy **facile** *adj.* I-2
eat **manger** *v.* I-2
    to eat lunch **déjeuner** *v.* I-4
éclair **éclair** *m.* I-4
ecological **écologique** *adj.* II-6
ecology **écologie** *f.* II-6
economics **économie** *f.* I-2
ecotourism **écotourisme** *m.* II-6
education **formation** *f.* II-5
effect: in effect **en effet** II-6
egg **œuf** *m.* II-1
eight **huit** *m.* I-1
eighteen **dix-huit** *m.* I-1
eighth **huitième** *adj.* I-7
eighty **quatre-vingts** *m.* I-3
eighty-one **quatre-vingt-un** *m.* I-3
elder **aîné(e)** *adj.* I-3
electric **électrique** *adj.* I-8, II-P
    electrical appliance **appareil** *m.* **électrique** I-8, II-P
electrician **électricien/électricienne** *m., f.* II-5
elegant **élégant(e)** *adj.* I-1
elevator **ascenseur** *m.* I-7
eleven **onze** *m.* I-1
eleventh **onzième** *adj.* I-7
e-mail **e-mail** *m.* II-3
emergency room **urgences** *f., pl.* II-2
    to go to the emergency room **aller aux urgences** *v.* II-2
employ **employer** *v.* I-5
end **fin** *f.* II-7
endangered **menacé(e)** *adj.* II-6
    endangered species **espèce** *f.* **menacée** II-6
engaged **fiancé(e)** *adj.* I-3
engine **moteur** *m.* II-3

engineer **ingénieur** *m.* I-3
England **Angleterre** *f.* I-7
English **anglais(e)** *adj.* I-1
enormous **énorme** *adj.* I-2
enough (of) **assez (de)** *adv.* I-4
    not enough (of) **pas assez (de)** I-4
enter **entrer** *v.* I-7
envelope **enveloppe** *f.* II-4
environment **environnement** *m.* II-6
equal **égaler** *v.* I-3
erase **effacer** *v.* II-3
errand **course** *f.* II-1
escargot **escargot** *m.* II-1
especially **surtout** *adv.* I-2
essay **dissertation** *f.* II-3
essential **essentiel(le)** *adj.* II-6
    It is essential that… **Il est essentiel/indispensable que…** II-6
even **même** *adv.* I-5
evening **soir** *m.;* **soirée** *f.* I-2
    … (o'clock) in the evening … **heures du soir** I-2
every day **tous les jours** *adv.* I-8, II-P
everyone **tout le monde** *m.* II-1
evident **évident(e)** *adj.* II-7
    It is evident that… **Il est évident que…** II-7
evidently **évidemment** *adv.* I-8, II-P
exactly **exactement** *adv.* II-1
exam **examen** *m.* I-1
Excuse me. **Excuse-moi.** *fam.* I-1; **Excusez-moi.** *form.* I-1
executive **cadre/femme cadre** *m., f.* II-5
exercise **exercice** *m.* II-2
    to exercise **faire de l'exercice** *v.* II-2
exhibit **exposition** *f.* II-7
exit **sortie** *f.* I-7
expenditure **dépense** *f.* II-4
expensive **cher/chère** *adj.* I-6
explain **expliquer** *v.* I-2
explore **explorer** *v.* I-4
extinction **extinction** *f.* II-6
eye (eyes) **œil (yeux)** *m.* II-2

F

face **visage** *m.* II-2
facing **en face (de)** *prep.* I-3
fact: in fact **en fait** I-7
factory **usine** *f.* II-6
fail **échouer** *v.* I-2
fall **automne** *m.* I-5
    in the fall **en automne** I-5
    to fall **tomber** *v.* I-7

to fall in love **tomber amoureux/amoureuse** *v.* I-6
to fall asleep **s'endormir** *v.* II-2
family **famille** *f.* I-3
famous **célèbre** *adj.* II-7; **connu (connaître)** *p.p., adj.* I-8, II-P
far (from) **loin (de)** *prep.* I-3
farewell **adieu** *m.* II-6
farmer **agriculteur/agricultrice** *m., f.* II-5
fashion **mode** *f.* I-2
    fashion design **stylisme de mode** *m.* I-2
fast **rapide** *adj.* I-3; **vite** *adv.* I-8, II-P
fat **gros(se)** *adj.* I-3
father **père** *m.* I-3
father-in-law **beau-père** *m.* I-3
favorite **favori/favorite** *adj.* I-3; **préféré(e)** *adj.* I-2
fax machine **fax** *m.* II-3
fear **peur** *f.* I-2
    to fear that **avoir peur que** *v.* II-6
February **février** *m.* I-5
fed up: to be fed up **en avoir marre** *v.* I-3
feel *(to sense)* **sentir** *v.* I-5; *(state of being)* **se sentir** *v.* II-2
    to feel like *(doing something)* **avoir envie (de)** I-2
    to feel nauseated **avoir mal au cœur** II-2
festival (festivals) **festival (festivals)** *m.* II-7
fever **fièvre** *f.* II-2
    to have fever **avoir de la fièvre** *v.* II-2
fiancé **fiancé(e)** *m., f.* I-6
field *(terrain)* **champ** *m.* II-6; *(of study)* **domaine** *m.* II-5
fifteen **quinze** *m.* I-1
fifth **cinquième** *adj.* I-7
fifty **cinquante** *m.* I-1
figure *(physique)* **ligne** *f.* II-2
file **fichier** *m.* II-3
fill: to fill out a form **remplir un formulaire** *v.* II-4
    to fill the tank **faire le plein** *v.* II-3
film **film** *m.* II-7
    adventure/crime film **film** *m.* **d'aventures/policier** II-7
finally **enfin** *adv.* I-7; **finalement** *adv.* I-7; **dernièrement** *adv.* I-8, II-P
find (a job) **trouver (un/du travail)** *v.* II-5
    to find again **retrouver** *v.* I-2
fine **amende** *f.* II-3
fine arts **beaux-arts** *m., pl.* II-7
finger **doigt** *m.* II-2

finish (*doing something*) **finir (de)** *v.* I-4, II-3
fire **incendie** *m.* II-6
firefighter **pompier/femme pompier** *m., f.* II-5
firm (*business*) **entreprise** *f.* II-5;
first **d'abord** *adv.* I-7; **premier/première** *adj.* I-2; **premier** *m.* I-5
  It is October first. **C'est le 1er (premier) octobre.** I-5
fish **poisson** *m.* I-3
fishing **pêche** *f.* I-5
  to go fishing **aller à la pêche** *v.* I-5
fish shop **poissonnerie** *f.* II-1
five **cinq** *m.* I-1
flat tire **pneu** *m.* **crevé** II-3
flight (*air travel*) **vol** *m.* I-7
floor **étage** *m.* I-7
flower **fleur** *f.* I-8, II-P
flu **grippe** *f.* II-2
fluently **couramment** *adv.* I-8, II-P
follow (a path/a street/a boulevard) **suivre (un chemin/une rue/un boulevard)** *v.* II-4
food item **aliment** *m.* II-1; **nourriture** *f.* II-1
foot **pied** *m.* II-2
football **football américain** *m.* I-5
for **pour** *prep.* I-5; **pendant** *prep.* II-1
  For whom? **Pour qui?** I-4
forbid **interdire** *v.* II-6
foreign **étranger/étrangère** *adj.* I-2
  foreign languages **langues** *f., pl.* **étrangères** I-2
forest **forêt** *f.* II-6
  tropical forest **forêt tropicale** *f.* II-6
forget (*to do something*) **oublier (de)** *v.* I-2
fork **fourchette** *f.* II-1
form **formulaire** *m.* II-4
former (*placed before noun*) **ancien(ne)** *adj.* II-7
fortunately **heureusement** *adv.* I-8, II-P
forty **quarante** *m.* I-1
fountain **fontaine** *f.* II-4
four **quatre** *m.* I-1
fourteen **quatorze** *m.* I-1
fourth **quatrième** *adj.* I-7
France **France** *f.* I-7
frankly **franchement** *adv.* I-8, II-P
free (*at no cost*) **gratuit(e)** *adj.* II-7
  free time **temps libre** *m.* I-5
freezer **congélateur** *m.* I-8, II-P
French **français(e)** *adj.* I-1
French fries **frites** *f., pl.* I-4
frequent (*to visit regularly*) **fréquenter** *v.* I-4

fresh **frais/fraîche** *adj.* I-5
Friday **vendredi** *m.* I-2
friend **ami(e)** *m., f.* I-1; **copain/copine** *m., f.* I-1
friendship **amitié** *f.* I-6
from **de/d'** *prep.* I-1
  from time to time **de temps en temps** *adv.* I-8, II-P
front: in front of **devant** *prep.* I-3
fruit **fruit** *m.* II-1
full (*no vacancies*) **complet (complète)** *adj.* I-7
full-time job **emploi** *m.* **à plein temps** II-5
fun **amusant(e)** *adj.* I-1
  to have fun (*doing something*) **s'amuser (à)** *v.* II-3
funeral **funérailles** *f., pl.* II-1
funny **drôle** *adj.* I-3
furious **furieux/furieuse** *adj.* II-6
  to be furious that… **être furieux/furieuse que…** *v.* II-6

G

gain: gain weight **grossir** *v.* I-4
game (*amusement*) **jeu** *m.* I-5; (*sports*) **match** *m.* I-5
game show **jeu télévisé** *m.* II-7
garage **garage** *m.* I-8, II-P
garbage **ordures** *f., pl.* II-6
garbage collection **ramassage** *m.* **des ordures** II-6
garden **jardin** *m.* I-8, II-P
garlic **ail** *m.* II-1
gas **essence** *f.* II-3
gas tank **réservoir d'essence** *m.* II-3
gas warning light **voyant** *m.* **d'essence** II-3
generally **en général** *adv.* I-8, II-P
generous **généreux/généreuse** *adj.* I-3
genre **genre** *m.* II-7
gentle **doux/douce** *adj.* I-3
geography **géographie** *f.* I-2
German **allemand(e)** *adj.* I-1
Germany **Allemagne** *f.* I-7
get (*to obtain*) **obtenir** *v.* II-5
get along well (with) **s'entendre bien (avec)** *v.* II-2
get off **descendre (de)** *v.* I-6
get up **se lever** *v.* II-2
  get up again **se relever** *v.* II-2
gift **cadeau** *m.* I-6
  wrapped gift **paquet cadeau** *m.* I-6
gifted **doué(e)** *adj.* II-7
girl **fille** *f.* I-1
girlfriend **petite amie** *f.* I-1
give (*to someone*) **donner (à)** *v.* I-2
  to give a shot **faire une piqûre** *v.* II-2

to give a tour **faire visiter** *v.* I-8, II-P
to give back **rendre (à)** *v.* I-6
to give one another **se donner** *v.* II-3
glass (of) **verre (de)** *m.* I-4
glasses **lunettes** *f., pl.* I-6
  sunglasses **lunettes de soleil** *f., pl.* I-6
global warming **réchauffement** *m.* **de la Terre** II-6
glove **gant** *m.* I-6
go **aller** *v.* I-4
  Let's go! **Allons-y!** I-4; **On y va!** II-2
  I'm going. **J'y vais.** I-8, II-P
  to go back **repartir** *v.* II-7
  to go downstairs **descendre (de)** *v.* I-6
  to go out **sortir** *v.* I-7
  to go over **dépasser** *v.* II-3
  to go up **monter** *v.* I-7
  to go with **aller avec** *v.* I-6
golf **golf** *m.* I-5
good **bon(ne)** *adj.* I-3
  Good evening. **Bonsoir.** I-1
  Good morning. **Bonjour.** I-1
  to be good for nothing **ne servir à rien** *v.* II-1
  to be in a good mood **être de bonne humeur** *v.* I-8, II-P
  to be in good health **être en bonne santé** *v.* II-2
  to be in good shape **être en pleine forme** *v.* II-2
  to be up to something interesting **faire quelque chose de beau** *v.* II-4
Good-bye. **Au revoir.** I-1
government **gouvernement** *m.* II-6
grade (*academics*) **note** *f.* I-2
grandchildren **petits-enfants** *m., pl.* I-3
granddaughter **petite-fille** *f.* I-3
grandfather **grand-père** *m.* I-3
grandmother **grand-mère** *f.* I-3
grandparents **grands-parents** *m., pl.* I-3
grandson **petit-fils** *m.* I-3
grant **bourse** *f.* I-2
grass **herbe** *f.* II-6
gratin **gratin** *m.* II-1
gray **gris(e)** *adj.* I-6
great **formidable** *adj.* I-7; **génial(e)** *adj.* I-3
green **vert(e)** *adj.* I-3
green beans **haricots verts** *m., pl.* II-1
greenhouse **serre** *f.* II-6
  greenhouse effect **effet de serre** *m.* II-6
grocery store **épicerie** *f.* I-4

Vocabulaire — English-French

groom: to groom oneself *(in the morning)* **faire sa toilette** *v.* II-2
ground floor **rez-de-chaussée** *m.* I-7
growing population **population** *f.* **croissante** II-6
guaranteed **garanti(e)** *p.p., adj.* I-5
guest **invité(e)** *m., f.* I-6; **client(e)** *m., f.* I-7
guitar **guitare** *f.* II-7
guy **mec** *m.* II-2
gym **gymnase** *m.* I-4

H

habitat **habitat** *m.* II-6
    habitat preservation **sauvetage des habitats** *m.* II-6
had **eu (avoir)** *p.p.* I-6
    had to **dû (devoir)** *p.p.* II-1
hair **cheveux** *m., pl.* II-1
    to brush one's hair **se brosser les cheveux** *v.* II-1
    to do one's hair **se coiffer** *v.* II-2
hairbrush **brosse** *f.* **à cheveux** II-2
hairdresser **coiffeur/coiffeuse** *m., f.* I-3
half **demie** *f.* I-2
    half past … (o'clock) **… et demie** I-2
half-brother **demi-frère** *m.* I-3
half-sister **demi-sœur** *f.* I-3
half-time job **emploi** *m.* **à mi-temps** II-5
hallway **couloir** *m.* I-8, II-P
ham **jambon** *m.* I-4
hand **main** *f.* I-5
handbag **sac à main** *m.* I-6
handsome **beau** *adj.* I-3
hang up **raccrocher** *v.* II-5
happiness **bonheur** *m.* I-6
happy **heureux/heureuse** *adj.*; **content(e)** II-5
    to be happy that… **être content(e) que…** *v.* II-6; **être heureux/heureuse que…** *v.* II-6
hard drive **disque (dur)** *m.* II-3
hard-working **travailleur/travailleuse** *adj.* I-3
hat **chapeau** *m.* I-6
hate **détester** *v.* I-2
    I hate… **Je déteste…** I-2
have **avoir** *v.* I-2; **aie (avoir)** *imp., v.* I-7; **ayez (avoir)** *imp. v.* I-7; **prendre** *v.* I-4
    to have an ache **avoir mal** *v.* II-2
to have to (must) **devoir** *v.* II-1
he **il** *sub. pron.* I-1
head *(body part)* **tête** *f.* II-2; *(of a company)* **chef** *m.* **d'entreprise** II-5
headache: to have a headache **avoir mal à la tête** *v.* II-2
headlights **phares** *m., pl.* II-3
health **santé** *f.* II-2
    to be in good health **être en bonne santé** *v.* II-2
health insurance **assurance** *f.* **maladie** II-5
healthy **sain(e)** *adj.* II-2
hear **entendre** *v.* I-6
heart **cœur** *m.* II-2
heat **chaud** *m.* 2
hello *(on the phone)* **allô** I-1; *(in the evening)* **Bonsoir.** I-1; *(in the morning or afternoon)* **Bonjour.** I-1
help **au secours** II-3
    to help *(to do something)* **aider (à)** *v.* I-5
    to help one another **s'aider** *v.* II-3
her **la/l'** *d.o. pron.* I-7; **lui** *i.o. pron.* I-6; *(attached to an imperative)* **-lui** *i.o. pron.* II-1
her **sa** *poss. adj., f., sing.* I-3; **ses** *poss. adj., m., f., pl.* I-3; **son** *poss. adj., m., sing.* I-3
Here! **Tenez!** *form., imp. v.* II-1; **Tiens!** *fam., imp., v.* II-1
here **ici** *adv.* I-1; *(used with demonstrative adjective* **ce** *and noun or with demonstrative pronoun* **celui***);* **-ci** I-6; Here is…. **Voici…** I-1
heritage: I am of… heritage. **Je suis d'origine…** I-1
herself *(used with reflexive verb)* **se/s'** *pron.* II-2
hesitate *(to do something)* **hésiter (à)** *v.* II-3
Hey! **Eh!** *interj.* 2
Hi! **Salut!** *fam.* I-1
high **élevé(e)** *adj.* II-5
high school **lycée** *m.* I-1
    high school student **lycéen(ne)** *m., f.* 2
higher education **études supérieures** *f., pl.* 2
highway **autoroute** *f.* II-3
hike **randonnée** *f.* I-5
    to go for a hike **faire une randonnée** *v.* I-5
him **lui** *i.o. pron.* I-6; **le/l'** *d.o. pron.* I-7; *(attached to imperative)* **-lui** *i.o. pron.* II-1
himself *(used with reflexive verb)* **se/s'** *pron.* II-2
hire **embaucher** *v.* II-5
his **sa** *poss. adj., f., sing.* I-3; **ses** *poss. adj., m., f., pl.* I-3; **son** *poss. adj., m., sing.* I-3
history **histoire** *f.* I-2
hit **rentrer (dans)** *v.* II-3
hold **tenir** *v.* II-1
    to be on hold **patienter** *v.* II-5
hole in the ozone layer **trou dans la couche d'ozone** *m.* II-6
holiday **jour férié** *m.* I-6; **férié(e)** *adj.* I-6
home *(house)* **maison** *f.* I-4
    at (someone's) home **chez…** *prep.* 4
home page **page d'accueil** *f.* II-3
homework **devoir** *m.* I-2
honest **honnête** *adj.* II-7
honestly **franchement** *adv.* I-8, II-P
hood **capot** *m.* II-3
hope **espérer** *v.* I-5
hors d'œuvre **hors-d'œuvre** *m.* II-1
horse **cheval** *m.* I-5
    to go horseback riding **faire du cheval** *v.* I-5
hospital **hôpital** *m.* I-4
host **hôte/hôtesse** *m., f.* I-6
hot **chaud** *m.* I-2
    It is hot (weather). **Il fait chaud.** I-5
    to be hot **avoir chaud** *v.* I-2
hot chocolate **chocolat chaud** *m.* I-4
hotel **hôtel** *m.* I-7
    (single) hotel room **chambre** *f.* **(individuelle)** I-7
hotel keeper **hôtelier/hôtelière** *m., f.* I-7
hour **heure** *f.* I-2
house **maison** *f.* I-4
    at (someone's) house **chez…** *prep.* I-2
    to leave the house **quitter la maison** *v.* I-4
    to stop by someone's house **passer chez quelqu'un** *v.* I-4
household **ménager/ménagère** *adj.* I-8, II-P
household appliance **appareil** *m.* **ménager** I-8, II-P
household chore **tâche ménagère** *f.* I-8, II-P
housewife **femme au foyer** *f.* II-5
housework: to do the housework **faire le ménage** *v.* I-8, II-P
housing **logement** *m.* I-8, II-P
how **comme** *adv.* I-2; **comment?** *interr. adv.* I-4
    How are you? **Comment allez-vous?** *form.* I-1; **Comment vas-tu?** *fam.* I-1
    How many/How much (of)? **Combien (de)?** I-1

Vocabulaire — English-French

How much is...? **Combien coûte...?** I-4
huge **énorme** adj. I-2
Huh? **Hein?** interj. I-3
humanities **lettres** f., pl. I-2
hundred: one hundred **cent** m. I-5
   five hundred **cinq cents** m. I-5
   one hundred one **cent un** m. I-5
   one hundred thousand **cent mille** m. I-5
hundredth **centième** adj. I-7
hunger **faim** f. I-4
hungry: to be hungry **avoir faim** v. I-4
hunt **chasse** f. II-6
   to hunt **chasser** v. II-6
hurried **pressé(e)** adj. II-1
hurry **se dépêcher** v. II-2
hurt **faire mal** v. II-2
   to hurt oneself **se blesser** v. II-2
husband **mari** m.; **époux** m. I-3
hyphen (punctuation mark) **tiret** m. II-3

I

I **je** sub. pron. I-1; **moi** disj. pron., sing. I-3
ice cream **glace** f. I-6
ice cube **glaçon** m. I-6
idea **idée** f. I-3
if **si** conj. II-5
ill: to become ill **tomber malade** v. II-2
illness **maladie** f. II-5
immediately **tout de suite** adv. I-4
impatient **impatient(e)** adj. I-1
important **important(e)** adj. I-1
   It is important that... **Il est important que...** II-6
impossible **impossible** adj. II-7
   It is impossible that... **Il est impossible que...** II-7
improve **améliorer** v. II-5
in **dans** prep. I-3; **en** prep. I-3; **à** prep. I-4
included **compris (comprendre)** p.p., adj. I-6
incredible **incroyable** adj. II-3
independent **indépendant(e)** adj. I-1
independently **indépendamment** adv. I-8, II-P
indicate **indiquer** v. 5
indispensable **indispensable** adj. II-6
inexpensive **bon marché** adj. I-6
injection **piqûre** f. II-2
to give an injection **faire une piqûre** v. II-2
injury **blessure** f. II-2
instrument **instrument** m. I-1
insurance (health/life) **assurance** f. **(maladie/vie)** II-5
intellectual **intellectuel(le)** adj. I-3
intelligent **intelligent(e)** adj. I-1
interested: to be interested (in) **s'intéresser (à)** v. II-2
interesting **intéressant(e)** adj. I-1
intermission **entracte** m. II-7
internship **stage** m. II-5
intersection **carrefour** m. II-4
interview: to have an interview **passer un entretien** II-5
introduce **présenter** v. I-1
   I would like to introduce (name) to you. **Je te présente...**, fam. I-1
   I would like to introduce (name) to you. **Je vous présente...**, form. I-1
invite **inviter** v. I-4
Ireland **Irlande** f. I-7
Irish **irlandais(e)** adj. I-7
iron **fer à repasser** m. I-8, II-P
   to iron (the laundry) **repasser (le linge)** v. I-8, II-P
isn't it? (tag question) **n'est-ce pas?** I-2
island **île** f. II-6
Italian **italien(ne)** adj. I-1
Italy **Italie** f. I-7
it: It depends. **Ça dépend.** I-4
   It is... **C'est...** I-1
itself (used with reflexive verb) **se/s'** pron. II-2

J

jacket **blouson** m. I-6
jam **confiture** f. II-1
January **janvier** m. I-5
Japan **Japon** m. I-7
Japanese **japonais(e)** adj. I-1
jealous **jaloux/jalouse** adj. I-3
jeans **jean** m. sing. I-6
jewelry store **bijouterie** f. II-4
jogging **jogging** m. I-5
   to go jogging **faire du jogging** v. I-5
joke **blague** f. I-2
journalist **journaliste** m., f. I-3
juice (orange/apple) **jus** m. **(d'orange/de pomme)** I-4
July **juillet** m. I-5
June **juin** m. I-5
jungle **jungle** f. II-6
just (barely) **juste** adv. I-3

K

keep **retenir** v. II-1
key **clé** f. I-7
keyboard **clavier** m. II-3
kilo(gram) **kilo(gramme)** m. II-1
kind **bon(ne)** adj. I-3
kiosk **kiosque** m. I-4
kiss one another **s'embrasser** v. II-3
kitchen **cuisine** f. I-8, II-P
knee **genou** m. II-2
knife **couteau** m. II-1
know (as a fact) **savoir** v. I-8, II-P; (to be familiar with) **connaître** v. I-8, II-P
   to know one another **se connaître** v. II-3
   I don't know anything about it. **Je n'en sais rien.** II-6
   to know that... **savoir que...** II-7
known (as a fact) **su (savoir)** p.p. I-8, II-P; (famous) **connu (connaître)** p.p., adj. I-8, II-P

L

laborer **ouvrier/ouvrière** m., f. II-5
lake **lac** m. II-6
lamp **lampe** f. I-8, II-P
landlord **propriétaire** m. I-3
landslide **glissement de terrain** m. II-6
language **langue** f. I-2
   foreign languages **langues** f., pl. **étrangères** I-2
last **dernier/dernière** adj. I-2
lastly **dernièrement** adv. I-8, II-P
late (when something happens late) **en retard** adv. I-2; (in the evening, etc.) **tard** adv. I-2
laugh **rire** v. I-6
laughed **ri (rire)** p.p. I-6
laundromat **laverie** f. II-4
laundry: to do the laundry **faire la lessive** v. I-8, II-P
law (academic discipline) **droit** m. I-2; (ordinance or rule) **loi** f. II-6
lawyer **avocat(e)** m., f. I-3
lay off (let go) **renvoyer** v. II-5
lazy **paresseux/paresseuse** adj. I-3
learned **appris (apprendre)** p.p. I-6
least **moins** II-1
   the least... (used with adjective) **le/la moins...** super. adv. II-1
   the least..., (used with noun to express quantity) **le moins de...** II-6

Vocabulaire — English-French

the least... *(used with verb or adverb)* **le moins...** *super. adv.* II-1
leather **cuir** *m.* I-6
leave **partir** *v.* I-5; **quitter** *v.* I-4
   to leave alone **laisser tranquille** *v.* II-2
   to leave one another **se quitter** *v.* II-3
   I'm leaving. **Je m'en vais.** I-8, II-P
left: to the left (of) **à gauche (de)** *prep.* I-3
leg **jambe** *f.* II-2
leisure activity **loisir** *m.* I-5
lemon soda **limonade** *f.* I-4
lend *(to someone)* **prêter (à)** *v.* I-6
less **moins** *adv.* I-4
   less of... *(used with noun to express quantity)* **moins de...** I-4
   less ... than *(used with noun to compare quantities)* **moins de... que** II-6
   less... than *(used with adjective to compare qualities)* **moins... que** II-1
let **laisser** *v.* II-3
   to let go *(to fire or lay off)* **renvoyer** *v.* II-5
   Let's go! **Allons-y!** I-4; **On y va!** II-2
letter **lettre** *f.* II-4
   letter of application **lettre** *f.* **de motivation** II-5
   letter of recommendation/reference **lettre** *f.* **de recommandation** II-5
lettuce **laitue** *f.* II-1
level **niveau** *m.* II-5
library **bibliothèque** *f.* I-1
license: driver's license **permis** *m.* **de conduire** II-3
life **vie** *f.* I-6
life insurance **assurance** *f.* **vie** II-5
light: warning light *(automobile)* **voyant** *m.* II-3
   oil/gas warning light **voyant** *m.* **d'huile/d'essence** II-3
   to light up **s'allumer** *v.* II-3
like *(as)* **comme** *adv.* I-6; to like **aimer** *v.* I-2
   I don't like … very much. **Je n'aime pas tellement…** I-2
   I really like… **J'aime bien…** I-2
   to like one another **s'aimer bien** *v.* II-3
   to like that… **aimer que…** *v.* II-6
line **queue** *f.* II-4
   to wait in line **faire la queue** *v.* II-4
listen (to) **écouter** *v.* I-2
literary **littéraire** *adj.* II-7
literature **littérature** *f.* I-1
little *(not much)* (of) **peu (de)** *adv.* I-4
live (in) **habiter (à)** *v.* I-2
living room *(informal room)* **salle de séjour** *f.* I-8, II-P; *(formal room)* **salon** *m.* I-8, II-P
located: to be located **se trouver** *v.* II-2
long **long(ue)** *adj.* I-3
   a long time **longtemps** *adv.* I-5
look *(at one another)* **se regarder** *v.* II-3; *(at oneself)* **se regarder** *v.* II-2
look for **chercher** *v.* I-2
   to look for work **chercher du/un travail** II-4
loose *(clothing)* **large** *adj.* I-6
lose: to lose (time) **perdre (son temps)** *v.* I-6
   to lose weight **maigrir** *v.* I-4
lost: to be lost **être perdu(e)** *v.* II-4
lot: a lot of **beaucoup de** *adv.* I-4
love **amour** *m.* I-6
   to love **adorer** *v.* I-2
   I love… **J'adore…** I-2
   to love one another **s'aimer** *v.* II-3
   to be in love **être amoureux/amoureuse** *v.* I-6
luck **chance** *f.* I-2
   to be lucky **avoir de la chance** *v.* I-2
lunch **déjeuner** *m.* II-1
   to eat lunch **déjeuner** *v.* I-4

M

ma'am **Madame.** *f.* I-1
machine: answering machine **répondeur** *m.* II-3
mad: to get mad **s'énerver** *v.* II-2
made **fait (faire)** *p.p., adj.* I-6
magazine **magazine** *m.* II-7
mail **courrier** *m.* II-4
mailbox **boîte** *f.* **aux lettres** II-4
mailman **facteur** *m.* II-4
main character **personnage principal** *m.* II-7
main dish **plat (principal)** *m.* II-1
maintain **maintenir** *v.* II-1
make **faire** *v.* I-5
makeup **maquillage** *m.* II-2
   to put on makeup **se maquiller** *v.* II-2
make up **se réconcilier** *v.* II-7
malfunction **panne** *f.* II-3
man **homme** *m.* I-1
manage *(in business)* **diriger** *v.* II-5; *(to do something)* **arriver à** *v.* I-2
manager **gérant(e)** *m., f.* II-5

many (of) **beaucoup (de)** *adv.* I-4
   How many (of)? **Combien (de)?** I-1
map *(of a city)* **plan** *m.* I-7; *(of the world)* **carte** *f.* I-1
March **mars** *m.* I-5
marital status **état civil** *m.* I-6
market **marché** *m.* I-4
marriage **mariage** *m.* I-6
married **marié(e)** *adj.* I-3
   married couple **mariés** *m., pl.* I-6
marry **épouser** *v.* I-3
Martinique: from Martinique **martiniquais(e)** *adj.* I-1
masterpiece **chef-d'œuvre** *m.* II-7
mathematics **mathématiques (maths)** *f., pl.* I-2
May **mai** *m.* I-5
maybe **peut-être** *adv.* I-2
mayonnaise **mayonnaise** *f.* II-1
mayor's office **mairie** *f.* II-4
me **moi** *disj. pron., sing.* I-3; *(attached to imperative)* **-moi** *pron.* II-1; **me/m'** *i.o. pron.* I-6; **me/m'** *d.o. pron.* I-7
   Me too. **Moi aussi.** I-1
   Me neither. **Moi non plus.** I-2
meal **repas** *m.* II-1
mean **méchant(e)** *adj.* I-3
   to mean *(with dire)* **vouloir** *v.* II-1
means: that means **ça veut dire** *v.* II-1
meat **viande** *f.* II-1
mechanic **mécanicien/mécanicienne** *m., f.* II-3
medication (against/for) **médicament (contre/pour)** *m., f.* II-2
meet *(to encounter, to run into)* **rencontrer** *v.* I-2; *(to make the acquaintance of)* **faire la connaissance de** *v.* I-5, **se rencontrer** *v.* II-3; *(planned encounter)* **se retrouver** *v.* II-3
meeting **réunion** *f.* II-5; **rendez-vous** *m.* I-6
member **membre** *m.* II-7
menu **menu** *m.* II-1; **carte** *f.* II-1
message **message** *m.* II-5
   to leave a message **laisser un message** *v.* II-5
Mexican **mexicain(e)** *adj.* I-1
Mexico **Mexique** *m.* I-7
microwave oven **four à micro-ondes** *m.* I-8, II-P
midnight **minuit** *m.* I-2
milk **lait** *m.* I-4
mineral water **eau** *f.* **minérale** I-4
mirror **miroir** *m.* I-8, II-P
Miss **Mademoiselle** *f.* I-1

Vocabulaire — English-French

mistaken: to be mistaken (*about something*) **se tromper (de)** *v.* II-2
modest **modeste** *adj.* II-5
moment **moment** *m.* I-1
Monday **lundi** *m.* I-2
money **argent** *m.* II-4; (*currency*) **monnaie** *f.* II-4
 to deposit money **déposer de l'argent** *v.* II-4
monitor **moniteur** *m.* II-3
month **mois** *m.* I-2
 this month **ce mois-ci** I-2
moon **Lune** *f.* II-6
more **plus** *adv.* I-4
 more of **plus de** I-4
 more … than (*used with noun to compare quantities*) **plus de… que** II-6
 more … than (*used with adjective to compare qualities*) **plus… que** II-1
morning **matin** *m.* I-2; **matinée** *f.* I-2
 this morning **ce matin** I-2
Moroccan **marocain(e)** *adj.* I-1
most **plus** II-1
 the most… (*used with adjective*) **le/la plus…** *super. adv.* II-1
 the most… (*used with noun to express quantity*) **le plus de…** II-6
 the most… (*used with verb or adverb*) **le plus…** *super. adv.* II-1
mother **mère** *f.* I-3
mother-in-law **belle-mère** *f.* I-3
mountain **montagne** *f.* I-4
mouse **souris** *f.* II-3
mouth **bouche** *f.* II-2
move (*to get around*) **se déplacer** *v.* II-4
 to move in **emménager** *v.* I-8, II-P
 to move out **déménager** *v.* I-8, II-P
movie **film** *m.* II-7
 adventure/horror/science-fiction/crime movie **film** *m.* **d'aventures/d'horreur/de science-fiction/policier** II-7
movie theater **cinéma (ciné)** *m.* I-4
much (as much … as) (*used with noun to express quantity*) **autant de … que** *adv.* II-6
 How much (*of something*)? **Combien (de)?** I-1
 How much is… ? **Combien coûte… ?** I-4
museum **musée** *m.* I-4
 to go to museums **faire les musées** *v.* II-7
mushroom **champignon** *m.* II-1
music: to play music **faire de la musique** II-7
musical **comédie** *f.* **musicale** II-7; **musical(e)** *adj.* II-7
musician **musicien(ne)** *m., f.* I-3
must (*to have to*) **devoir** *v.* II-1
 One must **Il faut…** I-5
mustard **moutarde** *f.* II-1
my **ma** *poss. adj., f., sing.* I-3; **mes** *poss. adj., m., f., pl.* I-3; **mon** *poss. adj., m., sing.* I-3
myself **me/m'** *pron., sing.* II-2; (*attached to an imperative*) **-moi** *pron.* II-1

N

naïve **naïf (naïve)** *adj.* I-3
name: My name is… **Je m'appelle…** I-1
named: to be named **s'appeler** *v.* II-2
napkin **serviette** *f.* II-1
nationality **nationalité** *f.*
 I am of … nationality. **Je suis de nationalité…** I-1
natural **naturel(le)** *adj.* II-6
natural resource **ressource naturelle** *f.* II-6
nature **nature** *f.* II-6
nauseated: to feel nauseated **avoir mal au cœur** *v.* II-2
near (to) **près (de)** *prep.* I-3
 very near (to) **tout près (de)** II-4
necessary **nécessaire** *adj.* II-6
 It was necessary… (*followed by infinitive or subjunctive*) **Il a fallu…** I-6
 It is necessary…. (*followed by infinitive or subjunctive*) **Il faut que…** I-5
 It is necessary that… (*followed by subjunctive*) **Il est nécessaire que/qu'…** II-6
neck **cou** *m.* II-2
need **besoin** *m.* I-2
 to need **avoir besoin (de)** *v.* I-2
neighbor **voisin(e)** *m., f.* I-3
neighborhood **quartier** *m.* I-8, II-P
neither… nor **ne… ni… ni…** *conj.* II-4
nephew **neveu** *m.* I-3
nervous **nerveux/nerveuse** *adj.* I-3
nervously **nerveusement** *adv.* I-8, II-P
never **jamais** *adv.* I-5; **ne… jamais** *adv.* II-4
new **nouveau/nouvelle** *adj.* I-3
newlyweds **jeunes mariés** *m., pl.* I-6
news **informations (infos)** *f., pl.* II-7; **nouvelles** *f., pl.* II-7
newspaper **journal** *m.* I-7
newsstand **marchand de journaux** *m.* II-4
next **ensuite** *adv.* I-7; **prochain(e)** *adj.* I-2
 next to **à côté de** *prep.* I-3
nice **gentil/gentille** *adj.* I-3; **sympa(thique)** *adj.* I-1
nicely **gentiment** *adv.* I-8, II-P
niece **nièce** *f.* I-3
night **nuit** *f.* I-2
nightclub **boîte (de nuit)** *f.* I-4
nine **neuf** *m.* I-1
nine hundred **neuf cents** *m.* I-5
nineteen **dix-neuf** *m.* I-1
ninety **quatre-vingt-dix** *m.* I-3
ninth **neuvième** *adj.* I-7
no (*at beginning of statement to indicate disagreement*) **(mais) non** I-2; **aucun(e)** *adj.* II-2
 no more **ne… plus** II-4
 no problem **pas de problème** II-4
 no reason **pour rien** I-4
 no, none **pas (de)** II-4
nobody **ne… personne** II-4
none (not any) **ne… aucun(e)** II-4
noon **midi** *m.* I-2
no one **personne** *pron.* II-4
north **nord** *m.* II-4
nose **nez** *m.* II-2
not **ne… pas** I-2
 not at all **pas du tout** *adv.* I-2
 Not badly. **Pas mal.** I-1
 to not believe that **ne pas croire que** *v.* II-7
 to not think that **ne pas penser que** *v.* II-7
 not yet **pas encore** *adv.* I-8, II-P
notebook **cahier** *m.* I-1
notes **billets** *m., pl.* II-3
nothing **rien** *indef. pron.* II-4
 It's nothing. **Il n'y a pas de quoi.** I-1
notice **s'apercevoir** *v.* II-4
novel **roman** *m.* II-7
November **novembre** *m.* I-5
now **maintenant** *adv.* I-5
nuclear **nucléaire** *adj.* II-6
nuclear energy **énergie nucléaire** *f.* II-6
nuclear plant **centrale nucléaire** *f.* II-6
nurse **infirmier/infirmière** *m., f.* II-2

Vocabulaire — English-French

O

object **objet** *m.* I-1
obtain **obtenir** *v.* II-5
obvious **évident(e)** *adj.* II-7
   It is obvious that… **Il est évident que…** II-7
obviously **évidemment** *adv.* I-8, II-P
o'clock: It's… (o'clock). **Il est… heure(s).** I-2
   at … (o'clock) **à … heure(s)** I-4
October **octobre** *m.* I-5
of **de/d'** *prep.* I-3
   of medium height **de taille moyenne** *adj.* I-3
   of the **des (de + les)** I-3
   of the **du (de + le)** I-3
   of which, of whom **dont** *rel. pron.* II-3
of course **bien sûr** *adv.*; **évidemment** *adv.* I-2
   of course not *(at beginning of statement to indicate disagreement)* **(mais) non** I-2
offer **offrir** *v.* II-3
offered **offert (offrir)** *p.p.* II-3
office **bureau** *m.* I-4
   at the doctor's office **chez le médecin** *prep.* I-2
often **souvent** *adv.* I-5
oil **huile** *f.* II-1
   automobile oil **huile** *f.* II-3
   oil warning light **voyant** *m.* **d'huile** II-3
   olive oil **huile** *f.* **d'olive** II-1
   to check the oil **vérifier l'huile** *v.* II-3
okay **d'accord** I-2
old **vieux/vieille** *adj.*; *(placed after noun)* **ancien(ne)** *adj.* I-3
old age **vieillesse** *f.* I-6
olive **olive** *f.* II-1
olive oil **huile** *f.* **d'olive** II-1
omelette **omelette** *f.* I-5
on **sur** *prep.* I-3
   On behalf of whom? **C'est de la part de qui?** II-5
   on the condition that… **à condition que** II-7
   on television **à la télé(vision)** II-7
   on the contrary **au contraire** II-7
   on the radio **à la radio** II-7
   on the subject of **au sujet de** II-6
   on vacation **en vacances** I-7
once **une fois** *adv.* I-8, II-P
one **un** *m.* I-1
   one **on** *sub. pron., sing.* I-1
   one another **l'un(e) à l'autre** II-3
one another **l'un(e) l'autre** II-3
one had to… **il fallait…** I-8, II-P
One must… **Il faut que/qu'…** II-6
One must… **Il faut…** *(followed by infinitive or subjunctive)* I-5
one million **un million** *m.* I-5
one million *(things)* **un million de…** I-5
onion **oignon** *m.* II-1
online **en ligne** II-3
   to be online **être en ligne** *v.* II-3
   to be online (with someone) **être connecté(e) (avec quelqu'un)** *v.* I-7, II-3
only **ne… que** II-4; **seulement** *adv.* I-8, II-P
open **ouvrir** *v.* II-3; **ouvert(e)** *adj.* II-3
opened **ouvert (ouvrir)** *p.p.* II-3
opera **opéra** *m.* II-7
optimistic **optimiste** *adj.* I-1
or **ou** I-3
orange **orange** *f.* II-1; **orange** *inv.adj.* I-6
orchestra **orchestre** *m.* II-7
order **commander** *v.* II-1
organize (a party) **organiser (une fête)** *v.* I-6
orient oneself **s'orienter** *v.* II-4
others **d'autres** I-4
our **nos** *poss. adj., m., f., pl.* I-3; **notre** *poss. adj., m., f., sing.* I-3
outdoor *(open-air)* **plein air** II-6
over **fini** *adj., p.p.* I-7
overpopulation **surpopulation** *f.* II-6
overseas **à l'étranger** *adv.* I-7
over there **là-bas** *adv.* I-1
owed **dû (devoir)** *p.p., adj.* II-1
own **posséder** *v.* I-5
owner **propriétaire** *m., f.* I-3
ozone **ozone** *m.* II-6
   hole in the ozone layer **trou dans la couche d'ozone** *m.* II-6

P

pack: to pack one's bags **faire les valises** I-7
package **colis** *m.* II-4
paid **payé (payer)** *p.p., adj.* II-5
   to be well/badly paid **être bien/mal payé(e)** II-5
pain **douleur** *f.* II-2
paint **faire de la peinture** *v.* II-7
painter **peintre/femme peintre** *m., f.* II-7
painting **peinture** *f.* II-7; **tableau** *m.* II-7
Palm Pilot **palm** *m.* I-1
pants **pantalon** *m., sing.* I-6
paper **papier** *m.* I-1
Pardon (me). **Pardon.** I-1
parents **parents** *m., pl.* I-3
park **parc** *m.* I-4
   to park **se garer** *v.* II-3
parka **anorak** *m.* I-6
parking lot **parking** *m.* II-3
part-time job **emploi** *m.* **à mi-temps/à temps partiel** *m.* II-5
party **fête** *f.* I-6
   to party **faire la fête** *v.* I-6
pass **dépasser** *v.* II-3; **passer** *v.* I-7
   to pass an exam **être reçu(e) à un examen** *v.* I-2
passenger **passager/passagère** *m., f.* I-7
passport **passeport** *m.* I-7
password **mot de passe** *m.* II-3
past: in the past **autrefois** *adv.* I-8, II-P
pasta **pâtes** *f., pl.* II-1
pastime **passe-temps** *m.* I-5
pastry **pâtisserie** *f.* II-1
pastry shop **pâtisserie** *f.* II-1
pâté **pâté (de campagne)** *m.* II-1
path **sentier** *m.* II-6; **chemin** *m.* II-4
patient **patient(e)** *adj.* I-1
patiently **patiemment** *adv.* I-8, II-P
pay **payer** *v.* I-5
   to pay by check **payer par chèque** *v.* II-4
   to pay in cash **payer en liquide** *v.* II-4
   to pay with a credit card **payer avec une carte de crédit** *v.* II-4
   to pay attention (to) **faire attention (à)** *v.* I-5
peach **pêche** *f.* II-1
pear **poire** *f.* II-1
peas **petits pois** *m., pl.* II-1
pen **stylo** *m.* I-1
pencil **crayon** *m.* I-1
people **gens** *m., pl.* I-7
pepper *(spice)* **poivre** *m.* II-1; *(vegetable)* **poivron** *m.* II-1
per day/week/month/year **par jour/semaine/mois/an** I-5
perfect **parfait(e)** *adj.* I-2
perhaps **peut-être** *adv.* I-2
period *(punctuation mark)* **point** *m.* II-3
permit **permis** *m.* II-3
permitted **permis (permettre)** *p.p., adj.* I-6
person **personne** *f.* I-1

personal CD player **baladeur CD** *m.* II-3
pessimistic **pessimiste** *adj.* I-1
pharmacist **pharmacien(ne)** *m., f.* II-2
pharmacy **pharmacie** *f.* II-2
philosophy **philosophie** *f.* I-2
phone booth **cabine téléphonique** *f.* II-4
phone card **télécarte** *f.* II-5
phone one another **se téléphoner** *v.* II-3
photo(graph) **photo(graphie)** *f.* I-3
physical education **éducation physique** *f.* I-2
physics **physique** *f.* I-2
piano **piano** *m.* II-7
pick up **décrocher** *v.* II-5
picnic **pique-nique** *m.* II-6
picture **tableau** *m.* I-1
pie **tarte** *f.* II-1
piece (of) **morceau (de)** *m.* I-4
  piece of furniture **meuble** *m.* I-8, II-P
pill **pilule** *f.* II-2
pillow **oreiller** *m.* I-8, II-P
pink **rose** *adj.* I-6
pitcher (of water) **carafe (d'eau)** *f.* II-1
place **endroit** *m.* I-4; **lieu** *m.* I-4
planet **planète** *f.* II-6
plans: to make plans **faire des projets** *v.* II-5
plant **plante** *f.* II-6
plastic **plastique** *m.* II-6
plastic wrapping **emballage en plastique** *m.* II-6
plate **assiette** *f.* II-1
play **pièce de théâtre** *f.* II-7
play **s'amuser** *v.* II-2; (*a sport/a musical instrument*) **jouer (à/de)** *v.* I-5
  to play regularly **pratiquer** *v.* I-5
  to play sports **faire du sport** *v.* I-5
  to play a role **jouer un rôle** *v.* II-7
player **joueur/joueuse** *m., f.* I-5
playwright **dramaturge** *m.* II-7
pleasant **agréable** *adj.* I-1
please: to please someone **faire plaisir à quelqu'un** *v.* II-5
  Please. **S'il te plaît.** *fam.* I-1
  Please. **S'il vous plaît.** *form.* I-1
  Please. **Je vous en prie.** *form.* I-1
  Please hold. **Ne quittez pas.** II-5
plumber **plombier** *m.* II-5
poem **poème** *m.* II-7
poet **poète/poétesse** *m., f.* II-7
police **police** *f.* II-3; **policier** *adj.* II-7

police officer **agent de police** *m.* II-3; **policier** *m.* II-3; **policière** *f.* II-3
police station **commissariat de police** *m.* II-4
polite **poli(e)** *adj.* I-1
politely **poliment** *adv.* I-8, II-P
political science **sciences politiques (sciences po)** *f., pl.* I-2
politician **homme/femme politique** *m., f.* II-5
pollute **polluer** *v.* II-6
pollution **pollution** *f.* II-6
  pollution cloud **nuage de pollution** *m.* II-6
pool **piscine** *f.* I-4
poor **pauvre** *adj.* I-3
popular music **variétés** *f., pl.* II-7
population **population** *f.* II-6
  growing population **population** *f.* **croissante** II-6
pork **porc** *m.* II-1
portrait **portrait** *m.* I-5
position (*job*) **poste** *m.* II-5
possess (*to own*) **posséder** *v.* I-5
possible **possible** *adj.* II-7
  It is possible that… **Il est possible que…** II-6
post **afficher** *v.* II-5
post office **bureau de poste** *m.* II-4
postal service **poste** *f.* II-4
postcard **carte postale** *f.* II-4
poster **affiche** *f.* I-8, II-P
potato **pomme de terre** *f.* II-1
practice **pratiquer** *v.* I-5
prefer **aimer mieux** *v.* I-2; **préférer (que)** *v.* I-5
pregnant **enceinte** *adj.* II-2
prepare (for) **préparer** *v.* I-2
  to prepare (*to do something*) **se préparer (à)** *v.* II-2
prescription **ordonnance** *f.* II-2
present **présenter** *v.* II-7
preservation: habitat preservation **sauvetage des habitats** *m.* II-6
preserve **préserver** *v.* II-6
pressure **pression** *f.* II-3
  to check the tire pressure **vérifier la pression des pneus** *v.* II-3
pretty **joli(e)** *adj.* I-3; (*before an adjective or adverb*) **assez** *adv.* I-8, II-P
prevent: to prevent a fire **prévenir l'incendie** *v.* II-6
price **prix** *m.* I-4
principal **principal(e)** *adj.* II-4
print **imprimer** *v.* II-3
printer **imprimante** *f.* II-3
problem **problème** *m.* I-1
produce **produire** *v.* I-6

produced **produit (produire)** *p.p., adj.* I-6
product **produit** *m.* II-6
profession **métier** *m.* II-5; **profession** *f.* II-5
  demanding profession **profession** *f.* **exigeante** II-5
professional **professionnel(le)** *adj.* II-5
  professional experience **expérience professionnelle** *f.* II-5
program **programme** *m.* II-7; (*software*) **logiciel** *m.* II-3; (*television*) **émission** *f.* **de télévision** II-7
prohibit **interdire** *v.* II-6
project **projet** *m.* II-5
promise **promettre** *v.* I-6
promised **promis (promettre)** *p.p., adj.* I-6
promotion **promotion** *f.* II-5
propose that… **proposer que…** *v.* II-6
  to propose a solution **proposer une solution** *v.* II-6
protect **protéger** *v.* I-5
protection **préservation** *f.* II-6; **protection** *f.* II-6
proud **fier/fière** *adj.* I-3
psychological **psychologique** *adj.* II-7
psychological drama **drame psychologique** *m.* II-7
psychology **psychologie** *f.* I-2
psychologist **psychologue** *m., f.* II-5
publish **publier** *v.* II-7
pure **pur(e)** *adj.* II-6
purple **violet(te)** *adj.* I-6
purse **sac à main** *m.* I-6
put **mettre** *v.* I-6
  to put (on) (yourself) **se mettre** *v.* II-2
  to put away **ranger** *v.* I-8, II-P
  to put on makeup **se maquiller** *v.* II-2
put **mis (mettre)** *p.p.* I-6

Q

quarter **quart** *m.* I-2
  a quarter after … (o'clock) **… et quart** I-2
Quebec: from Quebec **québécois(e)** *adj.* I-1
question **question** *f.* I-6
  to ask (*someone*) a question **poser une question (à)** *v.* I-6
quick **vite** *adv.* I-4
quickly **vite** *adv.* I-1
quite (*before an adjective or adverb*) **assez** *adv.* I-8, II-P

Vocabulaire — English-French

R

rabbit **lapin** *m.* II-6
rain **pleuvoir** *v.* I-5
  acid rain **pluie** *f.* **acide** II-6
  It is raining. **Il pleut.** I-5
  It was raining. **Il pleuvait.** I-8, II-P
rain forest **forêt tropicale** *f.* II-6
rain jacket **imperméable** *m.* I-5
rained **plu (pleuvoir)** *p.p.* I-6
raise (in salary) **augmentation (de salaire)** *f.* II-5
rapidly **rapidement** *adv.* I-8, II-P
rarely **rarement** *adv.* I-5
rather **plutôt** *adv.* I-1
ravishing **ravissant(e)** *adj.* II-5
razor **rasoir** *m.* II-2
read **lire** *v.* I-7
read **lu (lire)** *p.p., adj.* I-7
ready **prêt(e)** *adj.* I-3
real *(true)* **vrai(e)** *adj.;* **véritable** *adj.* I-3
real estate agent **agent immobilier** *m., f.* II-5
realize **se rendre compte** *v.* II-2
really **vraiment** *adv.* I-5; *(before adjective or adverb)* **tout(e)** *adv.* I-3; *(before adjective or adverb)* **très** *adv.* I-8, II-P
  really close by **tout près** I-3
rear-view mirror **rétroviseur** *m.* II-3
reason **raison** *f.* I-2
receive **recevoir** *v.* II-4
received **reçu (recevoir)** *p.p., adj.* II-4
receiver **combiné** *m.* II-5
recent **récent(e)** *adj.* II-7
reception desk **réception** *f.* I-7
recognize **reconnaître** *v.* I-8, II-P
recognized **reconnu (reconnaître)** *p.p., adj.* I-8, II-P
recommend that… **recommander que…** *v.* II-6
recommendation **recommandation** *f.* II-5
record **enregistrer** *v.* II-3
  (CD, DVD) **graver** *v.* II-3
recycle **recycler** *v.* II-6
recycling **recyclage** *m.* II-6
red **rouge** *adj.* I-6
redial **recomposer (un numéro)** *v.* II-3
reduce **réduire** *v.* I-6
reduced **réduit (réduire)** *p.p., adj.* I-6
reference **référence** *f.* II-5
reflect (on) **réfléchir (à)** *v.* I-4
refrigerator **frigo** *m.* I-8, II-P
refuse *(to do something)* **refuser (de)** *v.* II-3
region **région** *f.* II-6
regret that… **regretter que…** II-6
relax **se détendre** *v.* II-2
remember **se souvenir (de)** *v.* II-2
remote control **télécommande** *f.* II-3
rent **loyer** *m.* I-8, II-P
  to rent **louer** *v.* I-8, II-P
repair **réparer** *v.* II-3
repeat **répéter** *v.* I-5
research **rechercher** *v.* II-5
researcher **chercheur/chercheuse** *m., f.* II-5
reservation **réservation** *f.* I-7
  to cancel a reservation **annuler une réservation** I-7
reserve **réserver** *v.* I-7
reserved **réservé(e)** *adj.* I-1
resign **démissionner** *v.* II-5
resort (ski) **station** *f.* **(de ski)** I-7
respond **répondre (à)** *v.* I-6
rest **se reposer** *v.* II-2
restart **redémarrer** *v.* II-3
restaurant **restaurant** *m.* I-4
restroom(s) **toilettes** *f., pl.* I-8, II-P; **W.-C.** *m., pl.*
result **résultat** *m.* I-2
résumé **curriculum vitæ (C.V.)** *m.* II-5
retake **repasser** *v.* II-7
retire **prendre sa retraite** *v.* I-6
retired person **retraité(e)** *m., f.* II-5
retirement **retraite** *f.* I-6
return **retourner** *v.* I-7
  to return (home) **rentrer (à la maison)** *v.* I-2
review *(criticism)* **critique** *f.* II-7
rice **riz** *m.* II-1
ride: to go horseback riding **faire du cheval** *v.* I-5
  to ride in a car **rouler en voiture** *v.* I-7
right **juste** *adv.* I-3
  to the right (of) **à droite (de)** *prep.* I-3
  to be right **avoir raison** I-2
  right away **tout de suite** I-7
  right next door **juste à côté** I-3
ring **sonner** *v.* II-3
river **fleuve** *m.* II-6; **rivière** *f.* II-6
riverboat **bateau-mouche** *m.* I-7
role **rôle** *m.* II-6
room **pièce** *f.* I-8, II-P; **salle** *f.* I-8, II-P
  bedroom **chambre** *f.* I-7
  classroom **salle** *f.* **de classe** I-1
  dining room **salle** *f.* **à manger** I-8, II-P
  single hotel room **chambre** *f.* **individuelle** I-7
roommate **camarade de chambre** *m., f.* I-1
  (in an apartment) **colocataire** *m., f.* I-1
round-trip **aller-retour** *adj.* I-7
  round-trip ticket **billet** *m.* **aller-retour** I-7
rug **tapis** *m.* I-8, II-P
run **courir** *v.* I-5; **couru (courir)** *p.p., adj.* I-6
  to run into someone **tomber sur quelqu'un** *v.* I-7

S

sad **triste** *adj.* I-3
  to be sad that… **être triste que…** *v.* II-6
safety **sécurité** *f.* II-3
said **dit (dire)** *p.p., adj.* I-7
salad **salade** *f.* II-1
salary (a high, low) **salaire (élevé, modeste)** *m.* II-5
sales **soldes** *f., pl.* I-6
salon: beauty salon **salon** *m.* **de beauté** II-4
salt **sel** *m.* II-1
sandwich **sandwich** *m.* I-4
sat (down) **assis (s'asseoir)** *p.p.* II-2
Saturday **samedi** *m.* I-2
sausage **saucisse** *f.* II-1
save **sauvegarder** *v.* II-3
  save the planet **sauver la planète** *v.* II-6
savings **épargne** *f.* II-4
savings account **compte d'épargne** *m.* II-4
say **dire** *v.* I-7
scarf **écharpe** *f.* I-6
scholarship **bourse** *f.* I-2
school **école** *f.* I-2
science **sciences** *f., pl.* I-2
  political science **sciences politiques (sciences po)** *f., pl.* I-2
screen **écran** *m.* II-3
screening **séance** *f.* II-7
sculpture **sculpture** *f.* II-7
sculptor **sculpteur/femme sculpteur** *m., f.* II-7
sea **mer** *f.* I-7
seafood **fruits de mer** *m., pl.* II-1
search for **chercher** *v.* I-2
  to search for work **chercher du travail** *v.* II-4
season **saison** *f.* I-5
seat **place** *f.* II-7
seatbelt **ceinture de sécurité** *f.* II-3
  to buckle one's seatbelt **attacher sa ceinture de sécurité** *v.* II-3

Vocabulaire — English-French

seated **assis(e)** *p.p., adj.* II-2
second **deuxième** *adj.* I-7
security **sécurité** *f.* II-3
see **voir** *v.* II-7; (*catch sight of*) **apercevoir** *v.* II-4
   to see again **revoir** *v.* II-7
   See you later. **À plus tard.** I-1
   See you later. **À tout à l'heure.** I-1
   See you soon. **À bientôt.** I-1
   See you tomorrow. **À demain.** I-1
seen **aperçu (apercevoir)** *p.p.* II-4; **vu (voir)** *p.p.* II-7
   seen again **revu (revoir)** *p.p.* II-7
self/-selves **même(s)** *pron.* I-6
selfish **égoïste** *adj.* I-1
sell **vendre** *v.* I-6
seller **vendeur/vendeuse** *m., f.* I-6
send **envoyer** *v.* I-5
   to send (*to someone*) **envoyer (à)** *v.* I-6
   to send a letter **poster une lettre** II-4
Senegalese **sénégalais(e)** *adj.* I-1
sense **sentir** *v.* I-5
separated **séparé(e)** *adj.* I-3
September **septembre** *m.* I-5
serious **grave** *adj.* II-2; **sérieux/sérieuse** *adj.* I-3
serve **servir** *v.* I-5
server **serveur/serveuse** *m., f.* I-3
service station **station-service** *f.* II-3
set the table **mettre la table** *v.* I-8, II-P
seven **sept** *m.* I-1
seven hundred **sept cents** *m.* I-5
seventeen **dix-sept** *m.* I-1
seventh **septième** *adj.* I-7
seventy **soixante-dix** *m.* I-3
several **plusieurs** *adj.* I-4
shame **honte** *f.* I-2
   It's a shame that… **Il est dommage que…** II-6
shampoo **shampooing** *m.* II-2
shape (*state of health*) **forme** *f.* II-2
share **partager** *v.* I-2
shave (oneself) **se raser** *v.* II-2
shaving cream **crème à raser** *f.* II-2
she **elle** *pron.* I-1
sheet of paper **feuille de papier** *f.* I-1
sheets **draps** *m., pl.* I-8, II-P
shelf **étagère** *f.* I-8, II-P
shh **chut** II-7
shirt (short-/long-sleeved) **chemise (à manches courtes/longues)** *f.* I-6

shoe **chaussure** *f.* I-6
shopkeeper **commerçant(e)** *m., f.* II-1
shopping **shopping** *m.* I-7
   to go shopping **faire du shopping** *v.* I-7
   to go (grocery) shopping **faire les courses** *v.* II-1
shopping center **centre commercial** *m.* I-4
short **court(e)** *adj.* I-3; (*stature*) **petit(e)** I-3
shorts **short** *m.* I-6
shot (*injection*) **piqûre** *f.* II-2
   to give a shot **faire une piqûre** *v.* II-2
show **spectacle** *m.* I-5; (*movie or theater*) **séance** *f.* II-7
   to show (*to someone*) **montrer (à)** *v.* I-6
shower **douche** *f.* I-8, II-P
shut off **fermer** *v.* II-3
shy **timide** *adj.* I-1
sick: to get/be sick **tomber/être malade** *v.* II-2
sign **signer** *v.* II-4
silk **soie** I-6
since **depuis** *adv.* II-1
sincere **sincère** *adj.* I-1
sing **chanter** *v.* I-5
singer **chanteur/chanteuse** *m., f.* I-1
single (*marital status*) **célibataire** *adj.* I-3
   single hotel room **chambre** *f.* **individuelle** I-7
sink **évier** *m.* I-8, II-P; (*bathroom*) **lavabo** *m.* I-8, II-P
sir **Monsieur** *m.* I-1
sister **sœur** *f.* I-3
sister-in-law **belle-sœur** *f.* I-3
sit down **s'asseoir** *v.* II-2
sitting **assis(e)** *adj.* II-2
six **six** *m.* I-1
six hundred **six cents** *m.* I-5
sixteen **seize** *m.* I-1
sixth **sixième** *adj.* I-7
sixty **soixante** *m.* I-1
size **taille** *f.* I-6
skate **patiner** *v.* I-4
ski **skier** *v.* I-5; **faire du ski** I-5
skiing **ski** *m.* I-5
ski jacket **anorak** *m.* I-6
ski resort **station** *f.* **de ski** I-7
skin **peau** *f.* II-2
skirt **jupe** *f.* I-6
sky **ciel** *m.* II-6
sleep **sommeil** *m.* I-2
   to sleep **dormir** *v.* I-5
   to be sleepy **avoir sommeil** *v.* I-2
sleeve **manche** *f.* I-6

slice **tranche** *f.* II-1
slipper **pantoufle** *f.* II-2
slow **lent(e)** *adj.* I-3
small **petit(e)** *adj.* I-3
smell **sentir** *v.* I-5
smile **sourire** *m.* I-6
   to smile **sourire** *v.* I-6
smoke **fumer** *v.* II-2
snack (afternoon) **goûter** *m.* II-1
snake **serpent** *m.* II-6
sneeze **éternuer** *v.* II-2
snow **neiger** *v.* I-5
   It is snowing. **Il neige.** I-5
   It was snowing… **Il neigeait…** I-8, II-P
so **si** II-3; **alors** *adv.* I-1
   so that **pour que** II-7
soap **savon** *m.* II-2
soap opera **feuilleton** *m.* II-7
soccer **foot(ball)** *m.* I-5
sociable **sociable** *adj.* I-1
sociology **sociologie** *f.* I-1
sock **chaussette** *f.* I-6
software **logiciel** *m.* II-3
soil (*to make dirty*) **salir** *v.* I-8, II-P
solar **solaire** *adj.* II-6
solar energy **énergie solaire** *f.* II-6
solution **solution** *f.* II-6
some **de l'** *part. art., m., f., sing.* I-4
   some **de la** *part. art., f., sing.* I-4
   some **des** *part. art., m., f., pl.* I-4
   some **du** *part. art., m., sing.* I-4
   some **quelques** *adj.* I-4
   some (of it/them) **en** *pron.* II-2
someone **quelqu'un** *pron.* II-4
something **quelque chose** *m.* I-4
   Something's not right. **Quelque chose ne va pas.** I-5
sometimes **parfois** *adv.* I-5; **quelquefois** *adv.* I-8, II-P
son **fils** *m.* I-3
song **chanson** *f.* II-7
sorry **désolé(e)** II-3
   to be sorry that… **être désolé(e) que…** *v.* II-6
sort **sorte** *f.* II-7
So-so. **Comme ci, comme ça.** I-1
soup **soupe** *f.* I-4
soupspoon **cuillère à soupe** *f.* II-1
south **sud** *m.* II-4
space **espace** *m.* II-6
Spain **Espagne** *f.* I-7
Spanish **espagnol(e)** *adj.* I-1
speak (on the phone) **parler (au téléphone)** *v.* I-2
   to speak (to) **parler (à)** *v.* I-6
   to speak to one another **se parler** *v.* II-3
specialist **spécialiste** *m., f.* II-5
species **espèce** *f.* II-6

Vocabulaire — English-French

endangered species **espèce** *f.* **menacée** II-6
spectator **spectateur/spectatrice** *m., f.* II-7
speed **vitesse** *f.* II-3
speed limit **limitation de vitesse** *f.* II-3
spend **dépenser** *v.* I-4
  to spend money **dépenser de l'argent** I-4
  to spend time **passer** *v.* I-7
  to spend time (*somewhere*) **faire un séjour** I-7
spoon **cuillère** *f.* II-1
sport(s) **sport** *m.* I-5
  to play sports **faire du sport** *v.* I-5
sporty **sportif/sportive** *adj.* I-3
sprain one's ankle **se fouler la cheville** II-2
spring **printemps** *m.* I-5
  in the spring **au printemps** I-5
square (*place*) **place** *f.* I-4
squirrel **écureuil** *m.* II-6
stadium **stade** *m.* I-5
stage (*phase*) **étape** *f.* I-6
stage fright **trac** II-5
staircase **escalier** *m.* I-8, II-P
stamp **timbre** *m.* II-4
star **étoile** *f.* II-6
starter **entrée** *f.* II-1
start up **démarrer** *v.* II-3
station **station** *f.* I-7
  subway station **station** *f.* **de métro** I-7
  train station **gare** *f.* I-7
stationery store **papeterie** *f.* II-4
statue **statue** *f.* II-4
stay **séjour** *m.* I-7; **rester** *v.* I-7
  to stay slim **garder la ligne** *v.* II-2
steak **steak** *m.* II-1
steering wheel **volant** *m.* II-3
stepbrother **demi-frère** *m.* I-3
stepfather **beau-père** *m.* I-3
stepmother **belle-mère** *f.* I-3
stepsister **demi-sœur** *f.* I-3
stereo system **chaîne stéréo** *f.* II-3
still **encore** *adv.* I-3
stomach **ventre** *m.* II-2
  to have a stomach ache **avoir mal au ventre** *v.* II-2
stone **pierre** *f.* II-6
stop (doing something) **arrêter (de faire quelque chose)** *v.*; (*to stop oneself*) **s'arrêter** *v.* II-3
  to stop by someone's house **passer chez quelqu'un** *v.* I-4
  bus stop **arrêt d'autobus (de bus)** *m.* I-7
store **magasin** *m.*; **boutique** *f.* II-4

grocery store **épicerie** *f.* I-4
stormy **orageux/orageuse** *adj.* I-5
  It is stormy. **Le temps est orageux.** I-5
story **histoire** *f.* I-2
stove **cuisinière** *f.* I-8, II-P
straight **raide** *adj.* I-3
  straight ahead **tout droit** *adv.* II-4
strangle **étrangler** *v.* II-5
strawberry **fraise** *f.* II-1
street **rue** *f.* II-3
  to follow a street **suivre une rue** *v.* II-4
strong **fort(e)** *adj.* I-3
student **étudiant(e)** *m., f.* 1; **élève** *m., f.* I-1
  high school student **lycéen(ne)** *m., f.* I-2
studies **études** *f.* I-2
studio (*apartment*) **studio** *m.* I-8, II-P
study **étudier** *v.* I-2
suburbs **banlieue** *f.* I-4
subway **métro** *m.* I-7
subway station **station** *f.* **de métro** I-7
succeed (*in doing something*) **réussir (à)** *v.* I-4
success **réussite** *f.* II-5
suddenly **soudain** *adv.* I-8, II-P; **tout à coup** *adv.* I-7.; **tout d'un coup** *adv.* I-8, II-P
suffer **souffrir** *v.* II-3
suffered **souffert (souffrir)** *p.p.* II-3
sugar **sucre** *m.* I-4
suggest (that) **suggérer (que)** *v.* II-6
suit (*man's*) **costume** *m.* I-6; (*woman's*) **tailleur** *m.* I-6
suitcase **valise** *f.* I-7
summer **été** *m.* I-5
  in the summer **en été** I-5
sun **soleil** *m.* I-5
  It is sunny. **Il fait (du) soleil.** I-5
Sunday **dimanche** *m.* I-2
sunglasses **lunettes de soleil** *f., pl.* I-6
supermarket **supermarché** *m.* II-1
sure **sûr(e)** II-1
  It is sure that… **Il est sûr que…** II-7
  It is unsure that… **Il n'est pas sûr que…** II-7
surf on the Internet **surfer sur Internet** II-3
surprise (*someone*) **faire une surprise (à quelqu'un)** *v.* I-6
surprised **surpris (surprendre)** *p.p., adj.* I-6

to be surprised that… **être surpris(e) que…** *v.* II-6
sweater **pull** *m.* I-6
sweep **balayer** *v.* I-8, II-P
swell **enfler** *v.* II-2
swim **nager** *v.* I-4
swimsuit **maillot de bain** *m.* I-6
Swiss **suisse** *adj.* I-1
Switzerland **Suisse** *f.* I-7
symptom **symptôme** *m.* II-2

T

table **table** *f.* I-1
  to clear the table **débarrasser la table** *v.* I-8, II-P
tablecloth **nappe** *f.* II-1
take **prendre** *v.* I-4
  to take a shower **prendre une douche** II-2
  to take a train (plane, taxi, bus, boat) **prendre un train (un avion, un taxi, un autobus, un bateau)** *v.* I-7
  to take a walk **se promener** *v.* II-2
  to take advantage of **profiter de** *v.* II-7
  to take an exam **passer un examen** *v.* I-2
  to take care (of something) **s'occuper (de)** *v.* II-2
  to take out the trash **sortir la/les poubelle(s)** *v.* I-8, II-P
  to take time off **prendre un congé** *v.* II-5
  to take (*someone*) **emmener** *v.* I-5
taken **pris (prendre)** *p.p., adj.* I-6
tale **conte** *m.* II-7
talented (*gifted*) **doué(e)** *adj.* II-7
tan **bronzer** *v.* I-6
tape recorder **magnétophone** *m.* II-3
tart **tarte** *f.* II-1
taste **goûter** *v.* II-1
taxi **taxi** *m.* I-7
tea **thé** *m.* I-4
teach **enseigner** *v.* I-2
  to teach (*to do something*) **apprendre (à)** *v.* I-4
teacher **professeur** *m.* I-1
team **équipe** *f.* I-5
teaspoon **cuillére à café** *f.* II-1
tee shirt **tee-shirt** *m.* I-6
teeth **dents** *f., pl.* II-1
  to brush one's teeth **se brosser les dents** *v.* II-1
telephone (*receiver*) **appareil** *m.* II-5
  to telephone (*someone*) **téléphoner (à)** *v.* I-2

Vocabulaire — English-French

It's Mr./Mrs./Miss … (on the phone.) **C'est M./Mme/Mlle … (à l'appareil.)** II-5
television **télévision** *f.* I-1
  television channel **chaîne** *f.* **de télévision** II-3
  television program **émission** *f.* **de télévision** II-7
  television set **poste de télévision** *m.* II-3
tell one another **se dire** *v.* II-3
temperature **température** *f.* I-5
ten **dix** *m.* I-1
tennis **tennis** *m.* I-5
tennis shoes **baskets** *f., pl.* I-6
tenth **dixième** *adj.* I-7
terminal (bus) **gare** *f.* **routière** I-7
terrace (café) **terrasse** *f.* **de café** I-4
test **examen** *m.* I-1
than **que/qu'** *conj.* II-1, II-6
thank: Thank you (very much). **Merci (beaucoup).** I-1
that **ce/c', ça** I-1; **que** *rel. pron.* II-3
  Is that… ? **Est-ce… ?** I-2
  That's enough. **Ça suffit.** I-5
  That has nothing to do with us. That is none of our business. **Ça ne nous regarde pas.** II-6
  that is… **c'est…** I-1
  that is to say **ça veut dire** II-2
theater **théâtre** *m.* II-7
their **leur(s)** *poss. adj., m., f.* I-3
them **les** *d.o. pron.* I-7, **leur** *i.o. pron., m., f, pl.* I-6
then **ensuite** *adv.* I-7, **puis** *adv.* I-7, **puis** I-4; **alors** *adv.* I-7
there **là** I-1; **y** *pron.* II-2
  Is there… ? **Y a-t-il… ?** I-2
  over there **là-bas** *adv.* I-1
  (over) there *(used with demonstrative adjective* ce *and noun or with demonstrative pronoun* celui*)* **-là** I-6
  There is/There are… **Il y a…** I-1
  There is/There are…. **Voilà…** I-1
  There was… **Il y a eu…** I-6; **Il y avait…** I-8, II-P
therefore **donc** *conj.* I-7
these/those **ces** *dem. adj., m., f., pl.* I-6
  these/those **celles** *pron., f., pl.* II-6
  these/those **ceux** *pron., m., pl.* II-6
they **ils** *sub. pron., m.* I-1; **elles** *sub. and disj. pron., f.* I-1; **eux** *disj. pron., pl.* I-3
thing **chose** *f.* I-1, **truc** I-7
think (about) **réfléchir (à)** *v.* I-4
  to think (that) **penser (que)** *v.* I-2

third **troisième** *adj.* I-7
thirst **soif** *f.* I-4
  to be thirsty **avoir soif** *v.* I-4
thirteen **treize** *m.* I-1
thirty **trente** *m.* I-1
thirty-first **trente et unième** *adj.* I-7
this/that **ce** *dem. adj., m., sing.* I-6; **cet** *dem. adj., m., sing.* I-6; **cette** *dem. adj., f., sing.* I-6
  this afternoon **cet après-midi** I-2
  this evening **ce soir** I-2
  this one/that one **celle** *pron., f., sing.* II-6; **celui** *pron., m., sing.* II-6
  this week **cette semaine** I-2
  this weekend **ce week-end** I-2
  this year **cette année** I-2
those are… **ce sont…** I-1
thousand: one thousand **mille** *m.* I-5
  one hundred thousand **cent mille** *m.* I-5
threat **danger** *m.* II-6
three **trois** *m.* I-1
three hundred **trois cents** *m.* I-5
throat **gorge** *f.* II-2
throw away **jeter** *v.* II-6
Thursday **jeudi** *m.* I-2
ticket **billet** *m.* I-7
  round-trip ticket **billet** *m.* **aller-retour** I-7 bus/subway ticket **ticket de bus/de métro** *m.* I-7
tie **cravate** *f.* I-6
tight **serré(e)** *adj.* I-6
time *(occurence)* **fois** *f.*; *(general sense)* **temps** *m., sing.* I-5
  a long time **longtemps** *adv.* I-5
  free time **temps libre** *m.* I-5
  from time to time **de temps en temps** *adv.* I-8, II-P
  to lose time **perdre son temps** *v.* I-6
tinker **bricoler** *v.* I-5
tip **pourboire** *m.* I-4
  to leave a tip **laisser un pourboire** *v.* I-4
tire **pneu** *m.* II-3
  flat tire **pneu** *m.* **crevé** II-3
  (emergency) tire **roue (de secours)** *f.* II-3
  to check the tire pressure **vérifier la pression des pneus** *v.* II-3
tired **fatigué(e)** *adj.* I-3
tiresome **pénible** *adj.* I-3
to **à** *prep.* I-4; **au (à + le)** I-4; **aux (à + les)** I-4
toaster **grille-pain** *m.* I-8, II-P
today **aujourd'hui** *adv.* I-2

toe **orteil** *m.* II-2; **doigt de pied** *m.* II-2
together **ensemble** *adv.* I-6
tomato **tomate** *f.* II-1
tomorrow (morning, afternoon, evening) **demain (matin, après-midi, soir)** *adv.* I-2
  day after tomorrow **après-demain** *adv.* I-2
too **aussi** *adv.* I-1
  too many/much (of) **trop (de)** I-4
tooth **dent** *f.* II-1
  to brush one's teeth **se brosser les dents** *v.* II-1
toothbrush **brosse** *f.* **à dents** II-2
toothpaste **dentifrice** *m.* II-2
tour **tour** *m.* I-5
tourism **tourisme** *m.* II-4
tourist office **office du tourisme** *m.* II-4
towel (bath) **serviette (de bain)** *f.* II-2
town **ville** *f.* I-4
town hall **mairie** *f.* II-4
toxic **toxique** *adj.* II-6
toxic waste **déchets toxiques** *m., pl.* II-6
traffic **circulation** *f.* II-3
traffic light **feu de signalisation** *m.* II-4
tragedy **tragédie** *f.* II-7
train **train** *m.* I-7
train station **gare** *f.* I-7; **station** *f.* **de train** I-7
training **formation** *f.* II-5
translate **traduire** *v.* I-6
translated **traduit (traduire)** *p.p., adj.* I-6
trash **ordures** *f., pl.* II-6
travel **voyager** *v.* I-2
travel agency **agence de voyages** *f.* I-7
travel agent **agent de voyages** *m.* I-7
tree **arbre** *m.* II-6
trip **voyage** *m.* I-7
troop *(company)* **troupe** *f.* II-7
tropical **tropical(e)** *adj.* II-6
  tropical forest **forêt tropicale** *f.* II-6
true **vrai(e)** *adj.* I-3; **véritable** *adj.* I-6
  It is true that… **Il est vrai que…** II-7
  It is untrue that… **Il n'est pas vrai que…** II-7
trunk **coffre** *m.* II-3
try **essayer** *v.* I-5
Tuesday **mardi** *m.* I-2
tuna **thon** *m.* II-1
turn **tourner** *v.* II-4
  to turn off **éteindre** *v.* II-3

to turn on **allumer** *v.* II-3
to turn (oneself) around **se tourner** *v.* II-2
twelve **douze** *m.* I-1
twentieth **vingtième** *adj.* I-7
twenty **vingt** *m.* I-1
twenty-first **vingt et unième** *adj.* I-7
twenty-second **vingt-deuxième** *adj.* I-7
twice **deux fois** *adv.* I-8, II-P
twist one's ankle **se fouler la cheville** *v.* II-2
two **deux** *m.* I-1
two hundred **deux cents** *m.* I-5
two million **deux millions** *m.* I-5
type **genre** *m.* II-7

U

ugly **laid(e)** *adj.* I-3
umbrella **parapluie** *m.* I-5
uncle **oncle** *m.* I-3
under **sous** *prep.* I-3
understand **comprendre** *v.* I-4
understood **compris (comprendre)** *p.p., adj.* I-6
underwear **sous-vêtement** *m.* I-6
undress **se déshabiller** *v.* II-2
unemployed person **chômeur/chômeuse** *m., f.* II-5
to be unemployed **être au chômage** *v.* II-5
unemployment **chômage** *m.* II-5
unfortunately **malheureusement** *adv.* I-2
unhappy **malheureux/malheureuse** *adj.* I-3
union **syndicat** *m.* II-5
United States **États-Unis** *m., pl.* I-7
university **faculté** *f.* I-1; **université** *f.* I-1
university cafeteria **restaurant universitaire (resto U)** *m.* I-2
unless **à moins que** *conj.* II-7
unpleasant **antipathique** *adj.* I-3; **désagréable** *adj.* I-1
until **jusqu'à** *prep.* II-4; **jusqu'à ce que** *conj.* II-7
upset: to become upset **s'énerver** *v.* II-2
us **nous** *i.o. pron.* I-6; **nous** *d.o. pron.* I-7
use **employer** *v.* I-5
to use a map **utiliser un plan** *v.* I-7
useful **utile** *adj.* I-2
useless **inutile** *adj.* I-2; **nul(le)** *adj.* I-2
usually **d'habitude** *adv.* I-8, II-P

V

vacation **vacances** *f., pl.* I-7
vacation day **jour de congé** *m.* I-7
vacuum **aspirateur** *m.* I-8, II-P
to vacuum **passer l'aspirateur** *v.* I-8, II-P
valley **vallée** *f.* II-6
vegetable **légume** *m.* II-1
velvet **velours** *m.* I-6
very (before adjective) **tout(e)** *adv.* I-3; (before adverb) **très** *adv.* I-8, II-P
Very well. **Très bien.** I-1
veterinarian **vétérinaire** *m., f.* II-5
videocassette recorder (VCR) **magnétoscope** *m.* II-3
video game(s) **jeu vidéo (des jeux vidéo)** *m.* II-3
videotape **cassette vidéo** *f.* II-3
Vietnamese **vietnamien(ne)** *adj.* I-1
violet **violet(te)** *adj.* I-6
violin **violon** *m.* II-7
visit **visite** *f.* I-6
to visit (a place) **visiter** *v.* I-2; (a person or people) **rendre visite (à)** *v.* I-6; (to visit regularly) **fréquenter** *v.* I-4
voicemail **messagerie** *f.* II-5
volcano **volcan** *m.* II-6
volleyball **volley(-ball)** *m.* I-5

W

waist **taille** *f.* I-6
wait **attendre** *v.* I-6
to wait (on the phone) **patienter** *v.* II-5
to wait in line **faire la queue** *v.* II-4
wake up **se réveiller** *v.* II-2
walk **promenade** *f.* I-5; **marcher** *v.* I-5
to go for a walk **faire une promenade** I-5; **faire un tour** I-5
wall **mur** *m.* I-8, II-P
want **désirer** *v.* I-5; **vouloir** *v.* II-1
wardrobe **armoire** *f.* I-8, II-P
warming: global warming **réchauffement de la Terre** *m.* II-6
warning light (gas/oil) **voyant** *m.* **(d'essence/d'huile)** II-3
wash **laver** *v.* I-8, II-P
to wash oneself (one's hands) **se laver (les mains)** *v.* II-2
to wash up (in the morning) **faire sa toilette** *v.* II-2
washing machine **lave-linge** *m.* I-8, II-P
waste **gaspillage** *m.* II-6; **gaspiller** *v.* II-6
wastebasket **corbeille (à papier)** *f.* I-1
waste time **perdre son temps** *v.* I-6
watch **montre** *f.* I-1; **regarder** *v.* I-2
water **eau** *f.* I-4
mineral water **eau** *f.* **minérale** I-4
way (by the way) **au fait** I-3; (path) **chemin** II-4
we **nous** *pron.* I-1
weak **faible** *adj.* I-3
wear **porter** *v.* I-6
weather **temps** *m., sing.* I-5; **météo** *f.* II-7
The weather is bad. **Il fait mauvais.** I-5
The weather is dreadful. **Il fait un temps épouvantable.** I-5
The weather is good/warm. **Il fait bon.** I-5
The weather is nice. **Il fait beau.** I-5
web site **site Internet/web** *m.* II-3
wedding **mariage** *m.* I-6
Wednesday **mercredi** *m.* I-2
weekend **week-end** *m.* I-2
this weekend **ce week-end** *m.* I-2
welcome **bienvenu(e)** *adj.* I-1
You're welcome. **Il n'y a pas de quoi.** I-1
well **bien** *adv.* I-7
I am doing well/badly. **Je vais bien/mal.** I-1
west **ouest** *m.* II-4
What? **Comment?** *adv.* I-4; **Pardon?** I-4; **Quoi?** I-1 *interr. pron.* I-4
What day is it? **Quel jour sommes-nous?** I-2
What is it? **Qu'est-ce que c'est?** *prep.* I-1
What is the date? **Quelle est la date?** I-5
What is the temperature? **Quelle température fait-il?** I-5
What is the weather like? **Quel temps fait-il?** I-5
What is your name? **Comment t'appelles-tu?** *fam.* I-1
What is your name? **Comment vous appelez-vous?** *form.* I-1
What is your nationality? **Quelle est ta nationalité?** *sing., fam.* I-1
What is your nationality? **Quelle est votre nationalité?** *sing., pl., fam., form.* I-1

Vocabulaire — English-French

What time do you have? **Quelle heure avez-vous?** *form.* I-2
What time is it? **Quelle heure est-il?** I-2
What time? **À quelle heure?** I-2
What do you think about that? **Qu'en penses-tu?** II-6
What's up? **Ça va?** I-1
whatever it may be **quoi que ce soit** II-5
What's wrong? **Qu'est-ce qu'il y a?** I-1
when **quand** *adv.* I-4
   When is …'s birthday? **C'est quand l'anniversaire de …?** I-5
   When is your birthday? **C'est quand ton/votre anniversaire?** I-5
where **où** *adv., rel. pron.* I-4
which? **quel(le)(s)?** *adj.* I-4
   which one **à laquelle** *pron., f., sing.* II-5
   which one **auquel (à + lequel)** *pron., m., sing.* II-5
   which one **de laquelle** *pron., f., sing.* II-5
   which one **duquel (de + lequel)** *pron., m., sing.* II-5
   which one **laquelle** *pron., f., sing.* II-5
   which one **lequel** *pron., m., sing.* II-5
   which ones **auxquelles (à + lesquelles)** *pron., f., pl.* II-5
   which ones **auxquels (à + lesquels)** *pron., m., pl.* II-5
   which ones **desquelles (de + lesquelles)** *pron., f., pl.* II-5
   which ones **desquels (de + lesquels)** *pron., m., pl.* II-5
   which ones **lesquelles** *pron., f., pl.* II-5
   which ones **lesquels** *pron., m., pl.* II-5
while **pendant que** *prep.* I-7
white **blanc(he)** *adj.* I-6
who? **qui?** *interr. pron.* I-4; **qui** *rel. pron.* II-3
   Who is it? **Qui est-ce?** I-1
   Who's calling, please? **Qui est à l'appareil?** II-5
whom? **qui?** *interr.* I-4
   For whom? **Pour qui?** I-4
   To whom? **À qui?** I-4
why? **pourquoi?** *adv.* I-2, I-4
widowed **veuf/veuve** *adj.* I-3
wife **femme** *f.* I-1; **épouse** *f.* I-3
willingly **volontiers** *adv.* II-2
win **gagner** *v.* I-5

wind **vent** *m.* I-5
   It is windy. **Il fait du vent.** I-5
window **fenêtre** *f.* I-1
windshield **pare-brise** *m.* II-3
windshield wiper(s) **essuie-glace (essuie-glaces** *pl.***)** *m.* II-3
windsurfing **planche à voile** *v.* I-5
   to go windsurfing **faire de la planche à voile** *v.* I-5
wine **vin** *m.* I-6
winter **hiver** *m.* I-5
   in the winter **en hiver** I-5
wipe (the dishes/the table) **essuyer (la vaisselle/la table)** *v.* I-8, II-P
wish that… **souhaiter que…** *v.* II-6
with **avec** *prep.* I-1
   with whom? **avec qui?** I-4
withdraw money **retirer de l'argent** *v.* II-4
without **sans** *prep.* I-8, II-P; **sans que** *conj.* I-5
woman **femme** *f.* I-1
wood **bois** *m.* II-6
wool **laine** *f.* I-6
work **travail** *m.* II-4
   to work **travailler** *v.* I-2; **marcher** *v.* II-3; **fonctionner** *v.* II-3
work out **faire de la gym** *v.* I-5
worker **ouvrier/ouvrière** *m., f.* II-5
world **monde** *m.* I-7
worried **inquiet/inquiète** *adj.* I-3
worry **s'inquiéter** *v.* II-2
worse **pire** *comp. adj.* II-1; **plus mal** *comp. adv.* II-1; **plus mauvais(e)** *comp. adj.* II-1
worst: the worst **le plus mal** *super. adv.* II-1; **le/la pire** *super. adj.* II-1; **le/la plus mauvais(e)** *super. adj.* II-1
wound **blessure** *f.* II-2
wounded: to get wounded **se blesser** *v.* II-2
write **écrire** *v.* I-7
   to write one another **s'écrire** *v.* II-3
writer **écrivain/femme écrivain** *m., f.* II-7
written **écrit (écrire)** *p.p., adj.* I-7
wrong **tort** *m.* I-2
   to be wrong **avoir tort** *v.* I-2

Y

yeah **ouais** I-2
year **an** *m.* I-2; **année** *f.* I-2
yellow **jaune** *adj.* I-6
yes **oui** I-2; *(when making a contradiction)* **si** I-2
yesterday (morning/afternoon evening) **hier (matin/après-midi/soir)** *adv.* I-7
   day before yesterday **avant-hier** *adv.* I-7
yogurt **yaourt** *m.* II-1
you **toi** *disj. pron., sing., fam.* I-3; **tu** *sub. pron., sing., fam.* I-1; **vous** *pron., sing., pl., fam., form.* I-1
   you neither **toi non plus** I-2
   You're welcome. **De rien.** I-1
young **jeune** *adj.* I-3
younger **cadet(te)** *adj.* I-3
your **ta** *poss. adj., f., sing.* I-3; **tes** *poss. adj., m., f., pl.* I-3; **ton** *poss. adj., m., sing.* I-3; **vos** *poss. adj., m., f., pl.* I-3; **votre** *poss. adj., m., f., sing.* I-3;
yourself **te/t'** *refl. pron., sing., fam.* II-2; **toi** *refl. pron., sing., fam.* II-2; **vous** *refl. pron., form.* II-2
youth **jeunesse** *f.* I-6
youth hostel **auberge de jeunesse** *f.* I-7
Yum! **Miam!** *interj.* I-5

Z

zero **zéro** *m.* I-1

Vocabulaire supplémentaire

Dans la maison

allumer la lumière *to turn on the light*
du bois *wood*
le chauffage central *central heating*
la cheminé *chimney; fireplace*
la climatisation *air-conditioning*
la décoration intérieure *interior design*
en bas *downstairs*
en haut *upstairs*
éteindre la lumière *to turn off the light*
le fioul *heating oil*
le gaz *natural gas*
le grenier *attic*
la lumière *light*
une penderie *walk-in closet*
un plafond *ceiling*
le sol *floor*
le toit *roof*

Des tâches ménagères

aérer une pièce *to air a room*
arroser les plantes *to water the plants*
étendre le linge *to hang out/hang up washing*
laver les vitres *to clean the windows*
une vitre *windowpane*

Des meubles et des objets de la maison

une ampoule *light bulb*
une bougie *candle*
un buffet *sideboard*
une corde à linge *clothesline*
une couette *comforter*
le linge de maison *linen*
une persienne *shutter*
une pince à linge *clothes pin*
un portemanteau *coat rack*
un radiateur *radiator*
un robot ménager *food processor*
un store *blind*
un volet *shutter*

Des fruits

un abricot *apricot*
un ananas *pineapple*
une cerise *cherry*
un citron *lemon*
une citrouille *pumpkin*
une fraise *strawberry*
une framboise *raspberry*
une mandarine *tangerine*
une mangue *mango*
un melon *cantaloupe*
un pamplemousse *grapefruit*
une pastèque *watermelon*
une papaye *papaya*
un potiron *pumpkin*
du raisin *grapes*

Des légumes

un artichaut *artichoke*
une asperge *asparagus*
une aubergine *eggplant*
un avocat *avocado*
une betterave *beet*
un brocoli *broccoli*
du céleri *celery*
un chou *cabbage*
un concombre *cucumber*
des épinards *spinach*
un radis *radish*

Des poissons et des fruits de mer

du cabillaud *cod*
un calmar *squid*
une coquille Saint-Jacques *scallop*
un crabe *crab*
une crevette *prawn; shrimp*
une palourde *clam*
une sole *sole; flounder*
une moule *mussel*
une huitre *oyster*
une sardine *sardine*
du saumon *salmon*
une truite *trout*

De la viande

de l'agneau (m.) *lamb*
un canard *duck*
une caille *quail*
un filet (de) *fillet*
du foie *liver*
du lard fumé *smoked bacon*
un rôti *roast*
du veau *veal*

Quelques magasins

une crémerie *cheese and dairy product store*
un fleuriste *flower shop*
un hypermarché *large supermarket*
une supérette *mini-market*

La routine quotidienne

un après-shampooing *conditioner*
un chausson *slipper*
un gant de toilette *washcloth*
un peignoir *bathrobe*
une pendulette *small clock*
une pince à épiler *tweezers*
une savonnette *bar soap*
se démaquiller *to remove make-up*

Des parties du corps

la barbe *beard*
le cerveau *brain*
un cil *eyelash*
une côte *rib*
un coude *elbow*
le crâne *skull*
une cuisse *thigh*
une épaule *shoulder*
les fesses (f.) *buttocks*
le front *forehead*
une hanche *hip*
la langue *tongue*
les lèvres (f.) *lips*
une mâchoire *jaw*
le menton *chin*
un mollet *calf*
la moustache *mustache*
le nombril *navel; bellybutton*
un ongle *fingernail*
une paupière *eyelid*
un poignet *wrist*
le pouce *thumb*
un poumon *lung*
le sang *blood*
un sourcil *eyebrow*
un talon *heel*
le torse *torso; trunk*

Vocabulaire supplémentaire

Quelques professions de la santé

un docteur/une doctoresse *doctor*
un(e) kinésithérapeute *physical therapist*
un(e) oculiste *oculist*

La santé

un(e) auxiliaire médical *paramedic*
des béquilles *crutches*
une brûlure *burn*
le cancer *cancer*
un comprimé *tablet*
une crise cardiaque *heart attack*
une éruption *rash*
un fauteuil roulant *wheelchair*
des insomnies (f.) *insomnia*
une maladie *disease; sickness*
un pansement *bandage*
les premiers soins (m.) *first aid*
une pneumonie *pneumonia*
une salle d'opération *operating room*
un sirop *(cough) syrup*
un thermomètre *thermometer*
une transfusion *transfusion*
une vaccination *vaccination*
un virus *virus*

Quelques expressions liées à la santé

aller mieux *to get better*
avoir la jambe dans le plâtre *to have one's leg in a cast*
se brûler *to burn (oneself)*
se couper *to cut (oneself)*
entrer à l'hôpital (m.) *to check into the hospital*
s'évanouir *to faint*
faire un pansement à quelqu'un *to put a dressing on someone's wound*
garder la chambre/le lit *to stay in bed*
opérer *to operate*
porter des lunettes *to wear glasses*
prendre la tension de quelqu'un *to take someone's blood pressure*
prendre le pouls de quelqu'un *to take someone's pulse*
respirer (profondément) *to breathe (deeply)*
saigner *to bleed*

D'autres mots pour la technologie

une base de données *database*
la biotechnologie *biotechnology*
un bouton *button; knob*
un câble *cable*
le courant *current*
l'électricité (f.) *electricity*
une fusée *rocket*
un laboratoire spatial *space laboratory*
un moteur de recherche *search engine*
programmer *to program*
un satellite *satellite*
un téléphone sans fil *cordless phone*
une touche *key*

D'autres mots pour la voiture

l'accélérateur *accelerator*
baisser la vitre *to roll down the window*
la batterie *battery*
la boîte de vitesses (automatique/manuelle) *(automatic/manual) transmission*
le carburateur *carburetor*
la carrosserie *bodywork*
les codes (m.) *low beams*
un concessionnaire *car dealer*
la consommation (d'essence) *mileage*
descendre la vitre *to roll down the window*
pleins phares (m.) *high beams*
remonter la vitre *to roll up the window*
la suspension *suspension*
les vitres (f.) *windows*

Quelques édifices

un aquarium *aquarium*
la caserne des pompiers *fire station*
un gratte-ciel *skyscraper*
un hôtel particulier *mansion*
l'hôtel de ville *town hall*
le palais de justice *law courts*
un pâté de maisons *block*

L'infrastructure

une ambulance *ambulance*
un camion de pompiers *fire engine*
la chaussée *street*
un panneau *street sign*
un réverbère *street light*
une route à trois voies *three-lane road*
un trottoir *sidewalk*
un tunnel *tunnel*

Quelques magasins

une boutique de mode *fashion store*
un cordonnier *shoe repair shop*
une galerie marchande *shopping mall*
un magasin de chaussures *shoe store*
un magasin de sport *sports store*
une parfumerie *perfumery shop*
un salon de coiffure *hairdressing salon*

Vocabulaire supplémentaire

D'autres occupations

un(e) acheteur/euse *buyer*
un agent d'assurances *insurance agent*
un artisan *craftsman*
un barman/une barmaid *bartender*
un(e) bibliothécaire *librarian*
un(e) chirurgien/ne *surgeon*
un(e) diététicien/ne *dietician*
un(e) diplomate *diplomat*
un éboueur/une éboueuse *garbage collector*
un garagiste *car mechanic*
une hôtesse de l'air/un steward *flight attendant*
un(e) interprète *interpreter*
un(e) juge *judge*
un marin *sailor*
un rédacteur/une rédactrice *editor*

Quelques expressions

choisir une branche *to choose a field*
être en congé de maladie *to be on sick leave*
être en congé de maternité *to be on maternity leave*
être en/à la retraite *to be retired*
partir en retraite *to retire*
le secteur privé *private sector*
le secteur public *public sector*

L'environnement et la nature

l'atmosphère (f.) *atmosphere*
une colline *hill*
un écosystème *ecosystem*
le sable *sand*
le système solaire *solar system*

Des problèmes écologiques et des solutions

un dépôt d'ordures *garbage dump*
déboiser *to deforest*
le dioxyde de carbone *carbon dioxide*
une éolienne *windmill*
une inondation *flood*
une marée noire *oil spill*
des panneaux solaires *solar panels*
un pesticide *pesticide*
le reboisement *reforestation*
reboiser *to reforest*
la sécheresse *drought*

D'autres animaux

une abeille *bee*
un âne *donkey*
un alligator *alligator*
une araignée *spider*
une baleine *whale*
un canard *duck*
un chameau *camel*
un cerf/un daim *deer*
un coq *rooster*
un coyote *coyote*
un éléphant *elephant*
une fourmi *ant*
une girafe *giraffe*
un gorille *gorilla*
une grenouille *frog*
un hippopotame *hippopotamus*
un insecte *insect*
un lézard *lizard*
un lion *lion*
un loup *wolf*
une mouche *fly*
un moustique *mosquito*
un mouton *sheep*
un orignal *moose*
un papillon *butterfly*
un perroquet *parrot*
un phoque *seal*
une poule *chicken; hen*
un ours *bear*
un renard *fox*
un renne *reindeer*
un requin *shark*
un rhinocéros *rhinoceros*
une sauterelle *grasshopper*
un singe *monkey*
un tigre *tiger*
un zèbre *zebra*

Les arts du spectacle

un(e) acteur/actrice comique/un(e) comique *comedian*
un autographe *autograph*
un bis *encore*
bisser *to ask for an encore; to do an encore*
une cantatrice *opera singer*
une chorale *choir*
un(e) comédien(ne) *actor, actress*
les coulisses *backstage*
émouvant *moving*
un fauteuil (d'orchestre) *(orchestra) seat*
la générale *dress rehearsal*
huer *to boo*
la première *première*
une matinée *matinée*
le méchant *villain*
une opérette *operetta*
un(e) ouvreur/euse *usher/usherette*
pleurer *to cry*
un(e) soliste *soloist*

Les beaux-arts

un atelier *studio*
un cadre *frame*
un chevalet *easel*
encadrer *to frame*
une fresque *fresco*
une galerie d'art *art gallery*
une palette *palette*
une peinture murale *mural*
un vernissage *private view (exhibition)*

L'artisanat

l'argent (m.) *silver*
une brodeuse *embroiderer*
la céramique *ceramics*
un charpentier *carpenter*
une couturière *dressmaker*
le cuivre *copper*
une dentellière *lace maker*
un facteur de pianos *piano maker*
l'or (m.) *gold*
un orfèvre *goldsmith*
un potier *potter*
un souffleur de verre *glassblower*

Index

A

abbreviations (7) **291**
accent marks (2) **93**
adjectives
  comparative forms of (1) **76**
  superlative forms of (1) **76**
adverbs
  comparisons (1) **76**
  superlatives (1) **76**
affirmative expressions (4) **172**
aller
  conditional (3) **150**
  future (4) **186**
  subjunctive (7) **280**
animals (6) **250, 251**
apercevoir (4) **170**
appeler, verbs like (2) **100**
appliances, household (P) **32, 52**
artists and artisans (5), (7) **205, 272, 273, 308**
avoir
  conditional (3) **150**
  future (4) **186**
  subjunctive (6) **259**

B

bank vocabulary (4) **162, 196**
bathroom objects (2) **90, 124**
body parts (2) **90, 97, 124**
business vocabulary (4) **162, 196**

C

car vocabulary (3) **140, 144, 146, 160**
celui, celle, etc. (6) **244, 270**
city life (4) **162, 176, 196**
comparisons
  of adjectives (1) **76**
  of adverbs (1) **76**
  of nouns (6) **260**
computer vocabulary (3) **126, 133, 160**
conditional
  irregular (3) **150**
  regular (3) **150**
conjunctions (7) **296, 298, 308**
connaître (P) **43, 52**
  vs. **savoir** (P) **43, 52**
contractions
croire (4) **170, 196**

D

daily routine vocabulary (2) **90, 124**
de
  used after a negative (4) **173**
demonstrative
  pronouns (6) **244, 270**
depuis with time expressions (1) **63, 88**
describing routines (2) **90, 124**
directions, getting and giving (4) **176, 180, 196**
dont (5) **224**
double object pronouns (1) **78**

E

ecology vocabulary (6) **236, 250, 270**
electronics vocabulary (3) **126, 160**
emergencies, health-related (2) **104, 124**
en
  as a pronoun (2) **114**
  used with y (2) **115**
ennuyer
  verbs like (2) **100**
entertainment vocabulary (7) **272, 288, 289, 308**
environmental vocabulary (6) **236, 250, 270**
-er verbs
  conditional (3) **150**
  future (4) **184**
  passé composé (P), (2) **40, 112**
  subjunctive (6) **246**
errands vocabulary (1), (4) **54, 88, 162, 196**
être
  conditional (3) **150**
  future (4) **186**
  subjunctive (6) **258, 259**
  with adjectives (1) **76**
exiger (6) **258**
expressions
  with **avoir** (2) **104, 105, 124**
  with **faire** (P), (7) **32, 52, 288, 289, 308**

F

faire
  conditional (3) **150**
  expressions with (P), (7) **32, 52, 288, 289, 308**
  future (4) **186**
falloir
  il faut (6) **247, 270**
fine arts vocabulary (7) **288, 308**
fitness vocabulary (2) **104, 124**
food (1) **54, 68, 88**
future
  irregular (4) **186**
  regular (4) **184**
  simple (4) **184**
  with **dès que** and **quand** (5) **206**

G

grooming vocabulary (2) **90**

H

health vocabulary (2) **104, 124**
housing
  electronics (3) **126, 160**
  table settings (1) **68, 88**
hygiene, personal (2) **90, 124**

I

if clauses (5) **222**
il faut (6) **247, 270**
il y a
  with time expressions (1) **63, 88**
Internet vocabulary (3) **126, 160**
interrogative words (5) **208, 232**
interview vocabulary (5) **198, 234**

J

job vocabulary (5) **198, 214, 234**
jouer (7) **272, 308**

L

lequel (5) **208, 234**
Le zapping sections (P), (1), (2), (3), (4), (5), (6), (7) **31, 67, 103, 139, 175, 211, 249, 285**

M

mail vocabulary (4) **162, 196**
meals (1) **54, 88**
media (3) **126, 160**
medical vocabulary (2) **104, 124**

N

natural disasters (6) **236, 270**
nature vocabulary (6) **250, 270**
negation
  negative words (4) **172, 196**

trois cent soixante-sept **367**

Index

O

object pronouns
    double (1) 78
offrir (3) 148, 160
où (5) 224, 234
ouvrir (3) 148, 160

P

Panorama
    L'Afrique centrale (6) 264
    L'Afrique de l'Ouest (6) 264
    L'Algérie (5) 228
    Les Antilles (7) 302
    La Belgique (3) 154
    La Bourgogne (1) 82
    La Franche-Comté (1) 82
    Le Maroc (5) 228
    La Polynésie française (7) 302
    Le Québec (4) 190
    La Suisse (2) 118
    La Tunisie (5) 228
parts of the body (2) 90, 124
passé composé
    vs. **imparfait** (P) 26, 28, 40
passé récent (**venir de** + *infinitive*) (1) 62
pendant
    with time expressions (1) 63, 88
performance arts vocabulary (7) 272, 308
place settings (1) 68, 88
places in a town or city (4) 162, 176, 196
possessive pronouns (7) 282
post office vocabulary (4) 162, 196
pouvoir (1), (7) 64, 88, 280
préférer
    verbs like (6) 258, 270
prendre
    conditional (3) 150
    future (4) 184
    subjunctive (6) 247
prepositions
    with infinitives (3) 134
professions (5) 214, 234
pronouns
    demonstrative (6) 244, 270
    double object (1) 78
    en (2) 114
    possessive (7) 282
    reflexive (2) 98
    relative (5) 224, 234
    y (2) 114

pronunciation
    capital letters (4) 179
    ch, **qu**, **ph**, **th**, and **gn** (2) 93
    e caduc and **e muet** (1) 57
    final consonants (3) 129
    homophones (6) 253
    the letter **h** (4) 165
    the letter **x** (3) 143
    liaisons (7) 275
    lowercase letters (4) 179
    neologisms (5) 217
    ponctuation (5) 201
    p, **t**, and **c** (2) 107
    s and **ss** (P) 21
    spelling (6) 238
    stress and rhythm (1) 71

Q

que (5) 224
qui (5) 224

R

recevoir (4) 170, 196
reflexive verbs
    commands (2) 99
    conditional (3) 150
    future (4) 184
    idiomatic meanings (2) 100, 124
    passé composé (2) 112
    present (2) 98, 124
    reciprocals (3) 136, 160
relative pronouns (5) 224, 234
    dont (5) 224, 234
    où (5) 224, 234
    que (5) 224, 234
    qui (5) 224, 234
restaurant vocabulary (1) 68, 88
routines, daily (2) 90, 124

S

savoir (P) 43, 52
    vs. **connaître** (P) 43, 52
shopping vocabulary (1), (4) 54, 68, 88, 162, 196
si clauses (5) 222
store vocabulary (1), (4) 54, 68, 88, 162, 196
subjunctive
    irregular forms (6), (7) 258, 280
    present (6) 246
    regular forms (6) 246
    review of (7) 296
    vs. infinitive (7) 296, 299
    with conjunctions (7) 296, 306

    with expressions of doubt, disbelief, and uncertainty (7) 282, 308
    with expressions of emotion (6) 258
    with expressions of will and influence (6) 258, 270
    with impersonal expressions (6) 246, 270
superlatives
    of adjectives (1) 76
    of adverbs (1) 76
    of nouns (6) 260

T

table settings (1) 68, 88
technology vocabulary (3) 126, 160
telephone, talking on (5) 198, 234
tenir
    verbs like (1) 62, 88

V

venir
    verbs like (1) 62, 88
    with **de** (recent past) (1) 62
    verbs followed by
        à + *infinitive* (3) 134
        an infinitive (3) 134
        de + *infinitive* (3) 134
vivre (P) 29
voir (4) 170, 196
vouloir (1) 64, 88

W

work-related vocabulary (5) 198, 214, 234
written accents (2) 93

Y

y (2) 114
    used with **en** (2) 115

Z

Le zapping sections (P), (1), (2), (3), (4), (5), (6), (7) 31, 67, 103, 139, 175, 211, 249, 285

Credits

Text Credits

137 © Reprinted by permission of BlackBerry® **156–157** © Reprinted by permission of Renée Lévy; www.reneelevy.com **209** © Reprinted by permission of BNP Paribas **223** © Reprinted by permission of Groupe Vedior France **266-267** © Excerpt from LE PETIT PRINCE by Antoine de Saint-Exupéry, copyright 1943 by Harcourt, Inc. and renewed 1971 by Consuelo de Saint-Exupéry, reprinted by permission of the publisher **304-305** © Reprinted by permission of Mariama Mbengue Ndoye.

Photography Credits

All images ©Vista Higher Learning unless otherwise noted.

Special thanks to: Martin Bernetti, Tom Delano, Rachel Distler, Janet Dracksdorf, Daniel Finkbeiner, Beth Kramer, Rossy Llano, Anne Loubet and Pascal Pernix.

Front Matter: Cover (tr) ©Lori Barbely/Getty Images; Cover (cr) © Corbis; Cover (bl) © Steve Casimiro/The Image Bank/Getty; Cover (br) © Mauhaux Photography/Getty Images; © HIRB "© photolibrary. All rights reserved."; **TAE-23** (b) Shutterstock © Monkey Business Images; **v** (right panel: t) © Tahiti Tourisme; **v** (right panel: mr) © iStockphoto.com/mddphoto; **vii** (right panel: tr) © Christophe Boisvieux/Corbis; **vii** (right panel: mr) © iStockphoto.com/Dianne Maire; **vii** (tr) © iStockphoto.com/Philip Lange; **ix** (br) © iStockphoto.com/Andreas Karelias; **ix** (tl) © Chromacome/Stockbyte/Getty Images; **xvi** (bl) © North Wind Picture Archives / Alamy; **xvi** (br) © North Wind Picture Archives / Alamy; **xvii** (bl) © Royalty Free **xviii** (r) © The Gallery Collection/Corbis; **xix** (t) © Fotolia/moodboard; **xix** © Shutterstock/Sean Prior; **xix** (b) © Shutterstock/moshimochi; **xx** (b) © JTB Photo Communications, Inc. / Alamy; **xxi** (l) © Dave & Les Jacobs/Blend Images/Corbis; **xxi** (r) © Fotolia/Yuri Arcurs; **xxii** (l) © Sébastien Dolidon/Corbis; **xxiii** (t) © Shutterstock/Monkey Business Images; **xxiv** © Dreamstime/Monkey Business Images; **xxiv** © Creasource; **xxv** © H. Schmid/Corbis.

Reprise: 7 (tr) © Ronnie Kaufman/CORBIS; **8** (tl) © Cindy Miller Hopkins/ Danita Delimont; (bl) © Nik Wheeler / Danita Delimont; **8** (tr) © Andre Nantel / istock; **9** (t) © Alt-6 / Alamy; **9** (b) © Alt-6 / Alamy; **13** (cr #3) © Corbis.

Unité préliminaire: 18 (tl) Terraimages Royalty-Free/Inmagine; **24** (tr) © Michele Molinari/Alamy; **32** © Directphoto.org/Alamy; **34** (bl) © Thinkstock/Corbis; **39** (t) © Ace Stock Limited/Alamy; **39** (m) © Robert Holmes/Corbis; **42** (right panel: ml)/#1 © Corbis; **43** (l) © Agefotostock/Sigrid Olsson; **46** (left panel: t) © Bettmann/Corbis; **46** (left panel: b) © Stephane Cardinale/ Corbis; **46** (right panel: t) © iStockphoto.com/Katarzyna Mazurowska; **46** (right panel: ml) © iStockphoto.com/Bogdan Lazar; **46** (right panel: mr) © iStockphoto.com/Katarzyna Mazurowska; **46** (right panel: b) © iStockphoto.com/Andreas Kaspar; **47** (tl) © Chromacome/Stockbyte/Getty Images; **47** (tr) © Gianni Dagli Orti/Corbis; **47** (bl) © Thierry Tronnel/Corbis; **47** (br) © Annie Griffiths Belt/Corbis; **48–49** (t) © Adam Woolfitt/Corbis; **48** (b) © Jan Butchofsky-Houser/CORBIS; **49** (m) © Adam Woolfitt/Corbis; **51** (m) © iStockphoto.com/Terry J Alcorn.

Unit One: 63 (l) © Jupiterimages/Thinkstock/Jupiterimages; **70** (l) © Fast Food Images/iStockphoto; **75** (t) © Sergio Pitamitz/Corbis; **75** (m) © FoodCollection/photolibrary. All rights reserved.; **75** (b) © Ablestock/Getty Images/2009 Jupiterimages Corporation; **77** (t) © photolibrary. All rights reserved.; **77** (ml)/#1 © FogStock LLC/photolibrary. All rights reserved.; **77** (bl)/#2 © Design Pics Inc./Alamy; **79** (left panel: tr) © Bold Stock/Unlisted Images, Inc.; **79** (left panel: bl) © photolibrary. All rights reserved.; **79** (right panel: t) © Comstock/2009 Jupiterimages Corporation; **82** (left panel: t) © Bettmann/Corbis; **82** (left panel: m) © Bettmann/Corbis; **82** (left panel: b) © Sygma/Corbis; **82** (right panel: t) © Robert Paul Van Beets/Fotolia; **82** (right panel: ml) © Adam Woolfitt/Corbis; **82** (right panel: mr) © Hansok/Dreamstime.com; **83** (br) © The Gallery Collection/Corbis; ;

Unit Two: 96 (tr) © Max Alexander/Getty Images; **97** (b) © iStockphoto.com/Viorika Prikhodko; ; **104** (t) © www.imagesource.com; **110** (l) ; **110** (r) © Gilles Fonlupt/Corbis; **111** (b) © Jupiterimages/Photos.com/Jupiterimages; **113** (right panel: l) © Diane Diederich/iStockphoto.com; **113** (right panel: r) © Kalle Singer/beyond/Corbis; **118** (left panel: t) © Bettmann/Corbis; **118** (left panel: b) © Pierre Vauthey/Corbis Sygma; **118** (right panel: t) © iStockphoto.com/Tatiana Egorova; **118** (right panel: ml) © Createsima/Dreamstime; **118** (right panel: mr) © iStockphoto.com/Denis Jr. Tangney; **119** (tr) © The Art Archive/Corbis; **119** (bl) © Goodshoot Royalty Free Photograph/Fotosearch; **119** (br) © David Hughes/Fotolia; **120** (t) © Pete Saloutos/Corbis; **121** (b) © moodboard/Corbis; **122** (t) © Ebby May/Getty Images; **123** (m) © Commercial Eye/Getty Images.

Unit Three: 132 (l) © Goodshot/Jupiterimages Corporation; **133** (t) © Alain Nogues/Corbis Sygma; **133** (b) © Philippe Eranian/Corbis; **135** (r) © Thomas Mueller/Photographers Direct; **147** (t) © Bettmann/Corbis; **147** (b) © iStockphot.com/Mark Evans; **154** (left panel: t) © Corbis KIPA; **154** (left panel: bl) © Robert Galbraith/Corbis; **154** (left panel: br) © Stephane Cardinale/Corbis; **154** (right panel: t) © Paul Springett B/Alamy; **154** (right panel: ml) © Paul Springett 09/Alamy; **154** (right panel: mr) © Melba Photo Agency/Alamy; **154** (right panel: b) © A. J. Cassaigne/Photononstop; **155** (tl) © iStockphoto.com/Franky DeMeyer; **155** (tr) © Danita Delimont/Alamy; **155** (bl) © Dave Bartruff/Corbis; **155** (br) © Christie's Images/Corbis; **158** (t) © MBI / Alamy.

trois cent soixante-neuf 369

Credits

Unit Four: 168 (l) © CNES 1999/JP.Halgnere; 169 (t) © Reuters/Matt Dunham/Corbis; 183 (b) © iStockphoto.com/Peter Garbet; 185 (left panel: bl) © Getty Images/Ablestock/Jupiter Images; 185 (right panel: t) © MedioImages/Corbis; 185 (right panel: b) © Richard T. Nowitz/Corbis; 188 (left panel) © iStockphoto.com/Andre Nantel; 190 (left panel: t) © Bassouls Sophie/Corbis Sygma; 190 (left panel: m) © Stephane Cardinale/People Avenue/Corbis; 190 (left panel: b) © Reuters/Jason Cohn/Corbis; 190 (right panel: t) © Carlos Sanchez Pereyra/123RF; 190 (right panel: tm) © Stephen Saks Photography/Alamy; 190 (right panel: b) © Richard T. Nowitz/Corbis; 191 (tl) © Reuters/Mike Blake/Corbis; 191 (bl) © Rubens Abboud/Alamy; 192 (left panel) © Stapleton Collection/Corbis; 192-193 © Thinkstock/Getty Images; 194 (t) © Chris Schmidt / istock; 195 © Chris Schmidt / istock.

Unit Five: 205 (t) © Anna Clopet/Corbis; 205 (b) © Reuters/PhilippeWojazer/Corbis; 210 (left panel: b) © Bill Lai/Index Stock Imagery; 210 (right panel: t) © Bill Lai/Index Stock Imagery; 220 (t) © Peter Turnley/Corbis; 220 (m) © Owen Franken/Corbis; 224 © Frank Siteman - Doctor Stock/Science Faction/Corbis; 228 (left panel: b) © Mike King/Corbis; 228 (right panel: t) © Idealink Photography/Alamy; 228 (right panel: ml) © A.Anwar Sacca/Fotolia; 228 (right panel: mr) © Nik Wheeler/Corbis; 228 (right panel: b) © Frans Lemmens/zefa/Corbis; 229 (tl) © Stephen Lloyd Morocco/Alamy; 229 (tr) © Sophie Bassouls/Sygma/Corbis; 229 (bl) © Paul Springett B/Alamy; 229 (br) © Jonny Le Fortune/zefa/Corbis; 230 (left panel) © Annebicque/Corbis Sygma; 232 (r) © David J. Green - people / Alamy.

Unit Six: 242 (l) © Bernard Bisson/Sygma/Corbis; 242 (tr) © iStockphoto.com/Raphael Daniaud; 243 (t) © Yann Arthus-Bertrand/Corbis; 243 (m) © Bernard Bisson/Sygma/Corbis; 243 (b) © Manfred Vollmer/Corbis; 247 (l) © Mark Karrass/Corbis; 248 (left panel: tl)/#1 © photolibrary. All rights reserved.; 248 (left panel: bl)/#2 © iStockphoto.com; 248 (left panel: tr)/#3 © FogStock LLC/photolibrary. All rights reserved.; 248 (left panel: br)/#4 © Hemera Technologies/2009 Jupiterimages Corporation; 248 (right panel: bl)/#2 © 2009 Jupiterimages Corporation; 248 (right panel: tr)/#3 © Ablestock.com/2009 Jupiterimages Corporation; 251 (cr) © Paul A. Souders/Corbis; 252 (l) © iStockphoto.com/Jonathan Heger; 252 (r) © iStockphoto.com/William Wang; 256 (tr) © iStockphoto.com/Christophe Fouquin; 256 (l) © Vincent Lowe/Alamy; 257 (t) © iStockphoto.com/Gail A. Johnson; 257 (m) © Thomas Pozzo Di Borgo/123RF; 257 (b) © Russeil Christophe/Corbis KIPA; 259 (b) © 2009 Jupiterimages Corporation; 262 (left panel: bl)/#2 © iStockphoto.com; 262 (left panel: tr)/#3 © Anastasiya Maksimenko/123RF; 262 (left panel: br)/#4 © Keith Levit Photography/photolibrary. All rights reserved.; 262 (right panel: b) © Nick Greaves/Alamy; 263 (tr) © Reuters/Daniel Joubert; 264 (left panel: t) © Reuters/Shaun Best/Corbis; 264 (left panel: b) © Kai Pfaffenbach/Reuters/Corbis; 264 (right panel: t) © brianafrica/Alamy; 264 (right panel: ml) © Authors Image/Alamy; 264 (right panel: mr) © Leanne Logan/Lonely Planet Images; 264 (right panel: b) © iStockphoto.com/Guenter Guni; 265 (tl) © Sophie Bassouls/Sygma/Corbis; 265 (tr) © Eric Fougere/VIP Images/Corbis; 265 (bl) © Kevin Schafer/Alamy; 265 (br) FESPCO 2007 Poster; with the kind authorization of the Festival Panafricain du Cinema et de la television de Ouagadougou (FASPCO); 266 (bl) © Bettmann/Corbis; 268 (tr) © Kevin Fleming/Corbis.

Unit Seven: 272 (tl) © Eric Robert/Corbis; 278 (ml) © Tom Stewart/Corbis; 279 (t) © Lebrecht Music & Arts/Alamy; 279 (b) © Jacques Morell/Corbis; 284 (tl) © www.imagesource.com; 284 (br) © dov makabaw / Alamy; ; 288 (tl) © chris stock photography / Alamy; 290 (l) © Jeff Morgan/Alamy; 294 (l) © DanitaDelimont.com/Alamy; 294 (tr) © DanitaDelimont.com/Alamy; 294 (br) © Kelly/Mooney Photography/Corbis; 295 (t) © Robbie Jack/Corbis; 295 (m) © Rune Hellestad/Corbis; 295 (b) © Kin Cheung/Reuters/Corbis; 300 (tr) © Cultura / Alamy; 300 (right panel: b) © Dallas & John Heaton/Alamy; 302 (left panel: t) © Bassouls Sophie/Corbis Sygma; 302 (left panel: b) © Lori Conn/ZUMA/Corbis; 302 (right panel: tr) © MedioImages/Corbis; 302 (right panel: mr) © Melba Photo Agency/Alamy; 302 (right panel: b) © David Sanger Photography/Alamy; 303 (tl) © Bettmann/Corbis; 303 (tr) © Frederic/Fotolia; 303 (bl) "© Tahiti Tourisme; Special thanks to: Tahiti Tourisme"; 303 (br) © Philippe Giraud/Sygma/Corbis.

Video Credits

Production Company: Klic Video Productions, Inc.
Lead Photographer: Pascal Pernix
Photographer, Assistant Director: Barbara Ryan Malcolm
Photography Assistant: Pierre Halart

Film Credits

- 67 *Le far breton* © Office du Tourisme de Rennes
- 175 *Rennes* © Office du Tourisme de Rennes
- 211 *Mi-temps* © Premium Films
- 285 *La tartine* © Superlux

Le zapping Credits

- 103 © Diadermine
- 139 KellyMobile © NRJ
- 249 © BMCE Bank